清代進士傳録

（第二册）

朱　亞　宋苓珠　編纂

國家圖書館出版社

第二册目録

雍正元年（1723）癸卯恩科

本科爲清世宗登極恩科

第一甲三名…………………… 五二九

第二甲六十三名……………… 五二九

第三甲一百八十名…………… 五三五

雍正二年（1724）甲辰科

第一甲三名…………………… 五四八

第二甲八十一名……………… 五四八

第三甲二百一十五名………… 五五六

欽賜進士一名………………… 五六九

雍正五年（1727）丁未科

第一甲三名…………………… 五七〇

第二甲五十名………………… 五七〇

第三甲·百七十三名………… 五七五

雍正八年（1730）庚戌科

第一甲三名…………………… 五八六

第二甲一百名………………… 五八六

第三甲二百九十六名………… 五九六

雍正十一年（1733）癸丑科

第一甲三名…………………… 六一六

第二甲九十二名……………… 六一六

第三甲二百二十二名………… 六二五

乾隆元年（1736）丙辰科

第一甲三名…………………… 六四〇

第二甲九十名………………… 六四〇

第三甲二百五十一名………… 六四八

乾隆二年（1737）丁巳恩科

本科爲清高宗登極恩科

第一甲三名…………………… 六六四

第二甲八十名………………… 六六四

第三甲二百四十一名………… 六七一

乾隆四年（1739）己未科

第一甲三名…………………… 六八六

第二甲九十名………………… 六八六

第三甲二百三十五名………… 六九四

乾隆七年（1742）壬戌科

第一甲三名…………………… 七〇八

第二甲九十名……………… 七○八
第三甲二百三十名………… 七一五

乾隆十年（1745）乙丑科

第一甲三名………………… 七三○
第二甲九十名……………… 七三一
第三甲二百二十名………… 七三九

乾隆十三年（1748）戊辰科

第一甲三名………………… 七五一
第二甲七十二名…………… 七五一
第三甲一百八十九名……… 七五八

乾隆十六年（1751）辛未科

第一甲三名………………… 七七一
第二甲七十名……………… 七七一
第三甲一百七十名………… 七七八

乾隆十七年（1752）壬申恩科
本科爲太后六旬壽辰恩科

第一甲三名………………… 七九○
第二甲七十名……………… 七九○
第三甲一百五十八名……… 七九七

乾隆十九年（1754）甲戌科

第一甲三名………………… 八○七
第二甲七十名……………… 八○七
第三甲一百六十八名……… 八一四

乾隆二十二年（1757）丁丑科

第一甲三名………………… 八二五
第二甲七十名……………… 八二五
第三甲一百六十九名……… 八三二

乾隆二十五年（1760）庚辰科

第一甲三名………………… 八四三
第二甲五十名……………… 八四三
第三甲一百一十一名……… 八四九

乾隆二十六年（1761）辛巳恩科
本科爲太后七旬壽辰恩科

第一甲三名………………… 八五七
第二甲六十六名…………… 八五八
第三甲一百四十八名……… 八六四

乾隆二十八年（1763）癸未科

第一甲三名………………… 八七四
第二甲五十五名…………… 八七四
第三甲一百三十名………… 八八○

乾隆三十一年（1766）丙戌科

第一甲三名………………… 八八九
第二甲六十九名…………… 八八九
第三甲一百四十一名……… 八九六

乾隆三十四年（1769）己丑科

第一甲三名………………… 九○六
第二甲五十名……………… 九○六
第三甲九十八名…………… 九一一

乾隆三十六年（1771）辛卯恩科
本科爲太后八旬壽辰恩科

第一甲三名………………… 九一八
第二甲五十五名…………… 九一八
第三甲一百零三名………… 九二四

乾隆三十七年（1772）壬辰科

第一甲三名·················· 九三二

第二甲五十四名·············· 九三二

第三甲一百零五名············ 九三八

乾隆四十年（1775）乙未科

第一甲三名·················· 九四五

第二甲五十二名·············· 九四五

第三甲一百零三名············ 九五〇

乾隆四十三年（1778）戊戌科

第一甲三名·················· 九五八

第二甲五十一名·············· 九五八

第三甲一百零三名············ 九六四

乾隆四十五年（1780）庚子恩科

本科爲清高宗七旬壽辰恩科

第一甲三名·················· 九七一

第二甲五十一名·············· 九七一

第三甲一百零一名············ 九七六

乾隆四十六年（1781）辛丑科

第一甲三名·················· 九八四

第二甲五十六名·············· 九八四

第三甲一百一十一名········· 九八九

乾隆四十九年（1784）甲辰科

第一甲三名·················· 九九七

第二甲四十名················ 九九七

第三甲六十九名············ 一〇〇一

乾隆五十二年（1787）丁未科

第一甲三名················ 一〇〇七

第二甲四十五名············ 一〇〇八

第三甲八十九名············ 一〇一二

乾隆五十四年（1789）己酉科

第一甲三名················ 一〇一九

第二甲三十三名············ 一〇二〇

第三甲六十二名············ 一〇二三

乾隆五十五年（1790）庚戌恩科

本科爲清高宗八旬壽辰恩科

第一甲三名················ 一〇二八

第二甲三十三名············ 一〇二九

第三甲六十一名············ 一〇三二

乾隆五十八年（1793）癸丑科

第一甲三名················ 一〇三八

第二甲二十九名············ 一〇三九

第三甲四十九名············ 一〇四二

乾隆六十年（1795）乙卯恩科

本科爲清高宗禪位仁宗之恩科

第一甲三名················ 一〇四七

第二甲十八名·············· 一〇四七

第三甲九十名·············· 一〇四九

雍正元年（1723）癸卯恩科

本科爲清世宗登極恩科

第一甲三名

于　振　字鶴泉，號秋田、連漪。江蘇金壇縣人。雍正元年一甲第一名狀元。授修撰。入值上書房，雍正二年充河南鄉試副考官，五年督湖北學政，後坐事貶行人司副司，乾隆元年，應博學鴻詞科，考列一等。薦翰林院編修。乾隆三年充江西鄉試副考官，五年督福建學政，纍遷侍讀學士。與修《子史英華》，又工書法，包世臣在《藝舟雙楫》中，將其行書列爲上佳品。著有《清漣文鈔》《詩鈔》近五十卷。

戴　瀚　字巨川、逢沅，號雪村。江南上元縣人。雍正元年一甲第二名榜眼。授編修。雍正二年充會試同考官，四年任貴州鄉試副考官，七年以庶子督福建學政，官至侍讀學士，雍正十三年充順天鄉試同考官。旋以事謫居吳江。著有《探梅集》《雪村詩稿》。

楊　炳　字蔚友，號月川。湖廣鍾祥縣人。康熙五十年舉人，雍正元年會元，一甲第三名探花。授編修。七年充江西鄉試主考官，升侍讀，十年任順天鄉試副考官，十一年督福建提學道，官至侍讀學士。

第二甲六十三名

張廷珩　字瑍聞，號凝齋。安徽桐城縣人。雍正元年二甲第一名進士。選庶吉士，未散館特授檢討。雍正二年充順天同考官，三年（1725）病卒。

沈　淑　字季和、立夫，號頤齋。江蘇常熟縣人。雍正元年二甲第二名進士。選庶吉士，授編修。告歸後居家精研《毛詩》《周禮》《儀禮》。著有《周禮翼疏》《經玩》等。

焦祈年　字穀貽，號田祖。山東章丘縣人。雍正元年二甲第三名進士。選庶吉士，授編修。六年考選雲南道御史，遷順天府丞，擢右通政，充廣東觀風整俗使，雍正十年授光祿寺卿，改順天府尹。十一年四月調奉天府尹。赴任行至山海關，以疾歸。卒於家。

李桐 字東樊，號笏坪。山東登州大嵩衛人。康熙五十九年舉人，雍正元年二甲第四名進士。選庶吉士，改吏部主事，六年出任甘肅平涼知府，七年改甘肅慶陽知府，官至甘肅平慶道。卒於任。

兄李縠，雍正八年進士。

倪師孟（榜名沈師孟，復姓）字南琛，號峰堂。浙江歸安縣人。雍正元年二甲第五名進士。選庶吉士，授編修。乾隆三年充四川鄉試主考官，後因事降知縣。未幾歸。卒年六十三。

周學健 字勿逸、蒙泉，號力堂。江西新建縣人。雍正元年二甲第六名進士。選庶吉士，任編修。累遷少詹事。乾隆五年授內閣學士，遷戶部侍郎改刑部侍郎，八年調福建巡撫，十一年加太子少保。九月遷南河總督。乾隆十三年（1748）閏七月革。十一月十八日以"孝賢皇后死，違制剃頭，并徇私納賄"罪令自盡。

萬承芢 字鳴嘉，號湛廬。江西南昌縣人。雍正元年二甲第七名進士。選庶吉士，五年改山西大同知縣，乾隆九年改直隸獲鹿知縣，十年任直隸廬龍知縣，改高邑知縣。後薦舉博學鴻詞。

兄萬承蒼，康熙五十二年進士。

吳釗（原名席釗，復姓）字對揚，號仲子。江蘇常熟縣人。雍正元年二甲第八名進士。選庶吉士，授編修。四年任順天同考官。丁憂

歸。卒於家。

陶正中 字田見、殿延，號未堂。江蘇無錫縣人。雍正元年二甲第九名進士。選庶吉士，授編修。雍正四年考選山西道御史，充順天同考官，七年轉廣東糧道，乾隆九年遷直隸按察使，十年授山西布政使。十二年因事降直隸清河道，十七年改直隸天津道。

胡蛟齡 字陵九。安徽涇縣人。雍正元年二甲第十名進士。選庶吉士，任陝西興平知縣，改中行評博官，遷戶部郎中。乾隆九年考選山西道御史，十五年改順天中城巡城御史，十七年充山東鄉試主考官，官至戶科掌印給事中。

胡光濤（又名鄒光濤，復姓）字器山，號琢其。江蘇武進縣人。雍正元年二甲十一名進士。選庶吉士，授編修。雍正七年考選福建道御史。以言事去職。

潘果 字師中。江蘇無錫縣人。雍正元年二甲十二名進士。五年任湖南宜章知縣，七年擢湖南辰州府同知、永順府同知。坐事罷歸。杜門讀書，教授弟子，深於易學。工詩、古文。

任芝發 字香山。江蘇溧陽縣人。雍正元年二甲十三名進士。授戶部河南司主事。給假歸卒於家。

陳齊寶 字穎濱。廣西平樂縣人。雍正元年二甲十四名進士。選庶吉士，散館改刑部主事，官至員外郎。

張廷璩 字桓臣，號思齋。安

徽桐城縣人。康熙二十年（1681）生。雍正元年二甲十五名進士。選庶吉士，授編修。充日講起居注官，四年充順天同考官，八年充會試同考官，升左贊善、侍讀、侍讀學士，十二年授詹事，十三年遷工部侍郎。乾隆五年督江南學政，九年降內閣學士。充江西鄉試主考官。十一年以病乞休。二十九年（1764）正月卒，年八十四。

父張英，康熙六年進士，大學士。廷璲爲其五子，是張廷玉弟。

史惇化 字尊尼。江蘇溧陽縣人。雍正元年二甲十六名進士。五年任湖南城步知縣。

許焞 字純也，一作醇夫，號慕迂。浙江海寧人。雍正元年二甲十七名進士。選庶吉士，授編修。書法有名於時。著有《載道集》六十卷。

祖父許汝霖，又作許汝龍，康熙二十一年進士，禮部尚書。

馬金門 字倩仙，號二竹、緩堂。山東蓬萊縣人。雍正元年二甲十八名進士。選庶吉士，授編修。七年考選浙江道御史，十一年充會試同考官，乾隆二年出任湖南長沙知府，十年由湖南辰永道，遷陝西按察使。十四年罷職，降浙江溫處道。

帥念祖 字宗德，號蘭皋，一作蘭泉。江西奉新縣人。雍正元年二甲十九名進士。選庶吉士，授編修。八年充會試同考官，考選雲南道御史，十年充順天鄉試同考官，升禮科給事中，十一年督浙江學政。

參與修《一統志》，乾隆二年署陝西布政使，七年十一月實授。九年改廣西布政使。坐事謫軍臺，卒於塞外。著有《樹人堂詩》《匡田編》。

弟帥光祖，乾隆二十八年進士。

繆曰芑 字武子。江蘇吳縣人。雍正元年二甲二十名進士。選庶吉士，授編修。省親歸遭母喪，遂不復出。卒年七十三。

爲康熙六年進士繆彤子；康熙五十三年進士繆曰藻弟。

松壽（又名嵩壽）字茂承，號雲依。滿洲正黃旗，赫舍里氏。雍正元年二甲二十一名進士。選庶吉士，授編修。升侍讀，乾隆二年，冊封安南特使。擢侍講學士、詹事，乾隆五年授大理寺卿，七年督安徽學政，八年改陝西學政，十三年遷左副都御史，改內閣學士，封一等子爵。十四年遷禮部右侍郎。十五年充順天鄉試副考官，十七年充會試副考官。

胡承璘 字彬仲、璞園。安徽涇縣人。雍正元年二甲二十二名進士。四年任直隸龍門知縣，調直隸長垣知縣，以卓異升雲南府同知，遷湖南沅州知府。丁憂服闋，仍往雲南以道員用，補鹽驛道副使。卒於任，年四十七。

夏治源 字東注。湖北漢陽縣人。康熙五十二年舉人，雍正元年二甲二十三名進士。任雲南楚雄知縣，升師宗知州，丁憂。授建水知州。暴卒。

尹繼善 字元長，號望山。滿

洲鑲黃旗，姓章佳氏。大學士尹泰子。康熙三十四年（1695）四月初八日生。雍正元年二甲二十四名進士。選庶吉士，任編修。升侍講，遷戶部郎中、內閣侍讀學士。六年署江蘇巡撫，七年署總河督，九年署兩江總督，十年協辦江寧將軍，十一年授雲廣總督，十三年改雲貴總督，乾隆元年任雲南總督。三年授刑部尚書，四年加太子少保，五年調川陝總督。八年復任兩江總督，十三年改兩廣總督，十月授戶部尚書協辦大學士事，兼正藍旗滿洲都統。十一月任陝甘總督，十四年晉太子太保。十五年入藏行川陝總督事，十六年三任兩江總督，十八年署陝甘總督改南河總督，十九年再任兩江總督。乾隆二十九年四月遷文華殿大學士留兩江總督任。三十年入閣辦事兼軍機大臣，充上書房總師傅。乾隆三十六年（1771）四月卒，享年七十七。贈太保，入祀賢良祠。諡"文端"。著有《尹文端公遺集》。

周紹龍　字允乾，號瑞峰。福建侯官縣人。雍正元年二甲二十五名進士。五年補殿試，選庶吉士，授檢討。九年考選四川道御史，補通政司參議，丁母憂服闋，晉順天府丞。卒於官。書法精妙，有藏硯癖。

李徵臨　字鳳洲。山東濟南德左貳衛人。雍正元年二甲二十六名進士。選庶吉士。

父李濤，康熙十五年進士，刑部侍郎。

李　端　字立山。廣東程鄉縣

人。雍正元年二甲二十七名進士。選庶吉士，改中行評博，又改江南荊溪縣知縣。以勞卒於任。

戴永椿（原名戴永楨）字翼皇，號卯君。浙江仁和縣人。雍正元年二甲二十八名進士。選庶吉士，授編修。四年考選江西道御史，十年授山西按察使，改江蘇按察使。乾隆三年降廣西潯州知府。致仕歸。

朱世勛　江蘇宜興縣人。雍正元年二甲二十九名進士。任戶部主事，八年考選湖廣道御史。

馬翼贊　字叔齡（一作叔靜），號寒將。浙江海寧縣人。雍正元年二甲三十名進士。任山東觀城知縣。著有《寶穎堂詩鈔》。

何玉梁（1638—1751）字葦江，號虹台、樟亭。浙江錢塘縣人。雍正元年二甲三十一名進士。選庶吉士，授編修。充《大清一統志》纂修官。後主紫陽書院，卒年六十九。著有《韶齕吟》《賢鑒堂詩存》《南齋記聞》《史論》《柳浦集》。

來謙鳴　浙江蕭山縣人。雍正元年二甲三十二名進士。五年任直隸大名知縣，纍遷雲南澂江知府，乾隆十二年遷福建延建邵道，改鹽驛道，十七年授福建按察使。十八年革。二十年任甘肅涼莊道，湖北荊宜施道。

嚴民法　字儀一，號養玄。浙江歸安縣人。雍正元年二甲三十三名進士。選庶吉士，授編修。雍正七年充廣東鄉試副考官，降行人司司副，又升禮部員外郎。

父嚴我斯，康熙三年狀元，禮部左侍郎；子嚴源燾，雍正二年進士。

孫鴻淦 字永公。山西興縣人。雍正元年二甲三十四名進士。三年任湖北公安知縣。著有《莊子內篇評注》。

崔琳 字元圃。山西蒲州人。雍正元年二甲三十五名進士。十年以刑部郎中充河南鄉試副考官，考選貴州道御史，掌京畿道御史。乾隆元年任山東兗沂曹濟道、江蘇蘇松道，官至河南南汝光道。

夏之芳 字筠莊，號荔園。江蘇高郵州人。雍正元年二甲三十六名進士。選庶吉士，授編修。雍正四年考選四川道御史，轉浙江道，乾隆元年任掌河南道御史。乞終養歸，卒年五十八。著有《紀巡百咏》《海天玉尺編》。

邵錦濤 字彥介，號松野。順天大興縣人，原籍江蘇長洲。雍正元年二甲三十七名進士。九年以吏部郎中考選浙江道御史，轉京畿道，升戶科給事中，官至兵科掌印給事中。

沈榮仁 字勉之。浙江歸安縣人。雍正元年二甲三十八名進士。選庶吉士，授編修。乾隆六年任廣東主考官，考畢，任四川學政。

祖父沈三曾，康熙十五年進士；父沈樹本，康熙五十一年榜眼。祖孫三代進士。

鮑梓 字朦亭、敬亭。直隸南宮縣人。雍正元年二甲三十九名進士。五年任安徽霍山知縣，因大水擅

發倉粟落職。蒙恩開復，十年改福建漳平知縣，後任直隸獻縣教諭。進士戈濤、紀昀出其門。後以病歸。

張仕遇 （又名朱士遇，復姓）字秉鈞，號有爲。江蘇華亭縣人。雍正元年二甲四十名進士。選庶吉士，散館改主事，升戶部郎中，七年考選廣西道監察御史，乾隆元年督湖南學政。

唐景佳 （復姓黃）江蘇婁縣人。雍正元年二甲四十一名進士。四年任直隸柏鄉知縣。

陳道凝 湖北孝感縣人。康熙四十七年舉人，雍正元年二甲四十二名進士。三年任福建寧德知縣。

游紹安 字鶴州，號心永。福建福清縣人。雍正元年二甲四十三名進士。任刑部主事，升刑部郎中，十年官至江西南安知府。在任十八年，以老乞歸。著有《涵有堂詩文集》。

胡香山 字夢白，號成林。江蘇如皋縣人。雍正元年二甲四十四名進士。選庶吉士，授編修。雍正六年考選河南道御史，仍回編修任。十年充順天鄉試同考官。以疾歸。

曹鎮 字璞也。江蘇金壇縣人。雍正元年二甲四十五名進士。四年授直隸南皮知縣，改江蘇嘉定教諭。

蔡書紳 字應山。浙江德清縣人。雍正元年二甲四十六名進士。授順天宛平知縣，五年改廣東曲江知縣，七年改廣東陵水知縣，乾隆七年署江蘇新陽知縣，任昆山知縣，

丁憂服闋。十一年補江蘇溧水知縣。

沈　韓（復姓俞，改俞韓）浙江仁和縣人。雍正元年二甲四十七名進士。任河南鞏縣知縣。

張　考　字爾征，號松鶴。山西夏縣人。雍正元年二甲四十八名進士。選庶吉士。改刑部主事，遷吏部郎中，十二年考選山東道御史，乾隆元年督河南學政，四年督廣西學政，官至代理浙江金衢嚴道。因未上報而開倉發賑，忤當事，歸。

錢孫振（榜名孫振）浙江歸安縣人。雍正元年二甲四十九名進士。任直隸龍門知縣，遷順天府薊州知州。

劉浩基　浙江山陰縣人。雍正元年二甲五十名進士。乾隆三年任直隸靜海知縣，任刑部主事。

劉吳龍（榜名吳龍，復姓）字紹聞，號平田。江西南昌縣人。康熙二十九年十二月十四日生（1691年1月12日）。雍正元年二甲五十一名進士。選庶吉士，任吏部主事、升郎中，六年考選江西道御史，升刑科給事中，擢光祿寺少卿。雍正十一年授安徽按察使，改光祿寺卿，督順天學政，乾隆二年改通政使。三年遷左副都御史，五年十一月授左都御史，六年九月改刑部尚書。乾隆七年（1742）四月卒，年五十三。謚"清愨"。

高　山　字居東，號峙江、魯瞻。山東歷城縣人。雍正元年二甲五十二名進士。選庶吉士，散館改刑部主事、員外郎，六年考選廣東

道御史，轉京畿道，八年會試同考官，升戶科給事中。十二年任山西河南鹽運使，遷大理寺少卿，乾隆四年授四川布政使，五年改山西布政使，八年任福建布政使。十二年七月降調。

徐以升　字楷五、谷函、根苑，號恕齋、茗花。浙江德清縣人。雍正元年二甲五十三名進士。選庶吉士，授編修。十一年督廣西學政，乾隆二年考選湖廣道御史，遷山西冀寧道。乾隆十一年授直隸按察使，改廣東、貴州、江西按察使，十六年復任廣東按察使。八月革。著有《南陔堂詩集》。

曾祖徐倬，康熙十二年進士；祖父徐元正，康熙二十四年進士，工部尚書。

盧生薰　字文馥，號同濱。甘肅鎮蕃縣人。雍正元年二甲五十四名進士。選庶吉士。

顏希聖　字宜君，號西野。廣東連平州人。雍正元年二甲五十五名進士。選庶吉士，散館改中行評博，改湖北廣濟知縣。

孫　果　字淑仲。山東壽光縣人。雍正元年二甲五十六名進士。二年任湖南湘潭知縣。

子孫煒，乾隆四年進士。

張曰璉　字輝商。直隸曲陽縣人。雍正元年二甲五十七名進士。五年任江西都昌知縣，改山東鄒平知縣。著有《静雅堂詩稿》。

張彥昌　湖北崇陽縣人。雍正

元年二甲五十八名進士。元年任直隸懷來知縣，五年以罣誤去官。事白，六年改直隸唐山知縣。未幾解組歸。卒於唐。

張以珸　字次玉。浙江浦江縣人。雍正元年二甲五十九名進士。二年任江西都昌知縣，署建昌、鄱陽、星子知縣，升中書，出知順天昌平知州，授霸州知州。忤上官歸。

魯遐齡　浙江會稽縣人。雍正元年二甲六十名進士。五年任廣東新興知縣，六年改廣東臨高知縣，十年任廣東香山知縣。

張　江　字曉樓，號百川、晴川。江西南城縣人。雍正元年二甲六十一名進士。選庶吉士，授編修。年未四十卒。著有《百川集》。

衛廷璞　字岳瞻，號筠園。廣東番禺縣人。雍正元年二甲六十二名進士。五年任安徽建平知縣，十一年代知州，乾隆元年行取禮部主事，五年以禮部員外郎考選江西道御史，升工科給事中、吏科掌印給事中。十五年官至太僕寺少卿，以罣誤降鴻臚寺少卿。十七年假歸。二十二年（1757）卒。年七十二。著有《妄蟄草》。

蔡霖奏　（榜名王霖奏，復姓）福建晉江縣人。雍正元年二甲六十三名進士。

第三甲一百八十名

金作楫　字濟庵。浙江秀水縣人。雍正元年三甲第一名進士。任貴州清溪知縣，署鎮遠知縣，擢永豐州知州，升吏部驗封司員外郎。引疾歸。

周琬　（本名魏周琬，復姓周）字旭棠、竹君。江蘇江都縣人。雍正元年三甲第二名進士。二年任湖南善化知縣，以病歸。纍遷四川川北道，乾隆十六年授雲南按察使改四川按察使，遷四川布政使。二十二年六月授貴州巡撫，二十三年正月改福建巡撫，三月丁憂。二十四年四月授湖北巡撫。因與總督蘇昌有意掣肘，并徇庇劣員，乾隆二十六年八月革職。

爲康熙二十四年進士魏曰祁子。

洪肇楙　字時懋、東閬。江蘇儀征縣人。雍正元年三甲第三名進士。四年任直隸西寧知縣，乾隆四年署順天寶坻知縣，十二年纍遷直隸大名知府，十七年改宣化知府，十九年任天津知府，二十年任山東濟南府同知，二十二年升知府，二十三年官至山東萊州知府。

吳大受　字子登、子淳，號牧園、益公。浙江歸安縣人。雍正元年三甲第四名進士。選庶吉士，授檢討。七年充任四川鄉試正考官，八年充江南鄉試副考官，十一年督湖南學政。年五十歸。主紫陽書院。

沈文豪　字再歐，號澄江。浙江錢塘縣人。雍正元年三甲第五名進士。選庶吉士，授檢討。七年充雲南鄉試主考官。

蔡良慶　（復姓黃）福建永春縣

人。雍正元年三甲第六名進士。五年任安徽貴池知縣。

范咸 字貞吉，號九池、浣浦。浙江仁和縣人。雍正元年三甲第七名進士。選庶吉士，授檢討。雍正十年充廣西鄉試主考官，升右中允，督山西學政。又降編修，乾隆五年考選廣東道御史，官至雲南道御史，十年任福建巡鹽御史。著有《周易原始》《讀經小識》《碧山樓文稿》《柱下奏議》《海外奏議》《浣浦詩鈔》等。

顧海 字會川，號學林、曲主。貴州黎平府人。雍正元年三甲第八名進士。選庶吉士，改行人司行人。六年（1728）十二月卒。年四十七。著有《燕臺詩集》《百梅詩草》《南泉雜咏》。

紀達宜 字肖魯，號可亭。順天文安縣人。康熙十一年（1672）生。雍正元年三甲第九名進士。三年四月任湖北黃陂知縣，五年改浙江里安知縣，官至刑部江西司員外郎。著有《繭甕集》八卷、《可亭存稿上下編》。

欽璉 （舉人作葉璉，復姓欽）字寶光。浙江烏程籍，浙江長興人。雍正元年三甲第十名進士。四年任江蘇南匯知縣，十一年回任南匯縣，乾隆三年署高淳知縣，五年署江浦知縣。著有《虛白齋詩集》。

陳惠 湖北江夏籍，黃陂人。康熙五十三年舉人，雍正元年三甲十一名進士。四年任江西雩都知縣。

陳宏謀 （一作陳弘謀）字汝諮，號榕門。廣西臨桂縣人。康熙

三十五年（1696）九月十五日生。雍正元年三甲十二名進士。選庶吉士，歷任翰林院檢討，吏部郎中、浙江道御史，七年任江蘇揚州府知府，升江南驛鹽道。十一年授雲南布政使，乾隆三年降直隸天津道，五年授江蘇按察使，改江西布政使，六年授甘肅巡撫改江西巡撫，歷陝西、湖北、陝西、河南、福建、陝西、甘肅、湖南、陝西、江蘇巡撫。乾隆二十二年遷兩廣總督，二十三年以總督銜署江蘇巡撫，加太子少保。二十四年革總督銜留巡撫任，二十七年改湖南巡撫，二十八年遷兵部尚書，改吏部尚書，晉太子太保。二十九年七月授協辦大學士，三十二年三月遷東閣大學士。三十六年（1771）以病辭職。晉太子太傅。六月三日回籍，卒於山東兗州之韓莊舟次。享年七十六。入祀賢良祠，謚"文恭"。外任三十餘年，歷十二省二十一職，卒於歸途。著有《呂子節錄》《養正遺規》《教女遺規》《訓俗遺規》《從政遺規》《在官法戒錄》《培遠堂存稿》《大學衍義輯要》等。

徐大樑 江西金溪縣人。雍正元年三甲十三名進士。九年前任順天府寶坻知縣，改山西虞鄉知縣。

王蕭 順天大興縣人。雍正元年三甲十四名進士。二年任福建德化知縣。

黃岳牧 字瑞伯，號訒齋。福建晉江縣人。雍正元年三甲十五名進士。選庶吉士，授檢討。四年考

選雲南道御史，纍遷廣西右江道，乾隆五年改廣東高廉道，十年授貴州按察使，十一年改江西按察使，十五年六月復任貴州按察使。降湖南沅州知府，十六年改湖南衡州知府。解組歸。卒年八十一。

望君錄 河南盧氏縣人。雍正元年三甲十六名進士。四年任山西陵川知縣。

張蔭圻 字采臣。河南嵩縣人。雍正元年三甲十七名進士。授戶部主事，改江蘇奉賢知縣，後署山東郯城知縣，乾隆元年署山東益都知縣，四年調高苑知縣。致仕歸。

施濬 浙江仁和縣人。雍正元年三甲十八名進士。四年任河南葉縣知縣。

倪泂 浙江上虞縣人。雍正元年三甲十九名進士。

鄭溥 字百泉。福建海澄縣人。雍正元年三甲二十名進士。十年任福建泉州府教授。卒於任。

　　叔父鄭亦鄒，康熙四十五年進士。

周琰 號藍圃。浙江仁和縣人。雍正元年三甲二十一名進士。八年以吏部郎中考選廣東道御史，升四繹館少卿，官至大理寺少卿。

裴世兆 字里安。山西曲沃縣人。雍正元年三甲二十二名進士。任廣西永淳知縣，丁憂。乾隆十一年補直隸唐縣知縣。

王士任 字莘野、咸一。山東威海縣人。雍正元年三甲二十三名進士。三年授江蘇新陽知縣，八年

改福建南安知縣，擢福建汀州知府，九年改臺灣知府，十二年遷福建驛鹽道。乾隆元年授福建布政使，三年九月署福建巡撫。因納賄貪贓，乾隆五年五月革職。

魏元樞 字聯輝，號癯庵居士。直隸豐潤縣人。雍正元年三甲二十四名進士。任河南靈寶知縣，遷兵部主事，轉刑部主事，升刑部員外郎、郎中。乾隆八年外任山西寧武知府，十二年改汾州知府。著有《與我周旋集》十二卷。卒年七十三。

劉敬與 字石陸，號鄰初。福建福清縣人。雍正元年三甲二十五名進士。選庶吉士，改行人司行人。以親老乞歸養。十六年服闋就職，未幾又乞歸。聘修省志，後主鰲峰書院講席。

于汧 字龍庵，號蘆瞻。山東寧海州人。雍正元年三甲二十六名進士。二年授湖南常寧知縣。

蔣祝（1686—1768，榜名朱祝，復姓）字虞三，號省齋。浙江仁和縣人。雍正元年三甲二十七名進士。任直隸樂亭知縣，擢晉州知州，官至雲南永昌府同知。

沈志榮 字震東。浙江德清縣人。雍正元年三甲二十八名進士。任廣西羅成知縣，擢廣西東蘭州知州，升慶遠府同知。後以同官事罷誤免職歸。

林天木 字毓千。廣東潮陽縣人。雍正元年三甲二十九名進士。授安徽石埭知縣，升戶部員外郎、

兵部職方司郎中，七年考選廣東道御史，八年充雲南鄉試副考官，轉吏科給事中，官至兵科掌印給事中。卒年五十二。

顏希聖 字振玉。山東德州人。雍正元年三甲三十名進士。二年任湖北廣濟知縣。七年罷歸。講經授業，卒年六十九。

圖 麒 滿洲正黃旗人。雍正元年三甲三十一名進士。官至兵部員外郎。

謝 莘 字耕來。福建建寧縣人。雍正元年三甲三十二名進士。任工部主事，遷戶部郎中，外任廣西潯州知府。因失察左遷湖北黃州府同知，乾隆三年代均州知州，以鞫盜過嚴，七年降直隸博野知縣。年老歸，卒年八十二。

王 藩（復姓章）字價人。雲南晉寧州人。雍正元年三甲三十三名進士。任江西奉新知縣。罣誤去職歸。

保 良 字漢留，號拙庵。滿洲鑲藍旗人。雍正元年三甲三十四名進士。選庶吉士，授檢討。官至侍讀學士。

張來求（復姓俞）字令雲。江南太倉州人。雍正元年三甲三十五名進士。選庶吉士。

陳 誠 字秉一、自明。順天通州人。雍正元年三甲三十六名進士。五年署浙江景寧知縣，六年任浙江太平知縣。

朱作元 字方涵，號平邨。山東平陰縣人。雍正元年三甲三十七名進士。五年授安徽祁門知縣。在任兩載積勞成疾，解任歸田。

王大樹 山西平陸縣人。雍正元年三甲三十八名進士。任陝西榆林知縣，乾隆三年改河南杞縣知縣，七年改密縣，九年任河南新鄭知縣。

張志亨 號際熙。陝西三水縣人。雍正元年三甲三十九名進士。六年任安徽潁上知縣。被中傷去。

江天泰 字卓人。江西南豐縣人。雍正元年三甲四十名進士。三年任安徽全椒知縣。

張振義 字麟趾。江西龍泉縣人。雍正元年三甲四十一名進士。五年任直隸南樂知縣，補寧晉縣，丁憂歸。薦博學鴻詞，後擢陝西隴州知州，乾隆十四年降安徽祁門知縣。

七十一 滿洲鑲白旗人，姓尼瑪查氏。雍正元年三甲四十二名進士。著有《回疆風土記》。史料價值極高。

武紹周 字夢卜。河南偃師縣人。康熙二十七年（1688）生。雍正元年三甲四十三名進士。六年授山西汾西知縣，九年調臨晉縣，丁母憂歸。十三年補安徽東流縣，所至有聲，時稱循吏。行取主事，官至吏部驗封司掌印郎中。致仕歸。主兩程書院。乾隆二十六年（1761）五月十七日卒，年七十四。

王喬林 字文河，號退思。浙江錢塘縣人。雍正元年三甲四十四名進士。選庶吉士，改主事，又改江蘇金匱知縣，十一年官至山西平陽知府。

父王溥，康熙六十年進士。

周　嵩　字元峰。湖北黃岡縣人。康熙五十年舉人，雍正元年三甲四十五名進士。四年任直隸大名知縣，改威縣知縣，調河南長垣知縣，行取大理寺評事。

張若涵　（更名張涵）字履綏、定存，號靈槎。安徽桐城縣人。雍正元年三甲四十六名進士。選庶吉士，授檢討。七年充湖北鄉試副考官，升侍讀。

陳衣德　字章侯，號浴齋。福建福清縣人。雍正元年三甲四十七名進士。五年任順天文安知縣。著有《居易堂詩文集》《華陽趨亭草》《東游漫草》等。

申　茂　字松濤。湖北沔陽州人。康熙五十三年舉人，雍正元年三甲四十八名進士。五年任福建寧祥知縣，改寧德知縣。以病歸，卒於途。

許履坦　福建晉江縣人。雍正元年三甲四十九名進士。五年任河南密縣知縣，十一年改福建汀州府教授。

裘君弨　字約斯，號退庵。江西新建縣人。雍正元年三甲五十名進士。五年任直隸撫寧知縣，官至承德知州。致仕歸。

永　世　滿洲鑲白旗人。雍正元年三甲五十一名進士。官至刑部主事。

羅鳳彩　字苞儀，號桐岡、竹園。雲南石屏州人。雍正元年三甲五十二名進士。任刑部主事，六年以刑部員外郎考選廣東道御史，升戶科給事中，九年督山東學政，轉刑科掌印給事中。乾隆元年任順天中城巡城御史，遷太常寺少卿，改右通政使，六年授宗人府丞。七年去職。卒年七十八。

林嵩基　字師源。福建福清縣人。雍正元年三甲五十三名進士。七年任湖南益陽知縣，九年改湖南桂東知縣。在任六載，卒於任。

黃允肅　字元靜，號思亭。福建晉江縣人。乾隆元年三甲五十四名進士。九年任江西廣昌知縣，在任九年，行取主事。後以事免官。歸後主講道源書院，以疾卒。

明　晟　號恕齋。湖北應山縣人。雍正元年三甲五十五名進士。任直隸獻縣知縣，升順天北路同知，轉吏部主事，升吏部郎中，擢江蘇蘇州知府，乾隆七年任安徽太平知府，十二年安徽徽州知府，十三年廷江西廣饒九南道，官至江西按察副使。

程材傳　字晉懷。湖北蒲圻縣人。康熙五十年舉人，雍正元年三甲五十六名進士。任直隸獻縣知縣，六年遷天津直隸州知州，十一年署陝西葭州知州，改甘肅秦州直隸州知州。

王　輅　字孟載。山東諸城縣人。雍正元年三甲五十七名進士。由景山教習授刑部廣西司主事，遷吏部考工司員外郎，升郎中。出任福建延平知府，丁憂服闋，乾隆六年補安徽池州知府。罷官後貧不能歸，卒於揚州客棧，年六十九。

曾祖王勤，順治四年進士。祖父王度昭，康熙二十四年進士。

駱光宸 字象維，號禾川。江西南昌縣人。雍正元年三甲五十八名進士。任貴州貴定知縣，改新淦教諭。未幾憂歸。年六十一卒於家。

楊臚賜 字華殿，號緘齋、瑞成。雲南石屏州人。雍正元年三甲五十九名進士。選庶吉士，散館改中行評博，改陝西朝邑知縣，改廣西永寧州知州、寧明知州。

鄭方坤 字則厚，號荔鄉。福建建安縣人。雍正元年三甲六十名進士。五年任直隸邯鄲知縣，以卓異遷景州知州，擢河間府同知，乾隆四年授山東登州知府，五年改沂州知府，七年任武定知府改兗州知府，官至代充沂曹濟道。以病乞休。爲官頗有政聲。一生勤於著述。著有《經稗》《蔗尾集》《補五代詞話》《全閩詩話》《國朝詩鈔小傳》等。

兄鄭方城，雍正十一年進士。

翁運標 字晋公、隽上，號蓼墅。浙江餘姚縣人。康熙二十九年（1690）生。雍正元年三甲六十一名進士。乾隆二年授河南桐柏知縣，乾隆八年改湖南武陵知縣，十三年擢湖南道州知州。有政績。乾隆十四年（1749）卒，年六十。

牧可登 字華廷，號芝園。蒙古正白旗人。雍正元年三甲六十二名進士。選庶吉士，授檢討。四年充順天鄉試同考官，八年纍遷刑部左侍郎。九年革職。

李淮 字桐源，號石林。直隸高邑縣人。雍正元年三甲六十三名進士。選庶吉士。不二年卒。

馮允升 字仲孚。山西振武衛人。雍正元年三甲六十四名進士。二年任湖南嘉樂知縣。淡于進取，年餘辭歸。未幾卒。

兄馮元方，雍正二年進士。

崔鍾琅 陝西同官縣人。雍正元年三甲六十五名進士。任知縣。

聶奕隆 福建建寧縣人。雍正元年三甲六十六名進士。任湖北蒲圻知縣，十年改山東蒲臺知縣，十二年改福建福寧府教授。

翁藻 字樸存，號荻洲。浙江仁和縣人。雍正元年三甲六十七名進士。任户部主事、員外郎，七年考選浙江道御史，掌河南道御史，外任江安糧道。乾隆七年授直隸按察使，八年改江西按察使，十年調江蘇按察使，十四年革。後起十五年任湖南沅州知府，升河南糧道。

陸宗楷（榜名陳宗楷）字建先，號凫川。浙江海寧縣人。雍正元年三甲六十八名進士。任景山官學教習，特授檢討。纍遷國子監祭酒，乾隆三十年授兵部侍郎，改吏部侍郎。三十一年遷兵部尚書，三十四年七月改禮部尚書。十月降內閣學士。乾隆三十六年致仕。三十八年（1773）卒。

李玠 字卓觀。山東諸城縣

人（康熙五十一年中試因殿試黜落）。雍正元年三甲六十九名進士。二年十二月授湖北通城知縣。以虧空倉穀去。歸後以教授生徒爲樂。卒年六十九。

柯煜 字南陔，號石庵。浙江嘉善縣人。康熙五年（1666）生。康熙六十年進士。以磨勘名黜。雍正元年三甲七十名進士（時年五十八）。三年任湖北宜都知縣，七年署湖北長陽知縣，調浙江衢州府教授。參修《明史》。乾隆元年（1736）卒，年七十一。著有《石庵樵唱》《月中簫譜詞》。

沈梁 順天大興縣人。雍正元年三甲七十一名進士。五年任河南泌陽知縣。

尚彬 漢軍鑲黃旗人。雍正元年三甲七十二名進士。任漢軍包衣佛倫佐領。

余世堂 湖北大冶縣人。康熙五十三年舉人，雍正元年三甲七十三名進士。五年任山西洪洞知縣。

圖南 滿洲鑲白旗人。雍正元年三甲七十四名進士。官至刑部主事。

鄧士楚 字翹瞻。江西新城縣人。雍正元年三甲七十五名進士。任直隸安平知縣，代理饒陽知縣，改教職歸。選江西袁州府教授，未赴。

戴彬暢 字素圃。湖北雲夢縣人。康熙五十三年舉人，雍正元年三甲七十六名進士。七年任河南汜水知縣，十二年改江西安遠知縣，乾隆四年改江西吉水知縣。丁憂歸。卒於家。

兄戴滋暢，康熙五十四年進士。

邵大椿 字履久。江蘇吳縣人。雍正元年三甲七十七名進士。六年任河南南陽知縣。

羅廷儀 字易門。浙江山陰縣人。雍正元年三甲七十八名進士。七年任山東沂水知縣，署莒州知州、青州知府。後任河南陝州，安徽滁州、泗州、廣德直隸州知州。以疾歸。卒年八十六。

陳本 字汝立，號筠亭。浙江仁和縣人。雍正元年三甲七十九名進士。十三年任廣東清遠知縣，乾隆十年改浙江長興縣教諭。年老告歸。

郭美 字名周、謙居。福建閩縣人。雍正元年三甲八十名進士。任直隸邢臺知縣，在任八年，十三年改福建漳州府教授，乾隆三年任臺灣府教授。丁母憂歸，哀毀卒。

袁起濤 江西宜春縣人。雍正元年三甲八十一名進士。二年任安徽太平知縣，九年改河南洛陽知縣。

蔣汾功 字東委。江蘇武進縣人。雍正元年三甲八十二名進士。授湖北知縣，乞養歸。後官松江府教授。尤精孟子研究。著有《孟子四編》《讀孟居文集》《蔣濟航先生文集》。

梁萬里 廣東三水縣人。雍正元年三甲八十三名進士。

王振世 直隸高邑縣人。雍正

元年三甲八十四名進士。六年任湖南湘鄉知縣。

吳象寬 （1680—1742）字居之，號芝園。山東海豐縣人。雍正元年三甲八十五名進士。二年授湖北黃安知縣，三年十月調威寧知縣，督修舊堤以阻水患，人稱"吳公堤"。八年調黃梅知縣，十年改通城知縣。引疾歸。

王步青 字漢皆、罕皆，號後村、巳山。江蘇金壇縣人。康熙十一年（1672）九月二十五日生。雍正元年三甲八十六名進士（欽賜進士，時年五十一）。選庶吉士，授檢討。越二年告歸，以著述講學爲業。乾隆十六年（1751）正月十四日卒。年八十。著有《朱子四書本義彙參》《王巳山文集》。

劉曰福 湖北黃陂縣人。雍正元年三甲八十七名進士。十二年任廣西容縣知縣，十三年署北流知縣。

何夢篆 江蘇江寧人縣。雍正元年三甲八十八名進士。任內閣中書，六年改廣東封川知縣，七年署廣東德慶知州，八年改廣東新安知縣。

王坦 （《進士題名碑》作吳王坦，復姓）字衷平。江蘇華亭縣人。改中行評博，薦舉博學宏詞，不就。雍正元年三甲八十九名進士。官至廣西平樂府同知。

吳珽 字恭玉，號梅溪。福建將樂縣人。雍正元年三甲九十名進士。六年任湖北蒲圻知縣，行取工部江西司主事。

史昌孟 陝西華州人。雍正元年三甲九十一名進士。任知縣。

阿成峨 滿洲鑲藍旗人。雍正元年三甲九十二名進士。乾隆元年以參贊大臣奉命駐鄂爾坤。協同額附策凌治理邊務。

羅國珠 湖南攸縣人。雍正元年三甲九十三名進士。六年任四川郫縣知縣，八年官至四川會理川知州。

施鍔 （復姓黃）字虞村。江蘇太倉州人。雍正元年三甲九十四名進士。任國子監博士，河南登封知縣，改江蘇淮安府教授。

陳汝霖 福建莆田縣人。雍正元年三甲九十五名進士。任山東博興知縣，十二年任福州府教授，乾隆七年任泉州府教授。

李徽 字元綸。山西崞縣人。康熙五十二年山西鄉試解元，雍正元年三甲九十六名進士。選庶吉士，改任刑部主事，五年考選浙江浙江道御史，五年充會試同考官，官至僉都御史。巡察直隸順德、廣平、大名三府。七年充湖南觀風整俗使，坐事降倉監督。高宗繼位復官，尋卒。著有《原本堂文稿》。

茹林 順天宛平縣人。雍正元年三甲九十七名進士。六年任河南鞏縣知縣。

麻居湄 字交叔。陝西朝邑縣人。雍正元年三甲九十八名進士。五年任河南偃師知縣，六年改河南陽武知縣，調署鄭州，兼北上河同知。以病歸。

萬　里　字子封。貴州貴定縣人。雍正元年三甲九十九名進士。任浙江青田知縣，行取吏部主事，升驗封司員外郎，官至山東道御史。

吕崇素　河南寧陵縣人。雍正元年三甲一百名進士。乾隆九年任廣東合浦知縣。

王　謙　河南太康縣人。雍正元年三甲一百零一名進士。八年任山東商河知縣。

馮懋華（又名沈懋華，復姓）字芝岡，號容卿。江蘇太倉州人。雍正元年三甲一百零二名進士。選庶吉士，授檢討。十一年以禮部郎中考選福建道御史，降刑部員外郎。

喀爾欽　字亮功。滿洲鑲黄旗人。雍正元年三甲一百零三名進士。選庶吉士，授檢討。任侍講，十年充江西鄉試副考官，十一年督山東學政，乾隆五年督山西學政，官至侍讀學士。以賄賣文武生員，并買有夫之婦爲妾，被高宗下旨處死。

薄履青　字登雲，號以階。江蘇江寧縣人。雍正元年三甲一百零四名進士。選庶吉士，授編修。纍遷至江西袁州府知府，官至湖南沅江知府。以病卒於任。

張洪謨　漢軍正紅旗人。雍正元年三甲一百零五名進士。任漢軍劉紹熙佐領。

陳芳楷　字易生。福建閩縣人。雍正元年三甲一百零六名進士。六年任山東清平知縣。急流勇退，僅一年告歸。授徒終生。著有《莖竹齋詩集》。

吕鼎祚　字元臣。河南偃師縣人。雍正元年三甲一百零七名進士。七年任山東陽信知縣。九年十月無故去官。虧空倉穀六百石，囊空莫補，士民捐輸，不足一月代完。歸後主嵩陽書院。著有《左絡》《恕庵詩文集》。

叱　騮　陝西蒲城縣人。雍正元年三甲一百零八名進士。六年任直隸南皮知縣。

胡景定　字子静。江西樂平縣人。雍正元年三甲一百零九名進士。授知縣不就，以教授終老。

何有基　字樂因。四川涪州人。雍正元年三甲一百十名進士。八年遷湖北沔陽知州，官至甘肅秦州直隸州知州。丁憂歸。

叢　洞　號敬庵。山東文登縣人。雍正元年三甲一百十一名進士。授知縣，纍遷禮部郎中，乾隆二年考選浙江道御史，補山西道御史。

萬禮祖　字履素。湖北黄岡縣人。康熙五十二年舉人，雍正元年三甲一百十二名進士。六年任安徽太平知縣。

蘇霖渤　字海門，號觀崖。雲南大理府趙州人。雍正元年三甲一百十三名進士。七年任貴州開泰知縣，纍遷刑部江西司主事。乾隆元年任貴州鄉試主考官，晋郎中，三年以卓異考選江南道御史，六年督山西學政。母老乞歸。母喪廬墓三年。解職後主講五華書院，多識拔人才。

金履寬 貴州湄潭縣人。雍正元年三甲一百十四名進士。五年任江西興國知縣，十年改會昌知縣，升中書科中書。

黃典 福建長樂縣人。雍正元年三甲一百十五名進士。任山東冠縣知縣。

李嵩 河南孟縣人。雍正元年三甲一百十六名進士。十年任江西樂平知縣。

何齊聖 江西金溪縣人。雍正元年三甲一百十七名進士。六年任廣東河源知縣，八年改廣東樂會知縣，乾隆十三年改湖北南漳知縣，遷雲南安寧州知州。

王奎 直隸清苑縣人。雍正元年三甲一百十八名進士。六年任河南項城知縣，十年改甘肅靜寧州知州。乾隆二年（1737）卒於任。

李杜 福建海澄縣人。雍正元年三甲一百十九名進士。

黃元鐸 字振鷺，號徵庵、覺山。順天大興縣人。雍正元年三甲一百二十名進士。選庶吉士，改中行評博，乾隆七年以禮部郎中考選湖廣道御史。十六年以禮科給事中充會試同考官，官至兵科掌印給事中。

胡良佐 漢軍鑲黃旗人。雍正元年三甲一百二十一名進士。官至內務府員外郎。

徐寧 江蘇上海縣人。雍正元年三甲一百二十二名進士。任山東鄆城知縣。

嚴有禧 （一作戴有禧，復姓）字厚載。江蘇常熟縣人。雍正元年三甲一百二十三名進士。六年授河南涉縣知縣，八年改洛陽知縣，九年擢山東濱州知州，十一年升萊州知府，乾隆三年遷山東登萊青道，五年改山東督糧道，九年調湖南岳常澧道，十一年驛傳道。十三年授河南按察使，十五年改貴州按察使，十七年病免。二十二年起用任河南按察使，改湖南按察使。二十七年降調歸。三十一年（1776）卒。曾修《萊州府志》。

賣容 雲南呈貢縣人。雍正元年三甲一百二十四名進士。

閻奉化 直隸河間縣人。雍正元年三甲一百二十五名進士。

姜穎新 字文庸。江蘇如皋縣人。雍正元年三甲一百二十六名進士。纍遷刑科給事中，升直隸通永道，五年改天津兵備道，七年授直隸按察使。十年以病免職。

盧傑 廣東番禺縣人。雍正元年三甲一百二十七名進士。六年任江蘇興化知縣，八年改廣東永安縣教諭。

冉瑾 字潞如。直隸高陽縣人。雍正元年三甲一百二十八名進士。任山西平遙知縣，九年改安徽銅陵知縣。

陶士僎 字倫宰，號稽山。湖廣寧鄉縣人。雍正元年三甲一百二十九名進士。選庶吉士，改中行評博，十三年任安徽懷寧知縣，乾隆二年改安徽石埭知縣，三年授江蘇鎮洋知縣，在任四年以罣誤去。後開復升廣西太平知府，十二年官至湖北漢陽知府，十八年改河南南陽知府。著有《漢陽府志》五十卷。

武珩 直隸棗强縣人。雍正元年三甲一百三十名進士。

徐毓桂 雲南楚雄縣人。雍正元年三甲一百三十一名進士。雍正年任浙江宣平知縣。

賀同珠 江西安福縣人。雍正元年三甲一百三十二名進士。六年任江西建昌府教授。

蕭系尹 廣東程鄉縣人。雍正元年三甲一百三十三名進士。四年四月任福建仙游知縣，五年改河南郟縣知縣，六年河南武安知縣，八年改廣東惠州府教授。

慧德 滿洲鑲黃旗人。雍正元年三甲一百三十四名進士。任滿洲慶充佐領。

昌齡 字晋蘅，號謹齋。滿州鑲白旗，富察氏。刑部尚書傅鼐子。雍正元年三甲一百三十五名進士。選庶吉士，授檢討。官侍讀學士。藏書較豐，藏書處曰"謙益堂"。

朱閩章 字振白。福建莆田縣人。雍正元年三甲一百三十六名進士。任直隸安肅知縣，八年任福建延平府教授。卒年七十六。

李音 江蘇儀徵縣人。雍正元年三甲一百三十七名進士。任江寧府教授。

劉熺 直隸冀州人。雍正元年三甲一百三十八名進士。雍正五年任江西萍鄉知縣，在任二載以疾致仕歸。

王純鐺 字念亭。湖南攸縣人。雍正元年三甲一百三十九名進士。七年任直隸安肅知縣（又稱徐水知縣），以病改湖北鄖陽府教授。

葉建封 河南商丘縣人。雍正元年三甲一百四十名進士。六年任江西信豐知縣，乾隆四年改江西建昌知縣，八年官至湖南長沙知府。

魏鈿 字鍾華，號理齋。山東東阿縣人。雍正元年三甲一百四十一名進士。授湖北咸寧知縣，升江西興國知州，補雲南雲州卒。

汪開銓 河南嵩縣人。雍正元年三甲一百四十二名進士。任河南郟縣教諭，七年改廣東高明知縣。

方可丹 湖北黃岡縣人。雍正元年三甲一百四十三名進士。任江西新淦知縣，十一年改湖南辰州府教授。

趙温 字佩琳、汝玉。直隸鹽山縣人。雍正元年三甲一百四十四名進士。九年任山西安澤知縣，改山西岳陽知縣，在任十四年，升四川邛州知州。

鄭顯正 （復姓王）江西建昌縣人。雍正元年三甲一百四十五名進士。任知縣。六年任江蘇沭陽知縣。

周世禄 字孟行。江蘇溧陽縣人。雍正元年三甲一百四十六名進士。任江蘇揚州府教授。臨任卒。

朱鑑 字旦平，號泖君。江

蘇上海縣人。雍正元年三甲一百四十七名進士。二年任安徽寧國府教授。

子朱良裘，雍正二年進士。

劉興第 湖北孝感縣人。康熙五十九年舉人，雍正元年三甲一百四十八名進士。三年任廣西北流知縣，以卓異升泗城同知，官至廣西泗城知府。

黃　祐（1701—1764）字啓彬，號寧拙，又號素堂。江西新城縣人。雍正元年三甲一百四十九名進士。選庶吉士，授編修。參修《八旗志》。八年充會試同考官，九年考選福建道御史，十一年再任會試同考官，升刑科給事中，改江南鹽法道，乾隆十一年任山西雁平道，官至山西冀寧道。以病歸。著有《江南救荒錄》《蘆訂晚筆》《河上餘聞》，另有詩文集。

嚴夢元 浙江歸安縣人。雍正元年三甲一百五十名進士。任內閣中書。

邵大生 順天大興人，原籍浙江餘姚。雍正元年三甲一百五十一名進士。任直隸大名府教授。

堂兄邵之旭，康熙四十八年進士；弟邵大業，雍正十一年進士。

王又樸（初名日柱）字從先，號介山。直隸天津縣人。康熙二十年（1681）生。雍正元年三甲一百五十二名進士。選庶吉士，任吏部主事。歷任安徽廬州府同知，乾隆十一年署池州知府，改徽州知府，遷淮都鹽運使。致仕歸。乾隆三十五年（1760）卒，年八十。著有《易

翼述信》《詩禮堂古文》《詩集》等。

辛克一 順天固安縣人。雍正元年三甲一百五十三名進士。

朱時冕 湖北潛江縣人。康熙五十九年舉人，雍正元年三甲一百五十四名進士。六年任四川榮昌知縣，兼大足知縣。

李之嶧 字銳巔。直隸滄州人。雍正元年三甲一百五十五名進士。任雲南蒙化廳同知，乾隆三年官至山西潞安府同知。著有《山房集》。

兄李之崢，雍正二年進士。

王景獻 字鶴隨。江蘇昆山縣人。雍正元年三甲一百五十六名進士。授廣西懷遠知縣，署融縣知縣。均有政聲。以父母年老乞養歸，父喪後遂不復出。

孫　昭 陝西延安安定縣人。雍正元年三甲一百五十七名進士。任知縣。

張士瑄 山西崞縣人。雍正元年三甲一百五十八名進士。任山西偏關教諭。

徐自任 字慕伊，號南野。浙江上虞縣人。雍正元年三甲一百五十九名進士。任河南息縣知縣。未任。浪迹名山大川，入廣東會友，同鄉馬某任歸善知縣，留之未幾卒。著有《踽踽齋文集》。

張兆昌（復姓蔡）江蘇華亭縣人。雍正元年三甲一百六十名進士。五年任安徽太平府教授。

朱之辦 字納士。江西高安縣人。雍正元年三甲一百六十一名進

士。二年五月任湖南新田知縣。

胡清 直隸慶雲縣人。雍正元年三甲六十二名進士。任安徽涇縣知縣，改直隸元城教諭。

張人崧 字維嶽。山東堂邑縣人。雍正元年三甲一百六十三名進士。五年授湖南新寧知縣，因武崗盜案罣誤去職。縣民赴本府乞留，後改任浙江浦江知縣，歷武義知縣，八年改象山知縣。

晏命世 字覺先。江西上高縣人。雍正元年三甲一百六十四名進士。任貴州印江知縣。

夏士錦 直隸滿城縣人。雍正元年三甲一百六十五名進士。任直隸冀州學正。

李友絳 直隸祁州人。雍正元年三甲一百六十六名進士。六年任安徽休寧知縣。歸。

王昌 雲南昆明縣人。雍正元年三甲一百六十七名進士。七年任廣東和平知縣，九年改廣東新寧知縣。在任八年。

王佐 字寅疏。湖北應城縣人。康熙五十六年舉人，雍正元年三甲一百六十八名進士。任廣西恭城知縣，以目疾改湖北漢陽府教授。年六十二卒。著有《四書講義》。

周毓元 字大乾，號柏林。貴州遵義縣人。雍正元年三甲一百六十九名進士。五年任河南嵩縣知縣。因事解任歸。未幾卒，年二十七。著有《柏林詩草》。

鄭以任 （榜名劉以任）湖北監利縣人。雍正元年三甲一百七十名進士。任朝城知縣。

焦周屏 陝西韓城縣人。雍正元年三甲一百七十一名進士。

何儻 江西彭澤縣人。康熙二十五年（1686）生。雍正元年二甲一百七十二名進士。任浙江餘杭知縣，九年改江西廣信府教授，乾隆五年改建昌府教授。

華實著 滿洲正紅旗人。雍正元年三甲一百七十三名進士。官至刑部主事。

凌爾炤 四川永川縣人。雍正元年三甲一百七十四名進士。任河南安陽知縣。

崔鍾瑭 字三采。山西襄垣縣人。雍正元年三甲一百七十五名進士。任江西贛縣知縣。致仕歸。

朱諶 甘肅平涼縣人。雍正元年三甲一百七十六名進士。十一年任安徽巢縣知縣。

陳長復 甘肅隴西縣人。雍正元年三甲一百七十七名進士。

馬咸厚 順天固安縣人。雍正元年三甲一百七十八名進士。二年任福建仙游知縣。

朱弘仁 （一作朱宏仁）字完一。直隸清豐縣人。雍正元年三甲一百七十九名進士。二年授山東昌樂知縣。以罣誤去官。

郭樑 號尚林。江西安福縣人。雍正元年二甲一百八十名進士。任江西建昌縣教諭。改南康府教授，主鹿洞、鷺州書院講席。

雍正二年（1724）甲辰科

第一甲三名

陳惪華 字雲倬，號月溪。直隸安州人。康熙三十六年（1697）生。雍正二年一甲第一名狀元（爲清代京畿首位狀元）。任翰林院修撰。八年督廣東肇高學政，充日講起居注官，遷贊善，擢侍讀學士，十年督廣東廣韶學政，遷少詹事，乾隆二年授詹事，遷刑部侍郎，四年正月授户部尚書，七年改兵部尚書。九年因弟陳德正案牽連降兵部侍郎，十二年改左副都御史。二十二年改工部侍郎，二十四年正月遷左都御史，同年閏六月調禮部尚書。二十九年以病致仕。乾隆四十四年（1779）卒，享年八十三。著有《葵錦堂詩集》。

弟陳德正，雍正八年進士；曾孫陳寬，道光十六年進士。

王安國 字書臣，號春圃、復齋。江蘇高郵州人。康熙三十三年（1694）閏五月初三日生。雍正二年會元，一甲第二名榜眼。任編修。

十年充福建鄉試正考官，遷侍講、侍講學士，十三年督廣東肇高學政，升左僉都御史。乾隆四年授左副都御史改刑部侍郎，五年九月遷左都御史，十一月以左都御史銜管廣東巡撫。九年正月改兵部尚書，十年調禮部尚書，二十年五月改吏部尚書。二十一年休致，乾隆二十二年（1757）正月初八日卒。年六十四。諡"文肅"。

子王念孫，乾隆四十年進士。

汪德容（初名掄甲）字雲天，號重閶、蔚亭。浙江錢塘縣人。雍正二年一甲第三名探花。授編修。旋因事謫戍。著有《重閶齋詩集》。

第二甲八十一名

汪由敦 字師茗，號謹堂、松泉。浙江錢塘縣人，原籍安徽休寧。康熙三十一年（1692）生。雍正二年二甲第一名進士。選庶吉士，任編修。充日講官，知起居注，升贊善、侍講、侍讀。遷鴻臚寺少卿，乾隆元年授内閣學士。革。降侍讀學士，五年復授内閣學士，遷禮部侍郎，改工部、户部侍郎，九年遷工部尚書，改刑部尚書、軍機大臣。十四年二月加太子少師，十一月署協辦大學士。因向張廷玉洩漏御旨，十二月革。仍任刑部尚書，十五年降兵部侍郎，改户部侍郎，十七年復任工部尚書，十九年晋太子太傅。二十年復改刑部尚書，三十一年仍回工部尚書、軍機大臣。二十二年授吏部尚書。乾隆二十三年（1758）正月二十二日卒。年六十七。贈太子太師，入祀賢良祠。謚"文端"。有《時晴齋法帖》傳世。著有《松泉詩文集》。

王　峻　字次山，號艮齋。江蘇常熟縣人。康熙三十三年（1694）生。雍正二年二甲第二名進士。選庶吉士，授編修。七年充浙江鄉試副考官，十年充貴州鄉試副考官，乾隆元年充雲南鄉試正考官，三年考選江西道御史。拜官三日即劾左都御史彭維新，後以丁母憂乞歸，遂不出。主講安定、雲龍、紫陽書院。乾隆十六年（1751）二月十七日卒，年五十八。著有《艮齋詩文集》《漢書正誤》。尤精地理，欲厘定《水經文注》，補唐以後水道變遷，地名異同，爲《水經廣注》。

趙大鯨　字横山，號學齋。浙江仁和縣人。雍正二年二甲第三名進士。選庶吉士，授編修。遷司經司洗馬，乾隆四年督江西學政，擢少詹事，七年授太僕寺卿改大理寺卿，八年遷左副都御史。督順天學政。九年病免。歸里後掌教敷文書院。工詩文，書法秀勁，清代書法占前三位，首推何焯，次姜宸英、趙大鯨。

李重華　字實君，號玉洲。江蘇吳江縣人。康熙二十一年（1682）生。雍正二年二甲第四名進士。選庶吉士，授編修。十年充四川鄉試副考官，後以保舉案去職，主講關中書院。乾隆十六年奉召復任編修。二十年（1755）八月二十日卒。年七十四。工詩，著有《詩話》二卷、《三經附義》《貞一齋集》十卷。

熊直宋　字二兼，號立亭。江西南昌縣人。雍正二年二甲第五名進士。任知縣。

祖父熊飛渭，康熙三年進士。

徐天麒　（榜名羊天麒）字上符，號紀堂。浙江秀水人。雍正二年二甲第六名進士。選庶吉士，改主事，遷郎中，外任西建昌府知府，四年回任郎中，乾隆五年任陝西華州知州，六年改甘肅慶陽知府，八年改陝西漢中知府。

吳延熙　（榜名徐延熙，復姓吳）字鳴佩，號敬齋。浙江烏程縣人。雍正二年二甲第七名進士。選庶吉士，授編修。七年充福建鄉試主考官，九年督雲南學政，十一年考選雲南道御史。以親老乞歸。工書法，好藏書。著有《詩稿》。

熊暉吉　字孚有，號梅亭。江

西新昌縣人。雍正二年二甲第八名進士。選庶吉士，授編修。十三年充順天鄉試同考官，升侍講，乾隆二年充湖南主考官，擢侍讀學士、右通政副使，七年授太僕寺卿，改大理寺卿。乾隆七年五月罷官。

周廷巘 字贊宸。江蘇吳縣人。雍正二年二甲第九名進士。選庶吉士，改都察院經歷，升禮部稽勳司郎中，乾隆七年官至陝西延榆綏道。八年十二月召京，以病告歸。

于枋 字小謝，號午晴。江蘇金壇縣人。雍正二年二甲第十名進士。選庶吉士，授編修。雍正七年充廣西副考官，十三年充山東副考官。

父于漢翔，康熙二十一年進士。子于敏中，乾隆二年狀元。

吳龍應 字飛淵，號葵齋。江蘇武進縣人。雍正二年二甲十一名進士。選庶吉士，授編修。十一年考選湖廣道御史，十三年大學士徐本薦授湖廣漢黃德道，乾隆五年授湖北按察使，六年遷山西布政使。七年因事革職歸。

李清植 字立侯，號穆亭、種亭。福建安溪縣人。康熙二十九年（1690）十月二十日生。雍正二年二甲十二名進士。選庶吉士，授編修。七年充江南鄉試副考官，九年以侍講督浙江學政，升少詹事，乾隆八年授內閣學士，充三禮館副總裁。九年（1744）遷禮部左侍郎。未任，三月十八日卒。年五十五。著有《儀禮纂輯錄》《穆亭詩文集》。

祖父李光地，康熙九年進士，大學士。

吳應枚 字小穎，號穎庵。浙江歸安縣人。雍正二年二甲十三名進士。選庶吉士，授編修。十一年督雲南學政，升侍讀，乾隆元年充河南主考官，擢侍讀學士、大理寺少卿、奉天府尹。著有《客槎集》《墨香憧詩》《題畫詩跋》。

兄吳應楨一作吳應棻，康熙五十四年進士，兵部侍郎。

程班（復姓唐）字晚野。江蘇華亭縣人。雍正二年二甲十四名進士。選山東鄒平知縣，改授安徽鳳陽府教授，乾隆十五年任池州府教授。以老致仕歸。

開泰 字兆新，號敬庵。滿洲正黃旗，烏雅氏。雍正二年二甲十五名進士。選庶吉士，任編修。遷侍講、國子監司業，乾隆四年督安徽學政，升國子監祭酒，八年督江蘇學政，授內閣學士，六月遷兵部侍郎。十年十一月調湖北巡撫，歷江西、湖南、貴州巡撫。乾隆十八年三月遷湖廣總督，十九年四月加太子少傅，二十年六月改四川總督。二十三年七月晉太子太保，二十四年七月任川陝總督，二十五年十二月復任四川總督。因辦案“庸懦無能”二十八年（1763）革。以頭等侍衛赴伊犁辦事。十月卒。

謝朋庚 字鳳岡，號梧村。江蘇江都縣人。雍正二年二甲十六名進士。選庶吉士。

劉統勳　字爾鈍，號延清。山東諸城縣人。康熙三十八年（1699）十二月生。雍正二年二甲十七名進士。選庶吉士，任編修、左庶子。雍正十三年授詹事府詹事，乾隆元年遷內閣學士，二年授刑部侍郎，六年遷都察院左都御史。十四年調工部尚書，改刑部尚書兼翰林院掌院學士、軍機大臣。十九年四月加太子太傅，協同辦理陝甘總督事。二十年因附和定西將軍永和奏請將兵馬退回哈密，九月革。二十一年起用仍授刑部尚書、軍機大臣，二十二年加太子太保。二十三年改吏部尚書，二十四年正月授協辦大學士，二十六年五月遷東閣大學士。兼翰林院掌院學士。乾隆三十八年（1773）十一月晨入朝卒於東華門外，享年七十五。贈太傅，入祀賢良祠。諡“文正”。著有《劉文正公集》。

祖父劉必顯，順治九年進士；父劉棨，康熙二十四年進士；子劉墉，乾隆十六年進士，體仁閣大學士；孫劉鐶之，乾隆五十四年進士，兵部尚書。

嚴源燾　字濟之，號桐峰。浙江嘉善縣（改歸烏程）人。雍正二年二甲十八名進士。選庶吉士，授編修。雍正七年任貴州鄉試主考官，乾隆十一年考選貴州道御史，官至吏科掌印給事中。

祖父嚴我斯，康熙三年狀元，禮部左侍郎；父嚴民法，雍正元年進士。祖孫三代進士。

畢　漣　字文源。山東平陰縣人。雍正二年二甲十九名進士。任兵部職方司主事。告歸。

諸　錦　字襄七，號孚文、草廬。浙江秀水縣人。康熙二十五年（1686）生。雍正二年二甲二十名進士。選庶吉士，歸班候選知縣，任浙江金華府教授，乾隆元年舉鴻博，一等授編修。充三禮館纂修官，官至左春坊左贊善。告歸。乾隆三十四年（1769）卒，年八十四。著有《毛詩說》《饗禮補亡》《絳跗閣集》《夏小正詁》等。曾輯浙中耆舊詩爲《國朝風雅》。

吳兆雯　字和叔，號恬齋。安徽青陽縣人。雍正二年二甲二十一名進士。選庶吉士，授編修。分修本朝實錄、八旗志。以疾告歸。卒年五十九。

爲康熙五十二年進士禮部尚書吳襄第三子。

儲元升　字儀羽。江蘇宜興縣人。雍正二年二甲二十二名進士。雍正三年任蘇州府教授，乾隆二年署江蘇長洲縣教諭，四年安徽桐城知縣，十九年改直隸南宮知縣，二十年改山東東明知縣。二十四年改安徽太平府教授。

儲龍光　江蘇宜興縣人。雍正二年二甲二十三名進士。十三年纍遷直隸口北道，乾隆三年改山西河東鹽運使，調廣西蒼梧道，乾隆四年任廣東高廉道，七年授河南按察使，改福建按察使。八年去職。

王廷琬 字完璞。順天宛平縣人。雍正二年二甲二十四名進士。選庶吉士，授編修。五年考選陝西道御史，遷貴州貴西道，七年官至貴州糧道。

陳浩 字紫瀾，號未齋、生香。順天昌平州人。康熙三十四年（1695）生。雍正二年二甲二十五名進士。選庶吉士，授編修。七年充福建鄉試副考官，乾隆二年任日講起居注官，升少詹事，七年去職。十五年補侍讀，充武英殿總裁，復任少詹事，十八年督湖廣學政，二十年授詹事。二十二年病休。晚年主講開封宛南書院。三十六年皇太后八十歲壽時，命入九老，賜游香山。乾隆三十七年（1772）卒。年七十八。著有《生香書屋集》六卷、《恩光集》一卷。

朱陵 字紫岡，號紀堂，別號石鼓山翁，又號花藥山人。安徽歙縣人。康熙二十七年（1688）生。雍正二年二甲二十六名進士。選庶吉士，改刑部主事、員外郎、郎中。九年考選貴州道御史，改江西贛州知府，乾隆七年擢江西吉南贛道，十二年任湖南衡永彬桂道，十四年官至辰沅永靖道。母喪歸，遂不出。乾隆三十三年（1768）正月十五日卒。年八十一。著有《綠滿山房集》。

郭振 湖南武陵縣人。雍正二年二甲二十七名進士。六年任河南偃師知縣。

吉士（《進士題名碑》名周起士）字藹公。江南婁縣人。雍正二年二甲二十八名進士。選庶吉士，散館改刑部主事，官至郎中。

尹會一 字元孚，號健餘。直隸博野縣人。康熙三十年（1691）三月初五日生。雍正二年二甲二十九名進士。歷任吏部主事、員外郎，四年充廣西鄉試副考官，五年任會試同考官，外任湖北襄陽知府，十年調江蘇揚州知府。乾隆元年任兩淮巡鹽御使，二年署廣東巡撫，三月調河南巡撫。四年十一月授左副都御史，五年六月乞養。十一年三月授工部侍郎，十三年（1748）四月改吏部侍郎。同年七月十五日卒。年五十八。著有《呂語集粹》《健餘札記》《君鑒錄》《臣鑒錄》《士鑒錄》《女鑒錄》《增定洛學編》《小學纂注》《近思錄集解》《撫豫條教》《詩文集》《宜錄》《讀書筆記》《語錄》《呂語擇粹》《尹氏家譜》《賢母年譜》《健餘先生文集》等。

應雯 字雲素，號質堂。江西宜黃縣人。康熙五十二年舉人，任內閣中書，雍正二年二甲三十名進士。養親不仕。

胡尣 字質孚。浙江仁和縣人。雍正二年二甲三十一名進士。任四川長寧知縣，改甘肅狄道知縣。因與知府不協被劾，聘主皋蘭書院，以親老歸。

薛士中 字仲源。福建閩縣人。雍正二年二甲三十二名進士。任直隸昌黎知縣，七年改福建漳州府教授，十年任臺灣府教授，乾隆三年復任漳州府教授，五年再任臺灣府教授。

蔣振鷺 字子羽。浙江平湖縣人。雍正二年二甲三十三名進士。選庶吉士，授編修。雍正七年充順天鄉試同考官。

呂守曾 字待孫。河南新安縣人。雍正二年二甲三十四名進士。六年任直隸完縣知縣，二載。十年晉直隸宣化知府，升四川鹽驛道，丁憂。補浙江金衢嚴道，改杭嘉湖道，乾隆五年授甘肅按察使，六年（1741）遷山西布政使。八月卒。著有《松坪詩草》。

姚 璨（榜名范璨，復姓）字電文。號約軒、松岩。浙江秀水縣人，原籍江蘇吳江。康熙十九年（1680）生。雍正二年二甲三十五名進士。選庶吉士，未散館改順天大興知縣，八年升河南鄧州知州，十年遷山東萊州知府，十一年安徽安慶知府，十二年遷安徽廬鳳道。乾隆二年授河南布政使改直隸布政使，五年十二月遷湖北巡撫，八年三月改安徽巡撫。九年六月召京授左副都御史，十年改工部侍郎。十一年三月休致。乾隆三十一年（1766）卒，年八十七。著有《樂志堂集》。

莊敦厚 江蘇武進縣人。雍正二年二甲三十六名進士。七年任直隸西寧知縣。

陳齊登 廣西永安州人。雍正二年二甲三十七名進士。八年官至湖北安陸知府。

李壽彭 山東武定州人。雍正二年二甲三十八名進士。七年授山西介休知縣，行取戶部主事，升吏部員外郎，官至禮部郎中。卒年六十二。

吳鳴虞 字集三，號蓼村。浙江歸安縣人。雍正二年二甲三十九名進士。五年以工部員外郎考選福建道御史。七年三月在四川丈量田地時，納賄婪贓，姿意苛索，革職。

顧 贄 字敬輿，號蕚亭、稼軒。江蘇無錫縣人。雍正二年二甲四十名進士。選庶吉士，授編修。五年考選山西道御史，十年遷四川重慶知府，十六年授山東督糧道，官至四川鹽茶道。

徐煥然（榜名羊煥然，復姓）字晉叔，號桐村。浙江海寧縣人。雍正二年二甲四十一名進士。選庶吉士，授編修。七年充江西鄉試副考官，十三年充順天鄉試同考官。被劾罷官。工畫山水，有倪雲林筆意。年四十七而卒。

賈如璽 字珥峰。直隸故城縣人。雍正二年二甲四十二名進士。任主事，以乞養歸，官至御史。

徐 瑗 漢軍鑲紅旗人。雍正二年二甲四十三名進士。乾隆二年任江西瑞金知縣。

陳紹芳 字德侯，號庭恩。福建安溪縣人。雍正二年二甲四十四名進士。任直隸知肥鄉知縣。後以不適官場去職。

孫揚淦 字公立。山西興縣人。雍正二年二甲四十五名進士。任國子監監丞。未幾罷歸。

呂日登 福建漳浦縣人。雍正二年二甲四十六名進士。六年任河南滎陽知縣，由知縣降補知事。

陳大玠 字元臣，號筍湄。福建惠安縣人。雍正二年二甲四十七名進士。任河南臨漳知縣，改中書科中書，擢禮部儀制司主事，乾隆六年考選浙江道御史，充廣東鄉試副考官，升吏科給事中，官至太常寺少卿。以憂歸，卒年七十六。

雅爾納 滿洲正紅旗人。雍正二年二甲四十八名進士。官至戶部主事。

馮元方 字伯直。山西代州振武衛人。雍正二年二甲四十九名進士。三年授直隸隆平知縣，遷開州知州，七年遷廣東惠州知府，擢廣東南韶連道，八年改廣東鹽驛道，乾隆二年官至廣西按察使。

金名世 （改名金昌世）浙江山陰縣人。雍正二年二甲五十名進士。任直隸清河知縣，乾隆三年改直隸鹽山知縣。

鄧澤永 山東聊城縣人。雍正二年二甲五十一名進士。六年任安徽貴州知縣。

屠嘉正 字時若。浙江桐鄉縣人。雍正二年二甲五十二名進士。纍遷刑部員外郎，十年任廣西太平知府，十三年改山西大同知府，乾

隆三年遷福建糧道，七年改湖北荊宜道，上荊南道。十七年授貴州按察使，二十年降古州道。引疾歸。

史茂 字君躋。陝西華州人。雍正二年二甲五十三名進士。任山西河曲知縣，十一年行取戶部主事，遷郎中，乾隆二十一年考選御史，遷太常寺少卿、通政使司參議，二十八年官至順天府丞。

劉保 滿洲正黃旗人。雍正二年二甲五十四名進士。官至禮部主事。

傅輝文 四川簡州人。雍正二年二甲五十五名進士。七年任廣西桂平知縣，十三年改梧州府通判，乾隆三年遷廣西鬱林知州。

沙長祺 山東蓬萊縣人。雍正二年二甲五十六名進士。任刑部主事。

楊士鑑 字寶千，號仲獻。山東即墨縣人。雍正二年二甲五十七名進士。選庶吉士，授編修。五年考選廣西道御史，升吏科給事中，出任浙江溫州知府，官至貴州思州府知府。著有《華峰集》。

鄭拔進 福建南安縣人。雍正二年二甲五十八名進士。三年八月年任福建漳州府教授，改臺灣府教授，十二年遷廣東仁化知縣。

高景蕃 字松瞻、怡園，號景詩。浙江仁和縣人。雍正二年二甲五十九名進士。七年任山西樂平知縣，行取刑部主事，乾隆八年考選山東道御史，十年外轉福建興泉永

道，改禮部郎中，進鴻臚寺少卿。乞老歸。著有《六經疑義錄》《秋水堂古文》《貼徵集》《愛日軒詩餘》。

李應機 字神若，號旅山。福建泰寧縣人。雍正二年二甲六十名進士。九年任浙江景寧知縣，升吏部文選司主事，遷貴州獨山州知州，署都江通判。致仕歸。

趙鑑遠 字鏡朗。山東齊東縣人。雍正二年二甲六十一名進士。任江蘇新陽知縣，七年任泰興知縣。

王泰甡 字鹿賓，號芸圃。江西新淦縣人。雍正二年二甲六十二名進士。選庶吉士，授編修。十年、十三年兩任順天鄉試同考官，官至四川順慶知府。著有《春暉堂集》。

包　濤 字春河，號梅嶼。浙江錢塘縣人。雍正二年二甲六十三名進士。任甘肅慶陽知縣，擢刑部主事，升雲南司郎中，七年外任甘肅平涼知府，八年改慶陽知府，改延安知府，調江西贛州知府。年七十四卒。著有《說書旁觀》《三才備考》《邨郦衛三風詩意》等。

顧維鑄 江蘇無錫縣人。雍正二年二甲六十四名進士。任直隸靜海知縣，遷雲南永昌府同知，官至雲南澂江府知府。

劉良璧 字省庵。湖南衡陽人。雍正二年二甲六十五名進士。三年起任福建連江、將樂、嘉義、龍溪知縣，十三年任漳州海防同知，乾隆二年擢臺灣知府。五年遷福建臺灣道，丁憂服闋，十二年補福建興

泉永道。以老乞歸。

岳生夔 字栗齋，號漫叟。直隸隆平縣人。雍正二年二甲六十六名進士。雍正十年任山東新城知縣。歷六載罷歸，授徒自給。卒年八十一。

石去浮 河南陳留縣人。雍正二年二甲六十七名進士。纍遷至雲南昭通府永北直隸廳知府，改直隸河間知府，擢江西驛鹽道，乾隆六年授湖北按察使。十一年乞養歸。

俞　荔 字碩卿、崒山。福建莆田縣人。雍正二年二甲六十八名進士。七年任廣東長寧知縣，遷連平知州。以失上官意罷歸。歸後授徒講學。

王　璵 字魯玉。湖北江夏縣人。雍正元年舉人，二年二甲六十九名進士。任山東安丘知縣。數月歸。

朱良裘 字冶子，號補園。江蘇上海縣人。雍正二年二甲七十名進士。選庶吉士，授編修。七年充順天鄉試同考官，升至少詹事，又降右中允，乾隆四年充會試同考官，六年四川鄉試主考官。

父朱鑑，雍正元年進士。

葉居仁 字取淑。安徽涇縣人。雍正二年二甲七十一名進士。任湖北雲夢知縣，八年署湖南武岡州知州。年三十七卒於任。

吳日燦 浙江石門縣人。雍正二年二甲七十二名進士。六年任直隸吳橋知縣，八年署景州知州，官

至順天府治中。

陳嵩鑑　安徽桐城縣人。雍正二年二甲七十三名進士。三年任浙江臨海知縣（一作改海寧縣教諭）。

安偲　字以誠。直隸贊皇縣人。雍正二年二甲七十四名進士。未及授職而卒。

朱煐　字臨川。雲南石屏州人。雍正二年二甲七十五名進士。六年授直隸赤城知縣，丁憂服闋，乾隆三年補懷安縣，調任丘縣，擢趙州直隸州知州，改廣平府同知，遷大名府知府，調湖南永州知府。因與巡撫不合，罷歸。乾隆三十九年（1774）卒，年七十六。

李之崢　字覆一，號樸齋。直隸滄州人。雍正二年二甲七十六名進士。雍正七年任湖北光化縣知縣。致仕歸。澤州知府聘主體仁書院、太平書院、龍門書院。

弟李之嶧，雍正元年進士。

宋嵩巘　字幽峰。山東郵城縣人。雍正二年二甲七十七名進士。十一年任山西臨晉知縣。

貴昌　滿洲正黃旗人。雍正二年二甲七十八名進士。任滿洲明奇佐領，官至工部員外郎。

李國相　字直清，號掌峰。陝西咸陽縣人。雍正二年二甲七十九名進士。任刑部主事，十三年遷安徽廣德州知州侍講。曾參與修《綱目》《皇朝文穎》，乾隆四年回任廣德州知州。

周長發　字蘭坡、朗庵，號石帆，浙江山陰縣人，原籍會稽。雍正二年二甲八十名進士。選庶吉士，任江西廣昌知縣，改浙江樂清縣教諭。乾隆元年召試博學鴻詞二等第九名，授檢討。升右中允，遷侍讀學士，以事降校《詞林典故》等。才思敏捷。著有《賜書堂集》等。

金銘　（復姓虞）江蘇太倉州人。雍正二年二甲八十一名進士。七年任廣東茂名知縣。

第三甲二百一十五名

徐立御　字從六。湖北蘄水縣人。康熙五十九年舉人，雍正二年三甲第一名進士。七年授河南新鄉知縣，十一年改滑縣知縣，升光州直隸州知州，乾隆元年擢山東東昌府知府，丁憂。補貴州黎平知府，改署鎮遠知府，十三年官至貴州貴東道。

吳祖留　江蘇武進縣人。雍正二年三甲第二名進士。任順天府寶坻知縣。

馮祖悅　字鍾冀、敬齋。山西代州振武衛人。雍正二年三甲第三名進士。任戶部主事、員外郎。七年充陝西鄉試主考官，八年外任甘肅甘州知府，官至甘肅洮岷道。以事左遷江蘇蘇州督糧同知，乾隆十二年遷河南陳州知府，十六年調廣東雷州知府。二十二年（1755）六月十九日卒，年六十四。

程開業　浙江永康縣人。雍正

二年三甲第四名進士。雍正十一年任山東濟南知府。乾隆二年官至山東兗沂曹濟道。七年改湖南寶慶知府。

曾道亨 湖北天門縣人。雍正二年三甲第五名進士。

金　相 字禹簡，號璞堂。湖北孝感人。康熙五十二年湖北鄉試解元，雍正二年三甲第六名進士。選庶吉士，散館改知縣。尋卒。

陶良瑜 湖南瀏陽縣人。雍正二年三甲第七名進士。五年任四川金堂知縣。

車　柏 滿洲鑲白旗人。雍正二年三甲第八名進士。任戶部主事，改滿洲瑪律泰佐領。

饒允服（復姓楊）字又京。江西南昌縣人。雍正二年三甲第九名進士。任戶部主事，擢郎中，出爲直隸廣平知府，丁憂補徽州知府兼安慶知府。明年入京，卒於金陵，年五十五。

恒　德 字觀戒，號桐網。滿州正紅旗人。雍正二年三甲第十名進士。選庶吉士，散館改光祿寺署丞。

龔健颺 字丙三，號惕齋。湖北天門縣人。康熙五十九年舉人，雍正二年三甲十一名進士。任工部主事，五年以工部員外郎考選陝西道御史，掌山東道御史。降行人司，改戶部主事、兵部主事。諸經四書皆有編纂，尤好《春秋》。作《胡傳辨》十餘篇。

周龍官 字翼皇，號寥圃。江南山陽縣人。雍正二年三甲十二名進士。授檢討。乾隆元年任廣東主考官，後忤上官乞休歸。十六年上南巡特授編修。家居四十年，卒年八十三。

程　恂 字溧也，號燕侯。安徽休寧縣人。雍正二年三甲十三名進士。選庶吉士，未散館。任直隸武清河同知，官至直隸定州知州。乾隆元年召試博學鴻詞二等第十名，授檢討。十三年充會試同考官。官至中允。

楊　瓚 字崑在、荊崖。山西聞喜縣人。雍正二年三甲十四名進士。七年任江西建昌知縣，署瑞昌知縣，擢廣西賓州知州，丁憂。乾隆四年補廣東德慶州知州。

張　疊 字石鄰。直隸天津縣人。雍正二年三甲十五名進士。任江蘇昭文、震澤知縣，乾隆五年改江蘇金山知縣，調山東鄒平知縣。改教職去。文與王文模齊名。

周家相 直隸新安縣人。雍正二年三甲十六名進士。署知縣，乾隆元年任湖廣鍾祥知縣，九年改福建龍岩知縣。

秦伯龍 江蘇無錫縣人。雍正二年三甲十七名進士。七年任山東濰縣知縣。

丁　煌 江西南城縣人。雍正二年三甲十八名進士。七年任廣西富川知縣。

郭　位 江西萬安縣人。雍正

二年三甲十九名進士。五年任湖南善化知縣。九年改瑞金縣教諭。

陳　璟　字葆杯，號大璞。浙江錢塘縣人。雍正二年三甲二十名進士。後任浙江台州府教授。

陳之溁　江西南豐縣人。雍正二年三甲二十一名進士。任户部主事。

邱上峰　江西長寧縣人。雍正二年三甲二十二名進士。任清豐知縣。

屠應麟　浙江平湖縣人。雍正二年三甲二十三名進士。任直隸棗強知縣。

傅　墍　字子厚、成山。直隸靈壽縣人。雍正二年三甲二十四名進士。八年任廣東信宜知縣，改廣東臨高知縣，乾隆年署潯州府同知，二年改百色廳同知，署鬱林知州，十七年遷廣西鎮安知府，改雲南武定知府官至雲南昭通知府。忤上臺意，左遷歸。

王文清　字廷鑒，號九溪、春圃，湖南寧鄉縣人。康熙二十一年十二月初十（1689年1月）生。雍正二年三甲二十五名進士。任湖南九溪衛學正，九年遷岳州府教授。改中書科中書，遷宗人府主事。考授御史。乞養歸。曾主講岳麓書院。乾隆四十四年（1779）卒，年九十二。著有《儀禮分節句讀》《周禮會要》《鋤經餘草》《考古源流》《三禮圖》《喪服解》《祭禮解》《樂制考》等。

馬　嚴　字敬六。江蘇上海縣人。雍正二年三甲二十六名進士。未仕卒。

張鍾秀　字鴻淛。浙江海鹽縣人。雍正二年三甲二十七名進士。任内閣典籍，六年改湖北孝感知縣，十一年改襄陽知縣，署知府，未幾卒。著有《過耳集詩稿》。

謝重燦　福建惠安縣人。雍正二年三甲二十八名進士。四年任安徽靈璧知縣。

唐之元　河南沈丘縣人。雍正二年三甲二十九名進士。

胡南藩　字楚雄。江西星子縣人。雍正二年三甲三十名進士。六年任山西臨晋知縣，乾隆三年署調四川彭縣知縣，六年改灌縣知縣，兼護水利同知，遷廣西養利知州，擢潯州知府。

周大璋　字聘侯，號筆峰。安徽桐城縣人。雍正二年三甲三十一名進士。五年任湖南龍陽知縣，改華亭縣教諭。著有《四書精言》《四書正義》《左傳翼》《朱子古文注》等。

楊鳳然　江西新淦縣人。雍正二年三甲三十二名進士。六年任江蘇青浦知縣。

唐傳鈺　字人岸。湖南衡陽縣人。雍正二年三甲三十三名進士。任浙江樂清知縣，四年署浙江仙居知縣。在任四年，以勞卒於官。

潘思榘　字絜方，號補堂。江蘇武進縣人。康熙三十四年（1695）正月十九日生。雍正二年三甲三十四名進士。選庶吉士，散館改刑部主事，升郎中。九年外任廣東南雄知府，十三年廣東雷瓊道，乾隆二年廣東督糧道。四年授廣東按察使，七年遷浙江布政使。十一年五月授安徽巡撫，未任，十二年九月改福建巡撫。乾隆十七年（1752）二月十七日卒，年五十八。入祀賢良祠，謚“敏惠”。講求經濟實學，治經尤邃於《易》。著有《周易淺釋》《鰲峰講義》。

劉廷元 （本姓錢）湖北江夏縣人。康熙五十二年舉人，雍正二年三甲三十五名進士。雍正九年前任順天府寶坻知縣。

李子靖 直隸清豐縣人。雍正二年三甲三十六名進士。八年任江西定南知縣。

陳鳳友 字文度。順天文安縣人。雍正二年三甲三十七名進士。七年任河南泌陽知縣，十年改南陽知縣，遷兵部主事，十六年薦遷廣東韶州知府，十九年改肇慶知府。著有《素齋集》。

爲康熙五十四年進士陳儀次子。弟陳玉友，雍正八年進士。

嚴遂成 字崧瞻，號海珊。浙江烏程縣人。雍正二年三甲三十八名進士。十年任山西臨縣知縣，乾隆五年調直隸井陘、阜成、望都、交河、長垣知縣，遷雲南嵩明州知州、鎮雄州知州。以事去職。著有《明史雜詠》《詩經序傳輯疑》《海珊詩鈔》等。

徐允年 安徽含山縣人。雍正二年三甲三十九名進士。六年任廣東永安知縣。

阮汝暻 順天大興縣人。康熙三十二年（1693）生。雍正二年三甲四十名進士。八年任山東棲霞知縣，十三年調館陶縣。以病卒於任。

黃在中 字公瓚。江西宜春縣人。雍正二年三甲四十一名進士。六年任直隸雞澤知縣，丁憂歸。十三年任四川璧山知縣。

施陽林 （初名施陽彬）字幼野。山西振武衛人。雍正二年三甲四十二名進士。

陸培 （1686—1752）字翼風，號南鄉，一號白蕉。浙江平湖縣人。雍正二年三甲四十三名進士。七年任安徽東流知縣，署貴池知縣罷歸。工詞。著有《白蕉詞》。

聶蟾宮 山西崞縣人。雍正二年三甲四十四名進士。七年任江西雩都知縣，改直隸平鄉知縣，十二年改山西寧武府教授，改太原府教授。

陳綱 江蘇宿遷縣人。雍正二年三甲四十五名進士。五年任河南修武知縣。十二年改承德知縣。

李紘 字巨川。江西臨川縣人。雍正二年三甲四十六名進士。以養母，十七年後始赴選，授直隸鉅鹿知縣，調湖北應城縣，在任三年聞兄絋卒告歸，遂引疾去官。著有《南園答問》《南園稿》。

兄李絋，康熙四十八年進士，直隸總督。

趙立身 順天大興縣人。雍正二年三甲四十七名進士。乾隆八年官至江西南康知府。

陳慶門　字容馴，號渭川。陝西周至縣人。雍正二年三甲四十八名進士。七年授安徽廬江知縣，十一年擢亳州知州，丁母憂歸。乾隆元年補四川達州知州。未幾乞病歸。著有《仕學一貫錄》。

魏世隆　直隸南宮縣人。雍正二年三甲四十九名進士。七年任河南固始知縣。

祕象震　（一作秘象震）字省存，號百里。直隸故城縣人。雍正二年三甲五十名進士。任工部屯田司主事，升刑部廣西司員外郎，八年考選江西道御史。遷左副都御史（未見此任），以疾乞休。

曾祖祕丕笈，康熙十二年進士。

王建中　奉天錦縣人。雍正二年三甲五十一名進士。三年任廣東歸善知縣，八年改直隸肥鄉知縣，邯鄲知縣。

景　份　河南通許縣人。雍正二年三甲五十二名進士。

劉所說　直隸豐潤縣人。雍正二年三甲五十三名進士。任直隸保定府教授。

陳世翰　廣東興寧縣人。雍正二年三甲五十四名進士。七年任河南通許知縣，遷刑部主事。

邱軒昂　廣東海陽縣人。雍正二年三甲五十五名進士。雍正八年任直隸深澤知縣，乾隆八年改河南鞏縣知縣。

陸汝欽　字恪庭。浙江平湖縣人。雍正二年三甲五十六名進士。

七年任湖南湘潭知縣，改浙江溫州府教授。以憂歸。杜門課子。

楊廷爲　江西信豐縣人。雍正二年三甲五十七名進士。任內閣中書，官至雲南順寧知府。

王錫九　山西汾西縣人。雍正二年三甲五十八名進士。任甘肅伏羌知縣。

王德純　漢軍鑲白旗人。雍正二年二甲五十九名進士。六年遷福建邵武府同知，乾隆元年任福州知府，三年官至漳州知府。

張孝揚　山西沁州直隸州人。雍正二年三甲六十名進士。八年任福建寧化知縣，改山西襄陵教諭。

弟張孝捏，乾隆元年進士。

陳慰祖　字仲怡。河南滋州人。雍正二年三甲六十一名進士。七年任安徽青陽知縣，官至安徽宿州知州。

朱　檠　字魏成，號海樵，又號岑庵。浙江海寧縣人。雍正二年三甲六十二名進士。六年任順天府永清知縣。在任五年，以病歸。著有《海樵題畫詩》。

曹大隆　字丹村。湖北武昌縣人。雍正二年三甲六十三名進士。任山東長清知縣，調泰安縣。

運　太　滿洲正黃旗人。雍正二年三甲六十四名進士。任滿洲佐領。

李　峏　山西陽曲縣人。雍正二年三甲六十五名進士。任山東陵縣知縣。

林日煴　字啓晨，號東來。福建寧德縣人。雍正二年三甲六十六名進士。七年任湖北武昌知縣，八年改崇陽知縣，丁憂。十二年調四川雲陽知縣。所至有惠政。

房璋 直隸清苑縣人。雍正二年三甲六十七名進士。

程錫琮 字虛中。安徽六安州人。雍正二年三甲六十八名進士。七年任河南柘城知縣，十年調閿鄉知縣，行取禮部祭祀司主事。

何其衷 （原名何其忠）字敬庵。滿洲正紅旗人。雍正二年三甲六十九名進士。任江蘇鹽法道，乾隆十四年授安徽按察使遷浙江布政使，十六年三月降山東按察使解職，再降江西驛鹽道。二十二年授湖北按察使遷貴州布政使，二十八年五月授山西巡撫，三十年正月改陝西巡撫。乾隆三十一年二月革職。十月以「前在山西巡撫任內於升任陽曲令段成功彌補虧空一案徇縱營私」罪處斬。

趙瑛 直隸新河縣人。雍正二年三甲七十名進士。

方增文 字守德。福建福清縣人。雍正二年三甲七十一名進士。

張忠震 字虎臣，號涪亭。順天宛平縣人，原籍江蘇華亭。雍正二年三甲七十二名進士。五年任湖南石門知縣，官至江西撫州知府。

吳開業 福建海澄縣人。雍正二年三甲七十三名進士。任福建福州府教授，十三年任臺灣府教授，乾隆四年任安徽祁門知縣。致仕歸。卒年九十三。

趙晃 字朗存，號約堂。順天武清縣人。雍正二年三甲七十四名進士。選庶吉士，授檢討。雍正九年督廣西學政，十一年考選雲南道御史，乾隆三年轉陝西延餒道，六年官至山東登萊青道。

劉成德 直隸趙州直隸州人。雍正二年三甲七十五名進士。十年任河南鹿邑知縣。

周大律 河南溫縣人。雍正二年三甲七十六名進士。七年任江蘇溧水知縣。

李士傑 字巖萬。湖北安陸縣人。康熙五十六年舉人，雍正二年三甲七十七名進士。纍遷郎中，八年授安徽池州知府，十一年改太平知府，乾隆元年調江蘇鎮江知府，五年署蘇松太平兵備道。年未五十乞致仕歸。卒年八十二。

汪壎 字沅愔。江西浮梁縣人。雍正二年三甲七十八名進士。任直隸阜平知縣，乾隆九年改福建沙縣知縣，十五年升河南鄧州知州。

廖必琦 字師韓，號愧荊、荔莊。福建莆田縣人。雍正二年三甲七十九名進士。授主事，特授檢討。乾隆三年考選浙江道御史。假歸。杜門謝客，不預外事。

章台 字紫三，號隅齋。安徽涇縣人。雍正二年三甲八十名進士。授山東安丘知縣，致仕歸，邑中聘爲義學院長。

鄧世杰 字亮臣，號瀚心。安徽蕪湖縣人。雍正二年三甲八十一名進士。任禮部主客司主事，七年充貴州鄉試副考官。

劉振斯 山東禹城縣人。雍正二年三甲八十二名進士。任雲南元謀知縣，十三年調福建清流知縣，改直隸安平知縣。

色誠（改名色臣）蒙古正白旗人。雍正二年三甲八十三名進士。任詹事府左中允。

劉幹 江蘇嘉定縣人。雍正二年三甲八十四名進士。七年任安徽涇縣知縣。忤上官罷去。

張素 字居易。貴州清平縣人。雍正二年三甲八十五名進士。授陝西郿縣知縣，十二年改扶風知縣，乾隆六年卸任。

黎楨（改名黎正）字端伯，號建峰。廣東石城縣人。雍正二年三甲八十六名進士。官至戶部員外郎。不肯阿順上官，謝病歸。卒年六十六。

張士璉 山西安邑縣人。雍正二年三甲八十七名進士。三年任廣東海陽知縣，乾隆二年纍遷廣東惠州知府，七年改廣州知府，八年官至廣東惠潮嘉兵備道。

謝鍾齡 字鶴儕。福建建寧縣人。雍正二年三甲八十八名進士。任直隸保定知縣，改大城知縣，遷廣西橫州知州，乾隆十四年官至廣東廉州知府。

葉潔齊 廣東海豐縣人，雍正二年三甲八十九名進士。雍正八年任山西嵐縣知縣。

程光鉅 字爾至，號蔚亭。湖北孝感縣人。雍正二年三甲九十名進士。選庶吉士，授檢討。雍正七年充順天鄉試同考官，十三年授浙江金衢道，官至江南蘇松糧道。以疾卒於任。

陶士倧 湖南寧鄉縣人。雍正二年三甲九十一名進士。任山東禹城知縣。

閻廷佶 字汝貞，號惕庵。山東昌樂縣人。雍正二年三甲九十二名進士。任江西瀘溪、金溪、南城知縣，擢改廣西象州知州、濱州知州。在任二年卒於任。

阮維誠（一作阮維城）貴州畢節縣人。雍正二年三甲九十三名進士。任刑部主事。

王祚昌 山西樂平縣人。雍正二年三甲九十四名進士。五年任福建寧德知縣、南靖知縣。

覺羅禄保 滿洲正黃旗人。雍正二年三甲九十五名進士。任滿洲覺羅永平佐領，官至理藩院員外郎。

藺壽 河南陽武縣人。雍正二年三甲九十六名進士。雍正七年任湖北宜城知縣。

馮鴻模 浙江慈溪縣人。雍正二年三甲九十七名進士。十二年任直隸樂亭知縣。

何宗韓（1678—1744）字嗣藩、對溪。甘肅文縣人。雍正二年三甲九十八名進士。任禮部主事，四年充山西鄉試副考官，升員外郎，補刑部郎中，官至大理寺少卿。致仕歸。著有《敦仁堂集》。

江允溥 山東鰲山衛人。雍正二年三甲九十九名進士。八年任安徽繁昌知縣。乾隆元年任山東東昌府教授。

沈維崧 貴州畢節縣人。雍正二年三甲一百名進士。任刑部主事。

吳澄清 （本姓范）浙江仁和縣人。雍正二年三甲一百零一名進士。任知縣。

任之彥 陝西長安縣人。雍正二年三甲一百零二名進士。八年任湖南嘉樂知縣，乾隆三年改湖南綏寧知縣，九年任湖南平江知縣。

王鴻薦 字雲翩，號鳳岡。陝西安定縣人。雍正二年三甲一百零三名進士。九年任江西安遠知縣，乾隆二年任四川廣元知縣，升河南睢州知州。

楊永昇 浙江西安縣人。雍正二年三甲一百零四名進士。即用知縣，分發河南，七年任葉縣知縣。

蔡澍 字和霖。山東高苑縣人。雍正二年三甲一百零五名進士。十三年署江蘇福泉知縣，任江蘇江陰知縣。在任九年。

長庚 滿洲正紅旗人。雍正二年三甲一百零六名進士。乾隆四十五年任福建澎湖通判，五十年遷臺灣淡水同知。五十一年與知府孫景燧守彰化，城陷遇害。

鹿謙吉 字後村。直隸定興縣人。雍正二年三甲一百零七名進士。雍正七年任廣東增城知縣，十年調合浦知縣，罷吏議去，乾隆七年補安徽鳳臺知縣。歸後里居十餘年卒。

光成采 字雲五，號筠峰。安徽桐城縣人。雍正二年三甲一百零八名進士。著有《浣易四書典故》《杏窗文集》等。

張天保 山西榆次縣人。雍正二年三甲一百零九名進士。八年任河南鞏縣知縣，十二年改蘭陽知縣。行取入京。

胡星 字辰庚。山東高密縣人。雍正二年三甲一百十名進士。六年任湖南耒陽知縣，七年改宜章知縣，乾隆三年遷湖南郴州知州，十年署直隸灤州知州，遷禮部員外郎，十六年充會試同考官，官至吏部驗封司郎中。

徐汝升 字雲客。山東泰安州人。雍正二年三甲一百十一名進士。三年任山東大松衛教授，乾隆十三年改海陽縣教諭。

羅經 四川閬中縣人。雍正二年三甲一百十二名進士。纍遷工部郎中，乾隆三年官至陝西鳳翔知府。

劉元暉 號融齋。福建永安縣人。雍正二年三甲一百十三名進士。七年任直隸深澤知縣。

何世華 浙江新昌縣人。雍正二年三甲一百十四名進士。三年任山東壽光知縣。

蠻子 （改名明善）蒙古正白旗人。雍正二年三甲一百十五名進士。任理藩院主事。

陳沆 字存庵。雲南石屏州

人。雍正二年三甲一百十六名進士。授山東鄒平知縣，三年改湖南武陵知縣，遷澧州知州，六年官至湖南衡州知府，十六年改浙江處州知府，召入爲吏部員外郎。年七十致仕歸。卒年八十三。

夏封泰 字冠東，號心谷。浙江歸安縣人。雍正二年三甲一百十七名進士。任直隸任丘知縣，乾隆九年補湖北麻城知縣。以病告歸。

劉重選 字升如。山東文登縣人。雍正二年三甲一百十八名進士。任戶部主事、吏部郎中，七年充順天鄉試同考官，八年外任江蘇揚州府同知，乾隆三年擢江蘇淮安知府，十年改廣東高州府知府。護理高廉兵備道。致仕歸。

余士依 字希純。浙江遂安縣人。雍正二年三甲一百十九名進士。七年任安徽寧國知縣，補江西峽江知縣，調都昌縣，乾隆四年行取主事，留任都昌。謝病歸。

伍　環 江西安福縣人。雍正二年三甲一百二十名進士。七年任山東棲霞知縣。

蘇作睿 字鳳岡。江西永新縣人。雍正二年三甲一百二十一名進士。任江蘇六合知縣。告歸。著有《墨雲詩鈔》《鳳岡制義》。

艾　芳 江西崇仁人。雍正二年三甲一百二十二名進士。九年任山西芮城知縣。

冷時松 字茂公。廣西臨桂縣人。雍正二年三甲一百二十三名進士。十三年任直隸西寧知縣，改直隸清河知縣，乾隆五年調江蘇儀徵知縣，十年任江蘇鎮洋知縣，十七年七月改江蘇常熟知縣，十九年二月署昭文知縣，官至邳州知州。

袁學謨 字迪來，號梅谷。江西彭澤縣人。雍正二年三甲一百二十四名進士。五年任山西石樓知縣，十一年改汾陽縣，以卓異遷浙江處州府同知，代金華、處州知府。歸，年七十三卒。

葉　枳 字宣城。直隸任丘縣人。雍正二年三甲一百二十五名進士。八年任山東淄川知縣。以罣誤去職。年八十四卒。

武聯馨 直隸南樂縣人。雍正二年三甲一百二十六名進士。任山東臨淄知縣，十一年任直隸宣化府儒學教授。

姚夢鯉 廣東東莞縣人。雍正二年三甲一百二十七名進士。任浙江淳安知縣。

章國錄 字令思。江西瑞昌縣人。雍正二年三甲一百二十八名進士。七年任廣東廣寧知縣，九年改廣東吳川知縣。去任主講端溪書院，歸後主講洞鹿書院。著有《韻梅樓詩文集》。

藍正春 福建上杭縣人。雍正二年三甲一百二十九名進士。九年任江西安仁知縣。

李子吟 字萬勛。湖北黃陂縣人。康熙五十年舉人，雍正二年三甲一百三十名進士。八年任安徽黟縣知縣。

文昭　陝西三水縣人。雍正二年三甲一百三十一名進士。七年任河南澠池知縣，任八載，乾隆二年升汝州知州，六年官至裕州。

舒兆夔　滿洲鑲白旗人。雍正二年三甲一百三十二名進士。官至吏部主事。

駱夢觀　江西南昌縣人。雍正二年三甲一百三十三名進士。乾隆五年任廣東花縣知縣，調廣陵知縣，改南康府教授、廣信府教授。

羅廷獻　江西吉水縣人。雍正二年三甲一百三十四名進士。八年任廣東興寧知縣。

劉世熹　貴州黃平州人。雍正二年二甲一百三十五名進士。任陝西三原知縣，改貴州鎮遠府教授，改大定府教授。年七十卒。

趙麟趾　陝西臨潼縣人。雍正二年三甲一百三十六名進士。任知縣。

李翔鱗　字見田，號古愚。直隸遵化州人。雍正二年三甲一百三十七名進士。任江西鄱陽知縣，丁父憂，乾隆三年補定南知縣，調信豐縣，改山西永和知縣，長子知縣，乞休歸，卒年七十三。

蕭啓棟　直隸青縣人。雍正二年三甲一百三十八名進士。三年任山西左雲知縣，六年改直隸大名府教授、直隸順德府教授。

李玉璋　山西臨縣人。雍正二年三甲一百三十九名進士。六年任湖南東安知縣。

鄭重　江蘇高郵州人。雍正二年三甲一百四十名進士。乾隆元年任安徽英山知縣。

于凝祺　直隸靜海縣人。雍正二年三甲一百四十一名進士。五年任湖北孝感知縣，八年改安徽祁門知縣。

馬光學　山西翼城縣人。雍正二年三甲一百四十二名進士。任湖北孝感知縣，七年改安徽太和知縣。

謝寶　字紫樹。廣東瓊山縣人。雍正二年三甲一百四十三名進士。任廣東肇慶府教授。與當道議論不合，弃官歸。

鄭登瀛　湖北孝感縣人。雍正二年三甲一百四十四名進士。任廣西永福知縣。

夏之瑚　甘肅階州人。雍正二年三甲一百四十五名進士。

陳鳳　字昌曠。福建閩縣人。雍正二年三甲一百四十六名進士。任山東高苑知縣。

田種玉　山東范縣人。雍正二年三甲一百四十七名進士。乾隆二年任直隸青縣知縣。

欒瑜　字懷瑾。山東博興縣人。雍正二年三甲一百四十八名進士。任江西龍南知縣。

李大章　湖南華容縣人。雍正二年三甲一百四十九名進士。授江西星子知縣，未任，以親老九年改任湖南沅江縣教諭。卒於任。

楊文桂　漢軍正白旗人。雍正二年三甲一百五十名進士。任工部主事。

李廷宋　四川閬中縣人。雍正二年三甲一百五十一名進士。任浙江諸暨知縣，七年改慶元知縣，乾隆二年署桐廬知縣，五年改浙江餘杭知縣，七年改浙江永嘉知縣。

王　灝　字少梁，號文川。四川南充縣人。雍正二年三甲一百五十二名進士。八年任湖南耒陽知縣，改廣東歸善、博羅、陽春、石城、東莞等知縣，升連州直隸州知州。解組歸。

董廷光　湖北監利縣人。雍正元年舉人，二年三甲一百五十三名進士。任湖北武昌府教授。

郝　霦　順天霸州人。雍正二年三甲一百五十四名進士。十一年任福建長汀知縣，乾隆五年任臺灣海防同知，十三年遷福建海防同知，官至福建福寧府知府。

楊如松　雲南保山縣人。雍正二年三甲一百五十五名進士。九年以兵部員外郎考選山東道御史，升順天府丞，轉右通政。降右參議。

吳希陵　字泰岩。雲南易門縣人。雍正二年三甲一百五十六名進士。四年任江蘇桃源知縣。罣吏議歸。著有《釀花集》。

張　復　字伯敦。雲南雲南縣人。雍正二年三甲一百五十七名進士。任戶部主事，升員外郎，左遷署江西寧州知州。以憂歸。著有《觀光草》《澹園詩草》《未信草》。

趙　仕　字行可，號籙齋。山東寧海州人。雍正二年三甲一百五十八名進士。雍正三年任浙江永嘉知縣，調遂昌知縣。

劉德成　奉天錦縣人。雍正二年三甲一百五十九名進士。八年任江西龍南知縣，十年改江西南昌知縣，乾隆四年官至河南歸德府知府。

楊四奇　字人岳。山西沁州直隸州人。雍正二年三甲一百六十名進士。八年任廣西富川知縣。

張炳題　浙江仙居縣人。雍正二年三甲一百六十一名進士。任廣東翁源、文昌、和平、三水知縣，乾隆二年改直隸雞澤、開平知縣。卒於任。

梁漢鼎　廣東定安縣人。雍正二年三甲一百六十二名進士。八年任山西沁源知縣。

宋　暲　字日章。直隸開州人。雍正二年三甲一百六十三名進士。十三年任貴州永從知縣。以疾卒於任。

文　保　滿洲鑲藍旗人。雍正二年三甲一百六十四名進士。官至詹事府左庶子。

林叢光　廣東南海縣人。雍正二年三甲一百六十五名進士。八年任河南沈丘知縣。

趙耀甲　直隸祁州人。雍正二年三甲一百六十六名進士。任雲南楚雄知縣。

鄧　鈺　字珮蒼。江南六安州人。雍正二年三甲一百六十七名進士。任湖南邵陽知縣，乾隆四年改湘陰知縣，署湖南寶慶知府。終養告歸。卒年六十三。

佘聖言 字介侯。廣東海豐縣人。雍正二年三甲一百六十八名進士。任宗人府主政。以親老告歸，掌教韓山書院。著有《眺遠樓詩集》行世。

王棫 字鶴庵。直隸深澤縣人。雍正二年三甲一百六十九名進士。十三年任山西猗氏知縣，補湖北蘄水知縣。

兄王植，康熙六十年進士。

谷旦 河南宜陽縣人。雍正二年三甲一百七十名進士。任安徽太湖知縣，八年改河南滑縣教諭。

高厚望 湖北石首縣人。康熙四十七年舉人，雍正二年三甲一百七十一名進士。八年任河南溫縣知縣。

周相 河南密縣人。雍正二年三甲一百七十二名進士。十年任湖南湘陰知縣，乾隆二年改湖南瀘溪知縣。

黎東昂 江蘇江寧縣人。雍正二年三甲一百七十三名進士。八年任河南商城知縣。

徐濟言 字楫川。江西高安縣人。雍正二年三甲一百七十四名進士。任定襄知縣，行取主事。

李成龍 字劍光。山東寧陽縣人。雍正二年三甲一百七十五名進士。八年任福建建安知縣，忤上被劾，改補山東曹州府學正。卒於任。

李時 四川宜賓人。雍正二年三甲一百七十六名進士。任內閣中書，九年任河南葉縣知縣，乾隆三年官至安徽廬州府同知。

楊佺 河南睢州人。雍正二年三甲一百七十七名進士。

邱韻 字嗣音。福建上杭縣人。雍正二年三甲一百七十八名進士。

陳獻可 河南洛陽縣人。雍正二年三甲一百七十九名進士。未仕。

周傳昌 字漢先。江西南豐縣人。雍正二年三甲一百八十名進士。任直隸豐潤、肅寧知縣。卒於任。

李甲第 字震初。河南孟津縣人。雍正二年三甲一百八十一名進士。八年任直隸青縣知縣。丁憂歸。卒於家。

趙錫孝 字寶文。江蘇常熟縣人。雍正二年三甲一百八十二名進士。任江蘇常州、松江府教授。

鄭宜 字廙三。福建永定縣人。雍正二年三甲一百八十三名進士。任江西龍泉知縣。

孔傳堂 號升庵。山東曲阜縣人。雍正二年三甲一百八十四名進士。八年官至廣西鎮安知州，乞養歸，後改貴州思南知府。

單謂 山東高密縣人。雍正二年三甲一百八十五名進士。

王轍 字子由。河南項城縣人。雍正二年三甲一百八十六名進士。未仕卒。

鄒玉章 字石屏。河南河內縣人。雍正二年三甲一百八十七名進士。六年任直隸故城知縣，乾隆六年改江蘇華亭知縣，改吳江知縣，以罣誤去。乾隆十五年調江西廣昌知縣。十六年罷。

傅　鼐　滿洲正藍旗人。雍正二年三甲一百八十八名進士。任詹事府主簿，改滿洲敖來佐領。

舒　明　字東臨。滿洲正黃旗人。雍正二年三甲一百八十九名進士。選庶吉士。散館除名。

謝志遠　（復姓詹）廣東揭陽縣人。雍正二年三甲一百九十名進士。十年任山西陵川知縣。

汪作楫　字爲舟。安徽婺源縣人。雍正二年三甲一百九十一名進士。任江蘇松江府教授。

查克丹　滿洲鑲黃旗人。雍正二年三甲一百九十二名進士。官至戶部主事。

黃光岳　字碩廬、聚生。江西上高縣人。雍正二年三甲一百九十三名進士。三年授浙江寧海知縣，母喪服闋，十年代理浙江蘭溪知縣，十一年任金華知縣。年七十卒。輯其鄉吳學詩、黃鎡、李堅三人詩刻之，爲《三詩合編》。

安脩德　字慎先。貴州思南府人。雍正二年三甲一百九十四名進士。六年以禮部員外郎考選貴州道御史，補通政司參議，官至順天府丞。

郭如岐　河南商丘縣人。雍正二年三甲一百九十五名進士。五年任安徽石埭知縣。

彭心鑑　字士衡。湖南湘鄉縣人。雍正二年三甲一百九十六名進士。十年任廣東仁化知縣，改補湖南桃源縣教諭。

張孚至　字子惠。河南夏邑縣人。雍正二年三甲一百九十七名進士。九年任浙江建德知縣。乞終養歸。

燕文僎　字偕升。江西萬安縣人。雍正二年三甲一百九十八名進士。八年任山東沾化知縣。親老歸。卒年八十一。

傅百揆　字時叙。河南嵩縣人。雍正二年三甲一名九十九名進士。任湖北雲夢知縣。以病歸。

牟曰笏　山東棲霞縣人。雍正二年三甲二百名進士。十年任河南光山知縣。

武聯肇　直隸南樂縣人。雍正二年三甲二百零一名進士。八年任湖南巴陵知縣。

祝萬章　河南南陽縣人。雍正二年三甲二百零二名進士。八年任直隸蔚縣知縣。

屈　模　陝西蒲城縣人。雍正二年三甲二百零三名進士。任主事。

袁志潔　山東章丘縣人。雍正二年三甲二百零四名進士。任戶部河南司主事。

張聖訓　字杏傅。漢軍鑲白旗。雍正二年三甲二百零五名進士。選庶吉士，五年散館改江西廣豐知縣，十一年任浙江平陽知縣，乾隆元年改嘉善知縣。

徐　璉　字百城，號愛山。山東益都縣人。雍正二年三甲二百零六名進士。八年任河南偃師知縣。以不阿上官去任，歸里講學。著有《愛山堂文稿》。

尹京衛 山西興縣人。雍正二年三甲二零七名進士。任山西太原府教授。

安佑 字自天、助予。直隸贊皇縣人。雍正二年三甲二百零八名進士。任浙江開化知縣，擢吏部稽勛司主事。卒於任。

岱金 滿洲鑲白旗人。雍正二年三甲二百零九名進士。任滿洲平珠佐領。

魏希范 江西廣昌縣人。雍正二年三甲二百十名進士。八年任山東利津知縣。

吳天銍 浙江建德縣人。雍正二年三甲二百十一名進士。乾隆十六年官至福建鹽法道。

暢于熊 字光群。河南新鄉縣人。雍正二年三甲二百十二名進士。九年任湖北黃岡知縣。卒於官。

趙士麟（改名卓霖）滿洲正黃旗人。雍正二年三甲二百十三名進士。官至刑部員外郎。

宋汝梅 直隸長垣縣人。雍正二年三甲二百十四名進士。九年任江西安仁知縣。

王溥 字翽源，號環山。直隸元氏縣人。雍正二年三甲二百十五名進士。任浙江麗水知縣。

欽賜進士一名

張泰基 江蘇太倉州人。欽賜進士，選庶吉士，特授檢討。三年任直隸景州知州。（《進士題名碑》無此人）

雍正五年（1727）丁未科

第一甲三名

彭啓豐　字翰文，號芝亭。江蘇長洲縣人。康熙四十一年（1701）生。雍正五年丁未科會元，一甲第一名狀元。任修撰。入值上書房，歷任右庶子、侍讀學士、左僉都御史。乾隆七年授通政使遷左副都御史，八年二月改任內閣學士，十月遷刑部侍郎，十年丁憂。十五年授吏部侍郎改兵部侍郎，二十年乞養歸。二十六年復授吏部侍郎，二十七年十二月遷左都御史，二十八年六月改兵部尚書。三十一年降兵部侍郎，三十三年休致。四十一年乾隆帝東巡迎駕予尚書銜。乾隆四十九年（1784）六月十六日卒。年八十四。著有《芝庭詩文集》。

祖父彭定求，康熙十五年狀元，祖孫二人狀元；子彭紹觀，乾隆二十二年進士。

鄧啓元　字幼季。福建德化縣人。雍正五年一甲第二名榜眼。授編修。雍正十年充湖北鄉試副考官。

馬宏琦　字景韓，號遜渚。江蘇通州直隸州人。雍正五年一甲第三名探花。授編修。雍正十三年充順天鄉試同考官，升御史，乾隆元年再任順天鄉試同考官，九年、十一年任順天南城、十四年任西城巡城御史，官至吏科掌印給事中。

第二甲五十名

鄒一桂　字原褒，號小山、讓卿等。江蘇無錫縣人。康熙二十五年（1686）六月二十一日生。雍正五年二甲第一名進士。選庶吉士，授編修。雍正十年充廣西副考官，擢雲南道御史，歷任禮科給事中、太常寺少卿、大理寺少卿，乾隆十三年升大理寺卿。十五年遷內閣學士，十七年授禮部侍郎，二十一年以年老補內閣學士。二十三年十二月休致。三十六年赴京祝嘏加禮部侍郎銜。三十七年（1772）三月二十七日回籍，卒於山東東昌道中，年八十七。贈尚書銜。工書畫，師從暉壽平。撰有《小山畫譜》，著有《小山文集》。嘗奉命畫宮中三十六種洋菊，有《洋菊譜》。

祖父鄒忠倚，順治九年狀元；兄鄒升恒，康熙五十七年進士。

莊　柱　字書石，號南村。江蘇武進縣人。雍正五年二甲第二名進士。選庶吉士，授順天大興知縣，十二年擢浙江溫州知府，官至浙江溫處道。引疾歸。工詩文，善畫。

兄莊楷，康熙五十二年進士；子莊存與，乾隆十年榜眼，官禮部侍郎。

于　辰　字向之，號北墅。江蘇金壇縣人。雍正五年二甲第三名進士。選庶吉士，授編修。雍正十年任山西鄉試主考官，十三年任陝西鄉試主考官，乾隆元年督江西學政，五年督福建學政，升侍講。以養親歸。著有《學庸精義》《經學考》《史學考》《稽古錄》《永懷集》等。

葉　承　字子敬，號松亭。江蘇青浦縣人。雍正五年二甲第四名進士。任浙江常山知縣，十三年改池州府教授。著有《松亭集》。

金　相　字琢章，號勉齋。直隸天津縣人。雍正五年二甲第五名進士。選庶吉士，授編修。乾隆十三年充福建鄉試副考官，十一年考選山東道御史，改福建道，遷光祿寺少卿，官至通政使司參議。

原衷戴　字念聖，號簡齋。陝西蒲城縣人。雍正五年二甲第六名進士。選庶吉士，授編修。九年考選雲南道御史，十年充山西鄉試副考官，改刑部郎中。遷雲南武定直隸州知府，改鎮沅直隸州知府。官至廣東高廉道，降韶州知府，遷浙江鹽驛道。解組歸。

郝誠炳　直隸定州人。雍正五年二甲第七名進士。

祖父郝浴，順治六年進士；父郝林，康熙二十一年進士。祖孫三人進士。

王丕烈　字述文，號木齋、東麓。江南青浦縣人。雍正五年二甲第八名進士。選庶吉士，授編修。九年考選江南道御史，轉京畿道掌印御史，十一年充會試同考官，升吏科給事中，十二年督廣韶學政，乾隆五年外任福建興泉永道，六年授福建按察使，改河南按察使。十年病免。著有《春暉堂集》。

劉　復　字無咎，號補亭。江蘇武進縣人。雍正五年二甲第九名進士。選庶吉士，授編修。雍正十一年充會試同考官，纍遷至浙江杭嘉湖道，改浙江糧道，官至浙江布政使司參議。

父劉于義，康熙五十一年進士，協辦大學士。

葉　滋　（《清史稿》作王葉滋）字槐青。江蘇上海縣（一作江蘇華亭）人。未殿試，雍正五年特賜二甲第十名進士。即授湖廣常德知府，乾隆元年官至湖南糧儲道。

嚴宗喆　江西分宜縣人。雍正五年二甲十一名進士。任吏部主事，乾隆三年鼇遷湖南衡州知府，改雲南永昌知府。

王祖庚 字孫同，號礦齋。江蘇婁縣人。雍正五年二甲十二名進士。乾隆時，舉鴻博不遇，十一年任山西興縣知縣，乾隆六年遷山西隰州知州，改平定州知州，乾隆十二年遷直隸順德知府，二十一年改直隸保定知府，二十二年直隸清河道，二十九年官至安徽寧國知府。乾隆三十年（1765）卒於任。著有《礦齋詩鈔》。

余　棟 字東木，號雙池、碻山。江西宜黃縣人。雍正五年二甲十三名進士。選庶吉士，授編修。乾隆元年充會試同考官，擢侍讀，官至太常寺少卿。以陳奏不合改官，乞假歸。

莫　陶 號綠岩。廣東定安縣人。雍正五年二甲十四名進士。任四川銅梁知縣。以病歸。

王廷鴻 字遥青，號遠池。湖北孝感縣人。雍正元年舉人，五年二甲十五名進士。選庶吉士，歸班候選知縣。

劉世衢 字何補。江西永新縣人。雍正五年二甲十六名進士。任江西臨江府，改撫州府教授。著有《滿江齋筆花吟》。

楊嗣璟 字營陽，號星野。廣西臨桂縣人。雍正五年二甲十七名進士。選庶吉士，授編修。十一年考選浙江道御史，乾隆元年充順天鄉試同考官，歷左僉都御史，四年

授太常寺卿，遷刑部改吏部左侍郎。乾隆六年丁憂。十二年降宗人府丞，四月升禮部右侍郎，再降調，十五年授太僕寺卿，十七年改宗人府丞。乾隆二十四年（1759）卒。

黃斐然 字文岑。江蘇溧陽縣人。雍正五年二甲十八名進士。任湖北京山知縣。

爲順治十五年進士黃如瑾孫。

高其閌（《夏縣志》作張其閌）湖北江夏縣人。雍正元年舉人，五年二甲十九名進士。任知縣，有政聲。

王雲銘 字寶文，號惠民、蕉坪、西史。山東武定縣人。雍正五年二甲二十名進士。選庶吉士，授編修。九年督河南學政，遷雲南曲靖知府、普洱知府，歷官至陝西漢興道、陝安道。二十四年卸任。著有《清蔭堂詩稿》《毛公詩韻》等。

奚　源 字溯侖，號惺齋。安徽當塗縣人。雍正五年二甲二十一名進士。任刑部主事，升郎中，乾隆元年官至直隸大名知府。以病歸。

何其惠 滿洲正紅旗人。雍正五年二甲二十二名進士。

鄒士隨 江蘇無錫縣人。雍正五年二甲二十三名進士。官至廣東肇慶知府。

錢本誠 字胄伊，號敬耘、勉耘。江蘇太倉直隸州人。雍正五年二甲二十四名進士。選庶吉士，授編修。雍正十年充廣東鄉試副考官，十一年充會試同考官，乾隆三年再

充廣西鄉試正考官，升贊善。以親老乞歸。旋卒。年四十九。

李泰來 直隸蠡縣人。雍正五年二甲二十五名進士。九年任江西金溪知縣，十一年改湖北南漳、天門知縣，乾隆十三年改江西玉山知縣。

周人驥 字紫昂，號芷囊、蓮峰。直隸天津縣人。康熙三十五年（1696）生。雍正五年二甲二十六名進士。任禮部主事、員外郎、郎中，七年督四川學政，乾隆二年考選貴州道御史，升吏科給事中。外任廣西右江道，乾隆十年授湖南按察使，遷陝西布政使，改湖南、浙江布政使，十九年十月授浙江巡撫。因未能糾參前任巡撫鄂樂舜，二十一年二月革。十月署廣東巡撫，二十三年正月改貴州巡撫。二十七年正月革職。乾隆二十八年（1763）卒，年六十八。著有《香遠堂詩集》。

兄周人龍，康熙四十八年進士；從弟周人驥，乾隆四年進士。

孟啓謨 字典光。湖南湘陰縣人。雍正五年二甲二十七名進士。任知縣。早卒。

王興吾 字宗之，號慎庵。江南華亭縣人。工部尚書王鴻緒孫。雍正五年二甲二十八名進士。選庶吉士，授編修。乾隆三年考選廣西道御史、轉吏科給事中。十年授河南按察使，十一年遷河南布政使，十五年改江西布政使，乾隆二十二年遷吏部左侍郎，七月署江西巡撫。

旋免。二十四年（1759）九月卒。

祖父王鴻緒，一作王度心，康熙十二年進士，户部尚書。

江皋 字鳴九。江西貴溪縣人。雍正五年二甲二十九名進士。任吏部主事，擢郎中，七年順天鄉試同考官，十二年考選河南道御史。并兼額外郎中。

高顯貴 漢軍鑲紅旗人。雍正五年二甲三十名進士。官至兵部郎中，改漢軍周偉佐領。

陳汝亨 字學乾。福建莆田縣人。雍正五年二甲三十一名進士。十二年任四川安縣知縣，乾隆九年署綿州，十三年以卓異升酉陽直隸州知州。以疾歸。

江楫 福建漳浦縣人。雍正五年二甲三十二名進士。乾隆元年任直隸廣宗知縣。

陳舜裔 字汝嘉。福建福清縣人。雍正五年二甲三十三名進士。十年任福建漳州府教授。

劉芳藹 字濟美。安徽宣城縣人。雍正五年二甲三十四名進士。署福建仙游知縣，改國子監學正，任吏部主事、員外郎、郎中。乾隆三年考選廣西道御史，十一年任順天南城巡城御史，擢户科掌印給事中，外遷甘肅洮岷道，十二年授湖北按察使。十五年召京。

包祚永 字美存，號存齋。貴州貴築縣人。雍正五年二甲三十五名進士。選庶吉士，授編修。乾隆三年充順天鄉試同考官，官至廣東道御史。乞歸後主講貴山書院，卒年七十七。

潘安禮　字立夫，號東山。江西南城縣人。雍正五年二甲三十六名進士。任戶部主事、刑部員外郎。坐事降太常寺典簿、博士，七年充順天鄉試同考官。乾隆元年舉鴻博，一等第二名，授編修。官至左諭德。工詩賦，著有《東山草堂集》。

許蓮峰　廣東海陽縣人。雍正五年二甲三十七名進士。十年任河南長葛知縣。

單　鈺　字亦聲。直隸易州人。雍正五年二甲三十八名進士。十二年任浙江壽昌知縣，署玉環廳同知，升安徽池州知府。以疾歸。著有《讀書偶見錄》《縷冰詩鈔》。

梁聯德　字惇一。廣東茂名縣人。雍正元年舉人，五年二甲三十九名進士。九年任江西興國知縣，乾隆二年改宜黃知縣。年四十以憂去官不復仕，卒年七十六。

黃　琰　字笏磷。湖南善化縣人。雍正五年二甲四十名進士。纍遷吏部郎中，乾隆六年充山西鄉試正考官，官至雲南昭通府永北直隸廳知府（見雍正二年二甲六十七名進士，石去浮注）。歸田後杜門謝客。

林　瑳　字玉相。直隸永年縣人。雍正五年二甲四十一名進士。選庶吉士，授編修。

丁　斌　字維翰。江蘇常熟縣人。雍正五年二甲四十二名進士。九年授安徽休寧知縣。以事忤上官

罷歸。卒年七十六。

常　德　滿洲正紅旗人。雍正五年二甲四十三名進士。纍遷雲南武定直隸州知州，官至雲南順寧府知府、曲靖知府。

史　鏘　陝西興平縣人。雍正五年二甲四十四名進士。

張　釗　字論思。江蘇吳縣人。雍正五年二甲四十五名進士。授山東定陶知縣。

繆　燦　順天宛平縣人。雍正五年二甲四十六名進士。五年署福建閩清知縣。

侯　棣　陝西合陽縣人。雍正五年二甲四十七名進士。任浙江宣平知縣。

賀方泰　山西臨縣人。雍正五年二甲四十八名進士。授河南盧氏知縣，改河南永寧知縣，補山西代州學正。卒於任。

張　灝　字卓人，號鳳麓。順天宛平籍，浙江錢塘人。雍正五年二甲四十九名進士。選庶吉士，授編修。乾隆二年充會試同考官，三年任山東鄉試副考官，四年以侍讀督廣韶學政，升侍讀學士。因事降編修。

員懷英　陝西三原縣人。雍正五年二甲五十名進士。任貴州定番知州，乾隆九年改山東平度州知州，十一年改東平州知州，十二年再任平度州知州。

第三甲一百七十三名

王　康　字丕基。順天大興縣人。雍正五年三甲第一名進士。十一年授安徽潛山知縣，乾隆六年改山東淄川知縣，十年丁憂。十二年改山西寧武知縣。

李掄元　奉天錦縣人。雍正五年三甲第二名進士。任兵部主事。

李實蕡　字桃仲。福建漳浦縣人。雍正五年三甲第三名進士。選庶吉士，授檢討。舉御史，以親疾乞歸。

王承堯　字勛文，號挹山。山西沁水縣人。雍正五年三甲第四名進士。選庶吉士，授檢討。雍正十年充山東鄉試副考官，遷侍讀、左庶子，歷任宗室教習、侍讀學士、少詹事、乾隆二年授詹事。三年遷內閣學士、殿試讀卷官，乾隆五年遷兵部右侍郎，并充《治河主略》纂修官。十年病休。卒年五十六歲。

蔣之蘭　江蘇江都縣人。雍正五年三甲第五名進士。七年任山東高密知縣，調山東新泰知縣。

繆　煥　字星南，號衡山。雲南昆明縣人。雍正五年三甲第六名進士。乾隆二年任山東曹州知府，六年官至山東武定知府。

李鍾倬　字世萬。福建安溪縣人。雍正五年三甲第七名進士。六年任直隸容城知縣，十一年升直隸延慶知州，乾隆八年改灤州知州，歷祁州、涿州州知州。

裴樹榮　順天宛平縣人，祖籍浙江錢塘。雍正五年三甲第八名進士。七年福建永福知縣，八年改永安知縣。

孫于懃　字慎夫。山東德州人。雍正五年三甲第九名進士。

張鵬翀　字天扉、天飛，號抑齋、南華。江蘇嘉定縣人。康熙二十七年（1688）五月二十六日生。雍正五年三甲第十名進士。選庶吉士，授檢討。雍正十三年充雲南鄉試副考官，遷侍講，乾隆六年任河南鄉試主考官，九年由詹事府少詹事官至詹事。十年（1745）四月回籍掃墓，卒於山東臨清舟次。年五十八。工書畫，得乾隆帝賞識，御賜筆硯、書額無算。著有《南華房集》《南華詩鈔》《南華文鈔》。

徐安民　順天大興縣人。雍正五年三甲十一名進士。九年任湖北松滋知縣。

王育椵　山西猗氏縣人。雍正五年三甲十二名進士。九年任直隸蔚縣知縣，乾隆八年改直隸撫寧知縣。

羅大本　江西贛縣人。雍正五年三甲十三名進士。任江西安義縣教諭。

楊錫紱　字方來，號蘭畹。江西清江縣人。康熙四十年（1701）十月初一日生。雍正五年三甲十四名進士。任吏部主事、郎中、貴州道御史、廣東高州知府，雍正十一年遷廣東肇羅道。乾隆元年授廣西布政使，六年遷廣西巡撫。九年授禮部侍郎，十年調湖南巡撫，十三年丁憂。十五年授刑部侍郎，復改湖南巡撫，十八年遷左都御史，二十年五月改禮部尚書。二十二年調漕運總督，二十八年晉太子太保。乾隆三十三年十二月初一日（1769年1月）卒，年六十八。謚"勤愨"。著有《漕運全書》《四書講義》《節婦傳》《四知堂文集》三十六卷等。

李學裕 字餘三，號周南。河南洛陽縣人。康熙三十年（1691）生。雍正五年三甲十五名進士，選庶吉士，授檢討。九年考選山東道御史，轉兵科給事中，十三年遷四川建昌道、江蘇糧道。乾隆七年授廣東按察使。八年改江蘇按察使，十年四月遷安徽布政使。同年十二月二十一日（1746年1月）卒。工詩書畫。

高乃聽 字用安。江西廬陵縣人。雍正五年三甲十六名進士。任山東博山知縣。丁憂歸。改贛州府教授，未任。著《周易一得》。

鄒麗中 字暾東。山東巨野縣人。雍正五年三甲十七名進士。任河南鄭州知州，信陽知州，因鄭州馬四案落職，謫戍浙江松陽知縣，改彰德府通判。卒於任。

曹夢龍 直隸景州人。雍正五年三甲十八名進士。任刑部主事，九年以刑部郎中考選湖廣道御史，降刑部員外郎，外官任雲南廣西知府，改雲南永昌知府，乾隆十九年官至四川川北道。

張受長 字英軍，號兼山。直隸南皮縣人。雍正五年三甲十九名進士。五年任河南林縣知縣，八年改商丘知縣，調祥符知縣，雍正十三年升陳州知府，調開封府，遷河南河北道，丁父憂。乾隆九年官至江西驛鹽道，改督糧道歸。以病歸。家居三十年不問外事。

章繼緒 江蘇青浦縣人。雍正五年三甲二十名進士。十一年任山東章丘知縣，十三年調山東利津知縣。

劉東寧 字起震，號秋齋。順天大興縣人。雍正五年三甲二十一名進士。選庶吉士，授檢討。

汪波 字秋浦。江蘇江寧縣人。雍正五年三甲二十二名進士。十一年任江西新淦知縣。

伍澤榮 字蔭遠、惺齋。湖南祁陽縣人。雍正五年三甲二十三名進士。九年任順天寶坻知縣。勤慎和緩，寬惠得民。以亢直罷官。歸里後以詩文自娛。

葉銘 順天通州人，原籍江蘇武進。雍正五年三甲二十四名進士。十一年任福建永安知縣，十二年改四川樂山知縣。

盧銓 字省非。福建永定縣人。雍正五年三甲二十五名進士。任奉天鐵嶺知縣。

石襲曾 直隸灤州人。雍正五年三甲二十六名進士。官至戶部員外郎。

秦　旬　字中馭。江蘇無錫縣人。雍正五年三甲二十七名進士。乾隆十年任山東濰縣知縣，施惠於民，慈恩不暴，民呼爲"老佛"。十六年改廣西懷集知縣，詔進刑部主事。

黃之玖　字貽我。四川長壽縣人。雍正五年三甲二十八名進士。五年任河南登封知縣，歸後教授生徒，卒年七十三。著有《五經文字》《恒言家訓》。

李　直　字敬夫，號山輝。廣東程鄉縣人。雍正五年三甲二十九名進士。選庶吉士，授檢討。

李匡然　字約非，號怡溪。江西南昌縣人。雍正五年三甲三十名進士。九年任廣東博羅知縣，十二年任廣東嘉應直隸州知州。

夏　冕　雲南昆明縣人。雍正五年三甲三十一名進士。

朱續志　字念修。山東聊城縣人。雍正五年三甲三十二名進士。任河南唐縣知縣，以事被劾罷歸。乾隆五年復起改偃師知縣。歸後病卒，年六十八。

父朱輝珏，康熙三十三年進士。

周祖榮　字仁先，號心齋。漢軍鑲紅旗。雍正五年三甲三十三名進士。選庶吉士，授檢討。任禮部主事、禮部郎中，雍正十三年充湖南鄉試副考官。乾隆四年考選河南道御史。十二年任順天東城巡城御史。官至戶科掌印給事中。

劉青芝　字芳草，號實夫，晚號江村山人。河南襄城縣人。雍正五年三甲三十四名進士。選庶吉士，未幾引疾歸，閉戶著書三十年，兄病臥床，左右照顧。著有《江村山人稿》六卷、《尚書辨疑》一卷、《史漢異同是非》四卷、《古氾城志》十卷、《擬明代人物志》十卷、《續棉機》《江村隨筆》等。

兄劉青藜，康熙四十五年進士。

王壽長　字仁庵。山東安丘縣人。雍正五年三甲三十五名進士。任福建邵武知縣，乞歸侍母。著有《白雲廬詩》《蟭庵秋吟》。

張延福　河南項城縣人。雍正五年三甲三十六名進士。九年任江西貴溪知縣，乾隆十年改四川冕寧知縣，十七年遷甘肅涇州知州。

宋雲會　字沛倉。山東膠州人。雍正五年三甲三十七名進士。十年授浙江雲和知縣，調江山知縣，升杭州府海防通判，乾隆七年署理事同知。卒於任。著有《須江近藝》《談秋詩草》。

詹良弼　廣東饒平縣人。雍正五年三甲三十八名進士。任刑部主事，乾隆七年改直隸懷來知縣，又改廣東廣州府教授。

許　慎　四川閬中縣人。雍正五年三甲三十九名進士。任廣東博羅知縣。

蘇石麟　字瑞生，號景坡。陝西朝邑縣人。雍正五年三甲四十名進士。五年任福建德化知縣，六年改古田知縣，七年任海澄知縣，十年改詔安知縣。在任十六年告養歸。以疾卒。

陳師儉　字汝賢，號鶴皋。山西澤州直隸州人。雍正五年三甲四十一名進士。選庶吉士，散館改同知，官至廣西泗城知府。

祖父陳延敬，順治十五年進士，文淵閣大學士；父陳豫朋，康熙三十三年進士。

上官有儀　字公度。陝西朝邑縣人。雍正五年三甲四十二名進士。九年任山東齊河知縣。乾隆元年行取戶部主事。

黃軒臣　（原名國瑗）字來田。江西石城縣人。雍正五年三甲四十三名進士。六年任山東青城知縣，改沾化知縣。

李維榛　河南尉氏縣人。雍正五年三甲四十四名進士。任山西榮河知縣。乾隆十三年改山西壺關知縣。

許　岳　湖北黃岡縣人。雍正四年舉人，五年三甲四十五名進士。任山西永和知縣。

方嵩德　（《廣東通志》作本姓李）廣東惠來縣人。雍正五年三甲四十六名進士。

安克寬　山東日照縣人。雍正五年三甲四十七名進士。任戶部主事。七年出任山西平定直隸州知州。

趙　淳　字粹標。雲南趙州人。雍正五年三甲四十八名進士。任雲南東川、鶴慶、順寧府教授。年八十卒。著有《龍溪存稿》，未梓。

李玉琅　江西建昌縣人。雍正五年三甲四十九名進士。任江西吉安府教授。

劉元錫　字服章，號坦夫。山西永寧縣人。雍正五年三甲五十名進士。任山東臨沂知縣，十年改壽張知縣。乾隆二年任文登知縣，遷德州知州。十三年擢青州知府，改濟南知府。十五年被山東巡撫參奏辦理乾隆帝南巡漫不經心解任。尋起，十七年代理沂州知府。在任三年卒於任。

汪執桓　字銳升、碧峰。甘肅隴西縣人。雍正五年三甲五十一名進士。九年任直隸靈壽知縣。乾隆十年改江西興國知縣，十三年改江西廬陵知縣，擢內閣中書。

李教文　字觀二。江西浮梁縣人。雍正五年三甲五十二名進士。任永福知縣。

趙桐友　福建南靖縣人。雍正五年三甲五十三名進士。任山東臨邑知縣，改濰縣知縣。

許　琰　字保生，號瑤州。福建同安縣人。雍正五年三甲五十四名進士。選庶吉士。

曹　鑾　字聖軒。廣西全州人。雍正五年三甲五十五名進士。九年任福建永春知縣，十一年改建安知縣，十二年改晉江縣。十三年署惠安縣，繼任南安知縣。乾隆十七年調湖北江陵知縣。

朱宏亮　滿洲正藍旗人。雍正五年三甲五十六名進士。任滿洲額色佐領。官至戶部員外郎。

鄭　重　號南峰。陝西長安縣人。雍正五年三甲五十七名進士。十一年任浙江龍泉知縣，乾隆三年丁憂去。五年補江蘇豐縣知縣。

林其淵　福建侯官縣人。雍正五年三甲五十八名進士。官至兵部員外郎。

瓦爾達　滿洲正黃旗人。雍正五年三甲五十九名進士。任滿洲江米佐領。官至光祿寺署丞。

楊正傳　四川南充縣人。雍正五年三甲六十名進士。九年任直隸樂亭知縣。

富　魁　字呈聚。滿洲鑲藍旗人。雍正五年三甲六十一名進士。選庶吉士，散館改工部主事。

唐冠賢　字泰初。安徽含山縣人。雍正五年三甲六十二名進士。十年任河南孟津知縣，丁憂歸。乾隆初改直隸任縣知縣。

鄭　遠　字懷伯。福建仙游縣人。雍正五年三甲六十三名進士。六年任直隸隆平知縣，擢安徽壽州知州，仍留直隸授順天北路同知，代理永平、正定知府。乾隆三年遷陝西延安知府，調浙江金華知府，擢寧紹台道。十三年授浙江按察使，改四川、直隸按察使。致仕歸。卒年七十六。

李幹齡　字成侯，號亮庵。安徽建德縣人。雍正五年三甲六十四名進士。以知縣改安徽廬州府教授。

世　臣　字松喬，號木天。滿洲正白旗人。雍正五年三甲六十五名進士。選庶吉士。授檢討，升翰林院侍讀學士。乾隆四年充會試同考官。十三年遷通政使，改內閣學士。十五年改盛京兵部侍郎。乾隆十九年，因事革職。

吳廣譽　（《廣東通志》本姓唐）廣東海陽縣人。雍正五年三甲六十六名進士。

謝廷琪　（《進士題名碑》作謝庭琪）廣西全州人。雍正五年三甲六十七名進士。十年任山西神池知縣。乾隆元年改山西安邑知縣，五年升忻州直隸州知州，八年病，愈後復任，十年擢太原知府。丁憂歸。

張名時　福建晉江縣人。雍正五年三甲六十八名進士。任貴州餘慶知縣。

武一韓　字文起。山西太谷縣人。雍正五年三甲六十九名進士。九年任直隸懷安知縣。以事去官。歸後乾隆四年兩修縣志。

郭石渠　字文淵，號介發。貴州安化縣人。雍正五年三甲七十名進士。選庶吉士，授檢討。纍遷禮部郎中，十三年充陝西鄉試副考官。乾隆元年考選江南道御史，降盛京刑部員外郎。官至戶部郎中。

徐時作　（1697—1777）字鄰侯，號筠亭。福建建寧縣人。雍正五年三甲七十一名進士。任直隸成安知縣，改邢臺知縣，調清苑縣，擢開州知州，乾隆七年改滄州知州，九年升福建興化知府。以母老告歸。

著有《崇本山堂詩文集》《閑居偶録》《菜堂節録》《嘯月亭筆記》。

韓　銓　字敬安。順天文安縣人。雍正五年三甲七十二名進士。九年任山西廣靈知縣。

繆　集　江蘇泰州人。雍正五年三甲七十三名進士。任河南孟縣知縣。十一年改河南舞陽知縣，十二年調山西長治知縣。乾隆十二年遷山西應州知州。二十年告休。

父繆沅，康熙四十八年進士，刑部侍郎。

李高松　湖北黃岡縣人。雍正元年舉人，五年三甲七十四名進士。八年任四川定遠知縣，十年改湖北襄陽府教授。

吕益昌　字茂園。直隸長垣縣人。雍正五年三甲七十五名進士。任福建建陽知縣。

湯大坊　江西南豐縣人。雍正五年三甲七十六名進士。乾隆四年任江西贛州府教授，二十四年改南昌府教授。

金夢熊　字均如。江西浮梁縣人。雍正五年三甲七十七名進士。十年任山東陽信知縣。十二年七月離任。

單德謨　字充符，號漁莊。山東高密縣人。雍正四年山東鄉試解元。五年三甲七十八名進士。授吏部主事，十三年充順天鄉試同考官，升吏部郎中，乾隆元年考選山東道御史，充江南鄉試副考官，會試同考官，擢工科給事中。乾隆七年外

任浙江杭州知府，九年升杭嘉湖道，十四年官至福建汀漳龍道。

嚴　蔚　廣東龍門縣人。雍正五年三甲七十九名進士。

趙奇芳（榜名陳奇芳）　字仲儀。廣東澄海縣人。雍正五年三甲八十名進士。任户部主事。九年遷福建汀州府同知，十二年改臺灣淡水同知。官至署福建汀州知府、署臺灣知府。

王　材　字少梁。福建龍溪縣人。雍正五年三甲八十一名進士。任工部主事。忤上官告歸。卒年八十八。

楊遵時　字叔憲、爾功。陝西三原縣人。雍正五年三甲八十二名進士。六年任安徽太和知縣，十三年改湖南辰溪知縣，升亳州知州。卒於任。

蘇一圻　字畫東。山東壽光縣人。雍正五年三甲八十三名進士。任順天房山知縣，調直隸安平知縣，丁憂。補安徽旌德知縣，調靈壁知縣。忤上官，告歸。

姚思恭　山西蒲州人。雍正五年三甲八十四名進士。任浙江東陽知縣。乾隆十年任湖南安福知縣，十二年改湖南臨武知縣。

陳王庭　順天大興縣人。雍正五年三甲八十五名進士。九年任直隸天津府教授。

王　系　山西榆次縣人。雍正五年三甲八十六名進士。八年任山東昌樂知縣，十一年改山西大同府

教授。

王宇樂 字堯虞，號怡亭。湖北鍾祥縣人。康熙五十年舉人，雍正五年三甲八十七名進士。任西河知縣。

李運昇 字平世。貴州黃平州人。康熙五十六年舉人。雍正五年三甲八十八名進士。任山西汾陽知縣。以罣誤歸，遂不出。年七十卒。

弟李運正，雍正八年進士。

許 平 雲南石屏州人。雍正五年三甲八十九名進士。九年任安徽繁昌知縣。

陳高翔（榜名楊高翔，本姓陳）字子搏。福建惠安縣人。雍正五年三甲九十名進士。任兵部主事，乾隆二年考選山東道御史，外轉江西驛鹽道，五年授山西按察使，六年改江蘇按察使，八年調廣東按察使。十二月召京，以病歸。卒年七十五。

羊 鰲（復姓王）字江濱。江西金溪縣人。雍正五年三甲九十一名進士。任山東新泰知縣，雍正十年任長清知縣。

張焕登 福建晉江縣人。雍正五年三甲九十二名進士。授福建汀州府教授。未任卒。

毛 邑 貴州平越縣人。雍正五年三甲九十三名進士。乾隆七年任廣東高明知縣，八年改廣東電白知縣，十一年調山東利津知縣，十三年改章丘知縣。

羅 銓 江西南城縣人。雍正五年三甲九十四名進士。任江西臨江府教授。

陳其嵩 字峙南，號漪園。湖南衡山縣人。雍正五年三甲九十五名進士。選庶吉士，授檢討。遷山東道御史。卒於任。

王發祥 山西黎城縣人。雍正五年三甲九十六名進士。九年任湖南安化知縣。

褚俟藻 字雪堂。河南睢州人。雍正五年三甲九十七名進士。乾隆元年任河南裕州學正，四年任江西南豐知縣。

林 朝 滿洲正藍旗人。雍正五年三甲九十八名進士。任滿洲包衣僧住佐領，官至盛京員外郎。

侯執信 河南睢州人。雍正五年三甲九十九名進士。任湖北漢陽知縣。

趙旭昇 山西盂縣人。雍正五年三甲一百名進士。五年任福建福安知縣。

張乾元 字純一，號敬亭。四川營山縣人。雍正五年三甲一百零一名進士。選庶吉士，授檢討。官至江南道御史。

高淑曾（1703—1764）字魯如，號椅園。山東沂水縣人。雍正五年三甲一百零二名進士。九年任安徽蒙城知縣，十二年遷六安知州，乾隆七年官至湖南常德知府。

李 憬 號誠庵。寧夏靈州人。雍正五年三甲一百零三名進士。任主事，乾隆二年以户部郎中考選河南道御史。以事罷歸。寓居寧朔縣，教授生徒。

張宗載 山西平定直隸州人。雍正五年三甲一百零四名進士。

吳鍾粵 字郎公。江蘇上元縣人。雍正五年三甲一百零五名進士。六年任湖南沅江知縣。江水毀堤，督工修因疾卒。

宋文錦 漢軍鑲紅旗人。雍正五年三甲一百零六名進士。乾隆五年任山東館陶知縣，六年調福山知縣，七年任蓬萊知縣，十年調東阿知縣，擢德州知州，十七年膠州知州。三十六年任山東濟東道。三十八年署山東鹽運使。

陳人龍 字震先。江蘇無錫縣人。十歲喪父事寡母，在家教授生徒，年六十四始順天舉人。又十年，雍正五年特賜三甲一百零七名進士。已卒。

鄭士玉 湖南耒陽縣人。雍正五年三甲一百零八名進士。十年任河南鄢陵知縣。

譚會海 廣東南海縣人。雍正五年三甲一百零九名進士。雍正十年任廣東韶州府教授。

張乃史 字吾倉。直隸南皮縣人。雍正五年三甲一百十名進士。任山東高密知縣，九年改福建龍溪知縣，改河間府教授。

奈曼 蒙古鑲白旗人。雍正五年三甲一百十一名進士。官至戶部主事。

星德 滿洲正紅旗人。雍正五年三甲一百十二名進士。任滿洲永壽佐領，官至工部員外郎。

宋鎬 直隸深澤縣人。雍正五年三甲一百十三名進士。十年任四川江安知縣。

兄宋峰，雍正八年進士。

張仲熊 字應飛。安徽當塗縣人。雍正五年會元，三甲一百十四名進士。任山西襄垣知縣。丁父憂歸卒。

王者棟 河南太康縣人。雍正五年三甲一百十五名進士。乾隆八年任浙江慶元知縣，十年改廣東東安知縣。

侯賜履 字希尚。山東掖縣人。雍正五年三甲一百十六名進士。十年任浙江壽昌知縣，升山西代州知州，遷福建泉州知府，擢興泉永道。

張廷簡 （一作曹廷簡，榜姓張）奉天錦縣人。雍正五年三甲一百十七名進士。

段穎聰 字達四，號存愚。湖北漢川縣人。康熙五十三年舉人，雍正五年三甲一百十八名進士。任刑部主事，十三年改湖南永順府教授。

鄭澐 江西臨川縣人。雍正五年三甲一百十九名進士。

周祚緒 湖北黃岡縣人。康熙五十二年舉人，雍正五年三甲一百二十名進士。任湖北施南府教授。

于大鯤 河南鄭州直隸州人。雍正五年三甲一百二十一名進士。五年署福建福清知縣。

楊方江　字龍九。山東寧海州人。雍正二年舉人。五年三甲一百二十二名進士。六年署福建長樂知縣，歷任福建遂遠、建寧知縣，八年改山東長山縣教諭。

馬士龍　湖北蒲圻縣人。康熙五十六年舉人，雍正五年三甲一百二十三名進士。任教授。

李傑選　山西沁源縣人。雍正五年三甲一百二十四名進士。五年任順天府平谷知縣，六年改直隸青縣知縣。

杜元麟　字堯藪。直隸贊皇縣人。雍正五年三甲一百二十五名進士。九年任湖北南漳知縣，改通山知縣。卒於任。

鍾夢麟　字碩仙。福建莆田縣人。雍正五年三甲一百二十六名進士。任直隸高邑知縣，全縣鑿井五千三百餘口。取水灌溉，農產豐收。百姓稱"鍾公井"，行取工部主事。

隋人鵬　字扶九，號芸閣。山東萊陽縣人。康熙四十二年（1703）生。雍正五年三甲一百二十七名進士。選庶吉士，授檢討。歷任四川學政、順天同考官、侍講、侍讀學士、少詹事。乾隆元年，任河南按察使。三年（1738）病卒於任，年三十六。著有《華萼堂文集》《五經直解》等。

劉晉元　字履堂。湖北興國州人。康熙五十六年舉人，雍正五年三甲一百二十八名進士。任山西五寨知縣，丁母憂服闋，補直隸阜平

知縣，乾隆四年改直隸井陘知縣。

張爾德　字聿修。陝西葭州直隸州人。雍正五年三甲一百二十九名進士。任兵部主事，八年十一月任蘇州府海防同知，改揚州同知，甘肅涼州同知。

周命育　字貽來。湖南衡陽縣人。雍正五年三甲一百三十名進士。任直隸寧津知縣，改湖南沅州學正，遷湖北德安府教授。

張　坦　雲南阿迷州人。雍正五年三甲一百三十一名進士。九年任湖北石首知縣。

劉騰蛟　字雲臺。雲南嶍峨縣人。雍正五年三甲一百三十二名進士。任直隸定興知縣，改順天文安知縣。未久歸。年七十卒。著有《天運行度考》《孝經衍義》。

常保住　字畏公，號樂天。滿洲正紅旗。雍正五年三甲一百三十三名進士。選庶吉士，授檢討。遷御史，官至侍讀。

張婁度　河南靈寶縣人。雍正五年三甲一百三十四名進士。任知縣。

鄒克昌　湖北京山縣人。雍正五年三甲一百三十五名進士。九年任安徽定遠知縣，改浙江開化知縣，乾隆六年署浙江常山知縣，八年改里安知縣。

羅彌高　字謙六，號仰山。貴州遵義縣人。雍正五年三甲一百三十六名進士。乾隆三年授吏部文選司主事，升員外郎、戶部山西司郎

中，七年充順天鄉試同考官，乾隆三年以吏部郎中考選江西道御史。

陳先聲 廣東澄海縣人。雍正五年三甲一百三十七名進士。十年任河南舞陽知縣。

吳巴泰 滿洲鑲白旗人。雍正五年三甲一百三十八名進士。官至刑部主事。

薛毅 山西蒲州人。雍正五年三甲一百三十九名進士。任直隸蠡縣知縣，改貴州龍里知縣。

宮伯元 山西繁峙縣人。雍正五年三甲一百四十名進士。任山西平陸縣教諭，十年遷河南光山知縣。

趙浚（本姓楊）江蘇吳江縣人。雍正五年三甲一百四十一名進士。任廣西興業知縣。

楊薰 雲南廣西府人。雍正五年三甲一百四十二名進士。任雲南元江府教授。

畢曰湜 山東益都縣人。雍正五年三甲一百四十三名進士。九年任山西祁縣知縣。

陳瑞 字汝玉，號北庵。順天府通州人。雍正五年三甲一百四十四名進士。任安徽繁昌、貴池知縣，十一年任霍山知縣。廉潔自矢，卒年七十餘。

劉蓋 順天霸州人。雍正五年三甲一百四十五名進士。雍正十三年任河南密縣知縣，乾隆五年改河南榮澤知縣。

蔡珏 字聯璧。順天通州人。雍正五年三甲一百四十六名進士。

授主事，九年改河南鹿邑知縣。歸後以課徒自給，卒年八十五。

李曙 字寅明。山西聞喜縣人。雍正五年三甲一百四十七名進士。任福建漳浦知縣。丁母憂歸，尋卒。

陳蓉纕 號崧庵。雲南石屏州人。雍正五年三甲一百四十八名進士。乾隆年間任江西弋陽知縣。

呂熾 字克昌，號東亭、閤齋。廣西臨桂縣人。雍正五年三甲一百四十九名進士。選庶吉士，授檢討。乾隆二年充會試同考官，纍遷至少詹事，七年授內閣學士，九年遷工部侍郎。督順天學政，十年改戶部侍郎，仍留順天學政。十五年授禮部侍郎，十七年乞養。二十八年服闋授左副都御史。三十三年病休。乾隆四十三年（1778）卒，年八十一。

賈健 字天行。山西汾陽縣人。雍正五年三甲一百五十名進士。十年任安徽懷遠知縣。未幾罷歸。授徒自給。卒年七十五。著有《四書會通》《一得錄詩文集》《明史纂要》等。

王植 字繩木，號芸軒。山東諸城縣人。雍正五年三甲一百五十一名進士。選庶吉士，十三年任福建安溪知縣，乾隆三年改同安知縣，升福建泉州府西倉同知。未任，以疾歸。卒年六十八。

張珂 陝西華州直隸州人。雍正五年三甲一百五十二名進士。

六年任福建平和知縣。

趙升雋　山西平定直隸州人。雍正五年三甲一百五十三名進士。十年任山東淄川知縣。十二年丁憂。

馬榮朝　甘肅隴西縣人。雍正五年三甲一百五十四名進士。五年任河南西平知縣。

班聯　字謙居。山東曹縣人。雍正五年三甲一百五十五名進士。任江蘇荊溪知縣。解組歸。

鄒采章　河南河內縣人。雍正五年三甲一百五十六名進士。授福建福安知縣，多惠政。以父老多病改教職，曾兩任河南懷德府教授。

左繼儒　山東萊陽縣人。雍正五年三甲一百五十七名進士。六年任河南登封知縣。

屈寬　河南嵩縣人。雍正五年三甲一百五十八名進士。任河南彰德府教授。

合揆　雲南河西縣人。雍正五年三甲一百五十九名進士。任吏部主事。

康五瓚　字琉光。江西安福縣人。雍正五年三甲一百六十名進士。六年任江西贛州府教授。年七十二卒。著有《大易析義》。

金作賓　雲南趙州人。雍正五年三甲一百六十一名進士。

趙純仁　字善長。直隸長垣縣人。雍正五年三甲一百六十二名進士。五年任河南沈丘知縣，改上蔡知縣。

鍾晥　字勵暇。順天府宛平縣人。雍正五年三甲一百六十三名進士。任國子監助教，乾隆十五年遷禮部主客司主事，進祠祭司員外郎。二十二年致仕。

李作室　山西沁源縣人。雍正五年三甲一百六十四名進士。九年任湖北麻城知縣。

張溁　河南儀封縣人。雍正五年三甲一百六十五名進士。八年任廣東開平知縣。

李果成　陝西乾州直隸州人。雍正五年三甲一百六十六名進士。任知縣。

祝元仁　河南固始縣人。雍正五年三甲一百六十七名進士。七年任江西高安知縣。

刑倬　字大士。河南洛陽縣人。雍正五年三甲一百六十八名進士。六年任福建政和知縣，十一年改四川什邡知縣。致仕歸，主講松陽、紫羅二書院。

張文齡　字可庭。河南西華人。雍正五年三甲一百六十九名進士。任職吏部。雍正八年（1730）卒於京師地震。

楊長松　河南睢州人。雍正五年三甲一百七十名進士。

雷鳴陽　江西崇義縣人。雍正五年三甲一百七十一名進士。

邊榲　直隸任丘縣人。雍正五年三甲一百七十二名進士。

張翮　四川眉州直隸州人。雍正五年三甲一百七十三名進士。雍正十三年任河南滎澤知縣。

雍正八年（1730）庚戌科

第一甲三名

周霈 字雨甘，號甘村、西坪。浙江錢塘縣人。雍正八年一甲第一名狀元。授修撰。雍正十年充湖南鄉試副考官，十一年任會試同考官，十三年任江南鄉試副考官，乾隆元年提督陝西學院。曾參與《康熙字典》校刊工作。三年病休。

沈昌宇（1697—1744） 字泰叔，號定岩。浙江秀水縣人。雍正八年會元，一甲第二名榜眼。授編修。十三年充廣西鄉試主考官。乾隆元年充河南鄉試副考官，三年山西鄉試主考官，四年督廣東韶高學政。回京後九年卒。

兄沈昌寅，同科進士。

梁詩正 字養仲，號薌林。浙江錢塘縣人。康熙三十六年（1697）二月初四日生。雍正八年一甲第三名探花。任編修。充日講起居注官，進侍讀學士。乾隆三年授內閣學士，遷刑部侍郎，改戶部侍郎。十年遷戶部尚書，改兵部尚書，十四年二月加太子少師。十五年正月改吏部尚書，授協辦大學士。十七年乞養。二十三年授工部尚書，歷兵部、吏部尚書，復授協辦大學士，二十八年（1763）七月遷東閣大學士。十月晋太子太傅。十一月卒，享年六十七。贈太保，入祀賢良祠。謚"文莊"。曾奉敕共撰《唐宋詩醇》《錢錄》。重編《西湖志纂》等。著有《矢音集》。晚年常隨高宗出巡，重要文稿多出其手。

第二甲一百名

蔣溥 字質甫，號恒軒。江蘇常熟縣人。康熙四十七年（1708）生。雍正八年二甲第一名進士。選庶吉士，任編修。入值南書房，纍遷侍讀學士。乾隆四年授內閣學士遷吏部侍郎，八年改湖南巡撫，十年復任吏部侍郎、軍機大臣。十三年四月遷戶部尚書，十五年加太子少保，十八年十二月授協辦大學士，二十四年正月遷武英殿大學士，兼掌院學士。乾隆二十六年（1761）四月卒。享年五十四。贈太子太保，入祀賢良祠。謚"文恪"。曾奉敕共撰《盤山志》。著有《恒軒詩鈔》。

父蔣廷錫，康熙四十二年進士，文淵閣大學士；子蔣棡，乾隆十六年進士，兵部左侍郎。

吳華孫 字冠山，號翼堂。安徽歙縣人。雍正八年二甲第二名進士。選庶吉士，授編修。乾隆元年充順天鄉試同考官，二年充會試同考官，乾隆六年督福建學政。

子吳綬詔，乾隆十三年進士，通政史。

鍾 衡 字仲恒，號岱峰、損齋。浙江長興縣人。雍正八年二甲第三名進士。選庶吉士，授編修。升廣東道御史，雍正十三年充廣東鄉試主考官，乾隆元年任順天西城巡城御史，充雲南鄉試副考官，五年任順天中城巡城御史，官至太常寺少卿。

倪國漣 字紫珍，一字西昆，號穟疇。浙江仁和縣人。雍正八年二甲第四名進士。選庶吉士，授編修。十二年考選山西道御史，充雲南鄉試主考官，乾隆元年充湖南鄉試副考官，升吏科給事中，乾隆六年督湖南學政，官至刑科掌印給事中。工畫山水，文筆純雅，詩格清真，小楷遒勁。著有《春及堂集》。

孫人龍 字端人，號藥亭。浙江烏程縣人。雍正八年二甲第五名進士。選庶吉士。未散館特授編修。

十三年督雲南學政，乾隆三年留任，九年官至中允，十年督廣東肇高學政，十九年充會試同考官。二十二年乞歸。主蕺山書院，六年後卒於家。著有《四書遵注講義》。

兄孫見龍，康熙五十二年進士。

周範蓮 字效白，號尊君。江蘇長洲縣人。雍正八年二甲第六名進士。選庶吉士，授編修。雍正十三年充貴州鄉試主考官，乾隆元年任浙江嚴州知府，五年調紹興知府，署寧紹台道。以失察降。丁母憂服闋，授廣西南寧府同知，署鎮安知府。卒於任，年六十五。

陶正靖 字雅中，一字晚聞。江蘇常熟縣人。雍正八年二甲第七名進士。選庶吉士，任編修。修《一統志》。乾隆二年考選湖廣道御史。升鴻臚寺卿、右通政使，進左僉都御史。乾隆五年授太常寺卿。詔對忤旨，遂罷歸。卒年六十四。著有《春秋説》《晚聞集》。

兄陶貞一，康熙五十一年進士。

王 猷 浙江會稽縣人。雍正八年二甲第八名進士。雍正十一年任江西泰和知縣，乾隆五年改河南夏邑知縣，十三年改江西樂平知縣。

王文璿 字星望，號誠齋。浙江錢塘縣人。雍正八年二甲第九名進士。選庶吉士，授編修。雍正十三年任順天同考官，乾隆元年考選湖廣道御史，二年任順天南城巡城御史。

蔣 枬 字廣蔭。江蘇常熟縣

人。雍正八年二甲第十名進士。官工部主事。

顧成天 字良哉，號小崖。江蘇婁縣人。雍正八年二甲十一名進士。選庶吉士，授編修。升侍讀，官至少詹事。著有《離騷解》《金管集》《東浦草堂文集》《花語山房詩文鈔》。

戴汝棻 字襲芳。山東掖縣人，原籍江蘇甘泉。雍正八年二甲十二名進士。任户部主事，雲南永平知縣。終養歸。

父戴恩訥，康熙四十五年進士。

徐起巖 字飛夢。江蘇丹徒縣人。雍正八年二甲十三名進士。乾隆元年任浙江龍游知縣，七年調黃岩知縣。病劇卒於任。

沈慰祖 字學周，號礪齋。江蘇吳縣人。雍正八年二甲十四名進士。選庶吉士，授編修。乾隆六年任順天鄉試同考官，督廣西學政，升至左贊善，十年督雲南學政。

楊廷棟 字大千、大宇。安徽宣城縣人。雍正八年二甲十五名進士。選庶吉士，授編修。乾隆七年督雲南學政。

浦起龍 字二田。江蘇金匱縣人。雍正八年二甲十六名進士。乾隆四年任蘇州府教授。曾主講紫陽書院。著有《讀杜心解》《古文眉詮》《史通通釋》等。

戚振鷺 字晴川。浙江德清縣人。雍正八年二甲十七名進士。任安徽青陽知縣，乾隆四年遷六安直隸州知州，六年擢河南歸德知府，丁憂。十一年改江西饒州知府，十二年補撫州知府。

林蒲封（一作林浦封）字垣次，號湘青，又號鰲州。廣東東莞縣人。雍正八年二甲十八名進士。選庶吉士，授編修。升贊善，官至侍讀學士，乾隆十年充會試同考官，十二年任順天鄉試同考官，十五年（1750）督江西學政未到任卒。精通經學、天文、律曆、醫卜諸書，尤工書法。著有《讀史錄》十四卷、《鰲州詩文集》等。

劉暐澤 字芳久、茗柯。湖南長沙縣人。雍正八年二甲十九名進士。十一年任四川興文、宜賓知縣，乾隆六年改江蘇豐縣知縣，十年試鴻博不遇。二十年七月任江蘇奉賢、鎮洋知縣，官至松江海防同知。終養歸。著有《斯香堂集》。

林鵬飛 廣東潮陽縣人。雍正八年二甲二十名進士。乾隆四年任順天府東安知縣。

張之浚 字治齋。順天大興縣人。雍正八年二甲二十一名進士。十二年任山東蒙陰知縣。乾隆十年纍遷甘肅涼莊道，官至四川松茂道。

鹿邁祖 字南皋、紹文。直隸定興縣人。雍正八年二甲二十二名進士。選庶吉士，未散館特授編修。十二年考選福建道御史，乾隆五年任順天北城、中城巡城御史，轉禮科給事中，八年遷湖南糧儲道，官至四川川北道，署四川按察使，署永寧道。以言事獲譴罷歸。

祖父鹿賓，康熙二十一年進士。

毛之玉 字用兩、用羽，號約亭、裴山。江蘇太倉直隸州人。雍正八年二甲二十三名進士。選庶吉士，授編修。十二年考選河南道御史，乾隆元年充順天鄉試同考官。丁父憂歸。晚年主講虞山書院十四年，造士頗多。卒年八十六。著有《曉珠詞》《瀛州清課》《吟囊剩句》《紅豆餘音》《漱芳詩集》《倚玉集》。

商　盤 字蒼雨，號寶意、質園。浙江會稽縣人。康熙四十年（1701）十月二十四日生。雍正八年二甲二十四名進士。選庶吉士，授編修。乾隆五年任江西南昌知縣，遷廣西新寧知州，改江蘇鎮江府丞，安徽太平府同知，遷江西南康知府，乾隆十九年任廣西鎮安、梧州知府，改雲南府知府。進緬甸病，乾隆三十一年（1766）四月二十七日卒。年六十六卒於順寧。自幼工詞，才名與厲鶚齊名，談吐幽默。著有《質園詩集》。

徐景曾 字師魯，號省庵。江蘇武進縣人。雍正八年二甲二十五名進士。選庶吉士，未散館特授直隸順德府知府，雍正十三年改湖北鄖陽知府，乾隆七年任直隸永平知府，改河間知府，十二年改順德知府。

吳振蛟 字層三，號桃江。福建惠安縣人。雍正八年二甲二十六名進士。分發廣東知縣。未待缺而卒。

裘肇煦 字蒼曉，號律初。浙江仁和縣人。雍正八年二甲二十七名進士。選庶吉士，授編修。

李治運 （1710—1771）字寧人，號漪亭。江蘇吳江縣人。雍正八年二甲二十八名進士。授刑部主事，遷禮部制儀司郎中，乾隆七年二月督山東學政，十年外任榆林知府，十二年遷湖北糧道，十七年授安徽按察使，二十三年改浙江按察使。巡撫劾其迂緩，三十年十一月乞養歸。卒年六十二。著有《漪亭集》。

鄂樂舜 （原名鄂敏）字鈍夫，號筠亭。滿洲鑲藍旗，西林覺羅氏。保和殿大學士鄂爾泰從子。雍正八年二甲二十九名進士。選庶吉士，任編修。江西瑞州知府，乾隆十五年授四川按察使，遷湖北布政使。十七年改現名。六月授甘肅巡撫，十九年五月改浙江巡撫，十月調安徽巡撫，二十年十一月改山東巡撫。乾隆二十一年（1756）二月二十八日，以前在浙江巡撫任內勒派商捐罪令自盡。

吳　璋 字約岩，號若印。浙江淳安縣人。雍正八年二甲三十名進士。選庶吉士，充起居注官。差往陝西宣諭，卒於榆林。年僅四十四。

王秉運 廣西河池縣人。雍正八年二甲三十一名進士。十一年任廣東陽春知縣，十三年改廣東香山知縣。

許開基 字勛宗、霍齋。浙江

海鹽縣人。雍正八年二甲三十二名進士。任兵部主事，遷刑郎員外郎，乾隆十六年充河南鄉試副考官。官至刑部郎中，十八年督廣西學政。

曹繩柱 字介岩。江西新建縣人。康熙四十一年（1702）六月初三日生。雍正八年二甲三十三名進士。任刑部主事，十二年以刑部員外郎考選湖廣道御史，乾隆元年轉浙江寧紹台道，十年改杭嘉湖道。丁憂服闋，補湖北鹽驛道、河南汝光道，二十六年授福建按察使，二十八年（1763）遷廣東布政使，改福建布政使。十月初六日卒，年六十二。

陳亮世 字南志，號林村。福建南安縣人。雍正八年二甲三十四名進士。選庶吉士，散館改工都水司部主事，升員外郎，官至吏部郎中。

叔父陳萬策，康熙五十七年進士；子陳科捷，乾隆十三年進士。

吳士珣 字東升，號錄溪。江蘇吳縣人。雍正八年二甲三十五名進士。選庶吉士，授編修。

沈昌寅 字升伯。浙江嘉興縣人。雍正八年二甲三十六名進士。任刑部主事，補盛京工部主事。卒於任。

章有大 號容若，號祐庵。浙江歸安縣人。雍正八年二甲三十七名進士。授福建知縣，捐補工部主事，遷工部郎中。乾隆十四年考選山東道御史，官至禮科給事中。致

仕歸，以詩文自娛。

李科捷 福建惠安縣人。雍正八年二甲三十八名進士。乾隆元年任廣東從化知縣。

熊約祺（一作高約祺）字雨采。江蘇青浦縣人。雍正八年二甲三十九名進士。十二年任浙江桐廬知縣，乾隆元年改浙江臨海知縣，七年改廣東三水知縣，八年任廣東揭陽知縣。

孫灝 字載黃，號虛船、竹所。浙江錢塘縣人。康熙三十九年（1700）生。雍正八年二甲四十名進士。選庶吉士，授編修。乾隆元年充湖北鄉試主考官，六年考選貴州道御史，升順天府丞。十三年授光祿寺卿，十四年調湖南布政使，十五年九月革。後起用任通政副使，十七年授太僕寺卿，十八年五月改通政使，六月督河南學政，二十二年遷左副都御史，二十三年回任通政使。三十一年（1766）病休尋卒，年六十七。著有《道盥齋集》。

沈孟堅 字賦亭。浙江德清縣人。雍正八年二甲四十一名進士。任貴州普安州知州，十二年改湖北棗陽知縣、穀城知縣，乾隆元年任湖北漢陽知縣、黃陂知縣，縈遷江寧知府。後以小故降級去。

段之緒 字改齋。江蘇武進縣人。雍正八年二甲四十二名進士。任廣西全州知州，坐事降廣西柳州府通判。引疾歸。

吳應造 字徽人。福建福清縣

人。雍正八年二甲四十三名進士。任國子監博士，乾隆二年任福建汀州府教授，七年改延平府教授，九年任臺灣府教授。

王以昌 字禹方、禹言，號俣岩。江南江寧縣人。雍正八年二甲四十四名進士。十一年補殿試，選庶吉士，散館授檢討。

朱鳳英 字翽羽。江西南昌縣人。雍正八年二甲四十五名進士。選庶吉士，未散館特授編修。十年考選湖廣道御史，乾隆三年充湖南鄉試副考官，十年任順天東城巡城御史，官至雲南迤西道。後以親老乞養歸。

李安民 字書臣、念亭。江西臨川縣人。雍正八年二甲四十六名進士。以親老就教職，十一年補南昌府教授。在任三年以憂去，乾隆十四年三月升江蘇睢寧知縣。年五十卒。

柏　謙（1697—1765）字蘊皋，號東皋、偶庵。上海崇明縣人。雍正八年二甲四十七名進士。選庶吉士，授編修。乾隆元年充福建鄉試主考官，十一年乞歸養親。善楷書，有詩文集。

林　蠻 福建莆田縣人。雍正八年二甲四十八名進士。十二年任廣東鎮平知縣，乾隆六年改廣恩知縣，官至廣東肇慶府通判。

黃蘭谷 字芳岩。安徽休寧縣人。雍正八年二甲四十九名進士。乾隆八年官至江蘇淮徐道。

佟　保 字繹山，號行亭。滿洲正藍旗人。雍正八年二甲五十名進士。特授編修，升侍讀，後又降編修。遷司經局洗馬，乾隆八年督貴州學政，十三年充會試同考官。

言士紳 字張書。浙江仁和縣人。雍正八年二甲五十一名進士。任安徽鳳陽知縣，十二年改臨淮知縣。

梁觀我 江蘇江都縣人。雍正八年二甲五十二名進士。任河南息縣知縣，乾隆十年改獲嘉知縣。

唐效堯 字衢尊。湖南辰溪縣人。雍正八年二甲五十三名進士。任知縣，後至陝西助修省志，補陝西白河知縣。告歸。卒年七十。著有《于喁集》。

胡宗緒 字襲參，號嘉遯。安徽桐城縣人，原籍婺源。雍正八年二甲五十四名進士。選庶吉士，授編修。升至國子監司業。通算學，於經史、律曆、兵刑、六書、禮儀、音律皆有研究。著有《環隅集》《易管增注》《禹貢備遺》《洪範皇極疑義》《古今樂通》《律衍》《數度衍參注》《晝夜儀象說》《象觀歲差新論》《測量大義》《梅胡問答》《正字通芟誤》《大學講義》《南北河論》《膠萊河考》《臺灣考》《兩界辨》《苗疆紀事》等數十部著作。

李　毅 字樂園。山東登州府大嵩衛人。雍正八年二甲五十五名進士。江蘇候選知縣。

弟李桐，雍正元年進士。

楊中興　字直庭，號訊庵、闓安。廣東程鄉縣人。康熙四十四年（1705）八月十四日生。雍正八年二甲五十六名進士。十年授福建清流知縣，坐事去職。起用後乾隆三年任廣西興安知縣，擢廣西思恩府同知，遷江西端州知府，乾隆三十年任福建延建邵道，三十八年授湖北按察使，三十九年革。降刑部郎中。以疾乞歸。卒年八十二。著有《性學錄》《讀史提要》《觀察紀略》《四餘偶錄》《文集》等。

徐以烜　字養資，號潤亭。浙江錢塘縣人。康熙四十一年（1702）二月生。雍正八年二甲五十七名進士。選庶吉士，授編修。乾隆三年充順天鄉試同考官，四年任會試同考官，歷任國子監司業、侍講、侍講學士、少詹事，十一年授詹事，十八年遷內閣學士。十九年擢禮部侍郎，督直隸學政，二十三年降調任太常寺卿，丁憂。二十八年署禮部侍郎。三十一年以病乞休。三十六年（1771）正月二十八日卒。年七十。

祖父徐潮，康熙十二年進士，吏部尚書；父徐本，康熙五十七年進士，東閣大學士。祖孫三代進士。

任弘業　字開宗。浙江山陰縣人。雍正八年二甲五十八名進士。乾隆元年任直隸鹽山知縣，四年遷武清河同知，六年遷直隸廣平知府，七年改直隸大名知府，官至河南汝光道。

馬綸華　字汝調。浙江會稽縣人。雍正八年二甲五十九名進士。任福建古田知縣，歸之日囊甚瘠，僅足路費而已。

高峻　（本姓陸）浙江仁和縣人。雍正八年二甲六十名進士。任湖北竹溪知縣。

江弘禧　字介純。浙江錢塘縣人。雍正八年二甲六十一名進士。任江西樂平知縣，擢吏部主事，官至江西贛州知府。

王宗燦　字泰符，號冶亭。漢軍正黃旗人。雍正八年二甲六十二名進士。選庶吉士，授編修。雍正十三年充廣西鄉試副考官，官至浙江副都統，又降參領。

劉弘緒　（本姓李）字述古。漢軍鑲紅旗。雍正八年二甲六十三名進士。授兵部武選司主事，進禮部精繕司郎中，外任西寧知府，官至甘肅西寧道。

張松　陝西合陽縣人。雍正八年二甲六十四名進士。乾隆九年任四川峨嵋知縣，十年改四川巴縣知縣，十五年調浙江餘姚知縣，十七年改仁和知縣，三十三年任順天府通判。

孫芝　浙江錢塘縣人。雍正八年二甲六十五名進士。任知縣。

嵇璜　字尚佐、黼庭，號拙修。江蘇無錫縣人。康熙五十年（1711）六月初六日生。雍正八年二甲六十六名進士。選庶吉士，任翰林院編修。遷諭德、庶子、左僉都御史。乾隆十二年授大理寺卿，遷都察院左副都御史，改工部、户部、吏部侍郎。二十二年授南河副總河督，遷工部尚書，改禮部尚書。三十二年改東河總督，三十三年復任工部尚書，降左副都御史，改工部侍郎，再授工部尚書，改兵部、工部尚書。四十四年十二月調吏部尚書，授協辦大學士，四十五年九月接程景伊遷文淵閣大學士，兼翰林院掌院學士，四十七年加太子太保。乾隆五十九年（1794）七月十七日卒。享年八十四。贈太子太師，諡"文恭"。

父嵇曾筠，康熙四十五年進士，文華殿大學士。

章秉銓 江西南城縣人。雍正八年二甲六十七名進士。任户部主事。

齊　達（《八旗通志》作七達）滿洲正白旗人。雍正八年二甲六十八名進士。任滿洲富德佐領，官至山西朔平府同知。

陳其凝 字秋崖。江蘇上元縣人。雍正八年二甲六十九名進士。選庶吉士，授編修。升吏部郎中，乾隆元年充湖北鄉試副考官，二年考選河南道御史，三年充山東鄉試主考官，六年督陝甘學政，官至太常寺少卿。九年督浙江學政，十三年督山東學政，緣事又降編修。

林令旭 字豫中，一字晴江。江蘇婁縣人。雍正八年二甲七十名進士。選庶吉士，授編修。乾隆三年充順天鄉試同考官，纍遷右通政使，六年督順天學政，七年授至太常寺卿。八年病免。著有《墨花樓集》《錦城記》。

李敏第 字瀛少，號牧岩。河南夏邑縣人。雍正八年二甲七十一名進士。選庶吉士，改工部主事，乾隆三年任四川鄉試副考官，六年以工部員外郎考選陝西道御史，十年任順天中城、東城巡城御史，遷兵科給事中，十一年擢江蘇淮揚道。十二年授山東按察使，十三年遷山東布政使，旋改山西布政使，十四年調光祿寺卿。十六年病休。

子李奕疇，乾隆四十五年進士，官漕運總督；孫李銘皖，道光二十年進士；孫李銘霍，同治二年進士。

劉元燮 字孟調，號理齋、梅垞。湖南湘潭縣人。雍正八年二甲七十二名進士。選庶吉士，授編修。十二年考選山西道御史，十三年充浙江鄉試副考官，外轉廣西蒼梧道。以事謫廣西丹州同知。復被劾，謫戍貴州，旋釋回歸。著有《耨學齋稿》《梅垞吟》《寒香草堂詩集》。

弟劉元炳，雍正十一年進士；子劉亨地，乾隆二十二年進士。

金嶒 江蘇江浦縣人。雍正八年二甲七十三名進士。任江西星子知縣、德興知縣，乾隆三年改宜黃知縣，調樂安知縣，改湖北應城知縣，十七年升湖北隨州知州，官至湖北德安知府。

井其洵 字眉一。順天文安縣

人。雍正八年二甲七十四名進士。任山東平陰知縣，乾隆元年改山東菏澤知縣。

張若溎 字樹穀，號墨莊。安徽桐城縣人。康熙四十二年（1703）生。大學士張英孫，保和殿大學士張廷玉子。雍正八年二甲七十五名進士。歷任兵部主事、郎中。乾隆十七年考選江西道御史，升鴻臚寺少卿、大理寺少卿，乾隆三十年督山東學政，三十一年授太僕寺卿改通政使。三十三年授左副都御史，改刑部侍郎。三十五年閏五月遷左都御史。四十一年十月致仕。乾隆五十二年（1787）卒。年八十五。家中藏書較豐。

汪振甲 字鯤鯨。浙江錢塘縣人。雍正八年二甲七十六名進士。十二年署安徽五河知縣，十三年改安徽桐城知縣，署太平府同知。著有《詹詹集》。

侯嗣達 字爾端。江蘇金匱縣人。雍正八年二甲七十七名進士。授刑部主事，乾隆四年以刑部郎中考選山西道御史，外轉湖南衡永郴道，十年改福建汀漳龍道，官至浙江寧紹台道。卒於任。

方暨謨 浙江壽昌縣人。雍正八年二甲七十八名進士。十一年任湖南安福知縣，十二年改湖南江華知縣，乾隆六年改福建長汀知縣。

陳人集 浙江山陰縣人。雍正八年二甲七十九名進士。

周道 湖北江夏縣人。雍正四年舉人，八年二甲八十名進士。任湖北荆州府教授。

嚴在昌 字李傳。浙江仁和縣人。雍正八年二甲八十一名進士。十二年任江西萬載知縣，改永寧知縣，擢貴州永寧州知州。甫一年告歸。

王應綵 字湘亭、天章，號萊堂。浙江桐鄉縣人，原籍安徽休寧。雍正八年二甲八十二名進士。授刑部主事，十一年充廣東鄉試副考官，升員外郎、吏部郎中。乾隆十年考選江西道御史，十一年督河南學政，丁母憂。補掌湖廣道御史、河南道、京畿道御史。官至禮科掌印給事中。

吳雲從 浙江石門縣人。雍正八年二甲八十三名進士。乾隆十二年纍遷陝西榆林知府，十六年遷山西河東鹽運使，二十二年改甘肅寧夏道，二十三年回任河東鹽運使。

馬丙 漢軍正黃旗。雍正八年二甲八十四名進士。乾隆元年以吏部郎中考選河南道御史。改用旗員。

曹一士 字諤廷，號濟寰。江蘇青浦縣人。康熙十七年（1678）十月十六日生。雍正八年二甲八十五名進士（時年五十三）。選庶吉士，雍正十年充順天鄉試同考官，授編修。考選山東道御史，進工科給事中。乾隆元年（1736）十月二十一日卒，年五十九。著有《四焉齋集》《四焉齋詩文集》。

任應烈 字武承，號處泉。浙

江錢塘縣人。雍正八年二甲八十六名進士。選庶吉士，授編修。乾隆元年纍遷河南懷慶知府，丁父憂。六年補河南南陽知府。以憂歸。

戈　錦　字絅公，號素庵。直隸獻縣人。雍正八年二甲八十七名進士。十一年任河南嵩縣知縣，以親老告歸。親卒改浙江開化知縣，乾隆十六年改浙江歸安知縣。十九年乞休去。年六十二卒。

父戈懋倫，康熙五十一年進士；子戈濤，乾隆十六年進士；四子戈源，乾隆十九年進士。

劉宗賢　湖北江夏縣人。雍正四年舉人，八年二甲八十八名進士。十一年任四川滎縣知縣，乾隆五年改東鄉知縣，改國子監博士。

陳倜儀　字夏紱。山西猗氏縣人。雍正八年二甲八十九名進士。十一年任直隸安肅知縣（又稱徐水知縣），乾隆十年任安徽鳳陽、懷寧、黟縣知縣，十九年補懷柔知縣，調密雲知縣。在任五年。

陳兆崙　字星齋，號句山。浙江錢塘縣人。康熙三十九年十二月初六（1701年1月）生。雍正八年二甲九十名進士。任福建知縣、内閣中書、軍機章京。乾隆元年召試博學鴻詞二等第二名，授檢討。十七年擢左春坊左中允，侍讀學士，十八年授太僕寺卿，改順天府尹。二十一年改太常寺卿，降太僕寺少卿、通政副使。三十二年復授太僕寺卿。三十三年乞假歸。三十六年（1771）正月二十六日卒，年七十二。詩文淳古淡泊，京師士大夫奉爲文章宗匠。嘗自言："吾書法第一，文次之。"著有《紫竹山房集》十二卷、《詩集》四卷等。

劉暐澤　字湘客。湖南長沙縣人。雍正八年二甲九十一名進士。授户部主事，外任廣西泗城府知府，調潯州、梧州知府。

弟劉暐澤，同科進士；子劉較之，乾隆二十六年進士；劉權之，乾隆二十五年進士，體仁閣大學士。

陳九韶　字象三。江西廣昌縣人。雍正八年二甲九十二名進士。十二年任江西饒州府教授。卒於任。

胡彦昇　字國賢，號竹軒。浙江德清縣人。雍正八年二甲九十三名進士。任刑部主事，十二年改山東定陶知縣。因開釋冤獄，多平反，被劾，歸里後杜門著書。著有《樂律表徵》《凡度律》《審音》《制調》《考器》，另有《春秋説》《四書近是》《叢書要録》等。

程盛修　字楓儀，號風沂。江蘇泰州人，原籍安徽休寧。雍正八年二甲九十四名進士。選庶吉士，授編修。雍正十三年任順天鄉試同考官，乾隆元年考選四川道御史，十年任順天東城巡城御史。十一年遷給事中，擢鴻臚寺少卿，二十二年授光禄寺卿，二十四年改順天府尹。二十五年乞養歸。卒年五十八。工詩文，乾隆四年進奉《咏史樂府》十二章，著有《夕陽書屋詩集》《南陝松菊集》。

張鉞 直隸清苑縣人。雍正八年二甲九十五名進士。十一年任河南新鄉知縣,乾隆十八年改山西高平知縣,改雲南寧州知州,二十二年改廣東瓊山知縣。

張綸 江蘇陽湖縣人。雍正八年二甲九十六名進士。任安徽安慶府教授。

謝鍠 順天大興人。雍正八年二甲九十七名進士。十二年任山東郯城知縣。乾隆十六年遷河南禹州知州,擢江蘇江寧知府,官至淮陽河庫道。

吳履泰 字君安,號茹原、少箬。福建侯官縣人。雍正八年二甲九十八名進士。選庶吉士,授編修。十三年充順天鄉試同考官,官至侍講學士,乾隆四年會試同考官,又降編修。致仕歸。

冷崇 字次姚。湖北雲夢縣人。雍正元年舉人,八年二甲九十九名進士。任陝西韓城知縣,以病歸。乾隆七年改湖北黃州府教授。

沈變文 浙江海鹽縣人。雍正八年二甲一百名進士。十二年任湖南桂陽知縣。

第三甲二百九十六名

錢志遙 字孺堂。江蘇丹徒縣人。雍正八年三甲第一名進士。十二年署江西新昌知縣,乾隆六年改江西南昌知縣。

王繩曾 字武沂。江蘇金匱縣人。雍正八年三甲第二名進士(年已五十餘)。曾任江寧縣教諭,授揚州府教授。去官後主講東林書院。著有《春秋經傳類聯》。

陸邦玠 浙江仁和縣人。雍正八年三甲第三名進士。任户部主事。

李時憲 字敬亭。福建閩縣人。雍正八年三甲第四名進士。任吏部考工司主事,十二年改直隸平鄉知縣,乾隆十二年改河南安陽知縣。

父李開葉,康熙六十年進士。

劉瞻林 字羽星。江西吉水縣人。雍正八年三甲第五名進士。十一年任福建松溪知縣。罷官,家居事母。

陳中 字用其,號友竹。四川墊江縣人。雍正八年三甲第六名進士。選庶吉士,特授檢討。乾隆二年改任河南新鄭知縣,乾隆八年官至貴州正安州知州。

劉育杰 字凡若。江蘇泰州人。雍正八年三甲第七名進士。十二年任山東招遠知縣,乾隆二年調山東昌邑知縣。丁憂。九年任安徽歙縣知縣,補湖北京山知縣,改蘄水、黃岡、漢陽知縣,升陝西華州知州,官至山西潞安知府。卒年五十九。

李之蘭 字文莊。湖北江夏縣人。雍正四年舉人,八年三甲第八名進士。任陝西華陰知縣。卒於任。

胡啓淳 安徽寧國縣人。雍正八年三甲第九名進士。任浙江常州府教授。著有《薛文清公讀書錄節鈔》十四卷。

汪　衡　字嵩鄰。安徽無爲州人。雍正八年三甲第十名進士。即用知縣，以親老改松江府教授，丁憂。補安慶府教授，未任卒，年七十六。

西　成　（榜名西城）字有年，號樗園。滿洲鑲黃旗人。雍正八年三甲十一名進士。纍遷少詹事，乾隆十二年授太常寺卿。十三年去職。

陳象樞　字馭南，號復齋。江西崇仁縣人。康熙三十五年（1696）生。雍正八年三甲十二名進士。任吏部文選司主事、户部員外郎，雍正十三年督四川學政，乾隆三年改湖南學政，遷郎中，降調後復任户部員外郎。乾隆十八年（1753）九月卒。年五十八。著有《儀禮補箋》《易經發蒙》《五經淵源錄》《經解補》《學庸定解》《復齋文集》《詩集》等。

付　德　滿洲正藍旗人。雍正八年三甲十三名進士。任滿洲阿山佐領，官至吏部郎中。

吳秉和　字汝育。浙江淳安縣人。雍正八年三甲十四名進士。十二年任江西東鄉知縣，乾隆四年改江西南豐知縣，七年以憂去。十一年補江蘇蕭縣知縣，十四年改崇明知縣。

嚴樹基　字紹庭，號植川、玉照。浙江歸安縣人。雍正八年三甲十五名進士。選庶吉士，授檢討。

沈元陽　（本姓謝）字憲南。江蘇長洲籍，常熟人。雍正八年三甲十六名進士。觀政河南。會修通志，委以編纂。編《虞山人文》。

張先躋　字槐荆。福建漳浦縣人。雍正八年三甲十七名進士。選庶吉士。

高　璿　字齊光，號雲亭。山東諸城縣人。雍正八年三甲十八名進士（年四十六）。選庶吉士，授檢討。散館後請假歸，不復出。卒年五十。

富　敏　（改名傅敏）字遜修，號霖岩。滿洲鑲黃旗人。雍正八年三甲十九名進士。選庶吉士，授編修。纍遷國子監祭酒，乾隆七年遷詹事，八年改通政使，十年官至盛京兵部侍郎。十一年病免。

林瓊蕤　字光可。福建長樂縣人。雍正八年三甲二十名進士。以親老未赴選，服闋授直隸高舊知縣。以老乞休，卒於家。

陸　炘　浙江烏程縣人。雍正八年三甲二十一名進士。乾隆十一年任廣東清遠知縣，十三年改江蘇興化知縣。

袁儒忠　順天宛平縣人。雍正八年三甲二十二名進士。十一年任河南内鄉知縣，乾隆八年改福建長樂知縣，九年改寧祥知縣。

胡承澤　字廷簡，號蛟門。安徽桐城縣人。雍正八年三甲二十三名進士。十二年任山西靈石知縣，升刑部湖廣司主事。以親老乞歸。著有《頤壽堂詩鈔》。

馮大山　字岳維，號五峰。浙

江海寧縣人。雍正八年三甲二十四名進士。試用江蘇高郵知縣，十一年授安徽宣城知縣，乾隆四年任安徽婺源知縣。卒於任。

戴章甫 字黼臣、澂齋。浙江仁和縣人。雍正八年三甲二十五名進士。任吏部主事、郎中。乾隆十一年考選江西道御史，十八年五月任順天北城巡城御史。官至掌河南道御史。

李　迪 山西解州人。雍正八年三甲二十六名進士。任甘肅隴西知縣，官至甘肅涼州府同知。

朱清忠 浙江海寧縣人。雍正八年三甲二十七名進士。任浙江湖州府教授。

李　瑜 廣東大浦縣人。雍正八年三甲二十八名進士。十三年任廣西北流知縣，以卓異升寧明知州，官至廣西泗城知府。

高允中 字于和。江蘇通州直隸州人。雍正八年三甲二十九名進士。十二年任安徽寧國府教授。十年歸。

王邦光 字覲龍。湖南湘陰縣人。雍正八年三甲三十名進士。十二年任陝西城固知縣，乾隆五年改渭南知縣，十五年署山西寧武知縣，官至雲南阿迷州知州。

傅　恩 浙江仁和縣人。雍正八年三甲三十一名進士。任知縣。

董　衡 （原名董行）福建晉江縣人。雍正八年三甲三十二名進士。十三年任浙江建德知縣，乾隆十年改山東定陶知縣。乞養歸。

周來馨 字偕芳。山東即墨縣人。雍正八年三甲三十三名進士。十一年任河南臨潁知縣。在任三載卒。著有《楚中草》《大梁客中吟》。

方邦基 字樂只。浙江仁和縣人。雍正八年三甲三十四名進士。十一年任福建閩清知縣，十二年改沙縣知縣、臺灣鳳山知縣，乾隆七年遷臺灣海防同知，署知府，十二年提請實授臺灣知府。八月送部引見內渡遭颶風，卒於福清南日島，贈布政司參議。

張廷掄 順天大興縣人。雍正八年三甲三十五名進士。

王　鐸 四川納溪縣人。雍正八年三甲三十六名進士。任雲南維西廳、緬寧廳通判，昭通府景東直隸廳掌印同知，遷雲南澂江知府，官至光祿寺署正。

高　第 字傳一。雲南太和縣人。雍正八年三甲三十七名進士。十三年任四川名山知縣。在蜀十餘年歸。

王維愨 直隸交河縣人。雍正八年三甲三十八名進士。授山東章丘知縣，十年調山東曹縣知縣，乾隆八年任山東青州知府。

李從龍 字彥臣。山西太原縣人。雍正八年三甲三十九名進士。署直隸饒陽知縣，十二年改井陘知縣，補阜平知縣，乾隆三年任浙江浦江知縣，四年調奉化知縣，升戶部主事，以病歸。著有《培根堂文集》。

傅　咏　字元聲。山東高密縣人。雍正八年三甲四十名進士。署直隸鹽山知縣，改南皮知縣，乾隆五年任直隸高邑知縣，六年改滄州知州，調順天府香河知縣。以母老告歸，杜門授徒。著有《自箴錄》。

徐　璣　字愚谷、衡友。江西鄱陽縣人。雍正八年三甲四十一名進士。十二年任湖南耒陽知縣，乾隆五年改河南嵩縣知縣。

薄　岱　字啓東，號漱園。順天大興縣人，原籍江蘇江寧。雍正八年三甲四十二名進士。任山西知縣，山西寧武府知府。

陳世賢　字卓人。福建福清縣人。雍正八年三甲四十三名進士。官至戶部貴州司員外郎。

梁　欽　字敬旃。江西泰和縣人。雍正八年三甲四十四名進士。乾隆元年任江蘇高淳知縣，九年改福建上杭知縣。二十一年改廣東曲江知縣，二十三年署東莞知縣，升知府未任而卒。

熊學鵬　字雲亭，號廉村。江西南昌縣人。雍正八年三甲四十五名進士。任兵部主事、郎中。乾隆五年考選山西道御史，升太常寺少卿，遷右通政使。乾隆十一年五月授太僕寺卿。十五年革。十六年授光祿寺卿改太常寺卿，二十一年調順天府尹遷內閣學士，二十四年閏六月授兵部侍郎改刑部侍郎，二十六年三月授廣西巡撫，二十七年十月調浙江巡撫。三十三年二月丁憂。

三十四年十月仍授浙江巡撫，三十五年十一月丁憂。三十七年六月仍署浙江巡撫，三十八年正月復任廣西巡撫，四十年十二月調廣東巡撫。因未能將擬斬犯官秦廷基收監，四十一年三月革職。乾隆四十四年（1779）卒。

祖父熊一瀟，康熙三年進士，工部尚書；父熊本，康熙四十五年進士。

趙　憲　字元愻。山東益都縣人。雍正八年三甲四十六名進士。十一年任直隸深澤知縣，調東光知縣，乾隆四年改順天府寧河知縣，乾隆十四年改山東濟南府教授。著有《寶芝堂詩》。

楊又林　江蘇無錫縣人。雍正八年三甲四十七名進士。任安徽池州府教授，十三年任太平府教授。

黃師範　字任箕。江西金溪縣人。雍正八年三甲四十八名進士。任刑部主事，擢員外郎，禮部郎中。年七十致仕歸。卒年九十。

魏　樞　字又弼、慎齋。奉天承德縣人。雍正八年三甲四十九名進士。十二年任直隸永平府教授。乾隆初，舉鴻博，未試卒。究心經學，尤邃於《易》。著有《東易問》《春秋管見》。

西　泰　滿洲鑲黃旗人。雍正八年三甲五十名進士。官至戶部員外郎。

李作楫　（本姓施）字若舟。順天宛平縣人，原籍江蘇長洲。雍正八年三甲五十一名進士。十三年任山西寧武知縣，乾隆六年充山西河津知縣。

高以永 字長言。湖南華容縣人。雍正八年三甲五十二名進士。任戶部浙江司主事。尋卒。

徐 琰（一名作琰）字伯珏，號昆山。漢軍正藍旗人。雍正八年三甲五十三名進士。官至吏部郎中。著有《唐宋詩選》。

喬履信（1709—1768）字實夫，號敦峰。河南商水縣人。雍正八年三甲五十四名進士。授陝西郿縣知縣，十三年改富平，乾隆元年署高陵知縣，五年調咸寧知縣，以循吏稱。丁內艱歸，服闋補禮部主事，候補御史。未幾卒。著有《鄉甲條約》《富平志》《寧達堂詩草》。

戴夢奎 字惟直。浙江蘭溪縣人。雍正八年三甲五十五名進士。十二年署福建建寧知縣，改永春知縣，十三年調閩縣知縣。行取禮部主事。卒於京。

王 師 字貞圃，號莪園。山西臨汾縣人。康熙二十九年（1690）正月二十日生。雍正八年三甲五十六名進士。任直隸元城知縣，十一年改大名知縣，乾隆四年調清苑縣，五年遷冀州知州，尋知真定知府，擢直隸清河道。乾隆十年授直隸按察使遷浙江布政使，改江蘇布政使，十二年解職。降補直隸天津道。十四年授山東按察使，改河南、江蘇按察使遷浙江布政使，十五年十一月授江蘇巡撫。乾隆十六年（1751）八月十五日卒，年六十二。

許騰鶴 字集之。廣東惠來縣人。雍正八年三甲五十七名進士。十三年任福建歸化知縣，改陝西洛川知縣，乾隆八年改湖北蘄水知縣。

盧秉純 字性香，號義肥。山西襄陵縣人。雍正八年三甲五十八名進士。選庶吉士。授檢討。十二年考選雲南道御史，十三年充湖北鄉試主考官，乾隆元年任順天鄉試同考官，二年任會試同考官，升刑科給事中。歸鄉後，主講汾陽、潞安等書院。著有《龍泉堂稿》和詩文集。

金 鴻 字上侯。直隸保定左衛人。雍正八年三甲五十九名進士。署寶山知縣，乾隆四年任江蘇鎮洋知縣，署東平州里誤去職。十年任甘泉知縣，十一年十月調任長洲知縣，十二年六月升淮北運判，太倉州知州。

李清載 字有侯。福建安溪縣人。雍正八年三甲六十名進士。授兵部主事，改戶部主事，升員外郎、郎中，外任雲南順寧知府。念母乞歸，卒於廣西梧州途中。

父李鍾僑，康熙五十一年進士。

戚斃言 字魏亭，號研齋。浙江德清縣人。康熙三十八年（1699）生。雍正八年三甲六十一名進士。十二年任福建連江知縣。父戚麟祥（康熙四十八年二甲進士）因事流放寧古塔，乾隆初年曾寫血書乞總督郝玉麟代與進呈乾隆帝赦其父，高宗赦之。其父乾隆五年卒。毀言因過度悲傷，七年（1742）九月二十一日卒，年四十四。

傅齊賢 直隸盧龍縣人。雍正八年三甲六十二名進士。

張能第 四川閬中縣人。雍正八年三甲六十三名進士。任兵部主事，改甘肅鎮番知縣，乾隆十七年任浙江臨海知縣。

吳 卓 江蘇武進縣人。雍正八年三甲六十四名進士。乾隆六年任浙江松陽知縣，改湖北興山知縣、大冶知縣，乾隆十二年署安陸知縣。

郭孫俊 字甸方，號章庵。湖北當陽縣人。雍正四年湖北鄉試解元，八年三甲六十五名進士。雍正十二年任江西都昌知縣，乾隆二年改江西安福知縣。晚年主講書院，卒年八十一。

張重振 直隸任丘縣人。雍正八年三甲六十六名進士。乾隆八年任山介休知縣，十一年官至山西保德州知州。十二年乞疾歸。

闞昌言 字堯俞。湖北安陸縣人。康熙五十六年舉人，雍正八年三甲六十七名進士。乾隆五年任四川德陽知縣，十年署羅江知縣。乞歸。年七十餘卒。

宋 楠 字丹林，號奎山。浙江建德縣人。雍正八年三甲六十八名進士。十一年補殿試。選庶吉士，授檢討。乾隆元年充順天鄉試同考官，二年充會試同考官，官至左贊善。乞終養歸。竟先於父卒。

李 高 字志山。山東高密縣人。雍正八年三甲六十九名進士。授江蘇江浦知縣，行取刑部主事，乾隆七年改山西壽陽知縣，遷山西潞安府同知，再代理絳州知州。以疾卒於任。

李錢度 浙江長興縣人。雍正八年三甲七十名進士。

王作賓 陝西富平縣人。雍正八年三甲七十一名進士。十三年任湖南桂陽知縣，乾隆四年改新寧知縣，七年任寧遠知縣，乾隆九年升湖南澧州知州。

魯 淑 字耘莊。江西新城縣人。雍正八年三甲七十二名進士。十三年任浙江黃岩知縣。乾隆三年（1738）卒於任。年僅三十八。

椿 年 滿洲鑲白旗人。雍正八年三甲七十三名進士。任滿洲宗室阿林額佐領。

文 魁 山西垣曲縣人。雍正八年三甲七十四名進士。任廣東三水知縣。

劉維焯 山東諸城縣人。雍正八年三甲七十五名進士。任工部營繕司主事。年二十八以足疾告歸。

金 溶 字廣蘊。順天大興縣人。康熙四十四。（1705）生。雍正八年三甲七十六名進士。任刑部主事，乾隆元年充貴州鄉試副考官，歷員外郎、郎中，四年考選江南道監察御史。後坐事奪職。十年起用任福建漳州知府，十四年遷臺灣道，二十一年改陝西鹽驛道，二十三年署陝西延榆綏道，二十四年回任鹽驛道，二十七年調浙江糧儲道。因與浙江巡撫熊學鵬牴牾，奏其迂緩不任事，以原品休致歸。在家十年，乾隆四十二年（1777）十二月初二日卒，年七十三。

余景玠 廣西恭城縣人。雍正八年三甲七十七名進士。乾隆三年任廣東清遠知縣。

羅克昌 字皋言。江蘇高郵人。雍正八年三甲七十八名進士。十三年任山東榮城知縣，調益都、費縣知縣，乾隆初任四川涪州知州，十八年改四川漢州知州，官至四川綿州直隸州知州。

阮學浩 字裴園，號緩堂、澹寧。江南山陽縣人。雍正八年三甲七十九名進士。選庶吉士，授檢討。乾隆元年充陝西、六年充山西鄉試副考官，七年充順天鄉試同考官，九年督湖南學政。乞養歸。主講淮陽書院。工詩文，著有《裴園詩鈔》。

齊錫智 字君一。山東陽信縣人。雍正八年三甲八十名進士。十二年任安徽蒙城知縣。卒於任。

李宜芳 字梅村。山東諸城縣人。雍正八年三甲八十一名進士。十三年授河南臨漳知縣。

李元皋 廣東程鄉縣人。雍正八年三甲八十二名進士。十三年任福建松溪知縣。

李 凱 字圖凌。浙江鄞縣人。雍正八年三甲八十三名進士。乾隆

十九年爲浙江紹興教諭。

程 璲（1704—1734，本姓嚴）字十區。浙江仁和縣人。雍正八年三甲八十四名進士。選庶吉士。旋卒於京邸，年僅三十一。善治學，通天文。

劉天寵 福建海澄縣人。雍正八年三甲八十五名進士。任兵部職方司主事。

嚴 暻 浙江烏程縣人。雍正八年三甲八十六名進士。十三年任福建海澄知縣，乾隆六年改臺灣嘉義知縣，十二年任福建大田知縣。

吳嗣爵 字尊一，號樹屏、淡軒。浙江錢塘縣人。康熙四十六年（1707）生。雍正八年三甲八十七名進士。歷任禮部主事、員外郎、郎中。外任江蘇常州知府，十三年改淮安知府，遷江蘇淮揚道，十六年任兩淮鹽運使。二十三年授江蘇按察使遷布政使，改湖南布政使。因積欠應徵口糧催徵不力降同知，三十年授淮徐道。三十三年署東河總督，三十六年八月改任南河總督。四十一年三月授吏部侍郎。四十二年休致。乾隆四十四年（1779）六月二十三日卒，享年七十三。

姜士崙 浙江遂安縣人。雍正八年三甲八十八名進士。十三年任順天文安知縣，遷直隸廣平府同知，乾隆八年改天津府河防同知，十一年官至河南歸德知府。

高弘緝 順天大興縣人。雍正八年三甲八十九名進士。

吳 煒 字覲揚。浙江仁和縣

人，原籍安徽歙縣。雍正八年三甲九十名進士。任工部主事，乾隆六年以工部郎中考選山東道御史，升工科給事中，九年外轉直隸口北道。革。起用任上書房行走，補光禄寺少卿。

薛偉器 陝西蒲城縣人。雍正八年三甲九十一名進士。任教授。

韓彥曾 字瀝芳，號溧舫。江蘇長洲縣人。雍正八年三甲九十二名進士。選庶吉士，授檢討。乾隆十年充會試同考官，官至洗馬，十二年任福建主考官。

父韓孝基，康熙三十九年進士。

許希孔 字瞻魯，號克齋、念齋。雲南昆明縣人。雍正元年雲南鄉試解元。八年三甲九十三名進士。選庶吉士，授檢討。纍遷至少詹事，乾隆四年遷內閣學士，旋擢工部右侍郎。六年充順天鄉試副考官。九年罷職。

朱敦棣 浙江烏程縣人。雍正八年三甲九十四名進士。任戶部主事。

樊初荀 山西沁水縣人。雍正八年二甲九十五名進士。任山西蒲城府教授。

田實發 字梅嶼、玉禾。安徽合肥縣人。雍正八年三甲九十六名進士（時年六十）。乾隆二年任江蘇徐州府教授。著有《玉禾詩集》《綠楊亭詩餘》行世。

朱闊 直隸肅寧縣人。雍正八年三甲九十七名進士。任山西夏縣知縣，乾隆四年改山西祁縣知縣。

薛醞 字叔芳，號尺庵，晚自號小輪老人。陝西雒南縣人。雍正八年三甲九十八名進士。選庶吉士，授四川御史，遷廣東韶州知府，乾隆二年官至廣東南韶連道。疾歸卒年八十一。著有《詩序辨參》《周易會粹》等。

張志奇 字鴻儒。山東利津縣人。雍正八年三甲九十九名進士。十一年任直隸內丘知縣，乾隆元年調天津知縣，改高邑、寶坻知縣，乾隆十一年遷涿州知州，調冀州知州，十八年升直隸宣化知府。因冀州案降同知。以母老告養歸。

盧伯蕃 廣東直隸連州人。舉人，特賜殿試。雍正八年三甲一百名進士。任廣西武宣知縣。

張易源 字畫先。湖北廣濟縣人。雍正七年舉人，八年三甲一百零一名進士。十年任湖南安仁知縣，十二年改四川大邑知縣。

陳悳正 字醇叔，號葛城。直隸安州人。雍正八年三甲一百零二名進士。任吏部主事，補文選司員外郎，擢郎中。乾隆三年京察一等擢山西冀寧道，五年授山東按察使，七年改陝西按察使。八年十二月因案被劾，革職發軍臺，六年後釋回，掌問津書院。卒年七十三。著有《醇叔文稿》《葛城詩集》《念堂詩話》等。

兄陳悳華，雍正二年狀元，禮部尚書。

吳傳政　字拱辰，號曙齋。湖北武昌縣人。雍正四年舉人，八年三甲一百零三名進士。任陝西知縣。

趙璟　（復姓季）江蘇無錫縣人。雍正八年三甲一百零四名進士。十二年任河南鞏縣知縣。

陳霖　字德侯。福建閩縣人。雍正八年三甲一百零五名進士。授戶部額外主事，出知直隸故城知縣，改赤城、大名知縣。以勞卒於官。

趙錫禮　字叔敘，號容庵。浙江蘭溪縣人。雍正八年三甲一百零六名進士。任江蘇宜興知縣，改武進知縣，遷江蘇泰州知州、太倉直隸州知州，乾隆九年署江蘇蘇州知府，安徽安慶知府，官至江蘇常鎮揚通道，改淮徐道。以病歸，卒。

程有成　字念貽。江蘇華亭縣人。雍正八年三甲一百零七名進士。乾隆元年任浙江新昌知縣，八年由泰州知州改太倉州知州，在任一年擢安徽安慶知府。十三年改直隸定興知縣，十八年改順天府涿州知州，二十二年降順天文安知縣。

楊秀　字掄升，號素庵。順天固安縣人。雍正七年順天鄉試解元，八年三甲一百零八名進士。選庶吉士，授檢討。官至翰林院侍講。

徐廷槐　字笠三，號墨汀。浙江山陰縣人。雍正八年三甲一百零九名進士。削籍歸，杜門授徒，後主蕺山書院。著有《南華簡鈔》《墨汀詩鈔》。

王之麟　河南祥符縣人。雍正八年三甲一百十名進士。十三年任直隸容城知縣。

杜煜　字醞光，號春陽。四川忠州人。雍正八年三甲一百十一名進士。任甘肅兩當知縣。

兄杜薰，康熙五十二年進士。

姚德里　浙江歸安縣人。雍正八年三甲一百十二名進士。任江蘇知縣。

王祚顯　字邑岐。貴州印江縣人。雍正八年三甲一百十三名進士。雲南即用知縣，署永平縣，丁憂。補江川縣。忤上官致仕歸。卒年六十六。

高昰　字東陽。直隸長垣縣人。雍正八年三甲一百十四名進士。任陝西麟游知縣。

姚恪　號敬齋。四川西充縣人。雍正八年三甲一百十五名進士。任雲南豐樂知縣，行取刑部主事，丁憂服闋，借補陝西中衛知縣。卒於任。

黃士鑑　廣東寶昌縣人。雍正八年三甲一百十六名進士。任雲南楚雄知縣，丁憂補湖南邵陽知縣，改酃縣知縣，乾隆七年任永興知縣，二十年改四川定遠知縣。

何夢瑤　字報之，號西池、研農。廣東南海縣人。雍正八年三甲一百十七名進士。任廣西岑溪知縣，官至奉天遼陽知州。著有《菊芳園詩鈔》《莊子故》《故皇極經世易知錄》《賡和錄》《紺山醫案》《三角輯要》《肇慶府志》《岑溪縣志》等。

侯　茲　字美來，號東海。山東掖縣人。雍正八年三甲一百十八名進士。任安徽全椒知縣，調阜陽知縣，乾隆二年改建平知縣，代廣德知州。以墾誤歸。

陳玉友　字瓊度。順天文安縣人。雍正八年三甲一百十九名進士。任户部主事，遷福建建安府同知，乾隆十二年任福建泉州知府，十七年官至福建臺灣府知府。以事去職。

父陳儀，康熙五十四年進士，陳玉友爲其三子。

侯　封　字價蒲。山東掖縣人。雍正八年三甲一百二十名進士。任安徽懷遠知縣，調安徽天長知縣。

黄道坪　直隸青縣人。雍正八年三甲一百二十一名進士。十一年任山西趙城知縣。

張淑載　陝西長安縣人。雍正八年三甲一百二十二名進士。十一年任河南商水知縣，乾隆元年調祥符知縣。

梁　旼　字鬱亭。山西介休縣人。雍正八年三甲一百二十三名進士。任河南涉縣知縣，乾隆四年改中牟知縣。年老乞歸。

額爾登額　字韞粲，號葆光。蒙古正白旗人。雍正八年三甲一百二十四名進士。選庶吉士，散館改禮部主事。

張　壎　河南封丘縣人。雍正八年三甲一百二十五名進士。

傅良臣　河南新鄉縣人。雍正八年三甲一百二十六名進士。任江蘇泰興知縣。

錢　鑣　浙江嘉善縣人。雍正八年三甲一百二十七名進士。任江苏沭陽知縣。

李　鸞　字南畹。陝西同州人。雍正八年三甲一百二十八名進士。乾隆元年任山西鄉寧知縣，三年改左雲縣，升朔州知州，卒於任。

應　煒　浙江永康縣人。雍正八年三甲一百二十九名進士。十二年任福建將樂知縣，乾隆五年改廣西懷集知縣。

張祚昌　直隸新安縣人。雍正八年三甲一百三十名進士。任山東知縣。

崔　琳　字玉林。直隸任丘縣人。雍正八年三甲一百三十一名進士。授直隸臨城縣教諭，署山西長子知縣，署山西汾州府通判乾隆元年改直隸正定府教授。六年復任。

高　揚　字抑齋。雲南通海縣人。雍正八年三甲一百三十二名進士。乾隆元年任廣東乳源知縣，四年改廣東陵水知縣，九年改陝西郃陽知縣。

魏克讓　直隸易州人。雍正八年三甲一百三十三名進士。任直隸順德府教授。

楊璋森　陝西三原縣人。雍正八年三甲一百三十四名進士。

梁卿雲　直隸安州人。雍正八年三甲一百三十五名進士。乾隆十一年任山西太原知縣，十三年改山西嵐縣知縣，十七年升廣東連平州知州。

張應鈞 陝西涇縣人。雍正八年三甲一百三十六名進士。任雲南羅次縣知縣。

王有德 甘肅鎮番縣人。雍正八年三甲一百三十七名進士。任山西榆次知縣，十一年改盂縣知縣，調湖南湘鄉知縣。解組歸。

陳振桂 廣東會同縣人。雍正八年三甲一百三十八名進士。任廣東雷州府教授。

陳遂 福建同安人。雍正八年三甲一百三十九名進士。

李盛唐 雲南馬龍州人。雍正八年三甲一百四十名進士。乾隆元年四川新津知縣，八年遷成都水利同知，遷眉州知州，官至四川松茂道。因所部獲罪連坐失官，戍卜魁二十年，卒於戍所。

葉雲拱 浙江金華縣人。雍正八年三甲一百四十一名進士。乾隆二年任福建大田知縣。

王政恒 貴州平越縣人。雍正八年三甲一百四十二名進士。任廣東清遠知縣，罷歸。任貴州黎平府教授。公車北上時所至皆題咏，有"天南才子"之譽。

謝國史 字孟載。廣東海陽縣人。雍正八年三甲一百四十三名進士。授貴州甕安知縣，改遵義縣、畢節縣，乾隆十年遷貴州獨山知州，丁憂歸。十七年補四川涪州知州，二十一年署酉陽直隸州知州。解組歸。卒年七十五。

孫民則 湖北蘄州人。康熙五十年舉人，雍正八年三甲一百四十四名進士。任湖南安仁知縣。

朱語 字聖宣。江西上猶縣人。雍正八年三甲一百四十五名進士。任江西建昌、瑞州二府教授。著有《我我堂集》。

蘇大忠 廣東東莞縣人。雍正八年三甲一百四十六名進士。任貴州餘慶知縣，乾隆十五年改廣東肇慶府教授。

慕泰生 字彙士。陝西三原縣人。雍正八年三甲一百四十七名進士。十年任湖北漢川知縣，十二年改枝江知縣，乾隆元年改湖北咸豐知縣。

伊福納 字兼五、肩吾，號柳堂。滿洲鑲紅旗人。雍正八年三甲一百四十八名進士。任戶部主事，由員外郎纍官御史。著有《白山詩鈔》。

曹守垣 字我大。江蘇金壇縣人。雍正八年三甲一百四十九名進士。乾隆三年任江西進賢知縣。

廖貞 字廷幹。廣東歸善縣人。雍正八年三甲一百五十名進士。乾隆元年任貴州平越知縣，改錦屏知縣。丁憂歸。卒年六十三。

黃文修 福建惠安縣人。雍正八年三甲一百五十一名進士。任浙江松陽知縣，乾隆三年改浙江麗水知縣。

暢翙 字扶衢。山西河津縣人。雍正八年三甲一百五十二名進士。署河南新蔡知縣，改山西潞安府教授。

李其昌　字開姚、念常。福建龍岩縣人。雍正八年三甲一百五十三名進士。十一年任浙江淳安知縣，乾隆元年改浙江桐廬知縣，丁憂服闋，補梁山知縣。卒於任。

徐夢鳳　廣東惠來縣人。雍正八年三甲一百五十四名進士。任廣西修仁知縣。

王爾鑑　字在玆，號熊峰。河南盧氏縣人。雍正八年三甲一百五十五名進士。任山東鄒縣知縣，改山東益都知縣，乾隆五年調山東滕縣知縣，九年遷濟寧州知州，十六年以事降四川巴縣知縣，二十二年署黔江知縣，任營山知縣，二十七年擢資州直隸州知州，三十一年官至四川夔州知府。

何如榮　浙江富陽縣人。雍正八年三甲一百五十六名進士。任知縣。

李運正　字會昌，號固庵。貴州黃平州人。雍正八年三甲一百五十七名進士。十一年任廣西博白知縣，兼署北流知縣。以憂去。

兄李運昇，雍正五年進士；子李台，乾隆二十五年進士。

馮永振　浙江錢塘縣人。雍正八年三甲一百五十八名進士。任福建海澄知縣，乾隆五年任福建古田知縣。

李作梅　四川長壽縣人。雍正八年三甲一百五十九名進士。任雲南廣通知縣，乾隆六年改安徽黟縣知縣，八年改霍丘知縣，十一年改石埭知縣。

唐庭虞　字畊山、舜謨。浙江定海縣人。雍正八年三甲一百六十名進士。授浙江衢州府教授，卓異，乾隆八年遷四川珙縣知縣，丁母憂。乾隆十二年十月補江蘇常熟知縣。歸里卒。

父唐鴻舉，康熙二十七年進士。

劉國泰　湖北江夏縣人。雍正元年舉人，八年三甲一百六十一名進士。雍正年間任陝西宜川知縣，官至直隸趙州知州。

張鵬翼　（《廣西通志》一書作榜姓陳）。廣西左州人。雍正八年三甲一百六十二名進士。

段海生　字涵川。湖南常寧縣人。雍正八年三甲一百六十三名進士。十年任湖南長沙府教授。憂歸。

龍光昱　（一作龍光顯）滿洲正黃旗人。雍正八年三甲一百六十四名進士。乾隆三年任福州府同知。

王　圖　江西安福縣人。雍正八年三甲一百六十五名進士。十一年任湖南保靖知縣，十二年改湖南鹽山知縣。

侯國正　字克生。直隸吳橋縣人。雍正八年三甲一百六十六名進士。試用山東知州。遇水災以疾卒。

張　鈞　字廣朋。浙江平湖縣人。雍正八年三甲一百六十七名進士。十三年授江蘇金山知縣，乾隆二年改江蘇清河知縣。病歸。

朱佐湯　字萊公。山西臨汾縣人。雍正八年三甲一百六十八名進士。初任甘肅徽縣知縣，調寧夏靈州知州，晉寧夏知府，乾隆十七年擢陝西延榆綏道，二十二年任河東鹽運使，二十三年調山東兗沂曹濟道。按察使銜，致仕歸。卒年七十四。

方　浩　字孟亭。直隸灤州籍，安徽桐城人。康熙四十二年（1703）生。雍正八年三甲一百六十九名進士。乾隆元年任山西祁縣知縣，三年改山西陽曲知縣，改山西太原知縣，遷保德州、隰州知州，十一年調平定知州，遷潞安知府，有吏能。乾隆十六年屢遷至江西廣饒九南道、吉南贛寧道。坐事罷。乾隆十九年（1754）七月十八日卒於京師，年五十二。

解　韜　字幼圖。江西吉水縣人。雍正八年三甲一百七十名進士。任刑部主事，改貴州安化知縣，擢安順府通判，乾隆十三年遷獨山州知州，進銅仁府同知，左遷南河通判，遷江蘇揚州同知，三十一年署江蘇昭文知縣，三十三年任海防同知，三十七年正月署江蘇蘇州府知府。

王之衛　字肅庵，號雨林。山東壽光縣人。雍正八年三甲一百七十一名進士。十二年起任河南武安、商丘、密縣、杞縣知縣，署歸德府知府。

韓文卿　奉天蓋平縣人。康熙八年三甲一百七十二名進士。乾隆三年任直隸正定府教授。

馬上襄　河南儀封縣人。雍正八年三甲一百七十三名進士。九年任山西沁源知縣，改長子知縣。

路　觀　字來北。江蘇宜興縣人。雍正八年三甲一百七十四名進士。乾隆任浙江遂昌知縣，三年調奉化知縣，七年改安徽天長知縣，十四年改安徽潁州府教授。

徐鳴遠　湖北應山縣人。雍正七年舉人，八年三甲一百七十五名進士。十年任四川江安知縣。

程　煜　字希章，號敬齋。江西南城縣人。雍正八年三甲一百七十六名進士。乾隆二年任浙江義烏知縣，改金華知縣，七年署浙江蘭溪知縣，十年任浙江寧海知縣，十五年官至廣東化州知州。以年老致仕歸。卒年七十一。

陽　晼　字慕六。湖南祁陽縣人。雍正八年三甲一百七十七名進士。任湖南衡州府教授。

李國柱　河南蘭陽縣人。雍正八年三甲一百七十八名進士。四十二年任直隸威縣知縣。

孫倪城　字廣平，號松崖。江蘇昆山縣人。雍正八年三甲一百七十九名進士。選庶吉士，授檢討。

余懋棪　字舟尹，號蘿村。浙江諸暨縣人。雍正八年三甲一百八十名進士。乾隆元年任浙江杭州府教授。著有《楣山樓集》《蘿村詩選》。

伍　煒　字龍光。江西安福縣

人。雍正八年三甲一百八十一名進士。乾隆元年任山東黃縣知縣，任職三載以祖母老乞終養歸。十七年起補福建永定知縣，代理龍岩知州，歷南安、崇安、古田知縣，擢吏部主事。

弟伍煥，同榜進士。

常琬 字英懷。湖南長沙縣人。雍正八年三甲一百八十二名進士。授河南洧川知縣，捐建洧陽書院，購地四十餘頃，以助義學。乾隆七年調江蘇金山縣，十二年回任。所至屢平冤獄。著有《金山縣志》《樓山詩文集》。

蔡焯 直隸雄縣人。雍正八年三甲一百八十三名進士。

楊燭 字玉齋。順天固安縣人。雍正八年三甲一百八十四名進士。十三年任山西繁峙知縣，改陽曲、夏縣知縣，調山東單縣知縣，乾隆二十年改山東費縣知縣，二十六年改山東棲霞知縣。

張綽 字裕如。雲南浪穹縣人。雍正八年三甲一百八十五名進士。乾隆二年任四川彭山知縣，七年丁憂歸。十年任湖南安鄉知縣，改通道知縣。

許殿輔 福建晉江縣人。雍正八年三甲一百八十六名進士。乾隆四年任福建汀州府教授。

曹恒吉 山西陽城縣人。雍正八年三甲一百八十七名進士。乾隆元年任甘肅文縣知縣，擢吏部主事。

趙毅（一作兆毅）滿洲鑲白旗人。雍正八年三甲一百八十八名進士。任兵部主事，改滿洲格圖肯佐領。

張南麟 廣東揭陽縣人。雍正八年三甲一百八十九名進士。任廣西恭城知縣，改廣東瓊州府教授。

陳夢熊 湖北應城縣人。康熙五十六年舉人，雍正八年三甲一百九十名進士。

甄汝翼 山西平定直隸州人。雍正八年三甲一百九十一名進士。任寧夏中衛知縣。

顧爾棠 順天通州人。雍正八年三甲一百九十二名進士。任山東蘭山知縣，乾隆二十四年任福建建安知縣。

袁守定（1705—1782）字叔論，號易齋，晚號漁嶠。江西豐城縣人。雍正八年三甲一百九十三名進士。任湖南芷江知縣。十二年改湖南會同知縣，代理桂陽知州，丁憂補直隸曲周縣知縣，官至禮部主事。以病歸卒。著有《讀易豹窺》《零上詩說》《圖民錄》《占畢叢談》《說雲詩鈔》等。

陳嗣諶 貴州開泰縣人。雍正八年二甲一百九十四名進士。任四川屏山知縣，乾隆二年任四川黔江知縣。

陳統 河南永城縣人。雍正八年三甲一百九十五名進士。十二年任山東冠縣知縣。

景一元 山西安邑縣人。雍正八年三甲一百九十六名進士。十年任直隸雞澤知縣。

吕廣雅 雲南雲南縣人。雍正八年三甲一百九十七名進士。九年署直隸慶雲知縣，十一年改貴州錦屏知縣。

劉公渭 貴州湄潭縣人。雍正八年三甲一百九十八名進士。十年任四川青神知縣。

成　德 滿洲鑲黃旗人。雍正八年三甲一百九十九名進士。任滿洲明通佐領。

孔傳心 河南虞城縣人。雍正八年三甲第二百名進士。任河南彰德府教授。

葛　荃 字榮蓀。四川温江縣人。雍正四年舉人，八年三甲二百零一名進士。乾隆元年貴州畢節知縣，十四年任河南汝陽知縣，官至貴州遵義知府、銅梁知府。著有《川江水利考》《懷雪堂文集》《湔水詩草》。

唐　濂 （復姓孫）字山傳。江蘇無錫人。雍正八年三甲二百零二名進士。十三年任江西靖安知縣。在任四年卒於官。

郝博文 字約齋。陝西華陰縣人。雍正八年三甲二百零三名進士。十一年署河南滑縣知縣，十三改河南孟津知縣。卒於任。

明　山 字魯瞻，號曉峰。滿洲正藍旗，伊爾根覺羅氏。雍正八年三甲二百零四名進士。任甘肅寧夏道，乾隆二十二年授山西按察使遷浙江布政使，二十七年五月署江西巡撫。歷廣東、陝西、廣東、江西、陝西巡撫，三十三年十二月遷陝甘總督。三十六年五月革。後以副都統任烏魯木齊領隊大臣。乾隆四十四年（1779）九月卒。

段開化 雲南建水州人。雍正八年三甲二百零五名進士。乾隆十年任廣東英德知縣。

馬長淑 字漢荀。山東安丘縣人。雍正八年三甲二百零六名進士。署直隸安肅知縣，調寧津知縣，官直隸磁州知州。輯明代以來安丘人之詩，成《渠風集略》，收入《四庫全書》。

李　遜 山東金鄉縣人。雍正八年三年二百零七名進士。直隸即用知縣。

孫龍竹 陝西韓城縣人。雍正八年三甲二百零八名進士。任主事，改江西弋陽知縣，乾隆二年調山東朝城知縣。

石　麟 滿洲鑲白旗人。雍正八年三甲二百零九名進士。官至户部員外郎。

楊升元 河南睢州人。雍正八年三甲二百十名進士。任廣西羅城知縣，十三年改山西沁源知縣。

李成蹊 字默芳。河南涉縣人。雍正八年三甲二百十一名進士。十二年任直隸巨鹿知縣，乾隆六年改束鹿知縣，後改肅寧、寶坻知縣，又任巨鹿知縣。

牛天貴 直隸山海衛人。雍正八年三甲二百十二名進士。任奉天府教授。

伍　煥　字寶城。江西安福縣人。雍正八年三甲二百十三名進士。任工部屯田司主事。年三十四以疾卒。

兄伍緯，同榜進士。

楊天德　雲南楚雄縣人。雍正八年三甲二百十四名進士。乾隆八年任廣東封川知縣，十一年改廣東保昌知縣，十四年改廣東瓊山知縣，十六年復任保昌縣。

張素志　河南鄢陵縣人。雍正八年三甲二百十五名進士。乾隆四年任直隸無極知縣，五年改直隸獲鹿知縣。

王　澐　四川洪雅縣人。雍正八年三甲二百十六名進士。官至貴州大定府通判。

卜松源　江蘇陽湖縣人。雍正八年三甲二百十七名進士。任安徽來安知縣。

戴仁行　山東濟寧州人。雍正八年三甲二百十八名進士。署江蘇荊溪知縣、儀徵知縣，十三年任江蘇福泉知縣，乾隆三年裁福泉縣。

楊　鐸　山西沁州直隸州人。雍正八年三甲二百十九名進士。十三年任陝西盩厔知縣。乾隆八年卸。

李賢經　字濟安，號醒齋。貴州南籠府人。雍正八年三甲二百二十名進士。選庶吉士，未散館特授檢討。十二年官至陝西道御史，掌山西道御史。

姜　毓　貴州清鎮人。雍正八年三甲二百二十一名進士。十二年任四川江津知縣。

田成玉　河南濬縣人。雍正八年三甲二百二十二名進士。乾隆五年任山西繁峙知縣，調夏縣知縣。以親老乞養歸。

鄭　鐸　山西萬泉縣人。雍正八年三甲二百二十三名進士。任甘肅永昌知縣。

董良材　雲南易門縣人。雍正八年三甲二百二十四名進士。任貴州天柱、婺川、施秉知縣，遷都江通判。丁憂歸，遂不出。

廣　明　滿洲正白旗人。雍正八年三甲二百二十五名進士。任滿洲包衣阿麟額佐領。

張月甫　廣東新會縣人。雍正八年三甲二百二十六名進士。任廣西荔浦、思恩知縣。

和　深　滿洲正黃旗人。雍正八年三甲二百二十七名進士。官至戶部主事。

方純儒　河南固始縣人。雍正八年三甲二百二十八名進士。十一年任湖北公安知縣。

車際亨　浙江德清縣人。雍正八年三甲二百二十九名進士。任浙江金華府教授。

葉志寬　廣東澄海縣人。雍正八年三甲二百三十名進士。十三年任廣西富川知縣、昭平知縣，乾隆十年八月調順天府寧河知縣。十二年六月改天津青縣知縣。十八年遷河南裕州知州，二十二年改鄭州知州。

黄慶雲　福建仙游縣人。雍正八年三甲二百三十一名進士。雍正年任浙江義烏知縣。

趙襄宣　山西太平縣人。雍正八年三甲二百三十二名進士。任山西朔平府教授。

劉瓚　雲南建水州人。雍正八年三甲二百三十三名進士。十年任廣西北流知縣。

馮淳　浙江山陰縣人。雍正八年三甲二百三十四名進士。乾隆九年任江西贛縣知縣。

武巘　字原陟，號月溪。山東曹縣人。雍正八年三甲二百三十五名進士。十三年任安徽五河知縣，乾隆二年改鳳陽知縣，在任九載。升六安知州未任，卒於鳳陽。著有《忙裡閑吟詩集》《澡意齋詩草》。

任元灝　貴州清鎮縣人。雍正八年三甲二百三十六名進士。任廣東平遠知縣。

簡天章　廣東順德縣人。雍正八年三甲二百三十七名進士。九年任廣東高州府教授。

張資淇　河南新鄉縣人。雍正八年三甲二百三十八名進士。任河南懷慶府教授。

宋鋒　字銳臣、鈍夫，號達池。直隸深澤縣人。雍正八年三甲二百三十九名進士。乾隆五年任河南湯陰知縣，改溫縣知縣，六年改永域知縣，十二年改河南鹿邑知縣，調湖北崇陽知縣。

弟宋鏑，雍正五年進士。

侯如樹　廣東程鄉縣人。雍正八年三甲二百四十名進士。任雲南大姚知縣。

吳率祖　湖北江夏縣人。康熙五十九年舉人，雍正八年三甲二百四十一名進士。任四川南江知縣，改江西清江知縣。

王之導　陝西清澗縣人。雍正八年三甲二百四十二名進士。十三年任直隸青縣知縣，乾隆四年改直隸永年知縣。

丁聲蜚　字島山。福建建寧縣人。雍正八年三甲二百四十三名進士。十一年任浙江新昌知縣，十二年改嘉善知縣。多善政。

徐開第　字星聚。山西保德直隸州人。雍正八年三甲二百四十四名進士。任直隸寧津知縣，乾隆二年改順天永清知縣，四年天津府糧道通判，五年調山東東明知縣。七年因故去職。著有《星聚稿》行世。

德光　（改名廣任）滿洲鑲白旗人。雍正八年三甲二百四十五名進士。官至國子監典籍。

張嶠　字巨峰。山東平陰縣人。雍正八年三甲二百四十六名進士。乾隆元年授直隸束鹿知縣。因議事忤上官被劾歸。杜門不出，以詩文爲樂。卒年八十四。

黃炅　字光遠。福建邵武縣人。雍正八年三甲二百四十七名進士。任浙江常山知縣，乾隆三年改蘭溪知縣，六年改浙江仁和知縣，十四年（1749）擢太湖同知。僅一月卒於任。

　　孫孝芬　山西興縣人。雍正八年三甲二百四十八名進士。任新安知縣。

　　謝　升　寧夏寧夏縣人。雍正八年三甲二百四十九名進士。乾隆三年官至安徽安慶知府。改雲南廣西直隸州知府。

　　陶思賢　江西南城縣人。雍正八年三甲二百五十名進士。任江西九江府教授。

　　紀　晫　字麗蒼。河南嵩縣人。雍正八年三甲二百五十一名進士。十二年任直隸成安知縣。罷歸。後主召南書院。

　　古　澧　湖北荊門州人。雍正七年舉人，八年三甲二百五十二名進士。乾隆十一年任山西虞鄉知縣，改新安知縣，乾隆元年改陝西平利知縣。

　　黃家甲　河南洛陽縣人。雍正八年三甲二百五十三名進士。乾隆七年任湖北石首知縣，八年改湖北鍾祥知縣，十一年調安徽黟縣知縣。

　　沈遇黃　浙江嘉善縣人。雍正八年三甲二百五十四名進士。

　　田五柱　（《進士題名碑》作田五桂）字擎公，號陸魚。直隸内丘縣人。雍正八年三甲二百五十五名進士。任直隸廣平府教授、順天府教授。

　　梁學新　廣東高要縣人。雍正

八年三甲二百五十六名進士。十二年任貴州遵義知縣，護理知府。

　　丁廷植　字孟發。山東諸城縣人。雍正八年三甲二百五十七名進士。試用直隸知縣，十一年補順天府永清知縣，十二年任永定河北岸同知，署南岸同知，乾隆四年升天津府糧道通判，九年補河南南陽通判，署洛陽知縣。晚年教子讀書。卒年七十八。

　　裘思録　字穎孫，號警齋。江西新建縣人。雍正八年三甲二百五十八名進士。選庶吉士，雍正十年充順天同考官，授檢討。

　　王佐登　字徵三。直隸長垣縣人。雍正八年三甲二百五十九名進士。任山西榆社知縣，改直隸廣平府教授。

　　戴連元　（《廣東通志》作本姓梁）。廣東順德縣人。雍正八年三甲二百六十名進士。

　　李　翹　河南涉縣人。雍正八年三甲二百六十一名進士。任直隸新河知縣，乾隆初改順天府寶坻知縣。

　　王　昆　山西平定直隸州人。雍正八年三甲二百六十二名進士。乾隆元年任甘肅西和知縣。

　　孫緒祖　字子萬。山東歷城縣人。雍正八年三甲二百六十三名進士。十一年授直隸南樂知縣，乾隆六年補滿城知縣。以勞疾卒。

　　劉文喆　直隸棗强縣人。雍正八年三甲二百六十四名進士。任吏部主事，升員外郎，京察一等擢按察副使，十三年官至四川永寧道，調松茂道，乾隆九年改湖北襄鄖道。告歸。著有《漳溪詩稿》。

陳學山 江西廣昌縣人。雍正八年三甲二百六十五名進士。十三年任江蘇金山知縣，乾隆元年改江蘇新陽知縣。

張羾 貴州思南府人。雍正八年三甲二百六十六名進士。任廣東四會知縣。

樊仲琇 雲南姚州人。雍正八年三甲二百六十七名進士。任貴州龍泉知縣，改餘慶知縣。以勞卒於任。

劉宗向 河南祥符縣人。雍正八年三甲二百六十八名進士。任河南河南府教授。

色通額 字掄才，號臨川。滿洲正黃旗人。雍正八年三甲二百六十九名進士。選庶吉士，未散館特授檢討。

尹祖伊 貴州貴陽府人。雍正八年三甲二百七十名進士。任雲南富民知縣，曾兩充鄉試同考官。參修《雲南通志》。

路于兖 字東山。甘肅鎮原縣人。雍正八年三甲二百七十一名進士。選榆林教職。告歸閉門讀書。

姚日昇（《進士題名碑》作姚日升）浙江仁和縣人。雍正八年三甲二百七十二名進士。任江蘇上元知縣，行取刑部山東司主事。

傅學灝 浙江錢塘縣人。雍正八年三甲二百七十三名進士。十年任湖南衡陽知縣，十二年改常寧知縣。

蘇曔 字元暉。甘肅武威縣人。雍正八年三甲二百七十四名進士。任十二年山西文水知縣，以不習吏事罷歸。後改雲南嵩明州知州。

周朗 字佑我。順天大興縣人，原籍江蘇溧陽。雍正八年三甲二百七十五名進士。任江蘇揚州府教授。

高善祥 山西沁州直隸州人。雍正八年三甲二百七十六名進士。任山西太原府教授，乾隆六年改寧武府教授。

李振羽 山東高密縣人。雍正八年三甲二百七十七名進士。乾隆八年任山東東昌府教授。

楊國瓚 字中黃。山西聞喜縣人。雍正八年三甲二百七十八名進士。十二年任甘肅文縣知縣，乾隆三年遷甘肅靜寧州知州，升秦州直隸州知州，七年改階州直隸州知州。

曹裕嗣 河南夏邑縣人。雍正八年三甲二百七十九名進士。乾隆二年任河南南陽府教授。

董禧 奉天遼陽州人。雍正八年三甲二百八十名進士。乾隆二年任直隸永平府教授，十一年改臨榆縣教諭。

黃煠 漢軍正白旗人。雍正八年三甲二百八十一名進士。任漢軍沈鐸佐領，官至工部主事。

陳兩儀 山西忻州直隸州人。雍正八年三甲二百八十二名進士。

九年任山西平陽府教授。

趙　楷　貴州清鎮縣人。雍正八年三甲二百八十三名進士。任廣西灌陽知縣。

王國祚　四川峨嵋縣人。雍正八年三甲二百八十四名進士。乾隆十八年任江西吉水知縣，十九年改江西瑞州府通判，調雲南南寧知縣，官至貴州都匀知府。後告歸，教授於鄉。

李珠煜　字渤光。山東昌邑縣人。雍正八年三甲二百八十五名進士。任山東青州府教授。

燕臣仁　河南陝州人。雍正八年三甲二百八十六名進士。任直隸清豐知縣，乾隆四年署灤州知州，十一年任直隸新城知縣，二十一年改遷安知縣。

繆汪茂　字懷禹。江蘇溧陽縣人。雍正八年三甲二百八十七名進士。任安徽鳳陽府教授。

何樹萼　字蒼曉。江蘇丹徒縣人。雍正八年三甲二百八十八名進士。乾隆二年任浙江仙居知縣，四年調永嘉、歸安知縣，擢直隸口北道。告歸。卒於家。

高　澤　順天宛平縣人。雍正八年三甲二百八十九名進士。

袁　安　字石庵，號碧岩。浙江平湖縣人。雍正八年三甲二百九十名進士。乾隆九年任江蘇興化知縣，署宜興、荆溪、邳縣知縣。以病歸。

饒士藹　江西南城縣人。雍正八年三甲二百九十一名進士。十二年任浙江德清知縣。丁憂去。

阮汝昭　順天大興縣人。雍正八年三甲二百九十二名進士。乾隆元年任山西稷山知縣，五年調曲沃知縣。

張　荃　雲南昆明縣人。雍正八年三甲二百九十三名進士。任貴州甕安知縣，改福建順昌知縣，乾隆九年任福建同安知縣。

劉　璌　直隸隆平縣人。雍正八年三甲二百九十四名進士。十一年任山東陵縣知縣。因事罷歸。著有《卧游山川録》《西軒詩稿》。

李學周　字右文，號菊峰。雲南蒙自縣人。雍正八年三甲二百九十五名進士。授廣西隆安知縣。歸後閉户讀書。

宋長城　順天大興縣人。雍正八年三甲二百九十六名進士。

雍正十一年（1733）癸丑科

第一甲三名

陳　俴　字定先，號愛川、定九。江蘇儀徵縣人。康熙三十二年（1695）生。雍正十一年一甲第一名狀元。授修撰。充文穎館提調、實錄館纂修，編纂《續文獻通考》。雍正十三年充順天鄉試同考官，乾隆二年奉命與嵩壽充册封黎維禕爲安南國王，回京不久，又任順天武鄉試主考官。乾隆四年（1739）三月二十二日病卒。年僅四十五。

田志勤　字崇廣，號平圃。順天大興縣人。雍正十一年一甲第二名榜眼。授編修。官至侍讀，乾隆九年充貴州鄉試主考官。

沈文鎬　字紹岐，號誠齋。江南崇明縣人。雍正十一年一甲第三名探花。授編修。乾隆元年督山西學政，十年充會試同考官。

第二甲九十二名

張若靄　字景采，號萬泉、晴嵐。安徽桐城縣人。康熙五十二年（1713）七月初九日生。雍正十一年二甲第一名進士。選庶吉士，授編修。充日講起居注官，任侍講，侍講學士。乾隆八年授光禄寺卿，改通政使，十年擢内閣學士。乾隆十一年（1746）十一月十七日卒，年三十四。工山水、花鳥、魚蟲，以書畫供奉内廷。著有《晴嵐詩存》。

祖父張英，康熙六年進士，文華殿大學士；父張廷玉，康熙三十九年進士，保和殿大學士。祖孫三代進士。

張九鈞　字陶萬。湖南湘潭縣人。雍正十一年二甲第二名進士。乾隆年間纍遷刑部郎中，外任直隸河間知府，十四年遷直隸清河道，改天津道、浙江温處道、江南驛鹽道。被議歸。乾隆二十二年帝南巡，詔復原官。

張映辰　字星指，號藻川。浙江仁和人。康熙五十一年（1712）正月初二日生。雍正十一年二甲第三名進士。選庶吉士，授編修。乾隆三年以侍講充湖北鄉試主考官，四年以侍讀督湖北學政，十八年以大理寺少卿任陝甘鄉試主考官，督江西學政，十九年遷太僕寺卿，二十一年授內閣學士。二十六年遷兵部右侍郎，二十七年四月降調，十二月補左副都御史。二十八年（1763）十一月十七日卒，年五十二。著有《露香書屋詩集》。

吳祖修 字慎思，號雪軒。江蘇武進縣人。雍正十一年二甲第四名進士。選庶吉士，乾隆二年改直隸唐縣知縣，改任南樂知縣，升廣東連平州，乾隆十七年補山東濱州知州，緣事牽連罷。復起任湖北嘉魚知縣，升沔陽知州，補武昌，調襄陽。以捕盜功得旨送部引見，未行卒。

父吳龍應，雍正二年進士，山西布政使。

褚　祿 江蘇青浦縣人。雍正十一年二甲第五名進士。乾隆三年纍遷福建延平知府，十年官至臺灣知府。

趙　瓚 字以甌，號虛齋。漢軍鑲黃旗。雍正十一年二甲第六名進士。選庶吉士，授編修。乾隆三年授御史，三十四年任山東濟南知府，官至四川鹽茶道，又降安徽廬州府知府。

張　湄 字鷺州，號南漪，又號柳漁。浙江錢塘縣人。雍正十一年二甲第七名進士。選庶吉士，授編修。乾隆三年充雲南鄉試主考官，四年考選湖廣道御史，十五年充山東鄉試主考官，十七年十一月任順天東城巡城御史，官至兵科給事中。著有《柳漁詩鈔》。

鄂容安 字休如，號虛亭。滿洲鑲藍旗，西林覺羅氏。雍正十一年二甲第八名進士。選庶吉士，授編修。纍遷國子監祭酒，乾隆十一年襲三等襄勤伯授兵部侍郎，十三年調河南巡撫，歷山東、江西巡撫，十八年正月遷兩江總督。十九年四月加太子少傅。八月召京十二月授定北將軍參贊。平伊犁阿睦爾撒納叛，乾隆二十年（1755）八月二十四日於烏蘭庫圖勒與班第被圍，力戰不敵自盡。乾隆二十一年追諡"剛烈"。

雷　鋐 字貫一，號翠庭。福建寧化縣人。康熙三十六年（1697）生。雍正十一年二甲第九名進士。選庶吉士，授編修。乾隆二年充會試同考官，遷諭德，少詹事，十年授通政使，十五年督浙江學政，十六年改江蘇學政，十八年遷左副都御史，仍督江蘇學政。二十一年乞養，二十四年丁母憂。哀毀，二十五年（1760）十月二十五日卒。年六十四。著有《經笥堂集》《自恥錄》《讀書偶記》《校士偶薦》《聞見偶錄》等。

王　洛 字仲涵，號懷坡、慕庵。安徽桐城縣人。雍正十一年二甲第十名進士。授刑部主事，乾隆十二年充順天鄉試同考官，升吏部稽勛司郎中。二十二年會試同考官，二十五年再充順天鄉試同考官。乞病歸。主講豫章書院十三年。著有

《瀹靈文集》《懷坡詩鈔》。

朱桓 字勗威，號梧村。江南宜興縣人。雍正十一年二甲十一名進士。選庶吉士，授編修。任八旗志書館纂修，日講起居注官，乾隆三年充順天鄉試同考官。乞養歸。卒年六十七。著有《歷史名臣言行錄》《多識類編》《毛詩名物略》《拙存集》。

朱泮功 字載常，號魯齋。浙江烏程縣人。雍正十一年二甲十二名進士。選庶吉士，散館改兵部主事。

鄂倫 字叙天，號東亭。滿洲鑲藍旗人。雍正十一年二甲十三名進士。選庶吉士，授編修。又降筆帖式。

周正思 （原名周正峰）字君諫，號謙亭。福建閩縣人。雍正十一年二甲十四名進士。選庶吉士，授編修。乾隆十三年充河南鄉試副考官。

父周紹龍，雍正元年進士。

儲晉觀 （1699—1742）字寬夫，號恕齋。江蘇宜興縣人。雍正十一年二甲十五名進士。選庶吉士，授編修。乾隆三年充順天同考官，四年任會試同考官。著有《雙溪草堂集》《松隱堂集》。

父儲在文，康熙四十八年進士。

儲燧 江蘇宜興縣人。雍正十一年二甲十六名進士。任刑部員外郎，乾隆九年考選山東道御史。

邵大業 字厚庵，號在中、思餘。順天大興縣人，原籍浙江餘姚。康熙四十九年（1710）生。雍正十一年二甲十七名進士。授湖北黃陂知縣，乾隆九年遷河南禹州、睢州知州，十三年擢江蘇蘇州知府，署蘇松太道。十五年左遷河南開封知府，十九年因河決降江蘇六安知州。乾隆二十八年授徐州知府。三十四年因事罷官戍軍臺。三十六年（1771）四月初九卒於戍所，年六十二。著有《謙受堂集》《讀易偶存》。

堂兄邵之旭，康熙四十八進士；兄邵大生，雍正元年進士；孫邵葆祺，嘉慶元年進士。

陶愈隆 浙江會稽縣人。雍正十一年二甲十八名進士。乾隆元年任廣東臨高知縣，三年改昌化知縣。

陳大受 字占咸，號可齋。湖南祁陽縣人。康熙四十一年（1702）閏六月二十日生。雍正十一年二甲十九名進士。選庶吉士，任編修。歷任侍講、少詹事，乾隆三年授內閣學士，遷吏部侍郎。四年改安徽巡撫，六年調江蘇、十一年改福建巡撫，加太子少保。十二年遷兵部尚書，改吏部尚書，十三年四月協辦大學士事，兼軍機大臣。十四年二月晉太子太保，七月署直隸總督，十五年正月卸協辦大學士，授兩廣總督。乾隆十六年（1751）八月二十一日卒，年五十。入祀賢良祠，謚"文肅"。著有《陳文肅公遺集》。

董邦達 字孚存，號東山、非聞。浙江富陽縣人。康熙三十八年（1698）生。雍正十一年二甲二十名進士。選庶吉士，任編修。升右中允，充日講起居注官，遷侍讀學士，入值南書房，乾隆十二年授內閣學士，十六年遷禮部侍郎，歷工部、吏部侍郎。二十七年遷左都御史改工部尚書，二十九年十二月調禮部尚書，三十一年復任工部尚書，三十二年調禮部尚書。乾隆三十四年（1769）七月卒，年七十一。諡"文恪"，嘉慶十二年入祀賢良祠。董邦達爲清代著名畫師，工山水。歷史上"三董"即董源（五代南唐）、董其昌（明萬曆進士，禮部尚書）、董邦達。

子董浩，乾隆二十八年進士，東閣大學士。

王雲翔 字耐庵、吉南。江西新淦縣人。雍正十一年二甲二十一名進士。乾隆元年任湖北蒲圻知縣，改湖北江夏知縣，二十一年署隨州知州，擢漢陽府同知，代理湖北黃州、武昌知府。

父王泰牲，雍正二年進士。

沈　瀾 字維涓，號泊村，又號法華山人。浙江烏程縣人。雍正十一年二甲二十二名進士。乾隆間，舉鴻博未遇，九年纍遷江西瑞州知府。以廉潔自守。後掌教豫章書院。輯有《西江風雅》，自著《雙清草堂詩》。

姚孔鋹 字範冶，號三崧。江南桐城縣人。雍正十一年二甲二十三名進士。選庶吉士，授編修。乾隆三年充順天同考官，以京察優等當遷，因母老告養歸。

潘　曙 字中建。浙江烏程縣人。雍正十一年二甲二十四名進士。

乾隆元年授湖南石門知縣，五年改湖南桑植知縣，十一年升湖南鳳凰廳通判，十八年官至湖南乾州廳同知，官至戶部員外郎。

張爲儀 字可儀、存中，號竟筠。浙江海寧縣人。雍正十一年二甲二十五名進士。選庶吉士，授編修。乾隆元年、三年兩充順天同考官，九年督雲南學政。

朱　發 字聖容。浙江烏程縣人。雍正十一年二甲二十六名進士。任刑部主事，乾隆三年充貴州鄉試副考官，官至山西蒲州知府。十二年坐事譴黜。

阮學濬 字澄園，號薑村。江蘇山陽縣人。雍正十一年二甲二十七名進士。選庶吉士，授編修。乾隆三年充貴州鄉試主考官，後罷吏議削官。

兄阮學浩，雍正八年進士。

潘中立 字在田、松溪。江西新城縣人。舉人，考授內閣中書，雍正十一年二甲二十八名進士。遷內閣侍讀，乾隆六年充貴州鄉試主考官，擢刑部湖廣司郎中。

范從律 字希聲，號西屏。浙江鄞縣人。雍正十一年二甲二十九名進士。選庶吉士，乾隆二年任山東商河縣知縣。

祖父范光陽，康熙二十七年進士；子范永澄，乾隆三十一年進士。

張　瑗 字昆石，號東皋。湖南湘潭縣人。雍正十一年二甲三十名進士。選庶吉士，十三年散館改湖北襄陽府同知。

兄張玢，康熙四十八年進士。

陸嘉穎 字大田，號心齋、恂齋。浙江仁和縣人。雍正十一年二甲三十一名進士。選庶吉士，授編修。乾隆十年充會試同考官，官至詹事府左中允，十二年充順天鄉試同考官，復降編修。

邵天球 福建同安縣人。雍正十一年二甲三十二名進士。

汪師韓 字抒懷，號韓門、上湖。浙江錢塘縣人。康熙四十六年（1707）生。雍正十一年二甲三十三名進士。選庶吉士，授編修。乾隆八年督湖南學政，擢侍讀，降編修。後主講蓮池書院。著有《金絲錄》《上湖分類文稿》《上湖紀歲詩編》《文選理學權輿》《詩學纂文》《觀象居易傳箋》《韓門綴學》等。

徐梁棟 字鍾海，號念齋。江蘇金匱縣人。雍正十一年二甲三十四名進士。選庶吉士，散館改任山東鄆城知縣，乾隆六年改湖南湘陰知縣，十四年遷沅州府通判，官至湖南辰州府同知。

夏之蓉 字芙裳、闊子，號醴谷，自號半舫老人。江蘇高郵州人。康熙三十六年（1697）七月二十三日生。雍正十一年二甲三十五名進士。任江蘇鹽城縣教諭，乾隆元年舉鴻博二等，授檢討。九年充福建鄉試主考官，十年督學廣東學政，十二年督湖南學政，十七年充順天鄉試同考官。後歸田，主講鍾山麗正書院。居鄉三十餘年，乾隆四十九年（1784）卒，年八十八。著有《半舫齋詩鈔》《半舫齋編年詩》《半舫齋偶輯》《讀史提要錄》等。

夏廷芝 字茹紫，號嘯門。江蘇高郵州人。雍正十一年二甲三十六名進士。選庶吉士，授編修。六年充陝西鄉試副考官、七年會試同考官，九年擢侍講，督山西學政，十二年督湖北學政。召京降調歸。卒年六十三。著有《周易纂注》《河圖精蘊》。

為同科進士夏之蓉弟。

張廷槐 字綸翰，號墨齋。江蘇江陰縣人。雍正十一年二甲三十七名進士。乾隆二年任江西新喻知縣，十四年調四川中江知縣。移養歸，遂不出。

葛德潤 （1710—1771）字澤躬，號述齋，山西安邑縣人。雍正十一年二甲三十八名進士。授禮部主事，進員外郎，乾隆三年充雲南鄉試副考官，升郎中。八年考選浙江道御史，九年任雲南鄉試主考官，補福建道御史，十二年督福建學政，十五年督湖北學政，改陝西道御史。以親老乞歸。教授生徒以終。

吳學瀚 字廣恩。江西高安縣人。雍正十一年二甲三十九名進士。選庶吉士，散館改任知縣。淡於仕進，乞假隨父歸。卒年九十。

父吳琇，乾隆元年進士。

徐日毅 字對廬。湖南益陽縣人。雍正十一年二甲四十名進士。

任兵部武選司主事。

許　集　字時翔。江蘇吳縣人。雍正十一年二甲四十一名進士。選庶吉士，授編修。乾隆十九年充會試同考官。

肇　敏　字遜思、石村，號雲溪。滿洲正黃旗人。雍正十一年二甲四十二名進士。選庶吉士，授編修。遷侍讀，乾隆四年充會試同考官，又降筆帖式。

沈景瀾　字尚賓，號蘋州、溶溪。江蘇元和縣人。雍正十一年二甲四十三名進士。選庶吉士，授編修。升刑部員外郎，乾隆八年考選湖廣道御史，十二年充順天鄉試同考官，官至廣東道掌印御史。

朱續晫　字明遠，號近堂。山東平陰縣人。雍正十一年二甲四十四名進士。選庶吉士，授編修。乾隆元年任順天鄉試同考官，二年充會試同考官，三年任廣東鄉試副考官，四年考授山西道御史，六年遷兩淮鹽運使，調貴州驛鹽道。丁父憂歸。因驢踢傷不復出，後卒於里。

父朱作元，雍正元年進士。

張映斗　字雪子，號蘇潭。浙江烏程縣人。雍正十一年二甲四十五名進士。選庶吉士，授編修。乾隆十年充會試同考官，十二年任四川鄉試主考官。試歸卒於直隸獲鹿。著有《秋水齋詩集》。

時鈞轍　字若彬，號西岩、中岩。江南嘉定縣人。雍正十一年二甲四十六名進士。選庶吉士，改戶

部主事，升郎中。乾隆十二年考選河南道御史，充陝西鄉試副考官，十三年外官甘肅慶陽知府，官至甘肅鞏昌府知府。

任啓運　字翼聖，號乾若、釣臺。江蘇荊溪縣人。康熙九年（1670）八月初五日生。雍正十一年二甲四十七名進士（時年六十四）。選庶吉士，授編修。擢中允，乾隆四年遷侍講、侍講學士、都察院左僉都御史，官至宗人府府丞。九年（1744）七月卒，年七十五。著有《周易洗心》九卷、《宮室考》十三卷、《四書約指》十九卷、《經傳通纂》二卷、《清芬棠文集》四卷、《禮記章句》十卷等。

王錫璋　字丹麓，號蔭亭。河南河內縣人。雍正十一年二甲四十八名進士。選庶吉士，授編修。

曾　豐　字則御，號紫嵐。福建侯官縣人。雍正十一年二甲四十九名進士。選庶吉士。淡於仕進，優游林下二十年。

薛　觀　直隸清苑縣人。雍正十一年二甲五十名進士。任陝西保安知縣。

艾恩蔭　字繼昌，號厚齋。江蘇上元縣人。雍正十一年二甲五十一名進士。乾隆元年任湖北松滋知縣，五年改湖北江陵、潛江知縣，十一年改江夏知縣、黃陂知縣，二十二年改直隸天津知縣，二十八年官至河南歸德知府。

楊二酉　（1705—1780）字學山，

號西園、又村、恕堂。山西太原縣人。雍正十一年二甲五十二名進士。選庶吉士，授編修。任《明史》《文獻通考》纂修官，乾隆三年考選貴州道御史，升工科給事中、兵科掌印給事中。以老乞歸。卒年七十六。工書法，善詩文。山西名勝、太原晋祠匾額多爲其所題。

陳　仁　字元若，號壽山。廣西武宣縣人。雍正十一年二甲五十三名進士。選庶吉士，授編修。四年任會試同考官，考選福建道御史，官至四川建昌道。

李本樟　字文木。山東武定直隸州人。雍正十一年二甲五十四名進士。任刑部主事、禮部郎中、鴻臚寺少卿。京察一等二十七年出任安徽寧國知府，丁憂。補池州知府。卒於任。著有《聽松軒詩集》。

父李壽彭，雍正二年進士。

王　檢　字思及，號若齋、西園。山東福山縣人。雍正十一年二甲五十五名進士。選庶吉士，授編修。乾隆元年大考四等，休致。十三年召試復授編修，十四年授直隸河間知府，遷甘肅凉莊道，十七年改直隸霸昌道、通永河道、長蘆鹽運使。乾隆二十四年授安徽按察使改直隸按察使，二十八年改山西按察使，遷廣西布政使改甘肅布政使。二十九年六月授湖北巡撫，三十年閏二月改廣東巡撫。三十二年八月以病免職。乾隆三十八年（1773）八月卒。著有《西園奏議》。

子王啓緒，乾隆十六年進士；孫王慶長，嘉慶七年進士；王森長，嘉慶二十三年進士。

宋品金　河南商丘縣人。雍正十一年二甲五十六名進士。

梁文山　字望東，號静齋。山西介休縣人。雍正十一年二甲五十七名進士。選庶吉士，授編修。乾隆四年任會試同考官，升左諭德，六年督廣韶學政，官至左庶子。

范樹檀　浙江仁和縣人。雍正十一年二甲五十八名進士。任廣西遷江知縣，遷主事。

焦以敬　字惺持，號侍江。江蘇婁縣人。雍正十一年二甲五十九名進士。選庶吉士，乾隆二十三年改山西洪洞知縣，又任職屯留等縣。著有《侍江文集》《輿中草》。

諸徐孫　號舒庵。浙江會稽縣人。雍正十一年二甲六十名進士。任貴州天柱知縣，乾隆二十一年考選河南道御史。

朱士鈺　字式如。安徽全椒縣人。康熙四十年（1701）生。雍正十一年二甲六十一名進士。任兵部觀政數年，乾隆二年授廣西貴縣知縣。

沈　彬　浙江歸安縣人。雍正十一年二甲六十二名進士。任內閣中書。

程鍾彦　字驥超，號介亭、芥亭。浙江嘉善縣人，原籍安徽休寧。雍正十一年二甲六十三名進士。選庶吉士，授編修。乾隆三年考選陝西道御史，十年任順天西城巡城御史，升禮科給事中，十二年充河南鄉試主考官。官至太常寺少卿。著有《經義日纂》《皇華紀程》《南村堂詩文集》。

雙慶（？—1771）字有亭，號西峰、雲樵。滿洲鑲白旗人。雍正十一年二甲六十四名進士。選庶吉士，授編修。升侍讀，乾隆十三年督安徽學政，纍遷國子監祭酒，十八年授內閣學士，遷倉場侍郎，二十六年復任內閣學士，二十八年遷禮部侍郎。三十年降太僕寺少卿。著有《親雅齋詩草》。

宮煥文　字觀成，號樸庵。江蘇泰州人。雍正十一年二甲六十五名進士。任工部都水司主事，升員外郎，乾隆三年考選山東道御史。五年任順天東城巡城御史，轉吏科掌印給事中，十三年充會試同考官，遷奉天府丞。二十一年授太僕寺卿，三十一年改通政使。三十二年假歸。

秦莘田　江蘇無錫縣人。雍正十一年二甲六十六名進士。乾隆元年任湖南益陽知縣，五年改湖南保靖知縣，十六年調任福建武平知縣。

楊煐　順天固安縣人。雍正十一年二甲六十七名進士。乾隆十一年任河南夏邑知縣，官至河南許州知州。

彭韜　湖北麻城縣人。雍正九年任湖北安陸縣教諭，十年舉人，十一年二甲六十八名進士。任教授。

賴翰顯　（一作賴翰雍）福建平和縣人。雍正十一年二甲六十九名進士。選庶吉士，授編修。

羅源漢　字方城，號南川、靜軒。湖南長沙縣人。康熙四十七年（1708）生。雍正十一年二甲七十名進士。選庶吉士，任編修。纍遷侍讀學士，乾隆十六年授順天府尹改大理寺卿，二十二年遷倉場侍郎，二十五年復任順天府尹，二十八年遷左副都御史。三十一年改禮部侍郎，復任倉場侍郎，三十四年改吏部侍郎。三十五年調左副都御史，督順天學政，四十四年改兵部侍郎，四十五年四月遷左都御史，四十六年十一月改工部尚書。四十七年（1782）四月休致。六月卒，年七十五。書法亦蒼古遒勁，卓然成家。

陳福　字全五。江蘇太倉直隸州人。雍正十一年二甲七十一名進士。十二年任直隸元氏知縣。

李元正　山東高密縣人。雍正十一年二甲七十二名進士。乾隆元年任河南汝陽知縣。

王文充　字涵中，號墨壽（一作墨濤）。江蘇儀徵縣人。雍正十一年二甲七十三名進士。選庶吉士，授編修。官至浙江處州知府。

李修卿　字大建，號辰山。福建侯官縣人。雍正十一年二甲七十四名進士。選庶吉士，散館歸班候選知縣，乾隆三年署江西高安知縣。在任四載，罣誤歸。

查錫韓　字奕梁，號葰林。安徽休寧縣人。雍正十一年二甲七十五名進士。選庶吉士。

楊如柏　雲南昆明縣人。雍正十一年二甲七十六名進士。乾隆元年任湖南通道知縣，三年改保靖知縣，十年改河南密縣知縣。

黃允昌 （榜名黃孕昌，復姓季）字少文。福建永春縣人。雍正十一年二甲七十七名進士。十一年代理河南柘城知縣，改睢州、豐縣知縣，授山東日照知縣。年九十二卒。

楊枝華 貴州都勻府人。雍正十一年二甲七十八名進士。乾隆二年任河南淮寧知縣，六年任廣東新寧知縣，七年改陸豐知縣，十年遷崖州知州，十三年署陽春知縣，三十四年遷廣東潮州府南澳同知。

李光祚 字磐奕、洪緒。江西廣昌縣人。雍正十一年二甲七十九名進士。乾隆元年任福建光澤知縣，調臺灣知縣，告養歸。服闋十四年九月補江蘇長洲知縣，十八年六月署江蘇太倉州知州，十八年以疾辭。病痊升吏部員外郎。卒於官。

馮元欽 字載賡，號南陔。江蘇長洲縣人。雍正十一年二甲八十名進士。選庶吉士，授編修。乾隆八年考選陝西道御史，十二年充廣西副考官，十七年任順天南城巡城御史，官至戶科給事中。

曾興柱 湖北雲夢縣人。雍正十年舉人，十一年二甲八十一名進士。乾隆三年任湖南新田知縣，十七年改河南封正知縣。

李天秀 字子俊，號蕉婁。陝西華陰縣人。雍正十一年二甲八十二名進士。選庶吉士，乾隆元年任山東歷城知縣。因辦案被陷害罷官，

事白歸里。

章佑昌 字鼎儀，號默亭。江蘇吳縣人。雍正十一年二甲八十三名進士。任吏部員外郎，乾隆七年考選浙江道御史，補廣東道御史，掌山東道御史。

朱肇開 （本姓李）字雨蒼，號猗軒。浙江桐鄉縣人。雍正元年舉人，十一年二甲八十四名進士。任戶部主事，乾隆二年改山西孝義知縣。七年降職離任。

劉高培 江西廬陵縣人。雍正十一年二甲八十五名進士。乾隆四年任安徽廬江知縣，十一年改四川萬縣知縣。

徐元升 浙江歸安縣人。雍正十一年二甲八十六名進士。乾隆二年任山東德平知縣。

劉孔昭 字視則，號鍾溪、嵩廬。山東文登縣人。雍正十一年二甲八十七名進士。選庶吉士，乾隆元年改山西汾西知縣。終養歸。卒年四十六。

錢師夔 浙江會稽縣人。雍正十一年二甲八十八名進士。

李雲驤 字良齋。直隸長垣縣人。雍正十一年二甲八十九名進士。乾隆四年任四川渠縣，十三年任四川灌縣知縣，升眉州直隸州知州，仍留縣任，以勞卒。

王滄 廣西蒼梧籍，安徽桐城縣人。雍正十一年二甲九十名進士。任江西德安知縣，乾隆六年署直隸任縣知縣，改任丘，十六年調

陝西鳳縣知縣。

劉學祖 字魯柱，號東岩。山東掖縣人。雍正十一年二甲九十一名欽賜進士。選庶吉士，改刑部主事、員外郎，工部郎中，記名御史。罷歸。

程仁秩 江蘇江都縣人。雍正十一年二甲九十二名進士。任河南孟縣知縣。

第三甲二百二十二名

博通阿 滿洲鑲黃旗人。雍正十一年三甲第一名進士。任滿洲覺羅長安保佐領，官至戶部主事。

方　科 江西贛縣人。雍正十一年三甲第二名進士。乾隆元年任浙江分水知縣，十三年改安徽虹縣知縣。

藍欽奎 字景先。廣東程鄉縣人。雍正十一年三甲第三名進士。任戶部主事，升郎中，乾隆十年擢陝西西安知府。十二年補江西饒州知府，因事降戶部員外郎，出任廣西梧州知府，改鎮安知府，乾隆二十三年遷湖南辰沅兵備道，二十八年擢山西按察使。三十一年革。引疾告歸。

黃天瑞 福建南靖縣人。雍正十一年三甲第四名進士。任刑部主事。

楊廷英 字耆呂，號德軒。江西新建縣人。雍正十一年三甲第五名進士。乾隆元年舉鴻博未遇，任河南尉氏知縣，改主事。以病假歸，卒年六十七。著有《杜詩注》。

邱玖華 字陶圃，號石卿。廣東海陽縣人。雍正十一年三甲第六名進士。選庶吉士，授檢討。乾隆三年考選山西道御史，降兵部員外郎，升郎中，遷四川保寧府知府。以罣議去。

陳　鈞 字天樂，號陶庵。貴州遵義縣人。雍正十一年三甲第七名進士。乾隆二年任湖北通山知縣，三年改潛江知縣，七年改湖北江夏知縣，十一年擢山西霍州知州。年三十九自殺卒。

牟江歷 字西昆。浙江平湖縣人。雍正十一年三甲第八名進士。十三年充江南鄉試同考官，卒。

謝　咸 湖北天門縣人。雍正七年舉人，十一年三甲第九名進士。

陳奠纘 字松岩。雲南石屏州人。雍正十一年三甲第十名進士。任刑部主事，外補江西弋陽知縣，調江蘇華亭知縣，乾隆十年改任常熟知縣，十一年署長洲知縣，調吳江知縣。

金洪銓 字學山。江蘇嘉定縣人。雍正十一年三甲十一名進士。纍遷吏部郎中，乾隆七年督廣東韶高學政，官至浙江溫州知府。

奚又灝 字倬雲。江蘇江陰縣人。雍正十一年三甲十二名進士。乾隆二年任江西新淦知縣，十一年改江西臨川知縣。以勞卒於任。

唐進賢 字再適，號容園。安徽含山縣人。雍正十一年三甲十三名進士。選庶吉士，授檢討。纍遷四川雅州知府，官至松茂兵備道。

鄭方城　字則望，號石幢。福建建安縣人。雍正十一年三甲十四名進士。乾隆二年任四川新繁知縣。有惠政，坐事解官。後主講錦江書院。乾隆十二年（1747）卒。著有《燥吻集》《綠痕書屋詩稿》《行炙集》。

弟鄭方坤，雍正元年進士。

于暲　順天大興縣人。雍正十一年三甲十五名進士。乾隆元年任廣東會同知縣，九年官至廣東綏猺直隸廳同知。

吳濂　字元吉。福建福清縣人。雍正十一年三甲十六名進士。授山西偏關知縣。未抵任卒。著有《竦筆軒詩鈔》《玉柱軒詩領》《玉柱軒古文鈔》。

張宗說　字蓬宰，號築岩。河南夏邑縣人。雍正十一年三甲十七名進士。選庶吉士。爲雍正間河南入翰林者第一人。事母至孝。著有《怡雲草堂詩》。卒年三十七。

嚴繼陵　湖北蘄水縣人。康熙五十六年舉人，雍正十一年三甲十八名進士。乾隆二年任山西襄垣知縣。

朱榮經　湖北廣濟縣人。康熙五十九年舉人，雍正十一年三甲十九名進士。乾隆二年任四川樂至知縣。

沈光渭　福建永定縣人。雍正十一年三甲二十名進士。任山西靈石知縣。

徐文炯　字青詔。浙江嘉善縣人。雍正十一年三甲二十一名進士。乾隆元年任安徽東流知縣。卒於任。

鄭維嵩　湖北黃岡縣人。康熙五十三年舉人，雍正十一年三甲二十二名進士。任户部主事，乾隆八年改山東文登知縣，調山東鄆城知縣。

介福　字受兹，號景庵、野園。滿州鑲黃旗人。雍正十一年三甲二十三名進士。選庶吉士，授檢討。升侍讀，乾隆七年督陝甘學政，九年督安徽學政，遷太僕寺卿、内閣學士，十一年遷盛京刑部侍郎，十三年改吏部左侍郎，十五年任禮部左侍郎兼翰林院掌院學士。二十四年充浙江鄉試主考官，并兩任順天副考官，三任會試副考官。二十七年（1762）卒。著有《西清載筆錄》《退思齋詩》《野園詩集》《留都集》《關中紀行草》等。

毛旭旦　江蘇宜興縣人。雍正十一年三甲二十四名進士。乾隆九年以吏部郎中考選雲南道御史，十二年外轉陝西糧道，十四年調安徽蘆鳳道。革。起用任吏部主事。

孟澤新　直隸安肅縣人。康熙二十七年（1688）生。雍正十一年三甲二十五名進士。乾隆二年任浙江富陽知縣，四年改德清知縣，十年調湖南湘潭知縣，十一年改湖南沅陵知縣，遷辰州府同知。

何如瀍　字建則。廣東順德縣人。雍正十一年三甲二十六名進士。乾隆二年任山東冠縣知縣，調長清縣，二十二年改河南新鄭知縣，歸後閉門教授。著有《自得錄》十卷、《讀易日鈔》十二卷《詩》一卷。

佟崙　滿洲正白旗人。雍正

十一年三甲二十七名進士。任光禄寺署丞。

王名捷 字翰飛。山西曲沃縣人。雍正十一年三甲二十八名進士。任河南靈寶知縣，乾隆六年調安徽祁門知縣，卒於任。

楊名宷 字熙載，號檢齋。山東濟寧州人。雍正十一年三甲二十九名進士。授廣西永淳知縣，乾隆三年改貴州永從知縣，八年任開泰知縣、龍里知縣。因事去官，卒於家。

沈齊禮 字嗣愷。浙江烏程縣人。雍正十一年三甲三十名進士。選庶吉士，散館授檢討。

魏其瑒 順天大興縣人。雍正十一年三甲三十一名進士。乾隆二年任安徽潛山知縣，八年改桐城知縣，十年改懷寧知縣。

沈英世 浙江會稽縣人。雍正十一年三甲三十二名進士。任主事，官至郎中。

錢志霖 浙江長興縣人。雍正十一年三甲三十三名進士。官至江蘇徐州知府。

朱興燕 字召封。浙江浦江縣人。雍正十一年三甲三十四名進士。任雲南通海知縣，乾隆五年調文山縣，七年署寶寧縣，十四年擢陝西隴州知州。十六年丁憂歸，服闋以母老終養。

程珏 湖北嘉魚縣人。雍正十年舉人，十一年三甲三十五名進士。任湖北黃陂縣教諭。任一年即解組歸，被聘爲龍門書院山長。

章楹 字柱天。浙江新城縣人。雍正十一年三甲三十六名進士。任浙江青田縣教諭。著有《浣雪堂集》《謁崖脞說》。

洪琛 （本姓王）浙江蕭山縣人。雍正十一年三甲三十七名進士。任知縣。

張南英 浙江平陽縣人。雍正十一年三甲三十八名進士。任貴州清平知縣。

許汝盛 山東萊蕪縣人。雍正十一年三甲三十九名進士。任刑部主事，纍遷四川鹽茶道，官至署四川按察使。

袁依仁 雲南嵩明州人。雍正十一年三甲四十名進士。

何輝寧 字逵鴻，號嶒峰。江西臨川縣人。雍正十一年三甲四十一名進士。乾隆元年任直隸行唐知縣，改慶雲縣，六年六月改順天府平谷知縣。年六十乞歸，卒年七十九。著有《增訂蘇批孟》七卷、《楚辭評注》八卷，《大學文論文衍義》《中庸論文衍義》《詩古文》四卷行世。

閻介年 字葆和。直隸宣化蔚州人。雍正十一年三甲四十二名進士。任山西鄉寧知縣，調永濟知縣，改甘肅隴西、皋蘭知縣，乾隆十一年遷甘肅階州知州，十四年遷甘肅蘭州知府，十八年官至陝西鹽法道。裁缺歸，主講書院。著有《汲古草堂文稿》《九宮山人詩集》行世。

王鑑 順天大興縣人。雍正十一年三甲四十三名進士。乾隆三年任廣東博羅知縣。

孫鳳立 河南信陽州人。雍正十一年三甲四十四名進士。乾隆七年定興知縣，十二年改直隸沙河知縣，二十二年改山西大同知縣。

李薈 雲南嵋峨縣人。雍正十一年三甲四十五名進士。

童其瀾 字呢海。廣西永寧州人。雍正十一年三甲四十六名進士。任刑部主事，升員外郎，乾隆二十二年官至甘肅寧夏知府。

俞世治 字和衷。江西信豐縣人。雍正十一年三甲四十七名進士。任兵部主事，改吏部員外郎，官至山西平陽知府，忤上意改澤州知府。年未七十引疾歸。

李彤標 漢軍鑲藍旗人。雍正十一年三甲四十八名進士。任漢軍李廷焰佐領，改副參領兼佐領。

董淑昌 字景白、蓮齋。山東滋陽縣人。雍正十一年三甲四十九名進士。任貴州桐梓知縣，改龍里知縣，乾隆十二年任錦屏知縣，代理黎平府事，兼署永從知縣。以勞瘁卒於官。著有《近體詩》《故稿》《孟子》《離騷》等。

赫成峨 字青黎，號鶴亭。滿洲正黃旗人。雍正十一年三甲五十名進士。選庶吉士，改戶部主事。

李世垣 號星門。山東德州人。雍正十一年三甲五十一名進士。乾隆十二年授陝西富平知縣，擢陝西興安直隸州知州，乾隆十九年官至陝西興安知府。以足疾告歸。課徒

自給。卒年七十四。

吳超 江蘇荊溪縣人。雍正十一年三甲五十二名進士。十一年任河南盧氏知縣，乾隆四年改安徽廬州府教授，乾隆年間任雲南開化知府。

張松年 陝西清澗縣人。雍正十一年三甲五十三名進士。乾隆三年任山西虞鄉知縣。

袁宗聖 字西野。江西泰和縣人。雍正十一年三甲五十四名進士。乾隆三年任五河知縣。四年左遷。

陳詩 浙江歸安縣人。雍正十一年三甲五十五名進士。乾隆八年任山西鳳臺知縣，十三年遷隰州知州，十六年官至江蘇揚州知府。

胡承昊 字序皇。浙江德清縣人。雍正十一年三甲五十六名進士。乾隆四年任直隸贊皇知縣。

王士倧 漢軍鑲紅旗。雍正十一年三甲五十七名進士。乾隆三年任江西石城知縣，纍遷任工部員外郎，三十三年考選山東道御史，官至禮科給事中。

吳士功 字惟亮，號凌雲、湛山。河南光州直隸州人。康熙三十八年（1699）正月初五日生。雍正十一年三甲五十八名進士。選庶吉士，任吏部主事、員外郎，乾隆四年考選湖廣道御史。十一年任直隸大名道。十三年九月任山東督糧道，遷山東鹽運使兼署濟東道，十九年授陝西按察改湖北按察使，二十二年遷陝西布政使，改直隸布政

使，二十三年三月授福建巡撫。在審理提督馬龍圖一案時悖謬乖張，二十六年五月革。發巴里坤効力自贖，輸銀贖罪後釋回。乾隆三十年（1765）九月二十三日卒，年六十七。著有《湛山詩鈔》。

鍾飛鵬 江西興國縣人。雍正十一年三甲五十九名進士。

楊時中 字庸齋。山東寧海州人。雍正十一年三甲六十名進士。任安徽含山知縣。

江　峰 江西貴溪縣人。雍正十一年三甲六十一名進士。

蘇其焰 號孌堂。廣西鬱林直隸州人。雍正十一年三甲六十二名進士。乾隆三年任陝西懷遠知縣，在任十二年，以卓異十六年官至陝西邠州直隸州知州。

桑調元 字伊佐，號弢甫，別號獨往生，又號五嶽詩人。浙江錢塘縣人。康熙三十四年（1695）生。雍正十一年三甲六十三名進士。授工部主事。引疾歸。曾主九江謙溪書院，東皋餘山書屋，嘉興灤源書院講席，弘揚師說。曾遍游五嶽，并以五嶽名其集。乾隆三十六年（1771）卒，年七十七。著有《論語説》《躬行實踐録》《弢甫集》《五嶽集》等。

孫　寯 字毓秀。山西平定直隸州人。雍正十一年三甲六十四名進士。乾隆三年任山東樂陵知縣，六年改山東文登知縣，調直隸大名、元城知縣，改順天宛平知縣。

王芥園 字言敷、岩夫，號春田。江蘇丹徒縣人。雍正十一年三甲六十五名進士。選庶吉士，授檢討。乾隆六年外任直隸宣化知府，七年升直隸口北道，九年署，十年授山東按察使。十一年病免。

李　元 湖南衡山縣人。雍正十一年三甲六十六名進士。乾隆三年任江西瑞金知縣。

彭肇洙 字仲伊，號丹林。四川丹棱縣人。雍正十一年三甲六十七名進士。任刑部主事，升員外郎、郎中，乾隆九年考選河南道御史。官京師時與兄彭端淑，弟彭遵泗工詩文，三兄弟俱知名一時，有"三彭"之目。著有《撫松亭詩集》《竹牕巵言》。

與兄彭端淑爲孿生兄弟，同榜進士；弟彭遵泗，乾隆二年進士。

吴　琮 福建寧化縣人。雍正十一年三甲六十八名進士。任河南鹿邑知縣。

梁景程 廣東香山縣人。雍正十一年三甲六十九名進士。乾隆五年任河南寧陵知縣。

宋　錦 字在中，號東郊。河南武陟縣人。雍正十一年三甲七十名進士。乾隆三年任四川犍爲知縣，以卓異升四川合州知州，十六年改廣東德慶知州，十八年任崖州知州，三十年改廣東瓊州府同知，官至廣東惠州知府。

陳　易 廣東興寧縣人。雍正十一年三甲七十一名進士。十三年任河南泌陽知縣。

張廷讓 直隸滄州人，原籍江蘇武進。雍正十一年三甲七十二名進士。任戶部主事，升員外郎，乾隆八年以吏部郎中考選江西道御史，十一年外轉福建延建邵道，調福建鹽運使。十六年授廣東按察使，改江西按察使。十七年十月召京。

牛運震 字階平，號真谷，又號空山。山東滋陽縣人。康熙四十五年（1706）生。雍正十一年三甲七十三名進士。乾隆元年任甘肅秦安知縣，兼管徽縣、兩當知縣，調平番知縣。有善政，百姓爲表謝意，特製衣銘德。後以受衣事被劾罷官。因貧不能歸，主講皋蘭書院。後歸里，閉戶治經。乾隆二十五年（1758）正月二十二日卒，年五十三。著有《空山易解》四卷、《空山堂春秋傳》十二卷、《史論》二十卷、《空山堂文集》十二卷、《金石經眼錄》《金石圖》等。

朱 紅 江蘇江都縣人。雍正十一年三甲七十四名進士。任廣西靈川知縣。

郝誠烋 直隸定州直隸州人。雍正十一年三甲七十五名進士。

叔父郝林，康熙二十一年進士。

薛復亨 江蘇陽湖縣人。雍正十一年三甲七十六名進士。任安徽安慶府教授。

吳 正 字聖功。山西沁州直隸州人。雍正十一年三甲七十七名進士。歸班候選知縣。主講晉陽書

院。年七十六卒。

多爾技 （《進士題名碑錄》作多爾吉）蒙古鑲黃旗人。雍正十一年三甲七十八名進士。任蒙古班第佐領，改光祿寺署丞。

周 然 字蓮舫。順天大興籍，浙江山陰人。雍正十一年三甲七十九名進士。乾隆三年任四川內江知縣。在任十二年。

俞文漪 字簡中。福建長汀縣人。雍正十一年三甲八十名進士。纍遷吏部郎中，外任浙江嘉興知府，改溫州知府，乾隆二十九年左遷貴陽府長寨同知，代理貴州思南知府。以老乞休，貧不能歸，主講銅仁書院，年七十六卒，門下捐貲歸葬。

楊名揚 字崇峰。雲南石屛州人。雍正十一年三甲八十一名進士。任雲南順寧府教授，丁憂。乾隆二年改南安州訓導，官至陝西漢中知府，兼漢西道。

趙屛晉 字周翰。陝西同官縣人。雍正十一年三甲八十二名進士。任雲南楚雄知縣，遷戶部主事，乾隆十四年改延慶州知州，十六年官至直隸永平知府。

張永淑 直隸滿城縣人。雍正十一年三甲八十三名進士。乾隆三年任甘肅華亭知縣，十一年遷和州知州。

許時杰 字德超。浙江平湖縣人。雍正十一年三甲八十四名進士。任福建邵武知縣。

汪大醇　湖北武昌縣人。雍正七年舉人，十一年三甲八十五名進士。任山西沁水知縣。以母老乞養歸。

王　組　（《進士題名碑》作王祖）奉天遼陽州人。雍正十一年三甲八十六名進士。任刑部主事，升員外郎，郎中。乾隆十五年任甘肅甘州知府。

陳堯叟　字粵稽。江蘇長洲縣人。雍正十一年三甲八十七名進士。乾隆二年任湖南華容知縣。

黃百穀　字雅登。浙江仁和縣人。雍正十一年三甲八十八名進士。任知縣。能詩。

杜謐　字寧庵，號曉湘。貴州遵義縣人。雍正十一年三甲八十九名進士。選庶吉士，授檢討。改主事，官至吏部郎中。

李光前　字允昭。福建永安縣人。雍正十一年三甲九十名進士。乾隆五年任直隸巨鹿知縣。

王家相　江蘇泰州人。舉人，康熙五十六年任江蘇蕭縣教諭，雍正十一年三甲九十一名進士。

向德華　湖北黃陂縣人。康熙五十三年舉人，雍正十一年三甲九十二名進士。乾隆年任直隸故城知縣。

韓珏　字含璧，號訒齋。山東萊蕪縣人。雍正十一年三甲九十三名進士。乾隆二年任四川奉節知縣。在任五載，卒於官。

秦錫珌　字琭友。山西曲沃縣人。雍正十一年三甲九十四名進士。乾隆四年任安徽繁昌知縣，十二年改江西興安知縣，十六年彭澤知縣。以勞卒於任。

劉毓珍　字儒懷，號雨村。順天大興縣人。雍正十一年三甲九十五名進士。觀政刑部期滿授福建建寧知縣，乾隆九年升永春知縣。歸里見雙親垂白，陳情乞養。服闋遂不仕。卒年七十三。

張傳焲　山西沁水縣人。雍正十一年三甲九十六名進士。官至江蘇常鎮通道。

李光型　字義卿。福建安溪縣人。大學士李光地從弟。康熙十五年（1676）五月初一日生。雍正十一年三甲九十七名進士。任河南知縣，署彰德府管河同知，擢刑部主事。深通經術，充經史館校對，條辨異同，頗爲精核。乾隆十九年（1754）卒，年七十九。著有《易通正》《洪範解》《詩六義說》《文王世子解》《天問解》《農書輯要》等。

舒安　字寧安，號曉湘。貴州遵義縣人。雍正十一年三甲九十八名進士。選庶吉士，授檢討。改主事，官至吏部郎中。

劉元炳　字叔文，號坦園、碧崖。湖南湘潭縣人。雍正十一年三甲九十九名進士。選庶吉士，授檢討。旋假歸。著有《碧崖集》。

兄劉元燮，雍正八年進士。

黃河昆　字西園。江西湖口縣人。雍正十一年三甲一百名進士。乾隆五年任山東肥城知縣。以終養歸。

林有騏　字驊友。山東掖縣人。

雍正十一年三甲一零一名進士。乾隆二年任湖南安仁知縣。著有《潛齋文集》。

胡定 字敬醇，號登賢、靜園。廣東保昌縣人。雍正十一年三甲一百零二名進士。選庶吉士，授檢討。乾隆三年充廣西鄉試副考官，五年考選陝西道御史，進兵科給事中，母老乞終養歸。服闋，補福建道御史。因劾事不實，奪職罷歸。二十二年乾隆帝南巡迎鑾復原銜。卒年七十九。著有《雙柏廬文集》《通鑑綱目測義》。

曾粵龍 字雨四。廣東博羅縣人。雍正十一年三甲一百零三名進士。任吏部主事。丁憂歸不復出，主講羅陽書院。

張蘭青 （一作張蘭清）字馥齋，號雙矯、畹齋。四川長壽縣人。雍正十一年三甲一百零四名進士。選庶吉士，授檢討。乾隆元年充順天鄉試同考官。

張維城 山西崞縣人。雍正十一年三甲一百零五名進士。乾隆三年任直隸獲鹿知縣，六年改直隸無極知縣。告病歸。

林之正 字維周，號兩松。浙江黃岩縣人。雍正十一年三甲一百零六名進士。乾隆五年任四川安岳知縣，調岳池、秀山知縣。病卒，年五十二。

魏文 順天大興縣人。雍正十一年三甲一百零七名進士。乾隆三年任四川江油知縣。卒於任。

梁達才 廣東恩平縣人。雍正十一年三甲一百零八名進士。乾隆五年任四川汶川知縣。

仲作楫 浙江德清縣人。雍正十一年三甲一百零九名進士。乾隆四年任江西會昌知縣，任雲南呈貢知縣。

邱仰文 字襄周，號省齋。山東滋陽縣人。雍正十一年三甲一百十名進士。任吏部主事，乾隆四年任四川定遠知縣，十年署南充知縣，調陝西保安縣。坐事罷歸。乾隆四十二年（1777）卒。著有《省齋自存草》《楚辭韻解》《碩松堂稿》《義舉易別記》。

陳有策 （復姓游）字國士。福建福清縣人。雍正十一年三甲一百十一名進士。任直隸唐縣知縣。

周宣猷 字嘉謨、辰遠，號雪舫。湖南長沙縣人。雍正十一年三甲一百十二名進士。乾隆四年授浙江桐廬知縣，六年調海鹽知縣，官至浙江鹽運司運判。以事罷官。乾隆十六年帝南巡獻詩，復原銜。卒年六十一。著有《史斷》《史記難字》《南北史撅》《柯橡集》《雪舫詩鈔》《眠雲集》《風鈴餘韻》等。

項樟 字景貽。江蘇阜寧縣人。雍正十一年三甲一百十三名進士。乾隆四年授四川大竹知縣，七年調萬縣，丁憂。十五年補湖北黃岡知縣、麻城知縣，擢山西蒲州同知，調署安徽太平知府，乾隆十八年官至鳳陽知府。卒於任。

王　端（原名王子莊，以字行）山西黎城縣人。雍正十一年三甲一百十四名進士。乾隆四年任江西靖安知縣。丁憂歸。授徒里中，研究經學二十餘年。著有《論語筆説書説》《求是春秋説》。

胡維炳　字其佩、蘆江。浙江鎮海縣人。雍正十一年三甲一百十五名進士。授户部江西司主事，乾隆四年出爲福建永福知縣。卒於任。

王式烈　湖北雲夢縣人。雍正二年舉人，十一年三甲一百十六名進士。乾隆五年任貴州桐梓知縣，十二年調直隸臨榆知縣，十四年改束鹿知縣。

劉灝先　字曉江。四川閬中縣人。雍正十一年三甲一百十七名進士。官至工部虞衡司郎中。乞休歸，以授徒爲業。

李　德　湖南衡陽縣人。雍正十一年三甲一百十八名進士。任四川大足知縣。

董宗德　字崇本。江西德興縣人。雍正十一年三甲一百十九名進士。任奉天蓋平知縣，乾隆四年以親老改補廣東陽春知縣。以憂歸。

陳　旭　廣西武宣縣人。雍正十一年三甲一百二十名進士。任主事。

霍作明　字良賓。廣東三水縣人。雍正十一年三甲一百二十一名進士。十一年任山西臨縣知縣。

鄒承垣　江蘇無錫縣人。雍正十一年三甲一百二十二名進士。乾隆三年任福建南靖知縣，六年改鳳山知縣，遷南台同知，乾隆十年任福建海防同知。

楊殿邦　漢軍鑲紅旗人。雍正十一年三甲一百二十三名進士。任漢軍楊繼勛佐領，官至工部主事。

于開泰　字大來、見三，號黍廬。陝西扶鳳縣人。雍正十一年三甲一百二十四名進士。選庶吉士，散館歸候選知縣，任四川新都知縣，丁憂歸，鄉居三十年。著有《周官緒餘》《五經辯唯》《黍廬集》。

李芳華　順天大興縣人。雍正十一年三甲一百二十五名進士。

羅　齡　順天大興縣人。雍正十一年三甲一百二十六名進士。任山西交城知縣。

趙敬修　陝西長安縣人。雍正十一年三甲一百二十七名進士。

厲清來　浙江山陰縣人。雍正十一年三甲一百二十八名進士。任知縣。

范汝軾　河南蘭陽縣人。雍正十一年三甲一百二十九名進士。乾隆四年任湖北建始知縣，十一年改恩施知縣，十二年任湖北來鳳知縣。

翟天翔　字圖南。直隸饒陽縣人。雍正十一年三甲一百三十名進士。乾隆四年任安徽阜陽知縣，十一年改浙江諸暨知縣，十六年調平湖知縣。

吳方平　浙江海鹽縣人。雍正十一年三甲一百三十一名進士。十二年任直隸平山知縣。

賀祥珠　字容川。江西永新縣

人。雍正十一年三甲一百三十二名進士。乾隆四年任江蘇六合知縣，歷宿遷、寶應、蕭縣、丹陽知縣，攝徐州府、松江府通判，十九年補江蘇甘泉知縣。養母告歸。

盧生蓮　甘肅鎮番縣人。雍正十一年三甲一百三十三名進士。乾隆年間任江西弋陽知縣。

任大受　山西孝義縣人。雍正十一年三甲一百三十四名進士。乾隆四年任浙江新昌知縣，八年任蘭溪知縣，改山西平陽府教授。

王秉鑑　河南蘭陽縣人。雍正十一年三甲一百三十五名進士。

黃顯祖　（本姓李）字坦之。廣東番禺縣人。雍正十一年三甲一百三十六名進士。任戶部主事，改四川合江知縣，護理瀘州知州半載以老歸。

魏煥章　（《福建通志》作復姓蔡）字尚闇，號質亭。福建晋江人。雍正十一年三甲一百三十七名進士。任陝西白水知縣，丁憂，服除入京謁補卒，年四十六。

諸葛永齡　順天武清縣人。雍正十一年三甲一百三十八名進士。任四川宜賓知縣，乾隆四年改慶符知縣。

父諸葛銘，康熙四十五年進士。

張榮倫　湖南衡陽縣人。雍正十一年三甲一百三十九名進士。乾隆七年任湖北長陽知縣，九年改湖北潛江知縣，十二年補東湖知縣，官至雲南昭通府附舊永寧府掌印同知。

張敕典　陝西蒲城縣人。雍正十一年三甲一百四十名進士。

張光祺　江蘇丹徒縣人。雍正十一年三甲一百四十一名進士。乾隆五年任廣東永安、增城知縣，乾隆七年改新寧知縣，二十四年改廣東封川知縣。

柯可棟　字平若。福建晋江縣人。雍正十一年三甲一百四十二名進士。任安徽繁昌知縣，在任三年卒於官。

魯游　字通南，號藝園。江西新城縣人。雍正十一年三甲一百四十三名進士。

李華松　四川慶符縣人。雍正十一年三甲一百四十四名進士。乾隆七年任浙江桐鄉知縣。

黃澐　廣東龍川縣人。雍正十一年二甲一百四十五名進士。任工部主事。

王碩人　直隸寧津縣人。雍正十一年三甲一百四十六名進士。任廣西恭城知縣。

譚譯　四川奉節縣人。雍正十年舉人，十一年三甲一百四十七名進士。任刑部山東司主事。

徐淳　順天大興縣人。雍正十一年三甲一百四十八名進士。乾隆十五年任江蘇甘泉知縣。

郭懷芳　山東金鄉縣人。雍正十一年三甲一百四十九名進士。任山西榮河知縣。

楊琨　字吉有，號玉有。湖

南新化縣人。雍正十一年三甲一百五十名進士。選庶吉士，散館改禮部制儀司主事，忤堂官降光祿寺署正，乾隆二十年出任湖北施南府通判。卒於任。

白子男 貴州平越縣人。雍正十一年三甲一百五十一名進士。乾隆五年任江蘇六合知縣。

宋楚望 字荆川、恒齋。湖北當陽縣人。雍正七年湖北鄉試解元，十一年三甲一百五十二名進士。乾隆五年任江蘇句容知縣，七年改丹徒知縣，十七年由揚州府同知改太倉州知州，在任二年，擢常州府知府，改徐州知府，官至淮徐兵備道。致仕歸。

韋基烈 字成之。福建壽寧縣人。雍正十一年三甲一百五十三名進士。

張繡 甘肅固原縣人。雍正十一年三甲一百五十四名進士。乾隆六年任浙江建德知縣，八年改象山知縣。

傅爲詝 （一作傅爲竚）字嘉言，號謹齋，別號岩溪。雲南元江縣人。康熙四十年（1701）生。雍正十一年三甲一百五十五名進士。選庶吉士，授檢討。乾隆三年考選貴州道御史，歷任奉天府丞兼學政，坐事去官歸。後起任大理寺少卿，三十二年授宗人府丞，官至左副都御史。佐持風紀，以整肅臺綱爲己任。乾隆三十五（1770）年病休。四月初七日卒，年七十。著有《明

儒四家纂》《斯文易簡録》《讀漢書論》《藏密鈔詩鈔》《讀禮偶存》。

王益孚 浙江慈溪縣人。雍正十一年三甲一百五十六名進士。任監察御史。

楊大鴻 字儀亭。福建詔安縣人。雍正十一年三甲一百五十七名進士。任山西寧鄉知縣，以母老，乾隆三年任福建福州府教授。告病歸。

蘇文 字瞻如。廣東三水縣人。雍正十一年三甲一百五十八名進士。入都赴銓，病卒。

楊鈞 陝西蒲城人。雍正十一年三甲一百五十九名進士。任山東博興知縣。

徐祖昌 雲南路南州人。雍正十一年三甲一百六十名進士。乾隆二年任湖南桂東知縣，五年改湖南永明知縣。

胡懋勛 山東淄川縣人。雍正十一年三甲一百六十一名進士。授直隸新樂教諭，改直隸贊皇知縣。在任一年卒於任。

趙履亨 直隸鹽山縣人。雍正十一年三甲一百六十二名進士。任直隸井陘縣訓導。

王肯穀 陝西醴泉縣人。雍正十一年三甲一百六十三名進士。任貴州修文知縣，乾隆十二年改河南臨漳知縣，十七年改武陟知縣，二十五年改湖南桃源知縣。

李夢雷 字魚門。浙江長興縣人。雍正十一年三甲一百六十四名

進士。乾隆五年任山東寧陽知縣。

周文焯 湖北沔陽州人。雍正元年舉人，十一年三甲一百六十五名進士。任户部主事，乾隆五年改江蘇清河知縣，九年調安徽涇縣知縣。

饒鳴鎬 字苞九，號鳳軒。廣東大埔縣人。雍正十一年三甲一百六十六名進士。選庶吉士，散館改主事，官至廣西南寧知府。

李植惠 福建海澄縣人。雍正十一年三甲一百六十七名進士。任國子監監丞，官至禮部儀制司員外郎。

彭端淑 字儀一，號樂齋。四川丹棱縣人。雍正十一年三甲一百六十八名進士。授吏部主事，遷員外郎、文選司郎中，乾隆二十年遷廣東肇羅道。後因運米粵西歸時落水，得救後遂請假告歸。家居十餘年，曾主講錦江書院。卒時年八十一。詩名重一時，與弟遵泗、肇洙并稱"三彭"。著有《白鶴詩文集》《雪夜詩談》《粵西記草》《晚年詩稿》等。

與弟彭肇洙爲孿生兄弟，同榜進士；弟彭遵泗，乾隆二年進士。

李應魁 湖北黃岡縣人。雍正二年舉人，十一年三甲一百六十九名進士。乾隆二年任湖南會同知縣，五年遷湖南永順府同知。

尋紹舞 山東金鄉縣人。雍正十一年三甲一百七十名進士。任直隸廣平知縣，乾隆十八年調山西猗氏知縣，改任山東萊州府教授。

扶道弘 字玉庵。湖南郿縣人。雍正十一年三甲一百七十一名進士。

讀書懷古，工詩古文詞。

周 儒 貴陽龍里縣人，祖籍湖南祁陽。雍正十一年三甲一百七十二名進士。乾隆十二年任廣東番禺知縣，十二年改東莞知縣，二十四年官至廣東連州知州。

關朝柱 字蒲村、襄巒。湖北江陵縣人。雍正七年舉人，十一年三甲一百七十三名進士。乾隆八年任廣東靈山知縣，丁憂。改江西新淦、瑞昌知縣，十五年改江西龍南知縣，十八年（1753）署瀘溪知縣卒。

父關以華，順治十五年進士。

康曾詔 字克齋。湖南衡山縣人。雍正十一年三甲一百七十四名進士。任山西靜樂知縣，乾隆十二年十月調江蘇昭文知縣，署常州海防同知，十七年改金匱、溧陽知縣，任靖江知縣。解組歸。

葛俊起 字伯峰，號眉峰。河南虞城縣人。雍正十一年三甲一百七十五名進士。任工部員外郎，乾隆十一年考選山東道御史，升工科給事中，遷通政副使，乾隆三十三年授順天府尹，三十四年官至太僕寺卿。七月休致。

張 曾 河南太康縣人。雍正十一年三甲一百七十六名進士。任兵部主事，乾隆十八年官至廣東督糧道。

劉 標 順天大城縣人。雍正十一年三甲一百七十七名進士。乾隆六年任安徽霍丘知縣，八年改安徽鳳臺知縣，遷貴州開州知州，二十五年貴州改威寧知州。

江澂岷　雲南晋寧縣人。雍正十一年三甲一百七十八名進士。

葉榮賢　四川崇慶州人。雍正十一年三甲一百七十九名進士。假歸，絕意仕進。

葉蓀　江西德化縣人。雍正十一年三甲一百八十名進士。

劉昌五　（復姓辛）字北村，號文偉。廣東順德縣人。雍正七年鄉試解元，十一年三甲一百八十一名進士。選庶吉士，授檢討。

歐陽瑾　字予石。江西分宜縣人。雍正十一年三甲一百八十二名進士。授兵部主事，乾隆十三年充會試同考官，遷刑部郎中。乾隆十五年考選江南道御史，二十一年任奉天府丞兼學政，三十三年改升大理寺少卿，改太僕寺卿，三十五年授順天府尹，遷倉場侍郎。七月解職歸。

劉文煥　雲南太和縣人。雍正十一年三甲一百八十三名進士。

金茂和　廣東饒平縣人。雍正十一年三甲一百八十四名進士。任四川西充知縣，改河南新鄉知縣，乾隆十九年任安徽宿松知縣。

余應祥　雲南昆明縣人。雍正十一年三甲一百八十五名進士。乾隆五年任江西定南知縣。

馬建奇　山西左雲縣人。雍正十一年三甲一百八十六名進士。官至兵部郎中。

陳琦　字奇玉、乾德。福建長樂縣人。雍正十一年三甲一百八十七名進士。乾隆七年任山東堂邑知縣。卒於任。

譚肇基　字祝泰，號岐峰。廣東新會縣人。雍正十一年三甲一百八十八名進士。乾隆七年任浙江遂昌知縣，八年改長興知縣，十四年調慈溪知縣，十五年任龍泉知縣，升主事。

徐倫　貴州思南府人。雍正十一年三甲一百八十九名進士。乾隆五年任陝西興平知縣。

聶位中　字致和，號九峰。江西萬年縣人。雍正十一年三甲一百九十名進士。選庶吉士。以母老乞歸。

熊淇　江西湖口縣人。雍正四年舉人，十一年三甲一百九十一名進士。任山東博興知縣。

陳中榮　字孟仁，號竹里。貴州綏陽縣人。雍正十一年三甲一百九十二名進士。選庶吉士，授檢討。官至河南南陽知府、江蘇鎮江知府。

林連茹　廣東普寧縣人。雍正十一年三甲一百九十三名進士。任甘肅隆德知縣。

王笙　江西南城縣人。雍正十一年三甲一百九十四名進士。乾隆七年任湖北公安知縣。

張慎言　浙江錢塘縣人。雍正十一年三甲一百九十五名進士。任直隸蠡縣知縣，乾隆五年改直隸元氏知縣，十三年改徐水知縣。

馮朝綱　山東濮州人。雍正十一年三甲一百九十六名進士。任貴州印江知縣。

瞿信昭　湖南湘陰縣人。雍正十一年三甲一百九十七名進士。額外主事，改四川資陽知縣。

鄭時慶　字華臣。山西文水縣人。雍正十一年三甲一百九十八名進士。任貴州貴築知縣，乾隆七年改江蘇清河知縣，十二年六月由江蘇金匱知縣調任長洲知縣，十三年署江蘇蘇州府管糧同知。十四年丁憂。二十年任鳳陽知縣，後升山東曹州府同知，遷安徽安慶知府，調江蘇鎮江知府，官至山東兵備道。

段珍玉　字峽川。河南唐縣人。雍正十一年三甲一百九十九名進士。任直隸鹽山知縣。

時　餘　雲南趙州人。雍正十一年三甲二百名進士。

金士仁　字惺若、嗣山。安徽歙縣人。雍正十一年三甲二百零一名進士。乾隆五年任直隸慶雲知縣。卒於任。

關　霖　滿洲正白旗人。雍正十一年三甲二百零二名進士。任滿洲薩拉佐領，官至光祿寺署丞。

謝彤韶　福建詔安縣人。雍正十一年三甲二百零三名進士。乾隆七年任陝西鳳翔知縣。

沈元鉉　浙江蕭山縣人。雍正十一年三甲二百零四名進士。任知縣。

周遐齡　字紫峰。河南南陽縣人。雍正十一年三甲二百零五名進士。任山西榮河知縣，乾隆十四年改山西山陰知縣，十五年改山西臨晉知縣、永濟知縣，二十五年調四川筠連知縣。

蕭麟趾　山東堂邑縣人。雍正七年舉人，十一年三甲二百零六名進士。乾隆三十一年任陝西延長知縣。

何　琇　字君琢，號勵庵。順天宛平縣人。雍正十一年三甲二百零七名進士。任內閣中書，官至宗人府主事。官途坎坷，貧病以終。著有《樵香小記》《辨經史疑義》《字學》《韻學》等。

王　瀚　寄籍廣西蒼梧，安徽桐城縣人。雍正十一年三甲二百零八名進士。乾隆六年任江西永新知縣。

李庚映　雲南蒙化府人。雍正十一年三甲二百零九名進士。

黃輔極　字紫烈。福建閩縣人。雍正十一年三甲二百十名進士。任山西定襄知縣，乾隆十年改福建邵武府教授。乞養歸。

蘇　灝　山東濮州人。雍正十一年三甲二百十一名進士。任刑部主事。

李天植　湖北江陵人。雍正元年舉人，十一年二百十二名進士。官至刑部郎中。

巫　榮　字仁伯。廣東龍川縣人。雍正十一年三甲二百十三名進士。任浙江義烏知縣，改河南西平知縣。解組歸。

郭曰槐　字條達。廣東三水縣人。雍正十一年三甲二百十四名進士。乾隆七年任浙江松陽知縣，兼署遂昌知縣。淡於仕進，解組歸。

盧秉懿　直隸東明縣人。雍正

元年三甲二百十五名進士。乾隆六年任湖北枝江知縣。

張文聰 直隸邢臺縣人。雍正十一年三甲二百十六名進士。乾隆年間任江西興安知縣。

朱藹 字吉多。山東夏津縣人。雍正十一年三甲二百十七名進士。乾隆六年任廣西平樂知縣。

梁明德 山西五台縣人。雍正十一年三甲二百十八名進士。乾隆七年任福建德化知縣。

王浩 字沛蒼，號岊山。雲南蒙自縣人。雍正十一年三甲二百十九名進士。以主事分廣東司學習。卒於任。著有《古文指歸》《今文指歸》。

任國寧 四川銅梁縣人。雍正十一年三甲二百二十名進士。

崔淇 字子瞻。山西襄垣縣人。雍正十一年三甲二百二十一名進士。任河南伊陽知縣，調滎陽知縣。

牛巳 河南洛陽縣人。雍正十一年三甲二百二十二名進士。十一年任山西石樓知縣。

福海 滿洲鑲紅旗人。雍正十一年三甲二百二十三名進士。任滿洲包衣薩圖佐領，官至兵部主事。

張冲 河南太康縣人。雍正十一年三甲二百二十四名進士。乾隆六年任湖北公安知縣。

黃文昭 江西廬陵縣人。雍正十一年三甲二百二十五名進士。任江西南康府教授。

孫碩膚 陝西三原縣人。雍正十一年三甲二百二十六名進士。乾隆六年任浙江新城知縣。

黃光憲 湖北雲夢縣人。雍正四年舉人，十一年三甲二百二十七名進士。乾隆六年任山西石樓知縣。

劉甡 河南登封縣人。雍正十一年三甲二百二十八名進士。任兵部主事。

薛澂 陝西韓城縣人。雍正十一年三甲二百二十九名進士。任刑部主事，乾隆六年考選浙江道御史，掌山西道御史，官至吏科給事中。

陳之琯 字正功。湖北羅田縣人。雍正十年舉人，十一年三甲二百三十名進士。乾隆六年任山西興縣知縣，八年改湖北安陸府教授。

楊禹傳（《進士題名碑》作楊禹傅）湖北松滋縣人。康熙五十九年舉人，雍正十一年二百三十一名進士。乾隆六年任湖北黃州府教授，十年改湖北襄陽府教授。

謝杰 字士超。河南鞏縣人。雍正十一年三甲二百三十二名進士。十三年任直隸深澤知縣。

韓海 字緯五，號橋村。廣東番禺縣人。康熙十五年（1676）生。雍正元年舉人，十一年三甲二百三十三名進士（時年五十八）。歸班候選知縣，任廣東封川教諭。雍正十三年（1735）卒，年六十。工駢體，詩出入李杜，旁及西昆。著有《東皋詩文集》。

乾隆元年（1736）丙辰科

第一甲三名

金德瑛 字汝白，號慕齋、檜門。浙江仁和縣人，祖籍安徽休寧。康熙四十年（1701）九月初二日生。乾隆元年一甲第一名狀元（初置第六，高宗親擢第一名）。授修撰。入直南書房，三年充福建鄉試主考官，六年督江西學政，升右庶子、少詹事，乾隆十五年授太常寺卿，十七年督山東學政，十九年遷內閣學士。二十一年授禮部侍郎，充江西鄉試主考官，二十三年督順天學政，二十六年五月遷左都御史。乾隆二十七年（1762）正月十一日卒，年六十二。著有《檜門詩疑》。

子金潔，乾隆三十一年進士。

黃孫懋 字訓昭，號忝齋。山東曲阜縣人。乾隆元年一甲第二名榜眼。授編修。四年充會試同考官，纍遷至少詹事，六年遷詹事，旋又遷內閣學士。七年罷職。

秦蕙田 字樹峰，號味經。江蘇金匱縣人。康熙四十一年（1702）十月十九日生。乾隆元年一甲第三名探花。任編修。纍遷右通政，乾隆八年授內閣學士遷禮部侍郎，十五年改任刑部侍郎。二十二年授工部尚書，二十三年正月改刑部尚書。二十八年加太子太保。乾隆二十九年（1764）九月初九日以回籍就醫，卒於直隸滄州舟次，年六十三。謚“文恭”。於天文、曆法、音律、算數等皆有著述。撰有《五禮通考》二百六十卷，體大思精，論者謂“能竟朱子未竟之志”。著有《周易向日箋》《味經窩類稿》。

第二甲九十名

蔡新 字次明、緝齋，號葛山。福建漳浦縣人。康熙四十六年（1707）生。乾隆元年二甲第一名進士。選庶吉士，授編修。九年充江西鄉試副考官，升侍講，十年督河南學政，升侍讀學士，十六年授內閣學士。充江西鄉試主考官，遷工部侍郎，改刑部侍郎，二十二年乞養。三十二年復任刑部侍郎，三十三年遷工部尚書，歷刑部、兵部、禮部，復改兵部尚書。四十五年九月調吏部尚書授協辦大學士，四十八年八月遷文華殿大學士。充上書房總師傅四十餘年，教授諸皇子讀書。五十年四月休致，加太子太師。嘉慶四年（1799）十二月卒，享年九十三。贈太傅。諡"文恭"。因集先儒言操心、養心、存心、求心之法彙爲一冊，曰《事心錄》。著有《輯齋詩文集》。

曹秀先 字氷持，號芝田、地山。江西新建縣人。康熙四十七年（1708）四月二十三日生。乾隆元年二甲第二名進士。任編修。九年充山東鄉試副考官，擢浙江道御史，遷國子監祭酒，三十年任浙江鄉試主考官，乾隆三十二年授內閣學士。三十三年遷工部侍郎，三十五年正月改戶部、三月改吏部侍郎，任江南鄉試主考官，三十九年充順天鄉試主考官，四十年十二月遷禮部尚書、上書房總師傅。乾隆四十九年（1784）七月初一日卒，年七十七。贈太子太傅。諡"文恪"。家中藏書較富，乾隆三十七年進書若干種皆善本。著有《賜書堂稿》《依光集》《使星集》《地山初稿》等

游得宜 字聖衢，號虹原。陝西大荔縣人。雍正二年陝西鄉試解元，乾隆元年二甲第三名進士。選庶吉士，散館改任山東茌平知縣，十年任安徽宣城知縣，改祁門知縣。

黃永年 字靜山，號崧甫。江

西廣昌縣人。康熙三十八年（1699）生。乾隆元年二甲第四名進士。授刑部主事，晉員外郎、郎中。外任甘肅平涼知府，改江蘇鎮江、常州知府。以事去官。乾隆十六年（1751）六月二十二日卒，年五十三。著有《希賢編》《靜子目錄》《南莊類稿》《白雲詩鈔》《奉使集》《黃静山集》。

葛祖亮 字超人、聞橋。江蘇江寧縣人。乾隆元年二甲第五名進士。授禮部主事，官至戶部員外郎。著有《禮經千古要義》《兩閣古文》《花妥樓詩》。

李玉鳴 字靖亭、延璜。福建安溪縣人。乾隆元年二甲第六名進士。任禮部祠祭司主事，遷員外郎、郎中，十八年充湖北鄉試副考官，十九年考選湖廣道御史。三十一年因對皇后喪事禮儀持異見而獲罪，戍伊犁。

爲大學士李光地族孫。

趙青藜 字然乙，號星閣、生校。安徽涇縣人。乾隆元年會元，二甲第七名進士。選庶吉士，授編修。三年充浙江鄉試副考官，五年考選江西道御史，補山東道御史。六年再任浙江鄉試副考官，十二年充湖南正考官。有直聲，舉爲"諫垣五君子"之一。以耳疾乞休。著有《星閣史論》《星閣正論》《箴友言》《詩集》《讀左管窺》《漱房居詩文集》《詩草檢存》等。卒年八十一。

楊景曾 字幼卿。湖南武陵縣

人。乾隆元年二甲第八名進士。任山東茌平知縣，改陽谷知縣。調江蘇嘉定知縣，十五年任江蘇金壇知縣。因他事罷官，留吳中主講書院。

爲康熙四十八年進士直隸布政使楊紹子。

陳九齡 字希江、補堂。福建福清縣人。乾隆元年二甲第九名進士。四年任四川洪縣知縣，在任五年。丁憂服闋，十二年補安徽銅陵知縣。改教職歸，主將樂、福清講席。卒年七十八。著有《易卦發明》《詩經發明》《左氏發明》《四書發明》《小學發明》《綱目發明》等。

華栻 江蘇金匱縣人。乾隆元年二年第十名進士。官至山東登州知府。

葉昱 字炳南，號東壺。江蘇嘉定縣人。乾隆元年二甲十一名進士。纍遷戶部郎中，十三年擢直隸長蘆鹽運使。八十四歲卒。

何達善 字子兼，號鳳池、澹庵。河南濟源縣人。乾隆元年二甲十二名進士。選庶吉士，散館改廣東恩平知縣，五年署廣東陽江知縣，七年改任陝西澄城知縣，十二年遷山東莒州知州。十四年擢安徽徽州知府，官至江南淮徐海道，二十七年降安徽鳳陽知府。

鄒永綏 江蘇無錫縣人。乾隆元年二甲十三名進士。任雲南楚雄府姚州知州，官至工部郎中。

錢應霖 浙江長興縣人。乾隆元年二甲十四名進士。任刑部主事。

曠敏本 字魯之，號克甫、岣嶁。湖南衡山人。乾隆元年二甲十五名進士。選庶吉士。未授職，歸以經學教授鄉里，任岳麓書院山長，學者稱"岣嶁先生"。著有《岣嶁集》。

俞鴻慶 浙江桐鄉縣人。乾隆元年二甲十六名進士。七年任陝西榆林知縣，二十四年改河南蘭陽知縣，涉縣知縣。

史圓 字象升，號三飲、立山。浙江歸安縣人。乾隆元年二甲十七名進士。選庶吉士，散館四年改任福建上杭知縣。

方簡 （一作楊簡）字汗青，號敬思。安徽懷寧縣人。乾隆元年二甲十八名進士。選庶吉士，散館歸班候選知縣。歸遂不出。

張必剛 字健夫，一作繼夫。安徽潛山縣人。乾隆元年二甲十九名進士。六年任廣東澄邁知縣。未幾告歸，著述爲樂。著有《三禮會通》《潛元書》。

李夢元 字鶴江。江蘇華亭縣人。乾隆元年二甲二十名進士。任山東陵縣知縣，丁憂補昌樂知縣。卒於官。

甄鏑 字芮候，號見南。山西平定人。乾隆元年二甲二十一名進士。選庶吉士，改福建建寧府同知，官至廈門知府。著有《東瀛紀略》。

范廷楷 字端植，號怡雲。山東諸城縣人。康熙四十年（1701）生。乾隆元年二甲二十二名進士。由戶部福建司主事，升江南司員外郎、郎中。九年考選福建道御史，擢戶科掌印給事中，十七年江西撫州知府，十八年授江西按察使。平反七十餘案，二十年因"胡中藻文字獄"案罷職。二十二年復起任直隸東路同知，遷直隸遵化知州。乾隆二十三年（1758）卒於任，年五十八。

徐鐸 字令民，號楓亭。江蘇鹽城縣人。乾隆元年二甲二十三名進士。選庶吉士，授編修。三年任湖南鄉試主考官，四年督山東學政，擢雲南知府，遷雲南糧儲道，改山東沂兗曹道、山東鹽運使。二十二年授山東按察使，二十三年（1758）遷山東布政使。六月卒。著有《易經提要錄》《書經提要錄》《詩經提要錄》。

屈成霖 字起商，一作啓商，號肖岩，又號傅野。江蘇常熟縣人。乾隆元年二甲二十四名進士。任直隸盧龍知縣，擢景州知州。引疾歸。著有《景州志》《經史參同》《習是編》等。

羅岳珪（榜名吳岳珪）字元錫。福建晉江縣人。乾隆元年二甲二十五名進士。授貴州天柱知縣，十九年補浙江慶元知縣，改龍泉知縣。卒於任。

張大宗 字循如、文止，號香溪、晴墅。浙江仁和縣人。乾隆元年二甲二十六名進士。選庶吉士，四年改安徽宣城知縣，調靈璧知縣官至安徽壽州知州。

劉世佐 湖北漢陽縣人。雍正七年舉人，乾隆元年二甲二十七名進士。任陝西石泉知縣。

萬年茂 字少槐、槐一，號南泉。湖北黃岡縣人。康熙四十六年（1707）生。雍正十年舉人，乾隆元年二甲二十八名進士。選庶吉士，授編修。六年任山東主考官，七年充會試同考官，十年考選廣西道御史。以疏劾宦官于振、陳邦彥，忤上意被罷官。歸後主講涑水、麟山、鷺洲、豫章、河東、岳麓、江漢諸書院。嘉慶元年（1796）卒，年九十。著有《周易圖説》。

子萬承宗，嘉慶十九年進士。

周承勃 陝西咸寧縣人。乾隆元年二甲二十九名進士。任刑部主事，官至江蘇淮徐道。

孫略 字圮授，號峻山。安徽全椒縣人。乾隆元年二甲三十名進士。選庶吉士，六年改山西繁峙知縣，後任職五台等地。卒於任。

張陳典 本姓陳，育於外祖，承其姓。字徽五、毅庭。江蘇嘉定縣人。乾隆元年二甲三十一名進士。知同仁縣。著有《燕翼堂集》《閑窗偶吟》《陸舟剩稿》《韓昌黎編年詩集詮釋》。

張麟錫 字素書，號海門。浙江山陰縣人。乾隆元年二甲三十二名進士。選庶吉士，授編修。越三年卒。

屈筆山 字文翰。陝西蒲城縣人。乾隆元年二甲三十三名進士。任四川銅梁知縣，十一年改山西交城知縣，左遷甘肅西寧府教授。卒於任。

李爲棟 字燦辰，號郢夫。四川巴縣人。乾隆元年二甲三十四名進士。選庶吉士，授編修。纍遷山西潞安知府，官至山西蒲州知府。以事伏法。

王士俊 浙江錢塘縣人。乾隆元年二甲三十五名進士。六年任福建建安知縣。

周資陳 字厘東，號敬齋。陝西高陵縣人。乾隆元年二甲三十六名進士。選庶吉士，授編修。官至左庶子。

宗紹彝 湖北漢陽縣人。雍正七年舉人，乾隆元年二甲三十七名進士。八年任浙江德清知縣，官至浙江乍浦同知。

金門詔 字東山、東軼，號易東。江蘇江都縣人。康熙十一年（1672）生。乾隆元年二甲三十八名進士（時年六十五）。選庶吉士，散館歸班候選知縣，六年改山西壽陽知縣。未幾以忤上官被劾歸。乾隆十六年（1751）卒，年八十。著有《金太史全集》《東山文策》《全韻詩》《華鄂集》《補遼金元三史藝文志》。

姚述祖 字思乘。浙江會稽縣人。乾隆元年二甲三十九名進士。六年任山東濟陽知縣，八年調歷城知縣，遷膠州知州。未任丁憂歸，卒。

顧之麟 字大振、大紳，號寸田。浙江仁和縣人。乾隆元年二甲四十名進士。選庶吉士，散館五年改山西平遙知縣，十七年改直隸欒城知縣，官至直隸通州知州。著有《寸田遺稿》。

季芳馨 字卉圃，號香草。江蘇泰興縣人。乾隆元年二甲四十一名進士。選庶吉士，改任山西聞喜縣知縣，歷任河津、絳州、永濟知縣。以疾歸。著有《到玉堂詩鈔》《邃齋草》。

張尹 字無咎，號莘農，安徽桐城縣人。乾隆元年二甲四十二名進士。六年任福建長樂縣。著有《經傳世案》二十五卷、《石冠堂詩鈔》六卷。

黃世成 字培山，號平庵。江西信豐縣人。乾隆元年二甲四十三名進士。任禮部主事。工詩古文。著有《詩文集》五十卷、《經解》八卷、《偶禮》四卷、《耳日志》二卷。

吳鼐 字大年，號岱岩。江蘇無錫縣人。乾隆元年二甲四十四名進士。任工部主事。聞父訃歸里，尋卒。著有《三正考》《易象約言》。

張孝捏 字雋升、焦叔，號容木、子昂。山西沁州直隸州人。乾隆元年二甲四十五名進士。選庶吉士，授編修。三年充順天鄉試同考官，七年考選四川道御史。

兄張孝揚，雍正二年進士。

王見川 字道存，號畬齋。福建永定縣人。乾隆元年二甲四十六名進士。選庶吉士，散館改知縣，八年任安徽歙縣知縣。母老告養歸，修邑志，建鳳山書院，培植後進。

倪嘉謙 字有光。浙江仁和縣

人。乾隆元年二甲四十七名進士。任懷遠知縣。九年改陝西安塞知縣。在任十八年歸。著有《三桂堂文集》。

金四德 福建崇安縣人。乾隆元年二甲四十八名進士。

吳龍見 （一名吳見龍）字恂士。江蘇武進縣人。乾隆元年二甲四十九名進士。授戶部主事，以事降調，補直隸武強知縣，調獻縣知縣，遷刑部主事，官至掌山西道御史。年七十乞休歸，卒於家。著有《薜帷文鈔》。

龍鵬程 貴州貴築縣人。乾隆元年二甲五十名進士。任刑部主事。

黃登賢 字雲門、筠盟，號忍廬。順天大興縣人。浙江巡撫黃叔琳之子。康熙四十八年（1709）生。乾隆元年二甲五十一名進士。任戶部主事、員外郎、郎中。擢廣西道御史，遷吏科給事中、刑科掌印給事中、太常寺少卿，乾隆二十五年授光祿寺卿改太常寺卿。三十二年任宗人府丞，三十三年遷左副都御史，三十四年二月改倉場侍郎，六月署漕運總督。十一月實授。三十五年八月降調。三十六年復授左副都御史。三十九年十月督山東學政。乾隆四十一年（1776）五月十三日卒於山東，年六十八。

詹豹略 廣東饒平縣人。乾隆元年二甲五十二名進士。任奉天開原知縣。

錢 度 字希裴，號晉齋。江蘇武進縣人。乾隆元年二甲五十三名進士。任吏部主事，升郎中。六年考選廣西道御史，改安徽安慶知府，升江南糧儲道。乾隆二十七年授安徽按察使遷貴州布政使，二十九年改雲南布政使。三十三年三月遷貴州巡撫，四月改廣東巡撫，六月改廣西巡撫。十月降雲南布政使。乾隆三十七年（1772）七月二十五日以"支放庫款，克扣平餘，貪贓數萬"罪，處斬。

聞 棠 字靜儒，號雲枚。江南鎮洋縣人。乾隆元年二甲五十四名進士。選庶吉士，授編修。乾隆三年任廣東鄉試主考官，六年任湖北副考官，七年任會試同考官。二十八年歸里。

葉弘遇 （本姓蘇）字掄青。江蘇吳江縣人。乾隆元年二甲五十五名進士。授山東泗水知縣。丁母憂歸卒。

童國松 浙江會稽縣人。乾隆元年二甲五十六名進士。任江蘇六合知縣，六年任高淳知縣。

王秉和 字公泰，號鳳山。浙江會稽縣人。乾隆元年二甲五十七名進士。選庶吉士，散館改刑部直隸安徽司主事、奉天司員外郎、吏部考工司郎中，官至湖南衡永郴桂道。降山東登州府同知。著有《蘭渚文稿》《咏物詩箋》。

史 調 字匀五，號復齋，晚號雲臺山人。陝西華陰縣人。乾隆元年二甲五十八名進士。六年任福建仙游知縣。七年辭職去，主臨潼横渠書院。著有《史復齋文集》。

王孚 字雲須。江蘇上元縣人。乾隆元年二甲五十九名進士。任河南固始知縣，九年改輝縣知縣。

伍澤梁 字更齋、惠遠。湖南祁陽縣人。乾隆元年二甲六十名進士。任禮部主事，升郎中，十四年外任安徽潁州知府，十八年官至江蘇淮安知府，署兵備道。歸後主講兩粵書院。

吳聯珠 字珍茲，號鐵夫。浙江歸安縣人。乾隆元年二甲六十一名進士。任吏部主事，擢刑部郎中。丁父憂。服除養母不復仕，後主岳麓書院。

羅源浩 湖南長沙縣人。乾隆元年二甲六十二名進士。纍遷戶部郎中，十五年考選山東道御史，官至浙江金衢嚴道、雲南督糧道。

楊黼時 字式衮，號遜亭。廣東大埔縣人。乾隆元年二甲六十三名進士。選庶吉士，授編修。乾隆三年充山西鄉試副考官，八年降湖北黃梅知縣。

父楊之徐，康熙二十七年進士；兄楊纘緒，康熙六十年進士；弟楊演時，乾隆十年進士。

郝世正 字凝一、惺齋，號雲溪。湖北雲夢縣人。康熙五十二年舉人，乾隆元年二甲六十四名進士。選庶吉士，歸班候選知縣，六年授浙江天台知縣，七年任浙江黃岩知縣，升杭州東塘同知。以病不就歸。著有《雲溪詩文集》《歸田雜記》。

史積琦 字德章，號粟齋。浙江會稽縣人。乾隆元年二甲六十五名進士。選庶吉士，散館改主事，升刑部員外郎，八年考選雲南道御史，官主掌河南道御史。著有《粟齋詩存》。

顧維鈁 江蘇金匱縣人。乾隆元年二甲六十六名進士。六年任湖南嘉樂知縣，九年改湖南瀏陽知縣，十七年改四川黔江知縣，二十年遷刑部主事。

黃咏 字陶斯。順天大興縣人。乾隆元年二甲六十七名進士。乾隆十年任湖北江陵知縣，改武昌知縣、大冶知縣，晉沔陽知州。

楊士重 河南汲縣人。乾隆元年二甲六十八名進士。六年任福建大田知縣。

凌應龍 江蘇上海縣人。乾隆元年二甲六十九名進士。任刑部安徽司主事。

李袞 山東歷城縣人。乾隆元年二甲七十名進士。任禮部儀制司主事，改兵部職方司主事。

沈宗湘 字六如。江蘇吳江縣人。乾隆元年二甲七十一名進士。十一年授江西新淦知縣在任三年虧數千金，以家產償還，告病歸。主笠澤書院。年八十二卒。

李清芳 字同侯，號韋園。福建安溪縣人。乾隆元年二甲七十二名進士。選庶吉士，授編修。四年充會試同考官，五年考選廣東道御史，十二年任廣東鄉試副考官，擢兵科給事中，十三年充會試同考官，十四年任順天府丞兼學政，遷右通政副使。十八年授詹事遷內閣學士。二十年遷兵部侍郎。二十四年乞養歸。

父李鍾僑，康熙五十一年進士。

卜大川 順天固安縣人。乾隆元年二甲七十三名進士。任直隸大名府教授，七年任山西樂平知縣。

費元龍 字雲軒。浙江歸安縣人。乾隆元年二甲七十四名進士。任四川鹽亭知縣，乾隆六年改四川南部知縣，十年任成都知縣，擢資州、綿州知州，乾隆十九年升潼川知府，二十年任川北道。二十八年授湖北按察使，二十九年改廣東按察使，三十二年調四川按察使。三十三年召京。

烏爾登額 滿洲鑲黃旗人。乾隆元年二甲七十五名進士。任滿洲包衣八十佐領。

党偉元 陝西澄城縣人。乾隆元年二甲七十六名進士。二年任江西長寧知縣。

李果 山東登州大嵩衛人。乾隆元年二甲七十七名進士。十四年纍遷山西汾州知府，十八年改大同知府。

涂錫禧 字迎昌。江西奉新縣人。乾隆元年二甲七十八名進士。任刑部主事，升郎中。秩滿以疾告歸。在籍二十餘年，卒年八十四。

蘇襄雲 字龍起，號木齋。山東武城縣人。乾隆元年二甲七十九名進士。選庶吉士，散館二年改任山西趙城縣知縣，十一年調臨汾知縣。卒於任。

壯德 字敬之，號峻庵。滿洲正黃旗人。乾隆元年二甲八十名進士。選庶吉士，改任部主事，歷官至廣西左江道。

黃弘 字文富。廣東龍川縣人。乾隆元年二甲八十一名進士。任浙江永康知縣，改太平知縣。卒於任。

彭樹葵 字覲之，號水南。河南夏邑縣人。康熙四十九年（1710）九月二十七日生。乾隆元年二甲八十二名進士。選庶吉士，授編修。擢侍講，纍遷右通政使，乾隆六年授太僕寺卿改宗人府府丞，八年遷左副都御史，九年改倉場侍郎，十年十二月署十三年閏七月授湖北巡撫。十四年四月復任倉場侍郎，二十二年改禮部侍郎，二十三年降調。二十五年以祝乾隆帝五旬萬壽賞三品頂戴。乾隆四十年（1775）四月二十三日卒，年六十六。輯《中州詩選》《喻言集古》二書。

子彭冠，乾隆二十二年進士。

潘乙震 字明山、鳴珊，號筠軒。廣西東蘭州人。乾隆元年二甲八十三名進士。選庶吉士，授編修。官至侍講學士。

湯聘 字莘來，號稼堂。浙江仁和縣人，原籍諸暨。乾隆元年二甲八十四名進士。任吏部主事、員外郎，文選司郎中。十年考選陝西道御史，十四年任順天中城巡城御史，升刑科給事中，十五年充陝西鄉試主考官，十六年督江西學政，遷湖南辰沅靖道。乾隆十九年授湖南布政使，二十年丁憂。二十二年管陝西按察使遷江西布政使，二十六年八月授湖北巡撫，二十七年八月改江西巡撫。因任湖北巡撫時審辦張洪舜兄弟盜案扶同蒙混，二十八年五月革職，二十九年授湖南按察使，遷陝西布政使，三十年十一月復任湖北巡撫。三十一年二月授雲南巡撫，三十二年改貴州巡撫，因未將總督楊應琚償事乖方之處據實奏聞，五月革職入獄。乾隆三十四年（1769）三月卒於獄。著有《稼堂漫存稿》。

袁鍾秀 字耘嵋，號芝田。江西信豐縣人。乾隆元年二甲八十五名進士。九年任四川鄰水知縣，改豐和通判。

沈廷光 字豎立。浙江嘉善縣人。乾隆元年二甲八十六名進士。七年任廣東仁化知縣。

王瑋 字昆圃。河南湯陰縣人。乾隆元年二甲八十七名進士。七年任廣東定安知縣，改惠來知縣。卒於任。

鄭燮 字克柔，號板橋。江蘇興化縣人。康熙三十二年（1693）生。康熙秀才，雍正舉人，乾隆元年二甲八十八名進士。五年任山東范縣知縣，改濰縣知縣。有惠政。在山東十二年乞疾歸，後客居揚州。善詩工畫，尤擅繪蘭、竹。與李鱓、金農、高翔、汪士慎、黃慎、李方膺、羅聘合稱"揚州八怪"。另鄭燮的治印也很著名，同時其書法用隸楷行三行相容另成一格，乾隆三十年（1765）卒，年七十三。著有《板橋全集》。

鄧時敏 字遜可，號夢岩。四川廣安州人。乾隆元年二甲八十九名進士。選庶吉士，授編修。三年充順天鄉試同考官，七年遷侍講，八年擢侍講學士，十年由右通政副使遷大理寺卿。丁父憂歸。二十六年丁母憂。三十一年服闋補原官，三十九年致仕歸。卒年六十六。

孟瑛 順天霸州人。乾隆元年二甲九十名進士。七年任河南永寧縣知縣。

第三甲二百五十一名

興泰 字孚山、履山，號樸園、靜庵。滿洲正黃旗人。乾隆元年三甲第一名進士。選庶吉士，授檢討。六年充湖南鄉試副考官，升諭德，九年任陝西鄉試主考官，十一年督廣東肇高學政，二十九年改奉天金州廳同知。

鄭蕭 字善源。福建長樂縣人。乾隆元年三甲第二名進士。六年任河南汲縣知縣。

范芝 字芳洲。江蘇荆溪縣人。乾隆元年三甲第三名進士。任知縣，十二年改安徽潁州府教授。

梁秉睿 廣西臨桂縣人。乾隆元年三甲第四名進士。任工部都水司主事，十三年任福建龍岩直隸知州，以事降補雲南師宗知州，改昆陽州知州。以老乞歸。年八十四卒。

朱霖億 順天寶坻縣人。乾隆元年三甲第五名進士。

羅炳 河南鄭州人。乾隆元年三甲第六名進士。任山西平陽府襄陵知縣。

李肖先 河南夏邑縣人。乾隆元年三甲第七名進士。任貴州龍里知縣，五年任貴州威寧知州，改雲南大理府趙州知州。

吳浣安 （一作吳烷安，誤）字輔侯。福建侯官縣人。乾隆元年三甲第八名進士。六年任直隸昌黎知縣，十二年改福建延平府教授。

何師軾 浙江錢塘縣人。乾隆元年三甲第九名進士。十三年任湖北江陵知縣，二十年署四川新寧知縣，三十二年改直隸遷安知縣。

林其茂 字培根、文竹。福建閩縣人。乾隆元年三甲第十名進士。七年任浙江山陰知縣。在任七年，以失察降級歸。卒年三十。著有《山陰集》《歸田遺草》《長林四世弓治集》。

朱嘉善 直隸天津縣人。乾隆元年三甲十一名進士。任刑部主事，升員外郎。

羅世芳 字寶靖，號秀之、蒼山。順天大興縣人。乾隆元年三甲十二名進士。選庶吉士，散館歸班候選知縣，後任山西安邑縣知縣。著有《學易軒詩稿》。

甘志道 字念兹。江西奉新縣人。乾隆元年三甲十三名進士。任灌陽知縣。以匿誤落職歸。

鄭廷楫 字濟川。山西文水縣人。乾隆元年三甲十四名進士。任工部主事、郎中，十四年考選湖廣道御史，十七年任順天西城巡城御史，官至吏科掌印給事中。

陳策 字厲先。直隸安州人。乾隆元年三甲十五名進士。二年任福建霞浦知縣，補江蘇宜興知縣，十七年改廣東清遠知縣。卒年四十九。

父陳德榮，康熙五十一年進士；弟陳筠，乾隆十六年進士；弟陳筌，乾隆十七年進士。

沈濤 字次山。江蘇江陰縣人。乾隆元年三甲十六名進士。七年任江西長寧知縣。纂有《長寧縣志》，著有《念山堂詩集》。

李珌 字君采。寧夏靈州人。乾隆元年三甲十七名進士。十五年任湖北蘄州知州，十七年官至湖北黃州知府。

李瀅 字若千。山東安丘縣人。乾隆元年三甲十八名進士。充咸安宮教習。不仕歸。著有《質庵文集》。

周雷 浙江仁和縣人。乾隆元年三甲十九名進士。任兵部主事，官至兵部郎中。

胡中藻 字翰選、翰千，號堅山、净堂。江西新建縣人。乾隆元年三甲二十名進士。選庶吉士，授檢討。六年任廣西鄉試副考官，七年充會試同考官，九年督陝甘學政，十三年以庶子督廣西學政，遷侍讀學士，官至少詹事。受業於鄂爾泰。文辭險怪，自比韓愈。著有《堅磨生詩鈔》。乾隆二十年，因寫詩攻擊政敵張廷玉獲罪。乾隆帝大興文字獄，摘其詩文中有"一把心腸論濁清"等定罪，將其下獄處死，是清中期文字獄之一。大學士鄂爾泰亦被撤賢良祠祀。在此"胡中藻文字獄案"中，乾隆帝既打擊了張廷玉一派勢力，又徹底清洗了鄂爾泰一派勢力。

劉汝巽 漢軍鑲紅旗人。乾隆元年三甲二十一名進士。任雲南寶寧知縣、永平知縣。

朱秉中 浙江歸安縣人。乾隆元年三甲二十二名進士。任禮部主事。

李光泗 字泗水。湖北荆門州人。雍正七年舉人，乾隆元年三甲二十三名進士。七年任江蘇如皋知縣，二十年署四川秀山知縣，二十四年改四川丹稜知縣，三十二年六月署彭縣知縣。十一月卸。

邵鐸 字警夫。浙江鄞縣人。乾隆元年三甲二十四名進士。選庶吉士，授檢討。乾隆六年充順天鄉試同考官。

王顯緒 字維章，號芝岩。山東福山縣人。乾隆元年三甲二十五名進士。任吏部文選司主事，升考工司郎中，十二年考選貴州道御史。以言事忤上降刑部主事。外放雲南廣南府同知，遷廣南知府，擢甘肅肅州道，三十四年授山西按察使，改直隸按察使，四十年遷安徽布政使。四十二年因屬吏罣誤降刑部主事，升員外郎、郎中。卒於任。著有《春桂錄》《蓮城集》《燕山小草》《布政集文》。

仲永檀 字樂圃、襄溪，號東閣。山東濟寧州人。乾隆元年三甲二十六名進士。選庶吉士，授檢討。三年任湖北鄉試副考官，五年考選陝西道御史，擢左僉都御史，六年授左副都御史。以敢言聞名於時。乾隆七年，奉旨查勘江南賑濟事務，臨行前向人透露使命，以洩密罪入獄，八年（1743）十二月死於獄中。

吳孫逢 字開吉。福建莆田縣人。乾隆元年三甲二十七名進士。任兵部額外主事，遷刑部四川司主事，升安徽司員外郎，以病歸。

朱珵 字聚五，號碧齋。江西高安縣人。大學士朱軾子。乾隆元年三甲二十八名進士。選庶吉士，授檢討。官至侍講學士，十六年充會試同考官，後降庶子。告歸，卒於途。

蔣拭之 字季百，號蓼崖。浙江鄞縣人。乾隆元年三甲二十九名進士。選庶吉士，歸班候選知縣。

王雲焕 號曉圃。江西新淦縣人。乾隆元年三甲三十名進士，任礼部员外郎，十六年考选贵州道御史，给事中，官至山东青州知府。

父王泰牷，雍正二年进士。

沈沛然（一作朱沛然，本姓沈）字霖斋。浙江平湖县人。乾隆元年三甲三十一名进士。七年任江西高安知县。在任三年以疾告归。

赵秉义 江苏甘泉县人。乾隆元年三甲三十二名进士。任江苏镇江府教授。

许宰 字天卿，号敬庵。河南灵宝县人。乾隆元年三甲三十三名进士。任刑部主事，官至郎中。

顾锡鬯 字孝爲。浙江钱塘县人。乾隆元年三甲三十四名进士。九年授江西德化知县，十二年改江西丰城知县，十五年改南昌知县，升南康府同知，二十一年署南安知府，改九江知府，官至江西广饶九南道。以疾致仕归。

李蓁 广西融县人。乾隆元年三甲三十五名进士。

全祖望 字绍衣，号谢山。浙江鄞县人。康熙四十四年（1705）正月初六日生。乾隆元年三甲三十六名进士。选庶吉士，归班候选知县，因不受重用辞官归，遂不出。主讲蕺山书院、端溪书院。乾隆二十年（1755）七月初二日卒，年五十一。家中藏书较丰，藏书处曰"双韭山房"。著有《鲒埼亭集》三十八卷、《外编》五十卷、《诗集》十卷、《经史问答》《读易别录》《孔子弟子姓名表》《汉书地理志稽疑》等。曾七校《水经注》，三笺《困学纪闻》，续修黄宗羲《宋元学案》等。堪称清代史学大师。

虞钦元 字文明。江苏金坛县人。乾隆元年三甲三十七名进士。任刑部四川司主事。

汪文在 江苏武进县人。乾隆元年三甲三十八名进士。七年任河南河阴知县，十二年改淅川知县，十九年任汝阳知县，二十二年改江苏徐州府教授。

匡圣时 字际可。山东胶州人。乾隆元年三甲三十九名进士。不仕，熟于古今地理。著有《筠心堂稿》。

子匡文炅，乾隆三十一年进士。

朱永年 字资训。山西襄陵县人。乾隆元年三甲四十名进士。七年任河南汤阴知县，改陕西兴平知县，十七年改陇州知州，升直隶祁州知州。以老乞归，教授后进以终。

上官谟 字际亭。江西吉水县人。乾隆元年三甲四十一名进士。七年任安徽芜湖知县。未四月罣误吏议去。

李师中 字正甫，号蝶园、龙韬。山东高密县人。乾隆元年三甲四十二名进士。选庶吉士，改任吏部主事、员外郎。乾隆十四年考选京畿道御史，十六年充福建主考官，十七年督山西学政，十八年督贵州学政。善画山水，是"画中十哲"之一。

包桂 字南洲。浙江钱塘县人。乾隆元年三甲四十三名进士。二年任山东蒲台知县，四年调山东海陽知縣，八年改河南南召知縣。

鶴　年　字芝仙，號鳴皋。滿洲鑲藍旗，伊爾根覺羅氏。乾隆元年三甲四十四名進士。選庶吉士，任翰林院檢討。纍遷侍講學士，乾隆十五年正月授內閣學士遷倉場侍郎。十八年改廣東巡撫調山東巡撫，二十二年七月遷兩廣總督，十月回任山東巡撫。十二月初三日（1758年1月）卒。贈太子太保，兵部尚書銜，入祀賢良祠。謚“文勤”。

陳　杓　字仲衡。福建漳浦縣人。乾隆元年三甲四十五名進士。不仕歸。定祭儀，置祀田，敦本睦族。

雙　頂　字錫爵，號敬亭。滿洲正白旗人。乾隆元年三甲四十六名進士。選庶吉士，授檢討。官至侍讀。

周祖壽　漢軍鑲紅旗。乾隆元年三甲四十七名進士。六年任湖北通山知縣，七年改湖北監利知縣。

任震行　江蘇宜興縣人。乾隆元年三甲四十八名進士。七年任廣東花縣知縣。

姚士林　山西靜樂縣人。乾隆元年三甲四十九名進士。七年八月任江蘇新陽知縣。以漕政忤上官罷歸。

龔　渤　字遂可，號學耕、闕仙。雲南麗江府人。乾隆元年三甲五十名進士。選庶吉士，授檢討。官至侍講學士。乾隆十年會試同考官，十二年充四川鄉試副考官。乞歸養。卒年四十九。著有《倚雲樓詩文集》《使蜀吟》《使晉紀程》《塞上吟》等。

泰　保　滿洲鑲白旗人。乾隆元年三甲五十一名進士。任滿洲喜歌佐領。

何　玠　字子山、號槐庵。順天宛平縣人。乾隆元年三甲五十二名進士。七年任江西東鄉知縣，改廣昌知縣、長寧知縣，十三年遷江西饒州府同知。二十二年告病歸。著有《海鍾詩草》。

兆　麟　蒙古正白旗人。乾隆元年三甲五十三名進士。任蒙古白雅思瑚佐領。

王治國　順天大興縣人。乾隆元年三甲五十四名進士。

黃瑤觀　字賓于，號西元。福建惠安縣人。乾隆元年三甲五十五名進士。歸班候選知縣，九年任山東安丘知縣。在任三載卒於官，年五十五。

方　騫　字蔭山。安徽歙縣人。乾隆元年三甲五十六名進士。任廣西融縣知縣兼署羅城縣，調凌雲知縣。

周聯緟　湖北監利縣人。雍正十三年舉人，乾隆元年三甲五十七名進士。七年任廣西北流知縣，八年署廣西陸川知縣。

唐若時　字元登，號壽泉。陝西渭南縣人。乾隆元年三甲五十八名進士。八年任廣東鶴山知縣，九年改廣東新安知縣，十年改海陽知縣，二十六年緣事降山東高唐州州判，復授山東蘭山知縣。以疾歸。

張惟寅　字子畏，號惺夫、學

山。直隸南皮縣人。康熙四十六年（1707）六月十七日生。乾隆元年三甲五十九名進士。歷任户部主事、吏部員外郎、郎中。乾隆九年考選貴州道御史，遷雲南迤東道、鹽驛道、督糧道，降臨安知府，遷浙江驛鹽道，二十三年調福建汀漳龍道。乾隆二十六年（1761）十二月初二病卒，年五十五。

汪鉊 河南嵩縣人。乾隆元年三甲六十名進士。八年任山西孝義知縣。十年因事革。

張若潭 字紫瀾，號澄中。安徽桐城縣人。授檢討。乾隆元年三甲六十一名進士。選庶吉士，授檢討。

鐘音 字魏莊，號聞軒。滿洲鑲藍旗，覺羅氏。乾隆元年三甲六十二名進士。選庶吉士，授檢討。遷國子監祭酒，乾隆十三年授內閣學士遷盛京刑部侍郎，十六年改户部侍郎。十七年調陝西巡撫，歷福建、廣東巡撫，復任陝西巡撫。二十七年以兵部侍郎銜往巴里坤軍營辦事。三十二年復調廣東巡撫。三十五年授閩浙總督，加太子少保。乾隆四十三年（1778）二月授禮部尚書兼正藍旗蒙古都統。九月以隨扈至盛京卒於途次。贈太子太保。諡"文恪"。

温必聯 字璧千。江西石城縣人。乾隆元年三甲六十三名進士。任兵部主事，十二年遷安徽滁州知州，十四年擢安徽安慶知府，官至河南鹽驛道。致仕歸。

戴源亨 字道也。浙江嘉興縣人。乾隆元年三甲六十四名進士。六年任湖北嘉魚知縣，調天門知縣。致仕歸。著有《稼邨集》。

潘郿 （一作陳潘郿）字東園。浙江烏程縣人。乾隆元年三甲六十五名進士。七年任四川興文知縣。清廉敏達，樂育人才，纂修縣志，未竟而去。

蘇國榘 安徽合肥縣人。乾隆元年三甲六十六名進士。

七十四 滿洲鑲黄旗。乾隆元年三甲六十七名進士。四年任山東萊州同知，十四年任山東濟寧知州，十八年遷直隸永平知府。

安泰 山西代州直隸州人。乾隆元年三甲六十八名進士。十二年任直隸樂亭知縣。

徐崇熙 字敬侯。浙江西安縣人。乾隆元年三甲六十九名進士。元年任直隸正定知縣，改豐潤知縣。著有《零餘閑咏》。

王甘敷 山東福山縣人。乾隆元年三甲七十名進士。任咸安宮教習。

蘇兆龍 廣東番禺人。乾隆元年三甲七十一名進士。乾隆八年任四川蓬溪知縣。

張壯國 湖北廣濟縣人。雍正七年舉人，乾隆元年三甲七十二名進士。任河南息縣知縣。

劉叔堂 甘肅鎮番縣人。乾隆元年三甲七十三名進士。任陝西保安知縣，十五年改江蘇寶山知縣，改主事。

張仰垣 山西盂縣人。乾隆元年三甲七十四名進士。十三年任安徽繁昌縣。卒於任。

孫惟哲 直隸景州人。乾隆元年三甲七十五名進士。任甘肅渭源知縣。

胡 傑 字而行,號卓堂。廣東南海縣人。乾隆元年三甲七十六名進士。改吏部主事,官至吏部員外郎。

李世基 四川閬中縣人。乾隆元年三甲七十七名進士。九年任直隸雞澤知縣。

陳紹學 廣東東莞縣人。乾隆元年三甲七十八名進士。

觀 光 蒙古鑲黃旗人。乾隆元年三甲七十九名進士。二十一年任山西豐鎮廳通判,官至少詹事。

張泰炯 字露絲。湖北江陵縣人。雍正四年舉人,乾隆元年三甲八十名進士。任貴州銅仁知縣。

張汝潤 字栗夫。湖南善化縣人。乾隆元年三甲八十一名進士。任刑部主事,改吏部主事。

吳喬齡 字大春,號松客。江蘇吳縣人。乾隆元年三甲八十二名進士。選庶吉士,散館歸班候選知縣,十四年任河南獲嘉知縣,二十年署滑縣知縣,二十五年官至山西澤州知府。

父吳士玉,康熙四十五年進士,官禮部尚書。

王緝祖 陝西華州人。乾隆元年三甲八十三名進士。三年任江西信豐知縣。

王今遠 字乘黃,號用晦。直隸曲周縣人。乾隆元年三甲八十四名進士。八年任山西垣曲知縣,十三年調山東長山、鄒平知縣,十七年升東平知州,十八年調濟寧直隸州知州。忤上意歸。

祖父王郎,康熙九年進士。

王一槐 字樹滋。安徽宣城縣人。乾隆元年三甲八十五名進士。

宋若臨 河南商丘縣人。乾隆元年三甲八十六名進士。任江西彭澤知縣,八年任江西金溪知縣。

吳 泰 字方岳,號静齋。江蘇山陽縣人。乾隆元年三甲八十七名進士。選庶吉士,授檢討。官至甘肅鞏昌府知府。

徐上正 湖北雲夢縣人。雍正四年舉人,乾隆元年三甲八十八名進士。九年任廣西昭平知縣。

李宜青 號荆川。江西寧都縣人。乾隆元年三甲八十九名進士。任戶部主事,遷郎中,二十三年考選江南道御史,官至光禄寺少卿。致仕歸。

朱 泌 字長源。山東單縣人。乾隆元年三甲九十名進士。八年任廣東翁源知縣,補陝西石泉知縣。以病歸,授徒。

姚錦川 廣東潮陽縣人。乾隆元年三甲九十一名進士。任河南固始知縣。

閻公銑 字丹赤,號悎甫。直隸昌黎縣人。乾隆元年三甲九十二名進士。任浙江麗水知縣,八年改縉雲知縣，十年調嘉興知縣，十二年改平湖知縣，二十年官至貴州獨山、鎮寧知州。解組歸。

執　謙　滿洲鑲黃旗人。乾隆元年三甲九十三名進士。任雲南禄豐知縣，改會澤知縣。

江　漢　字倬雲，號濯湖。安徽望江縣人。乾隆元年三甲九十四名進士。選庶吉士，四年改直隸井陘知縣，調直隸阜平知縣。以親老歸。年四十八卒。

張日旼　字穆侯。廣東文昌縣人。乾隆元年三甲九十五名進士。任雲南宜良知縣，調新平知縣，署路南州知州。告養歸。父喪，哀毀卒。

吳　琇　字誘玉。江西高安縣人。乾隆元年三甲九十六名進士。未仕，歸里杜門著述。爲文鴻博淵深，詩尤大雅。

子吳學瀚，雍正十一年進士。

邱元遂　廣東大埔縣人。乾隆元年三甲九十七名進士。九年任江西建昌知縣。

陳文燦　順天宛平縣人。乾隆元年三甲九十八名進士。乾隆初年任湖北雲夢知縣。

倪益齡　浙江歸安縣人。乾隆元年三甲九十九名進士。

葉一棟　字庭幹，號墨莊。江西新建縣人。乾隆元年三甲一百名進士。選庶吉士，授檢討。歷侍讀學士、少詹事，乾隆八年授詹事，九年遷內閣學士。充江南鄉試副考官，督順天學政，父喪服闋，十四年改任左副都御史。十五年革職。家居四十餘年。

鄧　均　山西靈丘縣人。乾隆元年三甲一百零一名進士。八年任廣東清遠知縣，十年改廣東新安、新寧知縣，十二年任大埔知縣。

郭　擢　字季升，號勘亭。河南洛陽縣人。乾隆元年三甲一百零二名進士。選庶吉士，散館改廣東長寧知縣。

邱肇熊　字西重。江西宜黃縣人。乾隆元年三甲一百零三名進士。二年任浙江上虞知縣，江山知縣，八年改浙江永嘉知縣，升雲南昆陽州知州、嵩明州知州、黑鹽井提舉司提舉、琅鹽井提舉。

張聖功　雲南雲南縣人。乾隆元年三甲一百零四名進士。

劉麒符　陝西臨潼縣人。乾隆元年三甲一百零五名進士。

孔傳大　（一作孔傅大，誤）廣東南海縣人。乾隆元年三甲一百零六名進士。雍正八年任江西宜春知縣。

賓需書　河南河內縣人。乾隆元年三甲一百零七名進士。任主事。

胡邦盛　字昭儀，號晴峰。浙江湯溪縣人。乾隆元年三甲一百零八名進士。八年授四川開縣知縣，調雅安縣，丁父憂。二十三年補山西陽城知縣，升蒲州府同知，改保德州、沁州、汾州知州，三十九年擢貴州思南知府，官至貴東兵備道。乾隆四十三年（1778）卒。年七十二。

頓　權　字右衡。直隸長垣縣

人。乾隆元年三甲一百零九名進士。任雲南保山知縣，改緬寧廳通判。以疾告歸。

馮中存 字性庵。直隸南樂縣人。乾隆元年三甲一百十名進士。九年任四川溫江知縣。在任七年，以繼母年高乞養歸。卒年八十七。

甄汝舟 字敏庵。順天大興縣人。乾隆元年三甲一百十一名進士。任河南祥符知縣，七年遷河南許州直隸知州，十三年官至河南懷慶府知府。

方鳴球 號椒園。直隸吳橋縣人。乾隆元年三年一百十二名進士。任山東鄒縣知縣，十年改嶧縣知縣，丁憂去。二十年改四川高縣知縣，二十二年任清溪知縣，二十八年改河南新野知縣。

吳之璘 甘肅平涼縣人。乾隆元年三甲一百十三名進士。八年任山西陵川知縣。

黃崗竹 字昂五。江西廬陵縣人。乾隆元年三甲一百十四名進士。任直隸贊皇知縣。在任十二年以老告歸。年屆八十卒。

沈逢舜 浙江建德縣人。乾隆元年三甲一百十五名進士。九年任陝西清澗知縣，十二年改陝西臨潼知縣。

黃士鈞 江西雩都縣人。乾隆元年三甲一百十六名進士。任浙江宣平知縣。

范容治 浙江仁和縣人。乾隆元年三甲一百十七名進士。九年任廣東保昌知縣。

何御龍 （榜名何銜龍）湖北蘄水縣人。康熙四十五年（1706）生。雍正十三年舉人，乾隆元年三甲一百十八名進士。任大成知縣。

李兆鈺 字式如，號北樓、質甫。湖北鍾祥縣人。雍正十三年舉人，乾隆元年三甲一百十九名進士。選庶吉士，授檢討。乾隆六年充順天鄉試同考官，十一年考選湖廣道御史，降大理寺評事，十五年以大理寺寺丞充順天鄉試同考官，十九年官至河南睢州知州。

子李潢，乾隆三十六年進士，任兵部侍郎。

吳興宗 浙江石門縣人。乾隆元年三甲一百二十名進士。任工部主事。

郭爲嶠 山西猗氏縣人。乾隆元年三甲一百二十一名進士。

魏國琥 直隸南宮縣人。乾隆元年三甲一百二十二名進士。任知縣。

丁思顯 江蘇高郵州人。乾隆元年三甲一百二十三名進士。乾隆八年任四川安岳知縣。

嚴以治 字仲平。福建侯官縣人。乾隆元年三甲一百二十四名進士。十一年任浙江湯溪知縣，改常山知縣。

邱日增 河南安陽縣人。乾隆元年三甲一百二十五名進士。九年任四川營山知縣。告歸。

楊廷枚 字篆文。山東壽光縣人。乾隆元年三甲一百二十六名進士。四年任河南泌陽知縣，後改山東曹州府教授。歸後修縣志。

兄楊廷相，乾隆二年進士。

董可成 字集大。山東文登縣人。乾隆元年三甲一百二十七名進士。四年任陝西中部知縣，補直隸成安知縣。未赴任卒。

李錦輝 直隸祁州人。乾隆元年三甲一百二十八名進士。任山東臨淄知縣，十二年署諸城知縣。

黃垣 字潔峰。江西清江縣人。乾隆元年三甲一百二十九名進士。九年授江蘇鹽城知縣。以母老乞養歸。

熊郢宣 字文光，號華南。雲南昆明縣人。乾隆元年三甲一百三十名進士。選庶吉士，授檢討。官至侍講學士。

王育柟 字汝舟，號庚西。山西猗氏縣人。乾隆元年三甲一百三十一名進士。選庶吉士。

吳達善 字雨民。滿洲正紅旗人，瓜爾佳氏。乾隆元年三甲一百三十二名進士。任戶部主事，纍遷國子監祭酒，乾隆十五年授光祿寺卿，遷內閣學士。十七年進盛京禮部侍郎，改盛京刑部侍郎，調兵部、工部侍郎。二十年五月任甘肅巡撫，二十三年加太子少保。二十四年正月遷陝甘總督，四月管甘肅巡撫。二十五年調河南巡撫，二十六年四月遷雲貴總督，二十九年六月改湖廣總督。三十一年正月復任陝甘總督，三十三年十二月復改任湖廣總督。三十六年（1771）三月再調陝甘總督十月卒。贈太子太保。入祀賢良祠，謚“勤毅”。

黃璋 字達共，號鰲山。貴州鎮寧州人。乾隆元年三甲一百三十三名進士。選庶吉士。

周應宿 （榜名張應宿）字宋爲，號葆山、念山、挈一。浙江山陰縣人。乾隆元年三甲一百三十四名進士。選庶吉士，散館二年改江蘇句容知縣。因庫被盜革職歸里。尤精畫松石。著有《葆山詩鈔》。

鄧泌科 字潤千。湖南常寧縣人。乾隆元年三甲一百三十五名進士。授甘肅通渭知縣。赴任卒於途。

洪汝勛 字建業，號琢魯。貴州銅仁府人。乾隆元年三甲一百三十六名進士。選庶吉士，授檢討。

趙釗 浙江於潛縣人。乾隆元年三甲一百三十七名進士。九年任山東樂陵知縣。

蔡蕃 廣東澄海縣人。乾隆元年三甲一百三十八名進士。七年任廣東廣州府教授，十年任廣東增城縣教諭。

段修仁 順天大興縣人，祖籍浙江錢塘。乾隆元年三甲一百三十九名進士。

張予介 字濟和，號石屏。山東平原縣人。乾隆元年三甲一百四十名進士。九年任江蘇新陽知縣。以舊欠稅免官，以病卒。

何序美 （本姓姚）廣東潮陽縣人。乾隆元年三甲一百四十一名進士。任甘肅莊浪知縣。

黄文則　字周炳、補園。江西新城縣人。乾隆元年三甲一百四十二名進士。選江西吉安府教授，俸滿擢貴州印江知縣，丁憂服闋。補安徽懷寧知縣。在任三年，以疾歸。

賈　霖　字沛然。江蘇無錫縣人。乾隆元年三甲一百四十三名進士。元年授直隸靈壽知縣，丁憂歸。補雲南豐樂知縣，二十二年任安徽寧國府教授。二十七年去。

栗榮訓　字師儒。湖南會同縣人。乾隆元年三甲一百四十四名進士。九年任廣東茂名知縣。解任去。十三年任廣東感恩知縣。

卓斯義　福建莆田縣人。乾隆元年三甲一百四十五名進士。十年任湖南桂陽知縣，十四年改保靖知縣。

懷蔭布　滿洲正黃旗人。乾隆元年三甲一百四十六名進士。十年任直隸昌黎知縣，十三年署灤州知州，十四年任直隸邯鄲知縣，十六年改邢臺知縣，十八年遷直隸晉州知州，二十三年官至福建泉州知府，改國子監祭酒。

萬方極　河南扶溝縣人。乾隆元年三甲一百四十七名進士。授江蘇青浦知縣。

龍于飛　湖北蘄水縣人。雍正七年舉人，乾隆元年三甲一百四十八名進士。官至山西渾源知州。

王兆曾　雲南石屏州人。乾隆元年三甲一百四十九名進士。九年任浙江壽昌知縣。

程後濂　字貢書。湖北黃岡縣人。雍正十三年舉人，乾隆元年三名一百五十名進士。官至河工同知。父病乞歸。父喪哀毀成疾，逾年卒。

劉育榘　字木若。江蘇泰州人。乾隆元年三甲一百五十一名進士。授陝西武功知縣。有善政。

閻式復　山西朔州人。乾隆元年三甲一百五十二名進士。

詹　易　字經源。江西安義縣人。乾隆元年三甲一百五十三名進士。任山東聊城知縣，調昌邑，二十二年擢廣東嘉應知州，二十五年官至福建建寧知府。乞歸卒。

子詹錫齡，乾隆四十六年進士；孫詹堅，乾隆六十年進士。

王瑩中　直隸深澤縣人。乾隆元年三甲一百五十四名進士。九年任湖北羅田知縣。

萬世寧　湖北江陵縣人。雍正十三年舉人，乾隆元年三甲一百五十五名進士。任安徽休寧知縣，七年改安徽涇縣知縣。

燕侯然　字仲諾，號蒲南。江西德安縣人。乾隆元年三甲一百五十六名進士。任兵部主事，擢員外郎、郎中，三十三考選山東道御史，官至給事中。

孟履中　直隸武邑縣人。乾隆元年三甲一百五十七名進士。任戶部主事。

陳同威　字仲恩。江西石城縣人。乾隆元年三甲一百五十八名進士。任安徽宿松知縣。

鄭毓善　字岩久，號補堂。江

南靖江縣人。乾隆元年三甲一百五十九名進士。選庶吉士。

賴萬程　江西廣昌縣人。乾隆元年三甲一百六十名進士。二年任江西南安府教授。

趙朝棟　直隸晉州人。乾隆元年三甲一百六十一名進士。十年任四川鹽亭知縣。

李精基　廣東嘉應直隸州人。乾隆元年三甲一百六十二名進士。任湖北興山知縣。

范宗佺　字坦夫。湖南桂陽縣人。乾隆元年三甲一百六十三名進士。十一年任河南獲嘉知縣。

陳恂　字寅天。直隸長垣縣人。乾隆元年三甲一百六十四名進士。十年授廣西蒼梧知縣。著有《六經正字》。

侯陳齡　字師華，號繼寰。江蘇金匱縣人。乾隆元年三甲一百六十五名進士。選庶吉士，授檢討。

李國祚　福建平和縣人。乾隆元年三甲一百六十六名進士。

胡淳　字厚庵、葛民。直隸慶雲縣人。乾隆元年三甲一百六十七名進士。授雲南蒙自知縣。未任卒。著有《易觀》。

兄胡清，雍正元年進士。

劉朴　河南永城縣人。乾隆元年三甲一百六十八名進士。十四年任江西南昌府教授。

王曰仁　四川閬中縣人。乾隆元年三甲一百六十九名進士。任雲南知縣，改永善知縣，鎮沅直隸州

知州，官至貴州鎮遠知府。

桂蓁　山西沁州直隸州人。乾隆元年三甲一百七十名進士。九年任四川巫山知縣。

路元升　貴州畢節縣人。乾隆元年三甲一百七十一名進士。三年任福建上杭知縣。

單作哲　字侗夫，號紫溟。山東高密縣人。乾隆元年三甲一百七十二名進士。二十三年署直隸邢臺知縣，二十九年遷安徽池州府同知，署知府。著有《五經古文》等。

李應辰　字兩崖、太初。山東高密人。乾隆元年三甲一百七十三名進士。十一年任山西左雲知縣，十五年調浙江嵊縣知縣。告歸。杜門課子族，善畫山水。

杜三德　直隸祁州人。乾隆元年三甲一百七十四名進士。九年任四川昭化知縣。

伊應鼎　字元吉、戒平。山東新城縣人。乾隆元年三甲一百七十五名進士。九年任河南安陽知縣。罷歸。

原承猷　陝西蒲城縣人。乾隆元年會元，三甲一百七十六名進士。七年任河南臨漳知縣。

梁棟　寧夏靈州人。乾隆元年三甲一百七十七名進士。九年任安徽含山知縣，十七年改安徽臨淮知縣，二十二年調湖南新化知縣，二十六年改湖南江華知縣。

李青選　字菉園。福建上杭縣人。乾隆元年三甲一百七十八名進

士。九年任直隸深澤知縣。

衛璜 雲南建水州人。乾隆元年三甲一百七十九名進士。十年任四川珙縣知縣。

方楚正 字鍾靈。湖北廣濟縣人。雍正七年舉人，乾隆元年三甲一百八十名進士。十年任陝西洛川知縣。

蔣俁 字敷五。廣西臨桂縣人。乾隆元年三甲一百八十一名進士。任兵部主事，官至戶部山東司員外郎。卒於任。

蕭潤 山東福山縣人。乾隆元年三甲一百八十二名進士。十五年任河南儀封知縣。

楊富崙 字崇宏。江西鉛山縣人。乾隆元年三甲一百八十三名進士。十年任湖南平江知縣。罷歸。

李牲 河南靈寶縣人。乾隆元年三甲一百八十四名進士。十年任山東寧陽知縣。

茹璽 河南河內縣人。乾隆元年三甲一百八十五名進士。元年任甘肅正寧知縣。

張偉綜 陝西宜君縣人。乾隆元年三甲一百八十六名進士。九年任廣東增城縣知縣。

佛爾清格 滿洲鑲紅旗人。乾隆元年三甲一百八十七名進士。任滿洲富海佐領。

張文杜 字方洲。江西新昌縣人。乾隆元年三甲一百八十八名進士。十年任山東蒙陰知縣。

南宮秀 字實甫，號省齋。山

西絳州人。乾隆元年三甲一百八十九名進士。四年任廣西博白知縣，署鬱林知州，六年署北流知縣、陸川知縣。在任十年。

楊普 雲南嵩明縣人。乾隆元年三甲一百九十名進士。

沈榮光 浙江歸安縣人。乾隆元年三甲一百九十一名進士。任浙江台州府教授。

張瑚 安徽桐城縣人。乾隆元年三甲一百九十二名進士。任戶部主事，十年改安徽太平府教授。

鄒錫彤 四川忠州人。乾隆元年三甲一百九十三名進士。十年任山西襄垣知縣，十二年改萬泉知縣，十六年調湖南黔陽知縣，十八年改湖南攸縣知縣，官至雲南迤東道。

孫崟 福建惠安縣人。乾隆元年三甲一百九十四名進士。二年任福建漳平縣教諭。

王維翰 山西盂縣人。乾隆元年三甲一百九十五名進士。任山西平陽府教授。

王璪 四川成都縣人。乾隆元年三甲一百九十六名進士。四年任湖北東湖知縣，十三年改湖北潛江知縣。

馮澎 字震崖。直隸隆平縣人。乾隆元年三甲一百九十七名進士。十年任河南沈丘知縣。

李愨存 河南夏邑縣人。乾隆元年三甲一百九十八名進士。任南陽府教授，十年任山東棲霞知縣。

鄭玉弼 字亮臣。山西五台縣

人。乾隆元年三甲一百九十九名進士。十年補山西澤州府教授，二十年擢江蘇婁縣知縣，遷江蘇太倉州知州。未任卒。

趙允涵　字養齋，號星岩。直隸易州（今河北易水）人。乾隆元年三甲二百名進士。選庶吉士，授檢討。

鄭爲經　（本姓梁）字有年。廣東嘉應直隸州人。乾隆元年三甲二百零一名進士。任直隸威縣知縣，改廣東南雄府教授，二十八年改廣東高州府教授。

劉文彦　字子美。直隸唐縣人。乾隆元年三甲二百零二名進士。乾隆元年任直隸鹽山縣教諭。

涂學烜　字昭遠，號近思。江西新城縣人。乾隆元年三甲二百零三名進士。一年四十三卒，未仕。

黃雲　浙江蕭山縣人。乾隆元年三甲二百零四名進士。十一年任四川丹稜知縣。

陸儀　字鳳來，號苞阿。奉天錦縣人。乾隆元年三甲二百零五名進士。選庶吉士，授檢討。

劉繼倫　福建寧化縣人。乾隆元年三甲二百零六名進士。任山東高苑知縣。

沈清　浙江錢塘縣人。乾隆元年三甲二百零七名進士。

胡在角　直隸永年縣人。乾隆元年三甲二百零八名進士。十年任湖北松滋知縣。著有《學庸說》。

父胡煦，康熙五十四年進士。

鄭大進　字謙基，號退谷。廣東揭陽縣人。乾隆元年三甲二百零九名進士。任直隸肥鄉縣知縣，調直隸南皮知縣，升大同府同知，十六年遷大名府同知，丁憂。補北運河同知，二十二年遷直隸正定知府，三十年擢山東濟東道，三十三年改兩淮鹽運使。三十九年七月授湖南按察使，遷貴州布政使。四十三年授河南巡撫，四十四年調湖北巡撫，四十六年十一月遷直隸總督。四十七年（1782）八月加太子少傅。同年十月卒。謚"勤恪"。

張光華　字仿西。湖南攸縣人。乾隆元年三甲二百十名進士。任直隸臨城知縣。

李方榕　廣東保昌縣人。乾隆元年三甲二百十一名進士。任江西進賢知縣，調南城知縣，丁憂。十五年補浙江德清知縣。解組歸。

胡泰　字青岩。江西瑞金縣人。乾隆元年三甲二百十二名進士。任工部主事，升員外郎，改御史，官至湖南知府。

周絨　字來五。雲南易門人。乾隆元年三甲二百十三名進士。十年任廣東長寧知縣，十三年改廣東新會知縣，十七年改東莞知縣，二十年任海康知縣。

王所掄　江西荊溪縣人。乾隆元年三甲二百十四名進士。

陳天秩　字維庸。山東青城縣人。乾隆元年三甲二百十五名進士。十年任陝西神木知縣。在任六年告歸。

鄭廷烈　貴州安南縣人。乾隆元年三甲二百十六名進士。任雲南知縣，十年改廣東吳川知縣、昌化知縣，二十三年改山東濱州州判，二十四年改四川興文知縣，三十二年任四川渠縣知縣。

王翊　字子相。河南鄭州人。乾隆元年三甲二百十七名進士。任浙士遂昌知縣，十八年改河南南陽府教授。

安依仁　字樂山。貴州思南府人。乾隆元年三甲二百十八名進士。四年任廣西陸川知縣，八年調湖北襄陽知縣，改湖北嘉魚知縣。卒於任。

張足法　漢軍鑲藍旗人。乾隆元年三甲二百十九名進士。十年任河南河陰知縣，二十年遷河南鄭州知州，改雲南嵩明州知州，官至雲南大理知府。

龔乃愈　湖南澧州直隸州人。乾隆元年三甲二百二十名進士。

王雲萬　江蘇無錫縣人。乾隆元年三甲二百二十一名進士。任福建福安知縣，十三年改湖南安福知縣，十六年任湖南芷江知縣。

林雙鯉　福建龍溪縣人。乾隆元年三甲二百二十二名進士。

涂武陞　字揭士。江西南昌縣人。乾隆元年三甲二百二十三名進士。任江西湖口縣教諭。以疾辭，卒於家。

黃瑞鶴　字舉千。四川西充縣人。乾隆元年三甲二百二十四名進士。任湖北蒲圻知縣，丁憂。十六年改福建長樂知縣。

牛毓崧　直隸清河縣人。乾隆元年三甲二百二十五名進士。十年任湖南安化知縣，十四年改直隸永平府教授。

龔生達　貴州天柱縣人。乾隆元年三甲二百二十六名進士。

栗培初　字普元。山西長治縣人。乾隆元年三甲二百二十七名進士。十年八月任順天府平谷知縣。丁憂歸。主講上黨書院。

吳璉　字商一。雲南蒙化府人。乾隆元年三甲二百二十八名進士。四年任四川威遠知縣，六年七月卸任，七年改四川酆都知縣。

王時臨　浙江錢塘縣人。乾隆元年三甲二百二十九名進士。

吳慎　四川夾江縣人。雍正九年舉人，乾隆元年三甲二百三十名進士。任直隸淶水知縣。

三格　滿洲鑲白旗人。乾隆元年三甲二百三十一名進士。任滿洲沐特恩佐領。

瞿全仁　山西平定直隸州人。乾隆元年三甲二百三十二名進士。任安徽潛山知縣。

徐衡　字咸一。江蘇昆山縣人。乾隆元年三甲二百三十三名進士。授山東濟陽知縣，改補徐州府教授。年七十一卒。

為康熙三十三年進士徐樹庸子。

張體銓　河南淮寧縣人。乾隆元年三甲二百三十四名進士。十年任山西稷山知縣。

牛玉怡 （一作牛少宏）字恭叔。山西定襄縣人。乾隆元年三甲二百三十五名進士。任廣東恩平和知縣，丁父憂服闋，補直隸廣宗知縣。著有《易解》。

陳若璉 字志商。湖北潛江縣人。雍正十年舉人，乾隆元年三甲二百三十六名進士。卒於滄州官舍。未展其志。

沙如珣 廣東龍川縣人。乾隆元年三甲二百三十七名進士。任順天平谷知縣，十三年改廣東高州府教授。

馬紹曾 直隸高陽縣人。乾隆元年三甲二百三十八名進士。

陳 材 字克任、魯齋。福建連江縣人。乾隆元年三甲二百三十九名進士。任户部主事，出爲江西永豐、南康、餘干、新城知縣。乞歸閉門著書，汲引後進，卒年九十二。

方嘉發 廣東普寧縣人。乾隆元年三甲二百四十名進士。八年任甘肅禮縣知縣。

凌之調 字廣心，號惕園。江西新建縣人。乾隆元年三甲二百四十一名進士（年近五十）。舉鴻博未用，授刑部主事、員外郎、郎中。秩滿，以疾告歸。著有《易論》《丹麓山居前後稿》。

文 瑄 字縝山。貴州甕安縣人。乾隆元年三甲二百四十二名進士。任四川中江知縣。歸後游吳楚，題咏甚多，年七十徒步訪友燕趙。著有《印川詩集》。

譚卜世 湖北天門縣人。雍正十年舉人，乾隆元年三甲二百四十三名進士。任刑部主事，官至員外郎。

林簡士 字敬所。福建晋江縣人。乾隆元年三甲二百四十四名進士。任國子監典籍。後告歸。

華恒泰 號訥庵。江蘇無錫縣人。乾隆元年三甲二百四十五名進士。任江西新城知縣，十四年改安徽廣德州學正。

馬正午 河南信陽州人。乾隆元年三甲二百四十六名進士。

侯 紘 直隸寧津人。乾隆元年三甲二百四十七名進士。任安州學正。

周懷濟 字宗海。江蘇溧陽縣人。乾隆元年三甲二百四十八名進士。十年授廣東新會知縣，十四年調廣東遂溪知縣，十五年擢廣東嘉應州知州，署廣東潮州知府。引疾歸。痊癒署廣東普寧知縣。以老致仕。

郭 琮 直隸冀州直隸州人。乾隆元年三甲二百四十九名進士。十年任陝西朝邑知縣，十二年改直隸永平府教授。

劉起振 字穎之，號拔庵。廣東海陽縣（今潮安）人。乾隆元年三甲二百五十名進士（時年八十八）。選庶吉士，未散館告歸。賜檢討。十六年帝南巡迎駕，年九十四加侍讀銜，年一百零二卒。

舒偉才 雲南新興縣人。乾隆元年三甲二百五十一名進士。任廣東開建知縣。

乾隆二年（1737）丁巳恩科

本科爲清高宗登極恩科

第一甲三名

于敏中 字仲棠，號叔子、耐圃。江蘇金壇縣人。乾隆二年一甲第一名狀元。授修撰。十年以中允督山東學政，遷侍講，十二年督浙江學政，十八年授詹事，遷內閣學士。十九年授兵部侍郎，二十二年改刑部、戶部侍郎，三十年正月遷戶部尚書。軍機大臣，三十三年加太子太保。三十六年授協辦大學士，三十八年遷文華殿大學士兼翰林院掌院學士。四十一年授一等輕車都尉世職。乾隆四十四年（1779）十二月卒。謚"文襄"。曾充《四庫全書》館、國史館、三通館正總裁，又任上書房總師傅。入祀賢良祠（因與王亶望一案有染，廣收賄賂，備受詰責。乾隆五十一年撤祀，并奪子孫世職）。曾奉敕共撰《臨清紀略》。家中藏書較富。著有《國朝宮史》《素餘堂集》。

祖父于漢翔，康熙二十一年進士。父于枋，雍正二年進士。

林枝春 字繼仁，號青圃。福建閩縣籍，福清人。乾隆二年一甲第二名榜眼。授編修。三年、六年兩充順天鄉試同考官，七年督河南學政，遷右庶子、侍講學士、通政司副使。十二年督江西學政。辭官後，工書法。晚年主鰲峰書院。卒年六十四。著有《日知錄》《聞見錄》《青圃文集》等。

任端書 字進忠，號念齋。江蘇溧陽縣人。乾隆二年一甲第三名探花。授編修。乾隆七年充會試同考官。丁父憂歸，不復出。優游林下二十餘年，足迹半天下，五十餘歲病卒。著有《南屏集》。

父任蘭枝，康熙五十二年進士，禮部尚書。

第二甲八十名

孫宗溥 字守愚，號枚堂。浙江仁和縣人。乾隆二年二甲第一名進士。選庶吉士，授編修。十一年考選河南道御史，掌貴州道御史。官至禮科給事中。

馮　祁　字昭餘，號孔瞻。山西代州直隸州人。湖南巡撫馮光裕之子。乾隆二年二甲第二名進士。選庶吉士，授編修。因父病辭官歸。家中藏書較富。

何其睿　字克思，號慎庵。江西贛縣人。乾隆二年二甲第三名進士。選庶吉士，授編修。充武英殿校勘，纂修三禮，九年充貴州鄉試副考官，十四年督雲南學政。

宋邦綏　字逸才，號況梅、曉岩。江蘇長洲縣人。乾隆二年二甲第四名進士。選庶吉士，授編修。九年充河南鄉試主考官，升侍讀，十五年督湖北學政，十九年遷四川川東道，二十一年授河南按察使遷廣東布政使，二十五年改山西布政使。二十七年八月授湖北巡撫。因重審張洪舜兄弟盜案，上下扶同一氣有心蒙混，二十八年五月革。二十九年十月授陝西布政使，三十年三月遷廣西巡撫，三十三年三月改兵部、戶部侍郎。乾隆三十五年（1770）正月卒。

父宋照，康熙五十七年進士。

觀　保　字伯容，號蘊玉、補亭。滿洲正白旗，索綽絡氏。乾隆二年二甲第五名進士。選庶吉士，授編修。升侍讀，十一年督安徽學政，遷侍講學士，十三年授內閣學士署刑部侍郎，十四年授兵部侍郎，二十七年改吏部侍郎，二十九年復任兵部侍郎。三十年遷左都御史兼翰林院掌院學士，三十三年十二月授禮部尚書。三十四年十月革，十一月署左都御史，三十五年再革，八月仍授。三十九年七月革。乾隆四十一年十二月（1777年1月）卒。賞復原銜。嘉慶年間追謚"文恭"。著有《補亭詩稿》。

馮士鑄　字象九。山東章丘縣人。乾隆二年二甲第六名進士。十一年任陝西甘泉知縣。以疾歸，二十四年病癒復甘泉縣原官，後卒於任。

莊大中　字正子，號鏡堂。江蘇元和縣人。乾隆二年二甲第七名進士。三年任廣東東安知縣，八年改廣東陽江知縣。

張若需　字樹彤，號中畯。安徽桐城縣人。康熙四十八年（1709）生。乾隆二年二甲第八名進士。選庶吉士，授編修。六年、十七年兩充順天鄉試同考官，十六年任會試同考官，官至侍講。乾隆十八年（1753）八月二十二日卒，年四十五。著有《見吾軒詩》。

祖父張英，康熙六年進士，文華殿大學士；父張廷璐，康熙五十七年進士，吏部侍郎。

吳毓芝　字星聚，號文其。浙江烏程縣人。乾隆二年二甲第九名進士。授廣西雒容知縣，調宜山知縣，兼管河池州，升左州知州。卒於任。

龔學海　字務本，號慕庵。湖北天門人。乾隆元年舉人，二年二甲第十名進士。選庶吉士，授編修。七年充會試同考官，纍遷左通政副使，後降貴州貴東道，二十五年任山東兖沂曹濟道，二十九年官至岳常澧道。

陳尚友　字遜心。安徽休寧縣人。乾隆二年二甲十一名進士。十一年任浙江龍泉知縣。

張九鎰　字權萬，號橘洲、湘山、退谷。湖南湘潭縣人。乾隆二年二甲十二名進士。選庶吉士，授編修。升侍讀，乾隆十六年任陝西主考官，纍遷少詹事，後因事降職，十八年旋復官至河南南汝光道，乾隆二十五年改四川川東道。引疾歸。著有《退谷詩鈔》。

兄張九鐔，乾隆四十三年進士。

盧憲觀（原名盧觀光）字賓王，號石林。順天宛平縣人，原籍浙江錢塘。乾隆二年二甲十三名進士。選庶吉士，改主事，十二年任山東臨沂知府，十四年遷山東運河道，十七年調湖北荆宜施道，十九年授山東按察使。二十二年病免。

吴斯鈞　江蘇上元縣人。乾隆二年二甲十四名進士。

楊曰㙺　字伯岑，號西岩。湖北鍾祥縣人。乾隆二年二甲十五名進士。十年任安徽太和知縣。

馮秉仁　字體元，號静山。山東歷城縣人。乾隆二年二甲十六名進士。選庶吉士，授編修。八年任浙江道御史，十二年充江西鄉試副考官，官至兵科掌印給事中。以疾卒，年三十二。

王士瀚　字巨川，號木天。陜西咸寧縣人。乾隆二年二甲十七名進士。選庶吉士，散館歸班候選知縣，十一年任廣東封川知縣，十三年改廣東高要知縣，十六年任德慶知州，十九年改廣東欽州，二十年署廣東南海知縣，二十五年任廣東儋州知州。

楊　熥　直隸固安縣人。乾隆二年二甲十八名進士。任山東新城知縣，四年改山東歷城知縣，六年改海豐知縣，十二年調江蘇山陽知縣。

陸樹本　字豫立，號根堂。浙江嘉興縣人。乾隆二年二甲十九名進士。選庶吉士，授編修。充經史宗學等館，記名御史。致仕歸。後主鴛湖書院二十載。

父陸紹綺，康熙四十八年進士；子陸昌祖，乾隆二十二年進士，祖孫三代皆進士。

唐桂生　福建安溪縣人。乾隆二年二甲二十名進士。四年任陝西韓城知縣，官至廣西隆州知州。

朱以誠　字望亭。浙江海鹽縣人。乾隆二年二甲二十一名進士。任福建長泰知縣，七年調漳浦知縣。被刺卒。

汪家琭　字采瑜。浙江錢塘縣人。乾隆二年二甲二十二名進士。任甘肅合水知縣，乾隆十一年任福建海澄知縣，二十年任順昌知縣。

黄明懿　字秉直，號晋齋。廣西臨桂縣人。乾隆二年二甲二十三名進士。選庶吉士，授編修。曾任乾隆六年順天同考官、七年會試同考官。九年以借進講經書諷時事，褫職遣吉林。

莊經畬 字井五，號念農，江蘇武進縣人。乾隆元年二甲二十四名進士。十一年任安徽建德知縣，調盱眙、寧國知縣，二十七年遷泗州知州，三十年官至寧國知府。卒於任，年五十五。

徐錫仁 浙江臨安縣人。乾隆二年二甲二十五名進士。四年任湖南零陵知縣，五年改湘鄉知縣。

高翰 浙江烏程縣人。乾隆二年二甲二十六名進士。十九年任陝西朝邑知縣。

沈毅（改名沈守敬）浙江海寧縣人。乾隆二年二甲二十七名進士。任順天武清知縣。

馮秉彝 字德嘉，號慎齋。順天大興縣人，原籍江蘇金壇。乾隆二年二甲二十八名進士。十年補殿試，選庶吉士，散館授檢討。

胡際泰 字寅若。浙江仁和縣人。乾隆二年二甲二十九名進士。任雲南呈貢知縣，改新平知縣，官至雲南昭通府通判。歸後主講浦陽書院。

于世杰 浙江嘉善縣人。乾隆二年二甲三十名進士。十年任山西垣曲知縣。

于文駿 字逢伯。江蘇金壇縣人。乾隆二年二甲三十一名進士。任直隸唐縣知縣，補湖南桃源知縣，八年任巴陵知縣，九年調湖南會同知縣，十八年任湖南通道知縣。

錢琦 字相人，號嶼沙、述堂、晚號耕石老人。浙江仁和縣人。

康熙四十八年（1709）生。乾隆二年二甲三十二名進士。選庶吉士，授編修。十四年考選河南道御史，二十二年任順天南城巡城御史，遷工科給事中、江安糧道。二十八年授江蘇按察使，三十年遷四川布政使，十一月改江西布政使，三十一年調福建布政使。四十三年病休，以候補京堂致仕。乾隆五十五年（1790）卒。年八十二。著有《澄碧齋詩鈔》。

蔡應彪 字炳侯，號嵩霞。浙江仁和縣人。乾隆二年二甲三十三名進士。任山東鉅野知縣，十年任山東萊蕪知縣，十三年任山東章丘知縣，二十年調臨邑知縣，二十二年再任章丘知縣，二十八年升山東萊州府同知。三十年任山東臨沂知府，三十五年調濟南知府，升山東督糧道，三十六年授貴州按察使，三十七年遷貴州布政使。罷官。

李龍官 字渭焭，號月軒。江西寧都縣人。乾隆二年二甲三十四名進士。選庶吉士，授編修。充三禮館纂修，十三年充會試同考官。致仕歸。

謝禮 字和章。江西寧都縣人。乾隆二年二甲三十五名進士。十一年任廣東平遠知縣，十五年改饒平知縣。

周玉章 字叔大、淑大，號藥蘭。浙江仁和縣人。乾隆二年二甲三十六名進士。選庶吉士，授編修。薦舉博學鴻詞，升侍講，九年充山東鄉試主考官，十二年以侍讀充順天鄉試同考官，官至侍讀學士。

金世越 順天宛平縣人。乾隆二年二甲三十七名進士。

程廷棟 字殿中，號松溪。湖北漢川縣人。雍正元年舉人，乾隆二年二甲三十八名進士。選庶吉士，改刑部主事，升刑部郎中，乾隆十八年充順天同考官，十九年考選雲南道御史，二十三年任順天東城巡城御史，升兵科給事中，官至戶科掌印給事中。年未六十卒於京。著有《居敬堂草墨池紀事詳藝文志》。

王會汾 字蓀服，號晉川。江蘇無錫縣人。乾隆二年二甲三十九名進士。選庶吉士，授編修。纍遷少詹事，九年授內閣學士，充浙江鄉試主考官，十一年遷兵部右侍郎，十三年改吏部右侍郎。十四年十一月降大理寺少卿，十五年任湖北鄉試主考官，十月遷宗人府府丞，十七年乞養。二十四年授大理寺卿。二十九年（1764）卒。著有《樂皐山房鎬》《梁溪詩鈔》。

楊超恒 字自芬。安徽懷寧縣人。乾隆二年二甲四十名進士。三年授直隸藁城知縣，丁憂服闋，補山東觀城知縣，十四年任山東沂水知縣，二十三年補廣東增城知縣，升澳門同知。

溫葆經 順天大興縣人。乾隆二年二甲四十一名進士。

潘汝誠 浙江歸安縣人。乾隆二年二甲四十二名進士。三年任福建松溪知縣，在任七年母憂歸。十五年任福建連江知縣，升福建南安府同知。

白瀛 字寰九，號素庵。山西興縣縣人。乾隆二年二甲四十三名進士。選庶吉士，授編修。七年充會試同考官，十年考選陝西道御史，十四年擢福建興泉永道、雲南迤東道，二十九年改四川建昌道，金川之役籌辦糧草有功，四十年授江西按察使。四十一年遷湖南布政使，四十二年改江西布政使，四十四年遷刑部右侍郎。十二月（1780年1月）病卒。

錢志棟 浙江長興縣人。乾隆二年二甲四十四名進士。任直隸高陽知縣，十一年改直隸滿城知縣。

楊思恭 廣東嘉應直隸州人。乾隆二年二甲四十五名進士。十一年任山西寧鄉知縣。

周煌 字景垣，號海山。四川涪州人。乾隆二年二甲四十六名進士。選庶吉士，授編修。六年充山東鄉試副考官，七年任會試同考官，十二年雲南鄉試正考官，二十年冊封琉球中山王，遷右中允、侍講。乾隆二十二年，奉使琉球國，使還纂輯《琉球國志略》進呈。以左庶子在上書房行走，二十四年擢侍講學士，乾隆二十六年授內閣學士。督江西學政，三十一年遷刑部侍郎改兵部侍郎，三十三年督浙江學政。四十四年十二月遷工部尚書，四十五年九月調兵部尚書。四十七年任上書房總師傅，四十九年三月改左都御史。五十年（1785）正月以病辭職，加太子少傅、兵部尚書銜。四月初一日卒。贈太子太傅，謚"文恭"。著有《琉球國志》《海山存稿》。

子周興岱，乾隆三十六年進士，官左都御史。

王嘉會 字履安。江蘇上元縣人。康熙四十六年（1707）生。乾隆二年二甲四十七名進士。五年任四川羅江知縣，十年調浙江蕭山知縣，十三年改錢塘知縣，十八年升陝西同州知府，十九年改西安知府，調江西吉安知府。

吳 訥 字士宜。浙江歸安縣人。乾隆二年二甲四十八名進士。

路斯道 字雲子。山東諸城縣人。乾隆二年二甲四十九名進士。選庶吉士，授編修。升右春坊右贊善，二十二年充會試同考官，又降編修。

鄒 嶙 浙江餘姚縣人。乾隆二年二甲五十名進士。十一年纍遷陝西綏德直隸州知州。

徐玉田 字藍畝、勵亭。江西南昌縣人。乾隆二年二甲五十一名進士。三年任山西石樓知縣，九年改山西太原知縣，改山西榆次知縣，升朔州知州、保德州知州，十五年官至山西平陽知府。卒於任。

劉 愷 字君碩、君顧，號介亭。雲南永北府人。康熙四十六年（1707）生。乾隆二年二甲五十二名進士。選庶吉士，授編修。纍遷四川順慶知府，十年改四川重慶知府，十三年改山東曹州知府，十六年調江蘇蘇州知府，遷江蘇常鎮道。十八年擢福建按察使，二十年遷河南布政使，二十二年改任山西布政使。二十五年病免，乾隆三十二年（1767）卒。年六十一。著有《詞館課藝》《和鳴集》。

左逢源 字會一。湖北鍾祥縣人。乾隆元年舉人，二年二甲五十三名進士。十二年任安徽五河知縣。告歸。

黃 宮 字子元、芷園，號涵齋。江蘇陽湖縣人。乾隆二年二甲五十四名進士。選庶吉士，散館歸班候選知縣，十七年任湖南安鄉知縣，十八年改湖南衡山知縣。

成原大 字於甪，號聲夏。江蘇寶應縣人。乾隆二年二甲五十五名進士。授福建閩清知縣，未任，丁憂補四川南川知縣，十年任山東濟陽知縣，調魚臺知縣，以病告歸，復留三年歸里。

吳 熙 江蘇金匱縣人。乾隆二年二甲五十六名進士。任浙江武義知縣。

李質穎 字公哲。漢軍正白旗人。乾隆二年二甲五十七名進士。選庶吉士，授編修。纍遷兩淮鹽運使，四十年遷安徽布政使，十月授安徽巡撫。四十一年三月改任廣東巡撫，署理兩廣總督。四十五年調浙江巡撫，四十六年召京，內調上駟院卿，以內務府大臣銜致仕。乾隆五十九年（1794）卒。

程思齊　字執莊。安徽休寧縣人。乾隆二年二甲五十八名進士。

單　潔　陝西蒲城縣人。乾隆二年二甲五十九名進士。十一年任四川太平知縣，官至吏部員外郎。

施毓暉　浙江餘姚縣人。乾隆二年二甲六十名進士。五年任直隸井陘知縣，九年改直隸南樂知縣，二十三年改山西鳳臺知縣，升廣西上思州知州。

董萬山　河南洛陽縣人。乾隆二年二甲六十一名進士。任河南內黃縣教諭。

蘇霖潤　字澤生，號雲石、雲幡。雲南趙州人。乾隆二年二甲六十二名進士。選庶吉士，改任直隸衡水知縣。卒於任。

朱良弼　字肖岩。順天宛平縣人，祖籍安徽休寧。乾隆二年二甲六十三名進士。十年任陝西麟游知縣，十二年改陝西長安知縣。

劉天位　字慎叔，號夑庵。湖南武陵縣人。乾隆二年二甲六十四名進士。選庶吉士。

姚世道　字士周。浙江烏程縣人。乾隆二年二甲六十五名進士。四年任陝西咸陽知縣，以事去官。

孫昇龍　直隸懷來縣人。乾隆二年二甲六十六名進士。

沈雲蜚　字梧瞻，號蘭園。浙江烏程縣人。乾隆二年二甲六十七名進士。選庶吉士。

范世璽　浙江長興縣人。乾隆二年二甲六十八名進士。

歐堪善　字韶文，號眉庵。廣東樂昌縣人。乾隆二年二甲六十九名進士。選庶吉士，授編修。乾隆八年考選陝西道御史，十五年充順天鄉試同考官，十六年督貴州學政，十七年改任山西學政，升刑科給事中，官至太僕寺少卿。著有《湘崖文集》。

莊學申　字式南。江蘇吳縣人。乾隆二年二甲七十名進士。任陝西永壽知縣。

吳　紱　字方來，號伯雲、泊村。江蘇宜興縣人。乾隆二年二甲七十一名進士。選庶吉士，授編修。乾隆九年湖南鄉試主考官。著有《雞肋集》。

高繼光　字熙載，號棠溪。四川巴縣人。乾隆二年二甲七十二名進士。選庶吉士，散館改工部主事，十一年官至甘肅甘州知府，內升御史。著有《離騷經注》《森玉堂文集》行世。

王其章　字琢如。江蘇吳縣人。乾隆二年二甲七十三名進士。

劉　炯　字熾南，號續山。山西安邑縣人。乾隆二年二甲七十四名進士。選庶吉士，散館歸班候選知縣。

潘汝龍　字健君，號散畦。浙江歸安縣人。乾隆二年二甲七十五名進士。任福建松溪知縣，十四年調補永定知縣。未任，以疾歸。越四年卒。

洪本仁　江蘇江都縣人。乾隆二年二甲七十六名進士。

繆遵義　字方彥。江蘇吳縣人。乾隆二年二甲七十七名進士。歸班候選知縣，因母病不忍離父母，讀醫書弃官爲醫。卒年八十四。

爲康熙六年進士繆彤孫；五十四年榜眼繆曰藻子；雍正元年進士繆曰芑侄；乾隆十年進士繆敦仁弟。

丁一燾　字晋昭，號淡筠。湖南衡陽縣人。乾隆二年二甲七十八名進士。選庶吉士，授編修。假歸省親，母喪哀毀卒。

趙開元　字希輅。江西奉新縣人。乾隆二年二甲七十九名進士。四年任河南湯陰知縣，調新鄉知縣，七年改獲嘉知縣，改武陟知縣，官至刑部郎中，選雲南楚雄知府。以年老留部。尋告歸。

陳克繩　字希範，號希庵。浙江歸安縣人。乾隆二年二甲八十名進士。以知縣分四川，後岳鍾琪徵西藏運糧餉，十八年以軍功升署四川嘉定知府。告歸卒。著《西域遺聞》《詩經管見》等。

第三甲二百四十一名

謝庭瑜　字佩蒼，號棟園。廣西全州人。乾隆二年三甲第一名進士。選庶吉士，十年改山西大同知縣，遷山西吉州直隸州知州。官至知府。

兄謝濟世，康熙五十一年進士。

沈裕雲　字我瞻，號若谷。江蘇震澤縣人。乾隆二年三甲第二名進士。十二年任江西崇寧知縣，十

五年改四川灌縣知縣。引疾歸卒。

納國棟　（改名國梁）字隆吉、丹中，號松雲、笠民。滿洲正黃旗，哈達納喇氏。乾隆二年三甲第三名進士。選庶吉士，散館改任吏部主事，官至貴州糧儲道。著有《澄悅堂集》。

王光燮　字麗三。順天宛平縣人，原籍江蘇武進。乾隆二年三甲第四名進士。十一年任廣東博羅知縣，定安知縣，坐事免。十五年起爲直隸雞澤知縣，二十一年改邯鄲知縣，再免。二十七年署江西安遠知縣，二十九改江西宜黃知縣，調福建連江知縣，四十三年任將樂知縣，署廣西百色同知。坐事罷。

黃登穀　字春畬，號獲村。順天大興縣人。乾隆二年三甲第五名進士。乾隆六年任江西都昌知縣，八年改新建知縣，十四年改江西浮梁知縣，遷山東德州知州，官至雲南麗江知府。

陸偉然　字季容。浙江嘉善縣人。乾隆二年三甲第六名進士。十一年任直隸新樂知縣，十二年署雞澤知縣，改補高陽知縣。以濫應驛馬降歸。著有《稼墨軒詩賦》。

牛　琳　字琨璞，號琢庵。直隸天津人。乾隆二年三甲第七名進士。選庶吉士，四年任山東萊蕪知縣，七年改山東沂水縣知縣。

劉應麟　字軒來。山東歷城縣人。乾隆二年三甲第八名進士。十一年授山西壽陽知縣，調靈石知縣。歸後於乾隆三十二年（1767）卒，

年七十五。

郭肇鐄 字鳳池、奉墀，號韻清。安徽全椒縣人。乾隆二年三甲第九名進士。選庶吉士，授檢討。六年充福建鄉試副考考，升翰林院侍講。九年、十二年順天同考官。丁憂歸，服闋北上卒於途。著有《鳳池詩集》。

曾式冕 福建晋江縣人。乾隆二年三甲第十名進士。十六年任江蘇六合知縣。

錢以銓 字揆叙。江蘇常熟縣人。乾隆二年三甲十一名進士。十一年任安徽霍丘知縣。在任五年，各項政務無不盡職，引疾歸。卒年七十二。著有《崇雅堂詩集》。

曠敦本 字遜之。湖南衡山縣人。乾隆二年三甲十二名進士。三年任湖南寶慶府教授。

兄曠敏本，乾隆元年進士。

祝 勖 順天大興縣人。乾隆二年三甲十三名進士。二十二年任江西新昌知縣，官至廣西象州知州。

紀虚中 字牧崖。順天文安縣人。乾隆二年三甲十四名進士。十年任陝西郿縣知縣。十三年遷潼關廳同知，十七年擢甘肅同州知府，十九年改甘肅西寧知府，二十五年遷湖南岳常澧道，三十四年官至直隸長蘆鹽運使。

高 植 字梯雲，號槐堂。浙江武康縣人。乾隆二年三甲十五名進士。任江西德興知縣，十六年調江西德化知縣，擢江蘇揚州清軍同知，失察改通判，三十七年任江蘇奉賢知縣，調江寧南埔通判。歷官大江南北不名一錢，爲江左循吏之冠。

沃 洲 字雲藪。浙江鎮海縣人。乾隆二年三甲十六名進士。旋卒。

楊 超 字端夫，號驥工。江蘇靖江縣人。乾隆二年三甲十七名進士。任四川西充知縣，十七年升瀘州知州，二十八年任天全州知州，二十九年復任瀘州知州，護永寧兵備道。乞終養歸。

徐汝瓚 江蘇無錫縣人。乾隆二年三甲十八名進士。十一年任直隸獲鹿知縣，十六年改河南河陰知縣，十七年改汲縣知縣。

楊大灝 字篛穿。江蘇上元縣人。乾隆二年三甲十九名進士。

鄧 觀 字用賓。江西廬溪縣人。乾隆二年三甲二十名進士。十一年任浙江慶元知縣，丁憂服闋，選山東棲霞知縣。未就，以教子孫爲事。著有《惜分園制藝》。

孫懷祖 山東安丘縣人。乾隆二年三甲二十一名進士。任河南襄城知縣。

沈 雅 字天高，號雲洲。江蘇高郵州人。乾隆二年三甲二十二名進士。十一年授山東海陽知縣，時歲屢饑，雅借倉穀千二百石，存活六千餘家，後貧戶難以追償，雅毅然捐補，民咸感之。後兼署榮城，十二年足疾告歸。

張士達 湖北鍾祥縣人。乾隆二年三甲二十三名進士。十一年任河南洛陽知縣。

雷仁育 字萬有。山西太原縣人。乾隆二年三甲二十四名進士。任浙江宣平知縣。歸後教授生徒上百人。

程穆衡 字惟惇，號迓亭。江蘇太倉鎮洋縣人，原籍安徽休寧。乾隆二年三甲二十五名進士。授山西榆社知縣。忤上官罷歸。善詩文，著有《迓亭記》《太倉風俗記》《思樂園記》《汝南宋詞碑記》《水滸傳注略》《婁東耆舊傳》。

趙丹樞 直隸阜城縣人。乾隆二年三甲二十六名進士。十一年任江西石城知縣，乾隆十四年改江西南城知縣。次年（1750）卒。

杜鶴翔 字羽豐，號敬溪。四川忠州人。乾隆二年三甲二十七名進士。選庶吉士，改任工部主事。卒於官。

父杜薰，康熙五十二年進士。

鄭之僑 廣東潮陽縣人。乾隆二年三甲二十八名進士。任江西鉛山知縣，六年署江西貴溪知縣，十五年遷湖南辰州府同知，二十一年官至湖南寶慶知府。

蔣文祚 雲南建水州人。乾隆二年三甲二十九名進士。十一年任陝西藍田知縣，十九年遷四川會理州知州，二十七年改陝西華州知州。

辛有光 字厚餘，號白峰。山東日照縣人。乾隆二年三甲三十名進士。選庶吉士，六年改直隸正定知縣，升知府。未任卒。

廖鴻章 字禹鴻、羽明，號南崖。福建永定縣人。乾隆二年三甲三十一名進士。選庶吉士，授檢討。著有《紫陽書院解題》《南雲書屋文集》。

余文儀（榜名姓蔣，通籍後改本姓）字叔子，號寶岡。浙江諸暨縣人。乾隆二年三甲三十二名進士。任户部主事，升員外郎，京察一等授福建福寧知府，遷臺灣道。乾隆二十九年授福建按察使，三十五年遷刑部侍郎，三十六年改任福建巡撫，四十一年十月授刑部尚書。四十二年十一月以病辭職，加太子少傅。乾隆四十七年（1782）七月卒。著有《嘉樹樓集》。

駱大俊 字匋方。安徽宣城縣人。乾隆二年三甲三十三名進士。十一年任山東武城知縣，十四年調嶧縣知縣，十八年丁憂。二十二年署山東魚臺知縣，任山東堂邑知縣。二十九年改山東費縣知縣，三十一年任山東沂水知縣。遷河南睢州知州，調雲南宣威知州，遷山西鹽運同知。卒於任。年八十一。

張位清 江西新建縣人。乾隆二年三甲三十四名進士。十一年任江蘇贛榆知縣。

袁錫夔 字鳳山。江蘇六合縣人。乾隆二年三甲三十五名進士。任直隸新河知縣，丁憂服闋。十八年補四川福順知縣，改巴縣知縣。二十二年署涪州知州，二十三年改合州知州，二十四年改江津知縣。官至四川達州直隸州知州。卒於達州任。

佟 濬 滿洲正藍旗人。乾隆

二年三甲三十六名進士。六年任山西文水知縣，九年改安邑知縣，改潞城知縣。

蔣祖培　字純祺，號伯翼。雲南鶴慶府人。乾隆二年三甲三十七名進士。選庶吉士，授檢討。改山西和順知縣，調盂縣，改浙江鄞縣知縣，十六年任浙江常山知縣，十九年改海鹽知縣。歸里後二十年不與外事。

長子蔣鹿鳴，乾隆二十八年進士。

何陳調　浙江錢塘縣人。乾隆二年三甲三十八名進士。十一年任河南鞏縣知縣。

鄭肇奎　字光星，號璧齋。廣東潮陽縣人。乾隆二年三甲三十九名進士。選庶吉士，改户部主事，遷郎中。乾隆十四年考選山東道御史，外任貴州黎平知府，改浙江紹興知府。

饒國材　字敏之。江西新城縣人。乾隆二年三甲四十名進士。任教授。年三十二卒。

馮慎　字敬安。山東惠民縣人。乾隆二年三甲四十一名進士。以疾卒未任。

王德欽　字伊文。安徽涇縣人。乾隆二年三甲四十二名進士。未仕卒。著有《燕游草》三百篇。

楊文玢　漢軍鑲紅旗。乾隆二年三甲四十三名進士。十二年任陝西鳳翔知縣，十六年改陝西長安知縣。

王瑞　直隸東明縣人。乾隆二年三甲四十四名進士。十一年任江西新城知縣。十三年罷。

劉守成　號耕村。直隸寧河縣人。乾隆二年三甲四十五名進士。十年任浙江武康知縣，十三年改浙江海寧知縣，升知州，遷江蘇蘇州府通判，十九年調湖南岳州府同知。

羅大侃　江西廣昌縣人。乾隆二年三甲四十六名進士。

曾廷翰　字若韓。江西寧都人。乾隆二年三甲四十七名進士。十一年任山東濟陽知縣。在任六年，致仕歸。

闕文　福建永定縣人。乾隆二年三甲四十八名進士。十一年任山東樂陵知縣。十四年改教職。

余暢　字孟友。江西南昌縣人。乾隆二年三甲四十九名進士。任江蘇華亭知縣。

郭賡武　字伯揚。福建晉江縣人。乾隆二年三甲五十名進士。任廣西興業知縣、柳城知縣，十年署陸川知縣、北流知縣，代理慶遠府同知，代理平樂知府，擢泗城知府，十九年調貴州安順知府。以母老歸。

林維雍　字月建，號支山。福建閩縣籍，福清人。乾隆二年三甲五十一名進士。選庶吉士，十一年改四川營山知縣，二十一年任四川西昌知縣。

李鳳棲　陝西華陰縣人。乾隆二年三甲五十二名進士。

談思永（《進士題名碑》作談思東，誤）字企江。江蘇長洲縣人。乾隆二年三甲五十三名進士。十一年任陝西富平知縣。

涂擴　湖北潛江縣人。雍正十年舉人，乾隆二年三甲五十四名進士。任江蘇荊溪知縣，十四年改婁縣知縣，二十年改奉賢知縣。

張日譽　字泉修，號括度。河南商丘縣人。乾隆二年三甲五十五名進士。選庶吉士，授檢討。十一年考選湖廣道御史，改江南道，官至廣西左江道。

林元德　字永遇。福建福清縣人。乾隆二年三甲五十六名進士。七年任福建建寧府教授，十五年改臺灣府教授。

喬光烈　字敬亭，號潤齋。江蘇上海縣人。乾隆二年三甲五十七名進士。四年任陝西寶雞知縣，九年改渭南知縣，十一年遷陝西同州知府，十六年遷山西河東道，擢長蘆鹽運使。乾隆二十三年授直隸按察使遷河南布政使，二十七年正月授貴州巡撫，二十八年五月改湖南巡撫。二十九年因新寧縣糾衆罷市案十月革。三十年（1765）正月授甘肅布政使。三月卒。著有《最樂堂集》《最樂堂法帖》。

陳世烈　（1705—1789）字允文，號嘯廬。雲南建水州人。乾隆二年三甲五十八名進士。選庶吉士，授檢討。升侍講學士、國子監司業，乾隆十二年充廣西主考官，遷大理寺少卿，十六年遷內閣學士。因事降調。丁憂歸不再出，主五華書院。

郝禕　山西榆次縣人。乾隆二年三甲五十九名進士。十年任直隸武邑知縣。

黃元寬　字聿根。福建福清人。乾隆二年三甲六十名進士。八年任福建延平府教授，十二年任臺灣府教授，十六年改河南新安知縣。

張自新　字紱躬。浙江昌化縣人。乾隆二年三甲六十一名進士。居京十一載，著有《易經通論》。未仕卒於家。博學多才未竟其用。

田壘　字左泉，號培峰。安徽潛山人。乾隆二年三甲六十二名進士。未仕卒。

王琰　字栗公。陝西渭南縣人。乾隆二年三甲六十三名進士。讀書講學，教授生徒，終生不仕。

張繼鏡　湖北漢陽縣人。乾隆元年舉人，二年三甲六十四名進士。四年任福建莆田知縣。

鹿遵祖　直隸定興縣人。乾隆二年三甲六十五名進士。十八年任直隸正定府教授。

俞武琛　浙江仁和縣人。乾隆二年三甲六十六名進士。

王寯　字軼千，號南溪。山東膠州人。乾隆二年三甲六十七名進士。選庶吉士，改四川大邑知縣，遷綿州直隸知州，官至四川順慶府知府。卒於任。

趙蒲　字廷璧，號毅齋。陝西朝邑縣人。雍正三年舉人，乾隆二年三甲六十八名進士。二十年任四川儀隴知縣。告歸，教授生徒，卒年七十六。

魁　德　滿洲正黃旗人。乾隆二年三甲六十九名進士。十年任江蘇荆溪知縣，十七年任廣東花縣知縣，十八年改歸善知縣。

黃元俊　（《進士題名碑錄》作黃士俊，誤）字在田。福建閩縣人。乾隆二年三甲七十名進士。十二年任江西泰和知縣，二十一年調山東鄒平知縣（一作十五年），二十八年調湖北房縣知縣。

黃含章　字梅覺。江西宜黃縣人。乾隆二年三甲七十一名進士。十二年任湖北宜城知縣，調鍾祥知縣，半載卒。

程隆家　字二克。安徽歙縣人。乾隆二年三甲七十二名進士。

費士桂　字宮裁，號丹林。浙江慈溪縣人。乾隆二年三甲七十三名進士。任浙江衢州府教授。在任十餘年以老乞休。後爲青霞書院山長，卒年七十九。

孫費淳，乾隆二十八年進士，體仁閣大學士。

徐德峻　浙江蘭溪縣人。乾隆二年三甲七十四名進士。十二年任福建福鼎知縣，十三年改惠安知縣，二十二年任建安知縣，二十四年任侯官知縣，二十八年遷臺灣海防同知，三十六年官至邵武府同知。

武維揚　山西五臺縣人。乾隆二年三甲七十五名進士。四年任山西寧武府教授。

胡相忠　字純誠。江西贛縣人。乾隆二年三甲七十六名進士。任山西屯留知縣，二十年調介休知縣，改江蘇丹陽知縣，二十五年改嘉定知縣，二十六年任安東知縣。

周連登　字捷三，號鏡心。陝西涇陽縣人。乾隆二年三甲七十七名進士。選庶吉士，授檢討。八年改直隸平鄉縣知縣。

劉　樸　字薪野。江西安福縣人。乾隆二年三甲七十八名進士。任江西南昌府教授。

李肯文　字慶冠。廣東番禺縣人。乾隆二年三甲七十九名進士。十二年任浙江龍泉知縣，十七年署遂昌知縣，十九年任浙江秀水知縣。旋卒，年四十八。

父李顯祖，雍正十一年進士。

張文莊　河南祥符縣人。乾隆二年三甲八十名進士。八年任直隸巨鹿知縣。

周　洵　字小泉。順天昌平州人。乾隆二年三甲八十一名進士。任河南孟縣知縣，十二年改河南宜陽知縣，遷順天府糧馬通判。

陳景仁　浙江仁和縣人。乾隆二年三甲八十二名進士。任江西餘干知縣，八年改廣昌知縣，十年改江西奉新知縣，二十一年調湖南邵陽知縣。

曹雲昇　字履平。順天通州人。乾隆二年三甲八十三名進士。十二年任湖南安化知縣，十六年改湖南寶靖知縣。

趙廷璧　山西盂縣人。乾隆二年三甲八十四名進士。十三年任山西大同府教授。

史天顯 山西五臺縣人。乾隆二年三甲八十五名進士。任山西蒲州府教授。

許吉椐 河南安陽縣人。乾隆二年三甲八十六名進士。任知縣，曾充湖北鄉試同考官，著有《遠志集》。年四十卒。

諾　敏 字學時，號逐齋、捷庵。滿洲正白旗人。乾隆二年三甲八十七名進士。選庶吉士，散館改主事，官至侍讀學士。乾隆二十五年任會試同考官。

李　青 字仿蓮。浙江平湖縣人。乾隆二年三甲八十八名進士。授廣東普寧知縣，十七年改陽江知縣，調直隸欒城知縣。以勞卒。

黃　槐 江蘇上海縣人。乾隆二年三甲八十九名進士。十一年任山西太平知縣，改浙江松陽知縣，二十年調浙江平陽知縣，二十五年改廣東河源知縣。

史震林（1692—1778）字公度，號梧嵐，一作岵崗，又作瓠崗居士。江蘇金壇縣人。乾隆二年三甲九十名進士。授廣東高要知縣，十二年以母老改江蘇淮安府教授。卒年八十有七。著有《西青散記》《華陽散稿》《華陽詩稿》等。

張　崐 陝西三原縣人。乾隆二年三甲九十一名進士。任直肅薊縣知縣。

孫　邁 字彥超。福建連江縣人。乾隆二年三甲九十二名進士。

十二年任江西崇義知縣，十四年署江西大庾知縣。

胡師孟 字嶧山，號蘭山、蘭圃。湖南湘潭縣人。乾隆二年三甲九十三名進士。選庶吉士。致疾歸，遽卒。

陳　舟 廣東興寧縣人。乾隆二年三甲九十四名進士。

張元龍 字于飛，號見山。陝西眉縣人。乾隆二年三甲九十五名進士。選庶吉士，散館四年任福建武平知縣，六年任福建南安知縣，改知府。緣事降寧夏教授，告歸。

楊甘雨 江西新建縣人。乾隆二年三甲九十六名進士。四年任山東利津知縣，十八年改湖南麻陽知縣。

高士超 浙江烏程縣人。乾隆二年三甲九十七名進士。十年任陝西安定知縣，纍遷陝西綏德直隸州知州。

譚　玉 廣東順德縣人。乾隆二年三甲九十八名進士。五年任河南延津知縣，十三年改任河南陽武知縣。

曲廷諫 山東寧海州人。乾隆二年三甲九十九名進士。

宋　珩 山東膠州人。乾隆二年三甲一百名進士。十九年任山東東昌府教授。

莫世忠 字健輝，號寅熙。廣東高明縣人。乾隆二年三甲一百零一名進士。選庶吉士，歸班候選知縣，任甘肅成縣知縣，三十七年遷湖南岳州府通判，改甘肅鞏昌府同知，官至順天南路同知。

沈慕韓 陝西咸寧縣人。乾隆

二年三甲一百零二名進士。

董　齡　滿洲鑲黃旗人。乾隆二年三甲一百零三名進士。

湯永祚　字修來。江蘇長洲縣人。乾隆二年三甲一百零四名進士。任江西德興知縣。

弋　照　山西安邑縣人。乾隆二年三甲一百零五名進士。任浙江、江蘇知縣，十二年改安徽南陵知縣，丁憂歸。十九年任廣東三水知縣時見有女投河，得知同盟真武祠願共死，親往斧其像，毀祠宇，其風遂絕。

文祖堯　山西垣曲縣人。乾隆二年三甲一百零六名進士。任山西潞安府教授。後主講啓文書院。

吳培源　江蘇金匱縣人。乾隆二年三甲一百零七名進士。任江蘇上元縣教諭，十三年任浙江遂安知縣。

曾昌麟　字程翰。江西寧都縣人。乾隆二年三甲一百零八名進士。十一年任江蘇豐縣知縣。

兄曾昌齡，乾隆七年進士。

劉　灼　山西太原縣人。乾隆二年三甲一百零九名進士。十二年任陝西西鄉知縣。

吳　炳　字羕園、蔚然。江西南豐縣人。乾隆二年三甲一百十名進士。任陝西宜川知縣，十八年調長安縣，二十二年咸寧知縣，擢葭州知州，代理邠州知州，二十六年任華州，二十八年補隴州知州，三十一年改山西應州知州，三十四年遷平定直隸州知州。以目疾乞歸。

金韻古　浙江仁和縣人。乾隆

二年三甲一百十一名進士。

潘世曉　字晴皋。湖南湘潭縣人。乾隆二年三甲一百十二名進士。任江西東鄉縣知縣，十七年以病改湖南長沙府教授。

李時勉　字次安，號松峰。河南商城縣人。乾隆二年三甲一百十三名進士。選庶吉士，授檢討。

廖　瑛　字璞完。福建永定縣人。乾隆二年三甲一百十四名進士。任刑部主事、郎中。十七年考選山東道御史，十八年任順天南城巡城御史，遷給事中，外任雲南驛鹽道、迤東道，二十八年授江西按察使。三十年革。

郭肯堂　山西沁源縣人。乾隆二年三甲一百十五名進士。任山西太原府教授。

張　鶴　山西平陸縣人。乾隆二年三甲一百十六名進士。十四年任山西寧武府教授。

秦　勤　字夢錫。山東安丘縣人。乾隆二年三甲一百十七名進士。六年任浙江諸暨知縣，十五年補河南密縣。因囚徒越獄免官。密縣挽留修縣志，講學書院。

陳天玉　廣東嘉應直隸州人。乾隆二年三甲一百十八名進士。十三年任廣東潮州府教授。

劉東之　字存吾。江西盧陵縣人。乾隆二年三甲一百十九名進士。任直隸西寧知縣。去官貧不能歸，主講山西書院，年九十餘卒。著有《四書語錄》。

王立性　字太初。山東高密縣人。乾隆二年三甲一百二十名進士。十二年授江蘇婁縣知縣。旋告歸。授徒。著有《小峨嵋詩集》。

胡官龍　浙江德清縣人。乾隆二年三甲一百二十一名進士。署山西介休、芮城知縣，十六年改山西祁縣知縣。以治獄失出被劾歸。

父胡承昊，雍正十一年進士。

周方燦　江西南城縣人。乾隆二年三甲一百二十二名進士。十二年任廣西富川知縣。

邱時隨　字學吉。江西寧都縣人。乾隆二年三甲一百二十三名進士。任直隸榆林、三河知縣，二十四年改直隸靈壽知縣。

鍾獅　字作韶。廣州番禺縣人。乾隆二年三甲一百二十四名進士。任河南靈寶知縣。乞病歸。重振獻玉堂，越三十年乃卒。著有《鐵橋詩集》。

于中行　字魯瞻，號東臯。山東掖縣人。乾隆二年三甲一百二十五名進士。任江蘇崇明知縣，十七年調四川隆昌知縣，二十三年授淮徐海六塘河務同知。以勞瘁卒於任。

齊士雄　字文豪，號潛夫。直隸高陽縣人。乾隆二年三甲一百二十六名進士。任陝西興安、平利知縣，十五年改渭南、沔縣知縣，二十一年改河南洛陽知縣，二十七年任商丘知縣。

吳士恒　河南光州直隸州人。乾隆二年三甲一百二十七名進士。

十二年任直隸雞澤知縣。

傅彤　字儀翰。江西瀘溪縣人。乾隆二年三甲一百二十八名進士。未仕卒。

周禮　字典三，號和岡。直隸大名縣人。乾隆二年三甲一百二十九名進士。選庶吉士，授檢討。十年考選貴州道御史。以疾卒，年四十二。

羅鳳儀　順天通州人，原籍浙江會稽。乾隆二年三甲一百三十名進士。五年任湖南耒陽知縣。

熊銓　字鼎石。江西靖安縣人。乾隆二年三甲一百三十一名進士。未及銓選而卒。

柯時懋　字建功。湖北興國州人。康熙五十六年舉人，乾隆二年三甲一百三十二名進士（時年六十）。歸授徒十年，十二年授河南修武知縣。卒於任。

李元　字樹功、惕齋。安徽當塗縣人。乾隆二年三甲一百三十三名進士。十二年任福建連江知縣，十三年調漳浦知縣，丁憂服闋，二十三年補浙江遂昌知縣。

趙中元　山西臨縣人。乾隆二年三甲一百三十四名進士。任升西右玉縣教諭。

師家相　字伯子，一作伯起，號卓山。江西奉新縣人。乾隆二年三甲一百三十五名進士。選庶吉士，改吏部文選司主事，十五年任安徽廣德州知州，調直隸蔚州、深州知州，二十一年擢廣西潯州知府。一年左遷。赴都謁選，以疾卒。著有

《卓山詩集》。

叔父師念祖，雍正元年進士。

鄒召南 字炎山、康仲。湖北漢陽縣人。雍正十三年舉人，乾隆二年三甲一百三十六名進士。任江蘇昆山知縣，丁憂服闋，十六年補福建南安知縣，十八年任連江知縣，二十二年改長汀知縣，二十四年任同安知縣，官至廈門同知。

夏時雍 滿洲正紅旗人。乾隆二年三甲一百三十七名進士。

葛萃 雲南河西縣人。乾隆二年三甲一百三十八名進士。

黃克業 字文勖。江蘇如皋縣人。乾隆二年三甲一百三十九名進士。十四年任安徽池州府教授。

蘇鶴成 字語言，號野汀。直隸交河縣人。乾隆二年三甲一百四十名進士。未仕卒。

林良 廣東海陽縣人。乾隆二年三甲一百四十一名進士。任湖北雲夢知縣。

蔣允焄 字爲光，號霞峰、舍竹。貴州貴築縣人。乾隆二年三甲一百四十二名進士。選庶吉士，授檢討。八年任浙江餘姚知縣，調甘肅秦安知縣，十九年改直隸懷安知縣，二十一年擢晉州知州，升江西九江知府。二十三年改福建福州知府，二十五年漳州知府，二十八年臺灣知府，三十六年遷福建汀漳龍道，乾隆四十年授福建按察使。四十一年免職。著有《四書講義》。

張于畊 直隸清苑縣人。乾隆二年三甲一百四十三名進士。十二年任陝西扶風知縣。

孫嶙 字岩石。山東濟陽縣人。乾隆二年三甲一百四十四名進士。授江西星子知縣，乾隆十八年改山東青州府教授。後掌松林書院。

孫穆 直隸豐潤縣人。乾隆二年三甲一百四十五名進士。十二年任湖北蒲圻知縣，二十三年改山西絳縣知縣。

德保 字仲容，號潤亭、定圃、龐村。滿洲正白旗，索卓絡氏。康熙五十八年（1719）五月十七日生。乾隆二年三甲一百四十六名進士。選庶吉士，任檢討。纍遷翰林院侍講學士，乾隆十五年授內閣學士遷工部侍郎。十八年革。二十六年授吏部侍郎，三十四年調廣東巡撫，改福建巡撫，四十三年九月遷禮部尚書。四十五年任會試主考官。乾隆五十四年（1789）正月卒，年七十一。嘉慶四年追諡"文莊"。著有《樂賢堂詩文鈔》。

閻作師 河南盧氏縣人。乾隆二年三甲一百四十七名進士。

時遠 字程萬，號麟川。雲南趙州人。乾隆二年三甲一百四十八名進士。五年任江西樂安知縣，改雲南臨安府教授。

宋洙 河南太康縣人。乾隆二年三甲一百四十九名進士。任河南開封府教援。

侯克岐 河南河內縣人。乾隆二年三甲一百五十名進士。十三年任貴州安平知縣，二十九年任安徽霍山知縣。

李際隆 福建歸化縣人。乾隆二年三甲一百五十一名進士。十二年任湖南安福知縣，十三年改湖南武陵知縣，二十一年官至廣東廉州知府。

兄李鎬，同榜進士。

秦雄褒 江蘇無錫縣人。乾隆二年三甲一百五十二名進士。任山西榆次知縣，十三年改五寨知縣。

楊名世 甘肅隴西縣人。乾隆二年三甲一百五十三名進士。十二年任山東萊蕪知縣。

凌應蘭 江蘇上海縣人。乾隆二年三甲一百五十四名進士。任江蘇淮安高堰通判。

張素臣 湖北蘄水縣人。雍正十年舉人，乾隆二年三甲一百五十五名進士。任知縣，改教授。

周起焘 字文波，號玉淵。江西廣豐縣人。乾隆二年三甲一百五十六名進士。未仕，遽卒。

賀鳴諧 字崪禾、鐸夫，號練峰。江蘇六合縣（一作吳縣）人。乾隆二年三甲一百五十七名進士。十二年任山東泗水知縣，十九年改山東陵縣知縣。以終養歸。閉門著書，著有《四書正義》《鄉黨備考》《學庸講義》《離騷直解評注》等。

彭崇信 湖北雲夢縣人。雍正七年舉人，乾隆二年三甲一百五十八名進士。

周作哲 河南商城縣人。乾隆二年三甲一百五十九名進士。十二年任江西星子知縣，十五年改江西廬陵知縣，二十一年遷江西寧州知州，官至雲南大理賓州知州。

符乘龍 字斯萬。江西宜黃縣人。乾隆二年三甲一百六十名進士。任廣東翁源知縣，改吉安府教授。主講鷺洲書院。

吳名夏 浙江烏程縣人。乾隆二年三甲一百六十一名進士。十二年任福建光澤知縣。

徐逢舉 廣東東安縣人。乾隆二年三甲一百六十二名進士。

郭 磊 河南商丘縣人。雍正年間任河南宜陽縣教諭，乾隆二年三甲一百六十三名進士。十二年任山西廣靈知縣。

王泰亨 直隸安州人。乾隆二年三甲一百六十四名進士。任山西鄉寧知縣。

黃培任 江西新城縣人。乾隆二年三甲一百六十五名進士。十二年任浙江遂昌知縣。

蘇 德 滿洲鑲白旗人。乾隆二年三甲一百六十六名進士。

馮兆吉 直隸遵化州人。乾隆二年三甲一百六十七名進士。任江蘇宜興知縣。

管餘慶 直隸清苑縣人。乾隆二年三甲一百六十八名進士。十三年任山西黎城知縣。

朱若炳 字彤章，號雲亭。廣西臨桂縣人。乾隆二年三甲一百六十九名進士。選庶吉士，授檢討。

四年任山東德州知縣，八年改山東長山知縣，十年四月調山東菏澤、改歷城知縣，十四年升膠州知州，改德州知州，十六年遷江西九江知府，十八年官至江西南昌知府。卒於任，年僅四十八。

王商霖 福建晉江縣人。乾隆二年三甲一百七十名進士。二十九年任福建福寧府教授。

張　琪 號練江。順天大興縣人。乾隆二年三甲一百七十一名進士。二十年任湖北武昌知縣。

曾聞勇 安徽舒城縣人。乾隆二年三甲一百七十二名進士。十三年任湖南瀘溪知縣。

馬　璜 山東章丘縣人。乾隆二年三甲一百七十三名進士。

白士弘 河南新鄭人。乾隆二年三甲一百七十四名進士。十二年任四川井研知縣。

曾尚增 字謙益，號南村。山東長清縣人（歷城籍）。宗聖六十六代孫。乾隆二年三甲一百七十五名進士。選庶吉士，散館七年改任安徽蕪湖知縣，十一年擢安徽廣德知州，補六安知州，十九年改山西平定州知州，二十三年升湖南郴州直隸州知州，官至順天昌平州知州。

孫　維 字子四，號靈峰。貴州威寧州人。乾隆二年三甲一百七十六名進士。選庶吉士，散館改任主事，官至吏部考工司員外郎。

胡之楚 貴州開泰縣人。乾隆二年三甲一百七十七名進士。十二年任廣東新寧知縣，十五年改感恩知縣，二十年改廣東海康知縣。

父胡沔，同榜進士。

鄭漢履 字聲伯。福建福清縣人。乾隆二年三甲一百七十八名進士。五年任福建漳州府教授。

陳懷仁 山東恩縣人。乾隆二年三甲一百七十九名進士。任四川西昌知縣，十八年調任江蘇金山知縣。

衛德應 字同侶。廣東番禺縣人。乾隆二年三甲一百八十名進士。未仕卒。

陳　澂 字秋潭。貴州安平縣人。乾隆元年舉人，二年三甲一百八十一名進士。任江蘇溧水知縣，十四年改安徽潁上知縣。十五年以憂去。著有《蠧餘詩鈔》。

兄陳法，康熙五十二年進士。

郭新鄰 河南商丘縣人。乾隆二年三甲一百八十二名進士。十三年任湖北長陽知縣。

邵如崙 字角三。湖北天門縣人。雍正二年舉人，乾隆二年三甲一百八十三名進士。任山東臨淄知縣。

楊廷相 山東壽光縣人。乾隆二年三甲一百八十四名進士。四年任山東濟南府教授。

游法珠 字桂涯。廣東順德縣人。乾隆二年三甲一百八十五名進士。十三年任江西信豐知縣，改廣豐知縣，擢贛州府丞。

趙　振 江蘇金匱縣人。乾隆二年三甲一百八十六名進士。

張文焻 山東萊陽縣人。乾隆

二年三甲一百八十七名進士。十四年任廣西容縣知縣。

黃琬 湖北天門縣人。雍正二年舉人，乾隆二年三甲一百八十八名進士。任湖北宜昌府教授。

翁文達 字兼卿。福建古田縣人。乾隆二年三甲一百八十九名進士。乞假歸，著有《桃湖詩文集》《古今名臣録》十卷、《姓氏瑶林》四卷。

陳其潤 河南葉縣人。乾隆二年三甲一百九十名進士。雍正十二年任江西宜春知縣。

宋范勛 字炳文。山西臨汾縣人。乾隆二年三甲一百九十一名進士。十三年任浙江昌化知縣。

周鳳翮 字若雲。貴州綏陽人。乾隆二年三甲一百九十二名進士。未仕，通易善醫，能詩文，八分小篆，畫山水。

石爐 河南偃師縣人。乾隆二年三甲一百九十三名進士。病亡，未竟其用。

張四教 字聖勖。山東壽光縣人。乾隆二年三甲一百九十四名進士。任湖南黔陽知縣，後改山東兗州府教授。

秦純 山東日照縣人。乾隆二年三甲一百九十五名進士。任山西岳陽知縣，十一年改山西安澤知縣。

寶善 滿洲正紅旗人。乾隆二年三甲一百九十六名進士。任雲南新興州知州。

郭定 山西沁州直隸州人。乾隆二年三甲一百九十七名進士。

十三年任湖南寧鄉知縣。

謝堝 廣東番禺縣人。乾隆二年三甲一百九十八名進士。十三年任廣西北流知縣，二十七年改四川龍安府經歷。引疾歸，年六十七卒。

杜震鐸 河南祥符縣人。乾隆二年三甲一百九十九名進士。二十一年任湖南新田知縣。

賴能發 福建上杭縣人。乾隆二年三甲二百名進士。十三年任江西永寧知縣。

李仲良 字漢侯。山西玉山縣人。乾隆二年三甲二百零一名進士。任廣西平南知縣，調天保縣。年老乞歸。

馮惀 字慎思。山東惠民縣人。乾隆二年三甲二百零二名進士。任雲南易門知縣，改山東兗州府教授。七十卒於任。

胡承壓 （《進士題名碑録》作胡承殿）字廷楊。安徽涇縣人。乾隆二年三甲二百零三名進士。任山西襄陵知縣，十七年署萬泉知縣，十八年遷山東平度知州，二十九年任四川重慶知府，三十六年改湖南辰州知府，四十一年官至湖南長沙知府，署辰沅永靖道。年七十五乞歸。

薩穆哈 滿洲鑲黃旗人。乾隆二年三甲二百零四名進士。十年任山西孝義知縣。十二年（1747）二月病故。

許宗峻 字仰崧。浙江仁和縣人。乾隆二年三甲二百零五名進士。任雲南通海知縣。

李汝霖　山東濰縣人。乾隆二年三甲二百零六名進士。任江蘇六合知縣。

魏夢燭　字耿齋。福建古田縣人。乾隆二年三甲二百零七名進士。未仕，著有《洞天草》一卷。

彭敬吉　雲南趙州人。乾隆二年三甲二百零八名進士。

袁正身　陝西潼關縣人。乾隆二年三甲二百零九名進士。

朱慶旦　字明齋。湖南平江縣人。乾隆二年三甲二百十名進士。十一年謁選，卒於都門。

劉紱　陝西華州人。乾隆二年三甲二百十一名進士。

李嗣洙　山東莒州人。乾隆二年三甲二百十二名進士。十三年授陝西商南知縣，改繁浦知縣，二十一年調蒲城知縣，官至知州。

陳封舜　雲南鎮南州人。乾隆二年三甲二百十三名進士。十三年任山西陵川知縣，二十二年遷湖北鄖陽府通判。

郭世奇　字霞標。河南洛陽縣人。乾隆二年三甲二百十四名進士。任廣東吳川知縣，署廣東化州知州。卒於任。

龔士模　四川營山縣人。雍正十年舉人。乾隆二年三甲二百十五名進士。十四年任貴州貴築知縣，遷貴州普安知州、雲南鎮沅直隸州知府、雲南府知府，官至雲南迤西道、迤東道。

沈致中　雲南建水州人。乾隆二年三甲二百十六名進士。

黃有德　廣東海陽縣人。乾隆二年三甲二百十七名進士。任雲南易門知縣。

胡汧　字息舍，號秦川。貴州開泰縣人。康熙二十三年（1684）六月二十八日生，十上秋闈。乾隆二年三甲二百十八名進士。乾隆七年（1742）十月十九日未仕而卒。年五十九。

子胡之楚，同榜進士。

李鎬　福建歸化縣人。乾隆二年三甲二百十九名進士。十七年任福建泉州府教授。

弟李際隆，同榜進士。

吳憲青　字若萬。福建侯官縣人。乾隆二年三甲二百二十名進士。十四年任浙江桐廬知縣。

父吳履泰，雍正八年進士。

較孝　河南中牟縣人。乾隆二年三甲二百二十一名進士。任教授。

楊岳田　江蘇陽湖縣人。乾隆二年三甲二百二十二名進士。任安徽懷縣訓導，十三年任福建建寧知縣。

崔嶸　字雲峰。山西忻州直隸州人。乾隆二年三甲二百二十三名進士。十三年授河南淇縣知縣，十七年改虞城知縣，擢大理寺評事，十七年遷禮部員外郎、郎中。乞養歸。著有《稽古堂四書講義》《故別錄》。

張煦　字春暉。四川涪州人。乾隆二年三甲二百二十四名進士。十三年任山西蒲城知縣。

謝載鑾　湖北沔陽州人。乾隆

二年三甲二百二十五名進士。

潘　均　河南杞縣人。乾隆二年三甲二百二十六名進士。十三年任廣東樂昌知縣。

戴成憲　雲南祿豐縣人。乾隆二年三甲二百二十七名進士。

祿　成　滿洲鑲黃旗人。乾隆二年三甲二百二十八名進士。

胡　嶠　廣西馬平縣人。乾隆二年三甲二百二十九名進士。十三年任四川榮昌知縣。

潘弘道　四川達州人。乾隆二年三甲二百三十名進士。任教授。

王尊旦　河南孟津縣人。乾隆二年三甲二百三十一名進士。十四年任福建連江知縣，改兵馬司正指揮。

巫近漢　字碧瞻，號甸廬。福建寧化縣人。乾隆二年三甲二百三十二名進士。六年授廣東樂昌知縣，代理知府。以年老引疾歸。

張　蒲　江西吉水縣人。乾隆二年三甲二百三十三名進士。任教授。

吳昌瑞　廣東嘉應直隸州人。乾隆二年三甲二百三十四名進士。

蔡廷瑞　字天錫。江西寧都人。乾隆二年三甲二百三十五名進士。十一年任山西武鄉知縣。

杜　蕭　字羹臣。山東濱州人。乾隆二年三甲二百三十六名進士。十一年授江蘇婁縣知縣，丁憂。十五年補湖北襄陽知縣，升廣西上思州知州。卒於任。

彭遵泗　字磬泉，號石甫。四川丹陵縣人。乾隆二年三甲二百三十七名進士。選庶吉士，授兵部主事，二十二年遷湖北黃州府同知，官至甘肅涼州府同知。著有《蜀碧》，另有《丹溪遺稿》。

兄彭端淑、彭肇珠，雍正十一年同榜進士。善長古文，與彭遵泗號稱"三彭"。

段　藻　字采之。江西餘干縣人。乾隆二年三甲二百三十八名進士。十三年任貴州遵義知縣。

江正超　字克見。福建侯官縣人。乾隆二年三甲二百三十九名進士。十四年四月任江蘇新陽知縣。

覺羅德成格　字撫遠，號松亭、維翰。滿洲鑲黃旗人。乾隆二年三甲二百四十名進士。改主事，官至侍講。

馮　鈐　字咸六，號栝堂。浙江桐鄉縣人。康熙五十年（1711）十月初六日生。乾隆二年三甲二百四十一名進士。任吏部主事、遷郎中。十一年考選湖廣道御史，十五年督福建學政，遷刑科給事中，外任貴州貴西道，二十一年授貴州按察使改安徽按察使，遷山東布政使。二十三年三月授湖北巡撫，四月改湖南巡撫，二十七年調廣西巡撫，三十年三月復改湖南巡撫，十一月改安徽巡撫。因不能及時查參潁州知府史魯璠等，三十四年二月革職。三十五年（1770）八月賞按察使銜，十一月二十一日卒。年六十。

乾隆四年（1739）己未科

第一甲三名

莊有恭 字容可，號滋圃。廣東番禺縣人。康熙五十二年（1713）生。乾隆四年一甲第一名狀元。任翰林院修撰。纍遷侍講學士，九年授光禄寺卿，丁憂。十一年遷内閣學士，第二年授兵部侍郎，改户部侍郎，十五年督江蘇學政，十六年授江蘇巡撫。二十一年署南河總督，因辦理朱聘主使毆打致死雇工，二十二年正月解職，六月允其捐銀三萬兩贖其絞罪，以帶罪署湖北巡撫。二十四年調浙江巡撫，復改江蘇巡撫。二十八年加太子太保。二十九年授刑部尚書，三十年正月授協辦大學士，留江蘇巡撫任。三十一年因對蘇州府同知段成功貪婪案處理不當正月革，八月授福建巡撫。乾隆三十二年（1767）七月初二日驚恐病死，年五十五。工書法，師顔真卿、趙孟頫。爲清代書法家。

涂逢震 字京百、警伯，號石溪。江西南昌縣人。乾隆四年一甲第二名榜眼。授編修。升翰林院侍讀學士，乾隆六年，任湖南鄉試主考官，七年充會試同考官，十年遷内閣學士，同年十二月擢工部左侍郎，十三年降通政司副使。

秦勇均 字建資，號柱川。江蘇金匱縣人。乾隆四年一甲第三名探花。授編修。十年出任江西九江知府，十五年改廣信知府，丁憂服闋補山西平陽知府，二十七年授陝西按察使。三十五年（1770）十二月病免。卒於商州旅次，年七十一。

第二甲九十名

陸秩 字賓之，號抑齋。浙江錢塘縣人。乾隆四年二甲第一名進士。選庶吉士，授編修。八年考選山東道御史，十九年任順天東城巡城御史，官至兵科給事中（一作工科給事中）。能詩善書。著有《抑齋詩文集》。

官獻瑶 字瑜卿，一字石溪。福建安溪縣人。乾隆四年二甲第二名進士。選庶吉士，授編修。九年任浙江鄉試副考官，試畢，任廣西學政，十二年督陝甘學政，官至司經局洗馬。乞養歸奉母，卒年八十。著有《讀易偶記》《石溪文集》《尚書偶記》《尚書講稿思問録》《讀詩偶記》《周官偶記》《春秋傳習録》等。

陳鍔 字白崖、義三。浙江錢塘縣人。乾隆四年二甲第三名進士。任吏部主事，升員外郎，乾隆十二年充順天鄉試同考官，升郎中，十五年再充順天鄉試同考官，十七年官至湖北襄陽知府。修有《襄陽府志》四十卷圖一卷。

許炯 字允元。浙江海鹽縣人。乾隆四年二甲第四名進士。任湖北蒲圻知縣。因事免職。

袁枚 字子才，號簡齋，自號倉山居士，晚號隨園老人。浙江錢塘縣人。康熙五十五年（1716）三月初二日生。乾隆四年二甲第五名進士。選庶吉士，散館改江蘇溧水、江浦、沭陽、江寧等縣。丁父母憂。十三年辭官居江寧隨園，以詩酒自娛。嘉慶二年十一月十七日（1798年1月）卒於江寧，年八十二。袁枚爲乾隆時著名詩人，與趙翼、蔣士銓并稱乾隆三大家。并爲清代藏書家，藏書處曰"年好軒"。著有《隨園詩話》《隨園隨筆》《子不語》《文集》《外集》《尺牘》，另有《小倉山房詩集》八十卷。

陳大晌 字紫山。江蘇溧陽縣人。乾隆四年二甲第六名進士。選庶吉士，授編修。升侍讀，十六年充廣東鄉試正考官，會試同考官，官至翰林院侍讀學士，十八年督湖廣學政。

爲康熙三十九年進士陳嘉猷孫。

裘曰修 字叔度、漫士，號諾皋。江西新建縣人。康熙五十一年（1712）十月二十九日生。乾隆四年二甲第七名進士。選庶吉士，授編修。纍遷少詹事，乾隆十三年授詹事，十六年遷兵部侍郎，歷吏部、户部侍郎。二十年復任吏部侍郎、軍機大臣。二十二年改户部侍郎，三十二年七月遷禮部尚書，改工部、刑部尚書。三十五年因治蝗不利降順天府尹，遷工部侍郎仍管順天府尹，三十六年授工部尚書。三十八年（1773）加太子少傅。五月初一日卒，年六十二。謚"文達"。撰有《熱河志》《太學志》《西清古鑒》《秘殿珠林》《石渠寶笈》《錢録》等書。又奉命補《華嚴經》殘本。

父裘君弼，康熙三十六年進士；子裘行簡，直隸總督；孫裘元善，嘉慶十九年進士。

沈德潛 字確士，號歸愚、峴山。江蘇長洲縣人。康熙十二年（1673）十一月十七日生。乾隆四年二甲第八名進士（時年六十七）。選庶吉士，授編修。命直上書房，纍遷少詹事，十年授詹事，十一年遷內閣學士，十二年擢禮部侍郎。十四年休致。二十二年乾隆帝南巡迎鑾賞禮部尚書銜。三十四年（1769）

九月初七日卒，年九十七。贈太子太師。入祀賢良祠，謚"文愨"。四十三年涉文字獄案，剖棺戮屍，全家治罪。編著有《沈歸愚詩文全集》《古詩源》《唐詩別裁》《明詩別裁》《清詩別裁》等。

蔣麟昌 字靜存。江蘇陽湖縣人。乾隆四年二甲第九名進士。選庶吉士，任編修。纂修《三禮》積勞成疾，年僅二十二卒。著有《菱溪遺草》。

楊開鼎 字峙塘，號玉坡、新圃。江蘇甘泉縣人。乾隆四年二甲第十名進士。選庶吉士，授編修。九年考選山東道御史，升戶科掌印給事中，三十三年任直隸通永道，調福建汀漳龍道，四十二年任湖南鹽法常寶道，四十四年官至湖南衡永郴桂道。卒於任。

孫拱極 字蕭右、淑祐，號紫垣。福建連江縣人。乾隆四年二甲十一名進士。選庶吉士，改知縣以事落職。留京十載歸，掌教鰲峰書院。性傲，與人多不合。

汪元麟 字友仁，號慎齋。安徽休寧縣人。乾隆四年二甲十二名進士。七年任江西信豐知縣，九年改江西清江知縣，十三年改江西南昌知縣。

儲麟趾 字梅夫、劍復，號履淳、勿齋。江蘇荊溪縣人。乾隆四年二甲十三名進士。選庶吉士，授編修。十四年考選貴州道御史，十五年任順天鄉試同考官，二十一年由鴻臚寺卿遷太僕寺卿，二十四年任宗人府丞。三十二年以病乞休。家居十餘年，卒年八十二。著有《嘆樹軒詩稿》。

程景伊 字聘三，號莘田、雲堂。江蘇武進縣人。乾隆四年二甲十四名進士。選庶吉士，授編修。入直上書房，遷侍講、侍讀學士，乾隆十八年授詹事，遷內閣學士。二十一年授兵部侍郎改禮部、戶部侍郎，三十四年二月遷工部尚書改刑部、吏部尚書。三十八年授協辦大學士，四十四年十二月遷文淵閣大學士。乾隆四十五年（1780）七月卒。謚"文恭"。著有《雲塘文集》。

徐景熹 字參兩，號璞齋。浙江錢塘縣人。乾隆四年二甲十五名進士。選庶吉士，授編修。十年充會試同考官，十五年任福建福州知府，二十二年官至福建鹽茶道。

曹經 字與綸，號原三。江西新建縣人。乾隆四年二甲十六名進士。選庶吉士，授編修。卒於任。

弟曹秀先，乾隆元年進士，禮部尚書。

鄭萬年 字勝葎，號竹坪。浙江西安縣人。乾隆四年二甲十七名進士。任廣西修仁知縣，調臨桂縣，署永安、恭城知縣，升左州知州，三十四年調貴州黔西州知州。以病告歸。

聞人棠 浙江山陰縣人。乾隆四年二甲十八名進士。十三年任廣西富川知縣。

沈彥縉　浙江歸安縣人。乾隆四年二甲十九名進士。任浙江紹興府教授。

梁啓心　（1695—1758，初名梁詩南）字首存，一字蔽林。浙江仁和縣人。乾隆四年二甲二十名進士。選庶吉士，授編修。乞歸，著有《南香草堂詩集》。

高名世　江蘇通州直隸州人。乾隆四年二甲二十一名進士。任吏部主事。

鞠逤行　字謙牧，號未峰。山東海陽縣人。乾隆四年二甲二十二名進士。選庶吉士，授編修。

姚廷祐　字亦偉，號仲仁。直隸宣化縣人。乾隆四年二甲二十三名進士。選庶吉士，授編修。

莊熊芝　江蘇陽湖縣人。乾隆四年二甲二十四名進士。十四年任湖北利川知縣，二十四年調湖南零陵知縣，三十三年改衡陽知縣，四十年官至貴州正安知州。

黃可潤　字壺溪、澤夫。福建龍溪縣人。乾隆四年二甲二十五名進士。十一年授直隸無極知縣，歷大城、宣化知縣，易州知州，在直隸二十載。二十八年遷湖北黃州知府，改直隸河間知府。卒於任。修有《口北三廳志》。

從兄黃寬，乾隆十三年進士。

羅華　江西南城縣人。乾隆四年二甲二十六名進士。任雲南富民知縣。

胡世科　字希哲。安徽涇縣人。乾隆四年二甲二十七名進士。十三年任廣東始興知縣，在任三載。

祖父胡承謨，康熙三十九年進士。

徐垣　字紫庭，號芷亭。順天大興縣人，原籍浙江山陰。隨父至京入大興籍。乾隆四年二甲二十八名進士。選庶吉士，改戶部主事，纍遷江西廣信知府，擢江西吉南贛道，二十年授安徽按察使，二十二年遷四川布政使，二十四年調貴州布政使，二十六年改湖北布政使。二十七年（1762）赴任，行至常德卒。

金文淳　字質甫，號金門。浙江錢塘縣人。乾隆四年二甲二十九名進士。選庶吉士，授編修。二十三年署直隸東路同知，官至直隸順德知府，二十八年官至天津知府。以違制剃頭，革職斬立決，後派直隸修城工。歸後主講問津書院。著有《蛾子録》《讀史卮言》。

楊澐森　字光濤。安徽休寧縣人。乾隆四年二甲三十名進士。任廣西宣化知縣。

軒轅誥　字謀野。山東汶上縣人。乾隆四年會元，二甲三十一名進士。選庶吉士，散館歸班候選知縣，十九年任廣東長寧知縣，官至廣東寧州知府。

喻煒　字紫雯，號澄湖。江西南昌縣人。乾隆四年二甲三十二名進士。選庶吉士，授編修。

陸廣霖　字用賓、補山。江蘇武進縣人。乾隆四年二甲三十三名進士。選庶吉士，未散館五年任福建連城知縣，六年改寧化知縣，十五年任順昌知縣，調臺灣彰化知縣，丁母憂。補廣西恭城知縣。

唐炳 字來儀，號月村。浙江歸安縣人。乾隆四年二甲三十四名進士。選庶吉士，散館歸班候補知縣，二十年任湖南桃源知縣。著有《月村詩稿》。

劉純煒 字霽庵、仰仲。山東諸城縣人。乾隆四年二甲三十五名進士。十三年任江西分宜知縣，二十三年調浙江海寧、平湖知縣，晉東塘同知，二十八年遷浙江杭州知府，杭嘉湖道。三十三年授浙江布政使，三十四年授太僕寺卿，三十八年改順天府尹，四十年解職。四十二年授光祿寺卿。降調。

父劉棨，康熙二十四年進士。兄劉維焯，雍正八年進士。

徐文煜 字亮采，號蘭谷。順天大興縣人。乾隆四年二甲三十六名進士。選庶吉士，授編修。官至左中允。

沈驚遠 江蘇吳縣人。乾隆四年二甲三十七名進士。八年任江蘇江寧府教授。

陶鏞 字序東，號西圃。安徽蕪湖縣人。乾隆四年二甲三十八名進士。選庶吉士，散館改直隸武強知縣，丁憂歸。補山西洪洞知縣，二十二年改樂平知縣，遷湖北宜昌府。引疾歸。

方世儁 字蘇永，號毓川、竹溪。江蘇上元縣人，原籍安徽桐城。乾隆四年二甲三十九名進士。任戶部主事、員外郎，十一年考選雲南道御史，升太僕寺少卿，乾隆二十三年授陝西布政使。二十九年十月遷貴州巡撫，三十二年二月調湖南巡撫。三十四年十一月解職。三十五年十月以"前在貴州巡撫任內貪索劉標貨物，并於開礦受賄盈千"罪處絞。

蔡揚宗 字賡堂，號且湘、湘南。湖南湘潭縣人。乾隆四年二甲四十名進士。選庶吉士，授編修。十年充會試同考官，擢贊善、庶子，遷侍讀學士，十六年督山西學政，官至詹事府少詹事。

林興濟 字東起，號南池。山東濟寧州人。乾隆四年二甲四十一名進士。選庶吉士。

費蘭先 字心如。浙江歸安縣人。乾隆四年二甲四十二名進士。四年任直隸徐水知縣（原名安蕭知縣）。改教職。

許朝 字光庭，號紅橋。江蘇昭文縣人。乾隆四年二甲四十三名進士。授廣西懷遠知縣，升太平府通判，補德州通判，官濟南府通判，十三年署廣西鎮安知府。著有《紅橋集》。

陳興祚 字緒三。浙江嘉善縣人。乾隆四年二甲四十四名進士。十年任福建仙游知縣，補河南洧川知縣。

王覺蓮 字夢白，號醒齋。貴州貴築縣人。乾隆四年二甲四十五名進士。選庶吉士，授編修。升至右庶子，乾隆十年充會試同考官。

胡彥輔 浙江德清縣人。乾隆四年二甲四十六名進士。任貴州清平知縣。

孫良貴 字鄰初。湖南善化縣人。乾隆四年二甲四十七名進士。五年任湖南常德府教授，十三年遷甘肅安化知縣。

張釣鰲 字滄客。江蘇丹陽縣人。乾隆四年二甲四十八名進士。十四年任陝西長武知縣。

葉　酉 字書山，號花南。安徽桐城縣人。乾隆四年二甲四十九名進士。選庶吉士，授編修。九年充河南鄉試副考官，十二年督貴州學政，遷左庶子，十七年督湖南學政，官至翰林院侍講學士，以事降為侍讀。後居家主講鍾山書院。著有《詩經拾遺》《日下詩草》《春秋究遺》，曾采入《四庫全書》。

黃大本 浙江嘉興縣人。乾隆四年二甲五十名進士。任陝西大荔知縣，乾隆十六年改四川榮縣知縣。二十八年去。

夏金章 字學臣。福建閩縣人。乾隆四年二甲五十一名進士。十五年任陝西大荔知縣。

孫　煒 字國華。山東壽光縣人。乾隆四年二甲五十二名進士。任河南鎮平知縣，十五年改廣東鎮平知縣，十九年改廣東新寧知縣，二十二年任新會知縣，二十三年廣東潮陽知縣，三十五年改四川資陽知縣。

父孫果，雍正元年進士。

馮成修 字遜求，號達夫、潛齋。廣東南海縣人。康熙四十一年（1702）生。乾隆四年二甲五十三名進士。選庶吉士，改吏部文選司主事，升員外郎，乾隆十五年任福建副考官，十七年充順天鄉試同考官，官至禮部祠祭司郎中。十八年任四川鄉試主考官，二十四年任貴州學政。曾兩次乞假尋父，卒無所遇。六十一歲告歸。晚年主越華書院、粵秀書院。乾隆六十年鄉舉重逢宴鹿鳴，賞復直隸岩鎮場大使原銜。嘉慶元年（1796）卒，年九十五。著有《養正要規》《學庸集要》。

張　警 （本姓茅）順天宛平縣人，原籍浙江山陰。乾隆四年二甲五十四名進士。七年任安徽黟縣知縣。

王執玉 字璞完。浙江仁和縣人。乾隆四年二甲五十五名進士。任浙江溫州、台州府教授，二十二年擢河南汲縣知縣。

紐汝騏 字駕仙，號西齋。浙江桐鄉縣人。乾隆四年二甲五十六名進士。選庶吉士，授編修。乾隆十五年充江南鄉試副考官，十七年充雲南鄉試主考官。著有《南雅堂集》。

管一清 字配寧，號半塘、直惟、水初。江蘇江都縣人。乾隆四年二甲五十七名進士。選庶吉士，改直隸大名知縣、魏縣知縣，十六年補廣東增城知縣，二十一年署東莞知縣，官至浙江海寧州知州。以功赴部卒於旅舍。

洪科捷 字成仲，號默齋。福建南安縣人。舉人，任福建浦城教諭，乾隆四年二甲五十八名進士。選庶吉士。因父母年逾八十，陳請乞養歸。

周世紀 浙江會稽縣人。乾隆四年二甲五十九名進士。六年任福建莆田知縣，十年擢福建西崙同知，十一年遷廣西梧州府同知，十九年署鬱林知州，改南寧府同知，官至知府。

張昌蕃 字錦江。江蘇元和縣人。乾隆四年二甲六十名進士。八年任河南新野知縣，改廣西興業知縣，官至廣西潯州府同知。

繆敦仁 字義元，號梅澗、榕莊。江蘇吳縣人。乾隆四年二甲六十一名進士。選庶吉士，授編修。

父繆曰藻，康熙五十四年榜眼；弟繆遵義，乾隆二年進士。

張鏐 字完質。山東海豐縣人。乾隆四年二甲六十二名進士。任內閣中書。十六年（1751）卒於任。

父張可大，康熙四十五年進士。

王錦 字宸章，號絅齋。順天大興縣人。乾隆四年二甲六十三名進士。選庶吉士，授編修。大考降知縣，十四年纍遷河南汝寧知府，改湖南岳州府知府，遷廣西右江道，二十四年任河南陝汝道，三十年任廣東雷瓊道。

沈廷標 字名世、廙堂。浙江仁和縣人。乾隆四年二甲六十四名進士。八年任浙江嘉興府教授，二十年擢江西萍鄉知縣，二十一年改清江知縣。以病告歸。

孫坦 字白昭。順天宛平縣人。乾隆四年二甲六十五名進士。任知縣。

邱柱 字砥瀾，號天峰。江蘇山陽縣人。乾隆四年二甲六十六名進士。選庶吉士，授編修。十七年任河南濬縣知縣。

祖父邱象升，順治十二年進士。

葉有詞 字是根。福建福清縣人。乾隆四年二甲六十七名進士。任教授。

王化南 字陰棠，號雪崖。甘肅武威縣人。乾隆四年二甲六十八名進士。選庶吉士，改知縣，任直隸廣昌、靜海、懷安知縣，十八年任山東莒州知州，二十四年任山東平度州知州。辭歸。主書院講席。

費昭 順天大興縣人。乾隆四年二甲六十九名進士。十三年任安徽五河知縣。十八年丁憂去。

姜朝乘 字玉田，號瑤軒。江蘇丹陽縣人。乾隆四年二甲七十名進士。十四年任安徽舒城知縣。

邵其德 字學民，號智齋、新亭。雲南保山縣人。乾隆四年二甲七十一名進士。選庶吉士，改知縣，遷福建泉州府同知。調山西絳州直隸州知州，改保德直隸州知州。以病告歸。

卜寧一 字中三，號念亭、五峰。山東日照縣人。乾隆四年二甲七十二名進士。授禮部主事，遷御史。外任四川鹽茶道，署四川按察使，三十五年官至順天府丞。七十致仕。

王元令 江蘇嘉定縣人。乾隆四年二甲七十三名進士。纍遷浙江嚴州府同知，十八年改山西太原府同知。

朱標 字文木，號槐亭。陝西長安縣人。雍正十三年舉人，乾隆四年二甲七十四名進士。選庶吉士，改主事，乾隆九年充順天鄉試同考官，十九年官至江西饒州知府。

楊勛 字紹奇。廣東嘉應直隸州人。乾隆四年二甲七十五名進士。任刑部主事、員外郎。十一年考選福建道御史，十七年、二十四年兩任順天中城巡城御史，升禮科掌印給事中，官至鴻臚寺卿。

李超 湖北孝感縣人。雍正十年舉人，乾隆四年二甲七十六名進士。任翰林院典籍，改湖北荊州府教授。

謝穎元 字錦湖。江蘇華亭縣人。乾隆四年二甲七十七名進士。十三年任湖北嘉魚知縣，十五年改湖北漢川知縣，十七年改湖北江夏知縣，遷雲南沾益州知州，改雲南昭通府景東直隸廳掌印同知。

王居正 字季方，號貞齋。山西蒲縣人。乾隆四年二甲七十八名進士。選庶吉士，授編修。乾隆十九年任湖南巴陵知縣，後任陝西永壽知縣。丁母憂歸。著有《鳳池雜記》《鹿樵山人公餘日記》。

伍文運 福建清流縣人。乾隆四年二甲七十九名進士。十四年任廣東定安知縣，十七年改昌化知縣，二十一年遷廣東欽州知州。

丁濰 江蘇山陽縣人。乾隆四年二甲八十名進士。十四年任福建長汀知縣。

吳嗣富 字鄭公、鄭山，號昆田。浙江錢塘縣人。乾隆四年二甲八十一名進士。選庶吉士，授編修。乾隆九年充廣西鄉試正考官，十一年督湖南學政，十三年督廣韶學政。以疾歸。主嵩山書院、杭州書院講席。著有《玉壺齋賦》。

沈爆燔 浙江山陰縣人。乾隆四年二甲八十二名進士。十八年任江西德興知縣。

趙天衢 江西贛縣人。乾隆四年二甲八十三名進士。任工部主事。

施敬勝 浙江仁和縣人。乾隆四年二甲八十四名進士。十四年任四川富順知縣，二十六年改山西陵川知縣，三十三年改曲沃知縣，三十五年官至山西代州直隸州知州。

呼華國 字炳文。陝西長安縣人。乾隆四年二甲八十五名進士。任雲南羅次知縣，二十六年遷甘肅狄道州知州，三十二年改廣東化州知州。

鄒有譽 江蘇金匱縣人。乾隆四年二甲八十六名進士。授甘肅隆德知縣。長於記問，史漢八家之文及李杜詩，皆能背誦。

陳中龍　字漢樓，號白兆。湖北安陸縣人。乾隆元年舉人，四年二甲八十七名進士。選庶吉士，授編修。官至山西平陽府知府。告歸後曾主江漢書院。

聶燾　字環溪。湖南衡山縣人。乾隆四年二甲八十八名進士。十三年任陝西鎮安知縣，在任八年，治行爲陝南第一。二十年調陝西鳳翔知縣。以内艱歸。卒年七十九。著有《塾説》《鎮安縣志》《環溪草堂文集》。

詹肯構　字華堂，號竹村。廣東饒平縣人。乾隆四年二甲八十九名進士。選庶吉士，授編修。二十三年考選福建道御史。

管二象　字秉三。湖北孝感縣人。雍正元年舉人，乾隆四年二甲九十名進士。任大理寺司務。卒於京。

第三甲二百三十五名

楊任仁　浙江錢塘縣人。乾隆四年三甲第一名進士。十四年任江西興國知縣。

仁元文　浙江蕭山縣人。乾隆四年三甲第二名進士。十六年任浙江嘉興府教授。

朱之鐸　江西高安縣人。乾隆四年三甲第三名進士。任教授。

邱性善　廣東饒平縣人。乾隆四年三甲第四名進士。

謝家樹　福建歸化縣人。乾隆四年三甲第五名進士。八年任福建福州府教授，十七年改臺灣府教授，二十五年改福州府教授，二十六年再任臺灣府教授，遷翰林院典薄。

陳士琰　字琬思，號玉軒、温圃。廣西平樂縣人，祖籍廣東東莞。乾隆四年三甲第六名進士。選庶吉士，授檢討。

陳正勛　字書竹。湖北江夏縣人。乾隆元年舉人，四年三甲第七名進士。十三年授山西臨縣知縣，署永寧州、汾陽、孝義知縣，十八年調補臨晉知縣，二十五年擢汾州府同知，丁母憂服闋，補四川重慶府同知。

富介齡　福建晉江縣人。乾隆四年三甲第八名進士。

祁成一　浙江仁和縣人。乾隆四年三甲第九名進士。任知縣。

蔣岳　浙江長興縣人。乾隆四年三甲第十名進士。

郭家英　直隸宣化縣人。乾隆四年三甲十一名進士。十三年任陝西延長知縣，調湖北應山知縣，二十四年改湖北鍾祥知縣，二十八年改湖南芷江知縣。

党維世　陝西三原縣人。乾隆四年三甲十二名進士。十四年任廣東澄邁知縣，十九年改海陽知縣，二十一年任廣東羅定州知州。

何疇　字叙軒。廣西容縣縣人。乾隆四年三甲十三名進士。選庶吉士，授檢討。升右中允、翰林院侍讀、記名御史。

林調燮　字德聚。福建長樂縣

人。乾隆四年三甲十四名進士。十四年任直隸南和知縣，二十一年改直隸井陘知縣，二十六年任直隸靈壽知縣。在任六年。

戴兆復　字溱芭。安徽休寧縣人。乾隆四年三甲十五名進士。十四年任河南封丘知縣，二十七年改安徽寧國府教授。

蔡正笏　（1690—1763）字書存，號松亭，江西南昌縣人。乾隆四年三甲十六名進士。博覽經史，不仕。纂有地方志七十卷，其他著述盡散失。

父蔡秉公，康熙二十七年進士。

丁儔嵩　（本姓沈）浙江蕭山縣人。乾隆四年三甲十七名進士。

伊貴綬　字廷錫，號夢原。蒙古正藍旗人。乾隆四年三甲十八名進士。選庶吉士。革職。

鄭志鯨　字弦齋，號桐月。河南太康縣人。乾隆四年三甲十九名進士。選庶吉士，授檢討。改山西長子知縣，十一年改曲沃知縣，乾隆十七年官至山西絳州直隸州知州。

張學浩　浙江海寧縣人。乾隆四年三甲二十名進士。十四年任河南儀封知縣，官至河南開封上北河同知。

郭之銓　字廷可。安徽全椒縣人。乾隆四年三甲二十一名進士。任廣西灌陽知縣。以艱歸。

林學鳴　字孝揚。福建侯官縣人。乾隆四年三甲二十二名進士。任廣西藤縣知縣。

喬序騂　山西猗氏縣人。乾隆四年三甲二十三名進士。十年任浙江鎮海知縣，十五年改浙江仙居知縣，十八年鎮海知縣，二十四年遷湖南長沙府同知，三十二年清州知州。

顧龍光　江蘇金匱縣人。乾隆四年三甲二十四名進士。十五年任江西樂安知縣。

劉斯和　字育萬、雪峰，號愚溪。河南郟縣人。乾隆四年三甲二十五名進士。任山西渾源知縣，遷山西忻州知州，改甘肅秦州知州，乾隆二十二年官至甘州知府。

出科聯　字乾浦，號淑渠。福建惠安縣人。乾隆四年三甲二十六名進士。選庶吉士，授檢討。

周燾　字迪荀，號桐圃。湖南茶陵縣人。乾隆四年三甲二十七名進士。選庶吉士，授檢討。乾隆十三年充會試同考官，考選廣東道御史，十五年充廣東鄉試主考官，十七年再任會試同考官，官至吏科給事中。乞歸。主講岳麓、朗江書院。卒年八十七。

胡華訓　字觀光，號存庵。江西南昌縣人。乾隆四年三甲二十八名進士。署四川寧遠同知，兼攝會理州同知，改任四川鹽亭知縣，丁憂服闋，二十二年調山東郯城知縣，二十三年改山東費縣知縣，郯城、鄆城知縣。

許治　字均宇。湖北雲夢縣人。乾隆三年舉人，四年三甲二十九名進士。授陝西宜君知縣，丁憂服闋，十九年補江蘇昆山知縣，二十二年調華亭知縣，二十四年任元和知縣，二十九年署吳縣知縣、蘇州府同知，三十年署長洲知縣。三十一年二月被參去。

子許兆椿，乾隆三十七年進士；許兆棠，乾隆四十五年進士。

葛淳 浙江秀水縣人。乾隆四年三甲三十名進士。十四年任江西南康知縣。

陳僴 廣東興寧縣人。乾隆四年三甲三十一名進士。十四年任廣西貴縣知縣，左遷府經歷。

李基生 字中立。直隸祁縣人。乾隆四年三甲三十二名進士。任浙江金華知縣，改泰順知縣，調淳安知縣。卒於任。

傅溥 江西臨川縣人。乾隆四年三甲三十三名進士。九年任江西廣信府教授。

興國 字朝泰，號松山。滿洲正黃旗人。乾隆四年三甲三十四名進士。選庶吉士。

符大紀 字協五，號穆齋。陝西涇陽縣人。乾隆四年三甲三十五名進士。任浙江天台知縣，十四年改縉雲知縣，十七年任秀水知縣，改歸安知縣。以勞卒於任。著有《東橋文稿》。

趙遠猷 字廷樞，號琴齋。直隸灤州人。乾隆四年三甲三十六名進士。

楊大琛 字寶研。江蘇吳縣人。乾隆四年三甲三十七名進士。任兵部主事，改戶部主事，升員外郎。

以勞患耳聾，遂辭職。主講杭州紫陽、敷文書院。

葛乃衮 字仲甫，號龍九。山東蓬萊縣人。康熙三十年三月二十八日生。乾隆四年三甲三十八名進士。

王如庠 字淑宋。山東金鄉縣人。乾隆四年三甲三十九名進士。十五年任山東萊州府教授。三年告歸，講學，卒年八十四。

劉子丑 河南長葛縣人。乾隆四年三甲四十名進士。十五年任江西宜春知縣。以他事被認去職，復任卒於官。

李祥麟 浙江上虞縣人。乾隆四年三甲四十一名進士。任貴州安南知縣。

崔鏛 字麗水，號坦園。直隸長垣縣人。乾隆四年三甲四十二名進士。授陝西山陽知縣，調署雒南知縣，丁母憂。十四年補四川石泉知縣、汶川知縣、保縣知縣，二十年雜谷廳理藩同知，署茂州直隸州知州。卒於任。

丁源淇 山東諸城縣人。乾隆四年三甲四十三名進士（時年五十）。任山東曹州府教授。

慕豫生 字崇士。陝西三原縣人。乾隆四年三甲四十四名進士。十六年任河南汲縣知縣，十七年改河南河陰知縣，二十二年任滎澤知縣，三十五年纍遷甘肅蘭州知府。

徐鴻昇 字鳳苞。浙江平湖縣人。乾隆四年三甲四十五名進士。十五年任湖南寧鄉知縣。以逸囚去職。後家居四十年不謁官府。

金景涑 江蘇武進縣人。乾隆四年三甲四十六名進士。十四年任陝西郃陽知縣。十九年卸任。

沈弘模 直隸天津人。乾隆四年三甲四十七名進士。

林光鋒 字拱卿。福建閩縣人。乾隆四年三甲四十八名進士。

勒 福 滿洲鑲白旗人。乾隆四年三甲四十九名進士。任戶部主事，十五年纍遷甘肅階州直隸州知州，二十八年升江蘇松江知府。

謝弘恩 廣東海陽縣人。乾隆四年三甲五十名進士。

孔傳炯（《進士題名碑》作孔傳炯，誤）字曜南，號南溪。山東曲阜縣人。乾隆四年三甲五十一名進士。十四年任直隸懷安知縣，遷江寧府管糧同知，二十四年任江蘇揚州知府，二十七年改蘇州知府。遷蘇松糧道，四十一年授江蘇按察使，四十三年遷福建布政使，改江寧布政使。四十四年休致。

朱 洽 山西安邑縣人。乾隆四年三甲五十二名進士。二十三年任福建德化知縣。

胡建偉 字勉亭、式懋。廣東三水縣人。乾隆四年三甲五十三名進士。十四年任直隸無極知縣，改正定知縣，母喪服闋，二十五年改福建福鼎知縣，二十八年改永定知縣，三十一年澎湖通判，三十八年任臺灣理番同知，三十九年改閩縣知縣，重文教，建有文石書院、澎湖書院。官至漳州海防同知，煙臺灣北路理藩同知。卒於任。撰有《澎湖紀略》。

施 淇 字衛濱，號竹泉。江蘇儀徵人。乾隆四年三甲五十四名進士。八年任安徽寧國府教授。年六十致仕歸。以講學爲務，卒年九十三。著有《六義齋詩集》。

孔 雲 福建上杭縣人。乾隆四年三甲五十五名進士。十四年任陝西平利知縣。

傅錫肇 河南汝陽縣人。乾隆四年三甲五十六名進士。十四年任廣西天河知縣。

黃澍綸（《進士題名碑》作黃綸）字沛宇，號竺潭。湖南善化縣人。乾隆四年三甲五十七名進士。選庶吉士，八年改安徽繁昌知縣。致仕歸。

鄧承齊 字資賢。湖南桂東人。乾隆四年三甲五十八名進士。任安徽天長知縣，改直隸鉅鹿知縣。

王光佩 湖北黃岡縣人。雍正四年舉人，乾隆四年三甲五十九名進士。十五年任河南登封知縣。

龐 遙 廣東南海縣人。乾隆四年三甲六十名進士。

唐弘宇 四川綿竹縣人。乾隆四年三甲六十一名進士。十六年任湖北南漳知縣。

詹春光 廣東饒平縣人。康熙五十三年（1714）生。乾隆四年三甲六十二名進士。十八年任山西徐溝知縣。

兄詹豹略，乾隆元年進士。

葉　苑　字御馨。浙江錢塘縣人。乾隆四年三甲六十三名進士。任山東臨朐知縣。

伊興阿　字聘莘，號葉川。滿洲正藍旗。乾隆四年三甲六十四名進士。選庶吉士，授檢討。後降筆帖式。

遲逢元　山東萊陽縣人。乾隆四年三甲六十五名進士。任山東金鄉縣教諭，改翰林院典籍。

陳新燕　浙江分水縣人。乾隆四年三甲六十六名進士。八年任直隸唐山任知縣。

李景晟　漢軍正黃旗人。乾隆四年三甲六十七名進士。

張起麟　陝西潼關縣人。乾隆四年三甲六十八名進士。十六年任廣東增城知縣，十九年改廣東河源知縣。

蕭宗元　貴州都勻縣人。乾隆四年三甲六十九名進士。七年任四川鄷都知縣。

孔傳正　（《進士題名碑》作孔傅正，誤）廣東保昌縣人。乾隆四年三甲七十名進士。十四年任四川岳池知縣。

王錫書　山西榆次縣人。乾隆四年三甲七十一名進士。二十七年署四川南部知縣，二十八年任四川華陽知縣，遷廣西河池州知州，三十五年官至四川資州直隸州知州。

王贈華　河南河內縣人。乾隆四年三甲七十二名進士。六年任湖南桂東知縣，八年改桃源知縣，十二年任永明知縣，十六年任湖南巴陵知縣，官至知州。

蕭惟燿　字欽公。湖北孝感縣人。乾隆元年舉人，四年三甲七十三名進士。六年任四川梓桐知縣，十六年改四川灌縣知縣，十七年升四川天全州知州，二十二年至官綿州直隸知州。卒於任。

周金紳　字大階，號握蘭。江蘇金匱縣人。乾隆四年三甲七十四名進士。十六年任四川新寧知縣。在任三年以疾卒於任。著有《握蘭詩草》四卷。

張　田　雲南昆明縣人。乾隆四年三甲七十五名進士。

陳　琨　字惕齋。浙江海寧縣人。乾隆四年三甲七十六名進士。九年任浙江烏程縣教諭，升湖州府教授，十七年遷江蘇如皋知縣。

張麟萊　字修五。山東掖縣人。乾隆四年三甲七十七名進士。任四川納溪知縣。卒於任。

王士鰲　福建惠安縣人。乾隆四年三甲七十八名進士。十六年任福建福州府教授，二十三年改臺灣府教授。

李　湖　字又川，號恕齋。江西南昌縣人。乾隆四年三甲七十九名進士。十四年任山東武城知縣，十七年調山東郯城知縣，升浙江寧海知州，擢山東泰安知府，二十八年改直隸大名府、保定府，三十二年擢直隸通永道、清河道。乾隆三十四年授直隸按察使遷江蘇布政使，三十五年十二月授貴州巡撫，三十七年正月改雲南巡撫。因不能具實劾奏原總督彰寶勒索下屬實情，四十年二月革。四十三年三月授湖南巡撫，四十五年三月改廣東巡撫。乾隆四十六年（1781）十一月卒。贈尚書銜。入祀賢良祠，諡"恭毅"。著有《李恭毅公遺稿》。

江　均　山東金鄉縣人。乾隆四年三甲八十名進士。十六年任山東泰安府教授。

張繩祖　廣西臨桂縣人。乾隆四年三甲八十一名進士。任河南鄢陵知縣，十六年改杞縣知縣。

畢宿燾　字溥幼，號範園。山東文登縣人。乾隆三年以舉人任山東溥平縣教諭。四年三甲八十二名進士。十八年授山西萬泉知縣，升澤州府同知，補吏部員外郎，晋戶部山西司郎中。致仕歸。年八十三卒。著有《保釐堂詩文集》。

王培宗　浙江會稽人。乾隆四年三甲八十三名進士。甘肅階州知州，三十年官至湖北施南知府。

鄭　琯　字獻虞。貴州遵義縣人。乾隆四年三甲八十四名進士。任貢平學正八年，開講堂教授，晚年告歸。著有《湖陽集》。

張宗衡　字亦平。山西曲沃縣人。乾隆四年三甲八十五名進士。任陝西靖邊知縣，改湖南新寧知縣，十四年改湖南湘陰知縣，二十五年

遷江蘇通州知州，三十二年改廣西鬱林知州，官至福建興化知府。

徐孝常　（原名徐異）字東田。江南上元縣人。乾隆四年三甲八十六名進士。選庶吉士，改戶部主事。以病乞假歸。工詩文。

鍾一誠　字照林。江西定南縣人。乾隆四年三甲八十七名進士。任山西定襄知縣。因案件忤上官意，罷歸。

劉爲鴻　字天衢。四川涪州人。乾隆四年三甲八十八名進士。十五年任廣東四會知縣，十七年署廣東高要知縣，十八年改廣東潮陽知縣，二十四年改湖北安陸知縣，官至廣西鬱林州知州。

段　珂　山西汾陽縣人。乾隆四年三甲八十九名進士。十六年任福建浦城知縣。

高　桐　河南拓城縣人。乾隆四年三甲九十名進士。十四年任福建泰寧知縣。

蔣廷芳　奉天承德縣人。乾隆四年三甲九十一名進士。十四年任福建光澤知縣。

吳　億　江西臨川縣人。乾隆四年三甲九十二名進士。

靳學軾　河南蘭陽縣人。乾隆四年三甲九十三名進士。

單　烺　字曜靈。山東高密縣人。乾隆四年三甲九十四名進士。初知貴州銅仁知縣，十四年改直隸龍門縣，十七年改直隸撫寧知縣，二十八年遷直隸西路同知，升湖北

荆門州知州，由知府護貴州糧驛道。

次子單可璡，乾隆四十年進士。

劉樸 山西曲沃縣人。乾隆四年三甲九十五名進士。十五年任湖南新寧知縣。

吳元春 字旋仁。福建連江縣人。乾隆四年三甲九十六名進士。任雲南通海知縣。

郭偉人 山西文水縣人。乾隆四年三甲九十七名進士。任四川長壽知縣，十五年署銅梁知縣，十六年署黔江知縣，遷四川資州知州，改山西汾州府教授。

黃紳 河南商城縣人。乾隆四年三甲九十八名進士。未仕，潛心研理學，年三十二卒。

趙德昌 字紹文，號鶴泉。滿洲正黃旗人。乾隆四年三甲九十九名進士。選庶吉士，授檢討。後改主事。

王元音 江西南城縣人。乾隆四年三甲一百名進士。十五年任浙江餘杭知縣。

初元方 字瑞崖，號峨林。山東萊陽縣人。乾隆四年三甲一百零一名進士。任河南泌陽知縣。歷靈寶、登封、夏邑知縣。二十三年調四川珙縣知縣，歷內江、遂寧、宜賓等縣知縣，候補同知，官至江西糧儲道。

孫初彭齡，乾隆四十五年進士，官兵部尚書；孫初喬齡，乾隆五十二年進士。

李大鵬 字次京。江西南昌縣人。乾隆四年三甲一百零二名進士。任褒城知縣，署留壩同知，二十年改江西建昌府教授。

王清箱 山東高密縣人。乾隆四年三甲一百零三名進士。十六年任浙江湯溪知縣。

楊愚 字大智。山西興縣人。乾隆四年三甲一百零四名進士。十五年任福建韶安知縣，十八年任改侯官知縣，二十一年升泉州府同知，二十三年改臺灣淡水同知，二十八年漳州府同知，三十六年福建海防同知，官至廣西柳州知府。卒於柳州。

楊珪 字德成。福建侯官縣人。乾隆四年三甲一百零五名進士。任甘肅華亭知縣。

陳居易 漢軍鑲藍旗。乾隆四年三甲一百零六名進士。十四年任廣東樂昌知縣。

張鳳瑞 山西代州直隸州人。乾隆四年三甲一百零七名進士。任山西汾州府教授。

梁善長 字崇一，號爕庵。廣東順德縣人。乾隆四年三甲一百零八名進士。十五年任陝西白水知縣，代理澄城、蒲城知縣。二十五年調部陽知縣。官至福建建寧府同知。卒於任。著有《賜衣堂文集》《鑒塘詩鈔》《廣東詩粹》。

吳文正 廣東順德縣人。乾隆四年三甲一百零九名進士。十五年任直隸懷來知縣。

劉際泰 陝西蒲城縣人。乾隆

四年三甲一百十名進士。任甘肅甘州府教授。

巫　慧　字穎超，號魯亭。安徽和州人。乾隆四年三甲一百十一名進士。十四年任山西蒲城知縣，調平魯縣，二十四年署介休縣，後擢四川簡州知州。卒於途。

帥　桂（《進士題名碑》作師桂，誤）貴州貴築縣人。乾隆四年三甲一百十二名進士。

劉　慎　河南祥符縣人。乾隆四年三甲一百十三名進士。

黃　繹　字嗣徽。順天文安縣人。乾隆四年三甲一百十四名進士。任直隸保定府教授。

張文運　字若谷。直隸天津人。乾隆四年三甲一百十五名進士。十五年七月任江蘇新陽知縣，十九年改河南唐縣知縣，二十二年改延津知縣。

楊　培　字天植，號静夫。貴州清平縣人。乾隆四年三甲一百十六名進士。選庶吉士，改主事，升兵部職方司員外郎，官至刑部郎中。乾隆三十六年（1771）卒於任。

曹天瑾　字性豐，號東城。江西湖口縣人。乾隆四年三甲一百十七名進士。任河南遂平知縣。

郭　裕　河南舞陽縣人。乾隆四年三甲一百十八名進士。任河南河南府教授。

洪　汧　貴州玉屏州人。乾隆四年三甲一百十九名進士。任貴州遵義府教授，改石阡府教授。

元　凱　滿洲鑲白旗人。乾隆四年三甲一百二十名進士。任滿洲月保佐領。

孫景烈　字孟揚，號酉峰、竸若。陝西武功縣人。康熙四十五年（1706）八月十二日生。乾隆四年三甲一百二十一名進士。選庶吉士，授檢討。改陝西商州府教授。辭官後，主講關中蘭山書院、户縣明道書院。在籍三十年以宋儒之學教授諸生，成就頗多，爲關中學者宗。乾隆四十七年（1782）九月二十一日卒，年七十七。著有《性理講義》《易經管窺》《可園集》《菜根園慎言録》《酉麓山房存稿》《詩經講義》《黎封聞見録》等。并校正《武功縣志》。

胡鳴珂　湖北天門縣人。雍正十三年舉人，乾隆四年三甲一百二十二名進士。十五年任山東平陰知縣，二十二年調山東萊陽知縣。

羅　憷　字式昭，號孿齋。四川巴縣人。乾隆四年三甲一百二十三名進士。選庶吉士，授檢討。

巴金泰　蒙古鑲黃旗人。乾隆四年三甲一百二十四名進士。

趙崇文　山西榆次縣人。乾隆四年三甲一百二十五名進士。十四年任福建漳平知縣，十五年改南靖知縣，十六年任永安知縣。

張世棟　山西陽曲縣人。乾隆四年三甲一百二十六名進士。

費　瀛　字洲士。浙江烏程縣人。乾隆四年三甲一百二十七名進士。任浙江處州府教授。

賈軨 山西代州直隸州人。乾隆四年三甲一百二十八名進士。十五年任湖北鄖縣知縣。

鄭其仁 直隸贊皇人。乾隆四年三甲一百二十九名進士。十四年任廣東高明知縣，十六年改廣東大埔知縣。

王緯 直隸天津人。乾隆四年三甲一百三十名進士。十六年任陝西麟游知縣，十九年改河南原武知縣。

孫鑛 直隸豐潤縣人。乾隆四年三甲一百三十一名進士。十六年任安徽鳳臺知縣。

鍾秀 江西龍南縣人。乾隆四年三甲一百三十二名進士。七年任江西瑞州府教授。

郭匡 山西絳縣人。乾隆四年三甲一百三十三名進士。任福建沙縣知縣。

毛德馨 直隸長垣縣人。乾隆四年三甲一百三十四名進士。

楊鸑 字子安，號迂谷。陝西潼關縣人。康熙五十一年（1712）正月二十一日生。乾隆四年三甲一百三十五名進士。十五年任四川犍爲縣知縣，十九年歷湖南醴陵、長沙、華容知縣，二十九年邵陽知縣。歸後主豐登、張掖、堯山諸書院。乾隆四十三年（1778）正月十九日卒，年六十七。著有《邈雲樓詩文集》等。

胡斯盛 廣東順德縣人。乾隆四年三甲一百三十六名進士。五年任廣東高州府教授。

甘美 雲南姚州人。乾隆四年三甲一百三十七名進士。十五年任四川銅梁知縣。

孫默 字潛夫。山東掖縣人。乾隆四年三甲一百三十八名進士。十九年任河南夏邑知縣。

陳材 廣東新興縣人。乾隆四年三甲一百三十九名進士。十五年任江蘇嘉定知縣。

劉霖 寧夏中衛縣人。乾隆四年三甲一百四十名進士。十四年任江蘇贛榆知縣，十七年任興化知縣，二十二年署荊溪知縣，二十三年任江蘇金山知縣，二十四年改寶山知縣。

張銘 陝西華陰縣人。乾隆三年舉人，四年三甲一百四十一名進士。十七年任河南武安知縣，官至雲南昭通知府、普洱知府、楚雄知府。

劉起芬 字素庵。江西南昌縣人。乾隆四年三甲一百四十二名進士。十五年任山東德平知縣，十九年調山東滋陽知縣，三十年改廣東署龍門、新寧、靈山知縣。後留粵中書院，十餘年始歸。

黃有覲 廣東始興縣人。乾隆四年三甲一百四十三名進士。任四川射洪知縣。

劉定麟 （一作劉廷麟）湖北漢陽縣人。康熙五十年舉人，乾隆四年三甲一百四十四名進士。任湖南綏寧縣教諭。以苗學滋事罷歸。有《陵川文稿》行世。

段毓靈　江西廬陵縣人。乾隆四年三甲一百四十五名進士。十二年任廣西桂平知縣。

路縣圃　四川温江縣人。乾隆四年三甲一百四十六名進士。十四年任直隸西寧知縣。卒於任。

謝才　字吳望。湖南安仁縣人。乾隆四年三甲一百四十七名進士。六年任湖南寶慶府教授。

張如綖　河南鄭州人。乾隆四年三甲一百四十八名進士。

彭學麟　貴州貴築縣人。乾隆四年三甲一百四十九名進士。十四年任江蘇元和知縣，十五年改安徽貴池知縣。

高廷元　字掄一。順天大興縣人。乾隆四年三甲一百五十名進士。任甘肅清水知縣。

彭作霖　字侶佐。江西寧都縣人。乾隆四年三甲一百五十一名進士。任山西懷仁知縣。

李勛　字蔚然。順天文安縣人。乾隆四年三甲一百五十二名進士。任甘肅正寧知縣，改永寧知縣，二十二年官至湖北荊州知府。

龔士楷　四川營山縣人。乾隆四年三甲一百五十三名進士。十六年任廣東長寧知縣，三十年署湖北蒲圻知縣，三十一年改湖北嘉魚知縣。

張雲翮　廣東嘉應直隸州人。乾隆四年三甲一百五十四名進士。十五年任四川射洪知縣。

廩格　字振剛，號素心。滿洲正黃旗人。乾隆四年三甲一百五十五名進士。改刑部雲南司主事，升至刑部郎中。

王肇基　寧夏中衛縣人。乾隆四年三甲一百五十六名進士。

黎上選　廣東興寧縣人。乾隆四年三甲一百五十七名進士。

石玫玉　字伯可。陝西正寧縣人。乾隆四年三甲一百五十八名進士。任甘肅蘭州府教授。

王鴻　直隸滄州人。乾隆四年三甲一百五十九名進士。任內閣中書，改直隸保定府教授。

吳躍龍　江西高安縣人。乾隆四年三甲一百六十名進士。二十五年任湖北嘉魚知縣，二十八年改湖北江陵知縣。

張作舟　山西忻州直隸州人。乾隆四年三甲一百六十一名進士。任四川資陽知縣。

謝千子　直隸雄縣人。乾隆四年三甲一百六十二名進士。任河南遂平知縣，改雲南文山知縣，昆明知縣。

彭侶　雲南趙州人。乾隆四年三甲一百六十三名進士。

丁士睿　字聖基，號燕山。順天大興縣人。康熙五十二年八月初五日生。乾隆四年三甲一百六十四名進士。

熊倬　字天章，號遠村。江西宜黃人。乾隆四年三甲一百六十五名進士。患心疾，部銓不赴，卒年六十四。

黃玉衡　字象斗。湖南善化縣

人。乾隆四年三甲一百六十六名進士。任江蘇宜興知縣，改山西和順知縣。

仇元基 字淳一。直隸雄縣人。康熙四十三年正月初五日生。乾隆四年三甲一百六十七名進士。

林　鴻 字汝翀。福建浦城縣人。乾隆四年三甲一百六十八名進士。十五年任四川青神知縣，署四川眉州知州，任丹稜、彭山知縣，改灌縣知縣，入爲中書科中書。假歸，卒。

李先益 雲南江川縣人。乾隆四年三甲一百六十九名進士。

高其文 滿洲正藍旗包衣。乾隆四年三甲一百七十名進士。十五年任江西安遠知縣。

朱華國 河南祥符縣人。乾隆四年三甲一百七十一名進士。八年任山東博興知縣，改山東安丘知縣。

程善述 河南夏邑縣人。乾隆四年三甲一百七十二名進士。

潘　炯 字曦亭。直隸通州人。乾隆四年三甲一百七十三名進士。十五年任江西進賢知縣，丁憂歸服闋，二十一年任浙江長興知縣，二十三年改烏程知縣、紹興知縣，遷廣西河池州知州。坐事乞歸，年六十五卒。

陳兆昌 江西贛縣人。乾隆四年三甲一百七十四名進士。任廣西永淳知縣。

劉　熤 字明軒。山西平定直隸州人。乾隆四年三甲一百七十五名進士。署湖北蒲圻知縣，任湖北遠安知縣，二十年改黃岡、漢陽知縣，遷湖北宜昌府同知、武昌府同知，三十年署湖北德安知府。

黃瑞鵬 字程萬，號遜山。廣西靈川縣人。乾隆四年三甲一百七十六名進士。任江蘇武進知縣，官至江蘇常州府同知。病卒。

方連澗 福建武平縣人。乾隆四年三甲一百七十七名進士。十五年任四川大竹知縣。

傅隆阿 字賡阿，號敬齋。漢軍鑲白旗人。乾隆四年三甲一百七十八名進士。選庶吉士，授檢討。

葉天樞 直隸獻縣人。乾隆四年三甲一百七十九名進士。

冉宗洙 四川南充縣人。乾隆四年三甲一百八十名進士。

李芳蕃 字丹岩。湖北漢陽縣人。雍正十三年舉人，乾隆四年三甲一百八十一名進士。乾隆十四年署廣西馬平知縣，十五年至三十二年三任廣西興業知縣，三十二年署陸川知縣。著有《夢沅餘鈔詩集》。

王程焰 四川三台縣人。乾隆四年三甲一百八十二名進士。任河南知縣。

郭錦春 江蘇高郵州人。乾隆四年三甲一百八十三名進士。十五年任河南滑縣知縣。

孫龍光 山西孟縣人。乾隆四年三甲一百八十四名進士。任山西應州學正。

舒　瞻 字雲亭。滿洲正白旗，

他塔喇氏。乾隆四年三甲一百八十五名進士。十年授浙江桐鄉知縣，調平湖、海鹽、山陰知縣，十九年嘉興府通判，二十年任嘉善知縣，二十一年秀水知縣，署浙江乍浦同知。曾預修《八旗滿洲氏族通譜》。著有《蘭藻堂集》《棲桐小草》《楊湖詩存》。

宋恂 字若愚。四川夾江縣人。乾隆元年舉人，四年三甲一百八十六名進士。任河南西華知縣，改懷寧知縣。

陽岐（《進士題名碑》作楊岐）江西贛縣人。乾隆四年三甲一百八十七名進士。十六年任江蘇清河知縣。

梁德隆 廣東嘉應直隸州人。乾隆四年三甲一百八十八名進士。十四年任江西南康知縣，十五年署瑞金知縣，改江西雩都知縣。

高容 山西文水縣人。乾隆四年三甲一百八十九名進士。任陝西西安知縣。

程巖 字巨山，號海蒼、恕齋。江西鉛山縣人。乾隆四年三甲一百九十名進士。選庶吉士，授檢討。十三年督肇高學政，十五年以庶子督廣韶學政，十七年授順天府尹，十九年丁憂。二十四年授光祿寺卿改太常寺卿，二十五年遷內閣學士。二十七年授吏部右侍郎，三十年改禮部侍郎。三十一年十二月乞養。爲官以清節著稱。三十三年（1768）七月十八日卒，年五十五。

文兆奭 字季棠。廣西靈川縣人。乾隆四年三甲一百九十一名進士。十五年任河南輝縣知縣。

趙永孝 字漢忠，號謹凡。江蘇常熟縣人。乾隆四年三甲一百九十二名進士。已年五十四，不樂爲吏，選教職，與兄錫孝相繼爲常州府教授，金陵稱"二趙"。卒於任。著有《鑒古堂詩文集》。

丁復瀛 河南永城縣人。乾隆四年三甲一百九十三名進士。十四年任陝西三水知縣。

許元善 河南魯山縣人。乾隆四年三甲一百九十四名進士。十三年任福建歸化知縣。

張聖治 雲南蒙化縣人。乾隆四年三甲一百九十五名進士。官至雲南澂江知府。

宋熙 山東膠州人。乾隆四年三甲一百九十六名進士。十五年任山西壺關知縣。

許元鏴 字季昭。福建南靖縣人。乾隆四年三甲一百九十七名進士。六年任福建興化府教授。

房逢年 字歲成，號雲嶠。湖此嘉魚縣人。康熙五十九年舉人，乾隆四年三甲一百九十八名進士。主講湖南岳麓書院五年，門下登舉人者二十餘人。

郭溁 湖北孝感縣人。乾隆元年舉人，四年三甲一百九十九名進士。

李復發 字延開。福建安溪縣人。乾隆四年三甲二百名進士。任甘肅山丹知縣,改伏羌縣,擢肅州知州,三十二年遷四川夔州知府。兼理夔渝兩地關稅,卒年六十三。

爲大學士李光地族曾孫;從兄李玉鳴,乾隆元年進士。

江　牧　江西金溪縣人。乾隆四年三甲二百零一名進士。任助教。

黃文都　廣西西隆縣人。乾隆四年三甲二百零二名進士。十五年任安徽寧國知縣。

劉廷梁　滿洲正黃旗人。乾隆四年三甲二百零三名進士。

歐陽星　字石溪。江西分宜縣人。乾隆四年三甲二百零四名進士。任山東臨淄知縣,二十年改江西臨江府教授。

萬　方　四川瀘州九姓司人。乾隆四年三甲二百零五名進士。十五年任江西分宜知縣。

朱曾仲　直隸青縣人。乾隆四年三甲二百零六名進士。

郝　璞　奉天府開原縣人。乾隆四年三甲二百零七名進士。任雲南通海知縣、文山知縣。

張　昱　順天大興縣人。乾隆四年三甲二百零八名進士。

屠祖賚　字卜百,號杏村。湖北孝感縣人。乾隆元年舉人,四年三甲二百零九名進士。十五年授直隸寧河知縣,十八年調直隸長垣知縣,官至安徽安慶府通判。

李正揆　湖北漢陽縣人。雍正七年舉人,乾隆四年三甲二百十名進士。

紀宣猷　字次臣。順天文安縣人。乾隆四年三甲二百十一名進士。任直隸河間府教授。

金國彥　雲南保山縣人。乾隆四年三甲二百十二名進士。

孫慶槐　字元蔭。山西興縣人。乾隆四年三甲二百十三名進士。授禮部主事,升員外郎、郎中,二十一年外任廣東雷州知府。卒於任。

董朱英　字鈞容。順天文安縣人。乾隆四年三甲二百十四名進士。十九年任貴州畢節知縣。官至戶部員外郎。

王作霖　字淵南、濟九。河南安陽縣人。乾隆四年三甲二百十五名進士。十三年任福建連城知縣,十五年改古田知縣,十九年任霞浦知縣,二十年改海澄知縣,二十四年任邵武、永福知縣,二十五年復任海澄知縣。在澄七年以病告歸。

梁爾珣　直隸任縣人。乾隆四年三甲二百十六名進士。任知縣。

邱應琢　字珍涵,號儒席。山東滋陽縣人。乾隆四年三甲二百十七名進士。任河南柘城知縣,署商丘知縣。著有《松陽講義補注》。

馬伯輅　陝西綏德直隸州人。乾隆四年三甲二百十八名進士。十七年任河南蘭陽知縣,二十四年改山西長治知縣,改應州知州。二十五年丁憂離任。

馬乾彰　廣西隆安縣人。乾隆四年三甲二百十九名進士。二十七年任四川慶符知縣。

邱仰嶙　滿洲正白旗人。乾隆四年三甲二百二十名進士。任湖北雲夢知縣，十八年改監利知縣。

王致清　奉天寧遠州人。乾隆四年三甲二百二十一名進士。任山東觀城知縣。

聶元善　字長人。順天大興縣人。乾隆四年三甲二百二十二名進士。十五年任江西高安知縣，二十四年改江西德化知縣。

王　琮　河南河內縣人。乾隆四年三甲二百二十三名進士。任貴州湄潭知縣。

蔣應焴　（原名蔣燾）字元撰。江蘇吳縣人。乾隆四年三甲二百二十四名進士。任內閣中書。

黃　福　字聚之，號省庵。江西新城縣人。乾隆四年三甲二百二十五名進士。十五年任湖南興寧知縣，丁憂。二十二年補浙江上虞知縣。

任陳晉　（榜名陳晉，成進士後復本姓）字似武，號後山、以齋。江蘇興化縣人。乾隆四年三甲二百二十六名進士。歸班候選知縣，任江西餘干知縣，遷直隸開州知州，十九年任安徽徽州府教授。著有《燕喜堂文集》《後山詩集》。所著《易象大意存解》采入《四庫全書》。

孫任大椿，乾隆三十四年進士。

周人麒　字次游、晴岳，號僕江、永亭。直隸天津人。乾隆四年三甲二百二十七名進士。選庶吉士，授檢討。以病歸，閉戶著書。主講龍岡書院，年八十卒。著有《檢定唐朱文錄》《解毛詩簡明錄》《尚書簡明錄》《禮記纂言》《唐詩類疏》《左傳輯評》等。

從兄周人龍，康熙四十八年進士；周人驤，雍正五年進士。

趙金簡　字玉書，號石函。浙江上虞縣人。乾隆四年三甲二百二十八名進士。任河南通許知縣，十九年改浙江杭州府教授。任十八年，年八十四卒。著有《石經古屋詩文稿》。

達時濟　滿洲正黃旗人。乾隆四年三甲二百二十九名進士。

胡養正　雲南太和縣人。乾隆四年三甲二百三十名進士。

唐學海　江西安遠縣人。乾隆四年三甲二百三十一名進士。十五年任四川榮昌知縣。

陳汝睿　字照先，號静齋。四川叙永直隸廳人。乾隆四年三甲二百三十二名進士。選庶吉士。

凌樹屏　字保鰲，一作保厘，號緘亭。浙江烏程縣人。乾隆四年三甲二百三十三名進士。任陝西鳳縣知縣，十八年調咸陽知縣，十九年改岐縣知縣，二十二年改補浙江嘉興府教授。著有《瓠息齋集》二十四卷。

彭紹茲　江西臨川縣人。乾隆四年三甲二百三十四名進士。乾隆十五年任廣東永安知縣。

李斯昇　貴州施秉縣人。乾隆四年三甲二百三十五名進士。任河南確山知縣。

乾隆七年（1742）壬戌科

第一甲三名

　　金　甡　字雨叔，號海柱。浙江仁和縣人。康熙四十一年（1702）八月十五日生。乾隆七年會元，一甲第一名狀元。授編撰。九年充廣東鄉試主考官，升贊善，十七年充江西鄉試副考官，十八年以侍講任山西鄉試主考官，十九年遷侍講學士，充會試同考官，督安徽學政，入直上書房，教諸皇子讀書，鯁直嚴教，皇子憚之。二十二年進詹事，三十一年授內閣學士。督江西學政，三十二年遷禮部侍郎。三十八年以病休致。主講敷文書院。四十七年（1782）七月初九日卒，年八十一。著有《靜廉齋詩集》。

　　楊述曾　字二思，號企山，別號南圃。江蘇陽湖縣人。康熙三十七年（1698）九月二十八日生。乾隆七年一甲第二名榜眼。授編修。十二年充雲南、十五年充廣東、十七年充陝西鄉試副考官，進左中允、侍讀。充日講起居注官。與修《通

鑑輯覽》，乾隆三十二年（1767）閏七月二十一日卒，年七十。贈四品銜。著有《南園文稿》《使東集》。

　　湯大紳　字孫書，號藥岡、藥圃。江蘇陽湖縣人。乾隆七年一甲第三名探花。授編修。十年充會試同考官、十二年光順天同考官。休致歸。爲人偉岸磊落。著有《藥岡詩鈔》《藥岡詩餘》。

第二甲九十名

　　張　進　字翼亭，號石湖、蔚廬。江蘇吳縣人。乾隆七年二甲第一名進士。選庶吉士。著有《綠野園詩》。

　　張泰開　字履安，號有堂、藥泉。江蘇金匱縣人。康熙二十八年（1689）生。乾隆七年二甲第二名進士。選庶吉士，任編修。纍遷左僉都御史，十二年授內閣學士。十四年授禮部侍郎，十五年督順天學政，十八年復任禮部侍郎。胡中藻著《堅磨生詩集》，泰開出資刊刻，并作序，

以此受“胡中藻文字獄”株連，十九年革職入獄，高宗赦免獲釋。二十二年以編修擢通政使。二十三年授左副都御史，二十六年改刑部侍郎，二十七年再任禮部侍郎，二十八年遷左都御史，三十一年正月改禮部尚書，三十二年五月復任左都御史。三十三年六月以老乞休，加太子少傅。乾隆三十九年（1774）九月卒，年八十六。諡“文恪”。著有《采香堂詩集》。

潘偉 字韞夫，號棲雲、松谷。安徽休寧縣人。乾隆七年二甲第三名進士。選庶吉士，歸班候選知縣，二十三年改陝西渭南知縣。

金廉 浙江仁和縣人。乾隆七年二甲第四名進士。任工部主事。

邵必昌 浙江仁和縣人。乾隆七年二甲第五名進士。任知縣。

鍾鳳翔 字千仞，號梧岡。浙江海寧縣人。乾隆七年二甲第六名進士。選庶吉士，九年充順天鄉試同考官，十四年改任直隸東明知縣，二十年調任丘知縣。

陳大復 字敦來，號玉盟。江蘇寶應縣人。乾隆七年二甲第七名進士。任禮部主事，十二年充廣東鄉試正考官，升員外郎、郎中。十九年考選廣東道御史，二十三年任順天中城巡城御史，官至河南陝汝道。以年老致仕。

黃鶴齡 順天大興縣人。乾隆七年二甲第八名進士。十六年任廣西藤縣知縣，三十七年改山西解州知州。

蔡雲從 字亦飛，號敏齋。福建漳浦縣人。解元。乾隆七年二甲第九名進士。選庶吉士，授編修。

邵齊燾 字荀慈，號叔宣、趙雪、馮庵。江蘇昭文縣人。康熙五十七年十二月十六日（1719年2月）生。乾隆七年二甲第十名進士。選庶吉士，九年充順天同考官，授編修。在翰林十年，以大考罷歸。年三十六。主講常州龍城書院，黃景仁、洪亮吉均從受學。善爲駢文，海內推爲有“東京六朝之風”。乾隆三十年帝南巡召原官起用，以疾辭不赴。三十四年（1769）卒，年五十。著有《玉芝堂詩文集》等，後入選其文與洪亮吉、孫廣森、孫星衍、袁枚等合編爲《八家四六》。與兄弟邵齊烈、邵齊熊、邵齊然合撰《邵氏聯珠集》。

姚範 字南青、已銅，號姜塢。安徽桐城縣人。康熙四十一年（1702）八月十八日生。乾隆七年二甲十一名進士。選庶吉士，九年順天同考官，授編修。充三禮館纂修。後告歸。乾隆三十六年（1771）正月初八日卒，年七十。著有《援鶉堂筆記》《援鶉堂文集》《援鶉堂詩集》。

汪昌國 字瑞珍，號泊齋。安徽宣城縣人。乾隆七年二甲十二名進士。任河南新鄭知縣，九年調密縣知縣。

劉炳 字殿虎，號嘯谷。直

隸任丘縣人。乾隆七年二甲十三名進士。選庶吉士，授編修。十二年充山西鄉試主考官，十五年官至江西九江知府。著有《嘯谷詩草》四卷。

陸桂森 字廷儀，號澹明居士。江蘇長洲縣人。乾隆七年二甲十四名進士。授廣西上林知縣。未久即告歸。

李清時 字授侯，號蕙圃。福建安溪縣人。康熙四十四年十二月二十四日（1706年2月）生。大學士李光地從孫。乾隆七年二甲十五名進士。選庶吉士，授編修。十四年纍遷浙江嘉興知府，十八年改山東兗州知府，二十一年遷山東運河道，二十九年改江蘇淮徐道。乾隆三十年三月擢東河總督，三十二年七月調山東巡撫。乾隆三十三年正月初七日（1769年2月）卒，年六十四。纂有《周易經義合編》《朱子語類或問》。著有《鹽書》《汛牘約言》《治河事宜》等。

父李天寵，康熙五十四年進士。

童士紳 浙江德清縣人。乾隆七年二甲十六名進士。十一年任福建閩清知縣。

張開士 字軼倫、柱江、古香。浙江錢塘縣人。乾隆七年二甲十七名進士。任安徽銅陵知縣，九年改桐城知州，十五年調南陵知縣，升宿州知州，官至湖南常德知府。以憂歸。

任 翔 字廷紫，江蘇荊溪縣人。乾隆七年二甲十八名進士。官至員外郎。少勤讀，肆力於經史百家。書法蘇、黃。

陳作梅 字燮原，號雪原。浙江嘉善縣人。乾隆七年二甲十九名進士。任刑部主事、郎中。十七年考選江南道御史，二十六年任順天東城巡城御史，升吏科掌印給事中。官至雲南迤西道，改迤東道。

查庫蘭 字樹壇。蒙古鑲白旗巴什左領下人。乾隆七年二甲二十名進士。選庶吉士。

秦大呂 江蘇金匱縣人。乾隆七年二甲二十一名進士。任江寧府教授。

竇光鼐 字元調，號東皋。山東諸城縣人。康熙五十九年（1720）十月初二日生。乾隆七年二甲二十二名進士。選庶吉士，任編修、左中允、侍讀、侍讀學士。乾隆十七年授內閣學士，督河南學政，二十一年改左副都御史，督浙江學政，二十七年署內閣學士，授順天府尹。三十二年丁憂，三十五年解職。三十八年授光祿寺卿改宗人府丞，四十七年再督浙江學政，五十四年遷禮部侍郎，三督浙江學政，五十七年八月授左都御史。充上書房總師傅。六十年（1795）任會試正考官，因取士錯誤四月解職。以四品銜致仕。九月二十二日卒，年七十六。著有《省吾齋詩文集》《東皋詩文集》等。

楊廷榕 江蘇無錫縣人。乾隆

七年二甲二十三名進士。八年任廣西藤縣知縣。

王道暉 字星南。湖北江夏縣人。乾隆六年舉人，七年二甲二十四名進士。任河南項城知縣、南陽知縣。

孫廷槐 字右階，號芥舟。浙江仁和縣人。乾隆七年二甲二十五名進士。選庶吉士，授編修。九年充順天鄉試同考官，十五年遷湖南岳州知府。二十三年遷湖北荊宜施道，調山東濟東道，改山東運河道，三十七年授山東按察使。四十年降江西贛寧道，四十三年任江西廣饒九南道。

朱佩蓮 字玉階、弱塘，號東江。浙江海鹽縣人。乾隆七年二甲二十六名進士。選庶吉士，授編修。十三年充會試同考官，二十五年任陝西鄉試副考官，官至侍讀，後又降編修。

郭　植 字千岸，一作于岸。福建古田縣人。乾隆七年二甲二十七名進士。延主講鰲峰書院講席，廣東聘主粵秀書院。七年（1742）丁憂卒。著有《經史問》《月坡詩集》《十三經辨疑》《廿一世辨疑》。

丁居信 字南屏，號碻庵。江蘇儀征縣人。乾隆七年二甲二十八名進士。七年任福建壽寧知縣，十年改臺灣鳳山縣知縣。

莊有信 字任可，號來庵。廣東鶴山縣人。乾隆七年二甲二十九名進士。選庶吉士，授編修。乾隆十五年充山西鄉試副考官，外任河南南陽知府，十八年官至山西冀寧道。丁繼母憂歸。卒年四十五。

兄莊有恭，乾隆四年狀元，協辦大學士。

葛　曙 浙江餘杭縣人。乾隆七年二甲三十名進士。七年任廣東新興知縣，十一年改廣東新寧知縣，十五年調四川興文知縣，官至四川簡州知州。

鄭虎文 （1714—1784）字炳也，號誠齋。浙江秀水縣人。康熙五十三年（1714）正月生。乾隆七年二甲三十一名進士。選庶吉士，授編修。十八年充順天鄉試同考官，十九年任會試同考官，官至贊善，二十一年充河南鄉試主考官，二十三年督湖南學政，二十四年督廣東學政。歸後，主講安徽紫陽書院、杭州崇文書院五年，以經濟自負，著有《谷松閣集》。

德　保 字乾和，號慎齋。滿州正藍旗人。乾隆七年二甲三十二名進士。選庶吉士，授編修。官至侍講。乾隆二十一年充湖北副考官，二十五年充山西副考官，升侍讀，謫貴州印江知縣。

謝閭祚 字悅如。浙江鎮海人。乾隆七年二甲三十三名進士。十七年任甘肅鎮原知縣。

應士龍 字雲侶。江西寧都人。乾隆七年二甲三十四名進士。十六年任四川南川知縣，二十三年署合州知州，二十六年署巴縣知縣。

陳惠疇　江蘇鹽城人。乾隆七年二甲三十五名進士。十八年任湖南慈利知縣，二十一年改湖南永順知縣，官至湖南澧州直隸州知州。

蔡時田　（原名時敏）字修來，號雪南、茂越。四川崇寧人。乾隆七年二甲三十六名進士。選庶吉士，授編修。考選山東道御史。十六年充會試同考官。行李中搜出關節二紙，將其正法。

許伯政　字惠棠，號石雲。湖南巴陵人。康熙四十二年（1703）四月十八日生。乾隆七年二甲三十七名進士。十二年任四川彭縣知縣，遷禮部主事、員外郎，二十年考選山東道御史。年尚未六十致仕歸。究心經傳。著有《易深》《春秋深》《詩深》《全史日至源流》《事三堂文稿》《益青閣詩集》等。

顧　乾　江蘇無錫人。乾隆七年二甲三十八名進士。九年任安徽池州府教授。

李　堂　字也升，號肯庵。湖北沔陽人。乾隆六年舉人，七年二甲三十九名年進士。授雲南禄豐知縣，改定遠、太和、浪穹知縣，擢山東沂州知府，十七年官至浙江湖州知府。在任十一年乞養歸。工詩畫。著有《湖州府志》《存歸雲庵詩》《紀恩錄》《周易聚》《東府集要》等。

凌　鎬　字西京，號藝薌。江蘇吳縣人。乾隆七年二甲四十名進士。選庶吉士，乾隆九年充順天同考官，散館改兵部主事。

李應熙　字屯庵，號仍蒙。湖北興國人。康熙五十九年舉人，乾隆七年二甲四十一名進士。選庶吉士。年已五十，母老以終養告歸，卒於家。

朱盛江　字禹奠，號永溪。湖北監利人。乾隆六年舉人，七年二甲四十二名進士。選庶吉士。

張端木　（原名張若木）字昆喬、林長。江蘇上海人。乾隆七年二甲四十三名進士。十九年任浙江金華知縣，二十二年改諸暨，二十七年改常山，三十年調臨海知縣。著有《錢錄》。

徐　瑋　字勛武，號藥渚。浙江德清人。乾隆七年二甲四十四名進士。選庶吉士，授編修。乾隆十二年充貴州鄉試副考官。

章寶傳　字習之，號硯屏、夆山。浙江歸安人。乾隆七年二甲四十五名進士。任內閣中書，纍遷吏部郎中，四十年考選福建道御史，任順天中城巡城御史，升禮科給事中，官至鴻臚寺少卿。著有《廬江詩存》。

李　棠　字召林。直隸河間人。乾隆七年二甲四十六名進士。任江蘇上元知縣、句容知縣、豐縣知縣，十六年署如皋知縣，十八年署元和知縣，九月去。三十二年任安徽合肥知縣，卓異遷大理寺評事，三十六年官至廣東惠州知府。忤上官罷官，卒年七十三。著有《思樹軒詩稿》。

徐　浩　順天大興縣人。乾隆
七年二甲四十七名進士。十六年任
甘肅伏羌知縣，調皋蘭知縣，三十
七年官至山西太原知府。

盛　英　順天宛平縣人。乾隆
七年二甲四十八名進士。十年任四
川蓬溪知縣，十五年改南充知縣，
以卓異升打箭爐同知，三十四年官
至四川寧遠知府。

王　椿　字大椿、靈株，號梅
坡。河南輝縣人。乾隆七年二甲四
十九名進士。任江西鉛山知縣，十
六年改山東壽光知縣，二十三年署
知州，二十九年調山西孝義知縣，
三十年署霍州知州。

經　聞　字薪傳，號華亭。滿
洲正白旗人。乾隆七年二甲五十名
進士。選庶吉士，授編修。乾隆十
二年充福建副考官。

江學訓　字慕尹。江西上高縣
人。乾隆七年二甲五十一名進士。
十六年任河南桐柏知縣，改江西教
授。

王　鋌　字紫長，號東峰。山
東萊陽縣人。乾隆七年二甲五十二
名進士。選庶吉士，九年充順天鄉
試同考官，改戶部主事，升員外郎、
郎中。十八年考選江南道御史，改
福建、河南、浙江諸道御史，升刑
科給事中，三十三年授太常寺卿改
任通政使。三十八年丁憂歸。著有
《疏事奏稿》。

子王應中，乾隆四十五年進士。

汪鼎金　字凝之，號巽溪。浙
江錢塘縣人。乾隆七年二甲五十三
名進士。八年任廣東三水知縣，十
一年改新安知縣。卒於任。

兄汪由敦，雍正二年進士，官
吏部尚書。

萬光謙　字翁懷，浙江嘉興縣
人。乾隆七年二甲五十四名進士官
至廣東陽山知縣。母喪歸，遂不出。
曾撰《陽山志》。

楊遇春　江蘇崇明縣人。乾隆
七年二甲五十五名進士。七年任廣
東陽山知縣，十年改浙江蘭溪知縣。

管　樂　字亮揆，號立園。江
西雩都縣人。乾隆七年二甲五十六
名進士。任陝西醴泉知縣，十六年
任湖南醴陵知縣，二十年改綏寧知
縣，二十五年官至湖北黃州知府。

朱履端　字端升、端叔，號澹
谷。浙江桐鄉縣人。乾隆七年二甲
五十七名進士。選庶吉士，散館改
兵部主事。善畫、工詩文詞曲。著
有《樸山吟稿》。

杜若拙　字月存，號舫山、方
齋。山西平陸縣人。乾隆七年二甲
五十八名進士。選庶吉士，授編修。

高荀邁　直隸靜海縣人。乾隆
七年二甲五十九名進士。

趙由忠　字誨存。江西南豐縣
人。乾隆七年二甲六十名進士。十
六年任山西文水知縣，調浮山知縣。
年老乞歸。

盛　格　字際虞，號宜亭。滿
洲鑲黃旗人，覺羅氏。乾隆七年二
甲六十一名進士。選庶吉士，散館

改任主事。

朱炎 浙江嘉興縣人。乾隆七年二甲六十二名進士。

陳鷁 字復心。浙江海鹽縣人。乾隆七年二甲六十三名進士。任湖北大冶知縣，十三年任山東海陽知縣，十七年任滕縣知縣，十八年改萊陽知縣，三十三年署諸城知縣，三十四年任章丘知縣，三十五年調壽光知縣，署青州同知。

李冕 字紹白。江西石城縣人。乾隆七年二甲六十四名進士。十六年任直隸高邑知縣，調房山知縣。

繆瑧 浙江錢塘縣人。乾隆七年二甲六十五名進士。七年任河南獲嘉知縣，十三年改河南商丘知縣。

何廷楠 廣東連平縣人。乾隆七年二甲六十六名進士。二十一年任甘肅西和知縣。

宋瑋 字眉谷，號豫亭、悔廬。直隸滄州人。雍正四年舉人。乾隆七年二甲六十七名進士。十六年任福建清流知縣，告歸。

張安世 山西忻州直隸州人。乾隆七年二甲六十八名進士。十年任廣東恩平知縣，十六年改湖南臨湘知縣。

芮永祺 順天寶坻縣人。乾隆七年二甲六十九名進士。八年任安徽太湖知縣。

甘學淳 字石泉。湖北麻城縣人。乾隆元年舉人，七年二甲七十名進士。十六年任江西興安知縣。解組歸。

顧汝修 字息存、旭存，號密齋。四川華陽縣人。乾隆七年二甲七十一名進士。選庶吉士，授編修。升庶子、翰林院侍讀學士，十三年充會試同考官，十五年授順天府尹。十六年革職。二十六年又起用大理寺少卿。并充冊封安南國王副使。歸後主講錦江書院，游山西主平陽書院。

施鼎 順天大興縣人。乾隆七年二甲七十二名進士。任山東陵縣知縣。

毛復亨 直隸承德直隸州人。乾隆七年二甲七十三名進士。任江蘇六合縣教諭，改江寧府教授。

潘仙機 陝西長安縣人。乾隆七年二甲七十四名進士。十六年任直隸新樂知縣，二十二年改直隸滄州知州。

馬綬 山西介休縣人。乾隆七年二甲七十五名進士。任直隸豐潤知縣，十一年改直隸新樂知縣。

楊必蕃 廣東大埔縣人。乾隆七年二甲七十六名進士。

熊日華 字實之。江西新建縣人。乾隆七年二甲七十七名進士。十六年任湖南嘉禾知縣，改江西袁州府、廣信府教授。

戈岱 字東長，號叔蘢。直隸景州人。乾隆七年二甲七十八名進士。選庶吉士。授編修。四十二年考選福建道御史。充福建鄉試副考官，四十四年督廣西學政。爲清代藏書家。

曾昌齡　字旦生。江西寧都縣人。乾隆七年二甲七十九名進士。十二年任江蘇豐縣知縣，十六年改湖南沅江知縣。

弟曾昌麟，乾隆二年進士。

鄭有則　字叔度，號謹堂。河南淮寧縣人。乾隆七年二甲八十名進士。選庶吉士。在館三年，卒年三十九。

龔廉　順天宛平縣人，原籍江蘇武進。乾隆七年二甲八十一名進士。任山東鉅野知縣、鄆城知縣，三十六年官至河南河南知府。

田志隆　字晉三。順天大興縣人。乾隆七年二甲八十二名進士。九年任山東金鄉知縣，十年調臨朐知縣，改廣西羅城知縣，署鬱林知州，官至廣西全州知州。著有《研悅堂詩草》。

劉錫齡　（又名劉錫麟）字大年，號松亭。漢軍正黃旗人。乾隆七年二甲八十三名進士。選庶吉士，授編修。九年充順天同考官。

葉標元　字首乾。福建古田縣人。乾隆七年二甲八十四名進士。任山東陵縣知縣。丁憂歸，卒於家。居官有政績。書畫自成一家，古文詩詞清麗無俗。

吳鵬南　字省旃、懋今，號芝岡。福建連江縣人。乾隆七年二甲八十五名進士。選庶吉士，授編修。十八年充浙江鄉試副考官，二十一年考選江南道御史，官至吏科給事中。父喪歸里，哀毀卒。

包士瑞　（一作周士瑞、汪士瑞、江士瑞）。順天大興縣人。乾隆七年二甲八十六名進士。

葛天申　字仁山。江西貴溪縣人乾隆七年二甲八十七名進士。十六年任河南原武知縣。

羅暹春　字泰初，號旭莊。江西吉水縣人。乾隆七年二甲八十八名進士。選庶吉士，授編修。十六年充會試同考官，二十五年充廣東鄉試副考官，二十九年考選福建道御史，左遷刑部主事，升員外郎、郎中。三十五年出任湖北德安知府，四十二年改黃州知府，四十三年擢山東鹽運使，四十四年署山東按察使。乞歸。

鄒本立　順天大興縣人。乾隆七年二甲八十九名進士。任甘肅隆德知縣。

閻循琦　字景韓，號瑋庭。山東昌樂縣人。康熙四十九年（1710）七月生。乾隆七年二甲九十名進士。選庶吉士，任工部主事、員外郎、郎中。二十二年考選廣東道御史，升吏科掌印給事中、侍讀學士。三十五年授內閣學士遷工部侍郎，三十八年八月授工部尚書。乾隆四十年十二月初三日（1776年1月）卒，年六十六。贈太子太保，謚“恭定”。

第三甲二百三十名

卓道異　字則超。福建侯官縣人。乾隆七年三甲第一名進士。任福建建寧府教授，改延平府教授，三十九年改汀州府教授。

章 鑱 字勵堂。順天大興縣人，原籍浙江會稽。乾隆七年三甲第二名進士。任湖北應城知縣。著有《瀚雲山房集》。

子章學誠，乾隆四十三年進士。

周世紫 字仙芝，號芳亭。河南祥符縣人。乾隆七年三甲第三名進士。選庶吉士，授檢討。後降山西榆次縣知縣，十五年改寧武知縣、陽高知縣。

仇 然 字聖雨、青上。浙江錢塘縣人。乾隆七年三名第四名進士。任河南上蔡知縣。心力交瘁，卒於任。

劉嘉賓 浙江分水縣人。乾隆七年三甲第五名進士。十六年任四川屏山知縣。

奉 寬 字彰民、碩亭，號栗齋、栗亭。滿洲正藍旗人，覺羅氏。乾隆七年三甲第六名進士。選庶吉士，授檢討。纍遷至翰林院侍讀學士，十八年授詹事，遷內閣學士。二十年遷盛京工部侍郎，二十八年復任內閣學士，三十二年遷兵右侍郎。三十六年兼翰林院掌院學士、殿試讀卷官、教庶子。三十七年充會試副考官。三十九年（1774）二月卒。追贈太師，加禮部尚書銜。嘉慶四年追諡"文勤"。

李允性 字惺吾。山西翼城縣人。乾隆七年三甲第七名進士。十六年任廣東興寧知縣，二十一年改

湖南攸縣知縣，二十五改福建龍溪知縣，二十六年福建晉江知縣，三十二年改廣東惠州府同知，三十七年官至江西袁州知府。

甘爲仁 字克復。江西奉新縣人。乾隆七年三甲第八名進士。任河南西平知縣，二十二年任江西贛州府教授。

田 沈 字濟東，號瀘園。雲南建水州縣人。乾隆七年三甲第九名進士。選庶吉士，未散館卒。

劉 璚 順天大興人。乾隆七年三甲第十名進士。十六年任陝西膚施知縣，纍遷陝西綏德直隸州知州。

馬 洪 字禹撝。江蘇通州直隸州人。乾隆七年三甲第十一名進士。任貴州安南知縣。卒於任。

朱 涵 江蘇山陽縣人。乾隆七年三甲十二名進士。

夏扶章 字衢田。湖北孝感縣人。乾隆七年三甲十三名進士。

惠元士 字仲晦，號瀛洲。陝西盩屋縣人。乾隆三年舉人，七年三甲十四名進士。選庶吉士，散館授檢討。

潘 恂 字蘭谷，號莪溪。安徽桐城縣人。乾隆七年三甲十五名進士。授江蘇震澤知縣，十三年改江蘇江陰知縣，十四年署海防同知，十五年任上海知縣，二十年任江蘇陽湖知縣，二十七年任江蘇蘇州管糧同知，二十八年十一月署江蘇吳縣知縣，升江蘇常州知府，三十三

年擢浙江寧紹台道，官至杭嘉湖道。年五十二卒於官。

金洪 字母音，號正始。順天大興縣人。乾隆七年三甲十六名進士。選庶吉士，散館歸班候選知縣，十六年任四川彰明知縣，三十年改甘肅通渭知縣。在任五年，

傅宗武 四川叙永直隸廳人。乾隆七年三甲十七名進士。

林京 字聖衣。福建閩縣人。乾隆七年三甲十八名進士。任雲南廣通知縣，二十八年改安徽石埭知縣。

蔣辰祥 字曉房，號履堂。河南睢州人。乾隆七年三甲十九名進士。選庶吉士。授檢討。

子蔣曰綸，乾隆二十五年進士。

陳大經 字和衷。湖北天門縣人。雍正十三年舉人，乾隆七年三甲二十名進士。任江西浮梁知縣，十六年改江西分宜知縣，官至江西九江府同知。

鄧作弼 四川南部縣人。乾隆七年三甲二十一名進士。八年任四川潼川府教授。

趙啟琇 陝西潼關縣人。乾隆七年三甲二十二名進士。

劉思忠 山東高密縣人。乾隆七年三甲二十三名進士。任山東兗州府教授。

單鑑 順天寶坻縣人。乾隆七年三甲二十四名進士。十五年任湖南藍山知縣。

莊綸渭 字對樵，號葦塘。江蘇武進縣人。乾隆七年三甲二十五名進士。十二年授浙江武康知縣，調定海知縣，二十六年署上虞知縣，擢甘肅寧州知州。乞養歸。著有《問義軒詩鈔》《剩草》。

馮立朝 江蘇武進縣人。乾隆七年三甲二十六名進士。任直隸保定知縣。

趙鰲 字東巨。湖北興國州人。乾隆六年舉人，七年三甲二十七名進士。十六年任山西襄垣知縣。

睦朝棟 字樹人，號曉章。江蘇丹陽縣人。乾隆七年三甲二十八名進士。選庶吉士，改刑部主事，升郎中，二十二年督貴州學政，二十五年考選陝西道御史。三十六年升湖南沅州知府，三十八年官至湖南衡永郴桂道。

叢中芷 字沅有，號芳林、芥園。山東蓬萊縣人。乾隆七年三甲二十九名進士。選庶吉士。授檢討。

亢保 蒙古正藍旗人。乾隆七年三甲二十九名進士。纍遷江蘇常鎮道。二十二年授江西按察使，二十五年遷湖北布政使，二十六年改貴州布政使。二十八年解職。

劉圻 號西野。順天通州人。乾隆七年三甲三十一名進士。任兵部主事，遷郎中。三十一年考選湖廣道御史，升兵科給事中、工科掌印給事中，官至四川永寧道。

米步青 陝西臨潼縣人。乾隆七年三甲三十二名進士。十六年任山西稷山知縣。

胡澤潢 字仲恒，號咸池、星

岡。湖南寧鄉縣人。乾隆七年三甲三十三名進士。選庶吉士，授檢討。十九年考選江西道御史，二十四年充福建鄉試副考官，官至戶科給事中。

衛學詩　字聞一，號龍溪。陝西韓城縣人。乾隆七年三甲三十四名進士。十三年任四川西昌知縣，丁父憂。二十五年補直隸望都知縣，行取刑部主事，遷郎中。母憂歸，遂不出。

王廷樞　字晉三。江西東鄉縣人。乾隆七年三甲三十五名進士。八年任福建邵武知縣，兼邵武府丞，丁母憂。改湖北黃陂知縣。

任履素　河南河內縣人。乾隆七年三甲三十六名進士。十五年任四川郫縣知縣，二十五年官至眉州直隸州知州。

秦璜　字起渭。江西南昌縣人。乾隆七年三甲三十七名進士。十九年任江西撫州府教授。

向嵐　湖南漵浦縣人。乾隆七年三甲三十八名進士。任山西太谷知縣。

舒敏　滿洲正白旗人。乾隆七年三甲三十九名進士。任滿洲王雅圖佐領。

韓光德　浙江海鹽縣人。乾隆七年三甲四十名進士。十二年任山東臨沂知縣，十三年調蘭山知縣，十八年調山東濰縣知縣。

喬琬　河南偃師縣人。乾隆七年三甲四十一名進士。十七年任廣東樂昌知縣。

萬卓　字如園。江蘇武進縣人。乾隆七年三甲四十二名進士。七年十月任蘇州府教授，十八年任山東齊河知縣，二十三年改山東萊陽知縣。

趙起棕　山東萊陽縣人。乾隆七年三甲四十三名進士。任四川夾江知縣，升眉州知州。

周孔從　字監二，號白亭。江西寧州人。乾隆七年三甲四十四名進士。選庶吉士，授檢討。乾隆九年充順天同考官，年三十五遽卒。

皮殿選　（原名皮青選）字策丹。湖南善化縣人。乾隆七年三甲四十五名進士。十一年（一作十七年）任直隸滿城知縣。

邱清聯　廣東饒平縣人。乾隆七年三甲四十六名進士。

陳琳　雲南寧州人。乾隆七年三甲四十七名進士。二十四年任福建清流知縣。

張善述　山東高密縣人。乾隆七年三甲四十八名進士。十六年任安徽合肥知縣，二十年改繁昌知縣，二十六年改廣東高明知縣。在任四年以憂去。

劉玉印　山西垣曲縣人。乾隆七年三甲四十九名進士。任山西太原府教授。

李允升　（碑作李允生，誤）字季猷。陝西長安縣人。康熙五十九年（1720）生。乾隆七年三甲五十名進士。十六年安徽當塗知縣，二十一年調虹縣知縣，升安徽宿州知州，三十四年纍遷浙江嘉興知府，三十五年官至杭州知府。

王　綱　陝西三原縣人。乾隆六年舉人，七年三甲五十一名進士。十六年任福建永福知縣。

黃　寬　江蘇武進縣人。乾隆七年三甲五十二名進士。十七年任陝西平利知縣，遷福建泉州府西倉同知，三十二年改福建邵武府同知。

良　卿　字虜亭。滿洲正白旗人。乾隆七年三甲五十三名進士。十七年纍遷直隸通永道，十八年改直隸口北道、霸昌道。二十八年授雲南按察使遷貴州布政使，三十二年十一月署貴州巡撫，三十三年三月改廣東巡撫，四月回任貴州巡撫。三十四年十月解職。乾隆三十五年二月初二日以"咸寧牧劉標虧空一案徇法貪贓"罪，於貴州城處斬。

李夢瓈　字敦五，號蓼園。上海嘉定縣人。乾隆七年三甲五十四名進士。十三年任江西萬安知縣，十七年改江西信豐知縣，二十六年署上高知縣，二十七年署江西弋陽知縣，官至江西贛州知府，以鯁落職。

陳　旭　雲南陸凉州人。乾隆七年三甲五十五名進士。二十八年任直隸曲周知縣，三十七年任河南鄧州知州。

徐乘龍　河南河內縣人。康熙五十一年（1712）生。乾隆七年三甲五十六名進士。十七年任山東費縣知縣。

謝天祿　字百和。福建漳浦縣人。乾隆七年三甲五十七名進士。未仕。

國　棟　字雲浦。滿洲鑲黃旗人。乾隆七年三甲五十八名進士。十七年任四川蓬溪知縣，二十九年任涪州知州，三十一年遷陝西西安知府。遷淮關監督，三十七年授貴州按察使，四十二年調浙江按察使，四十三年遷浙江布政使，四十六年改山西、安徽布政使。四十七年解職。四十八年任阿克蘇辦事大臣。

鍾林樹　字德涵。福建侯官縣人。乾隆七年三甲五十九名進士。十六年任直隸平山知縣。

范承宣　字敬淑。江蘇如皋縣人。乾隆七年三甲六十名進士。三十一年任浙江德清知縣。蒞任僅七月罷歸。

上官德輿　（《進士題名碑》作上官德與，誤）陝西朝邑縣人。雍正十年陝西鄉試解元，乾隆七年三甲六十一名進士。八年任浙江建德知縣，十一年改永嘉知縣。

馬兆鰲　字醒流。直隸東光縣人。乾隆七年三甲六十二名進士。任江蘇靖江知縣。著有《醒流集》。

林孔煥　廣東鎮平縣人。乾隆七年三甲六十三名進士。九年任廣東潮州府教授。

余西鄰　廣東饒平縣人。乾隆七年三甲六十四名進士。任安徽懷遠知縣。

王康佐　字安亭，號厚齋。江蘇句容縣人。乾隆七年三甲六十五名進士。選庶吉士，授檢討。乾隆九年充順天鄉試同考官。

夏扶黃　字聲初。湖北孝感縣人。乾隆六年舉人，七年三甲六十六名進士。二十六年任山東長山知縣，纍遷吏部員外郎，官至刑部郎中。年五十以病歸。

黃守儞　字奮如。福建閩縣人。乾隆七年三甲六十七名進士。十七年任浙江餘杭知縣。

徐士楳　字寧啓。山東文登縣人。乾隆元年舉人，七年三甲六十八名進士。十一年授廣東電白縣知縣。乾隆十六年（1751）夏卒於任。

黃立尹　廣西全州人。乾隆七年三甲六十九名進士。十四年任江蘇溧陽知縣，十九年去。二十四年任湖南平江知縣。

李化楠　字廷節，號石亭。四川羅江人。乾隆七年三甲七十名進士。十七年任浙江餘姚知縣，二十一年任秀水知縣，署平湖縣，二十七年以候補同知署順天府涿州知州，二十八年改天津府河防同知，官至順天府北路同知。卒於任。著有《萬善堂稿》十卷、《醒園錄》二卷、《李石亭文集》六卷。

劉訓　直隸雄縣人。乾隆七年三甲七十一名進士。二十八年任廣東花縣知縣。

何映柳　廣東興寧縣人。乾隆七年三甲七十二名進士。任雲南通海知縣、寧洱知縣，官至四川劍州知州。

魏纘晉　（改名魏桐蔭）山西汾陽縣人。乾隆七年三甲七十三名進士。任湖南沅陵知縣，十八年任陝西興平知縣。

郝璉　奉天開原縣人。乾隆七年三甲七十四名進士。十七年任直隸寧津知縣，二十四年改直隸滄州知州，三十七年任順天府文安知縣，升祁州知州。

馬元文　直隸博野縣人。乾隆七年三甲七十五名進士。任雲南浪穹知縣。

陳善　字以昆。福建福清縣人。乾隆七年三甲七十六名進士。十五年任福建邵武府教授。

丁望齡　字步堂。山東沾化縣人。乾隆七年三甲七十七名進士。銓期近，遽以病卒。

萬世仁　湖北黃陂縣人。乾隆七年三甲七十八名進士。十年任福建大田知縣。

何漢　字次山，號清齋。江西廣昌縣人。乾隆七年三甲七十九名進士。越三月卒。

張基尌　字紹羲。安徽和州直隸州人。乾隆七年三甲八十名進士。晚年任江蘇松江府教授。卒年六十三。

張世珍　陝西臨潼縣人。乾隆七年三甲八十一名進士。十七年任福建屏南知縣，二十三年任福建彰化知縣，官至福建邵武府同知。

陳思齊　廣東潮陽縣人。乾隆七年三甲八十二名進士。十七年任福建長泰知縣，遷雲南新興州知州。

尹德裕　字龍溪。貴州修文縣人。乾隆七年三甲八十三名進士。十七年任山東蒲台知縣，二十二年調湖南武陵知縣，升靖州直隸州知州。卒於任。

郭鏞　雲南趙州人。乾隆七年三甲八十四名進士。

侯於薊　四川營山縣人。乾隆七年三甲八十五名進士。二十九年任廣東惠州府同知，三十七年改浙江杭州府通判，官至廣東惠州知府。

張彌　字性高，號卓齋。江西廣豐縣人。乾隆四年三甲八十六名進士。授四川安縣知縣，因母老八十餘改江西南康府教授。

王世仕　字蕙仲、青雲，號紫泉。貴州貴築縣人。乾隆七年三甲八十七名進士。選庶吉士，授檢討。十七年充福建鄉試副考官，官至詹事府贊善，後降河南寧陵知縣，二十一年改鹿邑知縣。

張軨　山西崞縣人。乾隆七年三甲八十八名進士。任山西朔平府教授。

羅以純　湖南嘉樂縣人。乾隆七年三甲八十九名進士。十四年任湖南辰州府教授。

朱鼎漣　山西霍縣人。乾隆七年三甲九十名進士。署廣西鬱林知州，三十四年官至湖南長沙知府。

韓省愆　河南安陽縣人。乾隆七年三甲九十一名進士。

邦圖　滿洲正白旗人。乾隆七年三甲九十二名進士。任滿洲博成額佐領。

鄭捷甲　字平蕭。安徽歙縣人。乾隆七年三甲九十三名進士。二十四年任湖北應山知縣。

蔣若洛　廣西興安縣人。乾隆七年三甲九十四名進士。任河南確山知縣。

許本巽　福建南靖縣人。乾隆七年三甲九十五名進士。十七年任河南濟源知縣，二十一年改河南河內知縣。

祖父許來音，順治十八年進士。

李懷莪　陝西涇陽縣人。乾隆三年舉人，七年三甲九十六名進士。任陝西延安府教授。

張彬　河南祥符縣人。乾隆七年三甲九十七名進士。九年任直隸新樂知縣，十八年改徐水知縣，二十二年官至直隸滄州知州。

毛永燮　號理齋。順天大興縣人。乾隆七年三甲九十八名進士。任户部主事、員外郎，二十五年考選江西道御史。

王星照　字開翕、果泉。江西安福縣人。乾隆七年三甲九十九名進士。十七年任直隸大名知縣，改直隸魏縣知縣。乞歸。

張述孔　字柯岩。陝西洛川縣人。乾隆六年舉人，七年三甲一百名進士。二十三年任山東寧陽知縣，二十五年調山東益都知縣，官至直隸深州知州。致仕歸，卒於家。

李金臺　字子駿，號南有、極

山。山東歷城縣人。乾隆三年舉人，七年三甲一百零一名進士。選庶吉士，授檢討。乾隆十二年充會試同考官。著有《然山文稿》。

廖方蓮（一作廖芳蓮）字灝涪，號心齋。廣西臨桂縣人。乾隆七年三甲一百零二名進士。選庶吉士，改吏部主事，官至雲南昭通府同知。

呂東表 字書佩，號雲谷。山東德州左衛人。乾隆七年三甲一百零三名進士。八年任山西猗氏知縣，十三年改山西臨晉知縣。以他事罷官。

王靖 山東諸城縣人。乾隆七年三甲一百零四名進士。十七年任河南修武知縣，二十年改武陟知縣，二十八年調安徽望江知縣。三十一年（1766）暴卒。

嚴彭年 浙江安吉縣人。乾隆七年三甲一百零五名進士。任直隸臨漳知縣、曲周知縣，十七年調湖北竹山知縣，二十二年改安徽潁上知縣。二十五年丁憂去。

王文標 順天宛平縣人。乾隆七年三甲一百零六名進士。

劉瓚 字容五。漢軍正黃旗。乾隆七年三甲一百零七名進士。八年任安徽南陵知縣，改來安知縣，十七年任蕪湖知縣，二十二年改桐城知縣，官至雲南府同知。

郭邁 字士豪。福建桐安縣人。乾隆七年三甲一百零八名進士。十八年任浙江景寧知縣，丁憂去。二十四年改四川奉節知縣。

張運泰 陝西長安縣人。乾隆七年三甲一百零九名進士。

張斯泉 福建連城縣人。乾隆七年三甲一百十名進士。任雲南楚雄知縣。

李棟 廣東嘉應直隸州人。乾隆七年三甲一百十一名進士。十年任廣東南雄府教授。

趙文晟 山西忻州直隸州人。乾隆七年三甲一百十二名進士。任直隸大名知縣。

黃鈫 字金心。河南洛陽縣人。乾隆七年三甲一百十三名進士。因父母年高未仕。

張士恭 陝西高陵縣人。乾隆七年三甲一百十四名進士。

楊士鏻 山東即墨人。乾隆七年三甲一百十五名進士。任福建南靖知縣。

何紹東 字日升。廣西富川縣人。乾隆七年三甲一百十六名進士。選庶吉士。

蔡韶清（1708—1761）字以寧、穆如、愛廬。江西南康縣人。乾隆七年三甲一百十七名進士。授湖北興山知縣，改漢陽知縣，二十四年調黃岡知縣，署歸州知州。有善政。解官後，主講旭升書院。

李映岱 湖北枝江縣人。乾隆六年舉人，七年三甲一百十八名進士。十三年任湖南祁陽知縣。

李濟太 字開侯。福建安溪縣人。乾隆七年三甲一百十九名進士。任直隸新河知縣。以捕蝗得疾，卒。

熊煌　雲南趙州人。乾隆七年三甲一百二十名進士。八年任福建福鼎知縣。

黃占鰲　江西信豐縣人。乾隆七年三甲一百二十一名進士。十八年任廣東博羅知縣，二十二年改江西撫州府教授。

董天柱　順天大興縣人。乾隆七年三甲一百二十二名進士。

趙林臨　廣東順德縣人。乾隆七年三甲一百二十三名進士。二十五年任廣東潮州府教授。

李縉　順天宛平縣人。乾隆七名三甲一百二十四名進士。十七年任湖北來鳳知縣，二十一年改鍾祥知縣，遷安徽安慶府同知，二十六年任江西南昌知府，三十二年官至廣東督糧道。

喬守仁　山東萊陽縣人。乾隆七年三甲一百二十五名進士。任江蘇婁縣知縣，歷嘉定、江都、青浦、新陽、崇明、宜興諸知縣。

鍾穎源　安徽宣城縣人。乾隆七年三甲一百二十六名進士。

程九區　字井如。江西宜黃縣人。乾隆七年三甲一百二十七名進士。生平規言矩行，未見任職。著有《牧村詩草》。

王楚士　字翹瞻、榕初。貴州黃平州人。乾隆七年三甲一百二十八名進士。任廣東開建知縣，歷署東莞、曲江、德慶州縣，以罣誤落職。二十六年開復，補安徽東流知縣，丁母憂。三十五年調湖南安鄉知縣，三十九年改湖南綏寧知縣。加通判銜。致仕歸。

祖父王枟，康熙三十六年進士。

郭如阜　山西夏縣人。乾隆七年三甲一百二十九名進士。十七年任安徽太平知縣。致仕歸。

李成桂　陝西三原縣人。乾隆七年三甲一百三十名進士。二十三年任四川汶川知縣。

鄭學政　福建羅源縣人。乾隆七年三甲一百三十一名進士。八年任安徽祁門知縣。

梁作則　廣東海陽縣人。乾隆七年三甲一百三十二名進士。二十年任陝西洋縣知縣。

張盛兆　雲南建水州人。乾隆七年三甲一百三十三名進士。

丁延支　山東日照縣人。乾隆七年三甲一百三十四名進士。

王延　江蘇丹徒縣人。乾隆七年三甲一百三十五名進士。七年任福建建安知縣。

向廷柱　字砥中。湖南沅陵縣人。乾隆七年三甲一百三十六名進士。十三年任湖南長沙府教授，二十四年補湖南永州府教授。

梁偉　字碩士，號岳峰。山東滕縣人。乾隆七年三甲一百三十七名進士。十八年任四川銅梁知縣。

王績　山西文水縣人。乾隆七年三甲一百三十八名進士。授四川南部知縣，改河南寶豐知縣，二十七年任儀封知縣。

詹德瑩　廣東饒平縣人。乾隆

七年三甲一百三十九名進士。

黃岡竹 江西新城縣人。乾隆七年三甲一百四十名進士。八年任直隸贊皇知縣，改安平知縣。

高弘均 直隸青遠縣人。乾隆七年三甲一百四十一名進士。

馬震 河南陳留縣人。乾隆七年三甲一百四十二名進士。

李其昌 字敬伯、蓮溪。四川成都縣人。乾隆七年三甲一百四十三名進士。任四川保寧府教授，十六年改江西峽江知縣，十八年調江西新建知縣，二十三年擢蓮花廳同知，二十七年升貴州南籠知府（嘉慶年南籠改爲興義府）。

宋梅 字均調。貴州甕安縣人。乾隆七年三甲一百四十四名進士。十七年任山東博平知縣。謝歸，卒於家。

單言揚 山東高密縣人。乾隆七年三甲一百四十五名進士。十八年任湖北麻城知縣，二十一年改監利知縣，遷湖北荆門州知州。

劉繼光 山東萊陽縣人。乾隆七年三甲一百四十六名進士。任山西平陸知縣。

盧愷 湖北應城縣人。雍正十年舉人，乾隆七年三甲一百四十七名進士。任湖北漢陽教諭。

施滄濤 浙江鄞縣人。乾隆七年三甲一百四十八名進士。授浙江紹興府教授。著有《石雲樓詩集》。

馮爵 山西長子縣人。乾隆七年三甲一百四十九名進士。八年任廣西懷集知縣，改廣西博白知縣。

狄颶 字霽岩。江蘇溧陽縣人。乾隆七年三甲一百五十名進士。任咸安宮教習。

張鳳書 字丹九。雲南通海縣人。乾隆七年三甲一百五十一名進士。任雲南廣西府教授。升國子監助教，晋禮部郎中。致仕歸，教授生徒。

王宬 字輯青。江蘇鎮洋縣人。乾隆七年三甲一百五十二名進士。授兵部職方司主事，升武選司員外郎、郎中。十六年督雲南學政，二十二年外任安徽廬州知府。三十二年引疾歸。卒年八十三。

黃世傑 廣東揭陽縣人。乾隆七年三甲一百五十三名進士。未任卒。

張師赤 字豫川。河南儀封縣人。乾隆七年三甲一百五十四名進士。十五年任山東平陰知縣，二十三年改山東諸城知縣。二十五年以疾歸。

吳琯 字西巘。江西宜黃縣人。乾隆七年三甲一百五十五名進士。任河南商水知縣，二十八年改山東莘縣知縣。未幾謝職歸。

梅予援 字繩波。安徽宣城縣人。乾隆七年三甲一百五十六名進士。十二年任江蘇徐州府教授。

崔謨 字煥遠。江西湖口縣人，乾隆七年三甲一百五十七名進士。不樂仕進，乞改教授，任江西饒州府教授、袁州府教授。其妻許權，江西德化人，字宜模，七歲能詩，刺繡、白描名於時，并有《問花樓集》。

朱元錫　江西南城縣人。乾隆七年三甲一百五十八名進士。十九年任江西撫州府教授。

呂崇謚　字士凝。河南寧陵縣人。乾隆七年三甲一百五十九名進士。任山西太谷知縣。在任三年引疾歸。

王企　浙江淳安縣人。乾隆七年三甲一百六十名進士。

施萬春　字長仁。福建侯官縣人。乾隆七年三甲一百六十一名進士。十八年任福建延平府教授。

樊駿　江西新建縣人。乾隆七年三甲一百六十二名進士。乾隆十八年任江蘇安東知縣，二十三年再任。

廖運芳　江西龍南縣人。乾隆七年三甲一百六十三名進士。十八年任江蘇嘉定知縣，二十二年十一月改任江蘇丹陽知縣。

尹侃　號衡峰。湖北嘉魚縣人。雍正十年舉人。乾隆七年三甲一百六十四名進士。八年任直隸沙河知縣，遷深州，官至雲南鶴慶州，麗江知府。

黃觀清　廣東鎮平縣人。乾隆七年三甲一百六十五名進士。

劉霈　字漢倬，號東濱。江蘇鹽城人。乾隆七年三甲一百六十六名進士。以足疾不仕歸。著有《東濱詩文鈔》數十卷。

袁德達　（1712—1760）字性三，一字信吾，號近齋。浙江鄞縣人。乾隆七年三甲一百六十七名進士。授刑部主事，遷郎中，官至雲南永北直隸廳知府。

董獲麟　陝西白水縣人。乾隆七年三甲一百六十八名進士。

武若愚　字智齋，號琦亭。山東曹縣人。乾隆七年三甲一百六十九名進士。十五年署陝西華陰知縣，二十年調渭南知縣。二十四年升陝西邠州直隸州，歷乾州、商州、鄜州直隸州知州。五十年官至西安知府，卒於任。著有《四書制藝》《四書論文》《學唐解要》《署暇偶杼》等。

勞通　字丙堂、文生，號逸田、立齋。廣東順德縣人。乾隆七年三甲一百七十名進士。選庶吉士。未散館。

張務訥　山東福山縣人。乾隆七年三甲一百七十一名進士。十八年任湖北安陸知縣，十九年改湖北江夏知縣，改湖北雲夢知縣，二十七年復任江夏縣，官至陝西乾州知州。

葉申　字應時。江蘇長洲縣人。乾隆七年三甲一百七十二名進士。任刑部主事。

葉會時　字正蓀，號堯階。廣東封川縣人。乾隆七年三甲一百七十三名進士。十年任廣東惠州府教授。

萇士周　（一作萇仕周）字穆庭。河南汜水縣人。乾隆七年三甲一百七十四名進士。任陝西宜君知縣，十六年調山東蓬萊知縣，二十三年任山東文登知縣，二十四年任山東榮城知縣。著有《易經講義》。

黄　壯　字允翀。廣東番禺縣人。乾隆七年三甲一百七十五名進士。選河南温縣知縣，十九年改廣東瓊州府教授。

陳桂洲　字文馥，號修堂。福建南安縣人。乾隆七年三甲一百七十六名進士。選庶吉士，授檢討。十三年充會試同考官，十八年充順天同考官，升贊善，十九年督廣東學政，官至順天府丞。以疾卒於京。年六十五。

王其華　字文叔。福建惠安縣人。乾隆七年三甲一百七十七名進士。十八年任河南温縣知縣，擢部主事。歸。

蕭士耀　河南河内縣人。乾隆七年三甲一百七十八名進士。

楊天保　字寧霞。陝西華陰縣人。乾隆七年三甲一百七十九名進士。十九年任四川納溪知縣。以終養歸。

周於智　字明遠，號愚溪。雲南嶍峨縣人。乾隆七年三甲一百八十名進士。八年任山東博平知縣，十五年升膠州知州，十七年遷直隸宣化知府。改山西朔平知府，三十一年調河南懷慶知府，官至河南開歸陳許道。卒於治河，加按察使銜。

弟周於禮，乾隆十六年進士。

熊爲霖　字浣青，號鶴嶠。江西新建縣人。乾隆七年三甲一百八十一名進士。選庶吉士，授檢討。二十四年任順天同考官，二十五年充貴州副考官，三十六年充陝西主考官，升至侍讀。辭官後，主講各地書院。工金石篆刻。著有《筮策洞虛錄》《左氏記事本末》。

聶士珩　江西南城縣人。乾隆七年三甲一百八十二名進士。

曹兆麒　字飛囿。廣西桂平縣人。乾隆七年三甲一百八十三名進士。十八年任河南新鄉知縣。辭歸。

王錫命　奉天海城縣人。乾隆七年三甲一百八十四名進士。十九年任永定河南岸同知，二十四年任直隸宣化知府，三十年官至江西吉南贛寧道。

孫夢逵　字中伯、莊九。江蘇常熟縣人。乾隆七年三甲一百八十五名進士。任内閣中書，軍機處行走，改宗人府主事。卒於京。著有《讀易揆方》。

周宣武　字爕軒。湖南長沙縣人。乾隆七年三甲一百八十六名進士。任貴州安南、普安、銅仁知縣。著有《咏史六言》。另與兄弟宣智、宣猷、宣徽、宣命合作著《同懷文集》。

李喬青　江西寧都縣人。乾隆七年三甲一百八十七名進士。

張致中　山西安邑縣人。乾隆七年三甲一百八十八名進士。二十一年任安徽潁上知縣。二十二年改教職。

趙　杦　（《進士題名碑》作趙移）字柯庭。直隸景州人。乾隆七年三甲一百八十九名進士。十七年任直隸天津府教授。

龍湛　貴州清鎮縣人。乾隆七年三甲一百九十名進士。二十年任安徽五河知縣。

黃遇隆　字介三，號孚一。湖南寧鄉縣人。乾隆七年三甲一百九十一名進士。選庶吉士，散館改知縣。未任，以丁憂歸。主講城南書院。十八年赴謁選，以疾卒於途。

衛崇陞　字擢臨。廣東番禺縣人。乾隆七年三甲一百九十二名進士。任直隸新河知縣，十八年改江西進賢知縣，十九年改江蘇新陽知縣，二十二年署江蘇昆山知縣。母老辭歸。

王三曾　浙江錢塘縣人。乾隆七年三甲一百九十三名進士。任浙江衢州府教授。

李祖材　字仲三，號古愚，別號煙波居士。湖北漢川縣人。乾隆三年舉人，七年三甲一百九十四名進士。十九年任山東福山知縣。以病乞歸，以文史自娛。著有《二益山房集》。

蔡謙　四川崇寧縣人。乾隆七年三甲一百九十五名進士。

游方震　字巽修。江西豐城縣人。乾隆七年三甲一百九十六名進士。任雲南南寧知縣，改雲南永善知縣。爲忌老所中，罷去。留掌五華書院歸。後教授鄉二十餘年乃卒。

張九功　字懋叔。雲南建水州人。乾隆七年三甲一百九十七名進士。十九年任山西左雲知縣，改聞喜知縣，以候補直隸州回籍。

馮子式　字汝瞻。貴州鎮遠府（一作湖北黃岡）人。乾隆三年舉人，七年三甲一百九十八名進士。十六年任湖南永順知縣，調麻陽縣，改益陽知縣。

馬元烈　字覲光。四川營山縣人。乾隆七年三甲一百九十九名進士。任雲南平彝知縣、河西知縣，路南知州，二十八年官至貴州大定知府。

馬璪　貴州貴陽縣人。乾隆七年三甲二百名進士。十八年任山西壺關知縣，二十一年改山西文水知縣。

熊元龍　字雨蒼、雨田，號潤庵。貴州貴築籍，江西金溪人。乾隆七年三甲二百零一名進士。選庶吉士，散館改主事。

徐廷芳　字蘭先。廣東和平縣人。乾隆七年三甲二百零二名進士。任陝西扶風知縣，年已六十四，十三年改廣東肇慶府教授。著有《逢源齋集》。

汪學詩　字傑士。江西金溪人。乾隆七年三甲二百零三名進士。未仕卒，年四十六。

趙聖佐　四川射洪縣人，乾隆七年三甲二百零四名進士。任雲南嵋峨知縣。

梁彌　河南鄭州人。乾隆七年三甲二百零五名進士。十八年任福建連城知縣。

林中麟　字素書，號儼齋。四川瀘州直隸州人。乾隆七年三甲二百零六名進士。任四川簡州學正，遷雲南浪穹知縣，丁憂歸。服闋，十八年任廣東三水知縣，三十年改直隸昌黎知縣，官至廣西河池州知州。歸後主講鶴山書院十餘年，卒年七十。著有《冲然堂文集》行世。

胡天培　廣西臨桂縣人。乾隆七年三甲二百零七名進士。廣西太平府教授。

李　學　廣東海陽縣人。乾隆七年三甲二百零八名進士。

田甘雨　山西五臺縣人。乾隆七年三甲二百零九名進士。任江蘇江浦知縣。

黃超群　福建莆田縣人。乾隆七年三甲二百一十名進士。

汪　焱　（改名汪晉勛）湖南善化縣人。乾隆七年三甲二百十一名進士。

劉化成　河南新城縣人。乾隆七年三甲二百十二名進士。十八年任山東寧陽知縣。

唐　山　字樂壺。福建莆田縣人。乾隆七年三甲二百十三名進士。十六年任福建泉州府教授，二十年改臺灣府教授。

郝大成　字毅齋。山西曲沃縣人。乾隆七年三甲二百十四名進士。任貴州開州知縣。卒於任。

王太岳　字基平，號芥子。直隸定興縣人，原籍江蘇靖江。乾隆七年三甲二百十五名進士。選庶吉士，授檢討。乾隆十六年任會試同考官，十八年充江南鄉試副考官，十九年遷侍講學士，遷甘肅平慶道，二十三年陝西督糧道，三十三年授湖南按察使，三十六年改雲南按察使，三十七年遷雲南布政使。四十年因審擬逃兵寬縱落職。四十三年授檢討，遷國子監司業。充《四庫全書》纂修官。四十九年（1784）卒於任，年六十四。著有《清虛山房集》《芥子先生集》《涇渠志》。在雲南，厘正銅政，功績顯著，滇人祀之“七賢祠”。

牟朝宜　山東日照縣人。乾隆七年三甲二百十六名進士。十三年任江蘇碭山知縣，二十年改奉賢知縣，二十一年改吳江知縣。

李　楚　字子翹。貴州清平縣人。乾隆七年三甲二百十七名進士。十八年任湖南安鄉知縣。蒞任八年，卒於官。

孟思誼　字舒先。安徽和州直隸州人。乾隆七年三甲二百十八名進士。七年任直隸赤城知縣，十八年改直肅宣化知縣，調棗強知縣。乾隆二十五年移疾歸，卒年五十。

魯鼎梅　字調元。江西新城縣人。乾隆七年三甲二百十九名進士。八年任福建德化知縣，十四年改臺灣知縣。

吉　祿　滿洲正黃旗人。乾隆七年三甲二百二十名進士。十三年任安徽宿松知縣，十六年改鳳臺知縣。

段勵翼 （《進士題名碑》作段屬翼，誤）山西稷山縣人。乾隆七年三甲二百二十一名進士。七年任山西寧武府教授。

劉其旋 號川南。山東安丘縣人。乾隆六年山東鄉試解元。七年三甲二百二十二名進士。授江蘇嘉定知縣。年未三十文名已洋溢"二東"。純皇帝稱其非山東解元，乃天下之解元。

介玉潮 山西解州人。乾隆七年三甲二百二十三名進士。官至吏部郎中。

父介錫周，康熙六十年進士。

馬溥 山西壺關縣人。乾隆七年三甲二百二十四名進士。十九年任山西澤州府教授。

幸洪韶 江西廣昌縣人。乾隆七年三甲二百二十五名進士。

鄧琮 廣西全州人。乾隆七年三甲二百二十六名進士。任廣西慶遠府教授。

王華群 湖北黃安縣人。乾隆元年舉人，七年三甲二百二十七名進士。九年任湖北德安府教授。十七年卸。

周來豐 山西祁縣人。乾隆七年三甲二百二十八名進士。任山西孝義縣教諭。

張載遠 字文舟。湖南常寧縣人。乾隆七年三甲二百二十九名進士。十六年任湖北棗陽知縣，二十一年改枝江知縣，在任二十年告病歸。

李立道 雲南新興縣人。乾隆七年三甲二百三十名進士。

乾隆十年（1745）乙丑科

第一甲三名

錢維城 字幼安、宗磐，號茶山、紉庵、稼軒。江蘇武進縣人。康熙五十九年（1720）生。乾隆十年一甲第一名狀元。授修撰。遷右中允，入直上書房，歷侍讀、侍講學士、少詹事，二十年授內閣學士，二十二年遷工部侍郎。二十四年充江西鄉試主考官，二十六年改刑部侍郎。督浙江學政。三十七年（1772）丁父憂歸里，旋卒，贈尚書銜。諡號"文敏"。書畫皆能。著有《錢文敏詩集》《茶山集》。

莊存與 字方耕，號養恬。江蘇武進縣人。康熙五十八年（1719）生。乾隆十年一甲第二名榜眼。授編修。十七年充會試同考官。擢侍講，十八年充湖北鄉試主考官，入直南書房，遷侍讀學士，十八年督湖南學政，升少詹事，二十年授內閣學士。二十一年任浙江鄉試主考官，督直隸學政，二十三年遷禮部右侍郎。丁憂。二十七年復任內閣學士，三十六年充會試副考官，三十九年督河南學政，遷禮部左侍郎。曾任四庫館總閱官，五十一年休致。乾隆五十三年（1788）十月卒，年七十。著有《易說》《毛詩說》《周官說》《尚書說》《尚書概見》《周官記》《春秋正辭》《樂說》《四書說》《演算法約言》《味經齋文稿》等。

王際華 字秋瑞，號白齋。浙江錢塘縣人。康熙五十六年（1717）七月二十五日生。乾隆十年一甲第三名探花。任編修。纍遷侍讀學士，十四年督廣東學政，十九年授詹事，遷內閣學士。二十年授工部侍郎，歷刑部、兵部侍郎。二十八年充會試副考官，三十年改戶部侍郎，三十四年遷禮部尚書，三十八年八月改戶部尚書。充《四庫全書》總裁，加太子少傅。乾隆四十一年（1776）三月卒。贈太子太保，諡"文莊"。家藏書較豐，乾隆三十七年進書若干種。工書法，是清代中期書法家。

子王朝梧，乾隆四十六年進士。

第二甲九十名

章　愷　字虞仲，號北亭。浙江嘉善縣人。乾隆十年二甲第一名進士。選庶吉士，授編修。著有《蕉雨秋房詞》《北亭集》《杏花春雨樓詞》。

姚成烈　字申甫，號雲岫。浙江錢塘縣人。康熙五十五年（1716）生。乾隆十年二甲第二名進士。任吏部主事、吏部郎中。二十二年考選山東道御史，二十七年任順天南城巡城御史，纍遷江蘇江安糧道。三十四年授安徽按察使，遷江蘇布政使，十二月改江寧布政使，三十六年調廣東布政使。四十四年遷廣西巡撫，四十六年改湖北巡撫，四十九年七月授禮部尚書。乾隆五十一年（1786）正月卒，年七十一。

沈榮昌　字永之，號省堂。浙江歸安縣人。乾隆十年二甲第三名進士。十二年任山西文水知縣，十六年改鳳臺知縣，二十四年升河南懷慶知府。丁憂。三十一年改蘭州知府、平凉知府，三十二年升陝西督糧道，改雲南鹽驛道。後因公降同知，四十九年擢江西鹽法道、督糧道，署江西按察使。卒年七十四。著有《成志堂詩集》。

沈志祖　字學基，號毅齋。江蘇吴縣人。乾隆十年二甲第四名進士。選庶吉士，授編修。乾隆十五年充順天同考官。

弟沈慰祖，雍正八年進士。

歐陽正焕　字淑之、竹泩，號瑶岡。湖南衡山縣人。乾隆十年二甲第五名進士。選庶吉士，授編修。乾隆十五年充浙江鄉試副考官，考選江南道御史。十七年充順天鄉試同考官。丁母憂後絶意仕進，主講岳麓書院，聘修《湖南通志》，著有《竹泩文稿》。

薛　芝　字鳳岡，號秀三。浙江仁和縣人。乾隆十年二甲第六名進士。選庶吉士。授編修。著有《檢餘堂詩草》。

儲兆豐　江蘇荆溪縣人。乾隆十年二甲第七名進士。二十一年任安徽徽州府教授。

蔣元益　字希元、漢卿，號時庵。江蘇長洲縣人。乾隆十年會元，二甲第八名進士。選庶吉士。授編修。十五年充湖南鄉試主考官，考選江西道御史，十八年督山西學政，進兵科給事中，二十七年督山東學政。遷通政副使。三十三年由順天府尹遷左副都御史，旋改内閣學士，三十四年授兵部右侍郎。三十九年任浙江鄉試主考官，督江西學政。四十三年病休歸。主講婁東學院、紫陽書院。乾隆五十二年（1787）卒於家。著有《清雅堂詩餘》《周易精義》《二十一史訂誤》。等。

李因培　字其材，號鶴峰。雲南晋寧州人。乾隆十年二甲第九名進士。選庶吉士，任編修。翰林院侍讀學士，十三年督山東學政，十四年遷内閣學士。十八年三月署刑部侍郎，九月授兵部侍郎。十九年正月革，四月授光禄寺卿，二十年督江蘇學政，二十二年改大理寺卿，二十四年復任內閣學士，督浙江學政，改江蘇學政，二十八年遷禮部侍郎改倉場侍郎，三十年閏二月調湖北巡撫。十一月改湖南巡撫，三十一年二月改福建巡撫，八月降四川按察使。乾隆三十二年（1767）十月初二日，以"在湖南巡撫任內令知州代知縣彌補錢糧虧空，扶同徇隱"罪令自盡。卒年五十一。曾編有《唐詩觀洞集》，著有《鶴峰詩文集》等。

子李翊，乾隆二十二年進士；次子李翃，嘉慶四年進士；孫李浩，嘉慶十九年進士。祖孫三代四名進士，皆入翰林。

史貽謨 字阜南、賡載，號怵堂、又襄、酉山。江蘇溧陽縣人。乾隆十年二甲第十名進士。選庶吉士，授編修。擢中允，升至司經局洗馬。二十一年督四川學政，二十五年充河南鄉試主考官。

為康熙三十九年進士史貽直弟。

吳 檠 字青然，號岑華。安徽全椒縣人。乾隆十年二甲十一名進士。官刑部主事。著有《咫聞齋詩鈔》《陽局詞鈔》行世。

牛思凝 字方岩、裕川。直隸靜海縣人。乾隆十年二甲十二名進士。十一年任山東肥城知縣，十三年調諸城知縣，雍正元年任山東博興知縣，以卓異擢貴州正安知州，改普安州知州。升黎平府古鎮理蕃

同知。卒於任。

顧奎光 字星五，號雙溪。江蘇無錫縣人。乾隆十年乙丑科二甲十三名進士。十八年任湖南瀘溪知縣，二十四年改湖南桑植知縣。二十九年（1764）卒於任。著有《春秋隨筆》《然疑錄》《詩文集》等。

徐開厚 字周基，號恭壽、芑泉。浙江德清縣人。乾隆十年二甲十四名進士。選庶吉士，授編修。後降知縣。

父徐以升，雍正元年進士。

張甄陶 字希周，號惕庵，福建福清縣人。康熙五十二年（1713）生。乾隆十年二甲十五名進士。選庶吉士。授編修。降廣東鶴山知縣，歷廣東香山、新會、揭陽、高要知縣，以廉明著聲。丁憂服闋補雲南昆明知縣。坐事免職。主講五華、貴山、鰲峰書院。復調任翰林院編修，國子監司業銜。晚年以病歸。乾隆四十五年（1780）九月二十八日卒，年六十八。著有《讀書翼助》《正學堂經解》《周易傳義拾遺》《尚書蔡傳拾遺》《詩經朱傳拾遺》《禮記陳氏集說》《春秋三傳定說》《四書翼注論文》《杜詩評注》等。

張若澄 字靜壑，號默畊、煉雪。安徽桐城縣人。大學士張廷玉子。乾隆十年二甲十六名進士。選庶吉士，授編修。十九年會試同考官，入值南書房。遷侍講，二十四年充湖南主考官，二十五年以庶子再充會試同考官，擢侍讀學士，二

十六年授內閣學士。三十二年去職。乾隆三十五年（1770）卒。善書畫，尤擅畫蘭、梅，兼擅山水翎毛。著有《瀟碧軒詩》。

徐光文 字亭湑、莛預，號杏池。寓居順天宛平縣，安徽歙縣人。乾隆十年二甲十七名進士。選庶吉士，授編修。三十五年充山東鄉試副考官，三十六年以中允充順天鄉試同考官，督河南學政，升至翰林院侍讀。四十二年充順天同考官。

趙秉忠 字景光，號秋墅。江蘇興化縣人。乾隆十年二甲十八名進士。選庶吉士，充武英殿纂修。尋乞假歸。閉門讀書。著有《經學析疑》《秋墅文集》《敝帚集》《蘆中集》。

秦　瑮 字震遠，號果亭。江南金匱縣人。乾隆十年二甲十九名進士。選庶吉士，授編修。十八年纍遷山西太原知府，官至廣東鹽運使。

徐　錦 字念祖。浙江桐鄉縣人。乾隆十年二甲二十名進士。授山東蒙陰知縣。降調，歸。二十二年帝南巡迎駕，賞原銜。

李友棠 字苕伯，號西華。江西臨川縣人。乾隆十年二甲二十一名進士。選庶吉士，授編修。十五年充陝西鄉試副考官，十六年考選福建道御史，十八年充貴州鄉試副考官，二十一年督福建學政，升戶部給事中、通政副使，三十三年授光祿寺卿改宗人府丞。三十八年遷內閣學士，八月授工部右侍郎。三十九年督浙江學政，充四庫全書館總裁。四十年降調，賞三品卿銜。嘉慶三年（1798）三月卒。

段汝舟 字祈年。江蘇武進縣人。乾隆十年二甲二十二名進士。任刑部主事，十五年充山東鄉試副考官，十六年改廣西鬱林州知州，二十七年遷山西沁州直隸州知州，三十一年官至山西保德州直隸州知州。三十二年（1767）卒於任。

勵守謙 字自牧，號檢之。直隸靜海縣人。乾隆十年二甲二十三名進士。選庶吉士，授編修。官至司經局洗馬，三十年充雲南鄉試主考官，因事降編修。善繪馬，花鳥山水皆能。藏書較富。

祖父勵廷儀，康熙三十九年進士，官吏部尚書；父勵宗萬，康熙六十年進士，官刑部侍郎。清代勵姓進士僅三人，系他們祖孫三人，而且都入翰林。

鄧錫禮 字禹若，號晦庵。江西萍鄉縣人。乾隆十年二甲二十四名進士。纍遷吏部郎中，擢河南驛鹽道，二十五年遷四川按察使。二十六年解職下獄，籍沒論死，其子鄧硯灝乞大學士傅恒、步軍統領阿里救父得免。

國　柱 字石民，號石堂。滿洲正黃旗人。乾隆十年二甲二十五名進士。選庶吉士，授編修。升翰林院侍讀學士，乾隆二十三年遷太僕寺卿。二十四年革，降侍讀學士，三十二年充江南副考官，三十五年充江西主考官，三十九年充湖北主考官，試畢，任山西學政。又數次充會試、順天同考官。

王協和 字監堂、印川，號熙臺、勺園。安徽天長縣人。乾隆十年二甲二十六名進士。選庶吉士，改戶部主事，升員外郎，二十四年充順天鄉試同考官，擢郎中，二十六年貴州鄉試主考官，三十五年官至湖北宜昌知府。

宋弼 字仲良，號蒙泉。山東德州人。乾隆十年二甲二十七名進士。選庶吉士，授編修。教習庶吉士，二十八年以原品休致。後奏留轉贊善，出任甘肅鞏秦階道，改肅州道，三十三年授陝西按察使。

宋巨源 字昆發。江蘇元和縣人。乾隆十年二甲二十八名進士。十八年任江西大庾知縣，二十一年改江蘇常州府教授。

劉元熙 字緝之，號賓門。湖南湘潭縣人。乾隆十年二甲二十九名進士。選庶吉士，授翰林編修。尋乞養歸。著有《四香閣詩文集》。

兄劉元炳，雍正十一年進士。

李建中 字爾立。江西金溪縣人。乾隆十年二甲三十名進士。十一年任江西臨江府教授。

毛輝祖 字鏡浦，號敬園、乃行。山東歷城縣人。乾隆十年二甲三十一名進士。選庶吉士，授編修。十八年考選福建道御史，十八年、二十七年、三十年三任福建鄉試副考官，二十一年督湖南學政，升禮科給事中，遷鴻臚寺少卿，歷任光禄寺少卿、通政司參議、太常寺少卿。三十九年（1774）隨扈熱河，九月以疾卒於承德。年六十六。

楊希曾 江蘇武進縣人。乾隆十年二甲三十二名進士（以回避卷欽賜進士）。二十一年任安徽廬州府教授。

高玉駒 字彝尊。江蘇吳縣人。乾隆十年二甲三十三名進士。任吏部主事。

周渼 字少湘。江蘇溧陽縣人。乾隆十年二甲三十四名進士。授刑部湖廣司主事，十二年充浙江鄉試正考官，升四川司員外郎。十五年加編修督貴州學政。十六年（1751）十月卒於任。

陳顧灜 （榜名顧灜，復姓）字右聲，號藕田、棟波。浙江仁和縣人。乾隆十年二甲三十五名進士。選庶吉士，授編修。十五年充四川鄉試主考官，十七年充順天鄉試同考官，考選貴州道御史，十八年再充順天鄉試同考官，二十年任順天西城巡城御史，升戶科給事中。二十一年督廣東學政。

江龍光 （《浙江通志》作陳龍光）浙江烏程縣人。乾隆十年二甲三十六名進士。

楊演時 字彙宇，號平崖、廣崖。廣東大埔縣人。乾隆十年二甲三十七名進士。選庶吉士，授編修。

父楊之徐，康熙二十七年進士；兄楊纘緒康熙六十年進士；兄楊黼時，乾隆元年進士。

錢士雲　字鶴臯，號沛先、龍池、昆浦。雲南昆明縣人。乾隆十年二甲三十八名進士。選庶吉士，授編修。十七年考選山東道御史。降宗人府主事，二十二年充會試同考官，順天鄉試同考官，三十二年任湖北施南知府，三十四年改安陸知府，三十六年遷湖北荊宜施道，改通政副使，四十四年授光祿寺卿，改詹事。四十五年遷內閣學士。四十六年擢兵部侍郎。四十八年病休。乾隆五十一年（1786）卒，工山水畫。

吳　楫　字書石。順天大興縣人，原籍江蘇武進。乾隆十年二甲三十九名進士。授戶部主事，改吏部，擢刑部郎中。在刑部二十年積勞卒。

江　權　字熙璿、越門。安徽歙縣人。乾隆十年二甲四十名進士。三十年任保寧知府，三十七年署潼川知府，三十八年四川夔州知府，改雅州知府。著有《正頤堂稿》。

溫　敏　字鐵崖，號允懷。滿州正藍旗人。乾隆十年二甲四十一名進士。選庶吉士。授編修。纍遷侍講學士，十八年授詹事，二十二年遷盛京刑部侍郎，二十六遷通政使，同年九月遷左副都御史，三十二年改任盛京禮部侍郎。三十四年病休。

任兆熙　字上林、浚廬。山東聊城縣人。乾隆十年二甲四十二名進士。十五年任湖南安仁知縣，二十年改保靖知縣，調陝西醴泉知縣。以安仁縣任內失察罣誤罷，四壁蕭然。後主講甘肅蘭州書院，五年後歸，卒年六十五。

高祖任克溥，順治六年進士；子任郿祐，嘉慶七年進士。

汪　憲　字千陂，號魚亭。浙江錢塘縣人。康熙六十年（1721）生。乾隆十年二甲四十三名進士。任刑部主事，官至陝西司員外郎。以父母老乞養歸。乾隆三十六年（1771）卒，年五十一。藏書甚豐，藏書樓命名"振綺堂"。著有《藏書題識》《説文繫傳考異》《苔譜》《易説存悔》《振綺堂稿》。

羅人文　湖北安陸縣人。乾隆三年舉人，十年二甲四十四名進士。任戶部主事，改雲南新興、石屏、河西知縣。

蔡　湉　字清岩、梘侯，號雙湖。福建漳浦縣人。乾隆十年二甲四十五名進士。選庶吉士。未散館歸侍母，使其兄大學士蔡新得以竭力主事。

徐　綱　（本姓盛）順天大興縣人，原籍江蘇陽湖。乾隆十年二甲四十六名進士。原任江西新城知縣，改玉山縣，署新建知縣，改山西高平、猗氏知縣，三十七年調山西陽曲知縣，三十八年遷山西絳州直隸州知州，官至湖南永州知府。

盧　澍　字及人，號沛倉。福建福鼎縣人。乾隆十年二甲四十七名進士。以艱歸，服未闋而卒。

楊永謨　字嘉之。河南河內人。乾隆十年二甲四十八名進士。選庶吉士，散館改吏部主事。

許茭 字酉峰，號敦分。浙江海寧縣人。乾隆十年二甲四十九名進士。選庶吉士。十三年改河南滎陽知縣，調鹿邑知縣，官至河南許州知州。

吳毅 浙江仁和縣人。乾隆十年二甲五十名進士。任內閣中書，二十六年改山西天鎮知縣，三十二年改山西大同知縣。

張紹渠 字篁塈，號素村。江西鉛山縣人。乾隆十年二甲五十一名進士。選庶吉士，授編修。十五年充順天鄉試同考官，十六年考選山東道御史，充會試同考官，改直隸順德知府，十八年調保定知府，十九年官至直隸天津道。以事去官。後任涿州知州。

周守一 字季和，號分岳。山東萊陽縣人。康熙四十三年（1704）生。乾隆十年二甲五十二名進士。十八年任四川南部知縣，去職。二十二年改任濟南府教授。乾隆二十六年（1761）卒，年五十八。工詩古文。著《春草堂詩文集》。

楊文振 廣東大埔縣人。乾隆十年二甲五十三名進士。任刑部安徽司主事。

陶以忠 順天大興縣人，原籍浙江會稽。乾隆十年二甲五十四名進士。十八年任陝西山陽知縣。早卒。

曾祖陶作楫，順治十六年進士。

耿賢舉 字升書。山東館陶縣人。雍正元年山東解元，乾隆元年舉博學鴻詞。十年二甲五十五名進士。十九年任山東武定府教授。

葉承立 廣東嘉應人。乾隆十年二甲五十六名進士。十九年任廣西富川知縣。

謝溶生 字未堂，號容川。江蘇儀征縣人。乾隆十年二甲五十七名進士。選庶吉士，授編修。十八年充廣東鄉試副考官，二十年督山東學政，纍遷至翰林院侍讀學士，二十三年授內閣學士，二十四年遷刑部右侍郎，督江西學政，改兵部右侍郎、禮部左侍郎。二十九年降光祿寺卿，三十三年改太常寺卿。三十八年革。五十五年進京祝嘏，賜三品銜。卒年八十七。著有《賜書堂集》。

周庭草 字麗長，號蓮峰。江西南昌縣人。乾隆十年二甲五十八名進士。二十一年任陝西藍田知縣。

吳元會 浙江歸安縣人。乾隆十年二甲五十九名進士。三十八年任浙江衢州府教授，改溫州府教授。

佘漢章 字元倬。福建晉江縣人。乾隆十年二甲六十名進士。任山西榆社知縣。丁憂歸。遂不出。

朱繡 順天大興縣人，原籍浙江歸安。乾隆十年二甲六十一名進士。任江蘇句容知縣，二十二年改江蘇江陰知縣，二十八年調江西貴溪知縣。

王必昌 字喬岳。福建德化縣人。乾隆十年二甲六十二名進士。二十一年任湖北鄖西知縣，署竹溪縣。以病告歸。

朱若東　字元暉，號曉園。廣西臨桂縣人。乾隆十年二甲六十三名進士。選庶吉士，授編修。十五年充順天鄉試同考官，考選福建道御史，十九年任山東濟東道。署山東鹽運使，官至河南糧儲道、驛鹽道。

兄朱若炳，乾隆二年進士；子朱依魯，乾隆三十六年進士；朱依炅，乾隆四十九年進士。

積　善　字宗韓、構山，號粹齋。漢軍鑲白旗。乾隆十年二甲六十四名進士。選庶吉士，授編修。二十七年充四川鄉試主考官，二十八年任會試同考官，二十九年考選山東道御史。三十年充廣西鄉試主考官，三十一年再充會試同考官，三十六年充河南鄉試副考官。

邵齊烈　字澶承，號坉園。江蘇昭文縣人。乾隆十年二甲六十五名進士。選庶吉士。逾年卒。與弟邵齊燾（乾隆七年進士）、邵齊然（乾隆十三年進士）、邵齊熊（乾隆十二年舉人）合著《邵氏聯珠集》。

張星景　江西奉新縣人。乾隆十年二甲六十六名進士。任河南魯山知縣。

楊　瑝　（《進士題名碑》作楊煌，誤）字母音，號玉峰。湖南湘陰人。中舉後任湖南零陵縣教諭，乾隆十年二甲六十七名進士。選庶吉士。工古詩文，著有《母音集》。

吳璟侯　號筠軒。安徽宣城縣人。乾隆十年二甲六十八名進士。任四川永寧知縣。因被同官齮齕遂歸里。

湯蕚聯　字繼芳，號徽仙、水南。浙江仁和縣人。乾隆十年二甲六十九名進士。選庶吉士，授編修。官至御史。

孫王綸　浙江嘉善縣人。乾隆十年二甲七十名進士。十四年任浙江嚴州府教授。

彭建修　字樹千，號衡齋。江西金溪縣人。乾隆十年二甲七十一名進士。十八年任四川屏山知縣，二十六年任四川宜賓知縣。

單　鐸　字振斯，號木庵。直隸寶坻縣人。乾隆十年二甲七十二名進士。選庶吉士，散館改吏部主事，升郎中，二十三年考選江南道御史。

黃叔顯　字彬度，號介亭。廣東連平州人。乾隆十年二甲七十三名進士。選庶吉士，授編修。改福建羅源知縣，二十三年遷廣西歸順直隸州知州，二十九年改四川會理州知州，三十一年遷四川資州直隸州知州，三十五年改四川綿州直隸州知州，官至廣西知府。

劉永受　字亘南。順天宛平縣人。乾隆十年二甲七十四名進士。十四年任江西安義知縣，十六年改廣昌知縣。十八年（1753）卒。

孫　漢　字倬雲、楚池，號泳之。湖北漢陽縣人。乾隆九年舉人，十年二甲七十五名進士。選庶吉士，授編修。改知縣，又改吏部文選司主事，乾隆十五年充四川鄉試副考官，十七年充順天同考官和會試同考官，升吏部郎中、記名御史。著有《春閣詩草》行世。

沈　文　字錦愈、咸章。順天文安縣人。乾隆十年二甲七十六名進士。十四年任江西都昌知縣，十八年改南昌知縣，二十一年改江西寧都知縣，二十五年調江蘇江都知縣，二十九年升江蘇高郵州知州，三十年官至江蘇通州直隸州知州，官至湖南岳州府同知。

陳慕楷　字牙山。陝西商州人。乾隆十年二甲七十七名進士。任戶部主事，十四年任安徽泗州知州。

王　楷　字端木，號蘇門、梅溪。河南輝縣人。乾隆十年二甲七十八名進士。選庶吉士，授編修。十五年遷直隸正定知府，調保定知府，二十四年改湖北黃州知府，二十五年湖北驛傳鹽法道，改直隸通永道，官至直隸天津道。

汪正澤　字虛谷。江西餘干縣人。乾隆十年二年七十九名進士。任浙江青田知縣，改武義縣。蒞官三年，多善政。

冀文錦　字璿圖，號絅齋。山西平陸縣人。乾隆十年二甲八十名進士。選庶吉士，十八年任江西新城知縣。二十一年九月罷。

王清棟　山東高密縣人。乾隆十年二甲八十一名進士。

錢源龍　江蘇奉賢縣人。乾隆十年二甲八十二名進士。任山西樂平知縣，調洪洞知縣，二十年改稷山知縣。以疾卒於任。

鹿師祖　直隸定興縣人。乾隆十年二甲八十三名進士。任山西洪洞知縣，十八年改樂平知縣，二十七年署四川新津知縣。

侯　鈞　（《進士題名碑》作侯均，誤）字嗣沂。順天大興縣人。乾隆十年二甲八十四名進士。任陝西武功知縣，十六年署中部知縣，十九年署藍田知縣，二十四年改清澗知縣。

劉世寧　字匡宇，號幹齋。江西新淦縣人。乾隆十年二甲八十五名進士。十八年任浙江淳安知縣，二十年改黃岩知縣，二十五年擢工部營繕司主事，升郎中。三十五年考選山西道御史，三十六年任廣東惠潮道。降吏部文選司主事，升員外郎。官至戶部山西司郎中。曾參與千叟宴，卒年八十一。

孫爾周　字懷東。山東昌邑縣人。乾隆十年二甲八十六名進士。十一年任直隸慶雲知縣，歷任吳橋、內邱知縣，調河南永城、浙江秀水知縣，二十六年官至四川寧遠知府。著有《易經體要》《敬業堂文集》等。

孫詒武　浙江歸安縣人。乾隆十年二甲八十七名進士。

劉伯興　字友侯，號逸亭。江西新昌縣人。乾隆十年二甲八十八名進士。授刑部河南司主事，轉浙江司主事，十八年任湖南郴州知州。

韓時謙　山西交城縣人。乾隆十年二甲八十九名進士。十六年任直隸望都知縣。

梁濟灤 字我東，號静峰。甘肅皋蘭縣人。乾隆十年二甲九十名進士。選庶吉士，散館改刑部主事，乾隆十五年，充順天同考官，官至刑部郎中。在部二十年以目疾歸里，主講蘭山書院。

第三甲二百二十名

徐喬 浙江海鹽縣人。乾隆十年三甲第一名進士。任湖北天門知縣。

李英 字御左，號蠡堂，蕡園。江蘇宜興縣人。乾隆十年三甲第二名進士。選庶吉士，授檢討。乾隆十七年充會試和順天鄉試同考官。補左翼宗學教習，乞休後主講海州六安書院。

凌春 字岳安。江蘇江陰縣人。乾隆十年三甲第三名進士。任直隸臨城知縣，十九年改安徽安慶府教授。

溫如玉 字以栗，號尹亭、廉圃。直隸撫寧縣人。乾隆十年三甲第四名進士。選庶吉士，授檢討。十八年考選陝西道御史，充廣西鄉試主考官，升禮科給事中，十九年充會試同考官，二十年督湖廣學政，遷刑科掌印給事中。以病乞歸。家藏書萬卷。著有《静淵齋詩存》。

胡瀾一 字予源。浙江會稽縣人。乾隆十年三甲第五名進士。十六年授廣西貴縣知縣，調林縣知縣，

擢直隸晉州知州，補湖北蘄州知州。未任卒。

呂際虞 字帝臣。山西太谷縣人。乾隆十年三甲第六名進士。任刑部主事，十五年充湖南鄉試副考官，三十五年任河南府知府，官至福建鹽驛道。

閔鶚元 字少儀，號峙庭。浙江歸安縣人。康熙五十九年（1720）生。乾隆十年三甲第七名進士。任刑部奉天司主事，二十一年充山西鄉試副考官，升山東司員外郎，二十四年任四川鄉試主考官，督山東學政，遷郎中。乾隆二十七年授山東按察使改安徽按察使，遷湖北布政使，改廣東、江寧布政使。乾隆四十一年三月授安徽巡撫，四十五年八月改江蘇巡撫。五十五年因祖護下屬爲其開脱，且欲諉過總督書麟，四月革職。嘉慶二年（1797）卒，年七十八。

周仕魁 陝西三原縣人。乾隆十年三甲第八名進士。十八年任湖南酃縣知縣，二十四年改城步知縣。

趙春福 字疇五。江西奉新縣人。乾隆十年三甲第九名進士。授户部主事，升吏部員外郎，出任雲南知府，時征緬理軍供，調湖北武昌知府，代理武漢黄德道。左遷歸。

夢麟 字文子、瑞占，號午塘、柳塘。蒙古正白旗，西魯特氏。雍正六年（1728）生。未弱冠入詞垣，工詩。乾隆十年三甲第十名進士。選庶吉士，授檢討。十五年充

廣西鄉試主考官，遷侍講學士、國子監祭酒，十六年授內閣學士。十八年任江南鄉試主考官，督江南學政，二十年遷工部侍郎，二十二年改戶部侍郎、軍機大臣、學習行走。二十三年（1758）復任工部侍郎。八月卒，年僅三十一。著有《太谷山堂集》。

何德新 字西嵐、暉吉。貴州開州人。乾隆十年三甲十一名進士。選庶吉士，授檢討。十四年出爲至甘肅涼州知府，十八年改甘州府知府，十九年被參離任。二十五年授湖南永州知府。年四十四卒於任。署有《五湖集》《燕南集》《西涼集》《甘泉集》。

弟何德峻，乾隆三十四年進士。

畢志璜 湖北蘄水縣人。乾隆三年舉人，十年三甲十二名進士。任廣西義寧知縣。

鄒瀚 浙江仁和縣人。乾隆十年三甲十三名進士。十一年任江蘇桃源知縣。

李錫珇 字如九。山西臨縣人。乾隆十年三甲十四名進士。十九年任河南陽武知縣，二十七年改杞縣知縣，署衛輝縣，官至河南開封府同知。督漕運，卒於途。

高登陞 陝西府谷縣人。乾隆十年三甲十五名進士。任山西沁源、翼城、文水、太谷知縣，十一年改清源知縣。在任九年告歸。

莊學和 字介南、芝園。江蘇長洲縣（一作江蘇陽湖）人。乾隆

十年三甲十六名進士。纍遷至四川龍安知府，二十三年官至保寧知府。

楊士鉊 字俞皋，號槐亭。山東即墨縣人。乾隆十年三甲十七名進士。選庶吉士，十八年授山西祁縣知縣，二十二年改山西介休知縣。

陳履中 字遠登。湖北蘄州人。雍正十三年舉人，乾隆十年三甲十八名進士。十七年任安徽貴池知縣。

王紫紳 福建長汀縣人。乾隆十年三甲十九名進士。任山西五寨知縣。有"王半升之謠"，謂："每日只須炊半升米，餘無所用也。"

陶樹 （《浙江通志》作陶澍）浙江烏程縣人。乾隆十年三甲二十名進士。

狄寬 字思載、元博。江蘇溧陽縣人。乾隆十年三甲二十一名進士。任安徽東流、鳳陽、太和、望江知縣，升鳳陽府清軍同知、知府。

趙頤 字伯期。江蘇青浦縣人。乾隆十年三甲二十二名進士。十一年署江西上高知縣，分宜知縣。以罣誤議去職。

陶思深 浙江會稽縣人。乾隆十年三甲二十三名進士。任主事。

石之珂 字木齋。漢軍正白旗。乾隆十年三甲二十四名進士。任德州知縣，十八年改山東歷城知縣，二十八年改壽光知縣，升德州知州，改膠州知州，遷山東登州知府，三十八年署四川潼川知府。

梁景璋 廣東順德縣人。乾隆

十年三甲二十五名進士。任戶部主事，十八年任浙江餘杭知縣。

周方熾 江西南城縣人。乾隆十年三甲二十六名進士。十九年任四川江津知縣。

陸 燦 字瀟文。江蘇鎮洋縣人。乾隆十年三甲二十七名進士。十九年任廣西博白知縣。在任四年多善政，卒年四十四。

袁 鍊 廣東揭陽縣人。乾隆十年三甲二十八名進士。十一年任廣東惠州府教授。

俞 成 字亞田，號雲客。順天昌平縣人，祖籍浙江臨安。乾隆十年三甲二十九名進士。任工部主事，二十年改廣西鬱林州知州，二十八年遷安徽鳳陽知府，三十四年擢安徽池太廣道，四十五年官至福建臺灣道。

曾光先 字念茲。湖南湘陰縣人。乾隆十年三甲三十名進士。任江西樂安、信豐知縣，改浙江壽昌、餘姚知縣，調象山知縣。卒於任。

皇甫樞 浙江桐鄉縣人。乾隆十年三甲三十一名進士。二十七年任湖北竹山知縣。

涂錫穀 字嘉植。江西奉新縣人。乾隆十年三甲三十二名進士。二十年任貴州施秉知縣，改鎮遠知縣，署清江通判，因公罣吏議去。丁外艱服闋，改南昌府教授。告歸卒。

魯 慶 江西新城縣人。乾隆十年三甲三十三名進士。十九年任四川梁山知縣，二十八年改廣東從

化知縣，三十年任南海知縣。

謝 甡 山西臨晉縣人。乾隆十年三甲三十四名進士。

鄭鴻任 字子重。山西文水縣人。乾隆十年三甲三十五名進士。十二年任安徽休寧知縣，二十三年任江蘇甘泉知縣，擢宿州知州，丁母憂補貴州麻哈州知州。病卒。

宋 紀 字天民，號豸庵。順天宛平縣人。乾隆十年三甲三十六名進士。任直隸衡水知縣。遽卒。

周裔和 山東濟寧州人。乾隆十年三甲三十七名進士。任湖北當陽知縣。

劉述元 廣東平遠縣人。乾隆十年三甲三十八名進士。

陳可奇 廣東大埔縣人。乾隆十年三甲三十九名進士。十九年任四川三臺知縣，二十二年改廣東肇慶府教授，三十一年改廣東南雄府教授。

張國寧 字萬咸。江蘇元和縣人。乾隆十年三甲四十名進士。任刑部主事。

羅 鰲 江西南城縣人。乾隆十年三甲四十一名進士。七年任陝西興平知縣，十一年改山陽知縣，十六年任洵陽知縣，二十八年任鳳翔知縣。

楊維震 字景西，號松山。四川成都縣人。乾隆十年三甲四十二名進士。選庶吉士，授檢討。

柯偉生 字則俊。福建晉江縣人。乾隆十年三甲四十三名進士。

任河南光山知縣。

周芬佩 字紉齋。安徽桐城縣人。乾隆十年三甲四十四名進士。十一年任浙江宣平知縣、龍游知縣。

何毅夫 廣東順德縣人。乾隆十年三甲四十五名進士。十五年任廣西昭平知縣。

楊　敦 字文河。陝西府谷縣人。乾隆十年三甲四十六名進士。十五年任浙江新城知縣。以疾歸。

倪朝源 字念齋，號學山。浙江鄞縣人。乾隆十年三甲四十七名進士。任新城知縣。在任十二年以疾告歸，卒。

孫楊毓江，乾隆六十年進士。

楊天恩 字甘雨。雲南路南州人。乾隆十年三甲四十八名進士。授主事，改河南長葛知縣。

吳一嵩 字克非。江西新建縣人。乾隆十年三甲四十九名進士。任河南正陽知縣，十五年改夏邑知縣，十七年任禹州知州，改雲南安寧州知州，三十七年遷四川重慶知府。三十八年金川用兵，調赴將軍溫福幕下總理糧七餉，賊突犯大營戰亡，贈太僕寺少卿銜。

侯賜樂 字六希。山東掖縣人。乾隆十年三甲五十名進士。任河南閿縣知縣。

勞宗發 浙江錢塘縣人。乾隆十年三甲五十一名進士。十五年任直隸曲周知縣、盧龍知縣，二十五年纍遷山西太原府同知，三十年遷江蘇揚州知府，官至江蘇蘇松太道。

廖　淮 字允渭。福建閩縣人。乾隆十年三甲五十二名進士。任禮部主事，官至山西吉州直肅州知州。

何又爽 （《進士題名碑》作何又壞）湖南道州人。乾隆十年三甲五十三名進士。

林翼池 字鳳賓。福建同安縣人。乾隆十年三甲五十四名進士。二十年任湖北來鳳知縣。以母老乞歸。

李　洹 陝西三原縣人。乾隆六年舉人，十年三甲五十五名進士。十五年任貴州永從知縣。

劉大河 廣東海陽縣人。乾隆十年三甲五十六名進士。十九年任安徽太平知縣，二十四年改廣州府教授。

陳爾綿 河南河內縣人。乾隆十年三甲五十七名進士。

池光遠 福建晉江縣人。乾隆十年三甲五十八名進士。任福建福寧府教授。

王銘錫 浙江黃岩縣人。乾隆十年三甲五十九名進士。十九年任江蘇震澤知縣，二十年署吳江知縣，三十五年調署四川營山知縣，三十九年改慶符知縣。

姜向晟 浙江會稽縣人。乾隆十年三甲六十名進士。

丁　虬 順天通州人。乾隆十年三甲六十一名進士。任直隸順德府教授。

史謙光 字豫庵。山西武鄉縣人。乾隆十年三甲六十二名進士。十九年任江西奉新知縣。以親老乞歸，卒於家。

孫英 （《進士題名碑》作趙孫英）字蓋峰。順天大興縣人，原籍浙江上虞。乾隆十年三甲六十三名進士。官至布政使。

胡燮臣 江蘇婁縣人。乾隆十年三甲六十四名進士。十四年任福建連江知縣，二十六年任安徽徽州府教授。

高居寧 字靜庵。山東濟寧州人。乾隆十年三甲六十五名進士。十一年任浙江桐廬知縣，十三年改浙江會稽知縣。以病歸。

孫曠 陝西宜君縣人。乾隆十年三甲六十六名進士。任刑部主事。

王珩 河南河內縣人。乾隆十年三甲六十七名進士。十五年任河南南陽府教授。

馮貞世 山東菏澤縣人。乾隆十年三甲六十八名進士。

陳天章 直隸深澤縣人。乾隆十年三甲六十九名進士。十八年任陝西高陵知縣，二十九年改廣西陸川知縣。

林瑞泉 字家孔。福建福清縣人。乾隆十年三甲七十名名進士。二十年任四川犍爲知縣，二十九年署四川眉州知州，四十二年改福建延平府教授。

林天澍 字守若。福建福清縣人。乾隆十年三甲七十一名進士。

張夢楊 湖北黃安縣人。乾隆六年湖北鄉試解元，十年三甲七十二名進士。

劉龍光 湖北黃陂縣人。乾隆九年舉人，十年三甲七十三名進士。任戶部主事，遷戶部郎中，乾隆十八年考選廣西道御史，官至工科給事中。

張萬青 號莘田。浙江分水縣人。乾隆十年三甲七十四名進士。任山東范縣知縣，十六年調山東章丘知縣，升湖北興國知州。

周禮東 山東蘭山縣人。乾隆十年三甲七十五名進士。任知縣。

李梅 （改名李杕）貴州安南人。乾隆十年三甲七十六名進士。任工部主事。

王宇大 湖北鍾祥縣人。雍正十年三甲七十七名進士。十一年任湖北黃州府教授。

唐文蔚 字鼎受。雲南晉寧州人。乾隆十年三甲七十八名進士。授兵部車馬司主事。早卒，未竟其用。

李植 字立侯，號淨亭。江西新昌縣人。乾隆十年三甲七十九名進士。任湖南溆浦知縣，四十九年改廣東高明知縣，改任江西南康府教授。致仕歸。

林開鎬 福建漳浦縣人。乾隆十年三甲八十名進士。

王雲鱗 山西陽城縣人。乾隆十年三甲八十一名進士。任貴州永從知縣。

陳文謨 字懋亭。江西永豐縣人。乾隆十年三甲八十二名進士。十九年任四川石泉知縣。丁憂歸。不復仕，授徒講學。

曹　槐　字兆三。廣西臨桂縣人。乾隆十年三甲八十三名進士。任戶部主事，升吏部郎中，二十八年纍遷廣東韶州知府，三十年改瓊州知府，三十六年官至廣東高廉道。

丁時顯　字名揚，號鵬搏。直隸天津縣人。乾隆十年三甲八十四名進士。早卒。著有《青蜺居士集》。

吳鎮兗　字濟平。安徽休寧縣人。乾隆十年三甲八十五名進士。

黃國寶　（《廣東通志》改姓羅）廣東澄海縣人。乾隆十年三甲八十六名進士。

楊文揚　雲南寧州人。乾隆十年三甲八十七名進士。

馬維騏　山西忻州人。乾隆十年三甲八十八名進士。

郭之屏　山西榆次縣人。乾隆十年三甲八十九名進士。十年任江西萬安知縣，二十七年任安徽徽州府經歷。

達麟圖　字玉書、羲文，號毓川。滿洲正藍旗，宗室。乾隆十年三甲九十名進士。選庶吉士。授檢討。升侍讀，又降宗人府主事。乾隆十六年充會試同考官。

余萬鈺　四川榮經縣人。乾隆十年三甲九十一名進士。

童元璠　字聖基，號燕山。福建沙縣人。乾隆十年三甲九十二名進士。授福建邵武府教授，未赴任卒。

郭成峻　字于天。甘肅岷州人。乾隆十年三甲九十三名進士。十九年任直隸容城知縣，改滿城知縣。歸後杜門不出。

弟郭成巍，乾隆二十二年進士。

邊　鏞　字洪聲，號韻溪。江西峽江縣人。乾隆十年三甲九十四名進士。十九年任四川酆都知縣，二十五年改秀山知縣，擢雲南阿迷州知州，官至麗江中甸同知。致仕歸，卒年七十五。

哈達翰　滿洲鑲白旗人。乾隆十年三甲九十五名進士。

荊　崶　山西猗氏縣人。乾隆十年三甲九十六名進士。

桑　淇　山西榆次縣人。乾隆十年三甲九十七名進士。任安徽建德知縣，十一年改青陽知縣。

宋帝簡　福建漳浦縣人。乾隆十年三甲九十八名進士。

何　仁　江西廣昌縣人。乾隆十年三甲九十九名進士。任江西袁州府教授。

陳士師　湖北江夏縣人。乾隆三年舉人，十年三甲一百名進士。任湖北漢陽府教授。

任文翌　字光宇、靈坡。四川遂寧人。乾隆十年三甲一百零一名進士。任大理寺右評事。

梁喬塽　字髻麓。廣東三水縣人。乾隆十年三甲一百名零二名進士。十九年任四川名山知縣。卒於任。

謝昇庸　廣東平遠縣人。乾隆十年三甲一百零三名進士。二十六年任廣東惠州府教授。

方天寶　廣東惠來縣人。乾隆

十年三甲一百零四名進士。任雲南南寧知縣，改四川清溪知縣，十一年改廣東雷州府教授。

杜官德 字輔長，號懋赤。湖北竹山縣人。乾隆九年舉人，十年三甲一百零五名進士。授吏部主事，升郎中，外任江蘇糧道，二十二年遷江蘇按察使，改浙江布政使。二十四年坐事解職。後以同知銜辦理陝西軍需，代理西安道。卒於任。

王善思 雲南建水州人。乾隆十年三甲一百零六名進士。

傅詥 河南汝陽縣人。乾隆十年三甲一百零七名進士。十九年任湖南零陵知縣，二十三年署陝西蓋屋知縣。

余騰蛟 江西武寧縣人。乾隆十年三甲一百零八名進士。任刑部主事。

戴秉瑛 奉天承德縣人。乾隆十年三甲一百零九名進士。任貴州玉屏知縣，十九年調江蘇儀征知縣，二十三年改江蘇昭文知縣。

姜山 字峻烈，號岩亭。山東單縣人。乾隆十年三甲一百十名進士。十九年任廣東陽春知縣，二十四年調香山知縣。

彭禮 廣東海豐縣人。乾隆十年三甲一百十一名進士。官至雲南知府。

蒲心豫 四川蓬溪縣人。乾隆十年三甲一百十二名進士。二十一年任湖南麻陽知縣。

袁句 字大宣，號雙梧園主人。河南洛陽縣人。乾隆十年三甲一百十三名進士。纍遷爲員外郎，官至刑部郎中。清代醫學家。精通醫術，崇尚醫德。著有《天花精言》。

惠人 字裡東，號小澗。陝西清澗縣人。乾隆十年三甲一百十四名進士。十九年任湖南龍陽知縣。在任五年告歸。講學筆峰書院。著有《四書解》《五經解》。卒年七十。

高蔚宸 字楓宸。山東膠州人。乾隆十年三甲一百十五名進士。十三年授河南延津知縣。

王銓衡 廣東惠來縣人。乾隆十年三甲一百十六名進士。任廣西思樂知縣。

周才盛 廣西宣化縣人。乾隆十年三甲一百十七名進士。任刑部主事。

宋煥 直隸承德直隸州人。乾隆十年三甲一百十八名進士。任江西瀘溪知縣，改湖北竹溪知縣，三十一年任山東新泰知縣。年四十卒於任。著有《然嶷録》《春秋隨筆》。

崔起茂 字青岩。江西南城縣人。乾隆十年三甲一百十九名進士。二十年任四川筠連知縣。

張拜賡 字蚪之、球渚。浙江長興縣人。乾隆十年三甲一百二十名進士。任刑部主事，升員外郎，乾隆十八年督陝西學政，二十年改江西學政，官至刑部郎中。

梁仁壽 廣東嘉應直隸州人。乾隆十年三甲一百二十一名進士。

十八年任山東清平知縣，二十五年改廣東南雄府教授。

張馨 字琢聞，號秋芷。陝西臨潼縣人，原籍江蘇甘泉。乾隆十年三甲一百二十二名進士。選庶吉士，授檢討。十七年考選山東道御史，官至戶科掌印給事中，二十五年充會試同考官。

張所蘊 陝西涇陽縣人。乾隆六年舉人，十年三甲一百二十三名進士。二十八年任四川西充知縣，改教授。

牛宗文 字吉人。山西高平縣人。乾隆十年三甲一百二十四名進士。任山東臨朐知縣，十七年署山東新城知縣，十八年調山東堂邑知縣，二十三年任郯城知縣。二十五年告養回籍，主講書院啓迪後進。

魯克寬 字敬敷。直隸豐潤縣人。乾隆十年三甲一百二十五名進士。十四年任甘肅朔寧知縣，丁憂歸，後補寧夏知縣。

陶光昌 廣西全州人。乾隆十年三甲一百二十六名進士。十九年任湖北宜都知縣。

閔鶬 湖北應山縣人。乾隆元年舉人，十年三甲一百二十七名進士。任刑部主事，官至刑部員外郎。著有《此志軒文集》。

祖父閔衍，康熙四十二年進士。

江璣 （碑作江機，誤）字熙璿、越門。廣西陸川縣人。乾隆十年三甲一百二十八名進士。二十年任廣東高明知縣，二十六年官至廣東德慶知州，署四川雅州府，潼川府，補授夔州知府。

周銘詒 字慕劬。江西鄱陽縣人。乾隆十年三甲一百二十九名進士。十一年授山西繁峙知縣，二十一年調長治縣，擢禮部主事。

子周崧曉，乾隆三十七年進士。

于烜 字松崖。江蘇金壇縣人。乾隆十年三甲一百三十名進士。授廣東吳川知縣，十八年調廣西岑溪知縣。卒於任。

范泰恒 字松年，號無崖。河南河內縣人。乾隆十年三甲一百三十一名進士。選庶吉士，十八年任江西崇義知縣。工古文，《國朝文彙》收錄其《盤谷硯記》。著有《經書厄言》《燕川集》。

魏紹 字念遠。湖南沅陵縣人。乾隆十年三甲一百三十二名進士。十三年任湖南常德府教授。

裴廷洛 字範堂。江西吉水縣人。乾隆十年三甲一百三十三名進士。二十年任福建清流知縣。

喻敬彰 貴州遵義縣人。乾隆十年三甲一百三十四名進士。任刑部主事，官至江西袁州知府。

岑天構 湖北蘄水縣人。乾隆九年舉人，十年三甲一百三十五名進士。十一年任山西虞鄉知縣。

高其度 陝西興平縣人。乾隆十年三甲一百三十六名進士。任知縣。

孫世璋 四川邛州直隸州人。乾隆十年三甲一百三十七名進士。二十年任山東日照知縣。歸後授徒，年七十八卒。

孟侯富 貴州黃平州人。乾隆十年三甲一百三十八名進士。任刑部主事，官至江西袁州知府。

楊成梧 廣東大埔縣人。乾隆十年三甲一百三十九名進士。十八年任廣東韶州府教授。

王欒 字馨斯。陝西寧羌縣人。乾隆十年三甲一百四十名進士。十九年任湖南臨湘知縣，二十五年任浙江餘姚知縣，二十八年改浙江雲和知縣。

濮陽樓 字凌雲，號荇溪。安徽廣德州人。乾隆十年三甲一百四十一名進士。十九年任陝西三水知縣。磨勘，罜部議歸，遂不出。著有《文杏堂稿》《葩經儷語》《左氏駢言》等。

羅醇仁 字濟英，號岳峰。四川合州人。乾隆六年舉人，十年三甲一百四十二名進士。以知縣即用。聞弟羅守仁卒，不赴選，往浙江迎弟歸故土，後被延主東川書院，卒於家。著有《岳峰集》《中巴紀聞》。

楊棟 順天通州人。乾隆十年三甲一百四十三名進士。十五年任福建政和知縣。

袁虞禮 貴州遵義縣人。乾隆十年三甲一百四十四名進士。任廣西靈山知縣，十三年任廣東永安知縣。

李天駿 雲南姚州人。乾隆十年三甲一百四十五名進士。十九年任四川溫江知縣，署新繁知縣，二十六年改汶川知縣。

陸日升 廣東海陽縣人。乾隆十年三甲一百四十六名進士。

李凌雲 山西太原縣人。乾隆十年三甲一百四十七名進士。二十三年任四川資陽知縣。

羅正先 貴州貴築縣人。乾隆十年三甲一百四十八名進士。任教授。

孫茭 山東文登縣人。乾隆十年三甲一百四十九名進士。任山東沂州府教授，二十六年轉萊州府教授。

蕭超 福建武平縣人。乾隆十年三甲一百五十名進士。

伍起璧 福建寧化縣人。乾隆十年三甲一百五十一名進士。

丁文燦 字翰儀、煥然。四川樂山人。乾隆十年三甲一百五十二名進士。任安徽亳州、潁上、太和、霍丘、潛山、阜陽諸縣，擢主事，官至員外郎。著有《蓼蒲誦言》《游峨詩文集》。

王在璋 雲南雲南縣人。乾隆十年三甲一百五十三名進士。

李名得 湖南湘潭縣人。乾隆十年三甲一百五十四名進士。

劉震 奉天海城縣人。乾隆十年三甲一百五十五名進士。十二年任直隸宣化府儒學教授。

張東 陝西宜川縣人。乾隆十年三甲一百五十六名進士。任直隸保定府教授。

陸紹曾 字貫亭。浙江平湖縣人。乾隆十年三甲一百五十七名進士。任靜遠知縣。後征辦金川軍需。

告歸。

賈元鰲 河南修武縣人。乾隆十年三甲一百五十八名進士。

周日藻 字旭之。江蘇震澤縣人。乾隆十年三甲一百五十九名進士。鄂爾泰聘教授其子讀書七年。後主講六安書院。澹於仕進。吏部諮取不謁選。暮年家居仍手不釋卷。

陳迥 江西蓮花廳人。乾隆十年三甲一百六十名進士。十三年任江西南安府教授。

張賓賢 河南柘城縣人。乾隆十年三甲一百六十一名進士。任河南河南府教授。

周植 字翼孫。江蘇新陽縣人。乾隆十年三甲一百六十二名進士（時年五十八）。二十年授福建德化知縣。在任三年因公降調，乞歸。主講玉山書院。卒年七十七。

鄧材 湖北應城縣人。乾隆三年舉人，十年三甲一百六十三名進士。任直隸任縣知縣。

孫巽章 河南洧川縣人。乾隆十年三甲一百六十四名進士。

孫仁錫 浙江餘姚縣人。乾隆十年三甲一百六十五名進士。

楊駿烈 字行之，號馭世。貴州綏陽縣人。乾隆十年三甲一百六十六名進士。任直隸廣平知縣。在任四年告歸，年六十四卒。

傅豫 字于石，號立庵。山東高密縣人。乾隆十年三甲一百六十七名進士。十年任河南濟源知縣，改河南鄢城知縣、雲南大姚知縣。

趙之瑞 雲南趙州人。乾隆十年三甲一百六十八名進士。

曹璞玉 山西蒲縣人。乾隆十年三甲一百六十九名進士。

林世忠 廣東澄海縣人。乾隆十年三甲一百七十名進士。任直隸巨鹿知縣。

蔡理可 河南虞城縣人。乾隆十年三甲一百七十一名進士。任陝西知縣。

唐光雲 江西豐城縣人。乾隆十年三甲一百七十二名進士。十九年任四川長寧知縣。

徐天球 字卿石。湖北廣濟縣人。雍正十三年舉人，乾隆十年三甲一百七十三名進士。十七年任直隸邢臺知縣，三十五年改江蘇丹徒知縣，官至四川順慶府同知。以疾卒。

劉日璠 字魯石。山東昌邑縣人。乾隆十年三甲一百七十四名進士。任山東昌樂縣教諭。

關壽（《八旗通志》改名觀文）滿洲鑲白旗人。乾隆十年三甲一百七十五名進士。任滿洲常林佐領。

龐克嶷 字九峰，號毅庵。山西榆次縣人。乾隆十年三甲一百七十六名進士。二十年任安徽望江知縣，三載卒於任。

徐維綱 字三立。江西奉新縣人。乾隆十年三甲一百七十七名進士。十一年任江蘇高淳知縣、江蘇六合知縣，十四年任永嘉知縣，後任湖南耒陽知縣。緣事落職歸。

齊建中　字懋軒。山西定襄縣人。乾隆元年山西鄉試解元，十年三甲一百七十八名進士。任禮部、工部主事，卒年四十一。

謝鳳詔　江西崇義縣人。乾隆十年三甲一百七十九名進士。任主事。

成　人　貴州石阡縣人。乾隆十年三甲一百八十名進士。任江西知縣。

張三奇　山西崞縣人。乾隆十年三甲一百八十一名進士。二十年任河南永寧知縣，二十四年改內鄉知縣。

張維燦　雲南楚雄縣人。乾隆十年三甲一百八十二名進士。任雲南昭通府教授。

劉　櫹　陝西中部縣人。乾隆三年舉人，十年三甲一百八十三名進士。

趙廷健　字若乾。陝西富平縣人。乾隆十年三甲一百八十四名進士。任江蘇崇明知縣，十一年署如皋知縣，任江蘇丹陽、江都知縣。

伊靈阿　滿洲正白旗人。乾隆十年三甲一百八十五名進士。任滿洲富寧佐領，二十四年任河南南陽知縣，改舞陽知縣。

陸　烈　浙江餘姚縣人。乾隆七年三甲一百八十六名進士。十一年任河南新鄭知縣。

李元標　順天大興縣人。乾隆十年三甲一百八十七名進士。十九年任安徽青陽知縣，二十七年任涇縣知縣，三十年改鳳陽知縣。

李啓苊　四川溫江縣人。乾隆十年三甲一百八十八名進士。

舒　祿　字藜閣，號乙亭。滿洲鑲紅旗人。乾隆十年三甲一百八十九名進士。選庶吉士，散館改主事。

陳　斗　四川墊江縣人。乾隆十年三甲一百九十名進士。任四川越嶲衛教授。

廖乘時　廣西臨桂縣人。乾隆十年三甲一百九十一名進士。任直隸威縣知縣，二十年改大名知縣。

李　莪　字秀香。陝西鳳翔縣人。乾隆十年三甲一百九十二名進士。二十年任四川新繁知縣，三十一年調德陽知縣。

朱　昱　四川通江縣人。乾隆十年三甲一百九十三名進士。二十一年任陝西華陰知縣，改山東禹城知縣，河南商河知縣。

淦良繪　江西建昌縣人。乾隆十年三甲一百九十四名進士。

趙用熊　浙江蘭溪縣人。乾隆十年三甲一百九十五名進士。任戶部主事。

年常阿　滿洲鑲黃旗人。乾隆十年三甲一百九十六名進士。

戴　琪　字仙珍。貴州黃平州人。乾隆十年三甲一百九十七名進士。十九年任廣東長樂知縣，署興寧、龍川、感恩等知縣。歸後年六十七卒。著有《最孝編》《尊德錄》。

文　謨　廣西荔浦縣人。乾隆十年三甲一百九十八名進士。任廣西慶遠府教授。

洪　鐘　湖北公安縣人。雍正十三年舉人，乾隆十年三甲一百九十九名進士。任湖南安化知縣，二十一年任湖南桂東知縣。

葉爲舟　福建邵武縣人。乾隆十年三甲二百名進士。十一年任湖北蘄水知縣，改漢川知縣。

李　實　江西上高縣人。乾隆十年三甲二百零一名進士。二十一年任山西沁源知縣。

楊堯臣　山東平度州人。乾隆十年三甲二百零二名進士。二十二年授陝西甘泉知縣，再起任雲南知縣，四十五年任山東濟南府教授。

于　超　順天大興縣人。乾隆十年三甲二百零三名進士。

魯　晋　字旺疆。安徽懷寧人。乾隆十年三甲二百零四名進士。十一年署福建惠安知縣，補松溪知縣，後以母老改江蘇鎮江府教授。著《周易微言》《養素齋古文》。

龔奏績　江西臨川縣人。乾隆十年三甲二百零五名進士。

羅一玉　河南汝州直隸州人。乾隆十年三甲二百零六名進士。任教授。

李國禧　陝西南鄭縣人。乾隆三年舉人，十年三甲二百零七名進士。任河南正陽知縣。

趙如琬　廣西全州人。乾隆十年三甲二百零八名進士。

楊肇榮　山西翼城縣人。乾隆十年三甲二百零九名進士。

歐陽夢旗　江西彭澤縣人。乾隆十年三甲二百十名進士。十五年任江西南安府教授。

王　朗　河南汝州直隸州人。乾隆十年三甲二百十一名進士。任知縣。

王　訓　貴州貴定縣人。乾隆十年三甲二百十二名進士。十年任四川大竹知縣，十九年署塾江知縣，二十年任四川南部知縣。

馮　渠　字暎清。浙江嘉興縣人。乾隆十年三甲二百十三名進士。十年任江西泰和知縣，十二年改江西靖安知縣。歲末未報發賑穀，被劾罷官。貧不能歸，主講濂溪書院，卒。著有《蓼園詩》。

林其籠　廣東文昌縣人。乾隆十年三甲二百十四名進士。二十年任福建永安知縣。

王偉任　四川渠縣人。乾隆十年三甲二百十五名進士。任貴州銅梓知縣。

殷台杰　山西朔州人。乾隆十年三甲二百十六名進士。

張毓藻　直隸肥鄉縣人。乾隆十年三甲二百十七名進士。任四川梁山知縣。請假告歸，授課生徒。

袁　芳　湖南衡陽縣人。乾隆十年三甲二百十八名進士。十二年任湖南岳州府教授，以老乞歸年七十五卒。

劉翮羽　河南盧氏縣人。乾隆十年三甲二百十九名進士。

金　澍　順天大興縣人。乾隆十年三甲二百二十名進士。

乾隆十三年（1748）戊辰科

第一甲三名

梁國治 字階平，號瑤峰、豐山、梅塘。浙江會稽縣人。雍正元年（1723）十月二十一日生。乾隆十三年狀元。任翰林院修撰。二十一年充廣東鄉試主考官，進日講起居注官，遷國子監司業、廣東糧驛道，署都察院左副都御史。二十七年任江西鄉試主考官，改吏部侍郎。督安徽學政，三十年革，降山西冀寧道。三十二年遷湖南按察使，改江寧布政使。三十四年授湖北巡撫，代湖廣總督兼荊州將軍。三十六年改湖南巡撫。三十八年署禮部侍郎，改戶部侍郎、軍機大臣。四十二年遷戶部尚書。任順天鄉試主考官。四十七年八月加太子少傅。四十八年七月授協辦大學士，五十年六月遷東閣大學士。乾隆五十一年（1786）十二月十三日卒，享年六十四。贈太子太保，諡“文定”。著有《敬思堂集》。

陳　柟 字春齋，號東麓。浙江仁和縣人。乾隆十三年一甲第二名榜眼。授編修。

汪廷璵（初名汪璿）字衡玉，號持齋。江蘇鎮洋縣人。康熙五十七年（1718）八月十七日生。乾隆十三年一甲第三名探花。授編修。十七年大考第一名超授翰林院侍講學士。二十八年升少詹事，入直上書房，侍皇六子讀書。三十一年授詹事。三十二年遷內閣學士，三十七年充會試副考官，四十二年充江西鄉試主考官，督順天學政，四十四年遷工部右侍郎，十二月丁憂。後署工部左侍郎。乾隆四十八年（1783）六月十九日卒，年六十六。

第二甲七十二名

劉星煒 字映榆，號圃三。江蘇武進縣人。康熙五十七年（1718）九月十三日生。乾隆十三年二甲第一名進士。選庶吉士，授編修。遷侍講、左庶子、侍讀學士，二十四年督安徽學政，三十年授內閣學士。

遷禮部左侍郎，三十一年改工部侍郎。三十三年充江西鄉試主考官，後供職上書房，教諸皇子讀書。三十五年病免。三十七年（1772）正月二十四日卒，年五十五。著有《思補堂集》。

魏夢龍 字臥崖。浙江仁和縣人。乾隆十三年二甲第二名進士。任工郎主事，二十一年充山東鄉試副考官，升工部郎中。二十四年充雲南鄉試副考官。

方懋祿 字澄園。江蘇元和縣人。乾隆十三年二甲第三名進士。十三年授江西新城知縣，改南城，十五年改清江知縣，二十四年調山東棲霞知縣，二十五年五月署山東海陽知縣，改商河知縣，遷廣西德勝同知，調桂林百色同知，三十四年擢湖北襄陽知府，署安襄兵備道。告歸。卒年七十三。

毛咏 字宣搋，號銜暉。江南太倉直隸州人。乾隆十三年二甲第四名進士。選庶吉士，授編修。十七年假歸。主常州龍城、婁東書院。以喪子鬱鬱不樂，以疾卒。

蔡鴻業 江蘇華亭縣人。乾隆十三年二甲第五名進士。二十六年纍遷廣東督糧道，二十七年授左副都御史，二十八年改刑部右侍郎。三十年九月革職。降甘肅鞏秦階道。三十二年授甘肅按察使，次年遷甘肅布政使，三十五年丁憂歸。乾隆四十三年（1778）卒。

徐堂 字允升，號栗園。河南祥符縣人。乾隆十三年二甲第六名進士。選庶吉士，授編修。十六年充山東鄉試副考官，十八年改湖南漵浦知縣，二十年任湖南衡陽知縣，二十二年順天府寧河知縣，三十年遷順天延慶知州，三十七年擢貴州安順知府，官至貴州貴西道。

鍾和梅 字若羹。浙江海寧縣人。乾隆十三年二甲第七名進士。十七年任直隸臨榆知縣，改鉅鹿知縣，調江西德興知縣。卒於任。

鄭忬 字義民，號前村。江蘇靖江縣人。乾隆十三年二甲第八名進士。選庶吉士，改禮部主事，升禮部郎中，二十五年，充順天同考官，三十二年升湖南永州知府，署衡永彬桂道。三十五年官至湖南永順府知府，改刑部奉天司員外郎。卒於任。

陳長鎮 字宗五，號延溪。湖南武陵縣人。乾隆十三年二甲第九名進士。選庶吉士，充武英殿纂修。十四年母病告歸。道聞母喪嘔血，至家數月哀痛而卒。著有《古今體詩》《雜錄》《白雲山房集》《評纂》等。

張裕犖 字幼穆，號樊川。安徽桐城縣人。乾隆十三年二甲第十名進士。選庶吉士，授編修。乾隆十八年充山東副考官，十九年會試同考官，二十九年順天同考官，官至國子監祭酒。

莊采 字素絲。安徽歙縣人。乾隆十三年二甲十一名進士。二十五年七月任江蘇金壇知縣。

吳綬詔 字澹人、青紓，號葦齋、菊如。安徽歙縣人。乾隆十三年二甲十二名進士。選庶吉士，授編修。二十三年考選山東道御史，二十七年充陝西鄉試主考官，三十年以工科給事中督陝甘學政，三十五年任奉天府丞兼學政，三十九年遷光祿寺卿。四十二年改順天府尹，四十五年官至通政使。四十六年病休。

父吳華孫，雍正八年進士。

李中簡 字廉衣，號文園、子靜。直隸任丘縣人。乾隆十三年二甲十三名進士。選庶吉士，授編修。二十一年充山東鄉試主考官，二十二年任會試同考官，二十四年督雲南學政，擢中允，進侍講，升詩講學士，三十三年任湖南鄉試主考官，三十五年充湖北鄉試主考官，充日講起居注官，三十六年督山東學政，官至侍讀學士。以事罷官。四十年賞給編修。四十二年乞疾歸。年六十一卒。著有《嘉樹山房文集》六卷、《嘉樹山房詩集》十七卷、《賦頌》二卷、《雜體文》《應制詩》等。

陳佩 字諸田。江蘇泰興縣人。乾隆十三年二甲十四名進士。任山西夏縣知縣。

李天植 江西峽江縣人。乾隆十三年二甲十五名進士。二十年任安徽廬江知縣。

錢汝誠 字立之，號東麓。浙江嘉興縣人。康熙六十一年（1722）三月生。乾隆十三年二甲十六名進士。選庶吉士，授編修。十七年充河南鄉試主考官，遷侍講、侍讀學士，二十三年授內閣學士。二十四年遷兵部左侍郎，改刑部侍郎，二十五年充江南鄉試主考官，兼管順天府尹，二十六年改戶部右侍郎、署刑部左侍郎。二十七年再任江南鄉試主考官，三十年乞養歸。四十一年服闋仍任刑部侍郎。四十四年（1779）卒，年五十八。

父錢陳群，康熙六十年進士，刑部侍郎。

葉世倬 字敬思，號涵齋。浙江仁和縣人。乾隆十三年二甲十七名進士。選庶吉士，十六年改廣東陽春知縣，二十三年調湖北黃梅知縣，二十六年改黃岡知縣。工書法，吏議留黃梅講學，學顏真卿，畫山水花卉皆能。著有《涵齋文餘》。

周照 字捧齋、南愷。江蘇金匱縣人。乾隆十三年二甲十八名進士。任戶部主事，升員外郎、郎中。二十一年考選御史，二十四年十一月任順天西城巡城御史，官至掌貴州道御史。丁母憂歸。以疾卒。

張文 字凝士、凝思。江蘇儀征縣人。乾隆十三年二甲十九名進士。任廣東海豐知縣。

葉鑒 字道徽。江蘇昆山縣人。乾隆十三年二甲二十名進士。十四年授四川萬縣知縣，十七年補羅江知縣。罷歸，卒。

楊毅貽 字覲烈，號愧峨。河南光州直隸州人。乾隆十三年二甲二十一名進士。選庶吉士。

李宗文 字延彬，號鬱齋、竹人。福建安溪縣人。乾隆十三年二甲二十二名進士。選庶吉士，授編修。十七年充廣東鄉試副考官，二十一年以庶子任陝西鄉試主考官，遷少詹事，二十八年授內閣學士。二十九年遷禮部右侍郎，三十年改工部左侍郎，督浙江學政。三十三年病休。三十八年起用署兵部左侍郎改禮部左侍郎。督順天學政。四十二年八月病免。

曾祖李光地，大學士；父李清植，雍正二年進士，內閣學士。

周學伋 字位能，號定漢。江西新建縣人。乾隆十三年二甲二十三名進士。選庶吉士，散館授編修。

兄周學健，雍正元年進士。

曹學詩 字以南，號震亭。安徽歙縣人。乾隆十三年二甲二十四名進士。任湖北麻城知縣，十四年調崇陽知縣，官內閣中書。終養歸，授徒終老。著有《香雪文鈔》《香雪詩鈔》《經史通》《易經蠡測》《黃山游記》。

高觀鯉 浙江仁和縣人。乾隆十三年二甲二十五名進士。二十八年任福建古田知縣，三十五年福建泉州府同知，官至福建廈門同知。

邵樹本 字立人，號賓村。浙江錢塘縣人。乾隆十三年二甲二十六名進士。選庶吉士，授編修。十六年充江南鄉試副考官，十七年任會試同考官，十八年充陝西鄉試主

考官，二十三年考選江南道御史。二十四年督山西學政。以親老乞養歸。主講紫陽書院。

陳天寵 字鈞堂。湖南靖州直隸州人。乾隆六年舉人，十三年二甲二十七名進士。任四川長壽知縣，丁憂服闋，補雲南通海知縣。未幾卒於任。

王鳴 字士吉。江蘇溧陽縣人。康熙五十五年（1716）生。乾隆十三年二甲二十八名進士。十四年任安徽歙縣知縣，調懷寧縣，升亳州知州、六安州知州。三十一年擢浙江紹興知府，三十二年改杭州知府，三十五年改河南汝寧知府，三十七年調湖南長沙知府，四十二年官至湖南辰沅永靖道。

邵祖節 字霽川，號椒石。浙江錢塘縣人。乾隆十三年二甲二十九名進士。選庶吉士，改主事。

朱嵩 奉天寧海縣人。乾隆十三年二甲三十名進士。十三年任江西永新知縣，十四年改瀘溪知縣，十七年改萬載知縣，二十一年改都昌知縣，二十六年調山東臨邑知縣。

李長青 字松村。湖北黃岡縣人。乾隆六年舉人，十三年二甲三十一名進士。二十年任福建寧德知縣，改江蘇寶山知縣、南匯知縣，三十三年十月署江蘇蘇州知府，三十五年改陝西同州知府，官至陝西潼商道。

史奕簪 字朋九，號蔗園。江蘇溧陽縣人。雍正七年以大員子孫

鄉試未中試賞給舉人。乾隆十三年二甲三十二名進士。選庶吉士，授編修。官至左贊善，十九年充會試同考官。

祖父史夔，康熙二十一年進士，詹事；父史貽直，康熙二十九年進士，文淵閣大學士。

陳科捷　字瀛可，號繩庵。福建安溪縣人。乾隆十三年二甲三十三名進士。選庶吉士，授編修。十八年考選江南道御史，歷任順天北城、東城、中城巡城御史，升吏科給事中，三十年充湖北鄉試副考官，三十二年督湖南學政，官至鴻臚寺少卿。致仕歸。

曾祖陳遷鶴，康熙二十四年進士；祖父陳萬策，康熙五十七年進士；父陳亮世，雍正八年進士。四代進士。

顧人驥　字仲隗。順天東安縣人，原籍江蘇如皋。乾隆十三年二甲三十四名進士。二十一年任福建上杭知縣。

毛紹睿　浙江遂安縣人。乾隆十三年二甲三十五名進士。纍遷刑部郎中，二十二年考選御史。

陳德顯　字潤中。安徽蕪湖縣人。乾隆十三年二甲三十六名進士。二十一年任江西永新知縣，三十三年改河南永寧知縣。

陳淦　字揚對，號鐵岩。浙江海寧縣人。乾隆十三年二甲三十七名進士。選庶吉士，授編修。官至侍讀，後降編修。

父陳世侃，康熙五十二年進士。

劉定逌　字叔達、叙臣，號靈溪。廣西武緣縣人。乾隆九年廣西鄉試解元，十三年二甲三十八名進士。選庶吉士，授編修。

謝琇　字徵雲。福建閩縣人。乾隆十三年二甲三十九名進士。任戶部額外主事。

父謝道承，康熙六十年進士。

葉鎮　字玉屏。福建順昌縣人。乾隆十三年二甲四十名進士。授江西德安知縣，十八年改江西鄱陽知縣，二十三年升直隸晉州知州。

雷曰履　字素公，號二川。陝西渭南縣人。乾隆十三年二甲四十一名進士。選庶吉士。

宋越　浙江烏程縣人。乾隆十三年二甲四十二名進士。三十年官至福建鹽法道。

趙賢　字端人。浙江錢塘縣人。乾隆十三年二甲四十三名進士。十三年任湖南瀏陽知縣，在任五年政通人和，十七年改永順知縣。以勞瘁卒。

謝王琰　（榜名王琰）字稷山。順天大興縣人，原籍江蘇武進。乾隆十三年二甲四十四名進士。授甘肅渭源知縣，升寧州知州，內轉刑部員外郎，官至兵部職方司部中。

子謝惇，乾隆四十六年進士。

陳大化　字鰲四，號莙池。安徽廬江縣人。乾隆十三年二甲四十五名進士。選庶吉士，授編修。十七年充會試同考官，十八年考選山東道御史，二十五年任順天西城、東城巡城御史。歷吏科、禮科、刑科、工科給事中，官至江南常鎮道。母老乞養歸。服闋補江蘇松太道，調糧道，署江蘇按察使。年七十二卒。著有《䣄池制藝》《蓉鏡軒詩賦》等。

楊方壽 字叔康。福建連江縣人。乾隆十三年二甲四十六名進士。二十一年任廣西平樂知縣。

朱　珪 字石君，號南崖、盤陀老人。順天大興縣人。雍正九年（1731）正月十二日生。乾隆十三年二甲四十七名進士。任翰林院編修。纍遷侍讀學士，遷福建糧驛道，二十八年授福建按察使，改湖北、山西按察使，三十四年遷山西布政使。四十年改授侍講學士，直上書房，為嘉慶帝師傅。四十九年授內閣學士。五十一年遷禮部侍郎、吏部侍郎。五十五年任安徽、廣東巡撫。六十年授都察院左都御史，改兵部尚書，嘉慶元年六月署兩廣總督，八月改安徽巡撫，二年八月任吏部尚書。署安徽巡撫，四年加太子少保（五年九月削），十月改戶部尚書，七年八月授協辦大學士，復加太子少保。八年兼翰林院掌院學士，九年晉太子太傅。十年正月遷體仁閣大學士。曾充《四庫全書》總校，實錄館、國史館、會典館正總裁。備受乾隆、嘉慶帝敬重。嘉慶十一年十二月初五（1807年1月）卒，享年七十六。贈太傅，入祀賢良祠。謚“文正”。嘉慶帝曾撰抒

痛詩有云：“半生惟獨宿，一世不貪錢”。曾奉敕共撰《皇朝詞林典故》。著有《知足齋詩文集》。

兄朱筠，乾隆十九年進士，兄弟二人皆為清中期著名學者。另一位兄長朱垣，乾隆十三年進士。

楊方立 字中甫，號念忠、默堂。江西瑞金縣人。乾隆十三年二甲四十八名進士。選庶吉士，授編修。十八年充雲南鄉試主考官，十九年考選浙江道御史，二十一年再任雲南鄉試副考官，二十四年任順天南城、西城巡城御史，升禮科給事中，官至鴻臚寺卿。乞假歸。

秦朝釪 字大樽。江蘇金匱縣人。乾隆十三年二甲四十九名進士。由禮部郎中出為雲南楚雄知府。左遷歸。工詩古文有集。

黃　寬 字濟夫。福建龍溪縣人。乾隆十三年二甲五十名進士。任江西崇義知縣。以疾假歸，卒於家。

王標芳 字雲木。山西蒲縣人。乾隆十三年二甲五十一名進士。二十六年任四川威遠知縣，二十八年改榮縣知縣。二十九年乞終養歸。

馮　浩 字養吾，號孟亭、蓮園。浙江桐鄉縣人。康熙五十八年十二月初二日（1720年1月）生。乾隆十三年二甲五十二名進士。選庶吉士，授編修。二十一年考選山東道御史，以丁憂歸。不復出。後主講龍城京文、鴛湖書院。嘉慶六年（1801）六月二十九日卒，年八十一。著有《孟亭居士詩文集》《玉

溪生詩集箋注》《樊南文集詳注》。

長子馮應榴，乾隆二十六年進士，江西布政使。

黃捷山 字仰甫。江西宜黃縣人。乾隆十三年二甲五十三名進士。二十二年任山西太原知縣，改永濟縣，三十一年擢絳州直隸州知州，官至河南陳州知府。

朱丕烈 字正威，號振岩、繡叔。浙江海鹽人。乾隆十三年二甲五十四名進士。任禮部主事、郎中。二十三年考選山東道御史，二十五年充江南鄉試副考官，二十七年九月任順天南城巡城御史，官至工科掌印給事中。督湖北學政，三十三年督廣西學政。

劉承業 字垂恢。福建同安縣人。乾隆十三年二甲五十五名進士。二十二年任江西鉛山知縣。以母老求終養不得，積憂成疾卒。

邵齊然 （榜名邵煥）字光人，號暗谷。江蘇昭文縣人。乾隆十三年二甲五十六名進士。選庶吉士，改刑部主事，晉員外郎，遷戶部郎中。外任浙江溫州知府，署寧紹台道，四十一年官至浙江杭州知府。以母老乞養未及歸卒。與兄弟邵齊烈（乾隆十年進士）、邵齊燾（乾隆七年進士）、邵齊熊（舉人）合撰《邵氏珠聯集》。

平 泰 字朗軒，號調玉。滿洲正藍旗人。宗室。乾隆十三年二甲五十七名進士。改宗人府主事，升宗人府理事官。

鍾蘭枝 字露皋，號芬齋。浙江海寧縣人。乾隆十三年二甲五十八名進士。選庶吉士，授編修。十八年充順天鄉試同考官，二十一年充四川鄉試副考官，升翰林院侍讀學士，二十四年督陝甘學政，三十年官至內閣學士。三十一年以母老乞養歸。著有《芬齋詩稿》。

范清沂 字魯度，號達齋。山西介休縣人。乾隆十三年二甲五十九名進士。選庶吉士，授編修。

陸 鈞 字古修，號秉齋。浙江仁和縣人。乾隆十三年二甲六十名進士。選庶吉士，授編修。乾隆十七年充順天同考官，外官任江蘇句容知縣。因受人刁難自盡卒。

林明倫 （1721—1756，一作1723—1757）字敬熙，號穆庵。廣東始興縣人。乾隆十三年二甲六十一名進士。選庶吉士，授編修。乾隆十八年充山東鄉試主考官，官至浙江衢州知府。在任三年以失上官意，被劾降調，卒年三十五。著有《穆庵詩文集》《學庸通解》等。

胡莘隆 字禮田。江蘇江寧縣人。乾隆十三年二甲六十二名進士。十三年任廣東封川知縣，十五年改廣東長樂知縣，十八年調浙江臨海知縣，內用通政使司知事。

金傳世 字汝臣。浙江山陰縣人。乾隆十三年二甲六十三名進士。任湖北通山知縣，調山西盂縣知縣，改浙江衢州府教授。

胡紹南 河南汝陽縣人。乾隆

十三年二甲六十四名進士。纍遷刑部郎中，二十三年考選山西道御史，四十一年遷山西太原知府，官至山西冀寧道。

張鳳翥　字梧岡。浙江上虞縣人。乾隆十三年二甲六十五名進士。署四川江陽、廣安知縣，十六年改彭山縣，二十五年官至四川眉州直隸州知州。去官後寓四川。著有《漁邨詩稿》。

金長溥　（榜姓葉）字瞻原，號復堂。安徽歙縣人。乾隆十三年二甲六十六名進士。任吏部稽勳司主事。告歸，家居課子。

陳子檜　字孔培。廣東新興縣人。乾隆十三年二甲六十七名進士。十五年任浙江富陽知縣，丁憂。補河南郊縣知縣，二十二年改河南杞縣知縣、鄢陵知縣，遷四川崇慶知州，金川用兵管糧臺。致仕歸，卒年八十七。著有《征西記略》《詩經禮記各注》《庭聞錄》。

劉景平　字泰價，號東原。山東蘭山縣人。十二年以舉人任山東長山縣教諭，乾隆十三年二甲六十八名進士。選庶吉士。任編修。聞母喪歸。以哀毀過甚，卒於喪次。

劉宗魏　字文韓，號雲門。江西贛縣人。乾隆十三年二甲六十九名進士。選庶吉士，授編修。十七年充山西鄉試主考官、會試同考官，二十一年考選湖廣道御史。充順天鄉試同考官。

宋鑒　字元衡，號半塘。山

西安邑縣人。乾隆十三年二甲七十名進士。十四年任浙江常山知縣，調鄞縣知縣，二十三年遷廣東南雄府通判，署澳門知州，改連州、潮陽同知。以乞養告歸。著有《尚書考辨》《説文解字疏》《漢書地理考》《易見》《詩文集》等。

胡延齡　字幼籛，號艾浦。湖北漢陽縣人。乾隆九年舉人，十三年二甲七十一名進士。選庶吉士，授編修。未一年乞休歸。

晏珆　字玉美，號輝山。四川富順縣人。乾隆十三年二甲七十二名進士。選庶吉士，授編修。乾隆二十一年，未滿四十卒。

第三甲一百八十九名

蔡強　字懋行。安徽鳳陽縣人。乾隆十三年三甲第一名進士。

寅保　字東賓，號桐封。漢軍正白旗人。乾隆十三年三甲第二名進士。選庶吉士，授檢討。三十四年官至安徽廬鳳道。

曹發先　江西新建縣人。乾隆十三年三甲第三名進士。任主事，官至吏部員外郎。

王翊　字節宸、號贊園。江蘇甘泉縣人。乾隆十三年三甲第四名進士。選庶吉士，改户部主事，升員外郎。

袁增　順天大興縣人。乾隆十三年三甲第五名進士。任江蘇上元知縣，十五年改江寧知縣。

桂溥　字岳中，號潔泉、浣齋。浙江慈溪縣人。乾隆十三年三甲第六名進士。十三年授直隸新樂知縣，調補四川德陽知縣。積勞成疾，未幾去官，卒於四川。

陶金諧　字揮五。江西南城縣人。乾隆十三年三甲第七名進士。二十年任湖南漵浦知縣，二十九年改江華知縣。有政績，以憂歸。哀毀遂絕宦情。

卞樂　江蘇鹽城縣人。乾隆十三年三甲第八名進士。任永寧知縣。

虞鳴球　字拊石，號錦亭。江蘇金壇縣人。乾隆十三年三甲第九名進士。十三年任山西交城知縣，遷授吏部主事，升郎中。三十二年考選廣東道御史，三十四年充會試同考官，四十一年任順天北城巡城御史，四十四年授光祿寺卿，四十五年改順天府尹。五十年罷。著有《錦亭詩鈔》。

張淑渠　字師厚，號潛齋。山東濟寧州人。乾隆十三年三甲第十名進士。任山西壽陽知縣，改永濟縣，二十六年遷解州知州，官至山西潞安知府。丁憂歸。

祖父張爲經，康熙三十年進士；父張延慶，康熙五十一年進士。

武納翰　滿洲正黃旗人。乾隆十三年三甲第十一名進士。

李芝　字瑞五，號吉山，四川富順縣人。乾隆十三年三甲第十二名進士。任山東招遠知縣，改湖北宜都知縣，三十七年改湖北石首知縣。文才思敏捷，一日能成數篇。長於五言詩。著有《俟秋吟詩》《鴻爪集詩》《賢己堂文集》《職思齋課稿》。

凌魚　字西波，號滄州。廣東番禺縣人。乾隆十三年三甲十三名進士。十四年任湖南醴陵知縣，十七年改桂陽知縣，署湖南長沙府通判、湖南靖州知州。歸養母不出。著有《書耕齋前後集》。

劉大樂　湖北雲夢縣人。乾隆十三年三甲十四名進士。任陝西保安知縣，三十一年改陝西大荔知縣。

段廷機　雲南昆明縣人。乾隆十三年三甲十五名進士。選庶吉士，十六年任廣東乳源知縣，十九年改廣東昌化知縣，改任主事。

朱心學　浙江仁和縣人。乾隆十三年三甲十六名進士。十四年任河南湯陰知縣。

李枝昌　浙江桐鄉縣人。乾隆十三年三甲十七名進士。十四年任山東樂陵知縣，十六年調山東單縣知縣，二十一年升東平州知州，二十七年改四川劍州知州，遷江西饒州知府，三十年任贛州知府。

高遜　寧夏靈州人。乾隆十三年三甲十八名進士。二十一年任湖北宜城知縣，二十五年改湖北黃岡知縣。

福明安　字欽文，號在亭。蒙古鑲紅旗人。乾隆十三年三甲十九名進士。改任主事，升庶子，三十四年充會試同考官，三十六年任山西主考官，遷雲南迤東道，四十四年由甘肅寧夏道遷雲南布政使。四十五年病休。

錢爲光 字旭昭，號紫芝。江蘇丹徒縣人。乾隆十三年三甲二十名進士。任貴州貴定知縣。罷歸後以授徒自給。

劉　洵 順天涿州人。乾隆十三年三甲二十一名進士。二十一年住河南泌陽知縣，二十九年任浙江德清知縣。

李凌雲 字次山。廣東四會縣人。乾隆十三年三甲二十二名進士。任廣西資源知縣，十九年任四川蘆山知縣，改江寧府江防同知，二十六年纍遷湖南永州知府。抵任以疾卒。

劉尚德 字次言，號敬持。浙江海寧縣人。乾隆十三年三甲二十三名進士。

謝光鍾 字震嶠。湖北監利縣人。乾隆九年舉人，十三年三甲二十四名進士。二十一年任浙江桐鄉知縣。二十二年（1757）卒於任。

鄭宗孔 浙江仁和縣人。乾隆十三年三甲二十五名進士。任山東汶上知縣，十六年改四川汶川知縣，兼水利同知。

李曰瑞 直隸靜海縣人。乾隆十三年三甲二十六名進士。十四年任陝西府谷知縣。

賴　晉 字錫蕃。江西廣昌縣人。乾隆十三年三甲二十七名進士。任江蘇安東知縣，二十二年調鎮洋知縣，三十年署嘉定知縣，三十二年擢貴州永寧知州，以驛傳失職免，

復選廣西賓州。未任卒於京邸。

何　紘 字冕調。廣東番禺縣人。乾隆三年任廣東永安縣教諭。十三年三甲二十八名進士。二十年任廣東惠州府教授。

劉希甫 號定泉。江西安福縣人。乾隆十三年三甲二十九名進士。任知縣。

劉可考 山東定陶縣人。乾隆十三年三甲三十名進士。任山東滋陽縣教諭，升河南氾水知縣，二十二年調湖北廣濟知縣，二十九年改湖北鄖西知縣。

吳世賢 字古心，號掌平。上海南匯縣人。乾隆十三年三甲三十一名進士。任湖北黃陂、咸寧知縣，二十一年改湖南沅江知縣，二十三年改湖南湘陰知縣，遷湖南靖州知州，四十四年調廣東樂昌知縣。著有《香草齋集》《古心堂詩文稿》。

苟華南 （一作敬華南，復姓）字映梅、位中，號蓮峰。四川華陽縣人。乾隆十三年三甲三十二名進士。選庶吉士，授檢討。乾隆二十一年充山西鄉試主考官，三十二年署太倉州知州，署蘇州府海防同知。降江蘇常熟、溧水縣知縣，改教授。歸後主講錦江書院、潛溪書院。

陳廷科 字桂侯。福建安溪縣人。乾隆十三年三甲三十三名進士。二十一年任山西翼城知縣。歷官七年歸。

盛世佐 字庸三。浙江秀水縣人。乾隆十三年三甲三十四名進士。

任貴州龍里知縣、湄潭知縣，丁憂補雲南署麗江知縣。以運銅勞瘁卒於途，年三十八。撰有《儀禮集編》，集古今說禮者一百九十七家。

姜順 山東觀城縣人。乾隆十三年三甲三十五名進士。任湖南郴州知縣，二十一年改宜章知縣。

劉湘 字荆川。順天涿州人。乾隆十三年三甲三十六名進士。任户部主事、員外郎。十九年考選江南道御史，二十二年督河南學政，升户科給事中，官至禮科掌印給事中。丁父憂。哀毀卒，年三十九。

陳萬元 廣東潮陽縣人。乾隆十三年三甲三十七名進士。任直隸丘縣知縣，改廣東南雄府教授。

邊繼祖 字佩文，號紹甫、秋崖。直隸任丘縣人。乾隆十三年三甲三十八名進士。選庶吉士，授檢討。二十一年充順天鄉試同考官，升中允，二十五年充會試同考官，二十七年貴州鄉試副考官，升翰林院侍讀學士。二十九年督廣東學政，三十六年督湖北學政，四十年充會試同考官。著有《澄懷園詩集》二卷。

鈕思恪 字作賓。江蘇華亭縣人。乾隆十三年三甲三十九名進士。任內閣中書，以母老歸，旋卒。

何在勇 江西廣昌縣人。乾隆十三年三甲四十名進士。二十一年任廣東信宜知縣。

馬宗良 字最眉。湖南澧州直隸州人。乾隆十三年三甲四十一名進士。十四年任湖南永州府教授，改沅

州府教授，四十年任長沙府教授。

行仁 河南南陽縣人。乾隆十三年三甲四十二名進士。任知縣。

舒毓椿 字度千，號末孩。順天大興縣人。乾隆十三年三甲四十三名進士。選庶吉士，改禮部主事，官至禮部員外郎。

安子訥 字金銘。山西武鄉縣人。乾隆十三年三甲四十四名進士。雍正十年任山東博興知縣。踰年罷歸。

陳炎宗 字文樵，號雲麓。廣東南海縣人。乾隆六年廣東鄉試解元，十三年三甲四十五名進士。選庶吉士。未散館告歸，居家三十年，主講嶺南義學。

康慶雲 字燦斗。安徽懷寧縣人。乾隆十三年三甲四十六名進士。十四年任直隸深澤知縣。卒年三十一。

葉啓豐 字旅亭。順天大興縣人，原籍湖北江夏。乾隆十三年三甲四十七名進士。任刑部主事，遷郎中，二十二年考選浙江道御史。

魯成龍 字在田。江西新城縣人。乾隆十三年三甲四十八名進士。任直隸懷柔知縣，調棗強知縣，丁憂。三十年補河南永寧知縣。卒於任。

王學潛 字戒浮。陝西商州人。乾隆十三年三甲四十九名進士。任甘肅甘州府教授。

曹家桂 江西建昌縣人。乾隆十三年三甲五十名進士。任知縣。

潘思光 福建安溪縣人。乾隆十三年三甲五十一名進士。十四年任河南氾水知縣，十七年改河南杞

縣知縣，改郟縣知縣。

黃元圯 廣西臨桂縣人。乾隆十三年三甲五十二名進士。任直隸交河知縣，三十年改順天府昌平知縣，三十五年纍遷甘肅涼州知府、慶陽知府。

王謙益 福建永春縣人。乾隆十三年三甲五十三名進士。二十三年任山東樂陵知縣。

陳夢麒 字天石。湖南湘陰縣人。乾隆十三年三甲五十四名進士。二十一年任浙江餘杭知縣在任六年，二十六年改樂清知縣，調甘肅鎮番知縣，署狄道知州。引病歸。

張玉階 直隸天津縣人。乾隆十三年三甲五十五名進士。任兵部主事。

賀讓德 直隸遷安縣人。乾隆十三年三甲五十六名進士。二十二年任安徽天長知縣。

良 成 字瑤圃。滿洲正藍旗人，宗室。乾隆十三年三甲五十七名進士。選庶吉士，授檢討。升侍講，十七年貴州鄉試主考官，十八年督安徽學政，遷侍讀學士、國子監祭酒，三十三年充湖北鄉試主考官，官至太僕寺少卿。

陳 道 字紹洙，號凝齋。江西新城縣人。康熙四十六年（1707）五月十八日生。乾隆十三年三甲五十八名進士。歸班候選知縣。以親老無兄弟，遂侍養不仕。乾隆二十五年（1760）母喪悲傷過度，八月卒，年五十四。著有《癸亥記事》《凝齋

集》，著《春秋五傳》未及成書而卒。

歐陽坦 字思訓。江西彭澤縣人。乾隆十三年三甲五十九名進士。未仕歸，以疾卒。

張 顒 山西孝義縣人。乾隆十三年三甲六十名進士。任湖北咸豐知縣。

方玉麟 字耕杞。安徽桐城縣人。乾隆十三年三甲六十一名進士。署江蘇銅山知縣，十五年正月署江蘇常熟知縣，改華亭知縣，丁憂。二十年補湖北松滋、咸寧、鄖縣知縣。卒於鄖，年四十九。

陳應龍 湖北黃岡縣人。乾隆六年舉人，十三年三甲六十二名進士。

譚 莊 字桂嶠。江西龍南縣人。乾隆十三年三甲六十三名進士。二十一年任福建政和知縣，調臺灣鳳山縣，三十七年擢延平府通判，丁憂歸。補河南彰德府通判。卒年七十九。著有《敬直軒文稿》。

高文芳 四川新都縣人。乾隆十三年三甲六十四名進士。十四年任四川敘州府教授，改廣西懷遠知縣，升廣西東蘭州知州。

吳志綰 字懋紫、樞亭。福建連江縣人。乾隆十三年三甲六十五名進士。二十一年任江西興國知縣，二十七年調廣西桂平知縣。

卞 岳 浙江烏程縣人。乾隆十三年三甲六十六名進士。

干從濂 字周弟。江西星子縣人。乾隆十三年三甲六十七名進士。

十四年任福建龍溪知縣，十六年改閩縣知縣，二十四年遷福建海防同知，二十五年改臺灣淡水同知，遷甘肅鞏昌知府，三十年官至甘肅寧夏道。

王麗天 江蘇婁縣人。乾隆十三年三甲六十八名進士。任咸安宮教習。

胡夢檜 字汝調、敬思。浙江錢塘縣人。乾隆十三年三甲六十九名進士。十六年任福建閩縣知縣，二十二年改廣東永安知縣，官至廣東惠州知府。

黃巖 字大詹。山東蓬萊縣人。乾隆十三年三甲七十名進士。任山東禹城縣教諭，改廣西平南知縣。

南日廷 字臨野。陝西安定縣人。乾隆十三年三甲七十一名進士。二十二年任四川井研知縣。

楊振先 字克昌，號方津。山東樂陵縣人。乾隆十三年三甲七十二名進士。任山東兗州府教授。未及一年，卒於任。

周紹縉 字笏廷，號致堂。福建寧化縣人。乾隆十三年三甲七十三名進士。二十二年任四川定遠知縣。

梅雲程 江西南城縣人。乾隆十三年三甲七十四名進士。十四年任福建長樂知縣，十八年改江蘇碭山知縣，改江蘇六合知縣、高淳知縣，二十九年署四川慶符知縣，三十六年署山西趙城知縣。

宋梅 直隸豐潤縣人。乾隆十三年三甲七十五名進士。二十一

年任河南延津知縣，二十二年改唐縣知縣。

鄧又讚 雲南太和縣人。乾隆十三年三甲七十六名進士。

梁翰 字遇屏。廣東順德縣人。乾隆十三年三甲七十七名進士。任廣東龍川縣教諭，二十一年任福建羅源知縣，署邵武府同知。移疾歸。

王廷符 字冠三。江西東鄉縣人。乾隆十三年三甲七十八名進士。授山西河津知縣，調蒲縣知縣。乞休歸，課子。

陳于上 浙江秀水縣人。乾隆十三年三甲七十九名進士。二十三年署靖安知縣，任江西新昌知縣，二十九年署四川涪州知州。

劉吉 （原名劉喆）字方諮，號讓庵。直隸南皮縣人。乾隆十三年三甲八十名進士。二十一年任安徽霍丘知縣，二十八年任陝西武功知縣，三十二年署醴泉知縣。告病歸。

嚴公均 字衡齋，號竹溪。陝西沔縣人。乾隆十三年三甲八十一名進士。三十八年任貴州錦屏知縣。評選唐詩四卷曰《寸錦集》。

子嚴慶雲，乾隆十六年進士。

劉致中 河南尉氏縣人。乾隆十三年三甲八十二名進士。二十一年任直隸定興知縣，在任十年遷蔚州知州。

謝時選 （本姓潘）浙江會稽縣人。乾隆十三年三甲八十三名進士。官至知府。

王屏 直隸肅寧縣人。乾隆

十三年三甲八十四名進士。任知縣。

陳致中　貴州貴陽府人。乾隆十三年三甲八十五名進士。任教授。

王廷璋　順天宛平縣人。乾隆十三年三甲八十六名進士。十九年任四川大寧知縣，二十七年改湖北漢川知縣。

王元常　陝西長安縣人。乾隆十三年三甲八十七名進士。二十六年任順天府永清知縣。

梁炳崇　字文山。廣西容縣人。乾隆十三年三甲八十八名進士。候選知縣。未及選缺而卒。

陳清標　陝西三原縣人。乾隆十三年三甲八十九名進士。二十三年任廣東乳源知縣，二十九年改博羅知縣。

饒　謙　廣東嘉應直隸州人。乾隆十三年三甲九十名進士。任廣東肇慶府教授。

沈　湖　字鏡涵。江蘇金山縣人。乾隆十三年三甲九十一名進士。授安徽潁州府教授。

梁卿材　貴州遵義縣人。乾隆十三年三甲九十二名進士。十三年署浙江雲和知縣，十五年改浙江麗水知縣、湯溪知縣，十八年任蘭溪知縣。

楚文暎　字果齋。陝西南鄭縣人。乾隆十三年三甲九十三名進士。二十一年任福建寧德知縣。告歸。

陳聖准　廣西平樂縣人。乾隆十三年三甲九十四名進士。三十六年改湖南邵陽知縣，改辰溪、慈利知縣，三十八年任衡陽知縣，四十六年調安徽繁昌知縣。

唐　辰　江西廣昌縣人。乾隆十三年三甲九十五名進士。任直隸保定知縣，二十五年改江西廣信府教授，四十三年改南昌府教授。

孫步雲　山東文登縣人。乾隆十三年三甲九十六名進士。任山東萊州府教授。

余　芳　湖北江陵縣人。乾隆三年舉人，十三年三甲九十七名進士。二十四年任四川大竹知縣，二十八年改成都知縣。

黃汝亮　江西分宜縣人。乾隆十三年三甲九十八名進士。十四年任四川新津知縣，二十年改浙江建德知縣，二十六年任諸暨知縣。

白　昭　河南新鄭縣人。乾隆十三年三甲九十九名進士。二十三年任直隸高邑知縣。

柯支澍　廣西北流縣人。乾隆十三年三甲一百名進士。二十二年任湖南黔陽知縣，三十八年署四川江安知縣，署瀘州知州，四十一年改四川慶符知縣，鄯都知縣。

范　森　字仲謀。福建大田縣人。乾隆十三年三甲一百零一名進士。任直隸肅寧知縣，以卓異調任丘知縣。

秦　倬　字天采。江蘇寶山縣人。乾隆十三年三甲一百零二名進士。官雲南江川知縣。嗜讀書，自記所讀一萬三千一百九十三卷。著有《三餘前後集》。

傅　清　字穆如，號熙庵。滿洲鑲白旗人。乾隆十三年三甲一百零三名進士。選庶吉士，授檢討。乾隆十七年充廣西副考官，十九年任浙江杭嘉湖道，二十二年由浙江糧儲道遷雲南布政使。二十五年革職。

唐文運　順天宛平縣人。乾隆十三年三甲一百零四名進士。二十二年任湖北房縣知縣。

靳榮藩　字價人、菉溪。山西黎城縣人。乾隆十三年三甲一百零五名進士。授河南上蔡知縣，三十四年補直隸遷安知縣，三十七年擢蔚州知州，四十八年官至直隸大名知府。著有《緣溪詩文集》。

祝其杏　號洪川。湖北蒲圻縣人。乾隆十二年舉人，十三年三甲一百零六名進士。未仕而卒。

李敏行　號顧庵。河南夏邑縣人。乾隆十三年三甲一百零七名進士。任吏部文選司主事，升郎中，二十七年考選山西道御史，遷戶科給事中，官至光祿寺少卿。

楊天培　廣東大埔縣人。乾隆十三年三甲一百零八名進士。任浙江龍泉知縣，二十七年改廣東惠州府教授。

朱案扶　字典傳。湖北黃岡縣人。雍正元年舉人，任湖北南漳縣教諭，乾隆十三年三甲一百零九名進士。登進士未仕，以憂歸。著有《知心堂文集》。

王　恒　字立齋，號方湖。山東郯城縣人。乾隆十三年三甲一百一十名進士。選庶吉士，散館歸班候選知縣，二十二年任福建莆田知縣。

邵建謨　山西長治縣人。乾隆十三年三甲一百十一名進士。

程英銘　字新三。湖北興國州人。乾隆元年湖北鄉試解元，十三年三甲一百十二名進士。任四川鄰水知縣，二十二年改山東海陽知縣，署曹州府通判。

趙廷獻　雲南彌勒州人。乾隆十三年三甲一百十三名進士。任山西榮河知縣，三十四年改四川江油知縣。

王清遠　字宇曙。四川定遠縣人。乾隆十三年三甲一百十四名進士。二十二年任湖南臨湘知縣，改城步、長樂、監利、石首知縣。歸後主川東書院講席。著有《竹草堂詩集》。

李永錫　廣東澄海縣人。乾隆十三年三甲一百十五名進士。二十四年任福建將樂知縣。

陳　鋏　字冠千。江西寧州人。乾隆十三年三甲一百十六名進士。二十三年任福建海澄知縣，二十五年改順昌知縣。卒於任。

謝昌言　字師禹。江西寧都縣人。乾隆十三年三甲一百十七名進士。任直隸安肅知縣，二十二年改徐水知縣，遷河南南陽府同知，三十二年官至直隸永平知府。以老病乞致仕歸，卒。

劉秉鉞　字駿聲。山西平定直隸州人。乾隆十三年三甲一百十八名進士。任陝西武功知縣。卒於任。

党新綏 陝西富平縣人。乾隆十三年三甲一百十九名進士。二十二年任江西大庾知縣，二十四年改江西長寧知縣，三十六年調直隸開州州判。

陶杏秀 字斐然。浙江會稽縣人。乾隆十三年三甲一百二十名進士。分發河工授張秋通判、曹單同知，二十五年任山東泰安知府，改登州知府。以病歸。卒年七十一。

鄭學孔 山西汾陽縣人。乾隆十三年三甲一百二十一名進士。

張景載 順天昌平縣人，原籍江蘇武進。乾隆十三年三甲一百二十二名進士。任湖南臨湘知縣，調貴州仁懷縣，以病假歸改教授。

盧文起 字深潮。廣東香山縣人。乾隆十三年三甲一百二十三名進士。二十三年任貴州仁懷知縣，三十七年改廣東韶州府教授。

高　曠 雲南昆明縣人。乾隆十三年三甲一百二十四名進士。

楊　業 字宋勛。陝西府谷縣人。乾隆十三年三甲一百二十五名進士。二十二年任山東東阿知縣，改陝西漢中府教授，兼漢南書院講席。

陳景星 浙江海寧縣人。乾隆十三年三甲一百二十六名進士。任山西靜樂知縣。

方　然 字充之。浙江蘭溪縣人。乾隆十三年三甲一百二十七名進士。

陳科鈇 廣西鬱林直隸州人。乾隆十三年三甲一百二十八名進士。二十二年任陝西宜川知縣，三十一年改福建長樂知縣。

荆如棠 字蔭南、召芰。山西平陸縣人。乾隆十三年三甲一百二十九名進士。選庶吉士，授檢討。二十一年改江蘇鎮澤知縣，調沛縣知縣，三十七年任通州知州，三十四年遷安徽鳳陽知府，四十一年改江蘇淮安知府，官至淮陽兵備道。

林承謨 四川江津縣人。乾隆十三年三甲一百三十名進士。

潘廷颺 字廣虞，號植庵。四川江津縣人。乾隆十三年三甲一百三十一名進士。任江西安仁知縣，改彭澤知縣，丁父憂。補河南扶溝知縣，升貴州麻哈知州，署思州知府。四十五年（1780）運鉛，卒於重慶，年六十二。

吳鳳章 廣東潮陽縣人。乾隆十三年三甲一百三十二名進士。二十二年任浙江松陽知縣。

弓　椿 字蔭長。直隸安平縣人。乾隆十三年三甲一百三十三名進士。任雲南楚雄知縣，歷劍川、石屏、姚安縣改昆明知縣，遷雲南昭通府景東直隸廳掌印同知，二十八年官至河南懷慶知府。

秦汝諧 山東日照縣人。乾隆十三年三甲一百三十四名進士。任湖北竹溪知縣，調廣東茂名知縣。

余　潮 字制三，號韓班。湖南攸縣人。乾隆十三年三甲一百三十五名進士。十四年任江西奉新知縣。

龔錫鼎　雲南趙州人。乾隆十三年三甲一百三十六名進士。

李暉　直隸元氏縣人。乾隆十三年三甲一百三十七名進士。任雲南麗江府劍州知州、威遠廳同知、白鹽井提舉司提舉，二十三年任四川廣元知縣，三十七年任昭化知縣，四十一年改新寧知縣。四十六年卸任。

劉正國　雲南南寧縣人。乾隆十三年三甲一百三十八名進士。十三年任廣西富川知縣，十九年改廣西天保知縣。

趙渭　河南商水縣人。乾隆十三年三甲一百三十九名進士。任知縣。

李兆鵬　字翔遠，號西軒。山東蒙陰縣人。乾隆十三年三甲一百四十名進士。選庶吉士，授檢討。二十一年考選江西道御史。

易周　字守乾。四川營山縣人。乾隆十三年三甲一百四十一名進士。二十三年任湖北竹山知縣，二十七年改貴州綏陽知縣。

吳培朱　湖北江夏縣人。乾隆六年舉人，十六年三甲一百四十二名進士。任四川彭水知縣。

朱仕琇　字裴瞻，號梅崖。福建建寧縣人。康熙五十四年（1715）三月十七日生。乾隆十三年三甲一百四十三名進士。選庶吉士，任山東夏津知縣，在任七年，二十四年改福建福寧府教授。後歸，主講鰲峰書院十年。乾隆四十五年（1780）七月二十九日卒，年六十六。著有

《梅崖文集》三十卷、《外集》八卷等。

楊俊烈　陝西商州直隸州人。乾隆十三年三甲一百四十四名進士。任甘肅高臺縣教諭。

王作哲　字舜臣。山西五臺縣人。乾隆十三年三甲一百四十五名進士。授直隸內丘知縣，頗厭吏事，改山西平陽府教授。未幾卒。

周柄　貴州畢節縣人。乾隆十三年三甲一百四十六名進士。二十二年任河南嵩縣知縣，二十六年改汝陽知縣，官至河南懷慶府通判。

蕭重光　廣東潮陽縣人。乾隆十三年三甲一百四十七名進士。任山西定襄知縣。

陳夢說　字象臣，號曉岩、枕泉居士。山西絳州人。康熙五十三年（1714）七月十二日生。乾隆十三年三甲一百四十八名進士。任刑部主事、禮部郎中、御史，二十六年授浙江寧紹台道，三十二年浙江督糧道。乾隆四十九年十一月三十日（1785年1月）卒，年七十一。著有《榮錫集》。

李予申　陝西城固縣人。乾隆十三年三甲一百四十九名進士。二十二年任河南孟津知縣，遷通判。

張師元　四川營山縣人。乾隆十三年三甲一百五十名進士。二十九年任山東安丘知縣。

金振聲　字啓元。直隸永年縣人。乾隆十三年三甲一百五十一名進士。未仕居喪哀毀卒。博學能文，與同邑編修林璁結詩社，佳句逼近

晚唐。著有《觀善堂詩集》《周易管見》。

郭本才 字楚士，號人庵。湖北廣濟縣人。乾隆三年舉人，十三年三甲一百五十二名進士。授四川安縣知縣，三十一年任汶川知縣，改江蘇崇明知縣，三十五年任海門同知，三十七年調江蘇吳錫知縣。以捕蝗致疾卒。

葉宏 字又芹、涵川。江西浮梁縣人。乾隆十三年三甲一百五十三名進士。任戶部主事，升員外郎，擢郎中。二十四年充山東鄉試副考官。以疾卒於任。

兄葉廷裕，乾隆十九年進士。

洪其哲 字東村、明池。貴州玉屏縣人。乾隆十三年三甲一百五十四名進士。二十三年署廣東東莞知縣，改新興知縣、惠來知縣。

萬成勛 雲南蒙自縣人。乾隆十三年三甲一百五十五名進士。

李琬 字廷瑞。山東利津縣人。乾隆十三年三甲一百五十六名進士。二十三年任直隸高邑知縣。

孫如璧 貴州定番州人。乾隆九年貴州鄉試解元，十三年三甲一百五十七名進士。任直隸新河知縣。著有《七愛軒詩稿》。

衷炳修 字純一。福建崇安縣人。乾隆十三年三甲一百五十八名進士。十四年任直隸南宮知縣。

陳景芳 廣東新安縣人。乾隆十三年三甲一百五十九名進士。

孫炤 字鑒可。湖北江陵縣人。乾隆三年舉人，十三年三甲一百六十名進士。任浙江泰順知縣。在任三年卒。

黃如栻 廣東茂名縣人。乾隆十三年三甲一百六十一名進士。任國子監丞。

倪立品 福建海澄縣人。乾隆十三年三甲一百六十二名進士。

趙垣 （《進士題名碑》作趙坦，誤）河南項城縣人。乾隆十三年三甲一百六十三名進士。二十三年任福建歸化知縣。

阿永阿 滿洲正黃旗人。覺羅氏。乾隆十三年三甲一百六十四名進士。任覺羅元禄佐領。

張銓 字衡庵，號西園。山東荏平縣人。乾隆十三年三甲一百六十五名進士。署河南林縣知縣，調宜陽、永城、內黃、正陽、寧陵知縣，升光州、陝州、廣西上思州知州，官至雲南昭通知府。以目疾告歸。著有《正則引蒙》《易知錄》等。

福柱禮 滿洲正藍旗人。乾隆十三年三甲一百六十六名進士。任滿洲六十五佐領。

邱岳 江西南豐縣人。乾隆十三年三甲一百六十七名進士。二十四年任山西交城知縣。

孟自強 山西文水縣人。乾隆十三年三甲一百六十八名進士。二十二年任陝西韓城知縣，三十年任陝西清澗知縣，三十二年改山西澤州府教授。

龍能勳　字省軒。江西永新縣人。乾隆十三年三甲一百六十九名進士。二十三年任湖南藍山知縣，引疾歸。三十年改任撫州府教授。

蕭比捷　安徽懷遠縣人。乾隆十三年三甲一百七十名進士。任江蘇江寧府教授。

趙爾恕　山西武鄉縣人。乾隆十三年三甲一百七十一名進士。二十四年任山西澤州府教授。

程　嶧　字鄒南。四川南溪縣人。乾隆三年舉人，十三年三甲一百七十二名進士。任四川雅州府教授。

史　揚　字雲亭，號西峰。山東高密縣人。乾隆十三年三甲一百七十三名進士。二十二年任廣東鎮平知縣，歷廣東海豐知縣、廣東嘉應知州。

韓超群　廣東番禺縣人。乾隆十三年三甲一百七十四名進士。任河南知縣。

陳慶升　字來章、爾章，號一括。貴州安平縣人。乾隆十三年三甲一百七十五名進士。選庶吉士，授檢討。十六年充四川鄉試主考官，十九年考選陝西道御史，二十二年任順天西城、三十六年任東城巡城御史，升工科掌印給事中，擢通政使司參議，官至大理寺少卿，卒於任。

父陳法，康熙五十二年進士。

顏雲聳　字錦雯。江西蓮花廳人。乾隆十三年三甲一百七十六名進士。二十三年任陝西甘泉知縣，卒於任。

饒有亮　雲南姚州人。乾隆十三年三甲一百七十七名進士。

李應虞　（1714—1799）字咸五，號蓮亭。山東東平州人。乾隆十三年三甲一百七十八名進士。任直隸臨城、棗強知縣，三十四年任順天府涿州知州，三十五年任貴州平遠州知州，三十六年改大定府通判，改台拱同知。年六十九乞歸，一貧如洗。後任山東冠縣教諭，卒於任。

圖翰布　字裕軒，號德裕、溫園。滿洲鑲紅旗，圖色裡氏。康熙五十九年（1720）二月初六日生。乾隆十三年三甲一百七十九名進士。選庶吉士，授檢討。十七年充會試同考官，十八年充四川鄉試副考官，十九年以侍講充會試同考官，二十五年以侍讀充山東鄉試副考官，官至侍講學士。乾隆五十年（1785）八月二十九日卒，年六十六。著有《枝巢詩草》。

萬繩宗　湖北麻城縣人。雍正十三年舉人，乾隆十三年三甲一百八十名進士。十九年任湖北鄖陽府教授，二十三年改陝西懷遠知縣。

王昭熙　字樸齋。湖南湘潭縣人。乾隆十三年三甲一百八十一名進士。二十三年任廣東封川知縣。被議歸。

陳　謀　陝西韓城縣人。乾隆十三年三甲一百八十二名進士。二十三年任四川彰明知縣。

曹象恒　山東博興縣人。乾隆十三年三甲一百八十三名進士。任山東兗州府教授。

張俞都 山西永寧州人。乾隆十三年三甲一百八十四名進士。

孫巖 字魯詹。河南汝陽人。乾隆十三年三甲一百八十五名進士。十四年任甘肅文縣知縣。

馮廣譽 字叔颺。浙江平湖縣人。乾隆十三年三甲一百八十六名進士。二十三年任廣西容縣知縣，年老改浙江處州府教授。

牟曰簹 山東棲霞縣人。乾隆十三年三甲一百八十七名進士。任江西永新知縣，二十三年改陝西涇縣知縣，二十六年改盩厔知縣。

陳組 貴州都勻縣人。乾隆十三年三甲一百八十八名進士。任貴州黎平府教授。

綸音惠 （《八旗通志》改名博卿額）滿洲鑲紅旗人。乾隆十三年三甲一百八十九名進士。

乾隆十六年（1751）辛未科

第一甲三名

吳　鴻　字顒雲，號雲岩。浙江仁和縣人。乾隆十六年一甲第一名狀元。授修撰。乾隆十六年充廣西鄉試主考官，十八年充順天同考官，二十一年充湖南主考官，升右中允。二十二年督廣東學政，二十三年以侍讀改湖南學政。二十八年（1763）食河豚魚中毒卒，年僅三十八。工詩文，著有《雲岩詩文集》。

饒學曙　字霽南，號雲浦。江西廣昌縣人。乾隆十六年一甲第二名榜眼。授編修。十八年、二十四年兩充順天鄉試同考官，二十五年充雲南鄉試副考官，二十二年、三十一年、三十四年三充會試同考官，升侍讀。又降編修。

周　澧　字蒼東，號東皐。浙江嘉善縣人。乾隆十六年一甲第三名探花。授編修。

第二甲七十名

沈　杙　字欽伯，號宗夔、宗晏。江南常熟縣人。乾隆十六年二甲第一名進士。選庶吉士，授編修。十八年充雲南鄉試副考官，二十一年充順天鄉試同考官，二十二年充會試同考官，擢右春坊右庶子，二十四年充湖北鄉試主考官，升山西河東兵備道，三十二年官至河東鹽運使。卒於任。善畫，工書法。

劉　墉　字崇如，號穆庵、石庵。山東諸城縣人。康熙五十八年（1720）生。乾隆十六年二甲第二名進士。選庶吉士，任翰林院編修。二十一年督安徽學政，升侍講，擢太原府知府、山西冀寧道，乾隆三十七授陝西按察使，四十一年署內閣學士，遷戶部侍郎，改吏部侍郎。四十五年調湖南巡撫，遷都察院左都御史。四十七年改工部、吏部尚書。五十年授協辦大學士，五十四年三月，因任尚書房總師傅七日之久無人給阿哥上課，降侍郎、內閣學士，九月遷禮部侍郎，五十六年復授左都御史，改禮部尚書、吏部尚書。嘉慶二年三月遷體仁閣大學士。四年二月加太子少保。嘉慶九年（1804）十二月二十四日卒，享年八十五。贈太子太保，入祀賢良祠。謚"文清"。是清中期書壇巨匠。著有《石庵詩集》、《劉文清遺集》十七卷等。

曾祖劉必顯，順治九年進士；祖父劉棨，康熙二十四年進士；父劉統勳，雍正二年進士，東閣大學士；侄劉鐶之，乾隆五十四年進士，兵部尚書。

柯一騰　（改名柯蘭墀）字策甫，號策園。浙江仁和縣人。乾隆十六年二甲第三名進士。選庶吉士，散館改主事，官至戶部郎中。著有《策園詩鈔》。

葉藩　字敦南，號古渠。浙江仁和縣人。乾隆十六年二甲第四名進士。選庶吉士，散館改廣東永福知縣，十八年以親老改江西建昌知縣，丁憂。三十年補陝西同官知縣，三十一年改涇陽知縣，三十四年調蒲城知縣，擢廣西太平府同知，以政績進廣西思恩知府。去官後，屢掌吳楚間書院。卒年八十。有詩文集。

萬中道　字體傳。江蘇宜興縣人。乾隆十六年二甲第五名進士。授吏部考工司主事，兼文選司，卒於京。著有《周禮精易》《春秋粹史》。

吳肇元　字會照，號百藥。順天大興縣人。乾隆十六年二甲第六名進士。任內閣中書，遷內閣侍讀。著有《桐華書屋詩稿》。

湯世昌　字其五，號對松。浙江仁和縣人。乾隆十六年二甲第七名進士。選庶吉士，授編修。十九年考選山西道御史，二十四年充順天鄉試同考官，官至工科給事中。在任多言事，時人號爲"湯多諫"。以事降御史。著有《嘉藻堂集》。

湯先甲　字蕚南，號莘齋。江蘇宜興縣人。乾隆十六年二甲第八名進士。選庶吉士，授編修。二十一年充貴州鄉試主考官，二十二年考選陝西道御史，二十四年充浙江副考官，九月督河南學政，二十五年督貴州學政，歷官至內閣侍讀學士。三十年任四川主考官，三十三年充廣東主考官，入值上書房侍皇八子讀書，因八子行爲不檢，又降編修。四十年督廣東學政。

王應瑜　字尹孚，號韞齋。安徽婺源縣人。乾隆十六年二甲第九名進士，選庶吉士，授編修。十九年考選湖廣道御史，外任甘肅平涼府同知，署莊浪同知，署涼州知府，二十二年授寧夏知府，改涼州府，署鞏昌府，護涼莊、西寧、秦階三道。卒於任。著有《周禮精華》。

盧明楷　（1702—1766）字端臣，號純安、純庵。江西寧都縣人。乾隆十六年二甲第十名進士。選庶吉士，授編修。十八年充陝西副考官，十九年充會試同考官，升侍讀，二十四年充河南鄉試主考官，擢侍讀學士，二十八年督河南學政，三十一年遷詹事。任武英殿總裁，尋免。工詩文，通易卜之學。

戈濤 字芥舟，號遯園、坳堂。直隸獻縣人。舉人，任河南嵩高知縣，緣事解官。乾隆十六年二甲十一名進士。選庶吉士，授編修。十八年充江西鄉試副考官，二十一年雲南鄉試主考官，二十四年考選湖廣道御史，二十八年任順天中城巡城御史，三十二年任順天東城巡城御史，官至刑科掌印給事中。著有《獻邑志》《坳堂詩集》《坳堂雜著》《戈氏族譜》《畿輔通志》等。

祖父戈懋倫，康熙五十一年進士；父戈錦，雍正八年進士；弟戈源，乾隆十九年進士。一家三代進士。

王應元 字清源，號寶松。順天良鄉縣人，原籍江蘇金匱。乾隆十六年二甲十二名進士。任江西武寧知縣，纍遷浙江杭州知府，二十二年官至福建臺灣府知府。在臺六年以疾歸。

朱山 字懷仁，號壽岩，又號蛻翁。浙江歸安縣人。乾隆十六年二甲十三名進士。任福建泰寧、建寧、彰化、諸羅知縣，二十三年遷直隸灤州知州，調順天昌平，補房山知縣。卒於任。著有《壽岩詩》《蛻翁詩存》。

德瑛 滿洲正白旗人。乾隆十六年二甲十四名進士。任滿洲哈豐阿管領。

朱光發 字蓮塘。江蘇長洲縣人。乾隆十六年二甲十五名進士。任禮部主事。

丁田樹（《進士題名碑》作田樹，復姓）字芷溪，號鏡山。安徽懷寧縣人。乾隆十六年二甲十六名進士。選庶吉士，授編修。十八年充順天鄉試同考官，二十四年考選山東道御史，二十七年充四川鄉試副考官，官至禮科給事中，罷職。復起官至兵部郎中。

孫洙 字苓西，一作臨西，號蘅塘。江蘇金匱縣人。乾隆十六年二甲十七名進士。官江蘇上元縣教諭。二十一年任直隸盧龍知縣，二十八年改山東鄒平知縣，調補江蘇江寧府教授。著有《蘅塘存稿》《唐詩三百首》《異聞錄》。

蔣楄 字作梅，號伯欽。江蘇常熟縣人。乾隆十六年二甲十八名進士。選庶吉士，授編修。二十一年充順天鄉試同考官，二十四年充雲南鄉試主考官，二十五年任山西鄉試主考官，授翰林侍講，二十八年纍遷左副都御史，改兵部左侍郎。三十二年（1767）五月卒於任。

祖父蔣廷錫，康熙四十二年進士，文淵閣大學士；父蔣溥，雍正二年進士，武英殿大學士。一門三代進士，且均是高官。

田弟怡 字仲吹。江蘇山陽縣

人。乾隆十六年二甲十九名進士。二十三年任山東清平知縣。在任八月丁憂歸，未到里卒。

吕光亨 字嘉仲、禮齋，號守一。安徽旌德縣人。乾隆十六年二甲二十名進士。任兵部主事、戶部員外郎、刑部郎中，二十五年廣西鄉試副考官，考選京畿道御史，復任吏部郎中，三十年督山西學政，四十三年督雲南學政，官至甘肅慶陽知府。光亨爲官慎，不事家業，卒於京。

潘從龍 江西南城縣人。乾隆十六年二甲二十一名進士。任刑部主事，官至山西遼州知州。

李逢亨 字方夏，號酉岩。廣東嘉應直隸州（今梅縣）人。乾隆十六年二甲二十二名進士。選庶吉士。

李承瑞 字班牧，號玉典。山東海陽縣人。乾隆十六年二甲二十三名進士。選庶吉士，授編修。十八年充湖南鄉試副考官，二十七年遷陝西延安知府，四十一年官至甘肅西寧知府。

父李果，乾隆元年進士。

葉觀國 字家光，號毅庵。福建閩縣人。乾隆十六年二甲二十四名進士。選庶吉士，授編修。十八年河南鄉試副考官，二十一年湖北鄉試主考官，督雲南學政，升贊善，二十七年督廣西學政，升翰林院侍講學士，四十八年督安徽學政。官至少詹事。五十三年假歸，卒年七

十三。著有《老學齋隨筆》《閩中雜記》等。

狄咏箎 字思恭。江蘇溧陽縣人。乾隆十六年二甲二十五名進士。選庶吉士，散館改任直隸大名知縣、容城知縣，三十年纍遷安徽寧國知府，三十六年官至安徽鳳陽知府。

徐恕 字心如，號芳圃。江蘇青浦縣人。乾隆十六年二甲二十六名進士。二十一年任浙江平陽知縣，改寧海知縣，三十四年升浙江杭州知府，三十九年授浙江按察使，四十三年任山東布政使，六月署浙江布政使，十二月回任山東布政使。四十四年（1779）卒。

陳筠 字青友，號秀岩。直隸安州人。乾隆十六年二甲二十七名進士。署江蘇會壇知縣，十七年改華亭知縣，調睢寧縣。以病歸。

父陳德榮，康熙五十一年進士；兄陳策，乾隆元年進士；弟陳筌，乾隆十七年進士。

何逢僖 （一作何逢禧）字敬儒，號念修。福建侯官縣人。雍正二年（1724）正月二十二日生。乾隆十六年二甲二十八名進士。歷任戶部湖廣司主事、員外郎，二十四年充順天鄉試同考官，吏部文選司掌印郎中，二十七年考選四川道御史。外轉江西驛鹽道，二十九年二月授湖南按察使。十月改吏部郎中，三十年九月超擢刑部右侍郎，三十一年改吏部侍郎。乾隆三十四年十二月初八（1770年1月）卒，年四

十六。

子何西泰，乾隆四十三年進士。

路　談　字晋清。甘肅寧夏縣人。乾隆十六年二甲二十九名進士。選庶吉士，授編修。

陳汝聰　四川叙永廳人。乾隆十六年二甲三十名進士。二十三年任山東淄川知縣，二十五年調沂水知縣。

葉　棠　字香國。浙江石門縣人。乾隆十六年二甲三十一名進士。雲南馬龍州知州，遷工部主事，升員外郎，外任山西寧武知府，二十六年補山東兗州知府。歸後杜門謝客。卒年七十四。

李　綬　字佩廷，號杏浦、竹溪。順天宛平縣人，祖籍山東。康熙五十二年（1713）四月二十九日生。乾隆十六年二甲三十二名進士。選庶吉士，任編修。二十年考選湖廣道御史，二十五年充河南鄉試副考官，二十七年督湖南學政，遷奉天府丞兼學政，改通政副使，乾隆四十五年授大理寺卿，遷內閣學士。四十九年調江西巡撫，改湖南、湖北巡撫。五十年任兵部侍郎改工部侍郎，五十二年二月遷左都御史。充上書房總師傅。乾隆五十六年（1791）正月卒，年七十九。作詩上千首，文章亦有法度。

楊秉銓　順天大興縣人。乾隆十六年二甲三十三名進士。

王熙載　字宅揆。山西鳳臺縣人。乾隆十六年二甲三十四名進士。

任直隸大城知縣，補新城知縣。以病卒。

張孝泉　字蒙川。順天宛平縣人，原籍江蘇婁縣。乾隆十六年二甲三十五名進士。任戶部主事，三十四年遷廣東南雄知府，四十一年署廣東肇慶知府。

史鳴皋　字苟鶴，號歷亭。江蘇如皋縣人。乾隆十六年二甲三十六名進士。選庶吉士，十八年改浙江昌化知縣，調象山知縣，升湖北黃州府同知，丁憂。三十年調廣西梧州府同知，三十二年遷柳州知府。乞養歸。卒年七十。

羅　典　字徽五，號慎齋。湖南湘潭縣人。乾隆十六年二甲三十七名進士。選庶吉士，授編修。二十一年河南鄉試副考官，二十四年充順天鄉試同考官，考選江南道御史。二十七年充河南鄉試正考官，二十八年充會試同考官，三十年督四川學政，升吏科掌印給事中，官至鴻臚寺少卿。歸後主岳麓書院二十七年，從游甚眾。卒年九十。著有《凝園五經説》《凝園詩文集》。

周　濱　浙江蕭山縣人。乾隆十六年二甲三十八名進士。

戴　天（改名戴天溥）字兆師，號孟岑。安徽休寧縣人。乾隆十六年二甲三十九名進士。選庶吉士，改主事，升刑部郎中，三十九年考選福建道御史。

韓衍桐　山西汾陽縣人。乾隆十六年二甲四十名進士。任山東曹縣知縣，改鄆城知縣，官至河南陝州知州。

李偵 字泌亭，號鶴溪。山東聊城縣人。乾隆十六年二甲四十一名進士。福建即用知縣，署福建泰寧知縣，十七年補崇安，調諸羅知縣，升泉州同知，再任崇安知縣，乾隆三十二年福建海防同知，三十六年漳州府通判，官至福州知府。卒於任。

顧恵懋 字慎衡。江蘇元和縣人。乾隆十六年二甲四十二名進士。十九年任江西瀘溪知縣，二十一年改江西南昌知縣，升刑部主事，官至禮部郎中。以疾乞歸卒。

姚晋錫 字安伯，號蘆涇。浙江嘉興縣人。乾隆十六年二甲四十三名進士。選庶吉士，改刑部主事，升郎中，三十一年考選福建道御史。以母老乞養歸。杜門課子。著有《閑家述要》《蘆溪集》。

周於禮 字綏遠，亦園，號立崖、坊齋。雲南嵋峨縣人。乾隆十六年二甲四十四名進士。選庶吉士，授編修。二十二年充會試同考官，二十四年四川鄉試副考官，考選江南道御史，三十一年會試同考官，官至大理寺少卿。工書法。著有《敦彝堂集》《聽雨樓詩草》。

兄周於智，乾隆七年進士。

沈世晋 字接三。江蘇長洲縣人。乾隆十六年二甲四十五名進士。任禮部主事。

金汝梅 浙江仁和縣人。乾隆

十六年二甲四十六名進士。任雲南昭通府恩安知縣。

王綏 字來朱，號紫佩。河南延津縣人。乾隆十六年二甲四十七名進士。選庶吉士，授編修。十八年充順天鄉試同考官，十九年會試同考官，二十七年考選湖廣道御史，三十六年再充順天鄉試同考官，三十七年會試同考官，官至禮科掌印給事中。著有《疏奏》《詩文集》。

何向宸 字屏翰。江西東鄉縣人。乾隆十六年二甲四十八名進士。任安徽東流知縣，二十年調舒城，二十四年任安徽蕪湖知縣，升徽州府通判。卒於任。

周曰贊 字上襄，號醇齋。江蘇金匱縣人。乾隆十六年二甲四十九名進士。選庶吉士，改戶部主事，官至戶部員外郎。

爲康熙三年進士周宏孫。

丁國幹 江西永豐縣人。乾隆十六年二甲五十名進士。

張瑚 陝西三原縣人。乾隆十六年二甲五十一名進士。十七年任浙江嘉善知縣。

伊桂 字丹木，號鳳翥。山東新城縣人。乾隆十六年二甲五十二名進士。授廣東普寧知縣，二十八年補山西徐溝知縣。因罣誤罷歸。

黃濤 字文川。福建同安縣人。乾隆十六年二甲五十三名進士。二十三年署湖北長樂知縣，官至雲南大理知府。

温葆初 字屏山。順天大興縣

人。乾隆十六年二甲五十四名進士。任江蘇上元知縣，二十一年任江蘇通州知州，二十六年遷江西建昌知府，二十七年改江西九江知府，三十三年遷湖北漢黃德道，官至廣西左江道。

王啓緒 字紹衣，號德圃。山東福山縣人。雍正七年（1729）正月初三日生。乾隆十六年二甲五十五名進士。選庶吉士，授編修。二十一年充貴州鄉試副考官，二十二年考選雲南道御史，補戶部郎中，外任河南府知府，改河南開封知府，官至河南開歸陳許道。乾隆四十七年（1781）七月十五日卒於任，年五十三。精音韻，能畫。著有《棣華書屋集》。

父王檢，雍正十一年進士，廣東巡撫。

劉椿 字萬葉。江蘇吳縣人。乾隆十六年二甲五十六名進士。二十五年任山東榮城知縣。

朱垣 字維豐，號仲君、冬泉居士。順天大興人。雍正元年（1723）九月二十九日生。乾隆十六年二甲五十七名進士。任山東單縣知縣，十七年任濟陽知縣，二十一年閏九月調長清知縣，二十七年再任。後引疾歸，父喪不出。乾隆三十八年（1773）卒，年五十一。

弟朱筠，乾隆十九年進士；朱珪，乾隆十三年進士，大學士。

王采珍 山東濱州人。乾隆十六年二甲五十八名進士。授湖北鄖縣知縣，十七年改四川南溪知縣，十九年署合州知州，二十二年復任南溪縣，改成都知縣，二十四年任合州和州，二十六年遷四川邛州直隸州知州，三十六年官至湖北鄖陽知府。

賈天禄 字學山。陝西吳堡縣人。乾隆十六年二甲五十九名進士。二十四年改四川冕寧知縣，代四川會理州知州，三十一年署四川石砫廳同知，丁憂。四十三年改湖北竹山知縣。

朱稺 字又康，號竹坪。山東單縣人。乾隆十六年二甲六十名進士。選庶吉士，授編修。二十一年考選四川道御史，官至吏科給事中。五十一年（1786）卒。

柴景高 浙江仁和縣人。乾隆十六年二甲六十一名進士。任貴州安南知縣。

蔣良騏 字千之，號瀛川。廣西全州人。乾隆十六年二甲六十二名進士。選庶吉士，授編修。曾充《國史館》纂修，三十八年考選江西道御史，四十八年遷奉天府丞兼學政，十二月授太僕寺卿，五十一年改通政使。五十三年去職。主纂《名醫列傳》《東華録》三十二卷，著有《下學録》《京門草》《傷神雜咏》等。

雪格 滿洲正黃旗人。乾隆十六年二甲六十三名進士。任滿洲世魁佐領。

劉伯壎 直隸任丘縣人。乾隆十六年二甲六十四名進士。二十二年任江蘇奉賢知縣，改江蘇江寧知縣，署海門同知，三十二年改四川鄨都知縣，三十五年以江蘇蘇州府同知署江蘇松江知府。

劉　恒　雲南建水州人。乾隆十六年二甲六十五名進士。

金祖昌　字仲聃。順天通州人。乾隆十六年二甲六十六名進士。二十五年任湖北利川知縣，改湖北當陽知縣。

葉自淵　雲南保山縣人。乾隆十六年二甲六十七名進士。

成　文　河南河內縣人。乾隆十六年二甲六十八名進士。任甘肅高臺知縣。

褚天門　河南睢州人。乾隆十六年二甲六十九名進士。二十二年任山西虞鄉知縣。丁憂去。

秦百里　字宛來，號復堂。山西鳳臺縣人。乾隆十六年二甲七十名進士。選庶吉士，授編修。二十四年充貴州鄉試正考官，授安徽潁州知府。赴任以疾卒於途。著有《和聲集》。

第三甲一百七十名

印憲曾　字昭服，號松汀。江蘇寶山縣人。乾隆十六年三甲第一名進士。十七年署廣東新興知縣，十八年任廣東翁源知縣，纍遷刑部郎中，三十三年考選浙江道御史，升吏科掌印給事中，官至浙江寧紹台道。

尹廷賓　字玉友。直隸安肅縣人。乾隆十六年三甲第二名進士。十七年任山西孝義知縣，二月丁憂歸，二十年任江西安福知縣，二十七年復任，三十一年改鄱陽知縣，升戶部主事。

黃元吉　字宗黎。福建侯官縣人。乾隆十六年三甲第三名進士。選庶吉士。

舒元烺　順天大興縣人，祖籍浙江仁和。乾隆十六年三甲第四名進士。三十年任陝西藍田知縣，三十一年改隴州知州，三十三年官至陝西綏德直隸州知州。

王思滉　浙江會稽縣人。乾隆十六年三甲第五名進士。

杜　泰　江西新建縣人。乾隆十六年三甲第六名進士。二十四年任陝西平利知縣，三十五年署洵陽知縣，遷鳳翔府通判，四十八年改陝西漢陰廳通判，官至同知。

楊　焯　順天固安縣人。乾隆十六年三甲第七名進士。十七年任江西廬溪知縣，十九年改龍泉知縣，二十一年署泰和、大庾、德化知縣，二十四年改南昌知縣，三十一年調貴州貴定知縣，官至吏部文選司主事，戶部山東司員外郎。

梁兆榜　字尺波，號玉圃、鶴園。廣東鶴山縣人。乾隆十六年三甲第八名進士。選庶吉士，十八年改直隸鹽山知縣，改禮部主客司主事，三十二年官至湖南鹽法道。

唐廷樾　浙江會稽縣人。乾隆

十六年三甲第九名進士。三十三年任山西盂縣知縣，四十一年任安徽婺源知縣，四十三年改安徽霍邱知縣。

王元啓　字宗賢，號惺齋。浙江嘉興縣人。康熙五十三年（1714）七月十一日生。乾隆十六年三甲第十名進士。任福建將樂知縣。以誣被議罷歸。曾主講福建、山東書院，三十年。晚年負病補注《周易下經》畢成。乾隆五十一年（1786）七月初一日卒，年七十三。爲清代天文曆算學家。著有《周易四書講義》《曆法記疑》《角度衍》《九章雜論》《勾股衍》《祇平居士集》《惺齋論文》《惺齋雜著》《經傳治革例》《史漢正僞》《讀韓記疑》等。

張　素　字丹書，號悔堂。貴州銅仁縣人。乾隆十六年三甲十一名進士。十七年任四川萬縣知縣，二十一年調華陽知縣。歸後主講銅江書院，年七十一卒。

廖飛鵬　（《進士題名碑》作廖鵬飛，誤）福建龍溪縣人。乾隆十六年三甲十二名進士。二十六年任河南汲縣知縣，二十八年河南宜陽知縣，三十二年任福建汀州府教授。

孫　俌　字仲山。甘肅武威縣人。乾隆十六年三甲十三名進士。二十三年任廣東翁源知縣，署陽江知縣。因不能事上官，未幾罷去，浪游江湖數年歸。

劉夢鵬　字雲翼。湖北蘄水縣人。乾隆十二年舉人，十六年三甲十四名進士。任直隸饒陽知縣。丁憂歸。卒於家。著有《春秋義解》十二卷、《屈子章句》一卷。

張雲蒸　廣東嘉應直隸州人。乾隆十六年三甲十五名進士。

譚有德　廣西興業縣人。乾隆十六年三甲十六名進士。任貴州開州知縣，二十六年改廣東臨高知縣，二十七年改廣東感恩知縣，三十四年改廣東綏猺直隸同知。

鄔　昇　字東炳，字燦齋。貴州黃平州人。乾隆十六年三甲十七名進士。以知縣分四川署萬縣、蓬州，補營山縣，調成都知縣，後調雲南署建水、元謀，補恩安知縣。請終養歸。年六十八卒。

楊宏聲　直隸柏鄉縣人。乾隆十六年三甲十八名進士。二十六年任江蘇金山知縣。著有《春秋困學錄》。

翟　翔　直隸饒陽縣人。乾隆十六年三甲十九名進士。二十三年任山東新城知縣，二十六年調山東文登知縣。

張慶長　字穀貽，號壽山。直隸南皮縣人。乾隆十六年三甲二十名進士。任廣東山左、海豐知縣，補定安縣，二十年改廣東高要知縣，二十二年改廣東南海知縣。以親老告歸，卒年四十六。

周　壎　字韻亭。江西龍泉縣人。乾隆十六年三甲二十一名進士。十七年起歷任河南淇縣、澠池、鹿邑、延津知縣，遷開封、陳州、歸德府同知，廷彰德府，四十五年官至汝寧府知府。以疾休歸。

劉苞麗 字永川。山東金鄉縣人。乾隆十六年三甲二十二名進士。任直隸寧津、蠡縣知縣。以失察罷官歸里。

范朝綱 湖北黃岡縣人。乾隆十二年舉人，十六年三甲二十三名進士。十八年任四川資陽知縣，三十一年改山東鄒平知縣，遷戶部主事。

馮鵬飛 字乘六，號敬亭。浙江慈溪縣人。乾隆十六年三甲二十四名進士。任河南長葛知縣，三十年署山西臨晉知縣，三十五年改山西太平知縣，三十六年遷廣東高州府通判，署連州直隸州知州，兼理猛同知，升山東兗州府運河同知。引疾歸。晚年主講始寧書院。

孫熊兆 字起渭。山東蘭山縣人。乾隆十六年三甲二十五名進士。任貴州湄潭知縣。致仕歸里，教授生徒。著有《映雪堂集》。

歐陽照 字叡年，號臨川。湖北江夏縣人。乾隆十五年舉人，十六年三甲二十六名進士。十七年任陝西延長知縣，官至雲南趙州知州。以疾卒。

王家憲 號儀亭。廣東靈山縣人。乾隆十六年三甲二十七名進士。二十三年任河南延津知縣。以疾歸。主講西靈書院。著有《儀亭詩文集》。

李承庚 山東海陽縣人。乾隆十六年三甲二十八名進士。任直隸武強知縣，升候補主事。

吳坦 字古樹。浙江錢塘縣人。乾隆十六年三甲二十九名進士。任順天大興知縣，二十四年調江蘇興化知縣，二十八年任江蘇溧陽知縣，二十九年與泰興縣對調。忤上官解職，改江蘇通州知縣。

陳廷柱 浙江山陰縣人。乾隆十六年三甲三十名進士。二十三年任江蘇荊溪知縣，二十四年任江蘇陽湖知縣，改安徽亳州知州，三十七年改湖南茶陵州知州，嘉慶十九年任湖南瀘溪知縣，官至知府。

安璠 字魯玉。山西清源縣人。乾隆十六年三甲三十一名進士。任二十二年任河南獲嘉知縣。丁憂歸，以母侍養不出。

穆丹 字史雲，號荔帷。滿洲正黃旗。乾隆十六年三甲三十二名進士。三十一年任山西隰州知州，三十四年調署澤州知府，三十五年官至四川嘉定府知府。

張繩武 字常書。福建侯官縣人。乾隆十六年三甲三十三名進士。十七年任山西孝義知縣，二十一年改山西陽曲知縣，調廣州從化知縣。

鍾聲俊 江西永豐縣人。乾隆十六年三甲三十四名進士。任山西寧鄉知縣、雲南定遠知縣，改江西贛州府教授。

王人麒 字麒若。浙江蕭山縣人。乾隆十六年三甲三十五名進士。十七年任浙江湖州府教授。

李鴻楷 字式亭。江西吉水縣

人。乾隆十六年三甲三十六名進士。二十三年署四川高縣知縣，三十一年任馬邊廳通判。著有《愛清堂集》《西窗學古錄》。

吳爲墉 字衛庭。廣西橫州人。乾隆十六年三甲三十七名進士。十八年任廣東茂名知縣，官至河南許州知府，因事降清化鎮通判。

吳 疎 江西金溪縣人。乾隆十六年三甲三十八名進士。

蔡如襄 福建漳浦人。乾隆十六年三甲三十九名進士。任福建福甯府教授，遷浙江平陽知縣。

孟 玫 河南夏邑縣人。乾隆十六年三甲四十名進士。二十四年任陝西岐山知縣，三十五年調涇陽知縣。

李 拔 號峨峰、靖嶠。四川犍爲州人。乾隆十六年三甲四十一名進士。十六年署湖北鍾祥知縣、江夏知縣，改長陽知縣，二十四年遷福建福甯知府，二十五年改福州知府，三十一年調湖南長沙知府，官至湖北宜施道。著有《讀史緒論》《理學探源》《賠清堂稿》等十餘種。

胡廷槐 浙江仁和縣人。乾隆十六年三甲四十二名進士。十七年任江西會昌知縣，二十九年調湖北黃岡知縣，二十三年改湖北鄖西知縣。

譚尚忠 字希夏，號會文、古愚、薈亭、訒芳居士。江西南豐縣人。雍正二年（1724）生。乾隆十六年三甲四十三名進士。任戶部主事，升郎中，二十六年考選山西道御史。二十七年外任福建興泉永道，坐事奪官。復起任刑部員外郎，三十三年擢廣東高廉道，三十五年授河南按察使，三十八年改廣東按察使，四十三年授甘肅按察使遷山西布政使，四十六年十二月授山西巡撫改安徽巡撫。以事忤和坤，四十七年降福建按察使，遷雲南布政使，五十一年閏七月遷雲南巡撫。五十八年改刑部侍郎，嘉慶二年（1797）調吏部侍郎。十一月二十八日卒，年七十四。著有《訒芳齋文集》。

子譚光祥，乾隆五十八年進士，武昌知府。

吳 璔 字超西。甘肅秦安縣人。乾隆十六年三甲四十四名進士。任河南通許知縣，逾年罷歸。

黃 瓚 廣東仁化縣人。乾隆十六年三甲四十五名進士。任廣西北流知縣，調西林和縣。

范思皇 字西懷，號斗齋。湖北蘄水縣人。乾隆十二年舉人，十六年三甲四十六名進士。選庶吉士，改主事，升吏部員外郎，二十二年督福建學政，官至江西道御史。休致。卒年七十四。

劉宗琪 字載侯。湖南衡陽縣人。乾隆十六年三甲四十七名進士。選庶吉士，散館改工部主事，升刑部郎中、記名御史。外任廣西太平、柳州、桂林知府。官至陝西糧道。

朱家濂 浙江錢塘縣人。乾隆十六年三甲四十八名進士。二十二年任陝西咸寧知縣，二十九年改河南祥符知縣，官至河南光州知州。

趙由僖　江西南豐縣人。乾隆十六年三甲四十九名進士。未仕。

秦夢熊　陝西三原縣人。乾隆九年舉人，十六年三甲五十名進士。二十四年任湖南章宜知縣。

諸葛儀　浙江蘭溪縣人。乾隆十六年三甲五十一名進士。任廣東知縣，改河南河陰知縣。

潘思藻　浙江仁和縣人。乾隆十六年三甲五十二名進士。任河南鎮平知縣。

劉懿　山西平陸縣人。乾隆十六年三甲五十三名進士。任湖北枝江知縣。

張曾敞　字壇似、廓原，號開士、橿亭。安徽桐城縣人。雍正九年（1731）生。乾隆十六年三甲五十四名進士。選庶吉士，授檢討。乾隆二十四年充順天鄉試同考官，三十年以侍讀，官至詹事府少詹事。三十三年三充順天鄉試同考官。乾隆四十二年（1777）卒於河南大梁書院，年四十七。

祖父張廷璐，康熙五十七年榜眼，禮部侍郎；父張若需，乾隆二年進士。

盧庭琮　湖北興國州人。乾隆六年舉人，十六年三甲五十五名進士。二十四年任湖南桂東知縣。

羅惟清　河南鄭州人。乾隆十六年三甲五十六名進士。二十九年任安徽建德知縣。

周隆謙　字益亭。直隸天津縣人。乾隆十六年三甲五十七名進士。授江蘇長洲知縣、奉賢知縣，改山西右玉知縣，二十四年改大同知縣，改廣西岑溪知縣。

郭兆　字文徵。滿洲鑲紅旗人。乾隆十六年三甲五十八名進士。歸班候選知縣。

欒廷鉁　字待卿，號珠野。山東膠州人。乾隆十六年三甲五十九名進士。授戶部主事，升浙江司員外郎，遷貴州石阡知府。未任卒，年五十五。著有《燕山詩草》。

張齡度　河南祥符縣人。乾隆十六年三甲六十名進士。二十四年任四川彭縣知縣，二十六年卸，二十九年任茂州直隸州知州，官至四川綿州直隸州知州。

何棟　（《八旗通志》改名何敏）滿洲正黃旗人。乾隆十六年三甲六十一名進士。任滿洲嵩山佐領。

張吳彰　（本姓張，復姓吳）字敦長，號碗溪。江西南昌縣人。乾隆十六年三甲六十二名進士。以母病，彰精醫術，侍養不仕。

龍應時　字懋之。廣東順德縣人。乾隆十六年三甲六十三名進士。二十四年任山西靈石知縣。

宋若霖　字爾凝。福建莆田縣人。乾隆十六年三甲六十四名進士。任雲南保山知縣。

王以訓　山東膠州人。乾隆十六年三甲六十五名進士。任山東登州府教授。

宋五仁 字静山。江西奉新縣人。乾隆十六年三甲六十六名進士。任江西九江府教授。二十年年七十歸。

次子宋鳴珂，乾隆四十五年進士；四子宋鳴琦，乾隆五十二年進士。

羅芝芳 湖北監利縣人。乾隆十五年舉人，十六年三甲六十七名進士。

馮　慈 字大野。廣東南海縣人。乾隆十六年三甲六十八名進士。二十三年任浙江縉雲知縣。

周世盛 字芝庭。湖南長沙人。乾隆十六年三甲六十九名進士。掌教廣西秀峰書院，病卒。

江毓圻 山東即墨縣人。乾隆十六年三甲七十名進士。二十四年任廣東東莞、從化知縣，二十八年署廣東香山知縣。

李連登 廣東潮陽縣人。乾隆十六年三甲七十一名進士。任陝西白水知縣。

胡國濟 江西新建縣人。乾隆十六年三甲七十二名進士。任河南羅山知縣。

胡騰蛟 浙江歸安縣人。乾隆十六年三甲七十三名進士。任直隸靜海知縣，三十五年改浙江溫州府教授。

張　魽 浙江上虞縣人。乾隆十六年三甲七十四名進士。任浙江寧波府教授。

宋廷採 字采持。湖北黃岡縣人。乾隆十五年舉人，十六年三甲七十五名進士。二十四年任河南南召知縣，三十五年改湖南黔陽知縣。官至雲南大理知府。辦理銅鹽務具有成績。

梁豎校 山西平陸縣人。乾隆十六年三甲七十六名進士。二十四年任浙江桐鄉知縣，二十五年任浙江慶元知縣。

張生馨 河南溫縣人。乾隆十六年三甲七十七名進士。二十五年任廣西平樂知縣。

全　魁 字斗南，號穆齋。滿州鑲白旗，姓尼奇哩氏。乾隆十六年三甲七十八名進士。選庶吉士，授檢討。二十年任侍講偕編修周煌冊封琉球國王尚穆。遷國子監祭酒，二十七年授內閣學士。三十年督安徽學政，三十五年充浙江鄉試主考官。三十七年革。三十八年授詹事，遷通政使兼太常寺卿，四十年授盛京禮部侍郎，四十三年兼奉天府尹，四十四年改盛京戶郎侍郎。四十八年降調。五十年補侍講學士，乾隆五十六年（1791）卒。著有《乘槎集》，纂《琉球國志略》。

葉丕葆 河南商丘縣人。乾隆十六年三甲七十九名進士。二十四年任山西山陰知縣。

張天佑 山西安邑縣人。乾隆十六年三甲八十名進士。任浙江壽昌知縣，二十九年改安徽旌德知縣。被劾去。

李世輔 江西蓮花廳人。乾隆

十六年三甲八十一名進士。任湖北興山知縣。

艾茂 字穎新，號鳳岩。貴州麻哈州人。乾隆十六年三甲八十二名進士。選庶吉士，授檢討。乞養歸。以講學著述自娛，著有《易經人道》《貴山四書集講》《寶珠堂詩集》。

程化鵬 字馭青、培甫。江蘇如皋縣人。乾隆十六年三甲八十三名進士。二十九年任江西廣豐知縣，三十二年改江西瑞金知縣，三十五年官至江西饒州府同知。歸。

劉心傳 雲南石屏州人。乾隆十六年三甲八十四名進士。

饒上位 江西臨川縣人。乾隆十六年三甲八十五名進士。十七年任江西臨江府教授。

劉上台 字應階、紫溪。廣東香山縣人。乾隆十六年三甲八十六名進士。任四川通江知縣。

王偉士 字少義，號誠齋。貴州黃平州人。乾隆十六年三甲八十七名進士。任湖南永明知縣，丁憂。三十三年補廣西興業知縣，調崇善知縣，內遷大理寺左評事。致仕歸。卒年七十一。

田世豐 山西平陸縣人。乾隆十六年三甲八十八名進士。二十三年任陝西南鄭知縣，改長安知縣，三十四年調四川鹽源知縣。

朱一深 廣西臨桂縣人。乾隆十六年三甲八十九名進士。二十四年任江西新淦知縣，改雲南宜良知縣。

王大嵩 字魯瞻。安徽當塗縣人。乾隆十六年三甲九十名進士。十八年八月任蘇州府教授。二十五年署江蘇吳縣訓導。

郭良貴 雲南新興縣人。乾隆十六年三甲九十一名進士。

劉在益 湖北黃陂縣人。乾隆十五年舉人，十六年三甲九十二名進士。

李方泰 字桐音。陝西安化縣（今甘肅慶陽）人。乾隆十六年三甲九十三名進士。選庶吉士，散館歸班候選知縣。

王勛 字賡堂。山東臨淄縣人。乾隆十六年三甲九十四名進士。二十一年署陝西盩厔知縣，二十四年任大荔知縣，改陝西甘泉知縣二十七年改渭南知縣，纍遷雲南武定州，署永昌府，改貴州黎平府，擢浙江金衢嚴道。以病歸，卒於家。

父王克寬，康熙三十年進士。

周曰萬 字鵬九，號崧甫。江蘇金匱縣人。乾隆十六年三甲九十五名進士。二十年任浙江景寧、縉雲知縣，二十六年改安徽安慶府教授。

祖父周宏，康熙三年進士。

安受祺 山西垣曲縣人。乾隆十六年三甲九十六名進士。任浙江金華知縣。

巴彥學 字緝之。滿州鑲白旗，覺羅氏。乾隆十六年三甲九十七名進士。任兵部主事，二十九年遷右中允，升侍讀學士。三十六年授詹事，三十七年改通政使，三十八年遷至左副都御史。五十九年（1794）卒。

劉鳳飛 浙江會稽縣人。乾隆十六年三甲九十八名進士。二十三年任廣東定安知縣。

朱錦如 字伯霞、不瑕。江蘇鎮洋縣人。乾隆十六年三甲九十九名進士。選安徽太平府教授，丁父憂服闋補常州府教授。旋歸，主講嘉定當湖書院。

劉峨 字我山、先資，號宜軒。山西襄陵縣人。乾隆十六年三甲一百名進士。任直隸曲陽知縣，改順天宛平知縣，三十年改河南延津知縣，四十一年彙遷直隸保定知府，遷直隸通永道。四十三年任天津道，四十四年署直隸按察使，四十五年授湖北按察使，四十六年遷安徽布政使，改山西布政使。四十八年授廣西巡撫，遷直隸總督。五十五年降署兵部右侍郎，七月遷兵部尚書。乾隆六十年（1795）年老致仕，加太子少保。九月卒，諡“恪簡”。

張又泰 陝西宜川縣人。乾隆十六年三甲一百零一名進士。二十四年任浙江常山知縣。

何燧 安徽鳳陽縣人。乾隆十六年三甲一百零二名進士。三十年任順天府武清知縣，改懷安知縣，四十二年任山東文登知縣，五十一年改湖南慈利知縣。

徐名彝 字有常。湖南湘陰縣人。乾隆十六年三甲一百零三名進士。二十四年任河南新安知縣，改新鄭知縣，二十六年以病改任湖南辰州府教授，三十二年改湖南寶慶府教授。

胡端北 （復姓褚，榜姓胡）字端香、拱亭。直隸灤州人。乾隆十六年三甲一百零四名進士。二十六年任四川郫縣知縣，三十年任彭縣知縣，署仁壽縣，任南充知縣，三十一年署營山知縣，三十三年改灌縣知縣，兼水利同知，三十五年改四川成都知縣，遷四川酉陽直隸州知州，四十四年署眉州直隸州知州。

劉璜 廣東饒平縣人。乾隆十六年三甲一百零五名進士。二十五年任山東蒙陰知縣，三十年改廣東韶州府教授。

徐步蟾 字同三，號芝田。江蘇興化縣人。乾隆十六年三甲一百零六名進士。授河南修武知縣，改扶溝知縣。二十一年乞養歸。卒年六十七。

呂文光 江蘇山陽縣人。乾隆十六年三甲一百零七名進士。二十四年任河南滑縣知縣，二十六年官至直隸天津同知。

嚴慶雲 字靄如，號澹園。陝西沔縣人。乾隆十六年三甲一百零八名進士。任雲南羅次知縣，三十五年改山西臨縣知縣，三十九年升渾源知州，在職十二年，遷刑部員外郎，官至甘肅平涼知府。以不阿權貴去。

王勛 字熙明。江西上饒縣人。乾隆十六年三甲一百零九名進士。任廣東始興知縣，丁父憂服闋，補湖北保康知縣，署竹溪知縣。以母老辭歸。

石敏 山西太原縣人。乾隆十六年三甲一百十名進士。任河南知縣、河南鄉試同考官。

蔡馨 字士蘭。雲南晋寧州人。乾隆十六年三甲一百十一名進士。任雲南永昌府、臨安府、廣南府教授。著有《富松園詩文集》。

黃文梓 江西金溪縣人。乾隆十六年三甲一百十二名進士。二十四年任河南原武知縣。

岳瀚 字浩然。山西洪洞縣人。乾隆十六年三甲一百十三名進士。二十六年任福建寧祥知縣，改山東寧陽知縣。乞歸事母。

何顯 江西彭澤縣人。乾隆十六年三甲一百十四名進士。二十四年任四川峨嵋知縣。

黃丹書 江西廣昌縣人。乾隆十六年三甲一百十五名進士。任江西饒州府教授。

陳榮榕 字行卿。福建侯官縣人。乾隆十六年三甲一百十六名進士。十七年任福建漳州府教授。

高辰 字白雲，號景衡。四川金堂縣人。乾隆十六年三甲一百十七名進士。授江蘇清河知縣，三十二年任江蘇華亭知縣，進禮部主事，遷安徽鳳陽府同知。著有《白雲詩文集》。

都鏞 浙江海寧縣人。乾隆十六年三甲一百十八名進士。二十五年任福建德化知縣。

邱恩榮 字澳南、駕六。湖北黃岡縣人。乾隆十五年舉人，十六年三甲一百十九名進士。二十四年任山東萊蕪知縣，三十年調泰安知縣，擢吏部員外郎，三十六年官至湖南岳州知府，官至衡州知府。卒於任。

程士範 字作模。陝西渭南縣人。乾隆十六年三甲一百二十名進士。二十四年任山東利津知縣。

郭天祿 字子簡。四川眉州直隸州人。乾隆十六年三甲一百二十一名進士。授刑部主事，遷陝西司郎中，擢湖北宜昌知府。丁父憂歸。未再任職，回籍講學。

何桐華 廣東興寧縣人。乾隆十六年三甲一百二十二名進士。二十一年任河南泌陽知縣。

王旭齡 四川蓬溪縣人。乾隆十六年三甲一百二十三名進士。二十五年任湖北鄖縣知縣。

張鶴齡 山西應州人。乾隆十六年三甲一百二十四名進士。

仝宗魁 河南河內縣人。乾隆十六年三甲一百二十五名進士。五十三年任河南衛輝府教授。

朱綬 號茶村。貴州貴陽府人。乾隆十六年三甲一百二十六名進士。二十二年任浙江海鹽知縣，改龍泉知縣。

詹學海　廣東長樂縣人。乾隆十六年三甲一百二十七名進士。

陳在璣　字虞衡。湖南武陵縣人。乾隆十六年三甲一百二十八名進士。任河南尉氏知縣。

劉位廷　雲南蒙自縣人。乾隆十六年三甲一百二十九名進士。

蒙浚　陝西蒲城縣人。乾隆十六年三甲一百三十名進士。任貴州仁懷知縣。

趙丹　河南洛陽縣人。乾隆十六年三甲一百三十一名進士。

劉嗣漢　字牧溪。山西定襄縣人。乾隆十六年三甲一百三十二名進士。授雲南嶍峨知縣，改山西汾陽府教授。著有《牧溪文集》。

周青雲　福建永春直隸州人。乾隆十六年三甲一百三十三名進士。二十七年任四川大寧知縣，四十四年改福建福寧府教授。

李元通　字崇遠。福建閩縣人。乾隆十六年三甲一百三十四名進士。十六年任江西昭平知縣，改樂平知縣、廣西柳城知縣，二十一年署陸川知縣。

陳天楷　福建詔安縣人。乾隆十六年三甲一百三十五名進士。二十五年調安徽繁昌知縣，三十一年改河南密縣知縣，改商丘知縣。

林愈蕃　字青山，號澗松。四川中江縣人，原籍湖南宜章。乾隆十六年三甲一百三十六名進士。任山西黎城知縣，兄卒告歸。二十八年入都授湖南酃縣知縣。引疾告歸，卒年五十八。著有《論語讀朱求是編》二十卷、《青山文集》十三卷、《四友軒詩草》六卷行世。

周文權　字梧岡。四川江津縣人。乾隆十六年三甲一百三十七名進士。二十五年任江西大庾知縣，病歸。後補山西神池知縣，升江蘇太湖同知。未到任卒於神池。

李華鍾　字三峰。廣東新興縣人。雍正八年（1730）生。乾隆十六年三甲一百三十八名進士。乾隆二十四年任山東臨邑知縣，丁內艱。補新泰知縣，俸滿授大理寺評事，補貴州丹江通判，升山東泰安知府。乾隆四十七年御史參山東巡撫國泰，有泰安府屬東平知州李玉英因公虧帑，令華鍾分墊不足，遂籍其家，除土屋數間，圖書數函外無餘物。五十五年賞還原銜，降一級遂歸。卒年七十八。

曾萼　字麗元，號青溪。福建平和縣人。乾隆十六年三甲一百三十九名進士。二十五年任廣東恩平知縣，署潮陽縣，三十二年調電白知縣，三十三年署茂名知縣，三十四年署信宜知縣，遷廣州海防同知，官至連州直隸州知州。以告養歸。

徐玉書　字青存。四川涪州人。乾隆十六年三甲一百四十名進士。任四川越雋廳教諭。

袁齊宏　河南睢州人。乾隆十六年三甲一百四十一名進士。二十五年任山東濟陽知縣。

蔡其發　字育齊，號峻崖。貴州獨山州人。乾隆十六年三甲一百四十二名進士。任浙江觀縣知縣，二十七年改餘杭知縣，歷湖州、烏程、臨安知縣，三十八年升同知。因病乞歸。

陳公問　江西德化縣人。乾隆十六年三甲一百四十三名進士。十九年署浙江建德知縣，改雲和知縣。

李應孫　守師持。廣東茂名縣人。乾隆十六年三甲一百四十四名進士。年四十四未仕卒。

張　紹　四川簡州人。乾隆十六年三甲一百四十五名進士。二十五年任江西永豐知縣。

梁和中　雲南蒙化府人。乾隆十六年三甲一百四十六名進士。

惠　琨　陝西盩厔縣人。乾隆十六年三甲一百四十七名進士。

王成德　字協先，號惺園。陝西扶風縣人。乾隆十六年三甲一百四十八名進士。任陝西西安府教授，遷山東觀城知縣，改廣東花縣知縣、雲南江川知縣。皆有政績。

何子祥　字蓉林、象軒。福建平和縣人。乾隆十六年三甲一百四十九名進士。二十四年任浙江浦江知縣，調平陽知縣，加通判銜。

趙　默　字存誠。山西襄垣縣人。乾隆十六年三甲一百五十名進士。任陝西定邊知縣。

張萬鵬　廣西西隆州人。乾隆十六年三甲一百五十一名進士。

南宮鼎　字德宇。甘肅永昌縣人。乾隆十六年三甲一百五十二名進士。任陝西鳳翔府教授。

董豐垣　字暨之，號菊町。浙江歸安縣人。乾隆十六年三甲一百五十三名進士。十七年任安徽建德知縣，改東流知縣，調河南扶溝知縣。著有《識小編》《禹貢纂注》《尚書大傳考》。

張濟世　山西崞縣人。乾隆十六年三甲一百五十四名進士。二十五年任河南新安知縣。

潘宗岐　廣東新興縣人。康熙五十三年（1714）生。乾隆十六年三甲一百五十五名進士。二十七年任廣東韶州府教授。

楊履中　河南禹州人。乾隆十六年三甲一百五十六名進士。二十七年任安徽建德知縣。

盛應謙　安徽銅陵人。乾隆十六年三甲一百五十七名進士。十七年任湖南臨湘知縣。

任秉哲　字西園。山西河曲縣人。乾隆十六年三甲一百五十八名進士。任山西朔平府教授。以繼母年高，乞養歸卒。

郭乙山　字峰長。河南儀封縣人。乾隆十六年三甲一百五十九名進士。授河南懷慶府教授，未赴任卒。

李騰淵　江西德化縣人。乾隆十六年三甲一百六十名進士。二十五年任湖南新寧知縣。因短發價值，派實倉穀，激起縣民糾衆罷市，被巡撫革職。

吴儒清　江蘇泰州人。乾隆十六年三甲一百六十一名進士。十七年任山東臨邑知縣。

楊　炎　貴州開州人。乾隆十六年三甲一百六十二名進士。二十六年任湖北保康知縣。

胡志潔　字雪芳。湖北漢陽縣人。乾隆十五年舉人，十六年三甲一百六十三名進士。二十五年任直隸鹽山知縣，補陝西米脂知縣，三十五年改福建將樂知縣。卒於任。

孫　昭　字震旭。奉天海城縣人。乾隆十六年三甲一百六十四名進士。選庶吉士，授檢討。二十五年任湖北南漳、襄陽知縣。歸後授徒三十年。

胡　楷　號二卿。湖北應山縣人。乾隆六年舉人，十六年三甲一百六十五名進士。任湖北黃州府教授。解組歸。著作甚豐，有《孤歡集》行世。

黃鴻閣　字調端，號燮庵。江西弋陽籍，臨川人。乾隆十六年三甲一百六十六名進士。選庶吉士。

徐吉士　雲南嶍峨縣人。乾隆十六年三甲一百六十七名進士。

李天培　字因其。山西陽曲縣人。乾隆十六年三甲一百六十八名進士。任工部主事，升郎中。二十九年官至湖南衡永郴桂道。歸後主講介休書院，卒年七十二。

胡　圻　字載青、東郊。浙江鎮海縣人。乾隆十六年三甲一百六十九名進士。十七年任直隸井陘知縣。操守清介，不肯阿附上官，坐事罷職，二十二年高宗南巡迎鑾賞復原官，旋卒。年未四十，士林惜之。

王彭會　河南修武縣人。乾隆十六年三甲一百七十名進士。任河南南陽府教授。

乾隆十七年（1752）壬申恩科

本科爲太后六旬壽辰恩科

第一甲三名

秦大士 字魯一，號澗泉、秋田。江蘇江寧縣人。乾隆十七年一甲第一名狀元。授修撰。十八年充順天鄉試同考官。入直南書房，充咸安宮總裁官，教庶子，官至翰林院侍讀學士。二十七年充福建鄉試主考官。告歸卒。尤工畫竹，詩、書、畫號稱"三絕"。著有《蓬萊山樵集》《抹雲樓集》。

范棫士 字祖年、思皇，號芃野。江蘇華亭縣人。乾隆十七年一甲第二名榜眼。授編修。二十一年考選福建道御史，充順天鄉試同考官，官至工科掌印給事中。三十三年再充順天鄉試同考官。

盧文弨（原名盧嗣宗）字召弓，號磯漁、抱經、檠齋。浙江餘姚縣人。康熙五十六年（1717）六月初三日生。乾隆十七年一甲第三名探花。授編修。歷左春坊左中允、侍讀學士。三十一年督湖南學政，以條陳學政事宜，降三級。後乞養歸。主講江浙各書院二十餘年。乾隆六十年十一月二十八日（1796年1月）卒，年七十九。家中藏書較豐，藏書處曰"抱經堂"。所刊《抱經》彙刻書十五種，最稱精審。又合經史子集三十八種，摘字而注之，名曰《群書補遺》。自著有《儀禮注疏詳校》《廣雅注》《鍾山札記》《龍城札記》《抱經堂文集》《經典釋文考證》，有《抱經堂叢書》二百六十三卷。爲清代一流校勘學家。

第二甲七十名

錢載 字坤一，號蘀石、瓠尊、壺尊，晚號萬松居士。浙江秀水縣人。康熙四十七年（1708）九月初八日生。乾隆十七年二甲第一名進士。選庶吉士，授編修。二十四年充廣西鄉試正考官，充日講起居注官，遷右中允、侍講、侍講學士，三十年充江南鄉試副考官，三十三年授詹事，三十八年遷內閣學士。三十九年、四十四年二充江西鄉試正考官，四十一年督山東學政，四十五年擢禮部左侍郎。再充江南鄉試正考官。四十八年休致。乾隆五十八年（1793）卒，年八十六。著有《擇石齋詩文集》。

張霽 字硯蘆。浙江錢塘縣人。乾隆十七年二甲第二名進士。任戶部郎中，三十五年考選貴州道御史，掌京畿道御史，官至禮科掌印給事中。

鄭步雲 字蓀葵、升葵，號養田。浙江歸安縣人。乾隆十七年二甲第三名進士。任內閣中書，乾隆二十五年充順天鄉試同考官，改宗人府主事，三十三年充湖北鄉試副考官，三十四年充會試同考官，官至禮部郎中。假歸。掌教豫章、東林書院。工畫，晚年恬淡自適，以繪畫自娛。著有《雩川詩稿》。

周天度 字心羅，號讓谷。浙江錢塘縣人。乾隆十七年二甲第四名進士。官至許州知州。所作詩賦文詞四方傳誦。著有《十誦齋集》。

吉夢熊 字毅揚，號渭崖。江蘇丹陽縣人。乾隆十七年二甲第五名進士。選庶吉士，授編修。二十四年充順天鄉試同考官，考選廣東道御史，二十五年充會試同考官，遷內閣侍讀學士，三十五年授順天府尹。三十八年降太僕寺卿，三十九年充山東鄉試主考官，督福建學政，四十四年降侍讀學士，五十一年復任太僕寺卿，五十三年遷通政使，再督福建學政。五十六年病卸任。著有《研經堂集》三卷、《詩集》十三卷、《丹陽聞見錄》六十卷。

蔣和寧 字用安、耕叔，號蓉庵、藕漁。江蘇陽湖縣人。乾隆十七年二甲第六名進士。選庶吉士，授編修。二十五年考選湖廣道御史。二十七年充貴州鄉試正考官。丁母憂，因事罷歸。

陳啓宗 順天通州人。乾隆十七年二甲第七名進士。十八年署寶雞知縣，任陝西澄城知縣。

朱陽 字桐野、菁溪。福建漳平縣人。乾隆十七年二甲第八名進士。選庶吉士，歸班候選知縣，後任雲南通海知縣，改寶寧知縣。卒於任。

景福 字介之，號仰亭。滿洲鑲白旗。乾隆十七年二甲第九名進士。選庶吉士，授編修。升侍讀、侍讀學士，二十四年充廣東鄉試副考官，二十五年任雲南鄉試主考官，二十六年授詹事，二十七年督山西學政。三十一年遷大理寺卿，三十三年改左副都御史，任順天鄉試副考官，督江南學政，三十七年改盛京工部侍郎，四十年改兵部右侍郎。四十五年出任喀什噶爾辦事大臣。四十八年（1783）病卒。

邵嗣宗 字鴻箴，號蔚田。江南太倉州人。乾隆十七年二甲第十名進士。選庶吉士，授編修。擢中允，升至侍讀。後以病辭官，未一年卒。生平以文著稱，門人眾多。著有《一枝庵吟稿》。

趙佑 字啓人，號鹿泉。浙江仁和縣人。雍正五年（1727）六月初五日生。乾隆十七年二甲十一名進士。選庶吉士，任編修。二十六年考選京畿道御史，升吏科掌印給事中、大理寺少卿。乾隆四十五年授太僕寺卿，督山東學政，四十八年改太常寺卿，五十一年調大理寺卿。五十三年、五十四年連充江西鄉試主考官，督江西學政，五十七年改左副都御史。督福建學政，嘉慶元年調工部侍郎，改吏部侍郎，四年十月遷左都御史。嘉慶五年（1800）二月卒，年七十四。以八股文聞名海內。著有《清獻堂集》《毛詩草木鳥獸蟲魚疏校正》等。

沈作霖 浙江歸安縣人。乾隆十七年二甲十二名進士。任廣西平南知縣。

張模 字元禮，號晴溪。順天宛平縣人。乾隆十七年二甲十三名進士。選庶吉士，改刑部主事，升員外郎，二十七年督廣東學政，官至吏部稽勛司郎中。著有《貫經堂詩鈔》。

鄭鴻撰 字晴湖、玉行。浙江錢塘縣人。乾隆十七年二甲十四名進士。選庶吉士，散館改禮部主事，升郎中。三十三年考選山東道御史，轉戶科給事中，四十三年充會試同考官，官至兵科掌印給事中。

梅理 字元爕，號生谷。安徽宣城縣人。乾隆十七年二甲十五名進士。任吏部考工司額外主事，

轉文選司主事。卒於京。

梁同書 字元穎，號山舟、不翁、新吾、長翁。浙江錢塘縣人。雍正元年（1723）九月二十八日生。乾隆十七年二甲十六名進士。選庶吉士，授編修。擢侍講，因病歸不復出。工書法，學顏真卿、柳公權，書法名滿天下。嘉慶十二年鄉舉周甲加侍講學士銜。嘉慶二十年（1825）七月十五日卒，年九十三。著有《筆史》《頻羅庵論書》等。

父梁詩正，雍正八年進士，官大學士。

吳以鎮 （本名吳鈖）字涵齋、瑾含。安徽歙縣人。乾隆十七年二甲十七名進士。選庶吉士，授編修。

秦黌 字序唐，號西岩、石翁。江蘇江都縣人。乾隆十七年二甲十八名進士。選庶吉士，授編修。二十四年充廣東鄉試主考官，二十五年充山東鄉試主考官，二十八年考選四川道御史，三十年再充山東鄉試主考官，三十二年官至湖南岳常澧道。以母老乞養歸。卒年七十三。著有《易書詩》《三經傳說》《鉤提周禮纂注》《史鑑雜錄》。

曾起鵬 福建侯官縣人。乾隆十七年二甲十九名進士。二十二年任湖北枝江知縣。

沈清任 字萊友、莘田，號澹園，又號疥憨。浙江仁和縣人。乾隆十七年二甲二十名進士。任禮部主事，升郎中。三十三年安徽池太廣道，四十年改四川潼川知府，四

十七年官至四川川東道。引疾歸。以書畫自娛，尤工寫梅。

王曰賡　字紹南。山東臨淄縣人。乾隆十七年二甲二十一名進士。授江西興安知縣，調廣西凌雲知縣。卒於任。

陳應聯　廣東大埔縣人。乾隆十七年二甲二十二名進士。二十五年任安徽南陵知縣。三十一年去。

翁方綱　字正三、忠叙，號罨溪、蘇齋。順天府大興縣人。雍正十一年（1733）八月十六日生。乾隆十七年二甲二十三名進士。選庶吉士，授編修。二十四年充江西鄉試副考官，二十七年充湖北鄉試主考官，曾任四庫館纂修官。二十九年以侍讀督廣東學政，擢國子監司業，四十八年以司經局洗馬充順天鄉試副考官，遷少詹事，四十九年授詹事，五十一年督江西學政，五十四年授內閣學士。五十六年督山東學政，嘉慶四年降鴻臚寺卿。十九年重赴恩榮筵宴賞二品銜。嘉慶二十三年（1819年1月）正月二十七日卒，年八十七。爲清代藏書家，藏書處曰"寶蘇室"，曰三萬卷。工詩文、書法，與劉墉、梁同書齊名。著有《石洲詩話》《粵東金石略》《蘇詩補注》《兩漢金石記》《通志堂經解目録》《經義考補正》《小石帆亭著録》《元遺山年譜》《小石帆亭五言詩續鈔》《蘇米齋蘭亭考》《蘇齋唐碑選》《復初齋詩集》等。

子翁樹培，乾隆五十二年進士。

董達存　江蘇陽湖人。乾隆十七年二甲二十四名進士。任國子監學正。

宋景涑　浙江仁和縣人。乾隆十七年二甲二十五名進士。十八年任四川射洪知縣。

鞠愷　字廷和，號吟江、梧浦。山東海陽縣人。乾隆十七年二甲二十六名進士。選庶吉士，授編修。二十一年充浙江鄉試副考官，二十二年充會試同考官，二十四年督廣西學政。染瘴氣卒於任。

汪永聰　字穎思。安徽休寧縣人。乾隆十七年二甲二十七名進士。二十五年任陝西甘泉知縣。

謝墉　字昆城，號金圃、東墅，浙江嘉善縣人。康熙五十八年（1719）九月初九日生。乾隆十六年召試一等特賜舉人，授內閣中書。十七年二甲二十八名進士。選庶吉士，授編修。遷侍講、右庶子、侍讀學士，三十二年授內閣學士。三十八年遷工部侍郎，三十九年督江蘇學政，四十八年改吏部左侍郎。再督江蘇學政，五十三年降內閣學士，五十四年再降編修。曾任四庫館總閲官，爲嘉慶帝講授詩文。六十年（1795）休致。四月初九日卒，年七十七。嘉慶五年追贈三品卿銜。著有《安雅堂詩文集》《四書義》《六書正説》。

劉甫崗　江西安福縣人。乾隆十七年二甲二十九名進士。二十八年任浙江西安知縣。

章天垣　順天大興縣人。乾隆十七年二甲三十名進士。二十年任湖北光化知縣。

陳齊紳　字念齋。廣西平樂縣人。乾隆十七年二甲三十一名進士。選庶吉士，授編修。

王溥　字孟韋、淵如，號聿堂。江蘇山陽縣人。乾隆十七年二甲三十二名進士。任雲南南寧知縣，三十年改山東博興知縣，三十四年任章丘知縣，三十五年署濟南府同知，三十七年調歷城、冠縣、泰安知縣。三十八年官至臨清直隸州知州。四十二年復任，以事謫戍，援例贖歸，卒。

李蘊芳　字湘洲。甘肅武威縣人。乾隆十七年二甲三十三名進士。十九年任江西石城知縣，因胡中藻文字獄牽連待罪去。

劉伊　字莘儒。江蘇通州直隸州人。乾隆十七年二甲三十四名進士。授湖北松滋知縣，署隨州，署鍾祥知縣，調黃陂知縣。改廣東鶴山知縣，歸。

甘立功　字惟穎（一作惟叙），號淡泉。江西奉新縣人。乾隆十七年二甲三十五名進士。選庶吉士，授編修。二十四年充陝西鄉試副考官，以疾卒於陝西官邸，年二十九。

江聲　字希哉，號西齋。浙江烏程縣人。乾隆十七年二甲三十六名進士。選庶吉士，十九年任順天府平谷知縣。二十二年改任直隸青縣知縣。

胡德琳　字碧腴、經畬，號書巢。廣西臨桂縣人。乾隆十七年二甲三十七名進士。任四川威遠知縣、簡州知州，十九年任四川什邡知縣，二十一年任合州知州，二十五年十二月改山東濟陽知縣，三十一年調歷城知縣，升濟寧知州，三十五年遷山東東昌知府，三十九年護濟東道，四十二年任山東萊州知府，四十三年復任東昌知府。四十五年官至泰安知府，署濟東泰武登萊青道。緣事，其弟代贖始釋歸。掌曹州書院。著有《西山雜咏》《東閣閑吟》《書草尺牘》《燕貽堂詩文集》。

李炯　字澹成。江蘇元和縣人。乾隆十七年二甲三十八名進士。二十六年任廣東茂名知縣，以慈惠爲政。尋太守以不勝任改教職，去時民執香送者接踵。卒年七十一。

周棟隆　湖北黃岡縣人。乾隆九年舉人，十七年二甲三十九名進士。二十五年任陝西略陽知縣。

楊有光　河南祥符縣人。乾隆十七年二甲四十名進士。

吳懋政　號藍陔。浙江海鹽縣人。乾隆十七年二甲四十一名進士。二十六年任廣東博羅知縣，改浙江處州府教授，告歸。著有《粵程稿》《八銘堂詩集》。

馬騰蛟　字靜齋，號象斾。山西忻州直隸州人。乾隆十七年二甲四十二名進士。選庶吉士，散館改任兵部主事，升吏部郎中，二十七年官至貴州貴東兵備道，爲官清正，以忤權貴，四十七年降福建邵武知府。

王封渭 湖北黄岡縣人。乾隆十七年二甲四十三名進士。二十五年任山西猗氏知縣。

牛聯奎 山西平魯縣人。乾隆十七年二甲四十四名進士。授河南光山知縣，三十二年改孟縣知縣，三十三年署獲嘉知縣，遷河南南陽府同知。

曹鏸 山西平定直隸州人。乾隆十七年二甲四十五名進士。十八年六月任江蘇鎮洋知縣，被劾去。

胡邦翰 浙江餘姚縣人。乾隆十七年二甲四十六名進士。二十三年任福建平和知縣，二十六年改彰化知縣，三十一年任邵武知縣，三十二年寧化知縣，三十六年官至福建泉州府通判。

王欽 字敬輿。順天大興縣人，原籍江蘇武進。乾隆十七年二甲四十七名進士。十七年任福建仙游知縣。

萬廷蘭 字芝堂，號梅皋。江西南昌縣人。乾隆十七年二甲四十八名進士。選庶吉士，改直隸懷柔知縣，調宛平縣，改獻縣，調永定河築堤千里。擢通州知州，坐事落職入獄。釋歸後聘修《南昌府志》，後主講大郡書院。著有《計樹園詩集》《十一經初學讀本》《太平寰宇記》《儷紫軒詩偶存》《張仲景醫學》《紀年草》等。卒年八十九。

楊有涵 號養涵。江西清江縣

人。乾隆十七年二甲四十九名進士。授戶部主事，升員外郎、郎中。遷雲南順寧知府，擢鹽法道。引疾歸，卒年七十四。

父楊錫紱，雍正五年進士，漕運總督。

馬岋 山西應州人。乾隆十七年二甲五十名進士。

曹暎 字泊庵、宅英。安徽歙縣人。乾隆十七年二甲五十一名進士。選庶吉士。

陳道濟 字楫用。安徽望江縣人。乾隆十七年二甲五十二名進士。二十六年任四川閬中知縣。乞養歸，年四十八卒。

張宗柏 字新甫。安徽繁昌縣人。乾隆十七年二甲五十三名進士。任廣東平遠知縣，改貴州平越知縣。

博明 （原名貴明）字希哲，號晰齋。滿洲鑲藍旗人，姓博爾濟吉特氏。乾隆十七年二甲五十四名進士。選庶吉士，授編修。纍官雲南迤西道，降兵部員外郎。著有《鳳城瑣錄》《西齋偶得》《西齋詩輯遺》。

趙瑗 字蘐叔，號檢齋。雲南昆陽州人。乾隆十七年二甲五十五名進士。選庶吉士，散館改兵部主事，升工部員外郎，二十四年充湖北鄉試副考官，二十六年會試同考官，升郎中。外任河南衛輝、歸德、開封知府，官至河南陝汝道，開歸道。著有《庚山詩集》《渠川外集》。

紀復亨 字元稚，號心齋。河

南商丘縣人。乾隆十七年二甲五十六名進士。選庶吉士，授編修。乾隆二十六年選陝西道御史，升吏科給事中。官至太僕寺少卿。著有《心齋集》。

柴緝生　浙江仁和縣人。乾隆十七年二甲五十七名進士。三十三年任陝西藍田知縣。

歐相箴　廣東樂昌縣人。乾隆十七年二甲五十八名進士。二十九年任安徽五河知縣。三十二年引疾歸。

李承芳　字漱六，號溪南。山東海陽人。乾隆十七年二甲五十九名進士。候選知縣。

陳　筌　字漁湖，號兆璜。直隸安州（今河北安新）。乾隆十七年二甲六十名進士。選庶吉士，授編修。二十四年督四川學政，官至侍講。卒年八十四。

父陳德榮，康熙五十一年進士；兄陳策，乾隆元年進士；兄陳筠，乾隆十六年進士；子陳耀昌，嘉慶六年進士。

王懿德　字良宰，號紹甫、岑暉、艮齋。漢軍正白旗。乾隆十七年二甲六十一名進士。選庶吉士，授編修。二十五年考選貴州道御史，升兵科掌印給事中，署廬鳳潁道。乾隆五十一年授雲南按察使，五十四年遷陝西布政使，改湖南布政使護理巡撫，五十七年調浙江布政使改江西布政使。五十八年正月仍留浙江，四月革。以道員派往哈密。

蔣宗海　字星岩，號春農。江蘇丹徒縣人。乾隆十七年二甲六十二名進士。任內閣中書。曾主梅花書院。年四十乞養歸，以選首後進爲己任。家中藏書較富，藏書處曰"椒馨閣"。著有《春農吟稿》。

吳　泰　浙江錢塘縣人。乾隆十七年二甲六十三名進士。二十八年任山西太原知縣，二十九年改山西繁峙知縣，官至甘肅鞏昌知府。

蘇遇龍　字德水、際飛。陝西府谷縣人。乾隆十七年二甲六十四名進士。二十五年任浙江龍泉知縣，丁憂歸，主講榆陽書院，服闋，三十七年授江西德興知縣。坐事免。後主講江西鶴湖書院、山西太平書院。

陳嘉謀　浙江仁和縣人。乾隆十七年二甲六十五名進士。任知縣。

黃大齡　字與三。浙江錢塘縣人。乾隆十七年二甲六十六名進士。二十六年任江蘇泰興知縣。

胡耀南　河南汝陽縣人。乾隆十七年二甲六十七名進士。十八年任江西建昌知縣。

林紹唐　廣東南海縣人。乾隆十七年二甲六十八名進士。

張　坦　字苣田，號松坪、蓮勻。陝西臨潼人，原籍江蘇甘泉。乾隆九年舉人，十七年二甲六十九名進士。選庶吉士。授編修。三十年充湖南鄉試副考官。

顧光旭　字華陽，號晴沙、響泉。江蘇金匱縣人。雍正九年（1731）

生。乾隆十七年二甲七十名進士。任户部主事、員外郎、郎中。二十七年考選浙江道御史，升工科給事中，三十二年外任甘肅寧夏知府，改平凉知府。三十六年官至甘肅凉莊道，署四川按察使。乞病歸。年未五十。主講東林書院十餘年。嘉慶二年（1797）閏六月二十六月卒，年六十七。著有《梁溪詩鈔》《響泉集》。

第三甲一百五十八名

杜　錡　江西新建縣人。乾隆十七年三甲第一名進士。二十六年任陝西定邊知縣，三十三年任改涇陽知縣，五十年遷陝西綏德直隸州知州，五十四年任陝西商州知州。

曾鳳翔　廣東嘉應直隸州人。乾隆十七年三甲第二名進士。任甘肅金縣知縣。

林有席　字儒珍、平園。江西分宜縣人。乾隆十七年三甲第三名進士。二十六年任湖北東湖知縣。母喪歸。復以在官罣誤吏議，遂不出。以著書自娱，年九十一卒。

蕭榕年　山東福山縣人。乾隆十七年三甲第四名進士。二十六年任四川西昌知縣，四十年改廣東河源知縣，四十四年改廣東新會知縣，四十七年官至廣東連州直隸州知州。致仕歸。課徒子孫。

鄒　隆　江西新淦縣人。乾隆十七年三甲第五名進士。任知縣。

陸象雲　字縵卿。順天通州人。乾隆十七年三甲第六名進士。任吏部主事。

范汝載　河南蘭陽縣人。乾隆十七年三甲第七名進士。任安徽黟縣知縣，三十九年任山東聊城知縣。

喜崇福　滿洲鑲黃旗人。覺羅氏。乾隆十七年三甲第八名進士。三十六年任山西沁州直隸州知州，五十八年官至貴州貴東道。

李祖惠　字屺望。浙江嘉興縣人。乾隆十七年三甲第九名進士。二十六年任江西高安知縣。以罣誤改教職歸。著有《游奉草》《西征賦》《虹舟詩文集》《四書講義》。

杜念曾　字續修，號東溪。雲南嵋峨縣人。乾隆十七年三甲第十名進士。任江蘇嘉定知縣，三十九年改浙江泰順知縣。

金維岱　字紫峰。湖北鍾祥縣人。乾隆十五年舉人，十七年三甲十一名進士。選庶吉士，授檢討。官至江蘇淮徐海道。母老乞養歸。曾主淮陰蘭臺、鹿門、宛南書院。著有《慎餘齋集》十卷、《詩話》四卷。

林守鹿　字大鳴、静亭。福建閩縣人。乾隆十七年三甲十二名進士。二十九年任四川井研知縣，三十四年署珙縣、屏山知縣，遷馬邊通判，三十五年升署眉州知州，四十年擢邛州知州，遷四川寧遠知府，四十七年官至河南汝光道。在任六年以勞致疾歸，卒年六十五。

江大儀 江西信豐縣人。乾隆十七年三甲十三名進士。二十六年任河南延津知縣。

李振文 山西榆次縣人。乾隆十七年三甲十四名進士。二十六年任江西新昌知縣，二十九年改廣昌知縣，三十年丁憂。纍遷廣西平樂知府，四十五年改貴州黎平知府，四十九年遷福建延平知府，五十年官至福建福州知府，署汀漳龍道。

楊本仁 陝西武功縣人。乾隆十七年三甲十五名進士。二十八年任廣東陸豐知縣，三十五年遷廣東雷州知府，三十九年改廣東韶州知府，四十八年官至廣東高廉道。

王宏善 字協一。甘肅鎮番縣人。乾隆十七年三甲十六名進士。任同州府教授。歸里後教授生徒。

李江 廣東嘉應直隸州人。乾隆十七年三甲十七名進士。二十六年任四川江津知縣。二十八年被參。

魏照藜 山東萊蕪縣人。乾隆十七年三甲十八名進士。二十六年改四川開縣知縣。

黃景 字詔芳。四川金堂縣人。乾隆十七年三甲十九名進士。二十六年任湖北長樂知縣。在任五年，告歸後掌簡州、漢州等書院。年八十卒。

藍彩琳 福建漳浦縣人。乾隆十七年三甲二十名進士。爲人瀟灑不群，未任。林下自居。

張錫齡 河南濟源縣人。乾隆十七年三甲二十一名進士。二十七年任陝西興平知縣。

歐陽上 江西新建縣人。乾隆十七年三甲二十二名進士。三十一年改江西南安府教授，三十六年任江蘇蕭縣知縣。

鄭岱鍾 字東侯。山西文水縣人。乾隆十七年三甲二十三年進士。選庶吉士，授檢討。賜司業銜。

李廷試 江蘇高郵州（一作江蘇興化）人。乾隆十七年三甲二十四名進士。二十六年任山東海陽知縣。

王猷 字元亭、允亭。奉天義州人。乾隆十七年三甲二十五名進士。選庶吉士，授檢討。二十一年充順天鄉試同考官，升吏部主事，三十年充四川鄉試副考官，三十三年以吏部郎中考選陝西道御史，四十二年十二月任順天北城巡城御史，升工科掌印給事中，官至大理寺少卿。

洪應心 字星元。福建南安縣人。乾隆十七年三甲二十六名進士。二十六年任河南陽武知縣，代理上北河廳同知，借補陳州通判。

徐耀祖 字湖止。江西寧州人。乾隆十七年三甲二十七名進士。二十六年任福建屏南知縣，調光澤縣，丁憂服闋，補廣東花縣知縣。因病乞休。未幾卒。

黃達 字上之。江蘇婁縣人。乾隆十七年三甲二十八名進士。二十七年任江蘇淮安教授。著有《一楼集》。

鍾兆相 字則彥，號敬齋。福建侯官縣人。乾隆十七年三甲二十九名進士。二十六年任直隸藁城知縣。未一年乞歸。著有《蒙齋講義》。

孫道周 順天宛平縣人。乾隆十七年三甲三十名進士。

左衢 字廥唐，號耕堂。安徽桐城縣人。乾隆十七年三甲三十一名進士。任内閣中書，二十五年充順天鄉試同考官，升宗人府主事。三十年充陝西鄉試副考官。年五十二卒於任。

温伯魁 號旭齋。廣東嘉應直隸州人。乾隆十七年三甲三十二名進士。二十年任湖北通山知縣，三十六年任湖南嘉樂知縣，四十年改廣東南雄府教授。

李發源 福建長汀縣人。乾隆十七年三甲三十三名進士。任四川南江知縣，改雲南永善知縣。

李玉樹 字瑤階。湖北監利縣人。乾隆十七年三甲三十四名進士。三十二年任湖南衡陽知縣，改善化知縣，三十四年遷靖州知州，四十三年官至郴州知州。

鄧夢琴 字虞撢、箕山。江西浮梁縣人。乾隆十七年三甲三十五名進士。二十八年任四川江津知縣，改四川綦江知縣，任五載丁母憂歸，四十三年補陝西洵陽知縣，四十七年岐山知縣，四十八年調寶雞縣，五十年改靖邊知縣，進陝西商州知州，五十九年官至漢中知府。嘉慶元年降調，二年引疾歸。卒年八十五。著有《棽亭詩文集》。

子鄧傳安，嘉慶十年進士。

吳汧 字稚山。湖北黃安縣人。乾隆十二年湖北鄉試解元，十七年三甲三十六名進士。任山東范縣、陵縣、德平知縣。卒於任。

施發元 字文言。江西彭澤縣人。乾隆十七年三甲三十七名進士。二十六年任貴州安化知縣，署古州同知。

彭南錄 江蘇溧陽縣人。乾隆十七年三甲三十八名進士。任貴州修文知縣。

黃恩錫 （碑作黃錫恩，誤）字龍章，號幸庵。雲南永北廳人。乾隆十七年三甲三十九名進士。授甘肅碾伯知縣，二十一年改甘肅寧夏府中衛知縣，官至禮部主事。著有《忙山詩草全集》，纂有《中衛縣志》。

戴之适 順天永清縣人。乾隆十七年三甲四十名進士。

屈綱 陝西咸陽縣人。乾隆十七年三甲四十一名進士。任知縣。

汪濤 江蘇江寧縣人。乾隆十七年三甲四十二名進士。二十二年任湖南耒陽知縣，二十四年改桃源知縣，二十五年改瀏陽知縣，三十年調山西祁縣知縣，改榆次知縣，官至河南汝州知州。

魏起鳳 字九苞。山東巨野縣人。乾隆十七年三甲四十三名進士。二十一年任江西興安知縣，改山東沂州府教授。

弟魏趙睿，乾隆二十六年進士。

賈　煜　（碑作賈烜）字蔾閣。山東黃縣人。乾隆十七年三甲四十四名進士。選庶吉士，改廣西博白知縣，升永寧州知州。末竟其用而卒，年三十七。

陶其愫　字孚中。江西南城縣人。雍正五年（1727）生。乾隆十七年三甲四十五年進士。任刑部主事，升郎中，官至河南彰德府知府。

秦克讓　直隸永年縣人。乾隆十七年三甲四十六名進士。

陳遇堯　字皋如。浙江海寧縣人。乾隆十七年三甲四十七名進士。任知縣。

王雲鵃　（本姓華）字古愚。順天密雲縣人。乾隆十七年三甲四十八名進士。任雲南建水知縣，改主事、員外郎、郎中，官至浙江嚴州府知府。

李　尌　山西忻州直隸州人。乾隆十七年三甲四十九名進士。

嚴元燮　（《進士題名碑》作嚴光燮，誤）字理乾，號南岑。江蘇丹徒縣人。乾隆十七年三甲五十名進士（年六十始得第）。十九年任安徽池州府教授。在任十年七十致仕，卒年八十三。著有《詩律正風》《讀易卮言》《淮海清風集》《江上詞源集》等。

萬以徵　字久齊。雲南阿迷州人。乾隆十七年三甲五十一名進士。二十七年任廣西富川知縣。引疾歸。

張永鑑　山西浮山縣人。乾隆十七年三甲五十二名進士。二十七年任陝西山陽知縣。

盧　毅　字魯南、琢軒。貴州貴陽府人。乾隆十七年三甲五十三名進士。選庶吉士，授檢討。改國子監司業，官至司經局洗馬。著有《平定回部大功告成頌》。

王　拱　廣東澄海縣人。乾隆十七年三甲五十四名進士。任順天順義知縣，三十二年改廣東瓊州府教授。

熊于兗　雲南趙州人。乾隆十七年三甲五十五名進士。三十一年任安徽南陵知縣。三十四年去。

俞爾昌　字麟含、菩園。江蘇華亭縣人。乾隆元年舉人，十七年三甲五十六名進士。二十六年任四川仁壽知縣。三十一年因病乞休，未及歸而卒。

孫　衡　江蘇陽湖縣人。乾隆十七年三甲五十七名進士。任山東泗水知縣。

簡　瑞　廣東順德縣人。乾隆十七年三甲五十八名進士。

鄭天錦　字有章、芥舟。福建甌寧縣人。乾隆十七年三甲五十九名進士。二十八年任廣東連山知縣，署理瑤同知，遷瓊州同知。未抵任卒。

父鄭方城，雍正十一年進士。

林恭範　福建福清縣人。乾隆十七年三甲六十名進士。任福建邵武縣教諭，二十二年遷陝西咸陽知縣，四十一年官至陝西鄜州直隸州知州。

王德裕 貴州安順縣人。乾隆十七年三甲六十一名進士。

熊恩紱 字隆甫。廣西永康縣人。雍正十年（1732）生。乾隆十七年三甲六十二名進士。選庶吉士，任直隸永安縣知縣，三十一年改天津知縣，纍遷永平知府，四十三年擢直隸霸昌道，改大順廣道。後因單縣獄吏與八卦教裏應外合，攻入道署，乾隆五十一年（1786）閏七月十四日遇害，卒年五十五。贈太僕寺卿。

子熊方受，乾隆五十五年進士。

黃學瑤 江西都昌縣人。乾隆十七年三甲六十三名進士。二十八年任山東榮城知縣。

王政義 字衡一。貴州貴定縣人。乾隆十七年三甲六十四名進士。選庶吉士，十九年改四川江津知縣，署涪州知州，二十六年改陝西朝邑知縣，二十九年改華陰知縣，擢潼關通判，三十七年遷郿州直隸州知州，擢興安知州，官至鳳翔知府。卒於京。

王世瑞 字鳳圖。湖南衡山縣人。乾隆十七年三甲六十五名進士。授貴州安平知縣，改四川彭水知縣，四十一年署四川筠連知縣，調高縣知縣，署四川酉陽知州。金川用兵從戎四載，後辭官歸。著有《周禮撮要》。

吳椿 字鶴年。湖北鍾祥縣人。乾隆十七年三甲六十六名進士。

未仕。客死江南。

鄒莫邦 字滌宇。江西金溪縣人。乾隆十七年三甲六十七名進士。因二年後謁選歸，卒於山東。

程瑄 江蘇儀征縣人。乾隆十七年三甲六十八名進士。二十八年任湖北利川知縣，改當陽知縣。

鄭傪 字文山、贊可。四川廣安州人。乾隆十七年三甲六十九名進士。二十九年任江西泰和知縣。三十九年、四十一年復任，在任十七年，去之日兩袖清風。

趙士聰 山西保德直隸州人。乾隆十七年三甲七十名進士。任湖北宣恩知縣。

周家琰 字仲溫。江西廣豐縣人。乾隆十七年三甲七十一名進士。二十八年任陝西眉縣知縣。年四十五，卒於任。

王化 字于南。江西彭澤縣人。乾隆十七年三甲七十二名進士。未任。三十二年（1767）卒於家。

劉秉鈞 字禹和。江西南豐縣人。乾隆十七年三甲七十三名進士。二十九年任浙江嵊縣知縣，三十二年調福建浦城知縣，三十五年擢福建延平知府。未幾卒於官。

王永芳 字桂圃。順天寶坻縣人。乾隆十七年三甲七十四名進士。二十七年任湖南宜章知縣，三十一年改武陵知縣，三十三年官至湖南郴州知州，四十年官至任陝西郿州直隸州知州。

李章堉 字敏成。江蘇吳縣人。

乾隆十七年三甲七十五名進士。任河南伊陽知縣，遷兵部主事。告歸後以課徒自給。

楊克緝　河南商城縣人。乾隆十七年三甲七十六名進士。

姜重霱　山東黄縣人。乾隆十七年三甲七十七名進士。二十九年任安徽天長知縣。

宋登元　順天大興縣人。乾隆十七年三甲七十八名進士。任知縣。

張　觀　河南夏邑縣人。乾隆十七年三甲七十九名進士。二十五年任湖北東湖知縣。

龔　同　浙江仁和縣人。乾隆十七年三甲八十名進士。任兵部主事。

勞敦樟　安徽懷寧縣人。乾隆十七年三甲八十一名進士。三十一年任直隸大名、廣宗知縣，四十年改山東嘉祥知縣，四十二年改山東壽光知縣。

曾元景　福建晋江縣人。乾隆十七年三甲八十二名進士。十八年任福建興化府教授。

廖連三　福建永定縣人。乾隆十七年三甲八十三名進士。二十七年任浙江分水知縣，三十三年改福建興化府教授。

冷濂儒　四川樂山縣人。乾隆十七年三甲八十四名進士。

祖父冷然，康熙九年進士。

屈宜伸　河南許州人。乾隆十七年三甲八十五名進士。十九年任湖南沅陵知縣。

陳裔虞　陝西蒲城縣人。乾隆十七年三甲八十六名進士。二十七年任廣東博羅知縣。

毛鳳雛　字鉅飛。江西豐城縣人。乾隆十七年三甲八十七名進士。任雲南浪穹知縣。以疾乞歸。

黄元榜　廣東海陽縣人。乾隆十七年三甲八十八名進士。二十八年任安徽建德知縣。

包旭章　浙江鄞縣人。乾隆十七年三甲八十九名進士。二十年任四川南江知縣。

李　鄴　山西榆次縣人。乾隆三年鄉試解元，十七年三甲九十名進士。

許起鳳　字梧軒。浙江昌化縣人。乾隆十七年三甲九十一名進士。二十七年任陝西寶雞知縣，四十一年調安徽建德知縣。以病卒於任。

德　風　字巽齋。滿洲正白旗人。乾隆十七年三甲九十二名進士。纍遷侍讀學士，三十一年授詹事，三十二年遷内閣學士，三十三年督安徽學政，三十八年改盛京户部侍郎。四十年革。

陳聯拔　字茹蓮，號廊亭。江西峽江縣人。乾隆十七年三甲九十三名進士。署浙江分水知縣，二十七年任浙江景寧知縣，三十二年署平湖知縣，調鎮海知縣，丁憂，四十一年署四川南部知縣，四十三年改長壽知縣、西昌知縣，調廣西恭城知縣。致仕歸，卒年七十五。

馮兆麟　浙江慈溪縣人。乾隆

十七年三甲九十四名進士。二十四年任山西汾陽知縣，改貴州清平知縣，二十八年改貴州婺川知縣。

多倫五 滿洲鑲黃旗人。乾隆十七年三甲九十五名進士。侍講學士。

李開莞 湖北孝感縣人。乾隆十七年三甲九十六名進士。任知縣。

宦儒章 字含光、憲庵。貴州遵義縣人。乾隆十七年三甲九十七名進士。任廣西灌陽知縣，改崇善知縣，內補太常寺博士、吏部考工司主事，出任湖南桂陽知州，署永州知府。卒年六十三。

李象奎 陝西三原縣人。乾隆十七年三甲九十八名進士。

程　矩 字自達。江西鄱陽縣人。乾隆十七年三甲九十九名進士。任貴州安南知縣，調婺川縣，代理青溪知縣，遷貴州大定府通判，官至平越知府。以勞疾乞休歸。

熊道階 字雙村。湖南巴陵縣人。乾隆十七年三甲一百名進士。三十八年任直隸遷安知縣，遷廣西永安州知州、寧明州知州。

吳雲步 （《進士題名碑》作吳步雲，誤）順天大興縣人，原籍江蘇武進。雍正四年（1726）生。乾隆十七年三甲一百零一名進士。二十八年任安徽太平府教授。

羅全詩 甘肅寧夏中衛人。乾隆十七年三甲一百零二名進士。二十七年任湖南安福知縣，二十八年改湖南鄺縣知縣。

陳頤璧 廣東海陽縣人。乾隆十七年三甲一百零三名進士。二十八年任河南宜陽知縣。

李國麟 字惺齋。順天昌平縣人。乾隆十七年三甲一百零四名進士。二十八年任福建邵武知縣，二十九年調長泰知縣，三十二年改南安知縣，丁憂服闋，三十三年補直隸成安知縣，五十二年任順天東城兵馬司正指揮。

張孔紹 字鰲溪。廣東順德縣人。乾隆十七年三甲一百零五名進士。選庶吉士。未散館。

詹世适 字開六。湖北黃陂縣人。乾隆九年舉人，十七年三甲一百零六名進士。任陝西盩厔知縣，三十九年改四川酆都知縣。著有《詹南宮四書文》行世。

馬錦文 字梅阿。雲南雲龍州人。乾隆十七年三甲一百零七名進士。選庶吉士，授檢討。乾隆二十二年考選山東道御史，改廣西道御史，遷戶科掌印給事中。卒於京，年三十八。。

夏　永 順天宛平縣人。乾隆十七年三甲一百零八名進士。二十八年任四川鹽源知縣。

于豹文 字虹亭。直隸天津人。乾隆十七年三甲一百零九名進士。未仕病卒。著有《南岡詩草》十六卷。

謝奉璋 字莪士，號雙峰。雲南祿勸州人。乾隆十七年三甲一百十名進士。十八年任湖北崇陽知縣，二十二年改武昌知縣，三十年調陝西白河知縣，三十七年改江西樂平縣丞。

康基淵 字靜溪，號南圃。山西興縣人。雍正十七年（1729）生。乾隆十七年三甲一百十一名進士。二十八年授河南嵩縣知縣，後改甘肅鎮原、皋蘭知縣，擢甘肅肅州知州，四十一年署蘭州知府，四十四年遷江西廣信知府。後以在蘭州時罣誤爲逮。乾隆四十五年（1780）卒於廣信舟次。年五十二。著有《南圃文鈔》。

梁俊彥 陝西韓城縣人。乾隆十七年三甲一百十二名進士。二十七年任福建上杭知縣。

谷晪 號碧溪。直隸蠡縣人。乾隆十七年三甲一百十三名進士。三十年任山西萬泉知縣。

干運恒 （碑作于運垣，誤）字久中。江西星子縣人。乾隆十七年三甲一百十四名進士。二十九年任四川滎經知縣，三十一年署渠縣知縣，三十四年任榮縣知縣，升通政司知事。未赴任以疾卒。

湯塒 字謙齋。湖南祁陽縣人。乾隆十七年三甲一百十五名進士。選庶吉士。

宋運新 廣西貴縣人。乾隆十七年三甲一百十六名進士。四十八年任貴州錦屏知縣。

劉標 字義方。安徽歙縣人。乾隆十七年三甲一百十七名進士。十八年任江蘇荊溪知縣，署宜興知

縣，改任雲南廣通知縣，寧洱知縣，二十六年調山西陽曲知縣，二十八年遷山西平定直隸州知州，遷雲南順寧知府，官至河南開封知府。

鄒錫疇 字範禹。四川涪州人。乾隆十七年三甲一百十八名進士。任浙江遂安知縣，三十二年改浙江蕭山知縣。

王宸佶 山東新城縣人。乾隆十七年三甲一百十九名進士。十九年任山東萊州府教授。

呂炯 江西建昌縣人。乾隆十七年三甲一百二十名進士。乾隆二十五年任江西廣信府教授，三十年改撫州府教授。

鄔鳳翊 （《進士題名碑》作鄔鳳翔，誤）廣西陽朔縣人。乾隆十七年三甲一百二十一名進士。任禮部主事。

董元度 字曲江，號寄廬。山東平原縣人。乾隆十七年三甲一百二十二名進士。二十八年任江西安遠知縣，三十二年改山東東昌府教授。在任十年以老乞休。著有《舊雨草堂詩集》。

朱懋炳 四川崇慶州人。乾隆十七年三甲一百二十三名進士。二十八年任山西寧鄉知縣。

陳瀾 福建長樂縣人。雍正二年（1724）生。乾隆十七年三甲一百二十四名進士。二十八年署四川南部知縣。

蔡璜 廣東澄海縣人。乾隆十七年三甲一百二十五名進士。任

户部陝西司主事。

張　璽　陝西高陵縣人。乾隆十七年三甲一百二十六名進士。

沈文亨　字身元。湖北安陸縣人。乾隆十五年舉人，十七年三甲一百二十七名進士。二十八年任河南淅川知縣，遷雲南雲龍知州。因前任虧久，被誣入獄，迨部覆至冤得白，人已卒。

永　安　蒙古鑲白旗人。乾隆十七年三甲一百二十八名進士。任滿洲包衣崔三哥管領。

朱能恕　字協一。江西鄱陽縣人。乾隆十七年三甲一百二十九名進士。二十八年任四川平武知縣。

張士育　字雋公。甘肅鎮原縣人。乾隆十七年三甲一百三十名進士。二十九年任安徽當塗知縣。

張漢芳　山西平定直隸州人。乾隆十七年三甲一百三十一名進士。三十年任江蘇華亭知縣。

徐之珔　（一作徐之玭）江西清江縣人。乾隆十七年三甲一百三十二名進士。

李先達　四川茂州保縣人。乾隆十七年三甲一百三十三名進士。任四川內江縣教諭、山西靈石知縣。

夏　蘇　浙江蕭山縣人。乾隆十七年三甲一百三十四名進士。二十五年任山西長治知縣、陽高知縣，二十九年改浙江金華府教授。

祁宗孟　字淑庵。山西曲沃縣人。乾隆十七年三甲一百三十五名進士。任山西潞安府教授。年逾七十卒。

曾殿川　廣東嘉應直隸州人。乾隆十七年三甲一百三十六名進士。十九年任廣東韶州府教授。

王文徵　字士芳。江蘇鎮洋縣人。乾隆十七年三甲一百三十七名進士。十八年任廣東從化知縣，改興寧、新安、海陽等縣知縣，升同知。母老乞歸。卒年五十四。

李孝洪　字孟疇。江西臨川縣人。乾隆十七年三甲一百三十八名進士。三十年任山西沁源知縣。因事罣誤落職，歸後手不釋卷。著有《天文地理撮要》《水經圖說》《金史類編》等。

爲雍正二年進士李紘長子。

黃之相　貴州貴陽府人。乾隆十七年三甲一百三十九名進士。

張文郁　福建永福縣人。乾隆十七年三甲一百四十名進士。任直隸曲陽知縣，三十年改福建延平府教授。

趙東秀　直隸鹽山縣人。乾隆十七年三甲一百四十一名進士。未仕授徒養老。

郭　柯　山東冠縣人。乾隆三年山東鄉試解元。十七年三甲一百四十二名進士。三十四年任山東濟南府教授。

王天一　河南閡鄉縣人。乾隆十七年三甲一百四十三名進士。

德克競額　滿洲鑲黃旗人。乾隆十七年三甲一百四十四名進士。任滿洲永安佐領。

李逢雍　廣東嘉應直隸州人。乾隆十七年三甲一百四十五名進士。任湖南龍陽知縣。

孫　鐸　直隸饒陽縣人。乾隆十七年三甲一百四十六名進士。任雲南廣通知縣、寧洱知縣，二十九年改江西進賢知縣。

范元颺　字振綱。福建沙縣人。乾隆十七年三甲一百四十七名進士。二十八年任河南滎陽知縣，三十一年調河內知縣，四十二年任湖南衡山知縣，調江西上高、南豐、廬陵知縣，代理吉安府通判，擢甘肅岷州知州。

李　藝　字寓六。山西榆次縣人。乾隆十七年三甲一百四十八名進士。三十八年官至江蘇常州府督糧水利通判。

蘭之堂　（《進士題名碑》作蘭芝堂）四川郫縣人。乾隆十七年三甲一百四十九名進士。

龍煜岷　字蘭圃。四川華陽縣人。乾隆十七年三甲一百五十名進士。選庶吉士，歸班候選知縣，二十九年任湖南華容知縣。

張映樞　浙江歸安縣人。乾隆十七年三甲一百五十一名進士。任浙江杭州府教授。

杜首瀛　字武子。山西太谷縣人。乾隆十七年三甲一百五十二名進士。任浙江上虞知縣。

石爲藝　字漱芳。湖北黃梅縣人。乾隆十五年舉人，十七年三甲一百五十三名進士。十九年任江蘇泰興知縣，改溧水、寶應知縣，調補江西崇仁知縣。

宋鳳鳴　浙江烏程縣人。乾隆十七年三甲一百五十四名進士。任浙江溫州府教授。

張　彥　字碩人，號雲麓。貴州廣順州人。乾隆十七年三甲一百五十五名進士。任安徽寧國知縣，調靈壁縣，改宣城知縣。乞歸，卒年八十九。

朱　傳　（《進士題名碑》作朱傅）字唯一，號聖紹。山東德平縣人。乾隆十七年三甲一百五十六名進士。未授官即卒。

郭天性　直隸昌黎縣人。乾隆十七年三甲一百五十七名進士。十八年任直隸宣化府儒學教授，改順天府教授。

吳文彬　貴州畢節縣人。乾隆十七年三甲一百五十八名進士。四十二年官至河南南陽府同知。

乾隆十九年（1754）甲戌科

第一甲三名

莊培因 字本淳，號仲淳。江蘇陽湖縣人。乾隆十九年一甲第一名狀元。授修撰。晋中允，遷侍講學士，二十三年督福建學政，丁父憂。二十四年（1759）七月哀毀卒。年三十七。工書法，善行楷書，詩文流暢，英年早逝，人皆惜之。著有《虛一齋集》。

父莊柱，雍正五年榜眼；兄莊存與，乾隆十年榜眼，官禮部侍郎。

王鳴盛 字鳳喈，號禮堂、西莊、晚號西沚居士。江蘇嘉定縣人。康熙六十一年（1722）生。乾隆十二年以五經舉於鄉，肄業紫陽書院，與王昶、吳泰來、錢大昕、曹仁虎、趙文哲、黃文蓮等稱"吳中七子"。十九年一甲第二名榜眼。授編修。纍遷侍讀學士，二十四年擢內閣學士兼禮部侍郎。因濫用驛馬，二十五年四月降光祿寺卿。二十八年丁憂，遂不復出，居蘇州三十年閉戶讀書。主講紫陽書院。嘉慶二年十二月初二（1798年1月）卒，年七十六。著有《尚書後案》《十七史商榷》《蛾術編》《周禮軍賦説》等。

倪承寬 字虞疆，號敬堂。浙江仁和縣人。乾隆十九年一甲第三名探花。授編修。纍官至太僕寺卿，三十一年遷內閣學士。三十二年授禮部右侍郎，三十三年督順天學政，三十七年改倉場侍郎，三十九年革職。四十四年復官至太僕寺卿，四十五年改太常寺卿。四十八年（1782）二月二十九日卒，年七十二。著有《春及堂詩集》。

父倪國璉，雍正八年進士。

第二甲七十名

汪永錫 字孝傳，號曉園。浙江錢塘縣人。乾隆十九年二甲第一名進士。選庶吉士，授編修。二十五年充會試同考官，升中允、侍讀，三十年充江西鄉試副考官，三十一年任會試同考官，升侍讀學士，三十八年遷詹事。四十年授內閣學士，四十二年充山東鄉試正考官，督江西學政。四十七年（1872）扈從熱河歸，病卒。

汪致和　字飲太，號燮亭。安徽休寧縣人。乾隆十九年二甲第二名進士。選庶吉士。

周翼洙　字迪文。浙江嘉善縣人。乾隆十九年二甲第三名進士。任浙江金華府教授，一作浙江衢州府教授。

紀　昀　字曉嵐，號春帆、石雲、觀弈道人。直隸獻縣人。雍正二年（1724）六月十五日生。乾隆十九年二甲第四名進士。選庶吉士，任翰林院編修。二十四年充山西鄉試主考官，二十八年督福建學政，遷詹事府左春坊、左庶子，外任貴州都勻府知府，改翰林院侍讀學士。因事奪職戍烏魯木齊，復授編修。三十八年爲《四庫全書》館總纂，復遷侍讀學士，乾隆四十四年授詹事，遷內閣學士，四十七年授兵部侍郎。五十年《四庫全書》成，遷都察院左都御史。五十二年授禮部尚書，五十六年復改任左都御史，五十七年復任禮部尚書。嘉慶元年改兵部尚書，再任左都御史，二年再任禮部尚書，十年（1805）正月授協辦大學士。加太子少保。二月十四日卒，享年八十二。謚“文達”。著有《玉溪生詩説》《沈氏四聲考》《唐人試律説》《烏魯木齊雜詩》《如是我聞》《槐西雜志》《姑妄聽之》《我注集》《灤陽續錄》《閱微草堂集》

等，奉敕共撰《河源記略》三十六卷等。對《四庫全書》的校訂整理，每書悉作提要，冠著篇首，稱大手筆。又授詔撰《四庫全書簡明目錄》評摘精審，一生精力，備注於此。

兄紀昭，乾隆二十二年進士。

葉佩蓀　字丹穎，號辛麓。浙江歸安縣人。雍正九年（1731）四月二十九日生。乾隆十九年二甲第五名進士。任兵部武庫司主事，二十五年充順天鄉試同考官，升職方司員外郎、武選司郎中，三十一年擢河南衛輝知府。署開封知府，三十五年調南陽知府，遷山西河東道，四十四年授山東按察使，四十六年遷湖南布政使。以事受遷降知府歸。潛心研究易理。乾隆四十九年（1784）九月初八日卒，年五十四。著有《易守》《傳經堂詩文集》等。

汪存寬　字經耘，號香泉。安徽休寧縣人。乾隆十九年二甲第六名進士。選庶吉士，授編修。二十七年充順天鄉試同考官，二十八年充會試同考官，三十六年仍以編修充廣西鄉試主考官，三十九年考選河南道御史。四十四年任順天南城巡城御史，官至工科給事中。

祖父汪晉徵，康熙十八年進士，戶部侍郎。

王　昶　字德甫、琴德，號蘭泉、述庵。江蘇青浦縣人。雍正二年十一月二十二日（1725年1月）生。乾隆十九年二甲第七名進士。歸班候選知縣，二十三年召試一等授内閣中書，歷刑部主事、員外郎、郎中。因事革。補吏部主事，員外郎、郎中，遷通政副使，四十二年授大理寺卿。四十四年遷左副都御史，四十五年調江西按察使，改直隸、陝西按察使。五十三年遷江西布政使，五十四年授刑部右侍郎。五十九年休致。嘉慶十一年（1806）六月初七日卒，年八十三。與王鳴盛、吳泰來、錢大昕、趙文哲、曹仁虎、黃文蓮并稱"吳中七子"。曾講學於婁東、敷文書院。家中藏書較富，藏書處曰"春融堂"。著有《金石萃編》《湖海詩傳》《明詞宗》《國朝詞綜》《春融堂集》等。

平聖臺 字瑤圃，號確齋。浙江山陰縣人。乾隆十九年二甲第八名進士。選庶吉士，二十年任江西金溪知縣，二十六年改臨川知縣，調廣東東莞知縣，遷廣東廣州府同知，三十年官至廣州知府，雷州知府，署江西吉安知府。著有《撿黑豆集》。

倪高甲 雲南建水州人。乾隆十九年二甲第九名進士。二十九年官至廣東督糧道。

姜炳璋 字石貞、席珍，號白岩。浙江象山縣人。乾隆十九年二甲第十名進士。二十九年任四川石泉知縣，三十二年署四川江油知縣。多善政，民有"慈父母"之稱。著有《詩序補義》《讀左補義》《尊鄉集》等。

顧 鎮 字備久，號古湫、虞東。江蘇常熟縣人。乾隆十五年任國子監助教，十九年二甲十一名進士。遷宗人府主事，充玉牒館纂修。以年老乞休。歸後主講金臺、白鹿、鍾山、紫陽等書院。年七十三卒。著有《虞東學詩》《三禮札記》《虞東先生文錄》《支溪小志》《錢法考》等。

范家相 字左南，號蘅州。浙江會稽縣人。乾隆十九年二甲十二名進士。任刑部主事、郎中，三十三年授廣西柳州知府。以疾告歸，尋卒。有《環溪軒詩鈔》，《三家詩拾遺》十卷錄入《四庫全書》，另著有《詩瀋》《書義拾遺》七卷、《四書貫約》十卷、《家語證偽》《史漢義法》《文集》二十卷等。

傅 琬 湖北江陵縣人。乾隆六年舉人，十九年二甲十三名進士。

衛 肅 字伯恭，號蘭亭。河南濟源人。乾隆十九年二甲十四名進士。選庶吉士，授編修。二十四、二十五年兩充順天鄉試同考官，二十七年任山東鄉試副考官，二十八年再充會試同考官。

胡紹鼎 字雨芳，號牧堂、牧亭。湖北孝感縣人。乾隆六年舉人，十九年會元，二甲十五名進士。選庶吉士，授編修。三十二年考選浙江道御史，轉山西道、補河南道御史。三十三年充雲南鄉試副考官。卒於任。

劉 鑾 字殿傳，號公御。雲南保山縣人。乾隆十九年二甲十六名進士。有書名。嗜酒無度，年僅三十而卒。

袁文觀 字海門。江西崇仁縣人。乾隆十九年二甲十七名進士。二十八年任陝西同官知縣，擢禮部主事，升郎中，三十六年充福建鄉試副考官，三十七年官至湖北施南知府。坐失察革職戍貴州，後釋歸。

朱筠 字竹君，號美叔、笥河。順天大興縣人。雍正七年（1729）六月初六生。乾隆十九年二甲十八名進士。選庶吉士，授編修。二十六年充會試同考官，升贊善，遷侍讀學士，三十三年充順天鄉試同考官，三十四年會試同考官，三十六年督安徽學政，坐事降編修。充《四庫全書》纂修官，修《日下舊聞》。四十四年以編修督福建學政。四十六年（1781）六月二十七日卒，年五十三。爲清中期著名學者，藏書家，藏書處曰"椒花吟舫"。著《十三經文字同異》未成。有《笥河文集》等。

兄朱垣，乾隆十六年進士。弟朱珪，乾隆十三年進士，體仁閣大學士。

李珏 江西金溪縣人。乾隆十九年二甲十九名進士。

翟茂嗣 字青紋，號練庭。山東齊河縣人。乾隆十九年二甲二十名進士。二十九年任四川西昌知縣。以疾回籍，卒於途。

張湘 字楚山，號礎珊。直隸天津人。乾隆十九年二甲二十一名進士。任江西餘干知縣，罷歸，改直隸新城縣教諭。著有《大雅堂集》。

沈業富 字方穀，號既堂。江蘇高郵州人。雍正十年（1732）五月二十二日生。乾隆十九年二甲二十二名進士。選庶吉士，授編修。二十五年充江西、二十七年充山西鄉試副考官，三十年擢安徽安慶知府，改太平知府，在任十六年。四十六年遷山西河東鹽運使。乞養歸。嘉慶十二年（1807）八月十五日卒，年七十六。著有《味燈齋詩文集》。

吳視 字曰明，號鑒齋。貴州永寧州人。康熙四十七年（1708）九月二十六日生。乾隆十九年二甲二十三名進士。十九年授廣西昭平知縣，簡發四川，二十七年起任什邡、梓潼、簡州、南充、壁山、大寧、綿竹、安嶽、納溪、射洪、墊江、雙流、秀山等縣。以病歸。乾隆四十九年（1784）六月二十四日卒，年七十七。

張宗昆 號異峰。湖北咸寧縣人。乾隆十七年湖北鄉試解元，十九年二甲二十四名進士。任廣東普寧知縣。僅半年卒，年三十三。

王士棻 字蘭圃，號檢齋。陝西華州人。康熙六十年（1722）十月十二日生。乾隆十九年二甲二十五名進士。選庶吉士，授編修。授刑部主事、員外員、郎中。因海昇妻獄事與杜玉林同戍伊犁。召還後授刑部員外郎，五十二年擢江蘇按察使。五十五年因高郵州吏以僞印征赋，革職降刑部員外郎。五十七年以病乞歸。嘉慶元年（1796）六月二十二日卒，年七十五。

吳玉鎔 字大治。江蘇山陽縣人。乾隆十九年二甲二十六名進士（時年四十五）。歸班後選知縣。

王世濬 字哲侯。福建晋江縣人。乾隆十九年二甲二十七名進士。二十九年任河南安陽知縣。忤當事解組歸。

徐維綸 字辰章，號蕙畝。江西奉新縣人。乾隆十九年二甲二十八名進士。選庶吉士。

孫徐心田，嘉慶六年進士。

朱棻元 字春浦，號雨霖。浙江錢塘縣人。乾隆十九年二甲二十九名進士。選庶吉士，授編修。二十五年充會試同考官，二十七年充順天鄉試同考官，官至國子監司業。三十三年、三十五年、三十九年再充順天鄉試同考官。

常貴 字謹齋。蒙古鑲白旗人。乾隆十九年二甲三十名進士。三十八年署四川邛州直隸州州判，四十五年署四川慶符知縣，四十七年任富順知縣，四十九年護四川嘉定府通判。

周春 字松靄，號苕兮、黍谷居士。浙江海寧縣人。雍正七年（1729）生。乾隆十九年二甲三十一名進士。三十一年任廣西岑溪縣知縣。丁憂去職，年不足五十不再竭選。嘉慶十五年鄉舉重逢，賞六品頂帶，重赴鹿鳴宴。嘉慶二十年

（1815）卒，年八十七。家中藏書較豐，藏書處曰"著書齋""曇花館"。著有《海昌勝覽》《松靄遺書》《志曇奧論》《杜詩雙聲疊韻譜括略》《十三經音略》《海潮説》《中文孝經》《孝經外傳》《爾雅補注》《小學餘論》《代北姓譜》《遼金元姓譜》《選林録》等。

鄧來祚 字永兹。江西南豐縣人。乾隆十九年二甲三十二名進士。任直隸平谷知縣。以年老歸。

林誕禹 字澤相，號德川。廣東番禺縣人。乾隆十九年二甲三十三名進士。選庶吉士，授編修。以假歸。未一載卒，年三十八。著有《德川文鈔》。

嚴秉璉 江西分宜縣人。乾隆十九年二甲三十四名進士。三十八年任浙江新城知縣。

李舟 河南登封縣人。乾隆十九年二甲三十五名進士。任河南歸德府教授。

李天墀 順天大興縣人。乾隆十九年二甲三十六名進士。二十年任湖南新寧知縣，二十一年改湖南衡山知縣，二十九年改河南滑縣知縣，三十年任河南鞏縣知縣。

孫枝 順天宛平縣人。乾隆十九年二甲三十七名進士。

汪士元 廣東新安縣人。乾隆十九年二甲三十八名進士。

任琚 字佩中。山西太谷縣人。乾隆十九年二甲三十九名進士。二十九年任順天府香河知縣。歸後

教授於家。

錢大昕 字曉正、及之，號辛楣，又號竹汀居士、晚號潛研老人。江蘇嘉定縣人。雍正六年（1728）正月初七日生。乾隆十六年召試一等特賜舉人授內閣中書，十九年二甲四十名進士。選庶吉士，授編修。擢右春坊、右贊善，二十四年充山東鄉試主考官、會試同考官，遷翰林院侍講學士、詹事府少詹事。三十九年督廣東學政。以丁父母憂病，不復出。歸里三十餘年主講鍾山、婁東、紫陽書院，精研群籍。門下士積二千有餘，名滿天下。嘉慶九年（1804）十月二十日卒於蘇州紫陽學院，年七十有七。生平著作極豐。著有《唐石經考異》《經典文字考異》《聲類》《二十二史考異》《唐書名臣表》《唐五代學士年表》《宋學士年表》《元史氏族表》《元史藝文表》《三史拾遺》《諸史拾遺》《通鑑注辨證》《三統術衍》《四史朔閏考》《吳興舊德錄》《先德錄》《疑年錄》《恒言錄》《十駕齋養新錄》《竹汀日記鈔》《金石文跋尾》《元詩記事》《詩文集》《潛揅堂文集》《三統術鈴》等。

閔鑑 字治資、照堂。江西南昌縣人。乾隆十九年二甲四十一名進士。任浙江遂安知縣，遷玉環同知，四十年擢陝西延安知府，四十二年改同州府，五十年以卓異升廣東肇羅道。未赴，以疾乞歸。母喪，抵家數日卒。

王林 順天大興縣人。乾隆十九年二甲四十二名進士。

吳宜燮 江蘇陽湖縣人。乾隆十九年二甲四十三名進士。二十年任福建龍溪知縣。

金忠濟 字見清。浙江仁和縣人。乾隆十九年二甲四十四名進士。任河南遂平知縣、廣東增城知縣。

王嵩誕 安徽合肥縣人。乾隆十九年二甲四十五名進士。任古浪知縣。

黃漣（原名黃澄、黃登灝）江西新城縣人。乾隆十九年二甲四十六名進士。任河南南陽知縣。

曾忠 福建沙縣人。乾隆十九年二甲四十七名進士。二十年任湖北崇陽知縣。

葉廷推 福建海澄縣人。乾隆十九年二甲四十八名進士。任山西榆府知縣，改福建龍岩州訓導。

鄭天策 字宗萃。福建閩縣人。乾隆十九年二甲四十九名進士。

秦雄飛 字旦初，號曉林。江蘇金匱縣人。乾隆十九年二甲五十名進士。任戶部郎中，三十三年考選浙江道御史，外官任甘肅驛傳道。四十年授湖北按察使，四十二年改安徽按察使，四十四年遷江西布政使。四十六年去職。

仲鶴慶 字品崇，號松嵐。江蘇泰州人。乾隆十九年二甲五十一名進士。任四川大邑知縣，署蓬溪知縣，曾兩署邛州知州。因鶴慶性剛直被人所嫉，被議罷官。歸後主講鎮江寶晉、歸德文正、南康白鹿、如皋稚水各書院。著有《迨暇集古文》《詩》《詩餘》等。工畫蘭、竹、菊。年六十三卒。

王藩 河南祥符縣人。乾隆十九年二甲五十二名進士。二十九年任江蘇贛榆知縣。

薛田玉 （榜名田玉，復姓）字鳳翼，號璞庵。順天大興縣人，原籍江蘇無錫。乾隆十七年順天鄉試解元。十九年二甲五十三名進士。選庶吉士，歸班候選知縣，授湖北棗陽知縣，改直隸容城知縣，官至直隸保定府同知。著有《問淡軒文集》行世。

吳家駒 字棲堂。湖北麻城縣人。乾隆十七年舉人，十九年二甲五十四名進士。任河南確山知縣。

衛晞駿 字卓少。陝西韓城縣人。乾隆十九年二甲五十五名進士。二十九年任江蘇儀徵知縣，三十一年改泰州知縣，四十年任廣東文昌知縣，四十六年改廣東陵水知縣，四十九年任興寧知縣，官至廣州、澳門同知。

呂瀰 字式之。江蘇江都縣人。乾隆十九年二甲五十六名進士。任山西萬泉知縣，二十七年改安邑知縣，遷山西潞州府同知，三十一年改汾州府同知。

于雯峻 字次公，號小涪。江蘇金壇縣人。乾隆十九年二甲五十七名進士。任戶部額外主事，補雲南司主事，二十四年充廣西鄉試副考官，升員外郎、郎中。三十年督雲南學政，三十三年考選陝西道御史。

柯瑾 字禺峰、禹峰，號醇倩。湖北大冶縣人。乾隆十五舉人，十九年二甲五十八名進士。選庶吉士，授編修。三十三年廣東鄉試副考官，三十五年山西鄉試副考官，三十七年會試同考官，三十八年考選廣東道御史，官至禮科掌印給事中。

劉希向 字炳黎。江蘇山陽縣人。乾隆十九年二甲五十九名進士。二十九年任湖北麻城知縣。以失察罷歸。

秦泰鈞 字汝夏，號静軒。江南金匱縣人。乾隆十九年二甲六十名進士。選庶吉士，授編修。二十五年充浙江鄉試副考官，二十六年充會試同考官。

祖父秦道然，康熙四十八年進士；父秦蕙田，乾隆元年探花，刑部尚書。

查虞昌 字鳳喈。浙江海寧縣人。乾隆十九年二甲六十一名進士。任戶部主事、雲南司郎中，三十四年官至安徽池州知府。告歸。居嘉善十七年，卒年七十二。

李宜突 （改名李宜相）字士御。廣東信宜縣人。乾隆十九年二甲六十二名進士。二十九年任四川昭化知縣，三十八年改宜賓知縣。年四十九卒於任。著有《學庸解義文集》行世。

汪大經 （榜名王大經）字範

成。順天密雲縣人。乾隆十九年二甲六十三名進士。十九年任福建莆田知縣，任貴州清鎮知縣。

嚴文典 浙江歸安縣人。乾隆十九年二甲六十四名進士。授山東蒲臺知縣，二十八年調曲阜知縣，三十一年升曹州府桃源廳。

茹敦和（因幼孤家貧，嗣外舅李青陽爲子，《進士題名錄》作李敦和）字遜來，號三樵。浙江會稽縣人。康熙五十九年（1720）生。乾隆十九年二甲六十五名進士。授直隸南樂知縣，改大名知縣、大理寺左評事，擢湖北德安府同知，署宜昌知府，官至荊州知府。歸後授徒講學，談經以爲樂。著有《周易會籤》《易講會籤》《周易二閭記》《讀易日札》《周易小義》《周易象考》《占考》《辭考》《八卦方位守傳》《讀春秋札記》《竹香齋文集》等。乾隆五十六年（1791）卒。年七十二。

子茹棻，乾隆四十九年狀元，兵部尚書。

徐曇 字雲蕤。江西廣豐縣人。乾隆十九年二甲六十六名進士。三十二年任安徽祁門知縣。卒於任。

徐煥 順天通州人，改歸江蘇江陰縣籍。乾隆十九年二甲六十七名進士。三十年任江西石城知縣。

王兆燕（復姓殷兆燕）字會詹。順天通州人改歸江蘇江陰人。乾隆十九年二甲六十八名進士。任甘肅伏羌知縣。

張潤 字一泉。順天大興縣人。乾隆十九年二甲六十九名進士。任直隸獲鹿、完縣知縣。告歸後訓子終身。

余瀛 江蘇儀征縣人。乾隆十九年二甲七十名進士。任知縣。

第三甲一百六十八名

彭良騫 字晉生、仙樹。江西南昌縣人。乾隆十九年三甲第一名進士。三十五年任直隸鹽山知縣，改天津知縣，擢河間府同知。以勞致疾卒於任。

周升桓（1733—1801，《進士題名碑》作周升恒，誤）字稚圭，號曉滄、山茨。浙江嘉善縣人。乾隆十九年三甲第二名進士。選庶吉士。授檢討。升侍講，官至廣西蒼梧道。以事罣議謫戍，歸後主鍾山書院。卒年六十九。著有《皖游詩存》。

父周翼洙，同榜進士。

莊元 字涉沂，號春齋。福建龍溪縣人。乾隆十九年三甲第三名進士。選庶吉士。

任增 河南永城縣人。乾隆十九年三甲第四名進士。四十二年任山東惠民知縣。

富炎泰 滿洲鑲藍旗人。乾隆十九年三甲第五名進士。二十三年任順天府滿漢教授、訓導、教諭，官至翰林侍講學士。

丁傑 順天宛平人。乾隆十九年三甲第六名進士。

蕭郎阿 字玉川。滿洲正紅旗

人。乾隆十九年三甲第七名進士。選庶吉士，授檢討。

崔一元 河南潁縣人。乾隆十九年三甲第八名進士。二十一年任廣東龍門知縣，二十五年改廣東感恩知縣。

李昌昱 字復旦、匯川。浙江鄞縣人。乾隆十九年三甲第九名進士。三十二年由工部郎中出任江西臨江知府。被劾罷官。

黃　垣 字國藩。江蘇崇明縣人。乾隆十九年三甲第十名進士。卒年六十五。

孔毓文 字肩吾、載之。江蘇句容縣人。乾隆十九年三甲十一名進士。任吏部主事，二十五年充湖南鄉試副考官，升吏部郎中，三十八年任浙江金衢道，改浙江杭嘉湖道，四十三年授浙江按察使，官至太僕寺少卿。

江　觀 福建漳浦縣人。乾隆十九年三甲十二名進士。

王開伯（碑作王關伯）字鎮西。直隸天津人。乾隆十九年三甲十三名進士。三十八年任山西曲沃知縣，官至湖南澧州直隸州知州。

王又曾 字受銘，號谷原。浙江秀水縣人。康熙四十五年（1706）生。乾隆十六年三月召試，賜舉人授內閣中書，十九年三甲十四名進士。任禮部主事改刑部主事。乾隆二十七年（1762）卒，年五十七。爲清代文學家、詩人。與錢載、嚴遂成、厲鶚、袁枚、吳錫麟，被稱爲“浙西六家”。其詩能融彙漢、唐諸家，又能自成一體，取材用意均有獨到之處，是“秀水派”的代表人。著有《丁辛老屋集》。

李夔班 廣東新會縣人。乾隆十九年三甲十五名進士。官至河南信陽州知州。

危映奎 湖北江夏縣人。乾隆九年舉人，十九年三甲十六名進士。

孫榮前 字緒鴻、松亭。山西太原縣人。乾隆十九年三甲十七名進士。二十九年任江西長寧知縣，三十五年調江西都昌知縣，四十二年遷江西臨江府通判。引疾歸，一年後卒。著有《謙受堂文集》。

熊天楷 字芥圃。湖北漢陽縣人。乾隆十七年舉人，十九年三甲十八名進士。二十九年任河南清豐知縣。在任二十年，民愛之如慈父。

蘇　綖 字其度，號杏村。山東武城縣人。乾隆十九年三甲十九名進士。選庶吉士，授檢討。充武英殿纂修官，二十五年任順天鄉試同考官。以養母歸。

賀基鞏 字裕垂。浙江秀水縣人。乾隆十九年三甲二十名進士。二十二年任河南新鄭知縣，卒於任。

劉思齊 陝西麟游縣人。乾隆十九年三甲二十一名進士。任山東高苑知縣。

楊方嶽 廣東鎮平縣人。乾隆十九年三甲二十二名進士。康熙四十二年任湖南長沙縣丞。

鄧林梅 廣東惠來縣人。乾隆

十九年三甲二十三名進士。三十一年任四川遂寧知縣。

方廷燨 浙江壽昌縣人。乾隆十九年三甲二十四名進士，二十年任直隸定興知縣。

黃尚模 浙江山陰縣人。乾隆十九年三年二十五名進士。任浙江湯溪縣教諭。

楊德仁 廣東嘉應直隸州人。乾隆十九年三甲二十六名進士。二十九年任福建建寧知縣，三十年改寧德知縣。

薛聯進 陝西韓城縣人。乾隆十九年三甲二十七名進士。任直隸曲周知縣，二十九年改徐水知縣，三十三年改直隸青縣知縣。

曾承唐 字際之，號端冥、鶴峰。貴州遵義縣人。乾隆十九年三甲二十八名進士。選庶吉士。

謝純欽 福建南平縣人。乾隆十九年三甲二十九名進士。

喻 章 湖北應山縣人。乾隆十二年舉人，十九年三甲三十名進士。二十九年任廣東海豐知縣，三十六年復任海豐知縣。

徐元弼 順天宛平縣人。乾隆十九年三甲三十一名進士。

陳 昌 山東歷城縣人。乾隆十九年三甲三十二名進士。

康坦嵋 字對峰。陝西城固人。乾隆十九年三甲三十三名進士。

兄康坦岳，乾隆三十一年進士。

龔麒萬 廣西臨桂縣人。乾隆十九年三甲三十四名進士。

董 醇 字見三。江西貴溪人。乾隆十九年三甲三十五名進士。任貴州仁懷知縣，歷婺川、銅梓縣，以卓異擢石阡知府，署恩南府，護理糧驛道。乞歸。

鄭 修 廣東東莞縣人。乾隆十九年三甲三十六名進士。任直隸肅寧知縣。

洪 僑 廣東陸豐縣人。乾隆十九年三甲三十七名進士。任陝西延長知縣，三十八年改陝西同官知縣。四十三年卸任。

鄭 蒲 福建龍溪縣人。乾隆十九年三甲三十八名進士。

傅 相 雲南昆明縣人。乾隆十九年三甲三十九名進士。二十九年任湖北光化知縣。

周 鼎 字峙三。江西金溪縣人。乾隆十九年三甲四十名進士。二十二年任浙江石門知縣，三十一年任湖南永定知縣，三十三年改湖南耒陽知縣，三十九年改廣西昭平知縣，調崇善知縣，五十年改天河知縣。

李雲程 字鵬九。雲南石屏州人。乾隆十九年三甲四十一名進士。任雲南廣西府教授。以平讁戍四川大竹，蜀人聘主順慶戀修書院。著有《古文筆法》四卷、《圖說》一卷、《寓川草》三十二卷。

七十一 字椿園。滿洲正藍旗人，尼瑪查氏。乾隆十九年三甲四十二名進士。任河南武陟知縣。曾官新疆。著有《西域聞見録》。

嚴天召　字敬齋。廣東香山縣人。乾隆十九年三甲四十三名進士。二十五年任浙江寧海知縣，二十六年改臨安知縣，三十一年任慈溪知縣。三十五年以病歸。

邱大英　江西南豐縣人。乾隆十九年三甲四十四名進士。任甘肅西和知縣。

章世元　浙江會稽縣人。乾隆十九年三甲四十五名進士。任知縣。

胡　瑶　字大中、澹中。安徽歙縣人。乾隆十九年三甲四十六名進士。授河南光山知縣，二十年改江蘇淮安府教授。

王希旦　山東福山縣人。乾隆十九年三甲四十七名進士。授知縣，改山東沂州府教授。

鄧之圻　雲南石屏州人。乾隆十九年三甲四十八名進士。

孫際清　字恩順。順天大興縣人，祖籍江蘇無錫。乾隆十九年三甲四十九名進士。官至雲南麗江知府，改永昌知府。

李　封　字紫綬，號松園。山東壽光縣人。雍正元年（1723）十一月十四日生。乾隆十九年三甲五十名進士。選庶吉士，任刑部主事，歷員外郎、郎中，遷安徽廬州，江蘇鎮江、蘇州知府。四十三年任江西鹽驛道，四十五年授浙江按察使，四十七年五月遷湖南布政使。九月革。四十九年降福建汀漳龍道，五十年擢江蘇布政使，五十一年五月遷湖北巡撫，五十二年三月改刑部侍郎。五十三年七月解職。後又賞按察使銜。嘉慶元年（1796）九月卒，年七十四。

祖父李懋，康熙二十四年進士。

楊嘉樹　山東歷城縣人。乾隆十九年三甲五十一名進士。任河南鄖城知縣。

王世仁　字德先。江西奉新縣人。乾隆十九年三甲五十二名進士。任河南南樂知縣，三十年改順天府懷柔知縣，因公落職。起江西袁州府教授，未赴任卒。

狄　棣　順天大興縣人。乾隆十九年三甲五十三名進士。二十一年任四川閬中知縣。

蔡書升　字漢翔。浙江德清縣人。乾隆十九年三甲五十四名進士。爲清溪書院山長。著有《薑四詩話》六卷。

高兆煌　順天大興縣人。乾隆十九年三甲五十五名進士。二十三年任河南鞏縣知縣，二十五年改祥符知縣，三十年改武陟知縣，官至貴州鎮遠府知府。

吳鎮域　山東歷城縣人。乾隆十九年三甲五十六名進士。任浙江秀水知縣。

莊　琬　字致良。福建福清縣人。乾隆十九年三甲五十七名進士。三十年任陝西朝邑知縣。

翟　灝　字大川，號晴江。浙江仁和縣人。乾隆十九年三甲五十八名進士。歸班候選知縣。任浙江金華、衢州府教授。家境富裕在京都有商業，常北上督商，白日理商，夜閉戶讀書。乾隆五十三年（1788）卒，年五十三。家藏書較豐，藏書處曰“書巢”。著有《無不宜詩文稿》《爾雅補郭》六卷、《四書考異》七十二卷、《家語發覆》《周書考證》《山海經道常》《說文講經證》《漢書藝文補志》《太學石鼓補考》《通俗篇》《湖山便覽》等。

徐士縉 江蘇鹽城縣人。乾隆十九年三甲五十九名進士。二十九年任江西弋陽知縣，三十三年改都昌知縣。

查善長 字樹初，號笛槎。直隸天津人，原籍江西臨川，寄籍天津。乾隆十九年三甲六十名進士。任禮部主事，升郎中。三十五年考選湖廣道御史，升戶科給事中，官至工科掌印給事中。

勞敦杰 字殿欽。安徽懷寧縣人。乾隆十九年三甲六十一名進士。任山西岳陽知縣，二十九年改安澤知縣，三十八年改介休知縣，升應州知州。

馮履咸 山西代州直隸州人。乾隆十九年三甲六十二名進士。二十八年任順天府文安知縣。卒於任。

張霖（本姓鄭）浙江仁和縣（一作海寧）人。乾隆十九年三甲六十三名進士。

陳夢元（1723—?）字涵一，號體齋。湖南攸縣人。乾隆十九年三甲六十四名進士。選庶吉士，授檢討。辭官後隱居二十年，以著述

為事，學者稱“體齋先生”。著有《春江詩文集》《杓稿》《雙江別稿》諸書。

戈源 字仙舟，號橘浦。直隸獻縣人。乾隆三年（1738）生。乾隆十九年三甲六十五名進士。任戶部主事，升郎中。三十八年考選山西道御史，五十五年任順天東城巡城御史，升工科掌印給事中，官至太僕寺少卿。五十七年督山西學政。致仕歸。嘉慶五年（1800）卒，年六十三。

祖父戈懋倫，康熙五十一年進士；父戈錦，雍正八年進士；兄戈濤，乾隆十六年進士。

陳丹心 福建詔安縣人。乾隆十九年三甲六十六名進士。任河南寧陵知縣，三十六年任湖南寧遠知縣。

錢策 字萬言。江蘇長洲縣人。乾隆十九年三甲六十七名進士。任兵部主事，升員外郎、郎中。三十三年外任江西九江知府，三十六年調南昌知府，三十九年擢吉南贛寧道，署江西按察使。以九江任時保舉屬員不當，罷官歸。杜門不與外事。年六十卒。

劉軾 江西崇仁縣人。乾隆十九年三甲六十八名進士。三十年任四川江油知縣。

杜憲 字汪若。山西太谷縣人。乾隆十九年三甲六十九名進士。三十六年任河南嵩縣知縣，四十五年纍遷江西鹽法道，四十六年署江西按察使。

陳聖時　字師孔，號裕齋。廣西平樂縣人。乾隆十九年三甲七十名進士。選庶吉士，授檢討。三十五年考選山東道御史，官至戶科給事中。

林學易　字半霞，號象占。湖南衡山縣人。乾隆十九年三甲七十一名進士。選庶吉士，授檢討。假歸連丁父及祖母憂，遂不仕。掌教石鼓、蓮湖、群玉書院。著有《群玉書院學說》。

趙思清　陝西宜川縣人。乾隆十九年三甲七十二名進士。未仕，早卒。

史珥　字彙東，號師戭。江西鄱陽人。乾隆十九年三甲七十三名進士。選庶吉士，散館改吏部主事。乞歸養母。

劉紹武　字鳳綸，號恒齋。山東沂水縣人。乾隆十九年三甲七十四名進士。因父老不仕。

樊執中　字聖傳，號敬亭。河南項城縣人。乾隆十九年三甲七十五名進士。候選在籍開講舍，居林下四十年。著有《歷古堂集》等。

徐養忠　湖北蘄水縣人。乾隆十七年舉人，十九年三甲七十六名進士。二十九年任河南輝縣知縣。

王介禧　字綏甫，號澹亭。山東濟陽縣人。乾隆十九年三甲七十七名進士。卒於京。

牟若鈖　山東日照縣人。乾隆十九年三甲七十八名進士。任山東莘縣教諭。

常廷旌　河南襄城縣人。乾隆十九年三甲七十九名進士。三十一年任四川璧山知縣。

王體仁　山西平定直隸州人。乾隆十九年三甲八十名進士。

桑廷菜　山西榆次縣人。乾隆十九年三甲八十一名進士。三十年任安徽當塗知縣。

吉郎阿　滿洲鑲藍旗人。乾隆十九年三甲八十二名進士。三十年官至直隸宣化知府。

游永年　貴州大定府人。乾隆十九年三甲八十三名進士。任雲南麗江知縣，三十年改湖南永興知縣。

毛萬銓　四川西昌縣人。乾隆十九年三甲八十四名進士。二十年任湖北松茲知縣。

劉希周　福建長泰縣人。乾隆十九年三甲八十五名進士。三十一年任四川夾江知縣。

陳作新　江蘇邳州人。乾隆十九年三甲八十六名進士。著有《百尺樓文集》。

范曾輝　字充光。江蘇如皋縣人。乾隆十九年三甲八十七名進士。不求仕進，杜門課徒，研覈義爲宗，學者稱"文白先生"。

呂審韶　字學三。山西汾陽縣人。乾隆十九年三甲八十八名進士。任福建福安知縣。逾六十致仕。

龔元玠　字鳴玉、璪山，號畏齋。江西南昌縣人。康熙四十二年（1703）九月十一日生。乾隆十九年三甲八十九名進士（時年五十二）。

任貴州銅仁知縣，緣事降調改江西撫州府教授。再以承審失實，罷歸。乾隆四十九年（1784）卒，年八十二。著有《黃淮安瀾先資編》《畏齋文集》《十三經客難》等。

苗輪實（《進士題名碑》作苗綸實）字束樂。山東長山縣人。乾隆八年任山東沾化教諭。十九年三甲九十名進士。授登州府教授。以病告歸。

尹　均（1715—1787）字佐平，號松林、自號松泉居士。雲南蒙自縣人。乾隆十九年三甲九十一名進士。任內閣中書，轉典籍，改主事。致仕歸。賜榮祿大夫、內閣學士。參千叟宴，年七十三卒。

子尹壯圖，乾隆三十一年進士。

馬　雯　江蘇無錫縣人。乾隆十九年三甲九十二名進士。二十年任安徽鳳陽府教授。

党兆熊　陝西華州人。乾隆十九年三甲九十三名進士。三十年任江西永豐知縣，浮梁知縣、三十六年改新建知縣，四十四年調湖南興寧知縣，改長沙知縣，五十二年改江西南康知縣，五十五年改江西清江知縣。

潘思穆　福建安溪縣人。乾隆十九年三甲九十四名進士。

張鵬九　貴州畢節縣人。乾隆十九年三甲九十五名進士。任河南柘城知縣。

史　斑　字徵可。江西鄱陽縣人。乾隆十九年三甲九十六名進士。

二十一年任廣西興業知縣，兼代博白縣。以疾乞休，卒於鬱林。

陳宗達　福建安溪縣人。乾隆十九年三甲九十七名進士。三十一年任福建建寧府教授，五十年改延平府教授。

岑紹參　廣東河源縣人。乾隆十九年三甲九十八名進士。二十九年任湖北保康知縣，三十二年改廣東廉州府教授。

葉廷裕　字一泓。江西浮梁縣人。乾隆十九年三甲九十九名進士。三十年任廣東乳源知縣。致疾卒。

曹學閔　字孝如，號慕堂。山西汾陽縣人。康熙五十八年十二月十三日（1720年1月）生。乾隆十九年三甲一百名進士。選庶吉士，授檢討。遷河南道御史，歷刑科、吏科給事中，遷光祿寺少卿、內閣侍讀學士，五十一年授宗人府府丞。乾隆五十二年十二月初八日（1788年1月）卒，年六十九。著有《紫雲山房詩文稿》。家中藏書較豐，乾隆三十七年與子曹錫齡同進書若干種。

阿　肅　字敬之，號雨齋。滿州鑲白旗，伊爾根覺羅氏。乾隆十九年三甲一百零一名進士。選庶吉士，授檢討。二十六年遷洗馬，降檢討。三十年以侍讀充山西鄉試主考官，三十二年授詹事，三十三年督福建學政，三十九年授光祿寺卿遷左副都御史。四十一年調禮部侍郎，四十五年改吏部侍郎。四十八年革職賞侍讀學士，後充册封朝鮮世子副使，五十年遷內閣學士。五十五年以曠班降光禄寺少卿。五十七年（1792）卒。

余介祉 浙江山陰縣人。乾隆十九年三甲一百零二名進士。任知縣。

王之浩 字孟然。江西鄱陽縣人。乾隆十九年三甲一百零三名進士。任安徽天長知縣。

戴第業 字連溪。山西太平縣人。乾隆十九年三甲一百零四名進士。三十五年任江蘇溧水知縣。以病失明。十年後復明如初。

蔣良翊 廣西全州人。乾隆十九年三甲一百零五名進士。任直隸萬全知縣。

徐秉哲 字紹虞，號超亭。江蘇上海縣人。乾隆十九年三甲一百零六名進士。授江蘇徐州府教授，卒於任。

任 謙 江蘇荊溪縣人。乾隆十九年三甲一百零七名進士。

丁 麟 浙江歸安縣人。乾隆十九年三甲一百零八名進士。任廣西賓州知縣，二十九年改直隸蠡縣知縣。

黃流瓚 字西平。江西都昌縣人。乾隆十九年三甲一百零九名進士。三十年任福建建安知縣，丁憂。赴直隸望都知縣。告歸。

鄒承穎 山西高平縣人。乾隆十九年三甲一百十名進士。任山西蒲州府教授。

李寧遠 四川華陽縣人。乾隆十九年三甲一百十一名進士。

吳 照 字明遠。陝西韓城縣人。乾隆十九年三甲一百十二名進士。任直隸清河知縣，改河南新鄉知縣，官至山西霍州知州。

于宗瑛 字英玉，號紫亭，漢軍鑲紅旗。乾隆十九年三甲一百十三名進士。選庶吉士，授檢討。改戶部主事，四十六年考選江南道御史。著有《來鶴堂集》。書畫皆佳。

張大綱 廣東饒平縣人。乾隆十九年三甲一百十四名進士。

黃 嶽 浙江餘姚縣人。乾隆十九年三甲一百十五名進士。三十年任湖南慈利知縣。

緱山鵬 字息園。陝西鄜州人。乾隆十九年三甲一百十六名進士。家居八年三十年授廣西容縣知縣，升寧明知州。旋卒。著有《味古齋文集》。

盧世昌 號絅齋。貴州普安縣人。乾隆十九年三甲一百十七名進士。

王克勤 字禹惜。河南內黃縣人。乾隆十九年三甲一百十八名進士。任河南衛輝府教授。卒於任。

許聯份 四川夾江縣人。乾隆十七年舉人，十九年三甲一百十九名進士。任山西神池知縣。

王巡泰 字岱宗，號零川。陝西臨潼縣人。乾隆十九年三甲一百二十名進士。任山西五寨知縣，四十二年改廣西興業知縣、陸川知縣，進吏部考工司主事。歸後主講陝西臨潼、渭南、華陰，直隸望都，山西解州、運城各書院。著有《解梁講義》《格致內篇》《齊家四則》《仕學要言》《四書札記》《河東鹽政志》及詩文集。

毛式玉 字其人、伊人，號肖峰。山東掖縣人。乾隆十九年三甲一百二十一名進士。選庶吉士，授檢討。致仕歸。入天柱山拓元魏碑。乾隆二十六年（1761）未竟其用而卒。著有《燕南草》《鳳池遺稿》等。

劉光藜 江西南豐縣人。乾隆十九年三甲一百二十二名進士。未仕。

黃惠 字成迪，號心亭。福建永福縣人。乾隆十九年三甲一百二十三名進士。三十一年任江西高安知縣。以罣議去。

李光國 浙江錢塘縣人。乾隆十九年三甲一百二十四名進士。任浙江處州府教授。

程壎 字虜篪、讀山。安徽歙縣人。乾隆十九年三甲一百二十五名進士。三十年選湖北嘉魚知縣，三十五年改安徽鳳陽府教授。著有《易經讀本》十一卷。

李時中 山西太平縣人。乾隆十九三甲一百二十六名進士。任山西汾州府教授。

段彩 江西雩都縣人。乾隆十九年三甲一百二十七名進士。三十年任湖北宜城知縣。

崔正音 順天寧河縣人。乾隆十九年三甲一百二十八名進士。三十二年任江蘇如皋知縣。

馮世和 字泰寧。甘肅張掖縣人。乾隆十九年三甲一百二十九名進士。任四川富順知縣，二十八年署四川簡州知州，三十一年任四川樂山知縣，三十五年改永川知縣。

楊士璣 江蘇婁縣人。乾隆十九年三甲一百三十名進士。十九年任廣東高明知縣，二十一年改廣東吳川知縣，二十九年改廣東新安知縣，三十六年纍遷廣東韶州知府，改肇慶知府，四十二年官至甘肅蘭州知府。四十九年於起臺堡遇害。

顏天榮 河南襄城人。乾隆十九年三甲一百三十一名進士。任直隸南皮知縣。

蔣學鏡 浙江鄞縣人。乾隆十九年三甲一百三十二名進士。十九年任江西龍南知縣。

趙本嶓（榜名王本嶓）字子厚。順天昌平州人。乾隆十九年三甲一百三十三名進士。二十年任陝西藍田知縣，改洛川、蒲城、咸寧、富平知縣，三十三年遷潼關廳同知，三十六年遷陝西同州知府，三十九年官至廣東潮州知府。

趙震 雲南太和縣人。乾隆十九年三甲一百三十四名進士。任翰林院典簿廳掌印典簿。

胡萬年 字大千。山東高密縣人。乾隆十九年三甲一百三十五名進士。三十年署江西萬安知縣，三十四年改江西豐城知縣。

譚世暾 字治光，號文齋。貴州遵義縣人。乾隆十九年三甲一百三十六名進士。選庶吉士，授檢討。記名御史。母老告終養歸。主講啟秀書院。

鄧正琮　字宗玉。湖南益陽縣人。乾隆十九年三甲一百三十七名進士。二十一年任河南密縣知縣，改洧川知縣，署陳州府同知。以病乞歸。著有《詞庭賦》。

石文秀　河南伊陽縣人。乾隆十九年三甲一百三十八名進士。任河南偃師教諭，改知縣。

王佐　廣西平南縣人。乾隆十九年三甲一百三十九名進士。任雲南文山知縣、河陽知縣。

黃哲　廣東番禺縣人。乾隆十九年三甲一百四十名進士。任湖南瀏陽知縣，三十三年改湖南巴陵知縣。

賴堂　號熾昌。廣東保昌縣人。乾隆十九年三甲一百四十一名進士。任廣東花縣訓導，二十年改廣東廉州府教授。

劉天成　字含元，號乙齋。四川大足縣人。乾隆十九年三甲一百四十二名進士。選庶吉士，授檢討。二十九年考選福建道御史，四十三年任順天東城巡城御史，升吏科掌印給事中、通政史參議，官至大理寺少卿。

周天柱　廣西西隆州人。乾隆十九年三甲一百四十三名進士。二十年任江蘇溧水知縣，改四川南充知縣，三十六年改四川蓬州知州。在任三年。

郭興讓　山西平遙縣人。乾隆十九年三甲一百四十四名進士。任直隸安平知縣。

王以寬　四川榮經縣人。乾隆十九年三甲一百四十五名進士。任雲南呈貢知縣，改恩樂知縣。

王艮　江西南城縣人。乾隆十九年三甲一百四十六名進士。

陳鈞　字陶萬。四川金堂縣人。乾隆十九年三甲一百四十七名進士。任四川雅州府、潼川府教授。著有《雅州府志》。

張映台　字咸德，號海瀛。山東海豐縣人。乾隆十九年三甲一百四十八名進士。二十年任河南武安知縣五載，補扶溝、鞏縣、洛陽知縣，三十六年遷河南府通判，晉福建漳州府同知，內任兵部員外郎。歷官三十載，清謹自持。歸後卒於家。

劉贊　山西太平縣人。乾隆十九年三甲一百四十九名進士。任山西太原府教授。

李仕清　字婉合。湖南巴陵縣人。乾隆十九年三甲一百五十名進士。三十年任江蘇嘉定知縣。運餉雲南，以疾勞卒於任。

季佩　（一作李佩，誤）河南睢州人。乾隆十九年三甲一百五十一名進士。二十二年任河南衛輝府教授。

雷躍龍　江西進賢縣人。乾隆十九年三甲一百五十二名進士。三十年任廣東英德知縣。

侯乾元　山西榆次縣人。乾隆十九年三甲一百五十三名進士。任河南知縣。

謝興岐　四川璧山縣人。乾隆十九年三甲一百五十四名進士。

張鶴雲　字漢翔，號沾泉。山西樂平縣人。乾隆十九年三甲一百五十五名進士。選庶吉士，後官河南西華縣知縣。

王元位　河南南陽縣人。乾隆十九年三甲一百五十六名進士。授山東東阿知縣，改肥城知縣，三十年改湖南沅陵知縣。

欽陛瑤　浙江長興縣人。乾隆十九名三甲一百五十七名進士。任知縣。

陳化觀　廣東歸善縣人。乾隆十九年三甲一百五十八名進士。

潘宏選　湖北監利縣人。乾隆十七年舉人，十九年三甲一百五十九名進士。二十九年署四川珙縣知縣，三十三年署營山知縣，三十五年署蓬州，三十六年任四川萬縣知縣，三十七年復署珙縣，三十八年任中江知縣，三十九年改射洪知縣。致仕歸。

呂　士　山東文登縣人。乾隆十九年三甲一百六十名進士。授四川潼梁知縣。未赴任卒。

陳尚書　貴州威寧州人。乾隆十九年三甲一百六十一名進士。官至江西瑞金同知。

薄人龍　山西定襄縣人。乾隆十九年三甲一百六十二名進士。任湖南新寧知縣，改山西平陽府教授。

王　臨　奉天錦縣人。乾隆十九年三甲一百六十三名進士。三十一年任直隸永平府教授，三十三年署臨榆縣教諭，三十七年改山西稷山知縣。

劉　侑　江西新建縣人。乾隆十九年三甲一百六十四名進士。知縣改江西吉安府教授。

張建章　陝西蒲城縣人。乾隆十九年三甲一百六十五名進士。三十年任四川峨嵋知縣。

謝得懷　號明庵。湖北通山縣人。乾隆十二年舉人，十九年三甲一百六十六名進士。任湖北漢陽府教授。

祝　岷　四川洪雅縣人。乾隆十九年三甲一百六十七名進士。任四川松潘教授，二十二年署四川江油縣教諭，三十四年復任教授。

曹師聖　字尚友。江蘇山陽縣人。乾隆十九年三甲一百六十八名進士。任江西德安、彭澤知縣。事罷歸卒。

乾隆二十二年（1757）丁丑科

第一甲三名

蔡以臺　字季實，號蘭圃。浙江嘉善縣人。乾隆二十二年會元，一甲第一名狀元。授修撰。補日講起居注官，二十五年充順天鄉試同考官，二十六年充會試同考官。親老乞養歸。家貧賣妻養母，後富家無償送還。母死服喪，悲痛亡。著有《姓氏輯略》《友齋遺稿》。

梅立本　字秋崍。安徽宣城縣人。乾隆二十二年一甲第二名榜眼，授編修。二十七年任江西鄉試副考官，三十年督廣西學政。

父梅予授，乾隆七年進士。

鄒奕孝　字念橋，號錫麓。江蘇金匱縣人。雍正六年（1728）二月二十日生。乾隆二十二年一甲第三名探花。授編修。遷右春坊右庶子、國子監祭酒，兼管樂部事務。曾考訂《樂律全書》與《律呂正義》之歧誤。五十二年授內閣學士，五十三年遷禮部左侍郎，五十四年改工部左侍郎。五十六年督福建學政。五十八年（1793）七月二十日卒，年六十六。

第二甲七十名

李汪度　字受之，號寶幢。浙江仁和縣人。乾隆二十二年二甲第一名進士。選庶吉士，授編修。升庶子，官至侍讀學士。三十九年充山西鄉試副考官，督湖南學政，四十三年充會試同考官

子李鎔，乾隆三十七年進士。

錢大經　字虞惇，號敦堂。浙江平湖縣人。乾隆二十二年二甲第二名進士。選庶吉士，授編修。卒於任。

戴文登　（一名作文燈）字經農、光林，號匏齋。浙江歸安縣人。乾隆二十二年二甲第三名進士。官至禮部員外郎。著有《靜退齋詩集》。

父戴永椿，雍正元年進士。

劉亨地　字載人，號寅橋、厚庵。湖南湘潭縣人。雍正十二年（1734）生。乾隆二十二年二甲第四

名進士。選庶吉士，授編修。三十年充順天鄉試同考官，升國子監司業，丁父憂。補中允，官至侍講。乾隆四十二年（1777）充廣西鄉試副考官，試畢回京，卒於江西，年四十四。家中藏書較豐，乾隆三十七年曾進書若干種。

父劉元爕，雍正八年進士。

曹錫寶 字劍亭，號鴻書、容圃。江蘇上海人。康熙五十八年（1719）十一月初三日生。乾隆二十二年二甲第五名進士。選庶吉士，以憂歸，養疾十年。三十一年授刑部主事，升員外郎、郎中。四十年授山東督糧道，因事牽以部員用，後任國子監司業。參加修纂《四庫全書》，書成，五十年授陝西道御史，掌陝西道御史。因劾和珅家奴劉全依勢營私不實，革職留任。乾隆五十七年（1793）正月十九日卒，年七十四。仁宗親政諭曰：和珅聲勢熏灼，舉朝無人敢尸繊劾，錫寶不愧諍臣。嘉慶四年追贈左副都御史。著有《古雪齋詩集》。

汪 新 字又新，號芍陂。浙江仁和縣人。雍正四年（1726）生。乾隆二十二年二甲第六名進士。選庶吉士，授編修。二十九年考選雲南道御史，進戶科給事中，三十五年督福建學政，四十年湖南衡永郴桂道，改甘肅鹽法道，乾隆四十六年授湖北按察使遷山西布政使。降調。四十九年授湖南按察使改甘肅按察使，五十年遷貴州布政使，五十六年改湖北布政使。六十年五月授安徽巡撫，嘉慶元年六月改湖北巡撫加總督銜。嘉慶三年（1798）四月初二日卒於襄陽軍營，年七十三。諡"勤愨"，尋追削總督銜。著有《芍坡詩稿》《在璞草堂集》。

袁 鑑 字澍甘，號春圃。浙江錢塘縣人。乾隆二十二年二甲第七名進士。選庶吉士，授編修。三十三年考選江南道御史，升刑科掌印給事中，外任江蘇常鎮道。四十五年授湖南按察使，改安徽按察使。四十八年降山東沂州知府，遷福建興泉永道，五十年授江蘇按察使，改山西按察使，五十一年遷江寧布政使。五十二年因硝磺虧缺負有責任，革職。罰銀四萬三千兩，降江寧知府。

彭元瑞 字掌仍，號輯五、雲楣，室號知聖道齋。江西南昌縣人。雍正九年（1731）生。乾隆二十二年二甲第八名進士。選庶吉士，授翰林院編修。遷侍講，少詹事，三十六年督江蘇學政，三十八年授內閣學士。四十二年督浙江學政。四十四年遷戶部侍郎，四十五年再督江蘇學政，四十七年改吏部侍郎。五十一年遷禮部尚書，歷兵部、吏部尚書。五十五年十二月加太子少保，授協辦大學士。五十六年被參其侄爲其子頂買吏員，四月降禮部侍郎，十月遷工部尚書兼翰林院掌院學士。五十九年複加太子少保。嘉慶四年九月晉太子太保。嘉慶八年（1803）九月卒，享年七十三。贈協辦大學士，謚“文勤”。嘉慶十二年三月入祀賢良祠。曾任四庫館副總裁，藏書較富。著有《宋四六選》《宋四六話》《知聖道齋讀跋》《秘殿珠林》《經進稿》，另有《五代史記補注》七十四卷。奉敕共編《天禄琳琅書目後編》。

父彭廷訓，康熙四十五年進士；弟彭元玳，乾隆三十七年進士。

王紹曾 字衣聞，號尊鄉。江蘇金山縣人。乾隆二十二年二甲第九名進士。選庶吉士，授編修。官至浙江寧波府知府。曾往雲南效力，卒於騰越。

曾祖王頊齡，康熙十五年進士，武英殿大學士；弟王顯曾，乾隆二十五年進士。

李 翊 字衣山，號桂圃。雲南晋寧州人。乾隆二十二年二甲第十名進士。選庶吉士，授編修。在任十餘年，引疾歸。著有《衣山詩集》。

父李因培，乾隆十年進士；弟李翃，嘉慶四年進士。

梁英佐 字秋圃、春叔。廣東嘉應直隸州人。乾隆二十二年二甲十一名進士。任戶部主事，遷郎中。三十二年考選江西道御史，四十四年任順天東城巡城御史。升兵科掌印給事中、內閣侍讀學士、通政副使，四十七年官至光禄寺卿。卒年五十五。

蔣士銓 其先爲錢氏，自浙江長興遷鉛山，始姓蔣。字心餘、心愚，號苕生、清容。江西鉛山縣人。雍正三年（1725）十月二十八日生。乾隆二十二年二甲十二名進士。選庶吉士，授編修。二十二年充順天鄉試同考官。乞假奉母歸。主講紹興蕺山書院、杭州崇文書院、揚州安定書院。四十三年進京，供職國史館，專修《開國方略》，記名御史。乞病歸。乾隆五十年（1785）二月二十二日卒於南昌，年六十一。爲清中葉著名文學家，精於學問，高宗稱其爲江右名士。詩文并負盛名，與袁枚、趙翼以詩齊名，稱“三大家”。著有《忠雅堂文集》《詩集》《絳雪樓填詞九種》及雜劇等。

羅廷梅 字南有，號孌堂。安徽歙縣人。乾隆二十二年二甲十三名進士。選庶吉士。

王大鶴 字子野、露仲，號嘯笠。順天通州人。乾隆二十二年二甲十四名進士。選庶吉士，授編修。三十三年充四川鄉試副考官，三十五年以侍講充雲南鄉試主考官，三十六年充會試同考官，四十二年充湖南鄉試主考官，督河南學政，官至少詹事。充上書房師傅，侍仁宗并成親王讀書，因避權貴，引疾歸里。卒年七十一。高宗東巡，兩臨其家。著有《嘯笠山房詩》《露仲詩文集》。

劉 芬 字湘畹。江西新建縣人。乾隆二十二年二甲十五名進士。任禮部主事，升員外郎、郎中。四十四年考選浙江道御史，五十五年任順天中城巡城御史，官至吏科給事中。屢薦外官不就，以目疾乞歸。

吉夢蘭 字香畹、會亭，號渭崖。江蘇丹陽縣人。乾隆二十二年二甲十六名進士。選庶吉士。

兄吉夢熊，乾隆十七年進士，順天府尹。

戴第元 字正宇，號筐圃。江西大庾縣人。乾隆二十二年二甲十七名進士。選庶吉士，授編修。二十七年充江南鄉試副考官，二十八年充會試同考官，三十年仍以編修充山東鄉試副考官，三十二年考選江南道御史，三十三年任順天北城巡城御史，督湖廣學政，升禮科掌印給事中。四十二年充湖北鄉試副考官，四十三年督安徽學政，官至太僕寺少卿。以疾乞歸。與弟戴均元、長子戴心亨、次子戴衢亨相繼入翰林，時稱"西江四戴"。

來益清 浙江蕭山縣人。乾隆二十二年二甲十八名進士。授山東館陶知縣，乞養歸。二十九年改福建清流知縣。

劉成駒 字馭遠，號任亭。江西南昌縣人。乾隆二十二年二甲十九名進士。選庶吉士，歸班候選，後任陝西雒南知縣。

徐曰明 字東啓。江西奉新縣人。乾隆二十二年二甲二十名進士。三十年署四川雙流知縣。以病卒於任。

吳巖 字懷峰，號桐邨。浙江烏程縣人。乾隆十八年任浙江仁和縣教諭，二十二年二甲二十一名進士。官至刑部郎中，三十三年督山西提學道。工畫，善山水花鳥。

邱廷瀾 字觀亭。江蘇元和縣人。乾隆二十二年二甲二十二名進士。任二十二年任廣東恩平知縣，遷廣東肇慶府通判，改浙江宣平知縣，三十年改陝西富平知縣。

張光啓 順天宛平縣人。乾隆二十二年二甲二十三名進士。二十二年任江西新城知縣。

李林 字西園。山東諸城縣人。乾隆二十二年二甲二十四名進士。三十一年任河南湯陰知縣，纍遷河南衛輝知府，改開封知府。因坐屬員事貶秩，旋卒。

李宗寶 字璞庵，號瑛園。福建閩縣人。乾隆二十二年二甲二十五名進士。選庶吉士，授編修。二十七年充浙江鄉試副考官，三十年順天同考官，督河南學政。

陳蘭森 字長筠，號松山。廣西臨桂縣人。乾隆二十二年二甲二十六名進士。選庶吉士，授編修。改刑部主事，升員外郎，遷雲南安寧州知州，五十年遷江西袁州知府，五十一年署江西南昌知府，五十三年任江西鹽法道，嘉慶四年改湖南糧道，七年改湖北荊宜施道。以事落職，捐通判。著有《四書考輯要》《太平寰宇記補缺》等。

祖父陳宏謀，雍正元年進士，東閣大學士；孫陳繼昌，嘉慶二十五年狀元。

沈若木 （原名沈雲際）江蘇華亭縣人。乾隆二十二年二甲二十七名進士。

方汝謙 江蘇通州直隸州人。乾隆二十二年二甲二十八名進士。三十四年任山東館陶知縣。以疾歸。詩文清奇拔俗，傾倒一時。

陶 淑 字作人，號秋山。江西南城縣人。乾隆二十二年二甲二十九名進士。二十二年任山西廣靈知縣，調直隸盧龍知縣，三十四年改直隸臨榆知縣，調衡水知縣，三十九年升保安州知州，以事罣誤補棗強知縣，丁憂補陝西麟游知縣。著有《秋山詩集》。

李瑞麟 字依仁。江西建昌縣人。乾隆二十二年二甲三十名進士。三十年任廣東乳源知縣，三十四年改廣東新寧知縣，三十六年改南海知縣，三十九年任廣東陽春知縣，攝佛山鎮同知。

方春熙 字鱗伯。江蘇常熟縣人。乾隆二十二年二甲三十一名進士。授吏部文選司主事，改考工司主事。卒於任。

熊之福 字敷時。江西南昌縣人。浙江巡撫熊學鵬子。乾隆二十二年二甲三十二名進士。官至廣東高廉道。

紀 昭 字懋園，號悟軒。河北獻縣人。乾隆二十二年二甲三十三名進士。官內閣中書。因父疾，乞歸不復出。居家十二年卒。著有《毛詩廣義》《養知錄》。

弟紀昀，乾隆十九年進士，協辦大學士。

彭 冠 字六一。河南夏邑縣人。乾隆二十二年二甲三十四名進士。選庶吉士。授編修。二十七年充湖北鄉試副考官，升中允，三十三年任湖南鄉試副考官，三十四年會試同考官，官至侍講學士。四十三年會試同考官。

父彭樹葵，乾隆元年進士，禮部侍郎。

陳士林 字令望。江蘇昭文縣人。乾隆二十二年二甲三十五名進士。二十六年任貴州永從知縣。

楊服彩 字拾紫。江西金溪縣人。乾隆二十二年二甲三十六名進士。任河南西平知縣。以病歸。

鄭 爔 字西橋。安徽歙縣人。乾隆二十二年二甲三十七名進士。選庶吉士，授編修。四十四年考選山西道御史。

嚴思濬 字叙揆。江西分宜縣人。乾隆二十二年二甲三十八名進士。三十一年任廣東靈山知縣。著有《潛齋詩鈔》《四書文稿》。

洪 鈞 字方蘭。安徽歙縣人。乾隆二十二年二甲三十九名進士。

嚴錫紱 浙江餘杭人。乾隆二十二年二甲四十名進士。任山東清平知縣。

薛宁廷 字退思，號補園。陝西雒南縣人。乾隆二十二年二甲四十一名進士。選庶吉士，授編修。

後降知縣。休致回籍。主講濟南濼源書院。

父薛韞，雍正八年進士。

湯登泗 字問渠。江蘇丹陽縣人。乾隆二十二年二甲四十二名進士。任咸安宮教習，二十六年改山西垣曲知縣，四十二年遷山東高唐州知州，官至福建臺灣道。著有《虹玉樓稿》。

楊逢元 字伸吉，號浣初。安徽六安直隸州人。乾隆二十二年會元，二甲四十三名進士。任廣西武緣知縣。解組歸。後主霍丘、亳州書院。

陳銓 字念劬。江蘇常熟縣人。乾隆二十二年二甲四十四名進士。三十年任福建歸化知縣，三十五年改福清知縣，三十九年官至福建澎湖通判。

鄭之翀 字天飛，號半桐。浙江錢塘縣人。乾隆二十二年二甲四十五名進士。三十一年遷廣西賀縣知縣。三十三年因該縣獄中囚犯越獄被革職。

李宜蕃 字蔭宣。山東諸城縣人。乾隆十九年任山東茌平縣教諭。二十二年二甲四十六名進士。卒於官，年五十。

那穆齊禮 字鯉庭。滿洲鑲紅旗人。乾隆二十二年二甲四十七名進士。選庶吉士，散館改主事。

李本昕 福建安溪縣人。乾隆二十二年二甲四十八名進士。

焦汝翰 字桐弦。山東青城縣人。乾隆二十二年二甲四十九名進士。選庶吉士，授編修。

袁渚孫 浙江錢塘縣人。乾隆二十二年二甲五十名進士。任浙江江山縣教諭。

奇山 滿洲鑲紅旗人。乾隆二十二年二甲五十一名進士。任滿洲蘇拉佐領。

楊鳳騰 字奎曉。福建連江縣人。乾隆二十二年二甲五十二名進士。二十二年任廣西賀縣知縣。潔己愛民，振興文教。

吳潮 順天宛平縣人。乾隆二十二年二甲五十三名進士。

韓夢周 字公重，號理堂。山東濰縣人。雍正七年（1729）七月初五日生。乾隆二十二年丁丑科二甲五十四名進士。授安徽來安縣知縣。於當地農桑水利多有籌畫，民以得利，有政聲。因事罷歸，在籍講學二十七年。嘉慶三年（1798）六月初十日卒，年七十。著有《理堂文集》《外集》《詩集》《日記》《陰符經解》等。

孫鶴翔 （改譚鶴翔）浙江仁和縣人。乾隆二十二年二甲五十五名進士。任知縣。

錢玘 浙江錢塘縣人。乾隆二十二年二甲五十六名進士。

彭紹觀 字鏡瀾，號容若。江蘇長洲縣人。乾隆二十二年二甲五十七名進士。選庶吉士，授編修。升贊善，官至侍讀學士。

曾祖彭定求，康熙十五年狀元；

父彭啓豐，雍正五年狀元，兵部尚書。

魯贊元 （榜名魯治六）湖北江陵縣人。乾隆二十二年二甲五十八名進士。授工部主事，遷吏部郎中，三十三年考選山西道御史，掌河南道御史，官至署戶科給事中。解組歸。主講貴山書院。

王正茂 字時育，號竹岩。安徽廬江縣人。乾隆二十二年二甲五十九名進士。任山西山陰、靈丘、興縣、大同、陽城、臨晉、鳳臺、霍州等地知縣，晋都察院都事。告歸。著有《詩古文集》《桑泉課士草》行世。

李敬躋 字翼兹。雲南馬龍州人。乾隆二十二年二甲六十名進士。三十二年任福建將樂縣知縣。聞其父李盛唐卒於卜魁戍所，發病未幾卒。

胡來宣 字翰周。湖北孝感縣人。乾隆九年舉人，二十年任湖北隨州學正。二十二年二甲六十一名進士。二十九年任四川慶符知縣。

王承廣 字致原，號運堂。山東惠民縣人。乾隆二十年以舉人任山東新城教諭。二十二年二甲六十二名進士。三十年任四川江安知縣，三十二年遷廣安州，三十三年署四川榮縣知縣，四十六年改江蘇金匱知縣。

倪學洙 字蘭畹。浙江海寧縣人。乾隆二十二年二甲六十三名進士。三十一年任江蘇沭陽知縣，四十五年改陝西褒城知縣。

施培應 字啓東，號芳谷。雲南昆明縣人。乾隆二十二年二甲六十四名進士。選庶吉士，授官翰林院編修。二十七年充山西鄉試主考官，母喪服闋，任原官。尋以御試不入格致仕歸。後主五華、育才、曲靖、九峰諸書院講席。

鍾光序 順天宛平縣人，原籍江蘇江寧。乾隆二十二年二甲六十五名進士。二十四年任安徽績溪知縣，三十五年任湖南桂陽知縣，三十七改衡山知縣，四十五年改福建浦城知縣。

王裕增 字芝泉。浙江仁和縣人。乾隆二十二年二甲六十六名進士。二十八年任福建永安知縣，三十二年任福建南安知縣，三十八年改湖北松滋知縣、湖北襄陽知縣。善畫梅，精篆刻。

許承蒼 字筠時、雲士。江蘇武進縣人。乾隆二十二年二甲六十七名進士。二十六年任山東壽張知縣，二十八年任嶧縣知縣，三十八年署德平知縣，三十九年任歷城知縣，四十一年升膠州知州，四十三年擢山東臨清直隸州知州。

俞瀚 順天大興縣人。乾隆二十二年二甲六十八名進士。三十六年任廣東德慶州知州，四十年任南澳同知。

陸允鎮 字中夫。寧夏靈州人。乾隆二十二年二甲六十九名進士。三十二年任江蘇寶應知縣，官至浙江糧儲道。

何瑠 浙江仁和縣人。乾隆二十二年二甲七十名進士。任廣西上林知縣。

第三甲一百六十九名

周嘉猷 浙江錢塘縣人。乾隆二十二年三甲第一名進士。三十六年任山東益都知縣，四十三年調歷城知縣。卒於官。著有《南北朝世系》《齊乘考證》。

顧彬 江蘇金匱縣人。乾隆二十二年三甲第二名進士。

成鎬 浙江仁和縣人。乾隆二十二年三甲第三名進士。三十年任湖北安陸知縣。

玉星爥 廣西新寧州人。乾隆二十二年三甲第四名進士。三十一年任陝西甘泉知縣。

李蔭椿 陝西寧夏縣人。乾隆二十二年三甲第五名進士。任直隸鹽山知縣，二十九年改慶雲知縣。

尤垂青 福建晉江縣人。乾隆二十二年三甲第六名進士。二十三年任福建福州府教授，二十七年改興化府教授，三十三年任臺灣府教授。擢湖北松滋知縣。辭不就。

陳柱 江蘇山陽縣人。乾隆二十二年三甲第七名進士。官至禮部郎中。

魏大文 字松軒。貴州平越縣人。乾隆二十二年三甲第八名進士。選庶吉士，授檢討。

何曰佩 字紹華，號蒼水。廣東德慶州人。乾隆二十二年三甲第九名進士。選庶吉士，授檢討。二十七年充雲南鄉試副考官，三十一年考選京畿道御史，三十三年、三十六年兩充順天鄉試同考官，四十五年任順天中城巡城御史，升禮科掌印給事中，歷鴻臚寺少卿、太常寺少卿，官至大理寺少卿。以疾乞歸。

蔣國華 字遜儒。江蘇長洲縣人。乾隆二十二年三甲第十名進士。任直隸廣宗知縣，三十九年官至直隸冀州直隸州知州。

康基田 字仲耕，號茂園。山西興縣人。乾隆二十二年三甲十一名進士。歷任江蘇新陽、昭文知縣、廣東新寧知縣、澳門同知，遷廣東潮州、廉州、河南開封知府。歷河南河北道，五十一年改江蘇淮徐道，五十二年授江蘇按察使遷江寧布政使。五十五年五月因事革，遣戍伊犁。五十六年再授江蘇淮徐道，六十年復授江蘇按察使改山東按察使，遷山東布政使。嘉慶二年七月授江蘇巡撫，九月調東河總督，十二月改南河總督。五年二月以積料失火盡焚革職。後補江蘇太倉知州，七年遷廣東布政使，改江寧布政使，十一年降户部郎中，十六年以太僕寺少卿致仕。十八年（1813）以鄉舉重逢賜三品卿銜赴鹿鳴宴。十二月卒，年八十六。著有《霞蔭堂詩集》《河渠紀聞》《晉乘蒐略》等。

張時棟　字雲浦。山西介休縣人。乾隆二十二年三甲十二名進士。授湖南零陵知縣，二十九年官至貴州思南知府。

臧榮青　字藜閣，號理谷。浙江長興縣人。乾隆二十二年三甲十三名進士。任四川溫江知縣，三十二年改新寧知縣，三十五改東鄉知縣，四十年改射洪知縣，四十四年兼署四川中江知縣，改陝西鄜州直隸州知州，四十五年署綏德直隸州知州，遷至安徽鳳陽知府，五十年改安慶知府，擢廬鳳潁道，五十二年官至湖南岳常澧道，署按察使。以疾卒。

洪世佺　字瓶友。福建南安縣人。乾隆二十二年三甲十四名進士。任山西芮城知縣，三十五年遷臨汾知州，四十七年擢湖北襄陽知府。內艱訃文至，哀毀卒。

趙維翼　字右臣。雲南晋寧州人。乾隆二十二年三甲十五名進士。任廣西桂平知縣。祇任一年餘卒，年僅二十七。

何思聰　福建侯官縣人。乾隆二十二年三甲十六名進士。

張鍾琬　字碧涯。安徽太平縣人。乾隆二十二年三甲十七名進士。三十一年任河南武安知縣，卒於任。

田自禪　湖北江夏縣人。乾隆十七年舉人，二十二年三甲十八名進士。

楊廷樺　字蘅圃。順天大興縣人。乾隆二十二年三甲十九名進士。

二十三年任福建長汀知縣，三十年改惠安知縣，三十六年遷福建泉州知府，改福建臺灣知府。四十二年任糧驛道，四十三年授福建按察使，四十五年遷福建布政使。四十七年降臺灣道。四十九年授布政使銜山東按察使，五十一年革。五十二年調臺灣知府，五十二年（1787）八月卒。賞還布政使銜。

陳學道　字致堂。安徽休寧縣人。乾隆二十二年三甲二十名進士。

劉顯恭　字惺齋。湖北天門縣人。乾隆二十一年舉人，二十二年三甲二十一名進士。選庶吉士。

衛詣　字玉亭。河南濟源縣人。乾隆二十二年三甲二十二名進士。任工部主事，外補山西遼州知州，二十四年改山西解州知州，三十六年遷浙江台州知府，四十八年官至廣東肇羅道。

王朝翰　字拱垣。江西萬年縣人。乾隆二十二年三甲二十三名進士。任廣東普寧知縣。引疾歸。

噶爾薩　蒙古正藍旗人。乾隆二十二年三甲二十四名進士。任滿洲安泰佐領。

吳瀚　江西新城縣人。乾隆二十二年三甲二十五名進士。任湖北雲夢知縣。

蔡亮茂　字仲淵。浙江德清縣人。乾隆二十二年三甲二十六名進士。任山西崞縣知縣，三十六年調平遙知縣，四十年官至太原府同知。以疾歸。

金兆奇 浙江嘉興縣人。乾隆二十二年三甲二十七名進士。二十四年任浙江紹興府教授。

阮芝生 字秀儲、紫坪。江蘇山陽縣人。乾隆二十二年三甲二十八名進士。三十二年任浙江德清知縣，調烏程縣，三十八年任順天府武清知縣，擢三角澱通判，官至順天府永定河同知。晚年歸。著有《聽潮集》二卷、《左傳杜注拾遺》一卷。

父阮學浩，雍正八年進士，阮芝生爲其次子。

吳湘 字衡湘、簹村，號素卿、素軒。山東沾化縣人。乾隆二十二年三甲二十九名進士。選庶吉士，授檢討。三十五年考選江西道御史，四十二年任順天北城巡城御史，遷吏科給事中，官至戶科掌印給事中。

丁百川 浙江蕭山人。乾隆二十二年三甲三十名進士。二十二年任直隸贊皇知縣。

陳鈜 直隸豐潤縣人。乾隆二十二年三甲三十一名進士。任武澤知縣。

衷以壎 字聲無，號雅堂。江西南昌縣人。乾隆二十二年三甲三十二名進士。三十八年任四川內江知縣，四十年署營山知縣，四十一年改樂山知縣，四十七年任四川德陽知縣，四十九年任四川巴縣知縣，改廣西知縣，擢同知，轉刑部員外郎，外任雲南曲靖知府。以事罷官，卒年九十五。

李師敏 （原名李本杞）字仲堅，號允堂。山東惠民縣人。雍正三年（1725）生。乾隆二十二年三甲三十三名進士。授刑部主事，進員外郎，遷郎中，後遷福建興化府知府，三十四年任漳州府，三十七年官至臺灣府知府。三十九年（1774）卒於任，年五十。所到皆有政聲。

林衡瑞 字冠萬。福建上杭縣人。乾隆二十二年三甲三十四名進士。任江蘇宜興知縣。書法秀健。

韓本晉 字望川、桐裔。山西太原縣人。乾隆二十二年三甲三十五名進士。二十三年任浙江桐鄉知縣，二十七年署秀水知縣，三十年任海鹽知縣，改直隸邯鄲知縣，三十三年署浙江嘉興府同知。

黃珪 字位仲。江蘇吳縣人。乾隆二十二年三甲三十六名進士。任安徽宿州學正、教授，三十一年任山西文水知縣。

翁燿 （碑作翁耀）字明遠。湖南湘潭縣人。乾隆二十二年三甲三十七名進士。任直隸大名、元城知縣，三十三年改滄州知州，三十四年遷漢中知府，三十六年改西安知府，三十九年擢陝西鹽驛道，四十五年官至陝西督糧道，署按察使。四十六年以母年高九十乞養歸，卒年六十五。

馮履謙 山西代州直隸州人。乾隆二十二年三甲三十八名進士。二十五年任山東安邱知縣，二十九年調壽光知縣，四十二年改廣東海豐知縣，四十六年改順德知縣。

簡昌璘 字玉亭。湖南邵陽縣人。乾隆二十二年三甲三十九名進士。三十七年署四川安縣知縣，三十九年任四川蓬溪知縣，四十二年任貴陽府長寨同知，五十五年改四川合江知縣，遷戶部主事，升員外郎，官至郎中。以疾歸。

王僧愷 直隸靜海縣人。乾隆二十二年三甲四十名進士。三十一年任山西太谷知縣，四十七年調廣東花縣知縣。

涂祖瀾 字有容。江西奉新縣人。乾隆二十二年三甲四十一名進士。三十一年任山東黃縣知縣。

黃繩先 （1719—1765）字正木、墨舫。浙江鄞縣人。乾隆二十二年三甲四十二名進士。二十二年授江西樂平知縣，調浮梁知縣。以疾去官，歸後卒。縣民立碑祀之。

王克捷 福建臺灣府諸羅人。乾隆二十二年三甲四十三名進士。三十七年任直隸行唐知縣，遷江蘇省江寧府同知。

傅應時 字以田。福建南安縣人。乾隆二十二年三甲四十四名進士。三十一年任浙江龍游知縣，五十五年改福建長泰縣教諭。

田玉成 字伯庸。山西陽城縣人。乾隆二十二年三甲四十五名進士。選庶吉士，授檢討。有文譽，工詩。

祖父田從典，康熙二十七年進

士，大學士。

金 科 字侶張。江蘇儀徵縣人。乾隆二十二年三甲四十六名進士。三十二年任福建連江知縣。

楊鵬翮 陝西三原縣人。乾隆二十二年三甲四十七名進士。三十二年任湖南醴陵知縣。

陸昌祖 字駿聲。浙江嘉興縣人。乾隆二十二年三甲四十八名進士。任廣東大埔知縣，署揭陽知縣，補雲南通海知縣，四十年升順天府糧馬通判兼治中，乞養歸。

祖父陸紹琦，康熙四十八年進士；父陸樹本，乾隆二年進士。

倫顯聖 廣東南海縣人。乾隆二十二年三甲四十九名進士。三十五年任四川南川知縣。

邊廷掄 直隸任丘縣人。乾隆二十二年三甲五十名進士。任內閣中書，三十六年遷江蘇徐州知府，三十七年任兩淮鹽運使。

楊長發 廣東海陽縣人。乾隆二十二年三甲五十一名進士。任吏部考工司主事。

解秉智 字月川。直隸天津縣人。乾隆二十二年三甲五十二名進士。任甘肅永昌知縣，改湖南安化知縣。引疾歸。卒年七十九。

郭紹宗 廣東澄海縣人。乾隆二十二年三甲五十三名進士。三十三年任廣東廣州府教授。

沈長泰 字德園。湖北孝感縣人。乾隆六年舉人，二十二年三甲五十四名進士。

涂應槐　江西新城縣人。乾隆二十二年三甲五十五名進士。任廣西天河知縣，三十一年任廣西貴縣知縣，改永福知縣，五十一年改北流知縣。

謝清問　字浚文、愈臣。雲南河陽縣人。乾隆二十二年三甲五十六名進士。任直隸大名知縣，二十五年補井陘知縣，調獲鹿知縣，擢正定府同知，纍遷户部郎中，五十四年考選江南道御史。

牟廷典　廣西鬱林直隸州人。乾隆二十二年三甲五十七名進士。三十二年任江西上高知縣。

張大鯤　廣東南海縣人。乾隆二十二年三甲五十八名進士。任山西潞城知縣。

溫頤　字巽山。廣東德慶州人。乾隆二十二年三甲五十九名進士。三十一年任湖北宜城知縣。以事去官，卒年五十三。

江廷泰　字階平，號益堂。江蘇江都縣人。乾隆二十二年三甲六十名進士。任湖北竹溪知縣，丁父憂服闋，四十年補山西武鄉知縣，署沁州知州。

陳良佐　字帝賚、卓岩。浙江鎮海縣人。乾隆二十二年三甲六十一名進士。授廣西博白知縣，以憂誤歸。

胡相良　字純一。江西贛縣人。乾隆二十二年三甲六十二名進士。任山西屯留知縣，改介休知縣，三十一年任江蘇安東知縣。

禹壽　河南氾水縣人。乾隆二十二年三甲六十三名進士。

劉騫青　直隸晉州人。乾隆二十二年三甲六十四名進士。

張起鳳　浙江海寧縣人。乾隆二十二年三甲六十五名進士。二十六年任江蘇如皋知縣，署江陰海防同知。

張佩芳　（1732—1793，初名洳芳）字公路、蓀圃，號卜山。山西平定直隸州人。乾隆二十二年三甲六十六名進士。三十二年知安徽歙縣知縣，三十七年合肥知縣，四十年擢壽州、泗州知州，官至鳳陽知府。著有《陸宣公翰苑集注》《希音堂集》《公餘雜錄》《黃山志》《平定州志考》。

張作霖　直隸昌黎縣人。乾隆二十二年三甲六十七名進士。候選知縣。

吳士奇　福建侯官縣人。乾隆二十二年三甲六十八名進士。

程大中　字養時，號是庵。湖北應城縣人。乾隆十五年舉人，二十二年三甲六十九名進士。任湖北蘄州學正，調四川清溪知縣。著有《四書逸箋》《在山堂集》《餘事集》等

楊瑄　貴州施東縣人。乾隆二十二年三甲七十名進士。任直隸滿城知縣。

史大勛　字個臣，號約齋。陝西三原縣人。乾隆二十二年三甲七十一名進士。選庶吉士，授檢討。

周仁棟　江西湖口縣人。乾隆二十二年三甲七十二名進士。任刑部陝西司主事，官至河南司員外郎。

劉長靈　廣西全州人。乾隆二十二年三甲七十三名進士。三十三年任湖北廣濟知縣。

王巨源　河南汝州直隸州人。乾隆二十二年三甲七十四名進士。任山西長子知縣，三十五年改中書舍人。

陳洪謨　（改陳鴻書）字敷文，號祇齋。江西宜黃縣人。乾隆二十二年三甲七十五名進士。三十二年任直隸望都知縣，三十八年改直隸鹽山知縣。

尹漣　貴州貴定縣人。乾隆二十二年三甲七十六名進士。二十二年署四川高縣知縣，二十三年任永川知縣。

盧兆麟　河南滑縣人。乾隆二十二年三甲七十七名進士。三十二年任浙江上虞知縣。

單芸　山東高密縣人。乾隆二十二年三甲七十八名進士。三十二年任貴州綏陽知縣。

張成賓　廣東南海縣人。乾隆二十二年三甲七十九名進士。任雲南蒙自知縣，三十九年改廣東廉州府教授。

張永祥　直隸靜海縣人。乾隆二十二年三甲八十名進士。任福建省永定知縣。

夏良士　字邦楨。江蘇元和縣人。乾隆二十二年三甲八十一名進士。任江蘇松江府教授。

程文球　字冠石，號春谷。安徽繁昌縣人。康熙六十一年（1722）生。乾隆二十二年三甲八十二名進士。三十三年任餘杭知縣，調浙江歸安知縣。

劉志　字半溪。四川璧山縣人。乾隆二十二年三甲八十三名進士。三十二年任江蘇溧水知縣。歸後主棠香書院。著有《泮溪文稿》行世。

鄒起鳳　江蘇金匱縣人。乾隆二十二年三甲八十四名進士。二十八年任安徽廬州府教授。

林聞階　廣東吳川縣人。乾隆二十二年三甲八十五名進士。三十二年任山西靈石知縣。

梁昇　雲南昆明縣人。乾隆二十二年三甲八十六名進士。三十二年授四川綿竹知縣。

張偉　貴州普定縣人。乾隆二十二年三甲八十七名進士。四十一年署四川新寧知縣，四十三年授四川酆都知縣，五十三年任渠縣知縣。

張迺綏　山西懷仁縣人。乾隆二十二年三甲八十八名進士。任直隸鹽山知縣，三十二年任湖南藍山知縣，三十九年改湖南城步知縣。

符漢理　廣東會同縣人。乾隆二十二年三甲八十九名進士。

靳文遠　河南河內縣人。乾隆二十二年三甲九十名進士。任教授。

石永華　貴州畢節縣人。乾隆

二十二年三甲九十一名進士。任兵部職方司主事。

陳于午 字雪坡、涼松。四川涪州人。乾隆二十二年三甲九十二名進士。選庶吉士。

李應龍 山東歷城縣人。乾隆二十二年三甲九十三名進士。三十年任江西星子知縣。

沈漣 浙江餘杭縣人。乾隆二十二年三甲九十四名進士。二十九年任江蘇邳州知州，官至江蘇海州直隸州知州。

富森泰 字岳東，號秋浦。滿洲鑲紅旗人。乾隆二十二年三甲九十五名進士。選庶吉士，授檢討。

門錡 字于湘。漢軍正紅旗。乾隆二十二年三甲九十六名進士。三十年署江西龍泉知縣，改上高知縣，三十四年任江西長寧知縣，三十七年改贛縣知縣。

黃泌 字景鄴。山西代州直隸州人。乾隆二十二年三甲九十七名進士。三十三年任江西武寧知縣，改江西浮梁知縣，以他事罣誤，吏議去。後官至南昌府水利同知。卒於任。

樂鳴韶 字爕典，號澹夫。湖北通山縣人。乾隆十八年舉人，二十二年三甲九十八名進士。任雲南鎮寧知縣，改楚雄知縣，署南寧分府。曾主講漢陽晴川書院、黃州書院。

常紀 字銘勛，號理齋。奉天承德縣人。雍正六年（1728）七月二十七日生。乾隆二十二年三甲九十九名進士。三十二年任四川西充縣知縣，遷四川崇慶州知州。征大小金川時掌糧餉，三十八年（1773）六月初十日於木果木陣亡，年四十六歲。贈道員銜。

楊霆 字聲遠、虹孫，號榆門。雲南太和縣人。乾隆二十二年三甲一百名進士。三十一年任河南涉縣知縣。在任十餘年終不得遷，致仕歸。嘉慶初年卒於家，年七十五。著有《四書附參》《紅葉白雪文集》《榆門詩話》。

程興仁 湖北黃岡縣人。乾隆十八年舉人，二十二年三甲一百零一名進士。二十二年任湖北鄖陽府教授。

趙海 陝西華陰縣人。乾隆二十二年三甲一百零二名進士。任江蘇溧水知縣。

張宏仁 字宅安。四川新繁縣人。乾隆二十二年三甲一百零三名進士。三十年任直隸臨城知縣，三十四年以獲山西重犯閻生玉，升安徽潁州知府。

梁尚秉 字文言。廣東順德縣人。乾隆二十二年三甲一百零四名進士。三十三年任湖南石門知縣，瀏陽知縣，三十八年改耒陽知縣、三十九年任永順知縣。以瀏陽命等罣誤歸，杜門讀書以終。

唐之岳 江西南豐縣人。乾隆二十二年三甲一百零五名進士。三十二年任四川什邡知縣。

郭六宰　河南信陽州人。乾隆二十二年三甲一百零六名進士。二十七年任湖南慈利知縣、永定知縣，三十四年改廣西貴縣知縣。

雷懋德　陝西潼關廳人。乾隆二十二年三甲一百零七名進士。二十七年署四川江油知縣。

王如濤　四川長壽縣人。乾隆二十二年三甲一百零八名進士。三十三年任福建永安知縣。

劉芳軒　四川洪雅縣人。乾隆二十二年三甲一百零九名進士。二十八年任四川越嶲廳儒學教授。

李　蕃　字屏也。河南河內縣人。乾隆二十二年三甲一百十名進士。任河南汝寧府教授。

李漱芳　（原名李清芳）字藝圃，號文軒。四川渠縣人。乾隆二十二年三甲一百十一名進士。授户部主事，升郎中。三十三年升河南道監察御史，擢工科給事中。後以“妄言”獲罪，降禮部主事，遷員外郎。丁繼母憂歸。四十九年（1784）卒於家，年五十二。著有《藝圃詩集》。

拱翊勛　廣西臨桂縣人。乾隆二十二年三甲一百十二名進士。

孫輝曾　字寉甫。山西興縣人。乾隆二十二年三甲一百十三名進士。授河南羅山知縣，四十三年調陝西漢陰知縣，四十九年改陝西澄城知縣。

黄道恩　字藏皋。湖南寧鄉縣人。乾隆二十二年三甲一百十四名進士。二十五年署安徽潁上知縣，署潛山知縣，補安徽虹縣知縣。所至有慈惠聲，因公罷職。著有《祠禮臆説》《西銘注》《發蒙録》等。

曾正浩　字翰遠，號東皋。江西奉新縣人。乾隆二十二年三甲一百十五名進士。三十二年任浙江湯溪知縣，三十五年改四川鹽源知縣，官至山東寧海知州。未履任，以老乞休。

莊拔萃　福建晉江縣人。乾隆二十二年三甲一百十六名進士。三十二年任江蘇泰興知縣，改如皋知縣，三十七年改福建福寧府教授。

陳一德　字莘岩。福建閩縣人。乾隆二十二年三甲一百十七名進士。選庶吉士。

朱芫會　字蕙纕。安徽歙縣人。乾隆二十二年三甲一百十八名進士。三十年任江西建昌知縣，三十一年改樂平、鄱陽知縣，升定南廳同知，四十三年遷福建泉州知府，四十九年改漳州知府，五十年遷福建糧儲道，改汀漳龍道。失察盜案降調。乞歸卒。

魏國正　山西汾陽縣人。乾隆二十二年三甲一百十九名進士。肺病，未仕卒。

何謙泰　（碑作何謙恭）廣東順德縣人。乾隆二十二年三甲一百二十名進士。三十年任廣東潮州府教授。

陳經禮　字慶施。浙江秀水縣人。乾隆二十二年三甲一百二十一名進士。三十二年任湖南桂東知縣，三十三年改沅陵知縣，三十九年遷湖南永綏廳同知，四十三年官至辰州府同知。

梁作文 字有造、絅庵。廣東陽春縣人。乾隆二十二年三甲一百二十二名進士。二十三年任河南南召知縣，改河南項城知縣。河決，在病中親率民築堤，以勞疾卒。

劉學周 江蘇宜興縣人。乾隆二十二年三甲一百二十三名進士。三十五年任安徽廬州府教授。

賈景誼 山西陽曲縣人。乾隆二十二年三甲一百二十四名進士。二十二年任湖北均州知州，二十四年改湖北保康知縣，二十九年調廣東和平知縣，官至江蘇蘇州府同知。

王縈緒 （1713—1784）字希仁，號成祉、天馥、遵峰，又號五蓮山人。山東諸城縣人。乾隆二十二年三甲一百二十五名進士。三十二年任四川酆都知縣，調萬縣知縣，三十五年進石砫直隸廳同知，遷廣東南雄知府。以足疾告歸，卒於成都，年七十二。著有《滋德堂文集》《周易傳義合參》等。

阮基 字自堂，號環圃。浙江慈溪縣人。乾隆二十二年三甲一百二十六名進士。三十二年補直隸文安知縣，三十七年任長蘆鹽運分司運判。以勞卒於任。

蘇箕斗 廣東普寧縣人，乾隆二十二年三甲一百二十七名進士。

郭衛城 號志軒。江西建昌縣人。乾隆二十二年三甲一百二十八名進士。三十三年任江西建昌府教授。攝盱江書院五載，致仕。

子郭祚熾，乾隆二十六年進士；郭祚炳，乾隆四十九年進士。

郭世誼 順天大興縣人。乾隆二十二年三甲一百二十九名進士。二十五年任安徽太湖知縣。三十四年將重價所買之妾，轉送其上司潁州知府史魯潘的族叔，被革職。

謝維沛 陝西長安縣人。乾隆三年舉人，二十二年三甲一百三十名進士。三十二年任河南延津知縣。

蔣載熹 湖南瀏陽縣人。乾隆二十二年三甲一百三十一名進士。二十三年任湖南寶慶府教授，二十四年任湖南新寧縣教諭。

楊棟 雲南太和縣人。乾隆二十二年三甲一百三十二名進士。三十三年任廣西陸川知縣。

張德源 字師善，號慕渠。湖北廣濟縣人。乾隆六年舉人，二十二年三甲一百三十三名進士。三十二年任四川資陽知縣。

曹膏 字恩雨。山東汶上縣人。乾隆二十二年三甲一百三十四名進士。三十二年任浙江奉化知縣。修縣志。

李鵠 字鴻飛。山東諸城縣人。乾隆二十二年三甲一百三十五名進士。任直隸邯鄲知縣、磁州知縣，調雲南沾益、蒙自、易門知縣，升雲南宣威州知州，歷晋寧州、安寧州、馬龍州知州。罷歸卒。

毛受松 江西新建縣人。乾隆

二十二年三甲一百三十六名進士。

陳獻琪　江西新建縣人。乾隆二十二年三甲一百三十七名進士。任甘肅徽縣知縣。

紀澄中　字雪川。順天文安縣人。乾隆二十二年三甲一百三十八名進士。二十四年署江蘇昭文知縣，改荆溪、吳江知縣，三十七年改婁縣知縣，四十一年任江蘇新陽知縣，四十四年改江蘇元和知縣。

兄紀虛中，乾隆二年進士。

李蒂　陝西三原縣人。乾隆二十二年三甲一百三十九名進士。三十二年任浙江慶元知縣。

陳懷玉　字孚尹。四川營山縣人。乾隆二十二年三甲一百四十名進士。二十三年任四川夔州府教授。

李灼　（一作李杓）陝西華州人。乾隆二十二年三甲一百四十一名進士。任貴州思南知府、大定知府，改福建建寧知府。

郭成巍　甘肅岷州人。乾隆二十二年三甲一百四十二名進士。三十三年任四川榮昌知縣，三十八年改廣西桂平知縣。致仕歸。

弟郭成峻，乾隆十年進士。

龔孔傳　湖北公安縣人。乾隆十二年舉人，二十二年三甲一百四十三名進士。三十三年任任湖北襄陽府教授。

王汝梅　字燮亭。陝西韓城縣人。乾隆三年舉人，二十二年三甲一百四十四名進士。三十三年任湖南沅陵知縣。以不樂吏事，請改教職，改陝西西安府教授。

樊恭桂　江西進賢縣人。乾隆二十二年三甲一百四十五名進士。三十四年署四川青神知縣。三十七年征金川，三十八年回任，四十五年卸任。

楊如溥　字少南，號薰野。貴州定番州人。乾隆二十二年三甲一百四十六名進士。任教授。工古文詞。著有《取静堂文稿》。

汪潮　字禹門。四川宜賓縣人。乾隆二十二年三甲一百四十七名進士。三十九年調直隸獻縣知縣。

趙之旦　字汝平，號南村。山東單縣人。乾隆二十二年三甲一百四十八名進士。卒年三十一。

高名世　河南鄧州人。乾隆二十二年三甲一百四十九名進士。三十三年任安徽祁門知縣。

李夢登　字鼎先、澗木。福建上杭縣人。乾隆二十二年三甲一百五十名進士。任浙江孝豐知縣。

米天英　字華峰。順天宛平縣人。乾隆二十二年三甲一百五十一名進士。二十五年任直隸正定府教授，四十二年改熱河教授。

賈惠　山西陽曲縣人。乾隆二十二年三甲一百五十二名進士。二十三年任陝西沔縣知縣，四十五年任直隸永定河同知。

陳琪　字仲玉。山西祁縣人。乾隆二十二年三甲一百五十三名進士。任知縣，以走失流犯被議解任，自以剛直不諧時宜，不復出仕，教授鄉里以終。

莫普濟 廣東東莞縣人。乾隆二十二年三甲一百五十四名進士。二十三年任山西襄陵知縣，三十五年改廣東韶州府教授。

樓克興 浙江義烏縣人。乾隆二十二年三甲一百五十五名進士。任教授。

張東 字木庵。陝西中部縣人。乾隆二十一年舉人，二十二年三甲一百五十六名進士。三十三年任山東安丘知縣，三十七年調菏澤知縣。

朱敬 江蘇丹徒縣人。乾隆二十二年三甲一百五十七名進士。任江蘇蘇州府教授。

楊啟珍 四川仁壽縣人。乾隆二十二年三甲一百五十八名進士。任四川嘉定府教授，二十三年改四川保寧府教授，三十七年任四川敘州府教授。

燕增元 河南陝州人。乾隆二十二年三甲一百五十九名進士。三十三年任浙江麗水知縣，四十三年改山東博興知縣。

張洲 字萊峰，號南林。陝西武功縣人。乾隆二十二年三甲一百六十名進士。授廣西修仁知縣，丁憂。四十一年補浙江德清縣。失意於上司，罷官歸。主山東嶧縣、膠州各書院，年六十卒。著有《對雪堂詩文集》。

侄張玉摑，乾隆二十六年進士。

林名世 福建詔安縣人。乾隆

二十二年三甲一百六十一名進士。三十三年任山西猗氏知縣，三十六年改福建汀州府教授。

秦之柄 字謙伯。湖北漢川縣人。乾隆十五年舉人，二十二年三甲一百六十二名進士。三十四年任山西壺關知縣。

覺羅福志 滿洲鑲藍旗人。乾隆二十二年三甲一百六十三名進士。任禮部主事。

段三才 字參公，號聰峰。直隸永年縣人。乾隆二十二年三甲一百六十四名進士。三十三年任浙江景寧知縣。

張金龍 山西忻州直隸州人。乾隆二十二年三甲一百六十五名進士。任陝西商南知縣。

李子郁 山西繁峙縣人。乾隆二十二年三甲一百六十六名進士。授知縣，以不習吏事請改學官，補山西寧武府教授。卒後所著詩文多散佚。

曾西元 福建德化縣人。乾隆二十二年三甲一百六十七名進士。任福建建寧府、教諭，三十三年擢陝西紫陽知縣。

宋鏊 字慎三。湖北黃岡縣人。乾隆六年舉人，二十二年三甲一百六十八名進士。二十四年任湖北安陸府教授。

牆嵥 貴州開州人。乾隆二十二年三甲一百六十九名進士。三十三年任山西興縣知縣，調四川奉節知縣，五十一年署四川大寧知縣。

乾隆二十五年（1760）庚辰科

第一甲三名

畢　沅　字纕蘅、湘衡，號秋帆、靈岩山人。江蘇鎮洋縣人。雍正八年（1730）八月十八日生。乾隆二十五年一甲第一名狀元。任翰林院修撰、左庶子、侍讀學士，署甘肅鞏秦階道。乾隆三十五年授陝西按察使，三十八年遷陝西巡撫，五十年調河南巡撫。五十一年六月遷湖廣總督，十月降河南巡撫，五十三年七月復授湖廣總督，五十九年八月降山東巡撫，六十年正月三任湖廣總督。阿附和珅，嘗贈詩祝壽。嘉慶二年（1797）七月初三日卒於辰州軍營，年六十八。贈太子太保。和珅敗，奪世職，籍家產。一生著述甚多，有《傳經表》《續資治通鑑》《山海經晋書地理志校注》《關中勝迹圖記》《西安省志》《關中中州山左金石諸記》《靈岩山人詩文集》《晋書地理志新補正》《老子道德經考異》《經典文字辨證》《釋名疏正》等。

諸重光　字申之，號桐嶼。浙江餘姚縣人。乾隆二十五年一甲第二名榜眼。授編修。三十年官至湖南辰州知府。

王文治　字禹卿，號夢樓。江蘇丹徒縣人。雍正八年（1730）生。乾隆二十五年一甲第三名探花。授編修。二十七年充順天鄉試同考官，二十八年會試同考官，同年大考第一升侍讀，遷雲南臨安知府，四十年改蘭州知府。因事降調，乞病歸不復出。往來吴越，主講杭州、鎮江書院。工詩書，與劉墉、翁方綱、梁同書并稱“四大家”。嘉慶七年（1802）四月二十六日卒，年七十三。著有《夢樓詩集》《快雨堂題跋》等。

第二甲五十名

曹文埴　字竹虛，號近薇、薺源。安徽歙縣人。乾隆二十五年二甲第一名進士。選庶吉士，任編修。升庶子，三十六年充廣東鄉試主考官，督江西學政，遷翰林院侍讀學士、南書房行走。乾隆四十年授詹事，丁憂。四十三年六月授左副都御史，四十四年調刑部右侍郎，歷兵部、戶部侍郎，五十年五月遷戶部尚書。五十二年正月乞養回籍，加太子太保。嘉慶三年十二月（1799年1月）卒。嘉慶五年追謚"文敏"。著有《石鼓研齋文鈔》。

王燕緒 字貽堂，號翼子。山東福山縣人。乾隆二十五年二甲第二名進士。選庶吉士，授編修。二十八年充會試同考官，三十年充順天鄉試同考官，升贊善，三十六年再任順天鄉試同考官。官至侍講。

父王檢，雍正十一年進士，廣東巡撫。

王顯曾 字周謨，號文園。江蘇華亭縣人。乾隆二十五年二甲第三名進士。選庶吉士，改主事，升禮部員外郎。三十三年考選湖廣道御史，升禮科掌印給事中。出視南漕，巡臺灣，移疾歸。著有《傳硯堂全集》。

兄王紹曾，乾隆二十二年進士。

劉權之 字德輿，號雲房。湖南長沙縣人。乾隆四年（1739）九月初七日生。乾隆二十五年二甲第四名進士。選庶吉士，任翰林院編修。遷司經局洗馬，四十一年督安徽學政，改侍講。乾隆五十一年授大理寺卿，遷都察院左副都御史。五十六年改禮部侍郎，嘉慶三年改吏部侍郎。四年遷左都御史，改吏部尚書、軍機大臣。九年調兵部尚書，改禮部尚書。十年二月授協辦大學士，加太子少保，閏六月因事降編修，削少保。十二年纍遷授兵部尚書，十五年正月復授協辦大學士，十六年五月遷體仁閣大學士。復加太子少保。十八年九月休致。嘉慶二十三年（1818）六月初八日卒，享年八十。謚"文恪"。

沈咸熙 字熙人，號蘭陔。浙江歸安縣人。乾隆二十五年二甲第五名進士。選庶吉士，改任主事，升刑部郎中，三十六年考選江南道御史，官至內閣侍讀學士。

童鳳三 字梧岡，號鶴街。浙江山陰縣人。乾隆二十五年二甲第六名進士。選庶吉士，授編修。二十七年充廣西鄉試正考官，三十年督湖南學政，三十三年改廣西學政，三十九年以中允充順天鄉試同考官，升侍讀，四十二年充廣東正考官，督陝甘學政，升少詹事，五十一年督山西學政，改大理寺少卿。嘉慶三年二月授光祿寺卿，三月改太常寺卿。充江西鄉試正考官，督江西學政，四年遷內閣學士，授工部右侍郎，改吏部侍郎。嘉慶六年（1802）正月病免，是月卒。著有《慎獨齋吟稿》。

唐 淮 字晴川，號西園。浙江秀水縣人。乾隆二十五年二甲第七名進士。選庶吉士，授編修。三十三年考選廣西道御史，改京畿道御史。三十九年充雲南鄉試主考官。

錢受榖 （1714—1772）字黃輿，

號冲齋。浙江秀水縣人。乾隆二十五年二甲第八名進士。選庶吉士，散館改戶部主事，升郎中、軍機處行走，纍遷至雲南糧儲道，改迤西道、迤東道。著有《燕貽堂詩稿》。

金士松 字亭立，號聽濤。江蘇吳江縣人，寄籍宛平。雍正七年（1729）生。乾隆二十五年二甲第九名進士。選庶吉士，任編修。升侍讀，三十六年督廣東學政，遷少詹事，四十一年授詹事，四十四年督順天學政，四十六年遷內閣學士。四十八年授禮部侍郎，改兵部，五十一年改吏部侍郎，六十年八月遷左都御史。嘉慶元年六月改禮部尚書，二年調兵部尚書。五年（1800）正月初九日卒，年七十二。入祀賢良祠，謚"文簡"。著有《喬羽書巢詩集》。

姚左垣 字掖天。江蘇昭文縣人。乾隆二十五年二甲第十名進士。授吏部考工司主事。因事降歸。後爲江漢書院山長。幼承家學，善書畫。

孟超然 字朝舉，號瓶庵。福建閩縣人。雍正九年（1731）十月二十三日生。乾隆二十五年二甲十一名進士。選庶吉士，授兵部武選司主事，三十年充廣西鄉試副考官，升吏部考工司員外郎，三十三年督學四川學政，遷吏部考工司郎中。以廉正稱。以親老歸里，遂不復出。歸後主鰲峰書院。嘉慶二年（1797）十月初三日卒，年六十七。

著有《亦園亭全集》《喪禮輯略》《誠是録》《焚香録》《求複録》《晚聞録》《廣愛録》《象識録》《避暑録》《使粵使蜀日記》《家誡録》《瓜棚避暑録》《瓶庵居士詩鈔》《瓶庵居士文鈔》等。

李廷揚 字岩野，號隨軒、退庵。直隸滄州人。乾隆二十五年二甲十二名進士。任工部主事，三十三年充廣西鄉試副考官，升員外郎、郎中。三十七年遷廣東高廉道，四十三年改惠潮嘉道，四十四改廣東南韶連道，四十八年督糧道，十月授江蘇按察使，改興泉永道，遷廣東按察使。四十九年乞歸。

弟李廷敬，乾隆四十年進士。

趙升 字書三，號方林。浙江仁和縣人。乾隆二十五年二甲十三名進士。選庶吉士。散館改主事，三十八年官至湖南沅州知府。卒於任。

父趙大鯨，雍正二年進士，官左副都御史。

李瑞岡 字義一，號梧陽。江蘇武進縣人。乾隆二十五年二甲十四名進士。選庶吉士，散館改刑部主事，補直隸州知州，歷官至福建龍岩知州。丁母憂遂不出，後主玉山書院講席。

熊啓謨 號環谷。江西安義縣人。乾隆二十五年二甲十五名進士。任刑部主事，升郎中，四十年纍遷甘肅臨洮道，四十五年官至四川川北道。因公得罪，卒於戍所。

裘　麟　字超然，號青溪。江西新建縣人。乾隆二十五年二甲十六名進士。選庶吉士，授編修。二十七年（1762）卒於任。年二十九。

父裘曰修，乾隆四年進士，禮部尚書。

高掄印　浙江仁和縣人。乾隆二十五年二甲十七名進士。三十四年任廣西陸川知縣。

汪獻芝　浙江仁和縣人。乾隆二十五年二甲十八名進士。任禮部主事，升郎中，三十三年考選湖廣道御史，改刑部員外郎。

宋　銑　字舜音，號小岩。江蘇吳縣人。乾隆二十五年二甲十九名進士。選庶吉士，授編修。二十七年順天鄉試同考官，二十八年會試同考官，三十三年任湖南衡州知府，三十四年長沙知府。後降爲編修。

張世祿　字湘南、澧泉。湖南湘潭縣人。乾隆二十五年二甲二十名進士。選庶吉士，授編修。後降任四川綿竹縣知縣，威遠知縣，四十二年署渠縣知縣。

程之章　字柯平。浙江仁和縣人。乾隆二十五年二甲二十一名進士。官至雲南東川府通判。

劉　墫　字松庵、象山。山東諸城縣人。乾隆二十五年二甲二十二名進士。選庶吉士，改吏部稽勛司主事，三十年充廣東鄉試副考官，升禮部郎中，三十三年督陝甘學政，擢安徽池寧太廣道。四十三年授陝西按察使，遷江寧布政使，五十一年召京，年老降鴻臚寺卿。告歸。

王曾翼　字敬之，號芍坡。江蘇吳江縣人。乾隆二十五年二甲二十三名進士。任戶部主事，升郎中。三十五年考選福建道御史，擢甘肅甘涼兵備道，因事降補平涼鹽茶同知，升甘肅鞏昌知府，五十一年遷甘肅西寧道，五十三年調蘭州道。年六十二卒於任。

姚　翀　字米山。浙江仁和縣人。乾隆二十五年二甲二十四名進士。官至江蘇鎮江府知府。

鄒夢皋　字贊元，號雨洲。江蘇金匱縣人。乾隆二十五年二甲二十五名進士。三十三年考選陝西道御史，改順天中城巡城御史，官至戶科掌印給事中。

韓龍震　字筠若。直隸清苑縣人。乾隆二十五年二甲二十六名進士。三十六年任山東聊城知縣，遷內閣中書，升山東泰安知府，罣吏議，後任山西隰州知州。乾隆五十四年（1789）卒。

張敦均　字仲絜，號二聞。江蘇常熟縣人。乾隆二十五年二甲二十七名進士。任刑部主事，升郎中。三十五年考選山西道御史，三十七年充會試同考官。

李孔陽　字蔚堂，號子含。直隸清苑縣人。乾隆二十五年二甲二十八名進士。選庶吉士，授編修。三十年充貴州鄉試主考官。三十三年考選四川道御史，三十六年任會試同考官，四十五年任順天鄉試同考官。

吳肇煜 （榜名吳肇玉）浙江仁和縣人。乾隆二十五年二甲二十九名進士。任雲南太和知縣、永善知縣。

翟大程 字雲九。安徽涇縣人。乾隆二十五年二甲三十名進士。任內閣中書，二十八年改廣東始興知縣。著有《抱甕齋詩文集》《桃花潭文徵》行世。

孫維龍 字普田，號勖堂。順天宛平縣人，原籍浙江餘姚。乾隆二十五年二甲三十一名進士。二十六年任安徽黟縣知縣，三十一年調鳳陽縣知縣，署亳州知州。因事降調。三十八年金川用兵赴四川木果木營，小金川頭目搧故降番復叛。將軍溫福堅與提督牛天畀皆戰死。維龍逃至松林溝力憊，自殺。年四十三。贈道員。

張光憲 字健堂，號成之。福建晉江縣人。乾隆二十五年二甲三十二名進士。選庶吉士，授編修。三十年充順天鄉試同考官，三十一年考選江西道御史，三十五年再充順天鄉試同考官，四十一年任順天西城巡城御史，擢吏科給事中、刑科掌印給事中，四十二年三充順天鄉試同考官，官至廣西右江道。乞養歸。

父張廷煌，康熙五十七年進士；侄張慎和，乾隆四十年進士；子張慎德，乾隆四十六年進士。

陳用敷 字正誼，號體齋、己水。浙江海寧縣人。乾隆二十五年二甲三十三名進士。任吏部主事，三十三年任江蘇揚州知府，遷廣東雷瓊道，三十九年授廣東按察使遷湖南布政使。四十六年十月革。四十七年復授廣東按察使遷四川布政使，五十年五月遷貴州巡撫，七月丁憂。五十二年十一月授安徽巡撫。五十四年十二月降奉天府尹，五十五年六月授廣西巡撫，五十九年五月復任安徽巡撫，十月調湖北巡撫，六十年正月改貴州巡撫。未及到任即因辦理緝拿邪教犯劉之協錯謬顛倒二月革。嘉慶二年四月授廣東按察使，七月改陝西按察使，八月遷安徽布政使。四年（1799）正月再任安徽巡撫。九月卒。

蔣一璁 字豈石。湖南清泉縣人。乾隆二十五年二甲三十四名進士。任江西即用知縣。因遭父母喪哀毀，遂不復仕。

高奮生 （原名羽翼）江蘇華亭縣人。乾隆二十五年二甲三十五名進士。任內閣中書。

陳奉茲 字時若，號東浦。江西德化縣人。雍正四年（1726）生。乾隆二十五年二甲三十六名進士。二十五年任四川彭山知縣，署營山知縣，改昭化知縣，三十三年改閬中知縣、南部知縣，三十六年遷茂州知州，四十一年擢嘉定府知府，建昌道。乾隆五十一年授四川按察使，五十三年改河南按察使，五十五年調江蘇按察使。五十六年遷江寧布政使，嘉慶元年改安徽布政使。四年（1799）正月二十三日卒，年七十四。著有《敦拙堂詩集》等。

吳泰來 字企晋，號竹嶼。江蘇長洲縣人。乾隆二十五年二甲三十七名進士。歸班候選知縣，二十七年召試一等賜內閣中書。乞疾歸。畢沅巡撫召主陝西關中書院，後又隨至開封主講大梁書院。乾隆五十三年（1788）卒。爲清代藏書家，藏書數萬卷，多宋元善本。善詩，與沈德潛齊名。著有《净名軒集》《硯山堂集》《古香堂詞》。

徐　斌 字弁堦。江西鄱陽縣人。乾隆二十五年二甲三十八名進士。

周凝光 湖北黃岡縣人。乾隆二十四年舉人，二十五年二甲三十九名進士。三十年任湖南新寧知縣，三十二年改湖南衡山知縣。

尹文澤 字湘南。山東肥城縣人。乾隆二十五年二甲四十名進士。任戶部主事，官至戶部郎中。卒於任。

兄尹文麒，乾隆三十四年進士。

許寶善 字敦虞，號穆堂。江蘇青浦縣人。乾隆二十五年二甲四十一名進士。任戶部雲南司郎中，四十年考選浙江道御史。以病乞歸。著有《五經揭要》四卷、《南北宋填詞譜》《穆堂詞典》《自怡軒詩草》十二卷、《自怡軒詞選》八卷、《杜詩注解》二十四卷等。

吳　楷 字景儒。江蘇江陰縣人。乾隆二十五年二甲四十二名進士。任雲南太姚、永平知縣，署永昌府同知，任彌勒州、阿迷州知州，官至騰越州知州。在任十年以父喪歸。著有《退園詩文》十二卷、《騰越州志》十卷。

吳纘姬 字緒之。廣東澄邁縣人。乾隆二十五年二甲四十三名進士。任江西鉛山知縣。左遷，乞養歸。年五十卒。

陸　憬 字補梅。浙江錢塘縣人。乾隆二十五年二甲四十四名進士。任吏部主事，官至廣西潯州府知府。

林人樾 福建侯官縣人。乾隆二十五年二甲四十五名進士。二十九年任浙江樂清知縣，改孝豐知縣，遷國子監助教。

戴望嶧 字鄒山。浙江浦江縣人。乾隆十二年舉人，任國子監學正，升助教。二十五年二甲四十六名進士。任湖南安鄉知縣，改寧遠縣未任，署雲南廣通知縣，授雲南禄豐縣。後催辦軍糧卒於隴川。

胡啓楷 字群範。安徽寧國縣人。乾隆二十五年二甲四十七名進士。三十三年任四川洪雅知縣，三十五年任四川樂山知縣，三十八年署犍爲知縣，以軍功升綿州知州。卒於任。

王中孚 字木舟，號蓼溪。山東諸城縣人。乾隆二十五年二甲四十八名進士。選庶吉士，授編修。

二十七年充河南鄉試副考官。後奔
祖父喪，卒於家。年三十七。

　　倪廷模　字帝培、春岩。浙江
仁和縣人。乾隆二十五年二甲四十
九名進士。任安徽潛山知縣，歷桐
城、宿州、六安、青陽、黟縣、懷
寧知縣，署池州府通判，官至安徽
安慶府同知。卒於任。

　　羅　均　字彥卿。福建邵武縣
人。乾隆二十五年二甲五十名進士。
二十五年署湖北長陽知縣，任湖北
長樂知縣，改松滋知縣、麻城知縣，
三十二年調江西德興知縣。

第三甲一百一十一名

　　陳開基　浙江錢塘縣人。乾隆
二十五年三甲第一名進士。三十四
年任湖北房縣知縣。

　　余廷峨　浙江山陰縣人。乾隆
二十五年三甲第二名進士。著有《經
濟要言》八卷。

　　朱宗洛　字紹川。江蘇無錫縣
人。乾隆二十五年三甲第三名進士。
三十三年任山西天鎮知縣。卒於任。
著有《易經觀玩篇》。

　　趙椿齡　（原名趙鉉）字器良，
號葭湄。江西南昌縣人。乾隆二十
五年三甲第四名進士。三十三年任
湖北江陵知縣，官至雲南省廣西直
隸州彌勒知州。

　　王文冕　廣東東莞縣人。乾隆
二十五年三甲第五名進士。三十五
年任湖北竹山知縣。

　　劉　璋　江西南城縣人。乾隆
二十五年三甲第六名進士。三十七
年任四川新津知縣，四十八年改山
東寧陽知縣。

　　譚　紘　廣東東莞縣人。乾隆
二十五年三甲第七名進士。任甘肅
鎮原知縣。

　　張廷桂　字丹植，號月峰。陝
西三原縣人。乾隆二十五年三甲第
八名進士。選庶吉士，授檢討。三
十三年考選廣東道御史，升兵科掌
印給事中，官至甘肅鞏秦階道。

　　沈鹿鳴　浙江錢塘縣人。乾隆
二十五年三甲第九名進士。三十三
年任貴州綏陽知縣，改遵義知縣。

　　折遇蘭　字佩湘。山西陽曲縣
人。乾隆二十五年三甲第十名進士。
二十六年授甘肅正寧知縣，改會寧
縣，署靜寧州，改和州知州，三十
六年任湖南瀏陽知縣，調長沙知縣，
丁母憂。五十年任廣東揭陽縣知縣，
五十八年改普寧知縣。工詩，著有
《看雲山房詩草》《齊山文集》等。

　　蔣奕湛　字椒堂。福建侯官縣
人。乾隆二十五年三甲十一名進士。
工詩文，補福建福寧府教授。未任
卒。

　　李常吉　字桐江。浙江海鹽縣
人。乾隆二十五年三甲十二名進士。
任湖北麗川知縣，改貴州天桂知縣。
以事去職。著有《傳岩侍文集》。

　　楊德麟　順天大興縣人，原籍
浙江山陰。乾隆二十五年三甲十三
名進士。任廣西靈川知縣，三十年

署鬱林知州。

吳煥彩　字蘊之，號屺來。福建南安縣人。雍正三年（1725）生。乾隆二十五年三甲十四名進士。三十五年授山東范縣知縣，後以卓異四十八年擢湖北鶴峰知州。以病歸。嘉慶十一年（1806）卒，年八十二。

蕭芝　字昆田，號儼齋。湖北漢陽縣人。乾隆二十四年舉人，二十五年三甲十五名進士。選庶吉士，授檢討。丁父憂歸，母老乞終養。五十七年考選山東道御史，嘉慶四年任順天中城巡城御史，充會試同考官，嘉慶八年官至吏科給事中。致仕歸，卒年八十。家中藏書較豐，乾隆三十七年進書若干種。

朱岐　字鳴山。直隸清苑縣人。乾隆二十五年三甲十六名進士。官至河南河北道。

馮晉祚　字介亭。山西代州直隸州人。乾隆二十五年三甲十七名進士。選庶吉士，改主事，升吏部員外郎，三十三年充江西鄉試副考官，四十二年遷福建興化知府，四十五年擢福建糧儲道，改山東鹽運使，四十七年授山東按察使，四十九年遷山東布政使，五十年授左副都御史。未任革。

周心傳　浙江錢塘縣人。乾隆二十五年三甲十八名進士。任廣西西林知縣，三十四年改賀縣知縣。

劉經傳　字石渠。雲南石屏州人。乾隆二十五年三甲十九名進士。選庶吉士，授檢討。四十二年考選江西道御史。

薛廷魁　字春元，號秋圃。山西曲沃縣人。乾隆二十五年三甲二十名進士。三十三年任陝西寶雞知縣，三十九年丁憂服闋，補浙江寧海知縣。

黃世樞　字定侯。福建古田縣人。乾隆二十五年三甲二十一名進士。任禮部祠祭司主事，外任雲南廣西直隸州知州，代理景東、永北二廳。以親老告歸。

兄黃世模，乾隆三十一年進士。

福興　字臻五，號受亭。蒙古鑲藍旗人。乾隆二十五年三甲二十二名進士。選庶吉士。

陳于際　字午天。四川長壽縣人。乾隆二十五年三甲二十三名進士。學博文醇，安貧樂道，教授生徒，多所成就。

王紀曾　漢軍正黃旗人。乾隆二十五年三甲二十四名進士。任湖北當陽知縣。

楊春　浙江嘉興縣人。乾隆二十五年三甲二十五名進士。三十七年任山東萊陽知縣。

劉煥章　字旭岑。江蘇武進縣人。乾隆二十五年三甲二十六名進士。三十四年授四川銅梁知縣，改雲南浪穹知縣，升蒙化同知。因忤上罷，以貧不得歸，卒於騰越州。

楊賡颺　江西建昌縣人。乾隆二十五年三甲二十七名進士。四十四年官至貴州貴陽知府。

李策　字仲方，號秋圃。山

東安丘縣人。乾隆二十五年三甲二十八名進士。三十三年任知湖北竹溪知縣，改孝感知縣，四十三年調直隸安肅、徐水、武清知縣。性剛介自恃，忤上去職。卒年七十二。著有《文梓軒古文》《于役詩草》。

李作楫 山東黃縣人。乾隆二十五年三甲二十九名進士。任河南郟縣知縣。

姜錫嘏 字爾常，號松亭。四川內江縣人。乾隆二十五年三甲三十名進士。選庶吉士，改禮部精繕司主事，升員外郎。三十三年丁父憂歸，遂不出。掌樂至書院，十餘年，繼掌錦江書院十六年。嘉慶十四年（1809）卒，年八十四。著有《皇華詩抄》《四書解義》《姜氏家譜》。

徐祐彥 湖北石首縣人。乾隆六年舉人，二十五年三甲三十一名進士。二十六年署四川開縣知縣，二十七年任四川納溪知縣，三十三年署渠縣知縣，改蓬州知州。

郝瓊 字瑞臣。山西孟縣人。乾隆二十五年三甲三十二名進士。三十三年任江蘇昆山知縣。在任三年以疾致仕歸。

崇士錦 安徽天長縣人。乾隆二十五年三甲三十三名進士。任貴州貴溪、貴築、荔波知縣，升獨山州知州，調雲南開化府同知，改路南州、寧州、鎮南州、趙州知州。

藍應元 字資中，號古蘗。福建漳浦縣人。乾隆二十五年三甲三十四名進士。選庶吉士，授檢討。

三十九年考選雲南道御史，升吏科給事中。四十九年授光祿寺卿，改大理寺卿，五十一年遷禮部右侍郎，改左侍郎。五十三年病免。卒年七十一。

錢大章 字俊聞，號鷺洲。江蘇常熟縣人。乾隆二十五年三甲三十五名進士。三十五年任江西樂平知縣。歸。

楊文淵 江蘇儀征縣人。乾隆二十五年三甲三十六名進士。三十四年任福建順昌知縣。

鄭熊佳 字南翔，號蓬山。直隸天津縣人。乾隆二十五年三甲三十七名進士。任廣東惠來知縣，三十六年改電白知縣，改瓊山知縣，四十二年改廣東樂昌知縣。多惠政。

成城 浙江仁和縣人。乾隆二十五年三甲三十八名進士。歸班候選知縣，三十年任福建羅源知縣，升福建臺灣府同知，官至郎中。

徐肇基 號香塍。浙江仁和縣人。乾隆二十五年三甲三十九名進士。三十四年任江西宜黃知縣，三十五年改江西玉山知縣，三十七年署江西寧州知州，升河口同知。

李臺 字南有，號笠山。貴州黃平州人。乾隆二十五年三甲四十名進士。選庶吉士，授檢討。四十二年充四川鄉試副考官，四十七年考選江南道御史，升刑科給事中，遷大理寺少卿，五十三年授太僕寺卿，後改太常寺卿，五十六年改通政使。五十九年以病告歸。

父李運正，雍正八年進士。

蔣日綸 字金門，號霽園、霽原。河南睢州人。乾隆二十五年三甲四十一名進士。選庶吉士，授檢討。三十二年考選山西道御史，升户科給事中，三十六年充順天鄉試同考官，三十七年充會試同考官，遷大理寺少卿，五十三年授光禄寺卿，五十六年改太常寺卿，五十七年改大理寺卿。嘉慶四年遷左副都御史，督山東學政，五年改禮部、工部侍郎。嘉慶八年（1803）二月二十九日卒，年七十三。

父蔣辰祥，乾隆七年進士。

劉運亨 廣西南平縣人。乾隆二十五年三甲四十二名進士。

潘經馭 浙江仁和縣人。乾隆二十五年三甲四十三名進士。二十五年任江西新昌知縣，二十六年改新建知縣，升寧都知州，三十一年遷湖南辰州知府，三十五年官至湖南長沙知府。

沈一鳴 浙江德清縣人。乾隆二十五年三甲四十四名進士。任河南舞陽知縣。

楊廷琇 湖北京山縣人。乾隆十八年舉人，二十五年三甲四十五名進士。任直隸阜平知縣，三十四年改廣東始興知縣。

董錫鍜 江蘇婁縣人。乾隆二十五年三甲四十六名進士。任浙江龍游知縣。

管學泗 江西臨川縣人。乾隆二十五年三甲四十七名進士。

王家駒 四川江津縣人。乾隆二十五年三甲四十八名進士。任廣西知縣，三十五年改四川夔州府教授。

馬鳴鑣 字觀宸，號琴宇。浙江仁和縣人。乾隆二十五年三甲四十九名進士。三十六年任福建上杭知縣，四十年任彰化知縣，四十六年改浦城知縣，四十七年官至福建淡水同知。

孫馬樾，道光六年進士。

楊蘋 字南濱。山東茌平縣人。乾隆二十五年三甲五十名進士。任山東泰安府教授。

芮永肩 字鐵崖，號後庚。順天寶坻縣人。乾隆二十五年三甲五十一名進士。選庶吉士，授檢討。三十六年充四川鄉試主考官，遷侍講，四十八年充湖南鄉試主考官，五十一年督陝甘學政，官至詹事府左庶子。

李文起 字絅齋。廣東歸善縣人。乾隆二十五年三甲五十二名進士。三十五年任山西汾陽知縣，三十八年調壽陽縣，歷任山西文水、太谷、静樂、芮城、平陸、廣靈、右雲等縣。歸後卒，年七十。

謝敦源 字容谷，號澄江。廣東番禺縣人。乾隆二十五年三甲五十三名進士。選庶吉士。改官未就南歸。年三十八卒。著有《清麗集》二卷。

張罻 字鶴林，號素齋。四川成都縣人。乾隆二十五年三甲五十四名進士。選庶吉士，授檢討。著有《鶴林集》。

趙珮 山西樂平縣人。乾隆二十五年三甲五十五名進士。任雲南恩樂知縣、維西廳通判、順寧府通判，官至雲南永昌知府、開化知府。

劉謙 江西新建縣人。乾隆二十五年三甲五十六名進士。二十七年任江西贛州府教授。

達椿 字香圃。滿洲鑲白旗，烏蘇氏。乾隆二十五年三甲五十七名進士。選庶吉士，歷任戶部主事、員外郎，翰林院侍講、侍讀、國子監祭酒。乾隆三十五年授詹事改大理寺卿。四十三年任內閣學士，遷禮部侍郎。五十四年降內閣學士，因不阿附和珅以曠班革職。授侍講學士，再降檢討。嘉慶四年補授內閣學士，遷禮部侍郎改吏部侍郎，再遷左都御史，五年七月任禮部尚書兼翰林院掌院學士。嘉慶七年（1802）六月卒。

劉業俊 廣西桂平縣人。乾隆二十五年三甲五十八名進士。任山東沾化知縣，四十一年改山東商河知縣。

吳璜 （1727—1773）字方旬，號鑒南。浙江會稽縣人。乾隆二十五年三甲五十九名進士。由戶部主事，官至湖南澧州知州。殉難。著有《蘇門記游》《黃琢山房詩》。

孟邵 字少逸，號鷺洲。四川中江縣人。乾隆二十五年三甲六

十名進士。選庶吉士，改任刑部山西司主事、安徽司員外郎，三十一年考選山東道御史，升工科給事中、鴻臚寺卿。五十一年授光祿寺卿，改太常寺卿，五十四年調宗人府丞。嘉慶元年遷左副都御史，三年九月降調。四年以候補三品京堂復任光祿寺卿，改太常寺卿，五年任大理寺卿。嘉慶九年二月休致。歸後主講草堂書院，年八十一卒。

魏廷端 奉天承德縣人。乾隆二十五年三甲六十一名進士。二十六年任福建沙縣知縣。

程大光 湖北漢陽縣人。乾隆十五年舉人，二十五年三甲六十二名進士。任陝西郃陽知縣。

藥師保 滿洲正藍旗人。乾隆二十五年三甲六十三名進士。二十七年任福建清流知縣。

楊企曾 順天府東安縣人。乾隆二十五年三甲六十四名進士。任山西知縣。

周淳 字希陳。江蘇鎮洋縣人。乾隆二十五年三甲六十五名進士。授貴州清溪知縣，調荔波知縣，遷黔西州知州。改安徽鳳陽府教授。年餘卒。

吳鳳來 號紫庭。浙江浦江縣人。乾隆二十五年三甲六十六名進士。三十四年授廣西岑西知縣，升西隆州，改象州知州，署思恩知府。因率直罷官。後迎駕復原職。歸里。著《春秋集義》。

褚啓宗 字亮儕。安徽合肥縣

人。乾隆二十五年三甲六十七名進士。二十六年署江蘇靖江知縣，二十七年十一月任江蘇青浦知縣。在任十年。

吳嘉炎 字亨仲，號靜夫。山西沁州直隸州人。乾隆二十五年三甲六十八名進士。家居十年，三十五年任廣東普寧知縣，四十年官至廣東儋州知州。

歐陽立德 江西龍南縣人。乾隆二十五年三甲六十九名進士。

張登鰲 雲南寧州人。乾隆二十五年三甲七十名進士。

儲寶書 江蘇宜興縣人。乾隆二十五年三甲七十一名進士。二十七年任徐州府教授，三十三年十二月任蘇州府教授。

李 楫 字木行。江西金溪縣人。乾隆二十五年三甲七十二名進士。三十三年任山東嘉祥知縣，以盜案降調，赴京卒。

劉斯輿 湖北廣濟縣人。乾隆十八年舉人，乾隆二十五年三甲七十三名進士。任知縣。

李 宮 江蘇荊溪縣人。乾隆二十五年三甲七十四名進士。

張道幟 廣東乳源縣人。乾隆二十五年三甲七十五名進士。三十四年任四川渠縣知縣。

郝 適 陝西周至縣人。乾隆二十五年三甲七十六名進士。三十四年任四川南部知縣，四十三年改任江西奉新知縣。

陳洛書 字錫九，號龍泉。山西清源縣人。乾隆二十五年三甲七十七名進士。三十四年任山東臨邑知縣，超擢江西南康知府，以事譴南河工地，後授河南陳州知府。尋告歸。

李珠林 直隸任丘縣人。乾隆二十五年三甲七十八名進士。任福建省漳平知縣，三十四年改浙江上虞知縣。

翁張憲 廣東順德縣人。乾隆二十五年三甲七十九名進士。

陳翰爵 江西星子縣人。乾隆二十五年三甲八十名進士。三十四年任山東海陽知縣，改江西九江府教授。

趙維翰 字甘城，號退庵。山東濟寧州人。康熙五十一年（1718）生。乾隆十七年舉人，二十五年三甲八十一名進士。二十六年任直隸饒陽知縣，三十年乞終養歸，父母喪服闋，四十八年補陝西郃陽知縣。在任五年，五十三年致仕歸，五十七年（1792）卒，年七十五。

曾正本 江西臨川縣人。乾隆二十五年三甲八十二名進士。三十五年任廣東信宜知縣，三十九年改江西吉安府教授。

趙振緒 字紹周。山東諸城縣人。乾隆二十五年三甲八十三名進士。任直隸廣昌知縣。因農業欠收，請賑未批即出倉，罷歸。四十年改直隸定興知縣。

滿乃忠 陝西鄠縣人。乾隆二十五年三甲八十四名進士。

宋觐　江西彭澤人。乾隆二十五年三甲八十五名進士。任浙江嘉善知縣。未任，著有《學庸集錦》。

鄒大英　四川樂至縣人。乾隆二十五年三甲八十六名進士。三十四年任江西星子知縣，改都昌知縣，四十二年調清河知縣。

黃楚彥　湖南長沙縣人。乾隆二十五年三甲八十七名進士。任山西知縣。

侍朝　字潞川。江蘇泰州人。乾隆二十五年三甲八十八名進士。任國子監丞，以校四庫全書，四十年改庶吉士。工詩賦、古文詞。年四十九卒。

傅汝桂　字若仙。貴州綏陽縣人。乾隆二十五年三甲八十九名進士。三十四年任四川射洪知縣。在任三載，卒於官。

王沛獻　順天昌平州人，原籍江蘇武進。乾隆二十五年三甲九十名進士。三十四年任山西廣靈知縣。

黃紹魁　字希橋。雲南雲龍縣人。乾隆二十五年三甲九十一名進士。授直隸寧河知縣，擢刑部廣西司主事。

段廷遜　江西雩都縣人。乾隆二十五年三甲九十二名進士。三十九年任江西瑞州府教授。

甘文林　四川鄰水縣人。乾隆二十五年三甲九十三名進士。任貴州平越知縣，四十五年改廣東廣寧知縣。

李花芳　陝西華陰縣人。乾隆二十五年三甲九十四名進士。任雲南大姚知縣。

周嗣綏　江西新淦縣人。乾隆二十五年三甲九十五名進士。二十九年任江西吉安府教授。

孫錄　字子長、清臣。貴州清平縣人。乾隆二十五年三甲九十六名進士。授刑部主事，官至禮部郎中。告歸。以詩文自娛。著有《龍岩草》。

劉人睿　字影師，號鏡川。順天寧河縣人。乾隆二十五年三甲九十七名進士。任禮部主事，升員外郎，四十四年考選山東道御史，官至兵科掌印給事中。

楊景山　雲南趙州人。乾隆二十五年三甲九十八名進士。

馬慶餘　山西壽陽縣人。乾隆二十五年三甲九十九名進士。任山西河南商學訓導。

潘祁　浙江錢塘縣人。乾隆二十五年三甲一百名進士。任河南洧川知縣。

金光斗　字冲南。江西奉新縣人。乾隆二十五年三甲一百零一名進士。任甘肅漳縣知縣，升狄道知州，遷刑部湖廣司郎中。告歸遭親喪，哀毀卒。

景土秀　直隸赤城縣人。乾隆二十五年三甲一百零二名進士。任浙江西安知縣。

張耀奎　江蘇無錫縣人。乾隆二十五年三甲一百零三名進士。授直隸阜平知縣，三十七年改江蘇鎮江府教授，五十年任蘇州府教授。

陳世榮 貴州平遠州（一作山東臨清，寄籍貴州平遠）人。乾隆二十五年三甲一百零四名進士。任河南長葛知縣。

雷文煇 廣西宣化縣人。乾隆二十五年三甲一百零五名進士。任廣西桂林府教授，四十二年改江西都昌知縣。

王　瑶（1733—1795）字玉池，號琴齋，晚號淡園逸叟。陝西渭南縣人。乾隆二十五年三甲一百零六名進士。二十五年任福建光澤知縣。在任六年多善政，去時民作詩歌《愛之吟》。創杭州書院。

劉雁題 字仙圃。河南光山縣人。乾隆二十五年三甲一百零七名

進士。四十年任浙江平湖知縣，纍遷廣西南寧府知府，乾隆六十年貴州銅仁知府。

董之銘 號小村。河南洛陽縣人。乾隆二十五年三甲一百零八名進士。纍遷工部郎中，四十一年考選福建道御史，降工部主事，升員外郎。

章開宗 江西南城縣人。乾隆二十五年三甲一百零九名進士。任河南臨漳知縣。

喬　墉 陝西三原縣人。乾隆二十五年三甲一百十名進士。

陳本敬 字仲思。順天昌平州人。乾隆二十五年三甲一百十一名進士。選庶吉士，授檢討。

爲雍正二年進士陳浩次子。

乾隆二十六年（1761）辛巳恩科

本科爲太后七旬壽辰恩科

第一甲三名

王　杰　字偉人，號惺園、畏堂、葆淳。陝西韓城縣人。雍正三年（1725）十月二十七日生。乾隆二十六年狀元。任翰林院修撰。三十年督福建學政，遷少詹事，乾隆三十六年授内閣學士，督浙江學政，三十九年遷刑部侍郎，改吏部侍郎。四十七年遷都察院左都御史，四十九年授兵部尚書、軍機大臣。五十二年正月授東閣大學士。任上書房總師傅，五十五年加太子太保。嘉慶七年以老病辭職，加太傅。嘉慶帝賜詩曰“道直一身立廊廟，清風兩袖迫韓城”。十年（1805）正月初十，以入都謝恩卒於京寓，享年八十一。贈太子太師，入祀賢良祠。謚“文端”。著有《葆醇閣集》《惺園易説》。

孫王篤，道光六年進士。

胡高望　字希吕，號昆圃、豫堂。浙江仁和縣人。乾隆二十六年一甲第二名榜眼。任編修。纍遷翰林院侍讀學士，乾隆四十年授詹事遷内閣學士。四十五年授工部侍郎，督江西學政，四十九年署内閣學士，五十一年實授内閣學士，五十四年督江蘇學政，五十五年遷兵部侍郎。六十年改吏部侍郎，嘉慶二年八月遷左都御史，嘉慶三年（1798）二月卒。五年追謚“文恪”。

趙　翼　字耘松、雲菘，號甌北。江蘇陽湖縣人。雍正五年（1727）十月二十二日生。乾隆十五年舉人，十九年任内閣中書，入直軍機處。二十六年一甲第三名探花。授編修。出任廣西鎮安知府，三十五年改廣東廣州知府，三十六年遷貴州貴西兵備道。後因事被劾降。三十八年以母老乞養歸里。五十一年臺灣林爽文起義，總督李侍堯邀其偕往鎮壓，臺灣之平，籌畫爲多。後擬奏其復起，固辭歸。主講揚州安定書院。嘉慶十五年以鄉舉重逢，賞給三品頂帶。十九年（1814）四月十七日卒，年八十有八。趙翼爲清中期著名學者，與錢大昕、王鳴盛并稱爲三大史學家。著有《二十二史札記》《皇朝武功紀盛》《陔餘叢考》《甌北詩集》《唐宋十家詩話》等。

第二甲六十六名

蔣雍植（1720—1770）字秦樹，號漁村，又號待園。安徽懷寧縣人。中進士前，乾隆帝南巡，詔試，與錢大昕等同賜舉人，授內閣中書。乾隆二十六年會元。二甲第一名進士。選庶吉士，授編修。三十三年充順天鄉試同考官。卒於任。著有《待園詩文集》。

嵇承謙 字受之，號晴軒。江蘇無錫縣人。乾隆二十六年二甲第二名進士。選庶吉士，授編修。三十五年充山西鄉試主考官，三十九年任陝西鄉試主考官，督陝西學政，官至侍讀。

祖父嵇曾筠，康熙四十五年進士，文華殿大學士；父嵇璜，雍正八年進士，文淵閣大學士。

顧震 字葦田，號敬齋、鳴夏。浙江錢塘縣人。乾隆二十六年二甲第三名進士。選庶吉士，散館改主事，升員外郎、郎中。能詩，工書法。著有《一得齋詩稿》。

孫士毅 字智冶，號補山。浙江仁和縣人。康熙五十九年（1720）生。乾隆二十六年二甲第四名進士。歸班候選知縣，二十七年以召試一等特授內閣中書，遷侍讀、戶部郎中、大理寺少卿。四十一年授廣西布政使，改雲南布政使，四十四年遷雲南巡撫。因總督李侍堯貪贓，與李近在同城不據實核奏，四十五年革。四十七年授山東布政使，遷廣西巡撫改廣東巡撫。五十一年授兩廣總督，五十二年十一月加太子太保。五十三年封一等謀勇公。五十四年授兵部尚書，改四川、兩江總督。五十六年調吏部尚書，授協辦大學士，五十七年八月遷文淵閣大學士。嘉慶元年（1796）署四川總督剿辦侵四川西陽敵，封三等男。六月二十一日卒於軍中，享年七十七。贈公爵，謚"文靖"。督學黔中時，得文石百有一枚，因自署曰"百一山房"。著有《百一山房文集》十二卷及《奏議》。

馮秉忠 字二知，號硯齋、春田。江蘇金壇縣人。乾隆二十六年二甲第五名進士。授國子監學正。

姚棻 字香苾，號鐵松。安徽桐城縣人。乾隆二十六年二甲第六名進士。任甘肅靖縣知縣，調皋蘭縣，署固原知州，三十三年擢湖北安陸知府，三十四年改武昌知府，三十九年施南府。調福建漳州府，遷福建汀漳龍道，四十九年授廣東按察使遷江西布政使。五十五年四月授江西巡撫，五十七年六月丁憂。五十九年五月授廣西巡撫，九月改湖北巡撫未任。六十年閏二月改貴州、雲南巡撫（未任），四月改任福建巡撫。嘉慶二年四月以病免。嘉慶六年（1801）四月卒。

陳步瀛　字淩川，號勤齋、晴川、晴溪。江蘇江寧縣人。雍正八年（1730）生。乾隆二十六年會元，二甲第七名進士。選庶吉士，散館改兵部主事，升郎中。外任河南陳州知府，四十六年遷陝西糧道，改甘肅蘭州道。乾隆四十八年授甘肅按察使，調兵籌餉頗有功，四十九年遷甘肅布政使，改安徽布政使，五十四年（1789）六月授貴州巡撫。十一月卒，年六十。

蔡封　字銅封，號蛟門。浙江桐鄉縣人。乾隆二十六年二甲第八名進士。三十四年任四川峽江知縣，四十二年改江蘇丹徒知縣，升直隷遵化知州，五十三年官至直隷正定府知府。

李文藻　字素伯，號范畹、南澗。山東益都縣人。雍正八年（1730）生。乾隆二十六年二甲第九名進士。三十四年任廣東恩平知縣，三十六年署廣東新安知縣，改潮陽縣，擢廣西桂林府同知（一作知府）。乾隆四十三年（1778）八月初四日卒，年四十九。爲官廉潔奉公。好詩文，致力於古書注疏。著有《毛詩本義》《南北史考略》《國朝獻徵錄》《諸城縣志》及《恩平》《潮陽》《桂林》諸集。家藏書較豐，乾隆三十七年進書若干種。

梁昌聖　字邦善。廣東南海縣人。乾隆二十六年二甲第十名進士。任江蘇江浦知縣，四十年改震澤知縣。

秦承恩　字慎之，號芝軒。江蘇江寧縣人。乾隆二十六年二甲十一名進士。選庶吉士，授編修。歷侍講，江西廣饒九南道，福建延建邵道，乾隆四十六年授福建按察使改陝西按察使，遷四川布政使。歷湖南、陝西、直隷布政使。五十四年授陝西巡撫。嘉慶四年因剿辦教軍不力五月革，遣戍伊犁。七年起任主事，直隷通永道，十一月遷江西巡撫。十年授左都御史，十一年改工部尚書，六月調刑部尚書。十三年因事降編修，後任三品卿銜詹事府司經局洗馬。嘉慶十四年（1809）四月卒。

父秦大士，乾隆十七年狀元。

王永恭　湖北興國州人。乾隆二十四年舉人，二十六年二甲十二名進士。三十六年任浙江新昌知縣。

汪爲善　字心揆，號保乾。江蘇昆山縣人。乾隆二十六年二甲十三名進士。選庶吉士。

薛科聯　江蘇無錫縣人。乾隆二十六年二甲十四名進士。任福建南安知縣。

葛正華　字彬若，號臨溪。山西吉州直隷州人。乾隆二十六年二甲十五名進士。選庶吉士，授編修。三十年充順天鄉試同考官，三十八年考選湖廣道御史，四十六年官至山東糧道。

杜一鴻　字儀吉、西田。江蘇江陰縣人。乾隆二十六年二甲十六名進士。二十八年署江西新城知縣，二十九年任江西雩都知縣，三十年改江西龍泉知縣，三十八年署江西吉安府蓮花廳同知，四十一年官至江西南昌府督捕同知，四十二年署江西九江知府。

趙杭 字銀槎。浙江錢塘縣人。乾隆二十六年二甲十七名進士。任浙江諸暨縣教諭，三十五年任四川江津知縣，四十六年改湖南寧遠知縣。學術湛深，文藻鴻博。

彭紹升 字允初，號尺木居士、知歸子。江蘇長洲縣人。乾隆五年（1740）生。兵部尚書彭啓豐三子。乾隆二十二年與兄彭紹觀同榜，以疾歸。二十六年補殿試，爲二甲十八名進士。歸班候選知縣。不就。始讀諸儒先書，工古文辭。嘉慶元年（1796）正月二十日卒，年五十七。著有《一行居集》《二林居集》《測海集》《觀河集》《名臣事狀》《良吏述》《儒行述》《説古本大學説》等。

胡翹元 字羽堯，號詹園。江西樂平縣人。乾隆二十六年二甲十九名進士。選庶吉士，授編修。三十三年考選江南道御史，三十六年充廣東鄉試副考官，十二月任順天南城巡城御史，四十四年任順天中城巡城御史，升户科掌印給事中。官至鴻臚寺卿。五十一年督山東學政。卒於任。

項淳 字容堂、任田。安徽歙縣人。乾隆二十六年二甲二十名進士。任吏部主事、員外郎、郎中。後歸。孝事二親，閉户窮經三十年。

劉焯 字芬浦、聿修。江西南豐縣人。乾隆二十六年二甲二十一名進士。選庶吉士，授編修。出爲河南西華知縣，調太康知縣，補貴州平越，改湄潭、開泰知縣，擢雲南馬龍知州。乞歸，家居三十年。

季炬 字洞蒼。直隸吳橋縣人。乾隆二十六年二甲二十二名進士。任廣東平遠知縣，三十八年改直隸宣化府教授。

吳壇 字紫庭，號椒堂。山東海豐縣人。禮部尚書吳紹詩子。乾隆二十六年二甲二十三名進士。任刑部主事、郎中，三十二年擢江蘇按察使遷江蘇布政使，三十七年授刑部侍郎。三十九年革。後任刑部主事、郎中、江南河庫道，四十四年復任江蘇布政使，四十五年（1780）四月遷江蘇巡撫。八月卒。著有《大清律例通考》三十九卷。

王宓 山西安邑縣人。乾隆二十六年二甲二十四名進士。二十八年任江西永寧知縣，調星子縣，丁憂。補甘肅古浪縣，三十七年改四川灌縣，兼護水利同知，升涪州知州，擢邛州直隸州知州，署成都府同知。

謝啓昆 字良璧，號蘊山、蘇潭。江西南康縣人。乾隆二年（1737）生。乾隆二十六年二甲二十五名進士。選庶吉士，任編修。三十五年充河南鄉試主考官，遷江蘇鎮江知府，三十九年改揚州知府。以事謫戍軍台，四十三年復原官，母喪。後擢江南河庫道，五十年授浙江按察使，遷山西布政使，改浙江布政使，嘉慶四年八月授廣西巡撫。嘉慶七年（1802）六月二十六日卒。年六十六。工詩，精通史學。著有《樹經堂集》《西魏書》《小學考》《兌麗軒集》《就瞻草》《銅鼓亭草》《粵西金石略》、重修《廣西通志》等。

歐陽金 廣西馬平縣人。乾隆二十六年二甲二十六名進士。任雲南師宗知縣，遷元江直隸州知州，官至山東登州知府。

銀文昭 河南臨潁縣人。乾隆二十六年二甲二十七名進士。任吏部主事，遷文選司郎中。

馮應榴 字星實、貽曾，號踵息居士。浙江桐鄉縣人。乾隆五年（1740）九月十八日生。乾隆二十六年二甲二十八名進士。歸班候選知縣，三十年召試一等授內閣中書，任宗人府主事，三十五年充湖北鄉試副考官，三十六年充順天鄉試同考官，升吏部員外郎，三十六年督四川學政，四十五年考選山東道御史，升鴻臚寺卿，四十六年授江西布政使。四十九年革。降補吏部郎中，五十一年充順天鄉試同考官。升戶科給事中。五十四年充山東鄉試正考官。嘉慶五年（1800）閏四月二十二日卒，年六十一。一生承家學，志力於詩。撰《蘇文忠公詩注》取王梅溪、施輔之、查初白諸本合鈔之，考定其是非得失，爲《蘇文忠詩合注》行世。另有《學語稿》。

父馮浩，乾隆十三年進士。

張慶源 字昆白。浙江秀水縣人。乾隆二十六年二甲二十九名進士。任河南知縣，三十一年署山東新泰知縣，四十三年改湖南沅陵知縣。後主講江西書院。

趙傳紀 江蘇上海縣人。乾隆二十六年二甲三十名進士。任廣西靈川知縣。

陳嵩年 浙江錢塘縣人。乾隆二十六年二甲三十一名進士。四十一年任山東沂州府（一作曹州）知府，四十六年改廣東惠州知府。

何成稜 浙江錢塘縣人。乾隆二十六年二甲三十二名進士。四十五年任廣西貴縣知縣，官至廣西平樂府同知。

儲秘書 字玉函。江南宜興縣人。乾隆二十六年二甲三十三名進士。選庶吉士，散館改主事，四十年遷鄖陽知府，四十八年改湖北黃州知府。著有《緘石齋文集》《華語詞》。

祖父儲在文，康熙四十八年進士。

孫景燧 浙江海鹽縣人。乾隆二十六年二甲三十四名進士。任河南知縣，改陝西永壽知縣，三十七年改咸寧知縣，四十五年纍遷福建延平知府，四十九年官至臺灣府知府。五十一年林爽文陷大墩，殺知縣，景燧與同知長庚至彰化，城陷遇害。

陳嘉謨 浙江錢塘縣人。乾隆二十六年二甲三十五名進士。三十四年任湖北蘄州知州，改安陸知縣，三十六年改江夏知縣，四十三年升湖北黃州府同知，四十五年遷施南知府，五十一年調湖南沅州知府，五十二年改長沙知府，五十八年官至福建延建邵道。

張元泰 字駿生。安徽桐城縣人。乾隆二十六年二甲三十六名進士。任廣東龍門知縣，改東莞知縣。以親老致仕歸。

王廷模 浙江錢塘縣人。乾隆二十六年二甲三十七名進士。四十三年任福建漳平知縣。

周 浩 字宇涵。江蘇元和人。乾隆二十六年二甲三十八名進士。三十五年任河南獲嘉知縣。

沈士駿 字文聲，號郎峰。江蘇元和縣人。乾隆二十六年二甲三十九名進士。選庶吉士，授編修。三十三年充順天鄉試同考官，三十六年任湖南鄉試主考官，官至詹事府中允。

傅鍾岳 江西金溪縣人。乾隆二十六年二甲四十名進士。三十六年任陝西沔縣知縣，改高陵知縣。

郭祚熾 字筠池。江西建昌縣人。乾隆二十六年二甲四十一名進士。任通政使司經歷，擢主事。乞養歸。主豫章、鹿潤書院。

父郭衛誠，乾隆二十二年進士；弟郭祚炳，乾隆四十九年進士。

毛業溥 字際榮，號鑒庵。湖北公安縣人。乾隆二十六年二甲四十二名進士。選庶吉士，授編修。

卜祚光 字凝子、簣谷。山東日照縣人。乾隆二十六年二甲四十三名進士。選庶吉士，授編修。三

十五年出任陝西延安知府，署榆林兵備道，改陝西同州知府，三十八年官至陝西潼商道。四十二年以終養歸。著有《爾雅書屋遺稿》。

父卜甯一，乾隆四年進士。

袁維豐 福建上杭縣人。乾隆二十六年二甲四十四名進士。四十三年任廣東長寧知縣，四十六年改陵水知縣。

顧 駒 字牧園。江蘇如皋縣人。乾隆二十六年二甲四十五名進士。任湖北黃陂知縣，三十四年改湖北麻城知縣，遷湖北漢陽府同知，四十二年官至湖北鄖陽知府。

楊先春 號梅軒。江西安義縣人。乾隆二十六年二甲四十六名進士。任廣西雒容知縣。不耐簿書歸。著有《竹林文稿》。

李之蕚 字碧千，號木江。江西南豐縣人。乾隆二十六年二甲四十七名進士。任河南桐柏知縣，署固始縣，調安徽太和、蒙城知縣，改阜陽知縣。

史 琮 山西太平縣人。乾隆二十六年二甲四十八名進士。三十五年任湖北咸豐知縣，調陝西宜君知縣，四十一年署陝西漢陰廳通判（漢陰知縣）。

蔡 璨 字蘊之。湖南益陽縣人。乾隆二十六年二甲四十九名進士。二十七年任湖南常德府教授，三十八年改湖南長沙府教授，內遷翰林院典簿。不就歸。主龍溪書院。

嵩 貴 字撫棠，號補山。滿

洲正黃旗人。乾隆二十六年二甲五十名進士。選庶吉士，授編修。升侍講，三十年充河南鄉試主考官，遷少詹事，三十二年督河南學政，三十七年授詹事，三十八年遷內閣學士。三十九年充順天鄉試副考官，四十一年充諭祭安南國王副使。四十八年革職。後又起，五十年任洗馬，五十一年任詹事。五十四年（1789）休致，卒。

喬集鵷 字儀廷。山西猗氏縣人。乾隆二十六年二甲五十一名進士。任教授，補山西河津縣教諭，在任十五年遷河南修武知縣，調泌陽知縣。

張應曾 字祖祁。浙江蕭山縣人。乾隆二十六年二甲五十二名進士。選庶吉士，散館改主事，升工部郎中，三十三年考選山東道監察御史。

子張燮，乾隆五十八年進士。

張曾炳 安徽含山縣人。乾隆二十六年二甲五十三名進士。任國子監監丞。

沈疇初 浙江秀水縣人。乾隆二十六年二甲五十四名進士。三十五年任安徽潁上知縣。三十九年二月病故。

張六行 字孝先。河南長葛縣人。乾隆二十六年二甲五十五名進士。任廣東惠來知縣。

郝慎行 山東高密人。乾隆二十六年二甲五十六名進士。任山東武定府教授，三十五年任山西廣靈知縣。

崔龍見 字翹英，號曼亭。山西永濟縣人。乾隆六年（1741）生。二十六年二甲五十七名進士。授陝西南部知縣，三十五年改南鄭知縣，三十七年改三原知縣，調富平知縣，三十八年改寶雞知縣，四十一年升乾州知州，遷陝西興安知府，四十八年改浙江杭州府通判，五十六年遷湖北荊州知府，五十八年官至湖北荊宜施道。引疾歸。嘉慶二十二年（1817）卒。

曹仁虎 字萊嬰，號習庵。江蘇嘉定縣人。雍正九年（1730）五月初五日生。乾隆二十二年召試一等，特賜舉人并授內閣中書。二十六年二甲五十八名進士。選庶吉士，授編修。升右庶子，充日講起居注官，升侍讀，四十八年充河南鄉試主考官，官至侍讀學士。五十一年督廣東學政。五十二年（1787）八月初八日以母喪歸，哀毀卒於途，年五十七。在翰林院時，每逢大典禮，應奉文字皆出其手，為"吳中七子"之一。著有《宛委山房集》《蓉鏡堂文稿》《漁庵詩選》《鳴春集》《咏典堂集》《刻燭集》《炙硯集》《南枝集》《春盤集》《磚影集》《轅韶集》《秦中雜稿》《硯靜齋集》等。

羅清英 廣東興寧縣人。乾隆二十六年二甲五十九名進士。

郭潔 字澄泉。漢軍鑲紅旗人。乾隆二十六年二甲六十名進士。選庶吉士，授編修。罷職。起用驍騎校。

汪上林　字晴初。浙江錢塘縣人。乾隆二十六年二甲六十一名進士。選庶吉士，授編修。三十三年降江蘇興化知縣，四十三年改江西廣豐知縣，官至江西寧都州知州。

郭鏞　字昌符。江蘇元和縣人。乾隆二十六年二甲六十二名進士。四十一年任湖南永興知縣。

曹君弼　字春林。順天府大興縣人。乾隆二十六年二甲六十三名進士。任浙江台州府教授。

錢露　江蘇江寧縣人。乾隆二十六年二甲六十四名進士。

凌夢曾　浙江歸安縣人。乾隆二十六年二甲六十五名進士。任山西馬邑知縣，改四川南江知縣，三十六年任四川南部知縣。

陸錫熊　字健男，號耳山。江蘇上海縣人。雍正十二年（1734）十二月初二日生。乾隆二十六年二甲六十六名進士。歸班候選知縣，二十七年召試一等授內閣中書，擢宗人府主事，歷任刑部員外郎、郎中、侍讀、侍讀學士，四十五年授光祿寺卿改大理寺卿。五十一年復任光祿寺卿，督福建學政，五十二年遷左副都御史。五十七年（1792）赴奉天校文溯閣《四庫全書》。二月二十五日卒於奉天，年五十九。爲清代藏書家。著有《篁村詩鈔》《寶奎堂文集》《補陳壽禮志》《炳燭偶鈔》《陵陽獻徵錄》。又編《契丹國志》《勝朝殉節諸臣錄》《河源紀略》等書。

第三甲一百四十八名

沈琳　字潤輝，號華坪。浙江秀水縣人。乾隆二十六年三甲第一名進士。任兵部武選司主事，升員外郎、職方司郎中。四十年考選江南道御史，升吏科給事中，官至光祿寺少卿。

許法震　河南安陽縣人。乾隆二十六年三甲第二名進士。四十年任湖北廣濟知縣。

汪潮相　字調元。湖北房縣人。乾隆二十四年舉人，二十六年三甲第三名進士。任四川遂寧知縣。居官八載，父憂哀毀卒。

官志涵　字枝亭。福建南平縣人。乾隆二十六年三甲第四名進士。選庶吉士，授檢討。

紀曾蔭　字松符。順天文安縣人。乾隆二十六年三甲第五名進士。任四川邛州知縣，三十四年改四川蒲江知縣。

父紀達宜，雍正元年進士。

邵庚曾　字南椒，號相之、湘芷。順天大興縣人，祖籍浙江餘姚。乾隆二十六年三甲第六名進士。選庶吉士，授檢討。三十三年考選浙江道御史，三十六年充湖南鄉試副考官，三十九年充貴州鄉試主考官，四十一年以刑科給事中督河南學政，升內閣侍讀學士。四十八年九月任山東濟南知府，署濟東道，官至山西雁平道。著有《香消詩集》。

父邵自鎮，乾隆二十六年同科

進士。

馬俊良 字嶸山。浙江石門縣人。乾隆二十六年三甲第七名進士。任內閣中書。歷主廣東、廣西、山東、山西、江西、浙江書院講席。有大酉山房，藏書頗豐。著有《易家要旨》《春秋傳說薈要》《禹貢圖説》《嶸山詩草》等書，輯刊《龍威秘書》十集。

金雲槐 （本名槦）字蒔庭，號養泉。安徽歙縣人。乾隆二十六年三甲第八名進士。選庶吉士，授檢討。三十二年考選陝西道御史，四十七年外官江蘇常州知府，官至浙江糧道。未及一年卒於任。

父金長溥，乾隆十三年進士；弟金榜，乾隆三十七年狀元。

沈作梓 浙江德清縣人。乾隆二十六年三甲第九名進士。任浙江嘉興府教授。

程明昱 字漱園。湖北孝感縣人。乾隆十五年舉人，二十六年三甲第十名進士。授浙江壽昌知縣，調餘姚知縣，丁憂。後起任江蘇華亭、陽湖知縣，四十四年任江蘇新陽知縣，四十八年署金匱知縣，升山東東平知州。

熊家振 字力成。江西奉新縣人。乾隆二十六年三甲十一名進士。三十五年任陝西沔陽知縣，三十七年改扶風知縣，升廣西象州知州。丁外艱歸卒。

丁榮祚 字蔚岡。山東諸城縣人。乾隆二十六年三甲十二名進士。選庶吉士。授檢討。後改內閣中書。

戴元夔 字鳴球。山東掖縣人。乾隆二十六年三甲十三名進士。三十五年任陝西定邊知縣。丁憂歸。

田均豫 字介石。貴州玉屏縣人。乾隆二十六年三甲十四名進士。選庶吉士，散館授檢討。

喻宗澤 字坎思。江西新建縣人。乾隆二十六年三甲十五名進士。任山東青城知縣。

陶應遇 湖北江夏縣人。乾隆二十五年舉人，二十六年三甲十六名進士。官至河南同知。

周輔 字任賢。安徽貴池縣人。乾隆二十六年三甲十七名進士。二十五年任福建連江知縣。以罣誤歸。

謝天衢 廣東嘉應直隸州人。乾隆二十六年三甲十八名進士。

耿學模 字子範，號一齋。四川達州直隸州人。乾隆二十六年三甲十九年進士。三十五年任浙江金華知縣，三十八年改瑞安知縣，四十三年任浙江長興知縣。

蔡上翔 （1717—1809）字元鳳，號東墅。江西金溪縣人。乾隆二十六年三甲二十名進士。三十六年任四川東鄉知縣。在任八年，政尚嚴肅，致仕歸。著有《王安石年譜》，力辨《宋史》對王安石之誣。

陳錫光 字載之、秋岩。浙江鎮海縣人。乾隆二十六年三甲二十一名進士。三十四年任江蘇陽湖知縣，丁憂。改廣東始興、河源、靈山知縣。年六十八卒於任。

黃堂 字秋水。江西瀘溪縣

人。乾隆二十六年三甲二十二名進士。三十六年任安徽宿松縣知縣。罣吏議去官歸。

楊縉雲 廣東大埔縣人。乾隆二十六年三甲二十三名進士。

華觀貞 湖北蘄水縣人。乾隆十八年舉人，二十六年三甲二十四名進士。任雲南大理府雲南知縣。

張綬佩 河南信陽州人。乾隆二十六年三甲二十五名進士。任知縣。

李松齡 字芳遠，號鶴亭。雲南寧州（今華寧）人。乾隆二十四年雲南鄉試解元，二十六年三甲二十六名進士。選庶吉士，授檢討。

劉 瑄 直隸天津縣人。乾隆二十六年三甲二十七名進士。任河南扶溝知縣，三十七年改順天府漢教授、教諭。

郭元灏 字崟山。安徽全椒縣人。乾隆二十六年三甲二十八名進士。二十七年召試授内閣中書，三十年充順天鄉試同考官，三十三年福建鄉試副考官，晋侍讀，三十六年督雲南學政，改兵部郎中。著有《連贛閣詩草》。

父郭肇鐄，乾隆二年進士。

高 喆 直隸天津縣人。乾隆二十六年三甲二十九名進士。任直隸宣化府教授。

任震遠 江蘇宜興縣人。乾隆二十六年三甲三十名進士。二十八年任江西南康知縣，二十九年江西大庾知縣，三十三年改江西都昌知縣、瑞昌知縣，三十八年調福建邵武知縣，四十一年改同安知縣。

王鳳鳴 四川營山縣人。乾隆二十四年舉人，二十六年三甲三十一名進士。三十五年任陝西定邊知縣，四十三年改直隸高邑知縣。引疾歸。

史傳遠 字壯猷。山西武鄉縣人。乾隆二十六年三甲三十二名進士。三十五年授陝西高陵知縣，三十六年改臨潼知縣，改郃陽、澄城、咸寧知縣，遷興安知州，四十九年改隴州知州，擢山東泰安知府，五十一年九月任山東濟南知府。引疾歸。年逾八十卒。

沈 濬 字芑堂。江蘇陽湖縣人。乾隆二十六年三甲三十三名進士。三十九年任江西萬安知縣，改江西上饒知縣。

黄河清 字浚如，號巽山。廣東儋州人。乾隆二十六年三甲三十四名進士。不仕，教授生徒。

蕭附鳳 字梧岡。貴州都匀縣人。乾隆二十六年三甲三十五名進士。三十五年署順天府平谷知縣，三十七年改雄縣知縣，遷薊州知州，改雲南寧州知州。以解銅赴都卒。

孫 顔 安徽桐城縣人。乾隆二十六年三甲三十六名進士。

余廷燦 字卿雯，號存吾。湖南長沙縣人。雍正七年（1729）生。乾隆二十六年三甲三十七名進士。選庶吉士，授檢討。充三禮館纂修官。以母八十乞養歸。精天文、律曆、勾股、六書文書之學。晚年主講濂溪、石鼓、渌江、城南書院。

嘉慶三年（1798）二月卒，年七十。著有《存吾文集》。

甘　山　字岱登。江西奉新縣人。乾隆二十六年三甲三十八名進士。三十三年由江西安義教諭，授安徽霍山知縣。在任九載，卒於任。

朱廷基　字樸士，號荊園。山東益都縣人。乾隆二十六年三甲三十九名進士。任江蘇陽湖知縣，乾隆三十五年調江西吉水知縣，改江西臨川知縣，丁憂。四十八年補湖南永定知縣。逾年病卒。

徐　珏　江西南豐縣人。乾隆二十六年三甲四十名進士。二十七年任山西汾陽縣知縣，調寧武知縣。

鄒朝陽　號梧山。廣東海陽縣人。乾隆二十六年三甲四十一名進士。三十八年任江西靖安知縣，四十一年改江西德化知縣。

栗　元　字太初。直隸廣平人。乾隆二十六年三甲四十二名進士。三十五年任四川納溪知縣。著有《漳浜文集》一百六十卷。

黃　楷　漢軍正紅旗。乾隆二十六年三甲四十三名進士。任雲南定遠知縣，三十四年改浙江石門知縣，四十五年任安徽霍山知縣，四十七年任江蘇儀征知縣。

袁起穎　直隸棗強縣人。乾隆二十六年三甲四十四名進士。任廣東知縣。

吳玉綸　（原名吳琦）字香亭、廷五，號蓼園。河南光州直隸州人。雍正十年（1732）十一月三十日生。

乾隆二十六年三甲四十五名進士。選庶吉士，授檢討。三十三年考選貴州道御史，升刑科給事中，遷侍讀學士，三十八年授光祿寺卿改太常寺卿。四十五年遷左副都御史，四十八年督福建學政，五十二年調兵部右侍郎。五十三年降內閣學士，五十四年再降至檢討。嘉慶七年（1802）九月卒，年七十一。著有《香亭文稿》《香圃詩鈔》。

父吳士功，雍正十一年進士，福建巡撫。

孫嘉樂　浙江仁和縣人。乾隆二十六年三甲四十六名進士。任戶部主事，纍遷廣東肇羅道，四十五年授四川按察使。四十七年召京。

檀　萃　字豈田，號默齋。安徽望江縣人。雍正三年（1725）六月二十六日生。乾隆二十六年辛巳科三甲四十七名進士。任貴州青溪知縣，改雲南祿勸知縣，官至雲南武定州知州。因事罷官。後主雲南五華書院。著有《大戴禮注釋》《穆天子傳注》《逸周詩注》《麗藻外集》《法書》《儀禮韻言》《草堂外集》《滇南詩集》等。

蕭聿焄　貴州都勻縣人。乾隆二十六年三甲四十八名進士。任雲南大理雲南知縣，改廣西來賓知縣。歸後主獨山趙公書院。

陳元錫　福建安溪縣人。乾隆二十六年三甲四十九名進士。三十六年任江蘇儀徵知縣，三十八年改福建延平府教授。

陳鳳舉　浙江錢塘縣人。乾隆二十六年三甲五十名進士。三十五年任陝西寶雞知縣，改浙江金華府教授。

裴直方　字師仲。江蘇武進縣人。乾隆二十六年三甲五十一名進士。授戶部主事，三十七年簡發湖南郴州知州，署永順知府，三十九年調靖州知州，四十七年擢湖南衡州知府，改沅州知府，五十一年官至長沙知府。

羅纊　字曉山、昭遠。廣西北流縣人。乾隆二十六年三甲五十二名進士。任內閣中書，官至候補員外郎。

米天琦　順天宛平縣人。乾隆二十六年三甲五十三名進士。

陳時　湖南清泉縣人。乾隆二十六年三甲五十四名進士。四十三年任山西祁縣知縣。

劉作垣　字星五。甘肅武威縣人。乾隆二十六年三甲五十五名進士。任安徽舒城知縣，四十一年遷安徽泗州直隸州知州。罣吏議歸。主講肅州及本邑書院。

周瑊　（碑作周城，誤）山東萊陽縣人。乾隆二十六年三甲五十六名進士。任浙江壽昌知縣，改補安徽宿松知縣。

李渠　字漪園。山東諸城縣人。乾隆二十六年三甲五十七名進士。三十九年任廣東長寧知縣，以病歸。再起爲陝西扶風知縣。在任四年告歸，家居教授生徒，卒年五十九。

父李宜芳，雍正八年進士；弟李梴，乾隆五十八年進士。

黃鶴鳴　湖北漢陽縣人。乾隆十七年舉人，二十六年三甲五十八名進士。任湖北宜昌府教授。

劉校之　（碑作劉枝之，誤）字中壐，號書臺。湖南長沙縣人。乾隆二十六年三甲五十九名進士。選庶吉士，授檢討。三十六年充浙江鄉試副考官，三十九年督貴州學政，升中允、侍讀，改戶部員外郎，官至郎中。

弟劉權之，乾隆二十五年進士，體仁閣大學士。

彭同祖　江蘇溧陽縣人。乾隆二十六年三甲六十名進士。任湖北利川知縣。

鄧大林　字筠庵，號震東。廣東東莞縣人。乾隆二十六年三甲六十一名進士。選庶吉士，改禮部主事，升員外郎、郎中，三十七年考選廣西道御史。以母老乞歸。卒年七十一。著有《三餘齋集》四卷。

徐紹鑑　字治通，號靜山。浙江錢塘縣人。乾隆二十六年三甲六十二名進士。任安徽舒城知縣。

王鎮　直隸滄州人。乾隆二十六年三甲六十三名進士。

盧錞　雲南石屏州人。乾隆二十六年三甲六十四名進士。任雲南蒙化廳教授。

祖父盧炳，康熙二十七年進士。

李燕　河南洛陽縣人。乾隆

二十六年三甲六十五名進士。三十八年閏三月任山東歷城知縣，升德州知州，四十年十月擢濟南知府，升濟東道，四十二年署山東按察使。

父李學裕，雍正二年進士。

李照遠　字嶐峰。江西吉水縣人。乾隆二十六年三甲六十六名進士。三十六年任陝西襃城知縣，三十七年改石泉知縣，隨征金川，歷署仁壽、雙流、宜賓，補南山知縣，以功擢知州。

魏起睿　字若研。山東巨野縣人。乾隆二十六年三甲六十七名進士。三十六年任江蘇溧陽知縣。三十八年卸任。卒年九十一。

兄魏起鳳，乾隆十七年進士。

黃騰達　字斗槎，號雲衢、雲駒。浙江仁和縣人，原籍安徽休寧。乾隆二十六年三甲六十八名進士。選庶吉士，散館改主事，升工部員外郎。四十二年考選陝西道御史，四十四年充雲南鄉試正考官，五十年任順天西城巡城御史，官至禮科給事中。

弟黃軒，乾隆三十六年狀元。

王熊兆　雲南新興縣人。乾隆二十六年三甲六十九名進士。任雲南景東直隸州教授。

邵自鎮　字尹東，號笠塘。順天大興縣人，祖籍浙江餘姚。乾隆二十六年三甲七十名進士。歸班候選知縣，任直隸大名府教授。著有《夷白山人行卷》《不須編》。

子邵庚曾，同科進士。

周克遵　字率章。湖南華容縣人。乾隆二十六年三甲七十一名進士。任江蘇睢寧知縣，調福建浦城知縣，丁憂服闋，四十五年補廣東吳川知縣，四十九年改德慶知州，五十年改龍川知縣。乞歸卒。

孟永棻　河南睢州人。乾隆二十六年三甲七十二名進士。三十六年任廣東樂昌知縣，三十九年改廣東香山知縣。

張衡猷　字莘逸，號方嶇。四川銅梁人。乾隆二十六年三甲七十三名進士。三十七年十月任江蘇新陽知縣。以失察書役被議罷官。卒年五十八。

翁霈霖　字漢宗。福建莆田縣人。乾隆二十六年三甲七十四名進士。任浙江孝豐知縣。以積勞成疾卒於任。

郭璣　山西臨晉縣人。乾隆二十六年三甲七十五名進士。三十六年任福建長泰知縣。

林曇　福建惠安縣人。乾隆二十六年三甲七十六名進士。三十六年任廣東和平和縣，四十七年改廣東昌化知縣。

錢廷謨　浙江仁和縣人。乾隆二十六年三甲七十七名進士。四十年任浙江嘉興府教授。

霍儀泰　山西馬邑縣人。乾隆二十六年三甲七十八名進士。三十六年任廣東高明知縣。

袁秀巒　廣東東莞縣人。乾隆二十六年三甲七十九名進士。

秦宏智　廣西馬平縣人。乾隆

二十六年三甲八十名進士。

馮昌紳 字柏岩。廣西象州人。乾隆二十六年三甲八十一名進士。選庶吉士，散館歸班候選知縣，任江蘇睢寧知縣。

卜貽直 江蘇武進縣人。乾隆二十六年三甲八十二名進士。任雲南河西知縣。

石玖光 字辰川。湖北興國州人。乾隆十七年舉人，二十六年三甲八十三名進士。授河南閿鄉知縣，擢河南懷慶府通判，署懷慶知府，四十五年官至南陽知府。以老告歸。

子石時榘，嘉慶元年進士。

嚴盛日 字建若。江西奉新縣人。乾隆二十六年三甲八十四名進士。任四川通江知縣。罣吏議去。

姚龍光 江蘇江都縣人。乾隆二十六年三甲八十五名進士。任貴州修文知縣，廣西知縣，五十五年任山東臨淄知縣，調益都知縣。因饑荒擅挪倉穀賑民，奪職。仍留益都追虧穀額。歸後主講雲門書院，卒年九十。

齊世南 字英鳳，號蒸圃，自號哦松居士。浙江天台縣人。乾隆二十六年三甲八十六名進士。榜後諸公卿爭相交之，世南閉戶不應，遂改浙江寧波府教授。秩滿罷歸，著有《玉芝堂詩文稿》。

汪槐 字檀亭。江蘇江寧縣人。乾隆二十六年三甲八十七名進士。補河南商丘知縣，遷北兵馬司指揮，丁憂歸。

鍾儼祖 江西會昌縣人。乾隆二十六年三甲八十八名進士。三十六年任江蘇宿遷知縣，三十七年改江蘇江陰知縣。

孫芝桂 陝西城固縣人。乾隆二十六年三甲八十九名進士。任雲南禄豐知縣、順寧知縣。

敏保 滿洲正藍旗人。乾隆二十六年三甲九十名進士。署江西蓮花廳同知，官至江西吉安府知府。

汪大亨 字遇豐。浙江錢塘縣人。乾隆二十六年三甲九十一名進士。三十六年任湖南通道知縣。

松齡 滿洲正紅旗人。乾隆二十六年三甲九十二名進士。任滿洲巴揚阿佐領，五十年遷江蘇徐州知府，任常鎮道。

唐世厚 廣西全州人。乾隆二十六年三甲九十三名進士。任雲南大理府趙州知州，官至刑部員外郎。

劉樹芳 山西平定直隸州人。乾隆二十六年三甲九十四名進士。三十七年任江蘇安東知縣，遷直隸景州知州，四十八年官至直隸灤州知州。

趙杬林 直隸新城縣人。乾隆二十六年三甲九十五名進士。官至陝西寧夏府清軍同知。

沈繩祖 浙江歸安縣人。乾隆二十六年三甲九十六名進士。

董延楷 山東萊陽縣人。乾隆二十一年舉人，二十六年三甲九十七名進士。三十六年任陝西中部知縣，調宜川、米脂知縣。著有《關中詩草》。

施璿樞　山西榆次縣人。乾隆二十六年三甲九十八名進士。任國子監博士。五十六年改山西澤州府教授。

李方茂　山東濟源縣人。乾隆二十六年三甲九十九名進士。三十一年任直隸欒城知縣，升西路廳同知。

劉元龍　陝西咸寧縣人。乾隆二十六年三甲一百名進士。三十六年任廣東始興知縣，四十年改安徽旌德知縣。

葉　端　浙江錢塘縣人。乾隆二十六年三甲一百零一名進士。任江蘇上元知縣，三十九年改如皋知縣，改江浦知縣，四十四年任江蘇東臺知縣。

李廷柏　雲南建水縣人。乾隆二十六年三甲一百零二名進士。

鄭嶽鍾　山西文水縣人。乾隆二十六年三甲一百零三名進士。三十八年任福建崇安知縣。

歐陽柱　字廷幹、南莊。江西泰和縣人。乾隆二十六年三甲一百零四名進士。三十六年任湖南江華知縣，代理湖南永州府理猺同知。丁憂歸遂不出。教授郡邑，與邑五老會賦詩唱合。著有《清芬堂文集》《清瑤閣詩草》等。卒年八十二。

王兆麟　陝西涇陽縣人。乾隆二十六年三甲一百零五名進士。任陝西延安府教授。

樊　荃　陝西三原縣人。乾隆二十六年三甲一百零六名進士。

張　灝　陝西富平縣人。乾隆二十六年三甲一百零七名進士。三十六年任山西嵐縣知縣。

馮高琇　直隸天津縣人。乾隆二十六年三甲一百零八名進士。任貴州青溪知縣。

周卜政　字時亮，號存齋。安徽桐城縣人。乾隆二十六年三甲一百零九名進士。歸班候選知縣。主講永年書院。

吳履和　廣東大埔縣人。乾隆二十六年三甲一百十名進士。三十八年任直隸曲陽知縣。

李　椰　河南鄧州人。乾隆二十六年三甲一百十一名進士。

集蘭　滿洲鑲藍旗人。覺羅氏。乾隆二十六年三甲一百十二名進士。任滿洲覺羅明善佐領。

孫曰秉　字德元，號葆年。奉天承德縣人。雍正十年十二月初八（1733年1月）生。乾隆二十六年三甲一百十三名進士。任河南知縣，四十四年改湖北嘉魚知縣，四十六年遷廣西鎮安知府，擢貴州糧道。五十五年授湖北按察使，五十九年遷山東布政使，嘉慶元年改江寧布政使，六年三月遷貴州巡撫，七月改雲南巡撫。嘉慶七年（1802）十一月十四日卒，年七十一。

蔣鑠裔　貴州銅仁縣人。乾隆二十六年三甲一百十四名進士。任教授。

孟秉堅　河南輝縣人。乾隆二十六年三甲一百十五名進士。三十七年任湖北竹山知縣，三十八年署湖北鍾祥知縣。

吳翼基 字凌霄。四川漢州人。乾隆二十六年三甲一百十六名進士。三十九年任湖南新田知縣。卒於任。

戴 芳 貴州鎮寧縣人。乾隆二十六年三甲一百十七名進士。任知縣。

白凌雲 陝西澄城縣人。乾隆二十六年三甲一百十八名進士。任甘肅鞏昌府教授。

李 淳 四川達州直隸州人。乾隆二十六年三甲一百十九名進士。任四川嘉定府教授，三十七年改四川重慶府教授，改任雲南宜良知縣、雲南趙州知州，官至昭通府大關廳同知。

薛叔鰲 陝西潼關廳人。乾隆二十六年三甲一百二十名進士。三十九年任福建安溪知縣。

高世綸 直隸衡水縣人。乾隆二十六年三甲一百二十一名進士。

劉 志 字士心，號惟勤。直隸南皮縣人。乾隆二十六年三甲一百二十二名進士。歸班候選知縣，不欲遠宦，辭歸故里，曾游河南、山東、陝西之名山大川，年三十三卒。

宋 昱 直隸玉田縣人。乾隆二十六年三甲一百二十三名進士。官至雲南曲靖知府。

馬人龍 字友夔。山東齊河縣人。乾隆二十六年三甲一百二十四名進士。選庶吉士。任刑部山西司主事，升郎中。三十八年考選福建道御史，升禮科給事中，後罷官，起復任禮部郎中。

林光照 字珠浦。福建霞浦縣人。乾隆二十六年三甲一百二十五名進士。二十九年任江蘇奉賢知縣，三十一年改江蘇興化知縣，三十三年改江蘇句容知縣，三十七年升江蘇高郵知州、海州知州，四十一年改泰州知州。

陳於曙 字晴軒，號福齋。四川墊江縣人。乾隆二十六年三甲一百二十六名進士。選庶吉士，散館授檢討。改山東鄆城知縣，調浙江湖州知縣，三十三年改浙江長興縣知縣。在任六年乞養歸。卒年六十三。

張念祖 湖北黃岡縣人。乾隆十七年舉人，二十六年三甲一百二十七名進士。

張廷榴 陝西武功縣人。乾隆二十六年三甲一百二十八名進士。三十六年任湖北枝江知縣。

何三畏 字敬一。廣西臨桂縣人。乾隆二十六年三甲一百二十九名進士。任廣西武緣教諭。

何 渾 甘肅階州文縣人。乾隆二十六年三甲一百三十名進士。三十七年任廣東從化知縣。精敏勤學，孝友篤行。

陳高飛 廣東澄海縣人。乾隆二十六年三甲一百三十一名進士。

歐陽欽 江西分宜縣人。乾隆二十六年三甲一百三十二名進士。任江西南康府教授。

楊中選 字宣霖，號晴軒。雲南尋甸縣人。乾隆二十六年三甲一百三十三名進士。選庶吉士，改順天懷柔縣知縣，以事降，改直隸無極知縣。丁憂歸，卒於家。

楊長佐 四川江津縣人。乾隆二十六年三甲一百三十四名進士。三十七年任任江西萬載知縣。

衛　謀 字松崖。河南濟源縣人。乾隆二十六年三甲一百三十五名進士。二十八年任江西崇義知縣、靖安知縣，三十二年改江西大庾知縣，三十九年改贛縣知縣，遷禮部主事、郎中。嘉慶元年考選江南道御史，遷吏科給事中，署九江知府。

張玉樹 字陰堂、德潤。陝西武功縣人。乾隆二十六年三甲一百三十六名進士。任山東清平、聊城、嶧縣知縣。升膠州知州、濟寧知州，代濟南知府，五十四年署山東青州知府，官至雲南臨安府知府。卒年六十。著有《恒訓閣志學錄》。

叔父張洲，乾隆二十二年進士。

李　萃 貴州遵義縣人。乾隆二十六年三甲一百三十七名進士。

吳興宗 順天大興縣人。乾隆二十六年三甲一百三十八名進士。任陝西鎮安知縣，三十四年改江西弋陽知縣，署餘干知縣，五十三年升安徽廬州府通判。

胡文超 字越萬。湖北漢陽縣人。乾隆十八年舉人，二十六年三甲一百三十九名進士。三十六年任河南唐縣知縣。

秦學瀚 貴州畢節縣人。乾隆二十六年三甲一百四十名進士。

俞開甲 浙江烏程縣人。乾隆二十六年三甲一百四十一名進士。三十二年任山東臨朐知縣。以事去官。

許青龍 福建南靖縣人。乾隆二十六年三甲一百四十二名進士。學問淹通，文章雅正。未仕。

莫元龍 河南盧氏縣人。乾隆二十六年三甲一百四十三名進士。任山東郾城知縣。

權天鑑 直隸宣化縣人。乾隆二十六年三甲一百四十四名進士。三十八年任直隸順德府教授。

曹　坦 字中履，號己圩。河南確山縣人。乾隆二十六年三甲一百四十五名進士。三十七年十二月任江蘇蕭縣知縣，遷禮部儀制司主事、員外郎。五十一年考選浙江道御史，署工科給事中。

余大鶴 字鳴九。雲南建水州人（乾隆三十五年改爲建水縣）。乾隆二十六年三甲一百四十六名進士。三十五年任四川蒼溪知縣，四十年調昭化知縣，四十七年任四川西昌知縣，署會理州知州，五十六年改四川彭縣知縣，五十七年卸，嘉慶元年任馬邊廳通判，署四川資州直隸州知州。

談　理 字義民。江蘇太倉直隸州人。乾隆二十六年三甲一百四十七名進士。任甘肅合水知縣。性疏拙，不能事上官，罷歸。

馬曾魯 字惟抑。直隸靈壽縣人。乾隆二十六年三甲一百四十八名進士。選庶吉士，散館改刑部主事，三十九年官至貴州思南府知府。

乾隆二十八年（1763）癸未科

第一甲三名

秦大成 （1720—1779）字澄叙，號篸圖。江南嘉定縣（今上海）人。乾隆二十四年舉人，二十八年一甲第一名狀元。授修撰。隨後請假回鄉侍養老母。十五年後進京任原職，四十三年充會試同考官。旋辭官歸里，卒於家中。

沈　初 字景初，號萃巖、雲椒。浙江平湖縣人。雍正七年十二月（1730年1月）生。乾隆二十七年召試一等特賜舉人，授內閣中書。二十八年一甲第二名榜眼。任編修。遷侍講、右庶子、少詹事。四十一年授詹事遷禮部侍郎。四十五年改兵部侍郎，五十年督順天學政，五十一年改督江蘇學政，五十五年改吏部侍郎，五十七年督江西學政，嘉慶元年六月遷左都御史、軍機大臣。十月改兵部尚書，二年三月調吏部尚書，八月改戶部尚書。嘉慶四年（1799）三月初一日卒，年七十一。謚"文恪"。曾充《四庫全書》館和《實錄》館副總裁，續編《石渠寶笈》《秘殿珠林》，著有《浙江采集遺書總錄》《蘭韻堂文集》《西清札記》等。

韋謙恒 字慎旃，號藥軒。安徽蕪湖縣人。乾隆二十二年三月以召試一等特賜舉人，并授內閣中書。乾隆二十八年一甲第三名探花。任編修、翰林院侍讀學士。三十四年督山東學政，三十七年授雲南按察使，改貴州按察使，遷貴州布政使，三十九年正月護理貴州巡撫。因知府蘇墧誣告總督一案，不能察劾於前又不請罪於後，四十年十月革職。革後降編修，乾隆四十三年充會試同考官，四十四年充雲南鄉試主考官，升侍讀，五十一年充陝西鄉試主考官，五十二年遷國子監祭酒，五十七年任鴻臚寺少卿。回籍就醫，卒年七十七。著有《傳經堂詩鈔》。

第二甲五十五名

董　誥 字雅倫、西京，號

蕉林。浙江富陽縣人。乾隆五年
（1740）三月生。乾隆二十八年二甲
第一名進士（殿試進呈卷列第三，
乾隆帝因其爲尚書董邦達子，改爲
二甲第一名）。選庶吉士，任翰林院
編修。遷中允，侍講學士。入直南
書房，三十九年授內閣學士遷工部
侍郎，充四庫館副總裁，接辦《四
庫全書薈要》，輯《滿州源流考》。
改戶部侍郎、軍機大臣。五十二年
正月遷戶部尚書，嘉慶元年授東閣
大學士。兼署刑部尚書晋太子太保。
纂修《高宗實錄》，歷時八年始完成。
四年五月授文華殿大學士，十四年
晋太子太師，十七年晋太保。嘉慶
十九年編録成的《全唐文》共收唐
代兩萬多篇文，共附三千多名作家
小傳，二十三年（1818）二月休致。
十月初十日卒，享年七十九。贈太
傅。入祀賢良祠。謚"文恭"。

父董邦達，雍正十一年進士，
禮部尚書。

孫效曾　字心蒔，號恂士。浙
江仁和縣人。乾隆二十八年二甲第
二名進士。選庶吉士，授編修。官
至翰林院侍讀學士。三十三年充雲
南鄉試主考官。

父孫宗溥，乾隆二年進士。

費南英　字希文，號道峰。浙
江烏程縣人。乾隆二十八年二甲第
三名進士。任工部主事，升郎中。
三十六年考選江南道御史，官至內
閣侍讀學士。

祝德麟　字趾堂，一作芷堂。

浙江海寧縣人。乾隆二十八年二甲
第四名進士。選庶吉士，授編修。
三十五年充四川鄉試主考官，三十
六年、三十七年連任會試同考官，
四十二年五月充福建鄉試主考官，
八月督陝甘學政，五十一年考選湖
廣道御史。後罷歸。著有《悦親樓
詩鈔》《離騷草木疏辨證》。

李家麟　陝西三原縣人。乾隆
二十八年二甲第五名進士。任戶部
額外主事。

孫良慧　安徽桐城縣人。乾隆
二十八年二甲第六名進士。任貴州
同仁府同知，署思州知府。後以原
品休致，家居二十年纂修家譜。著
有《南轅詩草》。

曹焜　字素爲，號秋漁。浙
江嘉善縣人。乾隆二十八年二甲第
七名進士。任四川新都知縣，兼署
華陽知縣，二十九年署四川金堂知
縣，署邛州知州、酉陽知州，三十
四年以卓異歷署四川嘉定、雅州、
潼川諸知府，後革職調陝西定邊知
縣，改戶部山西司員外郎。乞養歸，
居十餘年卒。著有《小牧吟稿》。

褚廷璋　（一作褚廷樟）字左
峨，號筠心。江蘇長洲縣人。乾隆
二十二年三月以召試一等賜舉人，
授內閣中書，二十八年二甲第八名
進士。選庶吉士，授編修。升侍讀，
三十六年督湖南學政，官至侍讀學
士。以大考降爲主事。丁母憂歸，
未幾卒。曾奉敕纂《西域圖志》，纂
《西域同文志》，著有《筠心書屋詩

鈔》等。

蔡履元 字梵珠、萬資，號梓南。浙江石門縣人。乾隆二十八年二甲第九名進士。授戶部主事，升郎中，四十一年考選山東道御史。居官二十年，著有《資敬堂帖》。

商衡 浙江會稽縣人。乾隆二十八年二甲第十名進士。二十八年任順天府房山知縣，三十六年天津管河縣丞，四十一年改鹽山知縣。

李調元 字羹堂，號雨村、贊庵、墨莊。四川羅江縣人。雍正十一年（1733）生。乾隆二十八年二甲十一名進士。選庶吉士，任吏部主事，二十九年充廣東鄉試副考官，升員外郎、郎中，四十二年督廣東學政，四十六年遷直隷通州道。因劾和坤，充軍伊犁。以母老曠歸。家居二十餘年，以著書自娛。嘉慶九年（1804）卒。年七十二。家中藏書較富，藏書處曰“萬卷樓”。一生著述頗豐，有《雨村曲話》《雨村劇話》《童山全集》《南越筆記》。另有《函海》一百六十三種，八百五十二卷。

從弟李鼎元，乾隆四十三年進士；從弟李驥元，乾隆四十九年進士。

吳霽 字倬雲，號竹堂。浙江錢塘縣人。乾隆二十八年二甲十二名進士。曾主湖北書院，又主吳中平江講席。著有《晚翠精集》。

董潮 字曉滄，號東亭。浙江海鹽縣人。少孤，育於外家陳氏，

能詩善畫。乾隆二十八年二甲十三名進士。選庶吉士。入内閣行走，充《通鑑輯覽》纂修官。請假歸，年三十五卒。工詩文，兼善六法，又嘗賦紅豆樹歌，傳誦京師，稱“紅豆詩人”，爲“嘉禾八子”之一。著有《東亭詩選》《紅豆詩人集》《讀史小稿》等。

程沆 字琴南，號澄亭、晴嵐。江蘇安東縣人。乾隆二十八年二甲十四名進士。選庶吉士，授編修。

馮丹香 字燕山，號實枝。浙江慈溪縣人。乾隆二十八年二甲十五名進士。三十七年署四川雙流知縣，調南充知縣，四十四年改郫縣、灌縣知縣，四十九年補福建甌寧知縣，遷吉州知州。因福州將軍魁倫訐奏全省虧帑，總督、巡撫俱以罪誅，屬官多被其禍，丹香亦殁。

齊玿 字羽峰。安徽婺源縣人。乾隆二十八年二甲十六名進士。三十七年任廣東始興知縣，四十年改廣東電白、高要知縣，四十七年官至廣東南澳同知，署嘉應州知州。著有《杜詩本義》《思本齋目録》《三晉見聞録》《雨峰詩鈔》等。

張秉愚 字葆靈，號梯南。陝西綏德州人。乾隆二十八年二甲十七名進士。選庶吉士，授編修。四十年考選四川道御史，升給事中，官至奉天府丞兼學政。

父張璨，康熙五十七年進士。

費承勛 浙江仁和縣人。乾隆二十八年二甲十八名進士。任貴州

婺川知縣。官至廣東連平知府。

周邦 江西金溪縣人。乾隆二十八年二甲十九名進士。

吳珏 字樨玉，號竝山。安徽歙縣人。乾隆二十八年二甲二十名進士。候補內閣中書。曾主講淮陽安定書院，改梅花書院。著有《詩古文全集》《釋水經注》等。

蕭梅年 山東福山縣人。乾隆二十八年二甲二十一名進士。任知縣。三十六年遷貴州獨山知州，三十八年改永寧知州，遷貴州仁懷廳同知，六十年署大定知府。致仕歸。

父蕭劼，康熙五十四年進士。

湯萼棠 號諫堂。浙江仁和縣人。乾隆二十八年二甲二十二名進士。任刑部主事，升郎中，三十三年外任江西南安知府，四十二年調撫州知府，四十三年調南昌知府，四十五年護吉南贛寧道。

張燾 （原名張燨）字慕青，號涵齋。安徽宣城縣人。乾隆二十八年二甲二十三名進士。選庶吉士，授編修。三十九年充四川鄉試主考官，升侍讀，四十五年充順天鄉試同考官，四十八年充河南鄉試主考官，降戶部主事，五十一年督湖廣學政，官至禮部祠祭司員外郎。

徐嗣曾 （原名楊嗣，曾出嗣徐氏）字宛東，號雨松。浙江海寧縣人。乾隆二十八年二甲二十四名進士。任戶部主事，升員外郎、郎中，外任雲南迤西道。四十四年授安徽按察使，四十八年遷福建布政使，

五十年七月授福建巡撫。五十五年（1790）入京祝嘏回任，十一月卒於山東臺莊舟次。

費淳 字筠浦。浙江錢塘縣人。乾隆四年（1739）生。乾隆二十八年二甲二十五名進士。歷任刑部主事、郎中，江蘇常州知府，四十三年改山西太原知府，遷山西冀寧道。乾隆四十六年授山西按察使，遷雲南布政使。四十九年乞養。六十年授江蘇巡撫，嘉慶四年擢兩江總督。五年加太子少保。八年授兵部尚書，九年改吏部尚書，十年閏六月授協辦大學士，十二年正月遷體仁閣大學士。管工部兼管三庫。十四年以工部假印冒領庫款案降兵部侍郎，十五年二月遷工部尚書。嘉慶十六年（1811）三月卒，享年七十三。賞還大學士。謚"文恪"。

張培 字守田，號蓉止。浙江錢塘縣人。乾隆二十八年二甲二十六名進士。歸班候選知縣，三十年召試授內閣中書，官至吏部郎中。

戴璐 （1739—1806）字敏夫，號菔塘，一號吟梅居士。浙江烏程縣人。乾隆二十八年二甲二十七名進士。任工部主事，升郎中。四十五年考選湖廣道御史，升吏科掌印給事中，遷通政司副使，嘉慶四年授太僕寺卿，六年降鴻臚寺少卿。著有《藤陰雜志》《石鼓齋雜志》《吳興詩話》《秋樹山房詩稿》，另編有《國朝六科漢給事中題名錄》《國朝湖州府科第表》等。

父戴文登，乾隆二十二年進士。

蘇去疾 字獻之，一字園仲，江蘇常熟縣人。乾隆二十八年二甲二十八名進士。選庶吉士，改刑部主事，官至貴州都勻府八寨同知。以逸獄囚罷官。曾主講山西、河南書院。家居三十年逍遙，人指爲"仙"。著有《園仲文集》五卷。

施朝幹 （一作施朝榦）字培叔、鐵如，號小鐵。江蘇儀征縣人。乾隆二十八年二甲二十九名進士。任禮部主事，升儀制司郎中。五十一年考選山東道御史，遷通政使司副使，五十七年授太僕寺卿，六十年改太常寺卿，督湖北學政，官至宗人府府丞。嘉慶二年（1797）卒。著有《六義齋》《正聲》《一勺》《陵陽》等集。

爲乾隆四年進士施淇子。

吳省欽 字冲之，號白華。江蘇南匯縣人。雍正七年十二月十四日（1730年2月）生。乾隆二十二年三月以召試一等特賜舉人并授內閣中書，二十八年二甲三十名進士。選庶吉士，任編修。遷翰林院侍講學士，乾隆四十九年授光禄寺卿，五十年改順天府尹。五十六年遷禮部侍郎。督順天學政，以病卸職。四月改工部侍郎，六十年督順天學政，嘉慶二年改吏部侍郎，三年二月遷左都御史。因系和珅黨羽，四年正月革職回籍。嘉慶八年（1803）六月初二日卒，年七十五。著有《白華初稿》《白華後稿》《白華入蜀文

鈔》《詩鈔》《官韻考異》等。

王嵩高 （1735—1800）字少林，號海山，晚號慕堂。江蘇寶應縣人。乾隆二十八年二甲三十一名進士。歷湖北利川、武昌、漢陽、應城等知縣，補武黃同知，歷署鄖陽、施南知府，緣事降直隸河西河務同知，升廣西平樂知府。未任，母病歸不出。年六十六卒。著有《小樓詩集》。

高焱 浙江德清縣人。乾隆二十八年二甲三十二名進士。任吏部主事。

胡翹楚 字邁叢。山東肥城縣人。乾隆二十八年二甲三十三名進士。任安徽東流知縣，四十三年改浙江嵊縣知縣。

喬鍾吳 字鷗村。江蘇上海縣人。乾隆二十八年二甲三十四名進士。三十九年任直隸遷安知縣。

姚鼐 字姬傳、夢谷，號惜抱。安徽桐城縣人。雍正九年十二月二十日（1732年1月）生。刑部尚書姚文然玄孫。乾隆二十八年二甲三十五名進士。選庶吉士，任禮部主事，三十三年充山東鄉試副考官，升員外郎，三十五年充湖南鄉試副考官，擢刑部郎中。充四庫全書纂修官。三十六年會試同考官，三十九年乞病告歸。後主講安慶敬敷、揚州梅花、歙縣紫陽、江寧鍾山書院四十餘年。嘉慶十五年鄉舉重逢賞四品銜。嘉慶二十年（1815）九月十三日卒於江寧鍾山書院，年八十五。著有《惜抱軒全集》《九經

説》《古文辭類纂》《春秋二傳補注》《左傳公羊傳、穀梁傳補注》《五七言今體詩鈔》等。

錢璟 江蘇武進縣人。乾隆二十八年二甲三十六名進士。

蔣熊昌 字辛仲。江蘇陽湖縣人。乾隆二十八年二甲三十七名進士。任户部主事，升郎中，官至安徽潁州府知府。罷歸。

吳森 字奉章。江西南豐縣人。乾隆二十八年二甲三十八名進士。三十七年任湖北建始知縣，三十八改石首知縣。忤上官罷歸。

王學濂 字志周。浙江仁和縣人。乾隆二十八年二甲三十九名進士。三十七年任江蘇碭山知縣，四十四年任江蘇儀征知縣，四十五年改上海知縣，丁父憂。五十四年補四川德陽知縣，署綿竹知縣。

汪百名 字實賓。安徽歙縣人。乾隆二十八年二甲四十名進士。任江蘇常州府教授。

宗開煌 字星渠，號斗南。江西南昌縣人。乾隆二十八年二甲四十一名進士。任鞏昌知縣，三十八年遷甘肅階州直隸州知州。

李汝麟 字佩堂，號仁圃。江蘇山陽縣人。乾隆二十八年二甲四十二名進士。任浙江泰順知縣，三十九年任太平知縣，四十三年改餘姚知縣。

胡一鴻 江蘇山陽縣人。乾隆二十八年二甲四十三名進士。三十五年任池州府教授，三十七年升廣

東龍川知縣，四十五年任廣東三水知縣，四十六年任廣東饒平知縣。

邱日榮 字向辰，號木亭。江西玉山縣人。乾隆二十八年二甲四十四名進士。選庶吉士，改户部主事，升刑部郎中，三十六年考選福建道御史，代理工科、刑科給事中。卒於任。

王家賓 字梅岑。順天昌平州人。乾隆二十八年二甲四十五名進士。任内閣中書，四十四年纍遷湖南衡州知府，四十九年任辰沅兵備道，改廣西桂平梧道，嘉慶十二年授廣西按察使。十三年休致。

祥慶 字厚齋，號素雲。漢軍正黃旗。乾隆二十八年二甲四十六名進士。選庶吉士，授編修。嘉慶元年官至福建興化府知府。

李廷欽 字惕若，號敬堂。福建侯官縣人。乾隆二十八年二甲四十七名進士。選庶吉士，改兵部主事，三十五年充廣東鄉試副考官，升郎中，三十八年考選江南道御史，遷兵科掌印給事中，五十二年由太僕寺少卿遷光禄寺卿。五十三年罷職。

湯愈 字文起。江蘇昭文縣人。乾隆二十八年二甲四十八名進士。未謁選卒。

牟元文 字思貽，號素田。貴州安順府人。乾隆二十八年二甲四十九名進士。選庶吉士。卒於京。

舒元豐 字春谷。順天大興縣人。乾隆二十八年二甲五十名進士。任奉天錦縣知縣，三十七年任山東

昌樂知縣。

孟生蕙 字鶴亭，號蘭舟。山西太谷縣人。乾隆二十八年二甲五十一名進士。選庶吉士，改授吏部主事，升員外郎、禮部郎中。四十年考選湖廣道御史，歷京畿道、江南道御史，四十四年充雲南鄉試副考官，升工科、吏科給事中，遷光祿寺少卿，官至通政司參議。因彈劾直隸總督劉峩昌開礦擾居，措施過激，革職回籍。著有《蘭舟詩文集》。

歐陽新 字晴岩。江西安福縣人。乾隆二十八年二甲五十二名進士。任廣西蒼梧知縣，遷梧州府同知，四十七年任廣東廉州府同知，五十三年改潮州府海防同知，遷連州直隸州知州，改廣西慶遠、鎮安府知府。嘉慶二年（1797）賑饑民染瘴卒。

陳宏衢 福建侯官縣人。乾隆二十八年二甲五十三名進士。任直隸望都知縣。

陳其焜 字介炎，號琬同。廣東新會縣人。乾隆二十八年二甲五十四名進士。選庶吉士，改主事，升禮部郎中，四十五年考選陝西道御史，官至戶科掌印給事中。

徐天驥 字德士，號松塢。浙江德清縣人。乾隆二十八年二甲五十五名進士。任戶部主事。

第三甲一百三十名

魯　河（原名華祝）江西新城縣人。乾隆二十八年三甲第一名進士。任山西右玉知縣，四十年十二月改山西左雲知縣，丁憂服闋，補四川馬邊廳通判，擢酉陽直隸州知州，升潼川知府。請乞歸未二載卒。

祖父魯璦，康熙二十四年進士。

唐來松 字甫鄉。安徽歙縣人。乾隆二十八年三甲第二名進士。任江蘇常州府教授。

廖玉麟（榜名廖玉林）福建閩縣人。乾隆二十八年三甲第三名進士。三十八年任福建邵武府教授，四十二年任臺灣府教授，四十七年改汀州府教授。

胡紹基 福建長汀縣人。乾隆二十八年三甲第四名進士。任內閣中書。

高　墉 字省垣，號既茨。江南鄱陽縣人。乾隆二十八年三甲第五名進士。選庶吉士。

李　集 字繹初，號敬堂，晚號六忍老人。浙江嘉興縣人。康熙五十五年（1716）生。乾隆二十八年三甲第六名進士。三十八年任湖北鄖縣知縣。清廉多惠政，百姓愛之。歸里後精研經學。乾隆五十九年（1794）卒，年七十九。著有《周易願學編》《尚書信古錄》《毛詩無邪訓》《孝經玉律》《六忍居詩文集》《鶴徵錄》《願學齋文鈔》。

陳肇森 字立齋。福建侯官縣人。乾隆二十八年三甲第七名進士。三十八年任安徽旌德知縣。降調去。

林德明 湖北漢川縣人。乾隆

十二年舉人，二十八年三甲第八名進士。

魯　鴻　字厚佘、懷遠。江西新城縣人。乾隆二十八年三甲第九名進士。任河南沈丘、淇縣、滎澤、孟縣、寧縣知縣。

祖父曾瑗，康熙二十四年進士。

屠　紳　字賢書，號笏書、笏岩。江蘇江陰縣人。乾隆二十八年三甲第十名進士。任雲南師宗知縣，官至雲南尋甸州知州。著有《蟫史》《六合内外瑣言》《鶚亭詩話》等。

白　麟　字應雍，號西崖。滿洲正白旗人。乾隆二十八年三甲第十一名進士。選庶吉士，散館改主事，纍遷侍講學士，後降侍講。

沈世熹　浙江仁和縣人。乾隆二十八年三甲十二名進士。四十一年任四川龍安知府，遷雲南迤南道，五十二年官至湖北荊宜施道。

李　鐸　字振文，號琪園。山東壽光縣人。乾隆二十八年三甲十三名進士。選庶吉士，授檢討。改江西彭澤知縣，三十六年改江西會昌知縣，三十八年改江西新建知縣，遷山西寧武府同知，署理知府。年未四十卒於任。著有《冷玉岩集》。

濮啓元　號玉岩。浙江桐鄉縣人。乾隆二十八年三甲十四名進士。任湖北來鳳知縣，調廣西灌陽知縣。引疾歸。

陳　燮　字和軒。福建閩縣人。乾隆二十八年三甲十五名進士。任吏部主事、員外郎，三十六年充江

南鄉試副考官，升郎中，三十七年遷川東兵備道，署四川按察使。

潘憲武　字立山。貴州貴築縣人。乾隆二十四年舉人，二十八年三甲十六名進士。三十八年任湖北咸豐知縣。著有《立山詩稿》。

劉　升　陝西臨潼縣人。乾隆三年舉人，二十八年三甲十七名進士。

呂元亮　字靖東、潛齋，號陶村。山西鳳臺人。乾隆二十八年三甲十八名進士。選庶吉士，改主事，三十七年官至四川川北兵備道。

王　鑰　安徽和州含山縣人。乾隆二十八年三甲十九名進士。

牛問仁　山西安邑縣人。乾隆二十八年三甲二十名進士。任河南商水知縣。解組歸。

聶宗陽　江西德化縣人。乾隆二十八年三甲二十一名進士。三十九年任福建浦城知縣，四十五年改福建龍溪知縣。

朱子璠　山東樂陵縣人。乾隆二十八年三甲二十二名進士。任直隸淶水知縣。

觀　永　滿洲正白旗人。乾隆二十八年三甲二十三名進士。任滿洲常安佐領。

保兆炳　字若暘。江蘇通州直隸州人。乾隆二十八年三甲二十四名進士。三十八年任廣東臨高知縣，四十八年改福建羅源知縣，署儋州知州。

費志學　字所之、蘭谷。湖南巴陵縣人。乾隆二十八年三甲二十

五名進士。任江蘇上元知縣，四十年任江蘇昆山知縣，四十六年改江蘇常熟知縣。俱有政聲。

張世法 字平度，號鶴泉。湖南湘潭縣人。乾隆二十八年三甲二十六名進士。三十八年任順天房山知縣，病歸。起用任寧夏知縣，丁父憂。補甘肅華亭知縣。著有《瞻麗堂文集》《房山縣志》《雙樟園詩集》。

許世墉 浙江嘉興縣人。乾隆二十八年三甲二十七名進士。歸班候選知縣。

陳良翼 湖北蘄州人。乾隆二十五年舉人，二十八年三甲二十八名進士。三十八年任福建福安知縣，四十三年改福清知縣，四十八年任臺灣諸羅知縣，五十一年林爽文亂後仍回諸羅知縣，（五十三年奉旨諸羅縣改爲嘉義縣），升雲南嵩明州知州，母老未任，仍代諸羅知縣。

薛鼎銘 字象山，號莆塘。江蘇上海縣人。乾隆二十八年三甲二十九名進士。三十八年任浙江浦江知縣。四十年回任。

黃九叙 浙江錢塘縣人。乾二十八年三甲三十名進士，三十八年任湖南新化知縣，四十六年任湖南零陵知縣。

劉徵泰 字階符，號東亭。直隸臨楡縣人。乾隆二十八年三甲三十一名進士。選庶吉士，四十六年改山西繁峙知縣，五十年署鳳臺知縣，嘉慶四年遷山西沁州知州，改

山西絳州知州，官至署山西寧武知府。

楊慰 字安臨。山東蘭山縣人。乾隆二十八年三甲三十二名進士。任山西夏縣知縣，調福建福安知縣，三十八年任詔安知縣，四十三年改惠安知縣，四十四年歷臺灣嘉義、諸羅知縣。因事入獄，其子楊應星至刑部鳴冤，後釋歸，以疾卒於家。

易文基 字臺履，號芝田。湖南長沙縣人。乾隆二十八年三甲三十三名進士。選庶吉士，授檢討。三十五年改甘肅鎮原縣知縣，在任三載，後請改任教職，任湖南沅州府教授，四十八年任常德府教授，五十五年改永順府教授，嘉慶四年復任永順府教授。

劉啓秀 字懷芳、養園。湖南邵陽縣人。乾隆二十八年三甲三十四名進士。三十八年任直隸靈壽、新樂知縣，四十二年改玉田知縣。著有《養園詩鈔》。

邵一聯 字敦之。順天大興縣人。乾隆二十八年三甲三十五名進士，三十八年任河南封丘知縣。

涂寧先 字致遠。江西靖安縣人。乾隆二十八年三甲三十六名進士。任安徽巢縣知縣，三十六年任桐城知縣，代理滁州知州。乞休歸。主魯陽平定書院，纂《山西平定州志》。

平聖敬 浙江山陰縣人。乾隆二十八年三甲三十七名進士。三十

二年任廣東電白知縣，改廣東陽春知縣。

潘相 字潤章。湖南安鄉縣人。乾隆二十八年三甲三十八名進士。二十九年任山東福山知縣。三十四年調曲阜知縣，三十七年升山東濮州知州，官至雲南昆陽州知州。輯有《經學八書》。

李中龍 字孔猶。江西鄱陽縣人。乾隆二十八年三甲三十九名進士。

李榮陛 字尊基，號厚岡。江西萬載縣人。乾隆二十八年三甲四十名進士。任湖南永興知縣，母喪歸補雲南恩樂、呈貢、嶍峨知縣，雲州知州。年六十六以疾乞歸。主講大理書院。著有《周易篇》二卷、《尚書編第》一卷、《雲緬山川志》《尚書考》六卷、《厚岡文集》二十卷、《詩集》四卷等。

楊景山 字仰齋。廣東萬州人。乾隆二十八年三甲四十一名進士。四十一年任江西崇義知縣。解組歸。以詩書課子，卒年七十三。

孫含中 （1729—1778）字象淵，號西林。山東昌邑縣人。乾隆二十八年三甲四十二名進士。選庶吉士，改戶部主事，三十二年充河南鄉試副考，三十五年任貴州鄉試副考官，升員外郎，外任浙江寧紹台道、江南蘇松道，三十八年授陝西按察使，四十二年遷浙江布政使。四十三年罷職。

父孫爾周，乾隆十年進士。

吳錦元 號梅崖。江西高安縣

人。乾隆二十八年三甲四十三名進士。任陝西米脂知縣。

哲成額 滿洲正白旗人。佟佳氏。乾隆二十八年三甲四十四名進士。官至直隸霸昌道。

林振采 福建長樂縣人。乾隆二十八年三甲四十五名進士。

父林瓊蕤，雍正八年進士。

湯大奎 字曾輅，號緯堂。江蘇武進縣人。雍正六年（1728）三月十一日生。乾隆二十八年三甲四十六名進士。任河南柘城知縣，三十年改浚縣知縣，署獲嘉知縣，丁父母憂。三十九年改浙江德清知縣，四十四年調福建連江知縣，四十八年任臺灣鳳山知縣。五十一年臺灣林爽文起義，大奎募鄉勇守禦，十二月十三日（1787年2月）城陷被殺，年五十九。予雲騎尉世職。著有《緯堂詩略》。撰有《炙硯瑣談》。

竇絪 河南柘城縣人。乾隆二十八年三甲四十七名進士。三十八年任四川南溪知縣、鄰水知縣，四十七年署四川酉陽直隸州知州。

詹斌 廣東饒平縣人。乾隆二十八年三甲四十八名進士。任雲南太和知縣，四十三年任湖南安化知縣，四十四年改酃縣知縣，五十年任湖南綏寧知縣、漳平知縣，五十七年改福建永安知縣。

范龍 浙江仁和縣人。乾隆二十八年三甲四十九名進士。任山東武定州州判，升知縣。

呂爾昌 江蘇武進縣人。乾隆

二十八年三甲五十名進士。任刑部主事，四十二年一月任山東濟南知府，四十五年擢濟東道。四十六年授安徽按察使。四十七年革職逮。

龔驂文 字熙上，號簡庵。廣東高要縣人。乾隆二十八年三甲五十一名進士。選庶吉士，授檢討。改刑部主事，遷禮部郎中，五十二年考選江西道御史，五十四年任順天府丞，改通政司副使，嘉慶三年遷光祿寺卿，四年授宗人府丞。六年致仕歸。年七十三卒。

張崧 陝西綏德直隸州人。乾隆二十八年三甲五十二名進士。三十八年任福建永安知縣，四十五年遷福建延平府通判，四十九年官至福建泉州府馬巷通判。

弓養正 字培甫。山西壽陽縣人。乾隆二十八年三甲五十三名進士。授河南內黃知縣，遷信陽知州，特擢直隸永平知府。忤權貴落職。家居十餘年卒。

子弓佩綬，乾隆五十八年進士。

宋丁奇 河南祥符縣人。乾隆二十八年三甲五十四名進士。二十八年任安徽太和知縣。在任五年，以疾歸。

張崏 陝西涇陽縣人。乾隆二十四年舉人，二十八年三甲五十五名進士。三十八年任順天香河知縣，四十七年遷順天府涿州知州，改薊州知州，五十一年調廣東連平知州。

張鈞 陝西西鄉縣人。乾隆

二十八年三甲五十六名進士。三十八年任貴州貴築知縣，升貴州開州知州，遷雲南楚雄知府，四十五年改貴州貴陽知府，官至貴東兵備道。

米錦 字黼堂。四川崇寧縣人。乾隆二十八年三甲五十七名進士。三十八年任江西樂安知縣。

高上桂 字月峰。雲南鄧川州人。乾隆二十八年三甲五十八名進士。三十八年任四川新繁知縣，丁憂歸。嘉慶六年遷湖南茶陵州知州。

馮麟 字苑嘉。廣東東莞縣人。乾隆二十八年三甲五十九名進士。四十年任江西高安知縣。

王爲俊 安徽含山縣人。乾隆二十八年三甲六十名進士。任禮部主事。

洪鑾 字輅門。安徽蕪湖縣人。乾隆二十八年三甲六十一名進士。任山東博山知縣，擢東平州。越二載卒。

胡兆爵 字佩三。江西廬陵縣人。乾隆二十八年三甲六十二名進士。年近五十淡於仕進，授徒郡城。著有《療飢草集》十八卷。

周肅文 字潛溪、履剛。江西金溪縣人。乾隆二十八年三甲六十三名進士。任江西南康府教授。卒年七十四。

王麟書 順天大興縣人。乾隆二十八年三甲六十四名進士。二十八年任直隸天津府教授。

胡鵬雲 字丹崖。直隸高陽縣人。乾隆二十八年三甲六十五名進士。任安徽懷遠知縣、當塗知縣，五十年調宣城知縣，五十二年升鳳陽府同知，五十三年署安徽泗州知州，五十八年遷江蘇徐州知府，六十年官至安徽鳳陽知府。

許凝道 河南安陽縣人。乾隆二十八年三甲六十六名進士。三十八年任湖南醴陵知縣，四十年改攸縣知縣，四十六年任衡陽知縣，改河南府教授。

賈構 陝西洛川縣人。乾隆二十八年三甲六十七名進士。四十三年任湖南東安知縣，四十七年改城步知縣，五十三年任湖南宜章知縣。

趙蘇門 山東海陽縣人。乾隆二十八年三甲六十八名進士。三十八年任直隸沙河知縣。以病致仕歸。

龍仲槐 廣西雒容縣人。乾隆二十八年三甲六十九名進士。三十八年任四川彭水知縣。

劉治傳 雲南石屏州人。乾隆二十八年三甲七十名進士。

申士秀 字書升。山東歷城縣人。乾隆二十八年三甲七十一名進士（時年五十）。任四川慶符知縣，三十八年改名山知縣，四十一年改石泉知縣，署德陽知縣。四十三年（1778）卒於任。著有《尚志軒文集》《詩集》等。

洪錫璋 字達夫。江蘇儀征縣人。任安徽望江縣教諭。乾二十八年三甲七十二名進士。

蔣鳴鹿 字舜游、于野，號東崖。雲南鶴慶府人。乾隆二十八年三甲七十三名進士。選庶吉士，授檢討、記名御史。改仕歸。主鶴洋、桂香、五華諸書院講席。

父蔣祖培，乾隆二年進士。

袁嘉德 字粹中，號春舫。江西贛縣人。乾隆二十八年三甲七十四名進士。四十年任廣東陽春知縣，四十六年署東莞知縣，調署新會知縣。未幾卒於任。

袁樹 字豆村，號香亭。浙江仁和縣人。乾隆二十八年三甲七十五名進士。三十三年任河南南陽知縣，三十八年任安徽徽州府通判，遷廣東惠州府同知，官至廣東肇慶知府。著有《紅豆村人詩稿》《端溪硯譜記》等。

兄袁枚，乾隆四年進士。

謝景謨 山東福山縣人。乾隆二十八年三甲七十六名進士。任陝西保安知縣。

楊宗岱 字鈍夫。江西大庚縣人。乾隆二十八年三甲七十七名進士。授廣西知縣未任，三十八年任四川綿竹知縣，四十二年改井研知縣。

吳本 字立之，號裕泉。江西崇仁縣人。乾隆二十八年三甲七十八名進士。任廣東恩平知縣，卒於任。

周位庚 字廷岐，號介亭。廣西臨桂縣人。乾隆二十八年三甲七十九名進士。選庶吉士，授檢討。改刑部主事，升員外郎，五十二年官至山西澤州知府。工山水畫。

鄧克明　字鏡亭。四川眉州直隸州人。乾隆二十八年三甲八十名進士。歷任雲南太和知縣、直隸平鄉知縣、河南滎陽知縣。

魏宸瑞　福建閩縣人。乾隆二十八年三甲八十一名進士。四十一年任江西進賢知縣。

趙來章　河南鹿邑縣人。乾隆二十八年三甲八十二名進士。三十三年任湖北鄖陽知縣。

尚五品　山西沁水縣人。乾隆二十八年三甲八十三名進士。任甘肅大通知縣。本縣有名孝子。

王遵典　山西平定直隸州人。乾隆二十八年三甲八十四名進士。任山西平陽府教授。

徐國柱　字砥齋。湖北沔陽州人。乾隆二十七年舉人，二十八年三甲八十五名進士。三十九年授陝西吳堡知縣，調署米脂縣，升陝西綏德直利州知州。致仕歸。

楊掄　甘肅寧夏中衛人。乾隆二十八年三甲八十六名進士。三十八年署四川富順知縣，四十二年改四川金堂知縣。

戴觀　字經在，號融齋。江蘇宜興縣人。舉人中明通榜任壽州學正，乾隆二十八年三甲八十七名進士。尋卒。

熊爵勛　字懋功。江西安義縣人。乾隆二十八年三甲八十八名進士。三十九年任貴州安化知縣，五十二年貴州開泰知縣，遷雲南曲靖府同知，官至貴州興義知府。歸卒。

邵倫清　字景夔。江蘇常熟縣人。乾隆二十八年三甲八十九名進士。三十九年任江西弋陽知縣，改雲南永善知縣，官至雲南廣西直隸州知州。

顏璹　（碑作顏燽，誤）字其蘊、究山。福建永春直隸州人。雍正二年（1724）生。乾隆二十八年三甲九十名進士。三十九年任安徽涇縣知縣。在任六年，引疾歸，後主講清源書院。

包祖賢　浙江鄞縣人。乾隆二十八年三甲九十一名進士。任雲南建水知縣。

程琮　湖北麻城縣人。乾隆二十七年舉人，二十八年三甲九十二名進士。三十九年任山西垣曲知縣。

帥光祖　字宗文，號藥房。江西奉新縣人。乾隆二十八年三甲九十三名進士。選江西臨江教授，未任卒。有詩文十餘卷。

兄帥念祖，雍正元年進士。

林愛霖　廣東潮陽縣人。乾隆二十八年三甲九十四名進士。

黃義尊　字道安，號達齋。湖北江陵縣人。乾隆二十七年舉人，湖北安陸府訓導，二十八年三甲九十五名進士。選庶吉士，授檢討。三十六年考選陝西道監察御史，四十年二月任順天西城巡城御史，後降吏部驗封司員外郎。

沈翰　字周屏，號立齋。江

蘇震澤縣人。乾隆二十八年三甲九十六名進士。三十九年任直隸保定縣知縣。告病歸。曾主講笠澤書院。卒年七十一。

劉正揆　湖北漢陽縣人。乾隆十五年舉人，二十八年三甲九十七名進士。四十三年署四川奉節知縣，四十五年署西充知縣，六十年任四川合江知縣。

張兆鰲　字欽玉，號亦滄。福建仙游縣人。乾隆二十八年三甲九十八名進士。

甯有誠　奉天錦縣人。乾隆二十八年三甲九十九名進士。四十一年任江西奉新知縣。四十八年改奉天府教授。

馮文止　字子靜。山西壺關縣人。乾隆二十八年三甲一百名進士。任山西平陸教諭，補河東運學教授。移疾歸。嘉慶初年詔舉孝廉方正。

韓乾元　直隸新安縣人。乾隆二十八年三甲一百零一名進士。

崔映淮　山西代州直隸州人。乾隆二十八年三甲一百零二名進士。任山西河東運司教授。

陳士鳳　雲南河陽縣人。乾隆二十八年三甲一百零三名進士。三十九年任湖北羅田知縣，四十二年署隨州知州，改黃陂知縣、江夏知縣，五十一年改湖北黃梅知縣。

劉映菜　廣西臨桂縣人。乾隆二十八年三甲一百零四名進士。三十九年任山西興縣知縣，遷河南開封府通判。

傅宗元　四川新都縣人。乾隆二十八年三甲一百零五名進士。任湖北武昌知縣。

張瑢　河南柘城縣人。乾隆二十八年三甲一百零六名進士。任河南開封府教授。

陳彬　順天宛平縣人，祖籍浙江臨海。乾隆二十八年三甲一百零七名進士。

李曜庚　廣西宣化縣人。乾隆二十八年三甲一百零八名進士。

史才　山西忻州直隸州人。乾隆二十八年三甲一百零九名進士。任山西運司教授。

劉齒　字完璧。江西金溪縣人。乾隆二十八年三甲一百十名進士。任廣東花縣知縣，四十年改廣東保昌知縣、新會知縣。

陳廷牧　字叢桂、西園。廣東南海縣人。乾隆二十八年三甲一百十一名進士。三十九年任順天寧河知縣。

危履亨　字義武，號省齋。福建南平縣人。乾隆二十八年三甲一百十二名進士。四十年任直隸臨城知縣。以老病致仕歸。

陳鵬飛　字之南。四川涪州人。乾隆二十八年三甲一百十三名進士。任山東曹縣、萊蕪知縣。

陳欽元　河南祥符縣人，原籍福建長樂。乾隆二十八年三甲一百十四名進士。

盧聖存　字方維。廣東東莞縣人。乾隆二十四年舉人，二十八年三甲一百十五名進士。四十二年任山東肥城知縣。居官八年。

周于德 四川樂山縣人。乾隆二十八年三甲一百十六名進士。任雲南永平知縣，官至廣西新寧州知州，署雲南維西廳。卸任後主講修文書院。

杜元躬 河南登封縣人。乾隆二十八年三甲一百十七名進士。

李名揚 河南盧氏縣人。乾隆二十八年三甲一百十八名進士。

李之英 順天大興縣人。乾隆二十八年三甲一百十九名進士。四十六年任河南南陽知縣，五十年改鄧州知州，五十三年署舞陽知縣。

萬邦英 字德峰。貴州獨山州人。乾隆二十八年三甲一百二十名進士。四十四年授甘肅崇信知縣，調山丹縣，官至靜寧州知州，四十七年坐布政使王亶望冒收帳款案，發黑龍江，尋歸，卒於家。

黃時清 河南洛陽縣。乾隆二十八年三甲一百二十一名進士。任安徽績溪知縣。

父黃家甲，雍正八年進士。

李樹啓 四川三臺縣人。乾隆二十八年三甲一百二十二名進士。

任廣西陸川知縣。

倪雲邁 貴州開泰縣人。乾隆二十八年三甲一百二十三名進士。三十八年任湖南新寧知縣，四十一年改永順知縣、桑植知縣。

朱光訓 字廷芳。江西樂平縣人。乾隆二十八年三甲一百二十四名進士。四十年任湖南永定知縣。

張存性 順天涿州人。乾隆二十八年三甲一百二十五名進士。四十年任江蘇江陰知縣，四十二年改江西安義知縣。

蘭懷璣 山西左雲縣人。乾隆二十八年三甲一百二十六名進士。任山西蒲州府教授。

馬葆善 直隸獻縣人。乾隆二十八年三甲一百二十七名進士。

鄧大經 字敬敷。廣東東莞縣人。乾隆二十八年三甲一百二十八名進士。任河南內鄉知縣，在任三年引疾歸，居家教授，卒年七十五。著有《倚天樓集》四卷。

張聯芳 直隸安州人。乾隆二十八年三甲一百二十九名進士。

李九苞 河南原武縣人。乾隆二十八年三甲一百三十名進士。二十九年任河南衛輝府教授，改知縣。

乾隆三十一年（1766）丙戌科

第一甲三名

　　張書勳　字在常，號酉峰。江蘇吳縣人。中狀元前爲知縣，乾隆三十一年一甲第一名狀元。授修撰。入直南書房，歷贊善。四十二年充湖北鄉試主考官，官至右中允。丁憂歸。卒於家。工書法，能文章。孝友聞於鄉里。

　　姚頤　字震初，號雪門。江西泰和縣人。乾隆三十一年一甲第二名榜眼。授編修。三十五年充貴州鄉試正考官。三十六、三十七、四十年三充會試同考官，遷中允，升侍讀。四十二年督湖南學政，外任山西蒲州知府，遷陝西督糧道。四十八年授湖南按察使。四十九年解職。五十二年起用任甘肅按察使。五十三年（1788）卒於任。著有《柔佛巴魯草堂制藝》《雨春軒詩草》行世。

　　劉躍雲　字伏先，號青垣。江蘇武進縣人。乾隆元年十二月二十二日（1737年1月）生。乾隆三十一年一甲第三名探花。授編修。三十五年充山東鄉試主考官，升中允，四十三年充會試同考官，歷任侍講學士、大理寺少卿，四十六年授詹事。四十九年遷內閣學士，督江西學政，五十二年改工部、禮部侍郎。五十四年丁憂。六十年充會試副考官，以校閱失當左遷奉天府丞。罷歸。嘉慶四年召爲大理寺少卿，五年授禮部侍郎改工部侍郎。九年降內閣學士。十年授兵部侍郎，六月休致。嘉慶十三年（1808）十月初五日卒，年七十三。著有《貽拙齋詩文集》。

　　父劉綸，文淵閣大學士，乾隆元年博學鴻詞一等第一名。

第二甲六十九名

　　陸費墀　字丹叔，號頤齋。浙江桐鄉縣人。乾隆三十年召試一等賜舉人，授內閣中書。三十一年二甲第一名進士。選庶吉士，授編修。擢侍讀、侍讀學士、少詹事。四十七年授内閣學士，四十九年遷禮部右侍郎改左侍郎。五十二年因總校《四庫全書》謬誤甚多革職。五十五年（1790）卒。命没收家產留千金贍妻兒。家中藏書較豐，乾隆三十七年曾進書若干種。著有《歷代帝王廟諡年諱譜》《枝陰閣詩集》《頤齋賦稿》《經典同文》等。

劉種之 字存之，號檀橋、蓮勺。江蘇武進縣人。乾隆三十一年二甲第二名進士。選庶吉士，授編修。升詹事府右贊善，又降編修。四十四年充山東鄉試副考官，四十五年督山西學政，五十一年充廣西鄉試主考官，督河南學政。

父劉星偉，乾隆十三年進士，工部侍郎。

陳桂森 字和叔、玉台，號粹庵、耕岩。江蘇常熟縣人。乾隆三十一年二甲第三名進士。選庶吉士，授編修。三十五年充順天鄉試同考官，三十七年充會試同考官，同年考選廣西道御史，四十五年充山西鄉試主考官，四十六年督陝甘學政，升吏科掌印給事中，官至大理寺少卿。

秦潮 字端崖，號步皋。江蘇無錫縣人。乾隆三十一年二甲第四名進士。選庶吉士，授編修。三十八年督安徽學政，官至國子監司業，五十四年再督安徽學政。著有《竹外山房詩文集》。

黄秉經 字心六。順天大興縣人。乾隆三十一年二甲第五名進士。

三十一年任江蘇新陽知縣，三十二年署三十三年任江蘇元和知縣，三十六年任江蘇昭文知縣。

陳昌圖 字南琴，號玉臺。浙江仁和縣人。乾隆三十一年二甲第六名進士。選庶吉士，授編修。四十年考選山西道御史，後任順天西城巡城御史，升兵科掌印給事中，外官直隸通永道，嘉慶三年官至直隸天津道。著有《南屏山集》。

毛應藻 字果齊。江蘇武進縣人。乾隆三十一年二甲第七名進士。三十一年授湖南沅陵知縣，四十年改任安徽廬州府教授，四十九年任太平府教授。

喻升階 字允吉、殿傳，號鏡湖。江西新建縣人。乾隆三十一年二甲第八名進士。選庶吉士，改主事，進吏部郎中，四十七年考選江南道御史，掌湖廣道。巡察通州漕務，致仕歸，卒。

善聰 字虞門，號眉賓。滿洲正紅旗人。乾隆三十一年二甲第九名進士。選庶吉士，散館改户部主事，升吏部員外郎。

沈世煒 字南雷，號吉甫、沈樓。浙江仁和縣人。乾隆三十一年二甲第十名進士。選庶吉士，改禮部主事，三十五年充雲南鄉試副考官，三十六年充順天鄉試同考官，官至郎中。著有《澹俱齋詩集》。

韓朝衡 字開雲，號春湖、復堂。浙江錢塘縣人。乾隆三十一年二甲十一名進士。選庶吉士，改吏部主事，三十六年充順天鄉試同考官，遷文選司郎中，官至廣東南韶連道、惠潮嘉兵備道。

沈貽孫 字二酉。江蘇句容縣人。乾隆三十一年二甲十二名進士。四十一年任山東館陶知縣。

王　寬 字光大，號西園、栗人。江蘇金匱縣人。乾隆三十一年二甲十三名進士。任兵部主事，升郎中，三十九年考選浙江道御史。言事降兵部主事。四十六年遷甘肅狄道知州，調秦州直隸州知州。

溫鶴立 浙江烏程縣人。乾隆三十一年二甲十四名進士。三十四年任湖北黃岡知縣，四十二年調福建崇安知縣。

張天植 字潯柏。山西陽曲縣人。乾隆三十一年二甲十五名進士。三十二年任廣東永安知縣，三十四年署廣東信宜知縣、陽江知縣，三十七年改番禺知縣、高要知縣，遷湖北宜昌府通判。未幾以事罣誤落職。

范　栻 字樸亭。浙江錢塘縣人。乾隆三十一年二甲十六名進士。任戶部主事，三十五年充福建鄉試副考官，三十六年督廣西學政，官至戶部員外郎。

姜　晟 字光宇，號杜蒓、度香。江蘇元和縣人，原籍山東萊陽。雍正八年（1730）正月初五日生。乾隆三十一年二甲十七名進士。歷任刑部主事、郎中、光祿寺少卿、太僕寺少卿。乾隆四十四年授江西按察使，遷刑部侍郎。五十二年調湖北巡撫，五十三年復改刑部侍郎，五十六年任湖南巡撫，嘉慶四年加太子少保。五年遷湖廣總督改直隸總督。六年因永定河決口革職逮問，發河工効力，後予主事銜，七年復授刑部侍郎。九年授刑部尚書，十一年六月調工部尚書。八月解職養病。後因在直督任內失察藩庫虛收事，降四品京堂。乞休歸。嘉慶十五年（1810）四月十六日卒，年八十一。

孫登標 字在初。江蘇昆山縣人。乾隆三十一年二甲十八名進士。任福建海澄知縣。移疾歸。主書院講席。卒年七十六。

雷翀霄 字桐軒，號夏峰。四川井研縣人。乾隆三十一年二甲十九名進士。選庶吉士，授編修。官侍讀學士。父老假歸侍養，年六十五卒於家。著有《二則軒全集》行世。

顧聲雷 字震蒼，號晉莊。江蘇元和縣人。乾隆三十一年二甲二十名進士。三十六年任陝西石泉知縣，四十一年調興平知縣，四十四年改乾州知州，遷西安知府，五十年官至廣東惠州府知府，改雷州知府。

王嘉曾 字寧甫、漢義，號寧叔、史亭。江蘇金山縣人。乾隆三十一年二甲二十一名進士。授編修。四十五年充山西鄉試副考官。工詩文，著有《聞音室詩文集》。

陳嘉琰　字潤之。江蘇吳縣人。乾隆三十一年二甲二十二名進士。四十一年任山東棲霞知縣，四十五年改諸城知縣。四十八年（1783）卒於任。

金尚清　浙江山陰縣人。乾隆三十一年二甲二十三名進士。四十一年任安徽虹縣知縣。

楊鍾嶽　字文巒、西喬。福建連江縣人。乾隆三十一年二甲二十四名進士。任戶部主事，升員外郎、郎中，御史，四十二年外任湖北荆宜施道。四十七年改山東運河道、濟東道，升山東按察使。未任卒，年四十六。

父楊鳳騰，乾隆二十二年進士。

浦　霖　字蘇亭。浙江嘉善縣人。乾隆三十一年二甲二十五名進士。任知縣，纍遷河南南汝光道。乾隆四十四年授陝西按察使，四十六年丁憂。四十九年授甘肅布政使，改安徽布政使。五十年七月遷福建巡撫，同月改任湖南巡撫，五十五年十一月復任福建巡撫。乾隆六十年（1795）五月革。十月初九日以"貪索鹽務陋規，并屬員饋賄銀兩"罪處斬。

查　瑩　字韞輝，號映山。山東海豐縣人，原籍浙江海寧。乾隆三十一年二甲二十六名進士。選庶吉士，授編修。三十九年充雲南鄉試副考官，四十年充會試同考官，四十五年督廣西學政，五十一年考選山西道御史，五十七年督湖北學政，官至吏科給事中。

王汝璧　字鎮之。四川銅梁縣人。乾隆三十一年二甲二十七名進士。授吏部主事，遷員外郎、郎中。五十一年外任直隸保定知府，五十四年遷直隸永定河道，五十八年改大順廣道。嘉慶四年授山東按察使遷江蘇布政使，六年十二月授安徽巡撫。八年閏二月改內閣學士，十二月復任安徽巡撫，九年十二月改兵部侍郎調刑部侍郎。十年十一月以病免職。嘉慶十一年（1806）七月卒，年六十。著有《銅梁山人詩集》《銅梁山人詞》。

林兆鯤　字崇象，號南池。福建莆田縣人。乾隆三十一年二甲二十八名進士。選庶吉士，授編修。

福　保　字嘉申，號景堂。滿洲正白旗。乾隆三十一年二甲二十九名進士。選庶吉士，授編修。三十七年考選福建道御史，四十五年充貴州鄉試副考官，升吏科掌印給事中，四十八年任奉天府丞兼學政，五十七年遷奉天府尹。嘉慶二年病休。

沈　溥　浙江仁和縣人。乾隆三十一年二甲三十名進士。任廣東瓊山知縣，四十一年改廣東定安知縣。

蔣麟書　字震遠。江蘇元和縣人。乾隆三十一年二甲三十一名進士。任山西馬邑知縣。

陳　濂　字澄之，號春田。河南商丘縣人。乾隆三十一年二甲三十二名進士。選庶吉士，授編修。

鄒玉藻 （《進士題名碑》作鄧玉藻，誤）字位元，號西麓、清渠。江西奉新縣人。乾隆三十一年二甲三十三名進士。選庶吉士，授編修。三十五年充順天鄉試同考官，四十年考選浙江道御史，四十四年再充順天鄉試同考官，掌湖廣道御史。

管幹珍 （原名管幹貞）字陽復，號松崖。江蘇陽湖縣人。雍正十二年（1734）十一月二十二日生。乾隆三十一年二甲三十四名進士（禮部將貞改珍）。選庶吉士，任編修。三十九年充順天鄉試同考官，四十年充會試同考官，四十二年仍以編修充貴州鄉試主考官，四十五年考選陝西道御史，升户科給事中。五十二年授光禄寺卿遷内閣學士，五十三年進工部侍郎。充順天鄉試副考官，五十四年六月授漕運總督。六十年命復原名"管幹貞"。嘉慶元年五月降調。嘉慶三年（1798）四月二十五日卒，年六十五。著有《松崖集》。

尹壯圖 字萬起，號楚珍。雲南蒙自縣人。乾隆三年（1738）十一月十八日生。乾隆三十一年二甲三十五名進士。選庶吉士。任禮部主事，遷郎中。三十九年考選江南道御史，遷光禄寺少卿、太僕寺少卿，四十五年授内閣學士。五十六年以所奏空言無實革職。以禮部主事用。因母老乞養歸。掌教五華書院。嘉慶四年以"敢言之臣急宜録用"，賞給事中銜准其在籍奏事。嘉慶十三年（1808）閏五月卒，年七十一。著有《楚珍詩集》《自編年譜》。

父尹均，乾隆十九年進士。

孫志祖 字頤谷、詒谷，號約齋。浙江仁和縣人。乾隆二年（1737）生。乾隆三十一年二甲三十六名進士。任刑部主事、郎中，四十年考選江南道御史。乞養歸。嘉慶六年（1801）二月二十九日卒、年六十五。著有《讀書脞録》《續編》《家語疏證》《文選考異》《文選李注補正》《申鄭齋遺文》《頤谷吟稿》。

甘立德 字帷一、純齋。江西奉新縣人。乾隆三十一年二甲三十七名進士。四十一年任貴州貴定知縣，禮部儀制司主事，升郎中，五十三年遷直隸宣化知府，五十五年官至直隸口北道。卒於任。

弟甘立功，乾隆十七年進士。

余 集 字蓉裳，號秋室。浙江仁和縣人。乾隆三年（1739年1月）十二月二十日生。乾隆三十一年二甲三十八名進士。三十七年修"四庫全書"，欽賜庶吉士，授編修。四十二年、四十八年、五十一年三充順天鄉試同考官，四十五年、四十六年兩充會試同考官，五十三年充湖北鄉試主考官，升中允，五十八年、六十年兩充會試同考官，五十九年充四川鄉試副考官，官至侍講學士。歸後主講大梁書院八年。以文史自娛，工畫山水士女。著有《秋室詩鈔》《秋室學古録》《百衲琴》

《梁園歸棹録》等。

張世澤　湖南湘潭縣人。乾隆三十一年二甲三十九名進士。三十一年授雲南鎮沅知縣，四十二年遷貴州貴陽府長寨同知，改湖南辰州府教授，四十四年任沅州府教授。

父張九鈞，雍正十一年進士。

范永澄　字志彎，號半村。浙江鄞縣人。乾隆三十一年二甲四十名進士。歸班候選知縣，三十七年任浙江嘉興府教授，升山西石樓、徐溝知縣、鳳臺知縣，遷山西朔州知州，五十三年官至解州直隸州知州。

父范從律，雍正十一年進士。

朱琰　字桐川，號笠亭，又號樊桐山人。浙江海鹽人。乾隆三十一年二甲四十一名進士。任直隸阜平知縣。工詩及古文。乾隆四十五年（1780）年卒。著有《明人詩鈔正集》《續集》《學詩津逮》《唐詩律箋》《古文清英》《毛詩説》《韻譜叙録》、《笠亭詩選》二卷、《陶説》六卷、《楓江》《湖樓》諸集等。

莊承籛　字少彭、古香，號羹堂。陝西咸寧縣人。乾隆三十一年二甲四十二名進士。選庶吉士，授編修。三十六年充順天鄉試同考官，升侍講，四十八年充山東鄉試主考官，遷侍讀，降吏部主事。

曾祖莊朝生，順治六年進士。

蔣兆奎　字聚五、峙南。陝西渭南縣人。任甘肅張掖教諭，乾隆三十一年二甲四十三名進士。三十四年任四川江津知縣，三十七年改合江知縣、華陽知縣，遷山澤州同知、汾州知府，改太原知府，五十年任山西河東鹽運使。五十四年授山西按察使遷甘肅布政使，改山西布政使。五十七年授山西巡撫，嘉慶二年以病免職。四年二月授漕運總督。十二月解職。五年正月授工部侍郎改任山東巡撫。因侍郎明安往泰山進香，地方官贈其銀兩遭降旨申飭，蔣兆奎忿激稱老病乞歸。嘉慶帝認爲其執拗任性，閏四月降三品銜休致。嘉慶七年（1802）二月卒。年七十四。

施學濂　字大醇，號耦堂。浙江錢塘縣人。乾隆三十一年二甲四十四名進士。選庶吉士，改主事，升禮部員外郎，四十一年考選山東道御史，官至兵科給事中。

王懿修　字勖嘉，號仲美、春圃。安徽青陽縣人。乾隆元年（1736）二月生。乾隆三十一年二甲四十五名進士。選庶吉士，授編修。三十八年督廣西學政，遷侍講學士，四十八年督湖北學政，五十一年任雲南按察使，五十四年遷陝西布政使，改湖南布政使，五十七年改浙江布政使。五十八年革，以道員派往新疆哈密。擢通政司副使，嘉慶七年授光祿寺卿遷內閣學士，進禮部侍郎。八年督順天學政，十年五月授左都御史，閏六月改禮部尚書。十四年加太子少保。十八年九月休致。嘉慶二十一年（1816）五月卒，年八十一。謚"文僖"。

張敔　字虎人，號雪鴻。山東歷城縣人。乾隆三十一年二甲四十六名進士。任湖北房縣知縣，署江夏知縣。罷官歸。善畫。

孫銀槎　字階青。浙江嘉善縣人。乾隆三十一年二甲四十七名進士。歸班候選知縣，任山東濰縣知縣，四十一年改安徽績縣知縣，

傅作霖　江西南豐縣人。乾隆三十一年二甲四十八名進士。四十年任江蘇嘉定知縣。

蔡連輝　廣東澄海縣人。乾隆三十一年二甲四十九名進士。

李殿圖　字桓符，號石渠、御左。直隸高陽縣人。乾隆三年（1738）三月二十六日生。乾隆三十一年二甲五十名進士。選庶吉士，任編修。三十九年充湖南鄉試主考官，四十年考選廣西道御史，四十一年督廣西學政，升禮科給事中。外官甘肅鞏秦階道，六十年授福建按察使，遷福建布政使，嘉慶六年十一月授安徽巡撫，十二月改福建巡撫。十一年二月調江西巡撫，因剿捕蔡逆不力，三月召京降四五品京堂，後降翰林院侍讀。嘉慶十七年（1812）卒，年七十五。光緒二年十二月追謚"文肅"。

汪孟鋗　字康古，號厚石。浙江秀水縣人。康熙六十年（1721）九月十四日生。乾隆二十七年召試一等特授內閣中書，三十一年二甲五十一名進士。任吏部文選司主事。充方略館、一統志館纂修。三十五年（1770）閏五月二十八日卒，年五十。著有《厚石齋詩集》。

子汪如藻，乾隆四十年進士。

黃良棟　（榜名錢良棟，復姓）字翼安，號芝雲。順天大興縣（《蘇州府志》作元和）人。乾隆三十一年二甲五十二名進士。選庶吉士，授編修。三十六年充湖北鄉試副考官，官至江西南昌知府。修《南昌府志》。

謝王鷺　字振飛，號西亭。順天宛平縣人。乾隆三十一年二甲五十三名進士。授湖北大治知縣，署穀城知縣，改潛山知縣，四十七年改江夏知縣，五十一年改漢陽知縣，五十九年改隨州知州。

黃符綵　字望屺。順天大興縣人。乾隆三十一年二甲五十四名進士。四十九年署浙江嘉興知府，官至廣西桂平梧鬱道。

穆凌煙　直隸束鹿縣人。乾隆三十一年二甲五十五名進士。任廣西上林知縣。

王世騰　浙江山陰縣人。乾隆三十一年二甲五十六名進士。四十一年任山西趙城知縣，五十三年改山東淄川知縣。

張法可　字袖山。安徽懷寧縣人。乾隆三十一年二甲五十七名進士。任廣西知縣。

金潔　字進與，號魯齋。浙江仁和縣人。雍正二年（1724）四月二十五日生。乾隆三十一年二甲

五十八名進士。任禮部主客司主事、刑部員外郎。乾隆四十九年（1784）九月二十四月卒，年六十一。

父金德瑛，乾隆元年狀元，左都御史。

謝垣 字東君，號漫叟。浙江嘉善縣人。乾隆三十一年二甲五十九名進士。授刑部主事，進員外郎。工畫山水花果，善鑒別，又善琴。

徐延泰 廣東和平縣人。乾隆三十一年二甲六十名進士。

王學淳 浙江錢塘縣人。乾隆三十一年二甲六十一名進士。四十一年任山西虞鄉知縣，五十二年改湖北蒲圻知縣，五十七年改四川大邑知縣，五十八年署廣安知州。

閻循觀 字懷庭，號伊蒿。山東昌樂縣人。雍正二年（1724）生。乾隆三十一年二甲六十二名進士。任吏部考功司主事。與韓夢同交善，兩人論學。以疾歸。乾隆三十三年（1768）六月二十九日卒，年四十五。著有《困勉齋私記》《西澗文集》《尚書讀記》《毛詩讀記》《春秋一得》《尚書春秋說》《名人小傳》等。

王世勛 字凌衢，又字剩樞。浙江鎮海縣人。乾隆三十一年二甲六十三名進士。四十一年授福建永安知縣。擬以崖州知州遷補，因疾辭不赴，卒年五十三。著有《左氏傳補注》《尚書發微》《毛詩正韻》《詩文集》等。

孟廷對 字叔揚，號秋崖。山東章丘縣人。乾隆三十一年二甲六十四名進士。授雲南建水知縣，改直隸盧龍知縣，調豐潤知縣，丁母憂。補福建崇安知縣。多善政，卒於官。

胡珊 字佩伸，號含川。安徽歙縣人。乾隆三十一年會元，二甲六十五名進士。選庶吉士。授編修。三十五年充順天鄉試同考官。

喻寶忠 （原名喻章）字心筠。江西新城縣人。乾隆三十一年二甲六十六名進士。三十二年任廣東河源知縣，改陵水知縣、翁源知縣、南澳同知，四十年補廣東石城知縣，官至山西吉州直隸州知州。

彭如幹 廣東陸豐縣人。乾隆三十一年二甲六十七名進士。三十二年任廣東高州府教授，四十二年改河南汝陽知縣，五十四年遷河南汝寧知府，官至河南開歸陳許道。加按察使銜。

黃人驥 字文豹。江西新城縣人。乾隆三十一年二甲六十八名進士。任山西垣曲知縣，署壽陽知縣，代理文水知縣。以疾乞歸。

盧嘉會 字維夏。貴州黃平州人。乾隆三十一年二甲六十九名進士。任貴州思南府教授、黎平府教授。

第三甲一百四十一名

黃本田 安徽六安直隸州人。乾隆三十一年三甲第一名進士。四十年任江蘇淮安府教授。

　　袁秉義　字介甫。直隸宣化縣人。乾隆三十一年三甲第二名進士。四十二年任江蘇睢寧知縣，調長洲知縣，五十年擢泰州知州，臺灣用兵奉命赴軍前效力，五十四年補淡水同知。年七十告歸，卒。

　　馮鼎高　福建長樂縣人。乾隆三十一年三甲第三名進士。任湖南辰溪知縣，丁憂代理臨湘知縣，三十六年任湖南永定知縣，三十八年改善化知縣，三十九年改寧鄉、長沙知縣，調河南新鄭知縣，遷鄭州知州，改陝州知州，五十三年遷河南南陽知府，調江蘇松江府，五十六年十月改江蘇蘇州知府，代蘇松糧道。三載卒，年五十八。

　　翁若梅　福建閩縣人。乾隆三十一年三甲第四名進士。三十二年署，三十五年實授四川黔江知縣，四十一年改永川知縣，後復任黔江知縣。

　　黃家禮　號修堂。江西安義縣人。乾隆三十一年三甲第五名進士。四十一年任廣東翁源知縣。歲饑請賑，未及報先發，卒於任。

　　王孚鏞　字序東。貴州黃平州人。乾隆三十一年三甲第六名進士。任山東朝城知縣，丁憂歸。

　　父王偉士，乾隆十六年進士。

　　徐賁　河南輝縣人。乾隆三十一年三甲第七名進士。四十一年任直隸懷安知縣。

　　張玘　甘肅寧夏縣人。乾隆三十一年三甲第八名進士。任雲南鶴慶州知州，四十二年任貴州印江知縣。

　　李忠廷　山西芮城縣人。乾隆三十一年三甲第九名進士。三十二年任山西大同府教授，四十二年改廣東開建知縣。

　　盧應　字錫桓，號梅關。廣東東莞縣人。乾隆三十一年三甲第十名進士。選庶吉士，授檢討。

　　殷輅　浙江海鹽縣人。乾隆三十一年三甲十一名進士。

　　王炯　福建南安縣人。乾隆三十一年三甲十二名進士。四十三年任福建興化府教授。

　　奚寅　字曰宗，號鶴溪。自號芙蓉漁樵。江蘇陽湖縣人。乾隆三十一年三甲十三名進士。三十一年授湖南鄹縣知縣，三十四年改衡山知縣，調湖北利川知縣。卒於任。著有《滇南紀程詩》《別楚唱酬詩》。

　　胡必達　字孚牛，號月岩。湖北天門縣人。乾隆二十四年舉人，三十一年三甲十四名進士。選庶吉士，散館改兵部主事。

　　王廷憲　河南睢州人。乾隆三十一年三甲十五名進士。四十二年任湖北黃梅知縣、房縣知縣。

　　李光萬　山西平定直隸州人。乾隆三十一年三甲十六名進士。任山東陵縣知縣，四十二年改廣東陸豐知縣。

　　劉紹安　（改名紹寅）江西南豐縣人。乾隆三十一年三甲十七名進士。任國子監典籍，改江西廣信府教授。

金兆燕 字鍾遠（一作鍾越），號棕亭。安徽全椒縣人。康熙五十七年十二月三十日（1719年2月）生。舉人，任揚州府教授，乾隆三十一年三甲十八名進士。官至國子監博士，升監丞。著有《棕亭故鈔》《駢體文鈔》《詩鈔》《文鈔》等。

匡文炅 字淑辰。山東膠州人。乾隆三十一年三甲十九名進士。任湖北保康知縣，改襄陽、天門知縣。年五十辭官。著有《樂吟草》《四會草》。

父匡聖時，乾隆元年進士。

陳樽 字俎行，號酌翁。浙江海鹽縣人。乾隆三十一年三甲二十名進士。任廣西博白知縣，署陸川知縣，四十二年改四川新津知縣，署安縣知縣。善畫山水。著有《古衡山房詩集》。

吳通源 福建連江縣人。乾隆三十一年三甲二十一名進士。三十一年任浙江餘杭知縣。

王紘 河南延津縣人。乾隆三十一年三甲二十二名進士。

程晉錫 字越若。江西鄱陽縣人。乾隆三十一年三甲二十三名進士。三十一年任直隸井陘知縣，調清苑知縣。卒於任。

陳錫 字菁莪，號桐溪。安徽廣德直隸州人。乾隆三十一年三甲二十四名進士。任工部營繕司主事。以母老乞歸。未幾以疾卒。

陸嵩高 字肩吾，號敬堂。浙江歸安縣人。乾隆三十一年三甲二十五名進士。授安徽太平知縣，改雲南富民知縣，署昭通府魯甸通判。以病歸。

李蔚 字青岑，號小園。順天大興縣人。乾隆三十一年三甲二十六名進士。任戶部主事，官至廣東潮州府知府。著有《嵐秋山房剩稿》。

謝聘 字晨隴。順天密雲縣人，原籍江蘇武進。乾隆三十一年三甲二十七名進士。授河南固始知縣，四十二年改鎮平知縣，遷鄭州，署武安州、許州、鄧州知州。

沈敬書 字貽仕，號慎齋。江蘇陽湖縣人。乾隆三十一年三甲二十八名進士。四十二年任江西樂平知縣。在任三年謝病歸，仍應聘爲經師。

潘鮭 廣西桂平縣人。乾隆三十一年三甲二十九名進士。四十六年任直隸靈壽知縣，改廣平知縣。

吳之珩 字瓊玉。安徽休寧縣人。乾隆三十一年三甲三十名進士。四十二年任江西弋陽知縣，改直隸隆平知縣，五十年改大名知縣。

彭吳禮 （《進士題名碑錄》作吳禮，復姓）江蘇鎮洋縣人。乾隆三十一年三甲三十一名進士。授山西寧武知縣，以年老乞休歸，貧不能自存，復任安徽潁州府教授。四年而卒。

李黃 廣東嘉應直隸州人。

乾隆三十一年三甲三十二名進士。

周澤深 山東即墨縣人。乾隆三十一年三甲三十三名進士。

溫世珍 浙江錢塘縣人。乾隆三十一年三甲三十四名進士。任主事。

徐聯奎 字璧堂，號訥齋。浙江山陰縣人。乾隆三十一年三甲三十五名進士。三十二年任江西東鄉知縣、南昌知縣，擢南昌府吳城同知，丁母憂。補景德鎮同知，三十七年升南昌府同知，署吉安、瑞州、建昌、南康、南安、袁州諸知府。官至湖北鄖陽府知府。

徐鼎亨 字會基。江蘇陽湖縣人。乾隆三十一年三甲三十六名進士。三十二年任四川梁山知縣，三十七年署四川新繁知縣，三十八年任四川彭縣知縣，改調巴縣。五十三年署涪州知州，丁憂。補四川儀隴知縣。以老歸。

康坦嶽 字雲贍，號五峰。陝西城固縣人。乾隆三十一年三甲三十七名進士。官至廣西寧明州知州。

弟康坦嵋，乾隆十九年進士。

賴鵬翀 廣東長樂縣人。乾隆三十一年三甲三十八名進士。四十三年任山東樂陵知縣。

鄒人敏 字功捷。江西奉新縣人。乾隆三十一年三甲三十九名進士。任河南盧氏知縣，改福建甌甯知縣，五十二年調沙縣知縣，改補江西峽江教諭。

趙士樀 湖北雲夢縣人。乾隆

二十七年舉人，三十一年三甲四十名進士。任河南淅川知縣。

董文駒 福建閩縣人。乾隆三十一年三甲四十一名進士。三十三年任福建福寧府教授，三十六年改臺灣府教授，四十二年改廣東四會知縣。

侯鳳林 字巢閣，號南邨。山東城武縣人。雍正四年（1726）生。乾隆三十一年三甲四十二名進士。四十二年任湖南安鄉知縣。性剛直，忤上官歸。授徒講學。

黃世模 字式侯。福建屏南縣人。乾隆三十一年三甲四十三名進士。三十五年任福建漳州府教授，三十八年改臺灣府教授，擢甘肅西和知縣，卒於任。

宋昌玲 字韻泉，號幾山。江西雩都縣人。乾隆三十一年三甲四十四名進士。任雲南河西知縣，改陝西西鄉知縣，五十八年遷陝西葭州知州，嘉慶元年署陝西紫陽知縣，二年署漢陰廳通判，官至陝西商州直隸州。加知府銜。著有《幾山詩文稿》行世。

蕭應運 字謹齋。湖北黃陂縣人。乾隆三十一年三甲四十五名進士。四十二年任山東海陽知縣。丁憂服闋，五十一年改浙江太平知縣，後調河南商城、葉縣、鄢陵知縣。致仕歸。

禹文煦 河南汜水縣人。乾隆三十一年三甲四十六名進士。任廣東龍門知縣。

張希賢　字志伊。山東益都縣人。乾隆三十一年三甲四十七名進士。四十三年任江蘇陽湖知縣。

李聲振　直隸清苑縣人。乾隆三十一年三甲四十八名進士。四十八年任河南新野知縣。

羅經　字守亭、問堂。江西南豐縣人。乾隆三十一年三甲四十九名進士。四十四年任湖北房縣知縣，調天門縣，擢武昌江防同知，署鄖陽知府，改甘肅鞏昌知府，官至福建汀州知府。

申寧吉　陝西三原縣人。乾隆三十一年三甲五十名進士。

金緝輝　山西臨汾縣人。乾隆三十一年三甲五十一名進士。任直隸平鄉知縣。

陳汝元　福建歸化縣人。乾隆三十一年三甲五十二名進士。署廣西懷集知縣，補蒼梧知縣，四十年任陸川知縣。

趙廷璋　字奉峨。浙江東陽縣人。乾隆三十一年三甲五十三名進士。四十二年任湖北咸豐知縣。丁憂歸。

吳人驥　字念湖。直隸天津縣人。乾隆三十一年三甲五十四名進士。任山東蓬萊知縣，四十六年任山東諸城知縣，以病去職。五十五年改歷城知縣，五十六年升東昌府同知，官至山東萊州知府，五十九年署濟南知府。工詩詞，喜收藏，能畫竹。

王岱東　字泰岳。江蘇吳縣人。乾隆三十一年三甲五十五名進士。三十五年任江蘇徐州府教授。

杜昌炎　山西太谷縣人。乾隆三十一年三甲五十六名進士。任河南內黃知縣。

紀聞歌　河南內黃縣人。乾隆三十一年三甲五十七名進士。

謝遇　順天宛平縣人。乾隆三十一年三甲五十八名進士。三十二年任河南杞縣知縣，五十一年遷江蘇邳州知州，五十四年任江蘇興化知縣。

嚴承夏　號檟溪。湖北黃岡縣人。乾隆二十七年舉人，三十一年三甲五十九名進士。授浙江孝豐知縣，調定海知縣，官至浙江杭州府同知。卒於任。

唐樂宇　字堯春。四川綿竹縣人。乾隆三十一年三甲六十名進士。任戶部山西司主事，升郎中，四十九年遷貴州平越知府，官至貴州興義府知府。

鄧文泮　字澤士，號筆山。湖南湘鄉縣人。乾隆三十一年三甲六十一名進士。選庶吉士，授檢討。三十五年充四川鄉試副考官，三十六年充會試同考官，四十九年考選山東道御史，官至鴻臚寺卿。

陳彙義　順天大興縣人。乾隆三十一年三甲六十二名進士。四十六年任福建漳平知縣，四十八年改寧化知縣，五十一年任福建南平知縣。

王元烺　字方輅、曉莊，號介

亭、春海。山東諸城縣人。乾隆三十一年三甲六十三名進士。選庶吉士，改戶部主事，轉吏部文選司主事。三十九年充福建鄉試副考官。丁父憂歸。未幾卒。

胡京 字師中。順天宛平縣人。乾隆三十一年三甲六十四名進士。任山東曹縣知縣。

朱一玠 （改名朱毅）廣西臨桂縣人。乾隆三十一年三甲六十五名進士。三十三年任廣西鎮安府教授，四十三年遷四川榮昌知縣。

焦紳 江蘇金山縣人。乾隆三十一年三甲六十六名進士。任湖北當陽知縣。

尹文炳 字繡虎、孚軒。江西玉山縣人。乾隆三十一年三甲六十七名進士。三十五年任山東博興知縣、商河知縣、泰安知縣，四十年調冠縣知縣，升濟南府通判、同知，四十五年官至山東沂州府知府。

汪謨 字次典。江西樂平縣人。乾隆三十一年三甲六十八名進士。任湖南瀘溪知縣。

龔導江 字岷山。浙江仁和縣人。乾隆三十一年三甲六十九名進士。任山西壽陽知縣。

辛大成 字展亭，號羅村、達夫。直隸盧龍縣人，祖籍山東蓬萊。乾隆三十一年三甲七十名進士。四十三年任四川冕寧知縣，丁母憂歸。四十七年任會理州知州，四十八年回任冕寧知縣。

莊文進 福建鳳山縣人。乾隆三十一年三甲七十一名進士。三十一年任福建泉州府教授，三十八年改福寧府教授，四十四年任浙江建德知縣，四十六年改浙江山陰知縣。

華允彝 江蘇丹徒縣人。乾隆三十一年三甲七十二名進士。任湖北廣濟知縣，改陝西高陵知縣。

盧鑑 廣東東莞縣人。乾隆三十一年三甲七十三名進士。三十六年任廣東雷州府教授。

周恭先 字素芳。湖南新化縣人。乾隆三十一年三甲七十四名進士。任雲南建水知縣。因故謫烏魯木齊十年，釋歸。

王鍾健 字仲乾，號靜亭。山西文水縣人。乾隆三十一年三甲七十五名進士。選庶吉士，授檢討。四十五年充順天鄉試同考官，考選江西道御史，五十六年任順天西城、六十年任順天南城巡城御史，擢禮科掌印給事中，官至浙江金衢道。

李鏡 廣東東莞縣人。乾隆三十一年三甲七十六名進士。任貴州平越知縣，四十三年改貴州仁懷知縣。

楊明倫 山西平陸縣人。乾隆三十一年三甲七十七名進士。五十一年任陝西隴州知州。

王玿 山西陽曲縣人。乾隆三十一年三甲七十八名進士。四十四年任福建南靖知縣。

張暎宿 山西陽曲縣人。乾隆三十一年三甲七十九名進士。任甘肅張掖知縣。

周文瑞　山西長治縣人。乾隆三十一年三甲八十名進士。任直隸平鄉知縣。

解文燧　字馨序。江西永豐縣人。乾隆三十一年三甲八十一名進士。三十一年任臺灣知縣，三十二年改海澄知縣，歷順昌知縣，四十五年任南靖知縣。有政聲。著有《柔佛巴魯草堂制藝》《雨春軒詩草》。

劉驥　字秩音，號超亭。安徽廬江縣人。乾隆三十一年三甲八十二名進士。三十二年任安徽安慶府教授。告病歸，優游林下十年。著有《衆超亭詩文集》。

魏廷皋　直隸柏鄉縣人。乾隆三十一年三甲八十三名進士。任雲南廣通知縣。

孫今莚　山東德州人。乾隆三十一年三甲八十四名進士。三十八年任江蘇蕭縣知縣。

劉錫丹　河南陳留縣人。乾隆三十一年三甲八十五名進士。四十六年任湖南慈利知縣。

熊中砥　江西高安縣人。乾隆三十一年三甲八十六名進士。任山西陵川知縣。在任十三年。

子熊如澍，嘉慶六年進士；子熊如洵，嘉慶元年進士。

陶士麟　浙江會稽縣人。乾隆三十一年三甲八十七名進士。任甘肅張掖知縣。

徐秉霖　字檻山。江西豐城縣人。乾隆三十一年三甲八十八名進士。任福建長汀知縣，丁母憂歸。二十六年任表州府教授。

楊衍嗣　雲南元江縣人。乾隆三十一年三甲八十九名進士。三十一年任陝西同官知縣，三十二年改朝邑知縣，三十五年任咸寧知縣，三十八年遷綏德直隸州知州，署延安知府，四十一年官至陝西同州知府。卒於任。

祥奈　字仲潤，號藥圃。滿洲正黃旗，覺羅氏。乾隆三十一年三甲九十名進士。任工部主事。官至直隸布政使。

鄒曾輝　湖北天門縣人。乾隆三十年舉人，三十一年三甲九十一名進士。任雲南大姚知縣。

孫之岸　陝西三水縣人。乾隆十八年舉人，三十一年三甲九十二名進士。三十二年任直隸靈壽知縣，三十八年改順天府寶坻知縣，四十四年調湖南臨湘知縣，五十年改零陵知縣，五十二年遷南昌府總捕同知，官至山西大同知府。

吳濂　廣東東莞縣人。乾隆三十一年三甲九十三名進士。任吏部主事，升郎中，六十年考選江南道御史。

尹廷相　字仲伊，號莘野。山東臨朐縣人。乾隆三十一年三甲九十四名進士。四十三年任福建長樂知縣。

安清翰　（1728—1791）字儀甫，號雪湖。山西垣曲縣人。乾隆三十一年三甲九十五名進士。三十二年任安徽潛山知縣。工古文、詞。

弟安清翹，乾隆五十五年進士。

李文雅 直隸易州直隸州人。乾隆三十一年三甲九十六名進士。三十二年任湖北通城知縣，因公去任，調四川萬縣知縣。

李焰 字豎渠，號松南。河南汝陽縣人。乾隆三十一年三甲九十七名進士。任吏部主事，升郎中。四十五年考選江西道御史，升兵科掌印給事中，四十九年外任山東青州知府，五十一年四月調山東濟南府知府。署濟東道。

張璐 陝西葭州人。乾隆三十一年三甲九十八名進士。任廣西博白知縣。

熊廷聘 江西奉新縣人。乾隆三十一年三甲九十九名進士。任吏部主事。

丁元鵬 字程九。山東黃縣人。乾隆三十一年三甲一百名進士。任江蘇儀征知縣，改浙江安吉知縣。以勤勞疾卒於任。著有《易經文鈔》《敦義堂詩集》。

王家幹 順天昌平州人。乾隆三十一年三甲一百零一名進士。三十四年任直隸永平府教授，四十四年改安徽休寧知縣，四十九年改鳳陽知縣，官至亳州知州。

孫緒煌 字懋壬。湖北安陸縣人。乾隆二十一年舉人，三十一年三甲一百零二名進士。三十一年署江西上高知縣，三十二年改江西石城知縣，三十七年署龍泉知縣。以疾歸。

鄭名佐 廣西象州人。乾隆三十一年三甲一百零三名進士。歸班候選知縣。

王恩（改名王忻）字宣上。湖南寧鄉縣人。乾隆三十一年三甲一百零四名進士。任廣西陽朔知縣，調賀縣，被議歸。卒年七十六。

戴翼子 字燕貽，號芭泉、上公山人。江蘇上元縣人。乾隆三十一年三甲一百零五名進士。任工部主事，升郎中，三十九年考選山東道御史。卒於任。

楊鈖 江西新城縣人。乾隆三十一年三甲一百零六名進士。未仕。

龔國榜 湖北宜城縣人。乾隆二十五年舉人，三十一年三甲一百零七名進士。四十三年任山東清平知縣，嘉慶五年改山西河津知縣。

蕭馥春 貴州都勻縣人。乾隆三十一年三甲一百零八名進士。官至直隸正定府同知。

顏文楷 直隸定州直隸州人。乾隆三十一年三甲一百零九名進士。四十三年任江西弋陽知縣。

曲永文 字文茲，號年圃。山東寧海縣人。乾隆十五年舉人，三十一年三甲一百十名進士。四十四年任四川井研知縣，升都察院經歷。乞歸。著有《讀易集解》《大學求明錄》《役腴儒感詩草》等。

崔希馹 陝西蒲城縣人。乾隆三十一年三甲一百十一名進士。任甘肅山丹知縣。

羅國章　湖南長沙縣人。乾隆三十一年三甲一百十二名進士。三十二年任湖南常德府教授，三十九年改湖南沅州府教授。

尹　壽　江蘇宜興縣人。乾隆三十一年三甲一百十三名進士。

張二載　四川涪州人。乾隆三十一年三甲一百十四名進士。任河南上蔡知縣。

景鴻賓　河南汲縣人。乾隆三十一年三甲一百十五名進士。

李世伲　陝西三原縣人。乾隆三十一年三甲一百十六名進士。

宋仁溥　字體之，號梅堂。貴州天柱人。乾隆三十一年三甲一百十七名進士。選庶吉士。散館四十四年改河南淇縣知縣，四十六年改滑縣知縣。

吳桂枝　江蘇武進縣人。乾隆三十一年三甲一百十八名進士。

楊廷柱　順天大興縣人。乾隆三十一年三甲一百十九名進士。四十三年任廣東會同知縣，四十九年任廣東崖州知州，嘉慶三年任湖南岳州府通判。

薛善時　河南原武縣人。乾隆三十一年三甲一百二十名進士。

宋丑維　河南祥符縣人。乾隆三十一年三甲一百二十一名進士。

楊　嶸　雲南永北府人。乾隆三十一年三甲一百二十二名進士。

江有本　貴州開泰縣人。乾隆三十一年三甲一百二十三名進士。四十五年任四川鄰水知縣。

林時蕃　字敬立，號東壁。廣西義寧縣人。乾隆三十一年三甲一百二十四名進士。選庶吉士。四十四年任山西高平知縣。

周士拔　字尤亭。直隸豐潤縣人。乾隆三十一年三甲一百二十五名進士。四十四年任山東金鄉知縣，四十七年調山東滋陽知縣，五十八年遷湖南辰州府通判，嘉慶六年任澧州知州，官至江西南昌府同知。

史　易　奉天承德縣人。乾隆三十一年三甲一百二十六名進士。三十三年任湖北黃梅知縣，三十六年改廣東豐順知縣，三十八年改揭陽知縣，四十九年調湖北咸豐知縣。

陳　孚　河南夏邑縣人。乾隆三十一年三甲一百二十七名進士。任直隸唐山知縣。

唐文灼　字見三，號藥洲。雲南晉寧州人。乾隆三十一年三甲一百二十八名進士。任河南孟津知縣。以勞卒於任。

李廷芳　字彤華，號鶴亭。四川長壽縣人。乾隆三十一年三甲一百二十九名進士。任江蘇川沙同知，實授江蘇贛榆知縣，丁憂服闋，四十四年任山西襄垣知縣。卒年八十四。

畢　鎮　江蘇婁縣人。乾隆三十一年三甲一百三十名進士。任安徽潁州府教授。

西　蘭　滿洲正白旗人。乾隆三十一年三甲一百三十一名進士。三十二年授奉天蓋平知縣。

陳中鰲　湖北安陸縣人。乾隆十二年舉人，三十一年三甲一百三十二名進士。三十二年任湖北荊州府教授，四十五年調陝西延長知縣。

吳延瑞　字履豐，號雲亭。河南固始縣人。乾隆三十一年三甲一百三十三名進士。任戶部主事，遷山東司郎中、寶泉局監督，四十二年遷陝西潼商道，四十九年官至廣東督糧道。

楊聯榜　字敦三。福建長汀縣人。乾隆三十一年三甲一百三十四名進士。任廣西平南知縣，改永寧知縣，調浙江桐廬知縣，五十一年署浙江海鹽知縣。以疾卒於任。

張友榮　山西沁州直隸州人。乾隆三十一年三甲一百三十五名進士。任山西平陽府教授。

徐時行　字用三。雲南蒙化府人。乾隆三十一年三甲一百三十六名進士。三十四年任直隸井陘知縣。丁憂歸。服闋復請終父養。

馮學飀　四川鄰水縣人。乾隆三十一年三甲一百三十七名進士。四十四年任山東德平知縣，嘉慶六年改四川潼川府教授。

姚學甲　字聯芳，號半塘。山東巨野縣人。乾隆三十一年三甲一百三十八名進士。四十三年任江蘇嘉定知縣，五十六年回任，五十九年再回任，嘉慶元年任江蘇無錫知縣，三年兼署金匱知縣。善畫山水。

秦　清　字秀峰。陝西華州人。乾隆三十一年三甲一百三十九名進士。任禮部主事，升郎中。四十五年考選河南道御史，進工科給事中，遷通政副使，五十四年任太僕寺卿，五十七年改太常寺卿，五十九年官至通政使。嘉慶二年去職。

王　炳　字耀南。貴州黃平州人。乾隆三十一年三甲一百四十名進士。未仕，聘主固安書院講席，年四十卒。

李　會　四川儀隴廳人。乾隆三十一年三甲一百四十一名進士。四十四年任浙江臨安知縣，改江山知縣。致仕歸。

乾隆三十四年（1769）己丑科

第一甲三名

陳初哲 字在初，號永齋。江蘇元和縣人。乾隆二年（1737）生。乾隆三十四年一甲第一名狀元。授修撰。入庶常館習滿文，過目曉旨，乾隆喜愛。充纂修官，兼起居注官，預修《四庫全書》，進文淵閣校理。四十年以修撰充會試同考官，四十二年任陝西鄉試主考官，遷湖北荊宜施道道員。丁母憂，尋丁父憂。乾隆五十二年（1787）六月二十七日暴卒於家，時年五十有一。

徐天柱 字擎士，號西坯、衡南。浙江德清縣人。乾隆三十四年一甲第二名榜眼。授編修。直上書房，年未五十引疾歸，杜門家居，以著述為事。著有《天藻樓詩稿》。徐氏自徐倬至徐天柱五世翰林。

陳嗣龍 字紹元，號春淑。浙江平湖縣人。乾隆三十四年一甲第三名探花。授編修。四十八年充湖北鄉試正考官。遷侍讀學士、通政副使。五十九年授光祿寺卿，六十年督福建學政，嘉慶二年改太常寺卿，三年二月改宗人府丞，十一月擢左副都御史。五年充順天鄉試副考官。十一年以言事降編修。卒後贈四品卿銜。

第二甲五十名

任大椿 字幼植、子田，江蘇興化縣人。乾隆三年（1738）生。乾隆三十四年二甲第一名進士。授禮部主事，遷員外郎、郎中。乾隆五十四年（1789）官至陝西道監察御史。六月卒於任，年五十二。通《禮經》，工文辭，充四庫館總目協勘官，輯禮經為多，尤長考訂名物。著有《深衣釋例》《吳越備史注》《小學鉤沉》《字林考逸》《弁服釋例》《子田詩集》等。

楊壽楠 字蓮植，號培山。江西靖江縣人。乾隆三十四年二甲第二名進士。選庶吉士，授編修。三十四年考選江南道御史，三十九年充貴州鄉試副考官，升戶科給事中。外任江蘇松江府知府，五十三年署蘇州知府，官至陝西延榆綏道。以憂歸。

鮑之鍾 字雅堂，號論山、禮鳧。江蘇丹徒縣人。乾隆三十年召試一等，賜舉人并授内閣中書，三十四年二甲第三名進士。任宗人府主事，官至戶部郎中。因和珅此前曾延其教子不就，被和珅所抑，十五年未得調動。嘉慶七年（1802）卒於任。在京師時與洪亮吉、吳錫麒、趙懷玉、法式善稱爲"詩龕四友"。著有《論山詩鈔》。

蕭際韶 字玉亭，號鳴球。安徽合肥縣人。乾隆三十四年二甲第四名進士。選庶吉士，授編修。四十五年考選山東道御史，官至禮科給事中。

金蓉 字采江，號衡一。浙江嘉興縣人。乾隆三十四年二甲第五名進士。選庶吉士，授編修。充《四庫全書》纂修官。先後分校書二百四十餘種，晚歲家居。著有《青嶽詩稿》《紅香館詞選》《聽雨軒稿》。

王邦治 浙江錢塘縣人。乾隆三十四年二甲第六名進士。

徐焴 字昆衙，號漑餘。浙江錢塘縣人。乾隆三十四年會元，二甲第七名進士。選庶吉士，改任工部主事，升郎中。五十六年考選江南道御史，五十七年任順天府西城巡城御史，官至直隸廣平府知府。

劉錫嘏 字純齋、淳齋，號拙存。順天通州人。乾隆三十四年二甲第八名進士。選庶吉士，授編修。

三十九年充廣西鄉試主考官，四十年考選山西道御史，五十年遷順天北城巡城御史，五十二年河南道御史，五十四年外任湖北督糧道，官至江蘇淮徐道。著有《十硯齋集》《快晴小築詞》。

吳壽昌 字泰交，號蓉塘。浙江山陰縣人。乾隆三十四年二甲第九名進士。選庶吉士，授編修。四十二年、四十六年充順天鄉試同考官，四十五年充會試同考官，升中允，五十一年再充順天鄉試同考官，遷翰林院侍讀。四十八年充廣西鄉試主考官，五十一年督貴州學政。歸後主稽山書院。著有《虛白齋詩》。

任基振 （《進士題名碑》作任綦振，誤）字領從，號松齋。江蘇高郵州人。乾隆三十四年二甲第十名進士。任内閣中書，改禮部儀制司主事、吏部員外郎，官至郎中。

姚步瀛 字伯選，號海峰。陝西商州人。乾隆三十四年二甲十一名進士。選庶吉士，授編修。

金序玭 字紫搢。安徽英山縣人。乾隆三十四年二甲十二名進士。知縣改任安徽安慶府教授。

劉湄 字岸淮，號芷林。山東清平人。雍正十年（1732）閏五月十八日生。乾隆三十四年二甲十三名進士。選庶吉士，授編修。四十六年考選江西道御史，升工科給事中，嘉慶四年授太常寺卿，改大理寺卿。五年擢左副都御史。嘉慶七年（1802）四月十九日卒，年七十一。

魯用恩 字春田。順天大興縣人。乾隆四年（1739）正月二十三日生。三十四年二甲十四名進士。任刑部主事、郎中，五十四年考選湖廣道御史，官至刑科掌印給事中。嘉慶八年（1803）三月十六日卒，年六十五。

沈詩杜 浙江山陰縣人。乾隆三十四年二甲十五名進士。任吏部主事，四十四年任四川射洪知縣。

張虎拜 字錫山，號嘯崖。直隸天津縣人。乾隆三十四年二甲十六名進士。任內閣中書，改宗人府主事。著有《妙香閣詩集》。

鮑錕 字微庵。浙江仁和縣人。乾隆三十四年二甲十七名進士。任刑部主事，嘉慶二年署廣東肇慶知府，八年改湖南常德知府，官至廣東雷瓊道。

沈詩李 浙江山陰縣人。乾隆三十四年二甲十八名進士。任知縣，五十七年任安徽徽州府通判。

沈碧城 字伊蘭。浙江仁和縣人。乾隆三十四年二甲十九名進士。任甘肅武威知縣，擢甘肅狄道州知州，四十四年任湖南慈利知縣。

姚梁 字甸之，號佃芝。浙江慶元縣人。乾隆三十四年二甲二十名進士。任內閣中書，擢宗人府主事，三十九年充陝西鄉試副考官，四十二年充廣西鄉試副考官，督山東學政，升禮部員外郎。擢饒州知府，遷四川川東道，四十六年授廣

西按察使。四十七年丁憂。四十九年服闋授江西按察使，復任廣西按察使。五十四年罷。後任刑部郎中。嘉慶元年考選江南道御史，官至河間知府。

陳觀光 字梅亭，號賓五。江蘇江浦縣人。乾隆三十四年二甲二十一名進士。選庶吉士，改刑部主事，升員外郎，官至禮部郎中。以病去職。後主江西白鹿書院。

父陳謨，嘉慶四年進士。

劉斌 字見南、城甫。江西南豐縣人。乾隆三十四年二甲二十二名進士。任刑部主事，四十四年充山西鄉試副考官，四十五年以員外郎督四川學政，升郎中，丁母憂。補甘肅甘州知府，擢浙江溫處道。嘉慶三年授福建按察使，四年遷浙江布政使，七年病免。九年授刑部右侍郎。嘉慶十年（1806）病歸，十二月卒。

成金 浙江仁和縣人。乾隆三十四年二甲二十三名進士。任工部主事。

魏晉錫 （榜名魏晉賢）字澤漪，號夢溪。江蘇丹陽縣人。乾隆三十四年二甲二十四名進士。任禮部儀制司主事，遷禮部制儀司郎中，四十六年出任河南汝寧知府，署南汝光道。以疾歸。主講蕺山書院。

莊寅清 福建晉江縣人。乾隆三十四年二甲二十五名進士。任工部主事。

秦泉 字繼賢，號漪園。江

蘇無錫縣人。乾隆三十四年二甲二十六名進士。選庶吉士，授編修。四十八年充河南鄉試副考官，改吏部主事。其詩有唐人遺風。

弟秦潮，乾隆三十一年進士。

王世維 字維之。浙江淳安縣人。乾隆三十四年二甲二十七名進士。任工部主事，遷營繕司員外郎。好讀書，嚴寒暑熱手不釋卷，詩古文詞，俱卓越。

張嘉猷 浙江錢塘縣人。乾隆三十四年二甲二十八名進士。四十四年任安徽當塗知縣。

鄭際唐 字大章，號雲門。福建侯官縣人。乾隆三十四年二甲二十九名進士。選庶吉士，授編修。四十二年充雲南鄉試主考官，五十一年任湖南鄉試主考官，升侍講，五十二年督山西學政，遷侍讀學士，五十四年官至內閣學士。奉命赴盛京校《四庫全書》，以疾歸，卒。著有《傳硯齋詩稿》。藏書較豐。乾隆三十七年進書若干種。

曾祖鄭開極，順治十八年進士。

許祖京 字依之、春岩。浙江德青縣人。雍正十年（1732）七月二十日生。乾隆三十三年浙江鄉試解元，三十四年二甲三十名進士。任內閣中書，擢侍讀，四十二年充四川鄉試正考官，充一統志纂修官。纍遷至雲南鹽法道，四十七年授雲南按察使，五十年遷廣東布政使。五十九年乞養歸。嘉慶十年（1805）二月十一日卒，年七十四。著有《書

經述》《許氏譜》《詩》等。

王禄朋 字翼雲，號秋坪。直隸天津縣人。乾隆三十四年二甲三十一名進士。任兵部主事，員外郎，五十年纍遷江西饒州知府，五十六年改貴州思南知府，官至雲南迤東道。著《秋坪吟稿》。

陳庭學 字景魚，號蓮東、逸叟。順天宛平縣人，原籍江蘇吳江。乾隆三十四年二甲三十二名進士。任刑部主事，官至陝西漢興道、甘肅驛鹽道。以失察罷官。發新疆効力，尋放歸。

金敬身 （本姓龔）浙江仁和縣人。乾隆三十四年二甲三十三名進士。任內閣中書、宗人府主事、吏部員外郎、禮部郎中。外任雲南楚雄知府，五十二年擢雲南迤南道。丁父憂去。

雷　輪 字紹堂、蘭皋。四川井研縣人。乾隆三十四年二甲三十四名進士。選庶吉士，授編修。四十一年考選山東道御史，改京畿道御史，升户科掌印給事中，降户部員外郎，遷禮部郎中。五十一年任浙江湖州知府，在任十年。官至江西吉南贛道，改督糧道。卒於任。

馬殿翼 福建長汀縣人。乾隆三十四年二甲三十五名進士。四十二年任湖北孝感知縣，四十六年改湖北漢川知縣。

劉之宸 江西新建縣人。乾隆三十四年二甲三十六名進士。任兵部車馬司主事。

施一桂　字芳林。江蘇崇明縣人。乾隆三十四年二甲三十七名進士。任兵部車駕司主事，改武選司主事。

丁雲錦　字琴泉、組裳。江蘇吳江縣人。乾隆三十四年二甲三十八名進士。任工部主事，五十八年纍遷湖南永州知府，嘉慶六年官至湖北武昌府知府，兼署施南知府。

史夢琦　字仲翰，號卓峰。江蘇陽湖縣人。乾隆三十四年二甲三十九名進士。任內閣中書，擢兵部主事、職方司員外郎，遷郎中。四十五年考選浙江道御史，升給事中，五十四年外官福建漳州知府，五十七年擢汀漳龍道，以屬吏虧累被議去官。後官陝西延榆綏道。

朱紉蘭　（原名朱天申）字秋漪、周愛。江西南昌縣人。乾隆三十四年二甲四十名進士。選庶吉士，歸班候選知縣，四十六年任四川安岳知縣，四十九年署合州知州，改華陽縣，五十五年遷湖南岳州府通判，嘉慶二年官至永順府同知。以疾告歸。

汪知松　湖北江夏縣人。乾隆二十四年舉人，三十四年二甲四十一名進士。任吏部主事。

陸有仁　（榜名汪有仁）字樂山，號靜岩。浙江錢塘縣人。乾隆三十四年二甲四十二名進士。歷任刑部主事、員外郎、郎中，廣西梧州知府、太平府知府，福建延建邵道、督糧道，乾隆五十五年授山東按察使遷直隸布政使。五十七年十月革。降甘肅按察使，六十年遷甘肅布政使，嘉慶元年六月授刑部侍郎。二年五月革。八月復任甘肅按察使，十一月遷陝西布政使，四年正月授廣東巡撫，五年二月改工部侍郎，九月調陝西巡撫。嘉慶七年（1802）十月卒。

尹文麒　字紹溪、紹陵，號伯石。山東肥城縣人。乾隆三十四年二甲四十三名進士。任刑部主事，升郎中，四十六年考選江南道御史。歸田布衣。

汪佑煌　江蘇上海縣人。乾隆三十四年二甲四十四名進士。國子監官學教習，四十一年任安徽寧國府教授。

嚴本　江蘇丹徒縣人。乾隆三十四年二甲四十五名進士。任廣西思恩知縣。

程沅　字璧亭、少泉，號晴嵐。江蘇丹徒縣人。乾隆三十四年二甲四十六名進士。官至山西張蘭鎮同知。

吳琪　（改名吳典）字學齋。廣東瓊山縣人。乾隆三十四年二甲四十七名進士。選庶吉士，授編修。四十二年、四十五年兩充順天鄉試同考官，四十九年充會試同考官。丁外艱歸，遂不出。主講瓊臺書院，年五十卒。

何德峻　字魯瞻，號白岳。貴州貴築縣（今貴陽）人。乾隆三十四年二甲四十八名進士。選庶吉士，授編修。以病告歸，年三十四卒於家。著有《棲霞山房詩集》。

兄何德新，乾隆十年進士。

夢　吉　字鑒侯、鑒溪。滿洲正藍旗人。乾隆三十四年二甲四十九名進士。選庶吉士，授編修。遷司經局洗馬，四十三年遷詹事，四十五年改通政使。五十八年病休。

張誠基　（原名張隆基）字岸舫，號貽哲。山東金鄉縣人。乾隆三十四年二甲五十名進士。任戶部主事，纍遷貴州糧道。乾隆四十七年授貴州按察使改四川按察使，五十一年丁憂。五十五年署甘肅按察使，遷直隸布政使，五十七年改江蘇布政使。嘉慶元年六月授安徽巡撫，八月改廣東巡撫，二年三月復改安徽巡撫（未任），四月改江西巡撫。七年因剿匪冒功十一月革職。十一年發伊犂効力贖罪，十三年釋回，後降刑部江西司主事。嘉慶二十一年（1816）卒。

第三甲九十八名

戴求仁　順天宛平縣人。乾隆三十四年三甲第一名進士。四十五年任廣東嘉應州知州，四十七年改廣東東莞知縣，五十七年纍遷湖南永順知府，嘉慶四年官至福建延建邵道。

孫　梅　字松友，號春浦。浙江烏程縣人。乾隆三十四年三甲第二名進士。任內閣中書，官至安徽太平府同知。著有《四六叢話》《舊言堂集》。

盧鎮苑　字閬峰。江西南康縣人。乾隆三十四年三甲第三名進士。任吏部文選司主事，官至員外郎。

劉紹錦　字日章。江西南豐縣人。乾隆三十四年三甲第四名進士。任吏部考工司主事，升郎中。四十九年考選湖廣道御史，五十一年九月任順天北城巡城御史，升禮科掌印給事中。官至順天府府丞兼學政。以言事罷官歸。

張國寶　福建上杭縣人。乾隆三十四年三甲第五名進士。四十五年任浙江樂清知縣。

周道隆　字學山，號春圃。陝西涇陽縣人。乾隆三十四年三甲第六名進士。任工部主事，升郎中。四十六年考選山東道御史，外任廣西南寧府知府，署左江道。丁憂歸，主關中橫渠瀛州書院，降直隸同知。

王用儀　江西廬陵縣人。乾隆三十四年三甲第七名進士。三十五年署四川綦江知縣，三十六年署涪州知州，三十九年遷瀘州知州，四十六年署梁山知縣，五十四年署資州知州，五十八年任四川綿州直隸州知州，嘉慶元年署四川潼川知府，官至四川重慶府知府。著有《凝瑞臺記》。

郭　寅　字陵川。山東歷城縣人，原籍浙江仁和。乾隆三十四年三甲第八名進士。選庶吉士，授檢討。著有《啖芋草堂稿》。

沈鴻儒　福建永定縣人。乾隆

三十四年三甲第九名進士。四十七年任廣西興業知縣，改桂平知縣，五十三年任福建延平府教授，五十五年改臺灣府教授。

張運暹 字麗瀛。河南祥符縣人。乾隆三十四年三甲第十名進士。選庶吉士，授檢討。官至翰林院侍講學士，後降侍讀。

張　埰 甘肅寧夏縣人。乾隆三十四年三甲十一名進士。官至湖北荊州府知府。

吳徵士 字曉山。山東濟寧州人。乾隆三十四年三甲十二名進士。任刑部主事，四十年官至浙江嚴州知府。

王處厚 江蘇嘉定縣人。乾隆三十四年三甲十三名進士。四十四年十二月任安徽潁上知縣。四十六年閏五月病去。

衛　錦 字庭堅。山西陽城縣人。乾隆三十四年三甲十四名進士。任禮部主客司主事，四十七年任福建龍岩知州。

張　翽 字鳳颺、桐圃。甘肅武威縣人。乾隆三十四年三甲十五名進士。任戶部額外主事，升郎中。乾隆四十六年遷江西吉安知府，改湖北荊州知府，五十一年改宜昌知府，護荊宜施道，五十八年署鄖陽知府，嘉慶二年官至湖南沅州知府、長沙知府。

劉春榮 河南鄭州人。乾隆三十四年三甲十六名進士。四十四年任福建羅源知縣。

廖占鰲 江西會昌縣人。乾隆三十四年三甲十七名進士。任主事。

程元基 字邑東，號蘭諸。江蘇儀徵縣人。乾隆三十四年三甲十八名進士。選庶吉士，丁憂歸里。三十七年授檢討。充成安宮總裁。著有《蘭諸制藝》《西翠軒詩鈔》《桐風蕉雨山房集》等。

魯蘭枝 字德馨，號南畹。江西新城縣人。乾隆三十四年三甲十九名進士。任吏部主事，升郎中。五十四年考選山東道御史，五十五年任順天中城，六十年任順天西城。嘉慶三年任順天南城巡城御史，官至工科掌印給事中。因事部議降級，乞歸不出。

徐學至 江蘇宜興縣人。乾隆三十四年三甲二十名進士。

陳　朗 字太暉，號青柯。浙江平湖縣人。乾隆三十四年三甲二十一名進士。授刑部主事，升郎中，四十六年官至江西撫州知府。丁憂歸。著有《青柯館集》。

毛運昌 浙江山陰縣人。乾隆三十四年三甲二十二名進士。四十四年任江西上高知縣。

戚蓼生 字曉塘，又字念功。浙江德清縣人。乾隆三十四年三甲二十三名進士。授刑部主事，三十九年充四川鄉試副考官，升員外郎督雲南學政，擢郎中。四十二年充河南鄉試正考官，遷江西南康知府，四十七年擢福建鹽法道，五十六年授福建按察使。五十七年（1792）

卒於任。著有《戚蓼生序本石頭記》。

朱近曾 順天宛平縣人。乾隆三十四年三甲二十四名進士。嘉慶八年任山西岢嵐州知州。

奇豐額 字麗川。滿洲正白旗，黃氏。乾隆十年（1745）生。乾隆三十四年三甲二十五名進士。任刑部主事，四十三年縶遷廣東高廉道。乾隆四十五年授貴州按察使，四十七年遷安徽布政使，四十九年改廣西布政使，五十二年改江蘇布政使，五十七年五月授江蘇巡撫。六十年五月革。嘉慶元年三月任葉爾羌辦事大臣。五年六月解職，後任內務府主事。嘉慶十一年（1806）卒，年六十二。

麥 佑 字啓正。廣東香山縣人。乾隆三十四年三甲二十六名進士。任刑部主事，升山西司郎中。卒於任。

張有年 字瑞書。山東濟寧州人。乾隆三十四年三甲二十七名進士。任工部主事，遷戶部陝西司郎中，四十三年官至河南陝汝道。

蕭廣運 字允熙，號省齋。湖北黃陂縣人。乾隆三十年舉人，三十四年三甲二十八名進士。選庶吉士，授檢討。三十九年充江西鄉試副考官，四十二年督貴州學政，嘉慶三年考選江南道御史，官至兵科給事中。

王 璸 字昆霞。江蘇太倉州人。乾隆三十四年三甲二十九名進士。任內閣中書，四十二年充雲南鄉試副考官，改宗人府主事，吏部員外郎，官至吏部郎中。仕官二十

年以清節著。引疾歸。卒年五十六。著有《晚香書屋詩集》。

陳本忠 字伯恩。順天昌平州人。乾隆三十四年三甲三十名進士。任戶部主事，官至工部郎中。

李 源 字巨濤。山東利津縣人。乾隆三十四年三甲三十一名進士。任山東茌平縣教諭，遷福建邵武知縣。著有《五經輯要》《四書考疑》等。

趙 桐 直隸盧龍縣人。乾隆三十四年三甲三十二名進士。任沙河訓導，改雲南嶍峨知縣，六十年任安徽滁州知州。

夏璇源 江蘇婁縣人。乾隆三十四年三甲三十三名進士。任工部主事，官至員外郎。

高士玉 浙江烏程縣人。乾隆三十四年三甲三十四名進士。四十五年署四川西充知縣，任四川昭化知縣。

孫中理 貴州畢節縣人。乾隆三十四年三甲三十五名進士。

徐曰都 江西奉新縣人。乾隆三十四年三甲三十六名進士。四十五年任福建長汀知縣。罷歸。主講書院四十年。

馮廷鋈 字召和。湖北雲夢縣人。乾隆三十年舉人，三十四年三甲三十七名進士。授陝西延長知縣，四十六雲調四川青神知縣，署眉州知州、丹陵、彭山等縣知縣。年六十五卒於任。

盛嘉祐 安徽銅陵縣人。乾隆

三十四年三甲三十八名進士。任戶部四川司主事，升郎中，四十九年考選浙江道御史，官至掌雲南道御史。

田嘉種 字碧川。陝西臨潼縣人。乾隆三十四年三甲三十九名進士。四十五年任浙江餘杭知縣、調平陽縣。以疾告歸。主講本邑、耀州、富平，四川合江，山西絳州各書院。著有《學庸日記》《示學條約》。卒年八十八。

戴文聲 字子駿，號絅齋。奉天鐵嶺縣人。乾隆三十四年三年四十名進士。任工部虞衡司主事。

李 植（一作李埴）山西太谷人。乾隆三十四年三甲四十一名進士。任廣東高明知縣。

洪星煥 字斗樞，號北垣。江西宜黃縣人。乾隆三十四年三甲四十二名進士。任山西馬邑知縣，調署左雲、陽高知縣。攝大同府豐鎮理事同知，解組歸。

汪 煥 字雲章，一字筠莊。江蘇宜興縣人。乾隆三十四年三甲四十三名進士。任福建崇安知縣。四充鄉試同考官。著有《見山書屋文鈔》《詞鈔》《歷代紀年通表》。

伊恒瓚 字用侯，號雲林。福建寧化縣人。雍正七年（1729）生。乾隆三十四年三甲四十四名進士。任刑部主事，進郎中。五十三年考選浙江道御史，遷戶科給事中、光祿寺少卿、通政使司參議、大理寺少卿，五十七年授光祿寺卿。以病告歸。嘉慶十二年（1807）八月初

六日卒，年七十九。著有《南窗叢記》八卷、《賜硯齋集》四卷。

子伊秉綬，乾隆五十四年進士。

程宗濂 安徽休寧縣人。乾隆三十四年三甲四十五名進士。任吏部稽勳司主事。

周遇渭 河南濬縣人。乾隆三十四年三甲四十六名進士。任知縣。

黃 培 字戴鎮。安徽廬江縣人。乾隆三十四年會元，三甲四十七名進士。通籍後即歸里，不樂仕進。著有《斗南閣古今文集》《香岩續集》等。

李大根 山西榆次縣人。乾隆三十四年三甲四十八名進士。五十年任廣東新安知縣，五十四年遷廣東萬州知州，改合浦知縣，調河南禹州知州，嘉慶四年官至廣東潮州府南澳同知。

盧耕心 四川巴縣人。乾隆三十四年三甲四十九名進士。

嵩 慶 字壽廷。漢軍正白旗人。乾隆三十四年三甲五十名進士。任禮部儀制司主事，官至江蘇常州府知府。

張心至 字慕川。山西沁水縣人。乾隆三十四年三甲五十一名進士。四十五年任四川慶符知縣，遷刑部四川司主事。

羅國俊 字賓初，號九峰。湖南湘鄉縣人。雍正十二年（1734）生。乾隆三十四年三甲五十二名進士。選庶吉士，授檢討。四十五年充順天鄉試同考官，歷任贊善、中允、

侍講、侍讀學士、少詹事，嘉慶二年授詹事，遷內閣學士。四年（1799）遷禮部右侍郎，旋改左侍郎。五月卒，年六十六。著有《館閣存餘集》。

張芳桂　浙江嘉善縣人。乾隆三十四年三甲五十三名進士。任湖北公安知縣。

趙　貫　字傳曾，號一庵。山東博山縣人。乾隆三十四年三甲五十四名進士。四十四年任安徽懷遠知縣。著有《鐵硯齋詩文集》。

雷觀光　河南嵩縣人。乾隆三十四年三甲五十五名進士。

李德容　字敬齋。山東歷城縣人。乾隆三十四年三甲五十六名進士。任直隸安肅知縣。移疾歸。教授生徒。

王應遇　字璜洲。廣東東莞縣人。乾隆三十四年三甲五十七名進士。任禮部主客司主事。

魯仕驤　江西新城縣人。乾隆三十四年三甲五十八名進士。歸班候選知縣，四十六年任福建安溪知縣。

叔父魯河，乾隆二十八年進士。

溫常綬　字印侯，號少華，山西太谷縣人。乾隆三十四年三甲五十九名進士。選庶吉士，授檢討。四十五年充浙江鄉試副考官，四十八年督陝甘學政，五十二年考選山東道御史，嘉慶元年任順天中城巡城御史，官至兵科掌印給事中。著有《尚書評》《考工記集評》《春秋三傳》《孟子評》《杜詩評》《義山詩評》《論語集解》等書。

張　珠　順天宛平縣人。乾隆三十四年三甲六十名進士。三十五年任天津府教授，官至雲南順寧知府。

顧長綏　字修浦。江西建昌縣人。乾隆三十四年三甲六十一名進士。任戶部主事，遷員外郎，四十七年出任陝西鹽法道，四十九年轉督糧道，五十四年授山西按察使，改貴州、浙江按察使，五十七年遷浙江布政使。五十八年丁憂歸。

王仲愚　（1736—1783）字拙庵，號蔭泰、蔭臺。山東濟寧州人。乾隆三十四年三甲六十二名進士。選庶吉士，授檢討。升侍講。

曹九成　山西遼州人。乾隆三十|四年三甲六十三名進士。四十六年任安徽五河知縣。

嚴肇墉　字吳興。浙江烏程縣人。乾隆三十四年三甲六十四名進士。任甘肅漳縣知縣，四十一年署四川筠連知縣。

康　鐸　直隸靈壽縣人。乾隆三十四年三甲六十五名進士。五十九年改天津府教授。

劉詔陞　字研莊。湖南衡山縣人。乾隆三十四年三甲六十六名進士。任戶部江西司主事，四十九年纍遷貴州遵義知府，調署貴陽知府，署貴西道。著有《政學齋集》。

左　周　字逸瀺，號問莊。安徽桐城縣人。乾隆三十四年三甲六十七名進士。選庶吉士，授檢討。四十六年充會試同考官，四十八年考選浙江道御史、兵科給事中，外官至浙江寧紹台道。因失查所屬縣丞舞弊降級歸，年六十六卒於家。

特克慎 滿洲正黃旗人。乾隆三十四年三甲六十八名進士。任滿洲武爾慶阿佐領。

姚芳遠 江西新昌縣人。乾隆三十四年三甲六十九名進士。四十五年任山西黎城知縣。

黃世德 福建晋江縣人。乾隆三十四年三甲七十名進士。四十八年任福建漳州府教授。

陳時叙 江蘇嘉定縣人。乾隆三十四年三年七十一名進士。四十年任安徽安慶府教授。

張宏猷 字凌滄。河南睢州人。乾隆三十四年三甲七十二名進士。官至兵部員外郎。

梁景陽 字梧岡。湖北麻城縣人。乾隆二十五年湖北鄉試解元，三十四年三甲七十三名進士。任吏部稽勛司主事，升郎中。四十六年考選陝西道御史，進戶科給事中，遷太僕寺少卿，官至光禄寺少卿。

丁映奎 字秀峰、文速。貴州開泰縣人。乾隆三十四年三甲七十四名進士。四十五年署四川珙縣、璧山知縣，四十七年任四川蒼溪知縣，五十二年署四川新繁知縣，改洪雅、内江知縣，任酉陽直隸州知州，嘉慶四年署四川仁壽知縣，官至四川保寧知府。

成兆豐 字武芑、竹齋。山東鄒平縣人。乾隆三年任山東高唐州學正，三十四年三甲七十五名進士。

任山東滕縣教諭，受聘修東昌府志，局未開，三十七年（1772）以疾卒於任，年五十三。

程在嶸 字冠雲，號霍岑。安徽霍山縣人。乾隆三十四年三甲七十六名進士。任廣西臨桂、賀縣知縣，署宜山縣，署永康知州。告歸掌教衡山書院、循理書院，年八十四赴千叟宴。

杜均 江西新建縣人。乾隆三十四年三甲七十七名進士。任廣東恩平知縣，官至雲南鎮雄州知州。

宋宜誠 河南孟縣人。乾隆三十四年三甲七十八名進士。任福建長樂知縣，五十三年改江蘇沭陽知縣。

涂煥 江西新城縣人。乾隆三十四年三甲七十九名進士。任雲南大理府雲南知縣、寧洱知縣。

李廷屏 字丹宸。山東鄒平縣人。乾隆三十年舉人，三十四年三甲八十名進士。四十七年任四川太平知縣。以勞卒於任。

陳象渭 字中甫。江西高安縣人。乾隆三十四年三甲八十一名進士。四十六年任湖北利川知縣。

聞韻 字鶴林。河南祥符縣人。乾隆三十四年三甲八十二名進士。四十九年纍遷山東登州知府，遷廣東高廉道。五十四年授廣東按察使，改四川按察使，五十七年調浙江按察使。五十八年遷四川布政使，六十年政廣西布政使，嘉慶五年調太常寺卿。六年降通政使司參議。

朱光斗 江西南城縣人，乾隆

三十四年三甲八十三名進士。四十
六年任陝西沔縣知縣。

李茂彩 雲南石屏州人。乾隆
三十四年三甲八十四名進士。

莫異蘭 字馨山。廣西臨桂縣
人。乾隆三十三年廣西鄉試解元，
三十四年三甲八十五名進士。選庶
吉士，改主事，官至湖南長沙知府。

武調元 山西交城縣人。乾隆
三十四年三甲八十六名進士。五十
六年官至湖南糧儲道。

李大鼎 山西解州人。乾隆三
十四年三甲八十七名進士。官至江
南知府。

俞之琰 （改俞廷垣）字抑齋。
直隸清苑縣人。乾隆三十四年三甲
八十八名進士。官至廣東雷瓊道。

左方海 廣西臨桂縣人。乾隆
三十四年三甲八十九名進士。四十
六年任江西弋陽知縣，五十四年改
江西龍南知縣，嘉慶五年官至江西
臨江府通判。

柳蓁 字蟠若，號春亭。江蘇
丹徒縣人。乾隆三十四年三甲九十名
進士。四十六年任廣東和平縣知縣。

吳惇 字徽興。河南商城縣
人。乾隆三十四年三甲九十一名進士。
任刑部浙江司主事。旋卒，年五十九。

劉溥元 字善長。山西五臺縣
人。乾隆三十四年三甲九十二名進
士。四十七年任河南內鄉知縣，五
十年調署南陽知縣。丁母憂，歸卒。

楊卓 字鶴然，號立堂。四
川江安縣人。乾隆三十四年三甲九

十三名進士。四十六年任江蘇青浦
知縣。著有《鶖鶬集》。

李兆元 湖北天門縣人。乾隆
三十年舉人，三十四年三甲九十四
名進士。任甘肅大通知縣。

吳哲 順天宛平縣人，原籍
江蘇武進。乾隆三十四年三甲九十
五名進士。四十七年任湖南安福知
縣，五十四年改永興知縣，五十六
年任零陵知縣，嘉慶三年任龍陽知
縣，十年任湖南湘潭知縣。

孫家賢 字魯庵，號勝山。浙
江會稽縣人。乾隆三十四年三甲九
十六名進士。任吏部主事，升刑部
郎中。四十九年考選山東道御史。
官至工科給事中。

潘奕雋 字守愚，號榕皋，又
號水雲漫士、三松名人。浙江錢塘
縣人。乾隆三十四年三甲九十七名
進士。五十一年以內閣中書，充貴
州鄉試副考官，官至戶部貴州司主
事，進四品銜。歸假不出。擅書法。
道光二年重宴恩榮加員外郎銜。十
年（1830）正月十七日卒，年九十
有一。著有《說文蠹箋》《三松堂詩
文集》《水雲詞》《虎丘雜詩》。

季學錦 字近思，號絅齋。江
蘇昭文縣人。乾隆三十四年三甲九
十八名進士。選庶吉士，授檢討。
充文淵閣校理，入值上書房。四十
二年充順天鄉試同考官，擢侍讀。
五十一年外任山西雁平道，遷河東
鹽運道，改福建督糧道，調興泉永
道、臺灣道。卒於任。

乾隆三十六年（1771）辛卯恩科

本科爲太后八旬壽辰恩科

第一甲三名

黄　軒　字曰駕，又字小華，號蔚塍。安徽休寧縣人。乾隆三十六年一甲第一名狀元。授修撰。充上書房行走，四十二年任山東鄉試副考官，四十三年充順天會試同考官，五十二年官至四川川東道。卒於任，恤贈按察使。

兄黄騰達，乾隆二十六年進士。

王　增　字方州、芳洲，號西霞。浙江會稽縣人。乾隆三十六年一甲第二名榜眼。授編修。後降河南祥符縣知縣，官至懷慶府通判。著有《遲雲書屋詩遺》。

范　衷　字士桓，號恭亭。浙江上虞縣人。乾隆三十六年一甲第三名探花。授編修。四十八年充順天鄉試同考官，五十年考選江南道御史，署吏、禮二科給事中。因事落職，後補刑部主事。卒於京。

第二甲五十五名

王爾烈　字瑤峰，號君武、仲方。奉天遼陽縣人。乾隆三十六年二甲第一名進士。選庶吉士。授編修。三十九年充順天鄉試同考官，四十六年考選陝西道御史，升吏科給事中，歷官至大理寺少卿。

黄瀛元　字葭塘、汝調，號洲侶。浙江於潛縣人。乾隆三十六年二甲第二名進士。選庶吉士。授編修。四十年充會試同考官，四十八年充順天鄉試同官，五十一年再充順天鄉試同考官，五十四年考選山東道御史，同年三充順天鄉試同考官，五十五年二充會試同考官，官至禮科給事中。

吳震起　字初恬、省悟，號因山。浙江石門縣人。乾隆三十六年二甲第三名進士。選庶吉士。改吏部主事，升至刑部郎中。

林澍蕃　字千宣，號香海。福建侯官縣人。乾隆十四年（1749）生。三十六年二甲第四名進士。選庶吉士，授編修。三十九年充浙江鄉試副考官，四十年會試同考官。四十一年（1776）返親卒，年二十八。著有《南陔詩集》。

父林其茂，乾隆元年進士。

吳覃韶 字鴻霈，號芝圃。安徽歙縣人。乾隆三十六年二甲第五名進士。選庶吉士。

父吳華孫，雍正八年進士。

周興岱 字冠三，號長五、東屏。四川涪州人。乾隆九年（1744）生。乾隆三十六年二甲第六名進士。選庶吉士，任編修。四十八年充山東鄉試副考官，擢侍講學士，五十四年督廣東學政，五十六年授內閣學士。五十九年充湖北鄉試主考官，六十年遷禮部侍郎，歷吏部、戶部侍郎。嘉慶六年充江西考官，因受饋降侍讀學士，八年休致。後復授編修，遷侍講學士，十一年再授內閣學士，十二年遷兵部侍郎，十三年十二月遷左都御史。嘉慶十四年（1809）十一月初九日卒，年六十六。

父周煌，乾隆二年進士，官左都御史。

張明謙 字振谷，號嘯坡。江南丹徒縣人。乾隆三十六年二甲第七名進士。選庶吉士，改戶部主事，升郎中，四十八年官至江西吉安知府。在任八年以母老終養歸。

李簧 字鹿蘋、以雅。山東單縣人。乾隆三十六年二甲第八名進士。選庶吉士，授編修。性耿直，忤權貴，以親老乞養歸。

周厚轅 字載軒、馭遠，號駕堂。江西湖口縣人。乾隆三十六年二甲第九名進士。選庶吉士，授編修。四十九年充會試同考官，嘉慶

四年考選湖廣道御史，改京畿道，嘉慶十年署山東巡鹽御史，官至戶科掌印給事中。乞假歸，卒於途。家中藏書較富，乾隆三十七年進書若干種。著有《游蜀草》。

馬啓泰 字泰初，號雪嶠。陝西涇陽縣人。乾隆三十六年二甲第十名進士。選庶吉士，授編修。纍遷至侍讀學士，五十五年遷詹事。五十一年降級調用。

李潢 字雲門，號又瑪。湖北鍾祥縣人。乾隆三十年解元，三十六年二甲十一名進士。選庶吉士，授編修。遷侍講學士，五十四年授內閣學士。五十七年督浙江學政，六十年遷兵部侍郎。嘉慶元年督江西學政，四年因和珅黨人降編修。嘉慶八年升贊善。曾任四庫館總目協勘官。著有《九章算術細草圖說》《海島算經細草圖說》《輯古算經考注》。

父李兆鈺，乾隆元年進士。

侯學詩 字起叔，號葦圃。江蘇江寧縣人。乾隆三十六年二甲十二名進士。四十六年任廣東三水知縣，四十八年改新會知縣，五十四年擢肇慶知府，丁憂，官至江西撫州府知府。

楊以湲 字東之、虛舟。江西新城縣人。乾隆三十六年二甲十三名進士。任戶部主事，升郎中，四十五年考選江南道御史，官至雲南迤西道。卒於任。

吳昕 （改名吳樹本）字楚

傾、子貞、恭銘，號芸閣。江南婁縣人。乾隆三十六年二甲十四名進士。選庶吉士，授編修。官至侍讀學士。著有《清容堂集》。

錢伯坰 字葉籛，號謖山。浙江嘉善縣人。乾隆三十六年二甲十五名進士。

熊 枚 字謙山、存甫，號蔚亭。江西鉛山縣人。乾隆三十六年二甲十六名進士。歷任刑部主事、員外郎，甘肅平涼知府，河南汝寧知府。五十年改南陽知府，五十五年任山東濟東泰武臨道，五十七年署山東鹽運使，五十八年授江蘇按察使，六十年遷雲南布政使，改安徽布政使。嘉慶二年遷刑部侍郎，六年九月授左都御史，七年任會試副考官，七月任刑部尚書。九年九月復任左都御史，十年改工部尚書。十一年五月再任左都御史，九月降順天府丞。致仕。嘉慶十三年（1808）卒。

曹 城 字仲宣，號顧崖。安徽歙縣人。乾隆三十六年二甲十七名進士。選庶吉士，授編修。四十四年、五十一年兩充順天鄉試同考官，六十年纍遷至詹事府詹事，十月督山東學政，嘉慶二年授內閣學士，四年遷禮部侍郎，改兵部侍郎，復任禮部侍郎，六年改吏部侍郎。督順天學政，晚年右手顫，左手書。嘉慶七年（1802）病免，十一月卒於深州試院。

鄭 枏 字粲石。浙江石門縣人。乾隆三十六年二甲十八名進士。任吏部考工司主事，遷國子監監丞，外任直隸大名府通判，署漳河同知。

蔡輝祖 字思澄。江西金溪縣人。乾隆三十六年二甲十九名進士。任吏部主事。

謝宜發 字萼亭，號梅溪。山東福山縣人。乾隆三十六年二甲二十名進士。任刑部廣東司主事，遷安徽滁州直隸州知州，丁憂服闋，五十五年授山西隰州直隸州知州。著有《六順齋文集》。

饒崇魁 廣東大埔縣人。乾隆三十六年二甲二十一名進士。任主事。

程世淳 字澂江、端立。安徽歙縣人。乾隆三十六年二甲二十二名進士。任戶部主事、戶部員外郎，升禮部郎中，四十五年十月督山東學政，嘉慶十一年考選福建道御史。引疾歸。

鄭源燾 （榜名陳源燾，復姓）字奕堂，號鑒堂。順天宛平縣人，原籍江蘇元和。乾隆三十六年二甲二十三名進士。選庶吉士，改禮部儀制司主事，三十九年充順天鄉試同考官，升郎中，四十四年考選江南道御史。

程晉芳 （原名程廷璜）字魚門，號蕺園。安徽歙縣人（寄居江蘇江都）。康熙五十七年（1718）十月二十四日生。家富，曾購書五萬卷。乾隆二十七年三月召試一等賜舉人，授內閣中書，乾隆三十六年二甲二十四名進士（時年五十四）。任吏部文選司主事，充《四庫全書》纂修官，乾隆四十二年特授編修。晚年因欠債所迫，赴西安找畢沅求助。乾隆四十九年（1784）六月二十一日卒於西安，年六十七。著有《周易知旨編》《禮記集釋》《勉行齋文集》《蕺園詩集》《諸經問答》《群書題跋》《春秋左傳翼疏》《尚書今文釋義》《尚書古文解略》《詩毛鄭異同考》等。

項家達　字仲兼，號豫齋。江西星子縣人。乾隆三十六年二甲二十五名進士。選庶吉士，授編修。四十二年充河南鄉試副考官，四十七年考選山東道御史，四十八年督山西學政，官至太常寺少卿，以失察漕船私帶落職。旋起任刑部主事，升員外郎，五十七年充順天鄉試同考官，又升郎中，五十九年充河南鄉試副考官，六十年充四川鄉試主考官。以憂歸，不復出。

張華甫　山西武寧縣人。乾隆三十六年二甲二十六名進士。任刑部主事、員外郎、郎中，官至安徽廬州府知府。

魯九皋　（初名魯什驥）字潔非，號山木。江西新城縣人。雍正十年（1732）生。乾隆三十六年二甲二十七名進士。中第後，家居養親十餘年不仕。後任山西夏縣知縣。有惠政積勞成疾，乾隆五十九年（1794）三月卒於官，年六十三。著有《是程集》《詩學源流考》《制義準繩》《審題要旨》《山木先生周易注》《山木居士外集》《魯山木先生文集》等。

史積容　字柘溪。順天宛平縣人，原籍浙江山陰。乾隆十三年（1748）七月初四日生。三十六年二甲二十八名進士。任禮部主事，纍遷大理寺少卿。嘉慶四年任湖南衡永彬桂道，十年授湖南按察使，十一年遷湖南布政使，十四年調江蘇江寧布政使，十六年改廣西布政使。十九年革。二十年（1815）五月二十四日卒，年六十八。

吳俊升　字允階、宅三，號芷泉。湖南沅江縣人。乾隆三十六年二甲二十九名進士。選庶吉士，授編修。讀書窮理，務求實踐，成才弟子衆多。卒於京。著有《芷泉詩集》。

邵晉涵　字與桐、二雲，號南江。浙江餘姚縣人。乾隆八年（1743）生。乾隆三十六年會元，二甲三十名進士。歸班知縣，任四庫館校勘（永樂大典）兼分校官，選庶吉士，任編修。五十六年遷中允，擢侍講學士。任文淵閣日講起居注官。嘉慶元年（1796）六月十五日卒，年五十四。著有《南都事略》《爾雅正義》《孟子述義》《穀梁古注》《韓詩內傳考》《方輿金石編目》《南江詩文集》《五代史考異》《舊五代史筆注》《皇明大臣謚迹錄》《猶軒日記》等，另爲畢沅審定《續資治通鑑》。繼全祖望後，是清代史學大家。藏書家，乾隆三十七年進書若干種。

周永年 字書昌，自稱林汲山人。山東歷城縣人，原籍浙江餘姚。雍正八年（1730）生。乾隆三十六年二甲三十一名進士。歸班知縣，任四庫館校勘《永樂大典》兼分校官，改庶吉士，授編修。四十四年充貴州鄉試副考官。乾隆五十七年（1791）七月卒，年六十二。爲清代藏書家，藏書處曰"林汲山房""水西書屋"。藏書十萬卷，供人借閱傳抄。著有《水西書屋藏書目錄》《先正讀書訣》，共纂《歷城縣志》等。乾隆三十七年進書若干種。

凌世御 浙江錢塘縣人。乾隆三十六年二甲三十二名進士。三十八年任江蘇溧水知縣，五十年改直隸長垣知縣。

楊芳春 福建閩縣人。乾隆三十六年二甲三十三名進士。五十一年纍遷湖北漢陽知府，五十五年改襄陽知府，五十七年改武昌知府，五十九年官至湖北漢黃德道。

吳斐 浙江蕭山縣人。乾隆三十六年二甲三十四名進士。任甘肅崇信知縣。

倉聖脉 字輝先，號黼齋。河南中牟縣人。乾隆三十六年二甲三十五名進士。改主事，以校四庫全書，特授編修。

姜開陽 字星六。湖北黃陂縣人。乾隆二十七年舉人，三十六年二甲三十六名進士。任刑部主事，升郎中。五十一年遷浙江紹興知府，五十四年遷廣東南韶連道，五十五年授浙江按察使，五十六年改貴州按察使，五十八年左遷改甘肅鹽法道，嘉慶四年授甘肅按察使，六年遷福建布政使。八年五月召京，十二月授光祿寺卿。尋卒。

李光雲 字成贍，號劍溪。福建閩縣人。乾隆三十六年二甲三十七名進士。選庶吉士，授編修。纍遷至通政副使，嘉慶元年授太僕寺卿。三年督廣東學政。嘉慶四年正月以老休致。

祖父李開萊，康熙六十年進士。

朱誥（1743—1820）字尹中，號綸堂。山西安邑縣人。乾隆三十六年二甲三十八名進士。選庶吉士。授編修。官兵科、刑科給事中。著有《呂氏春秋正誤》《淮南子考證》。

燕位璋 江西德安縣人。乾隆三十六年二甲三十九名進士。四十七年任廣東臨高知縣，四十八年改東昌知縣。

孔繼涵 字體生，號葒谷、浦孟、南洲。山東曲阜縣人。乾隆四年（1739）正月初二日生。乾隆三十六年二甲四十名進士。任户部河南司主事。官至郎中。以母疾乞歸。乾隆四十八年十二月十八日（1784年1月）卒，年四十五。家中藏書較豐，藏書處曰"微波榭""紅櫚書屋"。尤精天文算術。校刻微波榭業書七種及《算經十書》，皆稱精本。另有《紅櫚書屋集》《勾股粟米法》

《春秋氏族譜》《春秋地名人名同名録》《春秋閏例日食例》《水經釋地》傳世。

蔣泰來 字天麟、寅谷。浙江海鹽縣人。乾隆三十六年二甲四十一名進士。任吏部考工司主事。遭母喪，廬墓三年歸。著有《寅谷詩稿》。

郭綬光 江西吉水縣人。乾隆三十六年二甲四十二名進士。嘉慶三年任山東泗水知縣，官至知州。

祝雲棟 （《進士題名碑録》作祝昂）字柳村。河南固始縣人。乾隆三十六年二甲四十三名進士。任刑部主事，四十四年充陝西鄉試副考官，升員外郎，四十五年督湖南學政，晉郎中。五十七年考選陝西道御史，官至山東萊州府知府。

鄭安道 廣東潮陽縣人。乾隆三十六年二甲四十四名進士。

尹潮 浙江烏程人。乾隆三十六年二甲四十五名進士。四十七年任湖南沅江知縣。

張榮間 陝西韓城縣人。乾隆三十六年二甲四十六名進士。四十六年任廣東瓊山知縣。

郎克謙 字六皆。山西壺關縣人。乾隆三十二年任山西大同縣教諭，三十六年二甲四十七名進士。授江西德安知縣、浮梁知縣，五十九年遷直隸安州知州，署府廳知州，代理昌平知州。卒於任。著有《地山書稿》。

陳昌齊 字賓臣，號觀樓。廣東海康縣人。乾隆八年（1743）生。乾隆三十六年二甲四十八名進士。選庶吉士，授編修。三十九年充湖北鄉試副考官，四十年會試同考官，降編修，擢贊善、中允，五十六年考選河南道御史，升兵科給事中。嘉慶九年任浙江溫處道。在任五年坐事貶歸。歸里後，主講雷陽、粵秀書院，著書修通志。嘉慶二十五年（1820）十月卒，年七十八。輯有《經典釋文附録》《歷代音韻流變考》《楚辭音辨》，及《大戴記》《淮南子考證》《荀子》《管子》《呂氏春秋》。又長於天文演算法，著《天學脞説》《測天約數》。其詩文有《賜書堂集》等。

閔思誠 字中孚，號義亭、讀山。浙江歸安縣人。乾隆三十六年二甲四十九名進士。選庶吉士，授編修。充四庫三通館纂修。四十、四十五、四十九年三充會試同考官，四十八年充陝西鄉試副考官。著有《讀山小草》。

李堡 字紹韓。江蘇元和縣人。乾隆三十六年二甲五十名進士。任陝西會寧知縣，田五作亂，會寧四面受敵，後欽差大臣福康安官兵至將其殲滅。李堡年僅五十，兩月間鬚髮盡白，改教職南歸，五十三年任安徽安慶府教授。

楊棶珩 字桐石。江西清江縣人。乾隆三十六年二甲五十一名進士。任江蘇長洲、桃源知縣，改廣西平樂知府。罷官後僑居無錫。

祖父楊錫紱，雍正五年進士。

勞宗茂 浙江錢塘縣人。乾隆三十六年二甲五十二名進士。任工部主事。

張時憲 浙江仁和縣人。乾隆三十六年二甲五十三名進士。

馮埥 字體中，號半梅。江蘇無錫縣人。乾隆三十六年二甲五十四名進士。任禮部主事，升郎中。四十六年考選山東道御史，五十一年任山東青州知府，五十五年官至廣東雷州府知府。

弟馮培，乾隆四十三年進士。

朱依魯 字學曾，號篠亭。廣西臨桂縣人。乾隆三十六年二甲五十五名進士。選庶吉士，授編修。四十五年、四十六年二充會試同考官，同年考選山東道御史，官至鴻臚寺卿。著有《篠庭記歲詩》《柯庭賦》。

父朱若東，乾隆十年進士；弟朱依炅，乾隆四十九年進士。

第三甲一百零三名

陳承曾 福建莆田縣人。乾隆三十六年三甲第一名進士。

顧葵 字景園，號荊茂、敬齋。江蘇元和縣人。乾隆三十六年三甲第二名進士。選庶吉士，散館改刑部主事，升員外郎，四十四年充四川鄉試正考官，四十四年遷江西建昌知府，四十八年署南昌知府，官至廣西左江道。

邱文愷 號曉瀛。順天大興縣人，原籍浙江仁和。乾隆三十六年三甲第三名進士。任工部主事，升郎中，官至山西道御史。

韓暢 字遂生。江蘇長洲縣人。乾隆三十六年三甲第四名進士。四十六年改江西泰和知縣，五十三年、五十五年復任泰和縣，五十七年改江西清江知縣。

鄭澂 號秋浦。順天豐潤縣人。乾隆三十六年三甲第五名進士。任戶部四川司主事，升郎中，四十五年考選江南道御史，官至掌四川道御史。

王斗文 廣東瓊山縣人。乾隆三十六年三甲第六名進士。

洪朴 字素人。安徽歙縣人。乾隆三十六年三甲第七名進士。任工部主事，改刑部湖廣司主事，三十九年充湖南鄉試副考官，遷江西司員外郎，四十二年督湖北學政，升吏部驗封司郎中、記名御史。出為直隸順德府知府。以疾請假歸，行至東平卒於舟次。

崔修紳 字滄亭、蕈浦。浙江歸安縣人。乾隆三十六年三甲第八名進士。任戶部湖廣司主事，纍遷四川順慶府知府，五十二年改四川寧遠知府。

徐長發 字玉崖。江蘇婁縣人。乾隆三十六年三甲第九名進士。任兵部主事，遷郎中，五十一年官至四川建昌道。

孔廣森 字衆仲、撝約，號巽

軒。山東曲阜縣人。乾隆十七年（1752）生。孔子六十八代孫，乾隆三十六年三甲第十名進士。選庶吉士，任檢討。以養親告歸，遂不復出。以祖母及父喪哀傷，於乾隆五十一年（1786）十一月卒，年僅三十五。著有《春秋公羊經傳通義》《聲類分例》《禮學卮言》《外篇》《勾股難題》《曾子十二篇讀本》《大戴禮記注》《經學卮言》《少廣正負術內外篇》《儀鄭堂駢儷文》等。

錢　灃　字東注、約甫，號南園。雲南昆明縣人。乾隆五年（1740）四月初一日生。乾隆三十六年三甲十一名進士。選庶吉士，授檢討。四十六年考選江南道御史，劾總督畢沅貪污徇情、和珅私黨山東巡撫國泰貪贓枉法，直聲振朝野。遷通政使參議，四十八年督湖南學政。後因事降三級，補主事，再起擢湖廣道御史。積勞成疾，乾隆六十年（1795）九月十八日病卒（一說被和珅毒死），年五十六。著有《南園集》。

敷森布　滿洲鑲黃旗人。乾隆三十六年二甲十二名進士。任兵部武選司主事，五十四年官至江西建昌知府。

周元鼎　字象九，號勉齋。陝西三原縣人。乾隆三十六年三甲十三名進士。任兵部主事，官至兵部郎中。著有《匯南軒文集》。

李鏡圖　字仙渠。直隸高陽縣人。乾隆三十六年三甲十四名進士。任吏部主事，升文選司郎中，遷廣西潯州府知府，薦升道員。

兄李殿圖，乾隆三十一年進士。

包　愫　字素心，號誠庵。順天大興縣人。乾隆三十六年三甲十五名進士。選庶吉士，改戶部廣東司主事，五十一年纍遷湖南糧儲道，五十七年改廣東肇羅道，官至兩廣鹽運使。著有《留香書屋小草》。

田鳳儀　河南安陽縣人。乾隆三十六年三甲十六名進士。任刑部主事、員外郎、郎中。遷廣西思恩府知府、湖北安襄鄖道。乾隆五十八年授浙江按察使遷浙江布政使，六十年改福建布政使。嘉慶二年（1797）四月授福建巡撫（未任）。七月丁憂。九月以奔喪回籍卒於途。

胡世銓　河南夏邑縣人。乾隆三十六年三甲十七名進士。任刑部主事，四十六年纍遷安徽太平知府，四十七年改江蘇蘇州知府，五十三年官至福建興泉永道。

彭孕星　字斗占。江西豐新縣人。乾隆三十六年三甲十八名進士。任直隸廣昌知縣。數月卒。

楊殿梓　字睿材，號琴齋。江西清江縣人。乾隆三十六年三甲十九名進士。任河南光山知縣。曾修《光山志》，五十三年書成引疾歸，卒年六十五。

沈廷獻　字玉獻、河齋。江西湖口縣人。乾隆三十六年三甲二十名進士。任禮部精繕司主事。

方　昂　字叔駒，號訒庵、

坳堂。山東歷城縣人。乾隆五年（1740）五月十四日生。乾隆三十六年三甲二十一名進士。歷任刑部貴州司主事、浙江司員外郎、雲南司郎中，五十四年外任江西饒州知府，遷江蘇蘇松道、江寧鹽巡道，嘉慶三年授貴州按察使，四年遷江蘇布政使。五年（1800）閏四月二十八日病卒，年六十一。

辛開一 順天宛平縣人。乾隆三十六年三甲二十二名進士。四十年署奉天蓋平知縣，以刑斃賤犯革。

沈沆 字瀣含，號灝波。江蘇丹徒縣人。乾隆三十六年三甲二十三名進士。任居山知縣，五十四年任福建光澤知縣，五十六年改南平知縣。卒於任。

董子醇 字方舒。湖北興國州人。乾隆三十年舉人，三十六年三甲二十四名進士。

邵洪 字海度，號雙橋。浙江鄞縣人。乾隆三十六年三甲二十五名進士。任吏部主事、員外郎，四十五年督河南學政，升郎中。五十年遷江西撫州知府，署廣信知府，署吉安知府，兼理通判，嘉慶元年改江西南昌知府，遷江西岳常澧道，四年授江西按察使，十一月遷布政使。十四年授太僕寺卿，改宗人府丞，九月遷左副都御史，十三年官至禮部右侍郎。十六年（1811）病休，十月卒。

劉文徽 字子受，號淑庵。湖南武岡州人。乾隆三十六年三甲二十六名進士。授戶部山西司主事，升貴州司員外郎、雲南司郎中，外任河南府知府，官至河南糧道。以勞疾卒於開封。

龔大萬 字體六、懷清，號荻浦。湖南武陵縣人。乾隆三十六年三甲二十七名進士。選庶吉士，授檢討。四十六年充廣西鄉試正考官。罷職。帝東巡迎鑾授內閣中書。年已六十未任。著有《賜扇樓詩集》。

倪霖 浙江錢塘縣人。乾隆三十六年三甲二十八名進士。任直隸高陽知縣。

劉煦 （一作劉煦）字曦若。直隸慶雲縣人。乾隆三十六年三甲二十九名進士。任順天府教授，遷山東昌邑知縣。解組歸。卒年七十五。

潘觀成 江蘇宜興縣人。乾隆三十六年三甲三十名進士。四十六年任四川梓桐知縣，五十三年任鄰水知縣。

陳國璽 字壽昌，號蘊山。貴州威寧縣人。乾隆三十六年三甲三十一名進士。選庶吉士，散館改刑部主事。

江琅 字亞卿，號君淑。江蘇元和縣人。乾隆三十六年三甲三十二名進士。選庶吉士、散館改主事，四十七年官至福建福寧府知府。

馬慧裕 字朝曦，號朗山。漢軍正黃旗。乾隆三十六年三甲三十三名進士。選庶吉士，任吏部主事，歷任江蘇鎮江、蘇州、揚州知府，遷河南開歸陳許道。嘉慶二年授陝西按察使改河南按察使，遷山西布政使改陝西布政使，五年遷湖南巡撫，七年改河南巡撫。十二年降內閣學士，十三年遷盛京刑部侍郎調東河總督、漕運總督，十二月革。十四年授盛京戶部侍郎，改工部侍郎（滿缺），十五年遷工部尚書（滿缺），九月改湖廣總督。二十一年五月授左都御史，七月改禮部尚書（滿缺）。嘉慶二十一年（1816）八月卒。贈太子少保，諡“清恪”。著有《河干詩鈔》。

楊九思 直隸交河縣人。乾隆三十六年三甲三十四名進士。任兵部主事，進郎中，乾隆四十六年考選山東道御史。降兵部主事。

葉　煒 浙江錢塘縣人。乾隆三十六年三甲三十五名進士。

沈榮嘉 浙江歸安縣人。乾隆三十六年三甲三十六名進士。任戶部陝西司主事，四十八年纍遷福建糧道，署湖北按察使。

曾力行 字浦亭、近仁。河南固始縣人。乾隆三十六年三甲三十七名進士。任內閣中書，改甘肅平羅知縣，升秦州直隸州知州。任一年謝病歸。

龔景瀚 字惟廣，號海峰。福建閩縣人。乾隆十二年（1747）生。乾隆三十六年三甲三十八名進士。四十九年授甘肅靖遠知縣，改平涼知縣，遷固原知州，五十九年遷陝西邠州直隸州知州，嘉慶元年入軍幕以功擢甘肅慶陽知府，五年調蘭州知府。嘉慶七年十二月二十六日（1803年1月）以引見卒於京師，年五十六。著有《淡静齋詩文鈔》《邠風説》。

李道南 字景山，號晴山。江蘇江都縣人。乾隆三十六年三甲三十九名進士。歸班候選知縣。主泰州、通州、淮安諸書院，著有《四書集説》。崇祀鄉賢。

陳作芹 江西南康縣人。乾隆三十六年三甲四十名進士。五十年任貴州永從知縣。

林其宴 字春圃。福建閩縣人。乾隆三十六年三甲四十一名進士。任戶部陝西司主事，五十四年遷江西袁州知州，五十六年官至江西南昌府知府。以事降九江府通判，嘉慶四年遷江西吉安府蓮花廳同知，復署袁州知府。

王　懹 四川漢州人。乾隆三十六年三甲四十二名進士。

胡紹嶧 福建連江縣人。乾隆三十六年三甲四十三名進士。三十八年任福建泉州府教授、福寧府教授。

朱鍾麒 貴州永寧州人。乾隆三十六年三甲四十四名進士。任戶部主事，改浙江慶元知縣，調諸暨知縣，五十年任浙江會稽知縣，五十一年署桐鄉知縣，五十二年任秀水知縣。

陸蒼霖 字昊澤、雲泉。廣東三水縣人。乾隆二十七年舉人，三十六年三甲四十五名進士。授禮部主事，晉員外郎、郎中、記名御史。擢廣西右江道，曾代理按察使。嘉慶六年（1801）卒於任。

吳尌 字景華，號謹齋。安徽六安直隸州人。乾隆三十六年三甲四十六名進士。任江蘇沛縣知縣。

楊浣雨 （《進士題名碑》作楊沅雨，誤）甘肅寧夏縣人。乾隆三十六年三甲四十七名進士。

彭載賡 河南夏邑縣人。乾隆三十六年三甲四十八名進士。四十七年任浙江金華知縣，六十年署浙江建德知縣。

章 銓 字樹庭，號湖莊。浙江歸安縣人。乾隆三十六年三甲四十九名進士。選庶吉士，散館改戶部主事、員外郎，升郎中，出任寧夏知府，四十九年改湖北襄陽知府，嘉慶四年改廣東韶關知府，七年官至廣東糧道。著有《吳興舊聞補》《湖莊詩集》。

彭錫璜 江西湖口縣人。乾隆三十六年三甲五十名進士。任四川三臺知縣，丁憂。五十六年補廣東文昌縣，嘉慶三年擢崖州知州，改碣石同知，八年改廣東惠州府同知，官至羅定直隸州知州。致仕歸。

張家相 字默存。江蘇新陽縣人。乾隆三十六年三甲五十一名進士。未及仕而卒。

梁孔珍 廣西北流縣人。乾隆三十六年三甲五十二名進士。四十九年任福建永定知縣。

牆見羹 （《進士題名碑》作牆見美，誤）湖北江陵縣人。乾隆十六年生。三十年舉人，三十六年三甲五十三名進士。任刑部主事，升郎中，遷浙江寧紹台道，五十七年官至福建延建紹道。

周景益 字星頡。江蘇武進縣人。乾隆三十六年三甲五十四名進士。四十年任安徽建德知縣，五十七年纍遷貴州平遠州知州，改黔西知州，遷貴州黎平府同知，嘉慶十一年官至貴州安順知府。

孫周振璘，道光二十七年進士。

龔朝聘 字澄庵。安徽合肥縣人。乾隆三十六年三甲五十五名進士。任甘肅成縣知縣。未久被議去官，歸里後教授後進。

李如桐 山西翼城縣人。乾隆三十六年三甲五十六名進士。四十七年任陝西鳳縣知縣，四十八年署陝西寶雞知縣，遷江寧府通判、淮北監掣同知，嘉慶元年遷江蘇徐州知府，七年改江蘇淮安知府，十一年再署淮安府。

王積熙 山東福山縣人。乾隆三十六年三甲五十七名進士。

何 昱 河南南陽縣人。乾隆三十六年三甲五十八名進士。任雲南嵋峨知縣。

胡 章 字早立，號理齋。湖北咸寧縣人。乾隆二十五年舉人，三十六年三甲五十九名進士。任貴州平越知縣，改銅仁知縣，五十七年任貴州施秉知縣，補台拱同知，

署平越和府。年七十六解組歸。著
有《理齋文集詩並集》。

　　蕭永庚　江蘇丹徒縣人。乾隆
三十六年三甲六十名進士。任直隸
清河知縣。

　　董維城　字邁三。江西德興縣
人。乾隆三十六年三甲六十一名進
士。四十一年任四川資陽知縣。丁
父憂。服除事母不出。

　　秦　睿　陝西三原縣人。乾隆
三十六年三甲六十二名進士。

　　許　鎮　浙江海寧縣人。乾隆
三十六年三甲六十三名進士。四十
七年任湖南溆浦知縣。

　　郎若伊　字耕莘、任之，號醒
石。山西代州直隸州人。乾隆三十
六年三甲六十四名進士。任刑部主
事，升郎中。四十六年考選山東道
御史，四十六年官至直隸按察使。
四十八年病免。

　　佛爾卿額　字孟昭，號黼庭。
滿洲正紅旗人。乾隆三十六年三甲
六十五名進士。選庶吉士，授檢討。

　　程　巘　字仁山。江西鉛山縣
人。乾隆三十六年三甲六十六名進
士。任廣西靈川知縣，調平南縣。
未幾歸，講學於懷玉山。

　　姚文起　河南臨穎縣人。乾隆
三十六年三甲六十七名進士。四十
七年任湖南黔陽知縣。

　　楊　湴　雲南賓川州人。乾隆
三十六年三甲六十八名進士。

　　臧夢元　字肇奎。山東諸城縣
人。乾隆三十六年三甲六十九名進

士。已近六十，任諸城、福山知縣。
未仕。卒年七十一。

　　趙　銓　字南村。山東陵縣人。
乾隆三十六年三甲七十名進士。以
親老不仕。在里教授生徒。與太倉
沈起元參較《周易孔義集說》。卒後
人稱"鑒堂先生"。

　　謝肇渚　號定庵。順天通州人。
乾隆三十六年三甲七十一名進士。
五十三年官至四川嘉定府知府。五
十七年兼通判。

　　趙　瓖　順天通州人。乾隆三
十六年三甲七十二名進士。三十六
年選奉天錦州府教授。

　　毛晉登　字雲峰。江蘇山陽縣
人。乾隆三十六年三甲七十三名進
士。任戶部福建司主事。

　　吳思樹　字尚松，一字建軒。
湖南新化縣人。乾隆三十六年三甲
七十四名進士。三十八年授湖南岳
州府教授，調山東新泰知縣。未三
月罣吏議歸。曾著《通史》千卷，
惜稿遺失。另有《建軒遺文》《治河
論》。

　　陳懷仁　四川蒲江縣人。乾隆
三十六年三甲七十五名進士。任戶
部福建司主事。

　　吳元琪　廣西平樂縣人。乾隆
三十六年三甲七十六名進士。任知
縣，纍遷戶部郎中，官至河南歸德
府知府。以事降福建同知，授浙江
知府。上任卒於途。

　　陳廷棟　浙江德清縣人。乾隆
三十六年三甲七十七名進士。任中

城兵馬司正指揮，四十七年改江蘇豐縣知縣，改清河知縣。

朱　穎　山西太原縣人。乾隆三十六年三甲七十八名進士。四十八年任廣東文昌知縣、陽江知縣。

王遡曾　順天宛平縣人。乾隆三十六年三甲七十九名進士。四十年任直隸天津府教授。

宋昌芹　字楚園。江西雩都縣人。乾隆三十六年三甲八十名進士。任禮部主客司主事。

鄒拔祖　字慰先，號力田。江西新昌縣人。乾隆三十六年三甲八十一名進士。未仕卒。

金　黻　浙江山陰縣人。乾隆三十六年三甲八十二名進士。四十八年任安徽舒城知縣。

劉德風　山東滕縣人。乾隆三十六年三甲八十三名進士。未仕。

陳堯光　貴州都勻縣人。乾隆三十六年三甲八十四名進士。四十八年任四川昭化知縣，五十八年改福建莆田知縣。

唐　琦　浙江歸安縣人。乾隆三十六年三甲八十五名進士。

王孫晉　字鶴軒。四川資陽縣人。乾隆三十五年舉人，三十六年三甲八十六名進士。選江蘇知縣。未任卒。

趙來震　號筬野。山西崞縣人。乾隆三十六年三甲八十七名進士。任兵部車駕司主事，四十八年任四川屏縣知縣，五十六年署富順知縣，嘉慶元年署郫縣知縣，二年署三臺知縣，遷忠州、天全州知州，五年官至眉州直隸州知州，十三年改廣安知州。

劉敏達　直隸雄縣人。乾隆三十六年三甲八十八名進士。

戴書紳　河南偃師縣人。乾隆三十六年三甲八十九名進士。任工部主事，纍遷雲南廣西直隸州知州。

趙永裖　山東濱州人。乾隆三十六年三甲九十名進士。官至戶部員外郎。

郭士衡　山西大同縣人。乾隆三十六年三甲九十一名進士。任雲南定遠知縣。

范宗裕　字曉堂。湖南桂陽縣人。乾隆三十六年三甲九十二名進士。四十八年任江西東鄉知縣。以目疾致仕歸。

薛又謙　浙江會稽縣人。乾隆三十六年三甲九十三名進士。

朱本楫　字涇舟、浩瀾。江蘇上元縣人。乾隆二十五年舉人任定遠縣教諭，三十六年三甲九十四名進士。授知縣，仍牒請回任安徽定遠縣教諭。卒年五十六。

陸光暘　字旭之。江蘇吳縣人。乾隆三十六年三甲九十五名進士。四十八年任福建武平知縣。

和　寧　（爲避宣宗諱改名和瑛）字泰庵。蒙古鑲黃旗，額勒德特氏。乾隆三十六年三甲九十六名進士。歷任戶部主事、員外郎，五十一年擢安徽太平知府，遷安徽廬鳳道。五十三年授四川按察使遷安徽、四川、陝西布政使。五十八年以副都統銜任駐藏大臣。嘉慶五年授內閣學士遷理藩院侍郎改工部、戶部、倉場侍郎，六年調安徽巡撫改山東巡撫。因在署衙終日文墨爲事，廢馳地方政事，已不勝巡撫之任，七年革。予藍翎侍衛充葉爾羌邦辦大臣、喀什噶爾參贊大臣。九年復授理藩院侍郎改吏部、倉場侍郎，調烏魯木齊都統。十四年授陝甘總督，因倉場侍郎任內失察盜米，降大理寺少卿。十六年遷盛京刑部侍郎，調熱河都統。十九年授禮部尚書改兵部尚書，降盛京副都統，復遷熱河都統。二十一年授工部尚書，二十二年改兵部，七月改禮部尚書，十一月復改兵部尚書。加太子少保。二十三年授軍機大臣，領侍衛內大臣。二十四年改刑部尚書。道光元年（1821）七月初一日卒。贈太子太保，謚"簡勤"。著有《西藏賦》《讀易彙參》《三州紀略》《回疆通志》《易簡齋詩鈔》。

姚象謙 河南洛陽縣人。乾隆三十六年三甲九十七名進士。任河南內鄉縣教諭。

周　掞 江蘇金匱縣人。乾隆三十六年三甲九十八名進士。任浙江鄞縣知縣。

楊全蘊 字月舫。安徽懷寧縣人。乾隆三十六年三甲九十九名進士。四十八年任福建泰寧知縣。在縣十餘年以老乞休，因公事不得歸，卒。著有《月舫詩文鈔》。

孫文起 順天宛平縣人，原籍江蘇武進。乾隆三十六年三甲一百名進士。四十九年任四川昭化知縣，五十一年改金堂知縣、銅梁知縣，五十八年署岳池知縣，六十年蓬州知州，嘉慶四年署高縣，六年改安岳知縣，八年署江油知縣。

孫尚簡 山西芮城縣人。乾隆三十六年三甲一百零一名進士。四十九年任福建福鼎知縣。

韋典治 陝西韓城縣人。乾隆三十六年三甲一百零二名進士。

楊　鼎 河南夏邑縣人。乾隆三十六年三甲一百零三名進士。任江蘇溧水知縣。

乾隆三十七年（1772）壬辰科

第一甲三名

金　榜　字輔之，號蕊中、檠齋。安徽歙縣人。雍正十三年（1735）生。乾隆三十年召試一等特賜舉人，并授內閣中書，乾隆三十七年一甲第一名狀元，授修撰。曾任四庫館分校官。四十二年充山西鄉試副考官，父喪歸遂不出。嘉慶六年（1801）六月十一日卒，年六十七。著有《禮箋》《周易考占》《海曲方域小志》。

父金長溥，乾隆十三年進士；兄金雲槐，乾隆二十六年進士。

孫辰東　字楓培，號遲舟。浙江歸安縣人。乾隆三十七年一甲第二名榜眼。授編修。纂修《四庫全書》。乾隆四十五年，充順天鄉試同考官。卒於貢院。

俞大猷　字升于、鶴友，號鶴雲。順天大興縣人，原籍浙江山陰。乾隆三十七年一甲第三名探花。授編修。五十一年官至湖北荊州府知府，五十二年遷荊宜施道。

第二甲五十四名

平　恕　字寬夫。浙江山陰縣人。乾隆三十七年二甲第一名進士。選庶吉士，授編修。四十五、四十六年兩充會試同考官，升翰林院侍讀學士，四十八年督廣韶學政，五十三年充廣西鄉試主考官，嘉慶二年升詹事，三年授內閣學士，充江南鄉試主考官，督江南學政，嘉慶五年遷兵部右侍郎，六年充會試副考官，督江蘇學政，七年改戶部侍郎。嘉慶九年（1804）正月卒。著有《留春書屋詩集》。

李堯棟　字伯和、東采，號松雲。浙江山陰縣人。乾隆十八年（1753）生。乾隆三十七年二甲第二名進士。選庶吉士，任編修。纍遷江蘇江寧知府、四川雅州知府，嘉慶四年改山東泰安知府，署山東濟南知府，遷四川建昌道。嘉慶二十年授貴州按察使改江蘇按察使，遷江蘇布政使改雲南布政使。二十二年三月授雲南巡撫，九月改江蘇巡撫，十月復任雲南巡撫，二十四年五月調福建巡撫，六月改湖南巡撫。二十五年十一月召京以三品京堂候補。道光元年（1821）九月初八日卒，年六十九。著有《樂府詞》一卷、《寫十四經堂詩集》十二卷、《奏疏》二十卷等。

沈孫璉　字樂人，號蘆士、大雲。浙江錢塘縣人。乾隆三十七年二甲第三名進士。選庶吉士，授編修。四十八年充順天同考官，四十九年考選福建道御史，掌山東道御史。

朱緩　字輯五，號章浦。江西新建縣人。乾隆三十七年二甲第四名進士。選庶吉士，授編修。四十四年順天鄉試同考官；四十八年廣東鄉試副考官，嘉慶三年廣西鄉試副考官，擢中允，四年考選湖廣道御史，十二年官至陝西延榆綏道。

潘曾起　字文開，號容齋。江蘇荊溪縣人。乾隆三十七年二甲第五名進士。選庶吉士，授編修。四十九年考選福建道御史，巡視城北，後降刑部司務。

茅元銘　字耕亭、賡廷，號栗園。江蘇丹徒縣人。乾隆三十七年二甲第六名進士。選庶吉士，授編修。四十二年充浙江鄉試副考官，升庶子，五十四年督河南學政，進少詹事，嘉慶九年升詹事，擢內閣學士。督廣東學政，十年降侍講學士。告歸。

李棨　字文輈，號淪雲。江

蘇長洲縣人。乾隆三十七年二甲第七名進士。任內閣中書，纍遷戶部郎中。五十三年考選湖廣道御史，遷吏科給事中，六十年督四川學政，官至奉天府府丞兼學政。

裴謙　字子光。山西陽曲縣人。乾隆三十七年二甲第八名進士。選庶吉士，授編修。四十五年陝西鄉試副考官，五十四年河南鄉試正考官，官至侍講學士。

許兆椿　字茂堂，號秋崖、秋岩。湖北雲夢縣人。乾隆三十七年二甲第九名進士。選庶吉士，任編修。五十一年考選福建道御史，改刑部員外郎、郎中。外任江寧知府，遷江蘇蘇松道。嘉慶九年授江西按察使改浙江按察使，遷江寧布政使。十三年授刑部侍郎改倉場侍郎，十四年四月調廣西巡撫，十二月授漕運總督。十七年八月改工部、吏部侍郎，十八年調貴州巡撫，十九年（1814）改刑部侍郎。四月調浙江巡撫未赴任以病開缺。五月卒。著有《秋水閣詩鈔》。

父許治，乾隆四年進士；弟許兆棠，乾隆四十五年進士。

鄒炳泰　字仲文，號曉屏。江蘇無錫縣人。乾隆六年（1741）十月生。乾隆三十七年二甲第十名進士。選庶吉士，任翰林院編修，國子監司業、祭酒。五十三年充浙江鄉試主考官，五十四年督山東學政，升詹事，遷內閣學士。督山東學政，六十年督江西學政，嘉慶四年授禮部侍郎，改倉場侍郎，十年授都察院左都御史，改兵部、吏部尚書。十四年正月加太子太保。十六年五月授協辦大學士。十八年以林清案未能覺察，九月降詹事府中允，尋休致。嘉慶二十五年（1820）卒，享年八十。著有《午風堂叢談》等。

錢樾 字黼堂，一作撫堂。直隸清苑縣人，原籍浙江嘉善。乾隆八年（1743）生。乾隆三十七年二甲十一名進士。選庶吉士，授編修。四十八年督四川學政，充上書房行走，歷左贊善、侍讀學士。嘉慶四年授詹事，遷內閣學士，改禮部、吏部、戶部、吏部侍郎。九年因事革，賞給編修。進鴻臚寺少卿，十年督山東學政，十三年補內閣學士。十九年以病回里。嘉慶三十年（1815）六月初九日卒，年七十三。精文學，尤通經略，有古大臣風概。

呂雲棟 （一作呂雲從）字孚遠。安徽旌德縣人。乾隆三十七年二甲十二名進士。任內閣中書，四十二年充貴州鄉試副考官，改宗人府主事，升戶部員外郎、郎中。嘉慶三年考選河南道御史，四年官至貴州貴西道。年七十四以病告歸。

鍾定邦 字寧莊。江西分宜縣人。乾隆三十七年二甲十三名進士。任兵部車馬司主事，升員外郎，官至郎中。

李鎔 字自銘，號古陶。浙江仁和縣人。乾隆三十七年二甲十四名進士。選庶吉士，授編修。四十五年充順天鄉試同考官，五十二年任會試同考官。

父李汪度，乾隆二十二年進士。

景江錦 字蠹門。浙江仁和縣人。乾隆三十七年二甲十五名進士。任吏部主事，升以考功司郎中，五十四年擢廣東潮州知府。引疾歸。年七十一卒。

方煒 字燮和，號碧岑、餘齋。安徽定遠縣人。乾隆三十七年二甲十六名進士。選庶吉士，授編修。歷任左贊善、中允、司經局洗馬，五十三年充山西鄉試副考官，擢浙江督糧道，改江西糧道，署江南鹽巡道，官至河南河庫道。

黃壽齡 字挺山，號筠莊。江西新城縣人。乾隆三十七年二甲十七名進士。選庶吉士，授編修。四十四年充順天同考官，官至國子監司業。

宋鎔 字亦陶，又字奕嚴，號悅研。江蘇長洲縣人。乾隆三十七年二甲十八名進士。任內閣中書，四十九年纍遷廣東廉州知府，五十年遷廣東雷瓊道，五十八年改安徽池太廣寧道，嘉慶十年授貴州按察使。十一年乞養。後任太僕寺少卿，十二年授順天府尹，十五年遷兵部侍郎，改刑部侍郎。十九年降鴻臚寺卿。二十四年休致。道光元年（1821）卒，年七十九。

王照 字存齋。浙江仁和縣人。乾隆三十七年二甲十九名進士。任知縣，改內閣中書。

龔渭 字望濱，號竹谿。浙江西安縣人。乾隆三十七年二甲二十名進士。任四川鹽亭知縣，改江西萍鄉知縣。未抵任卒。

顏培天 字念純。江西萍鄉縣人。乾隆三十七年二甲二十一名進士。出任甘肅階州知州，改宣化府同知，緣事被議以主事用，升禮部員外郎，嘉慶六年充河南鄉試主考官，擢郎中，嘉慶九年考選福建道御史。母老歸，卒。

鄭宗彝 字毳五。江蘇江寧縣人，原籍安徽歙縣。乾隆三十七年二甲二十二名進士。任刑部主事，升吏部郎中，嘉慶四年考選浙江道御史。

陸湘 字楚青。直隸清苑縣人。乾隆三十七年二甲二十三名進士。任內閣中書，遷禮部員外郎，嘉慶十年考選湖廣道御史。

吳俊 字奕千，號蠡濤，晚年自號曇秀居士。江蘇吳縣人。乾隆三十七年二甲二十四名進士。任內閣中書，四十四年充湖北鄉試副考官，改宗人府主事，四十八年充雲南鄉試副考官，四十九年充會試同考官，升吏部員外郎，五十一年督雲南學政，五十五年纍遷廣東督糧道。嘉慶三年授廣東按察使，六年遷山東布政使。七年革職。降廣東惠湖嘉道，十年升廣東按察使，十三年召京以京堂用。嘉慶十五年以病歸。主講紫陽書院。著有《莊子解》《榮性堂詩集》。

弟吳樹萱，乾隆四十五年進士。

章煦 字曜青，號桐門。浙江錢塘縣人。乾隆十年（1745）生。乾隆三十七年二甲二十五名進士。任內閣中書，刑部員外郎、郎中，五十九年督陝甘學政，嘉慶元年考選山西道御史。遷光祿寺少卿，改太僕寺少卿，嘉慶九年授太僕寺卿，改順天府尹。十年授湖北布政使，遷湖北巡撫，十三年授刑部侍郎，調貴州、雲南、江蘇巡撫。十七年復授刑部侍郎，十八年遷工部尚書，歷吏部、禮部、刑部、兵部尚書。遷協辦大學士、軍機大臣。二十三年三月授文淵閣大學士。二十四年晉太子太保。二十五年二月休致。道光四年（1824）九月二十八日卒，享年八十。謚"文簡"。

莊通敏 字際盛，號澹遷、亭叔。江蘇陽湖縣人。乾隆三十七年二甲二十六名進士。選庶吉士，授編修。官至詹事府左中允。

父莊存與，乾隆十年進士，官禮部侍郎。

張颺揚 字思濟，號械軒。福建閩縣人。乾隆三十七年二甲二十七名進士。選庶吉士。

張暉吉 （原名張能照）字若臨，號夢巢。江蘇儀征縣人。乾隆三十七年二甲二十八名進士。任內閣中書，以校四庫全書，欽賜庶吉士。授編修。補刑部山西司主事，嘉慶四年外任貴州鎮遠知府，十二年遷貴東道，十三年改貴州古州道，十九年授貴州按察使，二十年改浙江按察使。旋休。

來起峻 浙江蕭山縣人。乾隆三十七年二甲二十九名進士。任戶部主事。

王基 江西金溪縣人。乾隆三十七年二甲三十名進士。任工部主事，升郎中。五十七年考選福建道御史。

馮燦 甘肅寧夏縣人。乾隆三十七年二甲三十一名進士。任刑部額外主事。

蘇青鰲 字松友，號雲川。廣東南海縣人。乾隆三十七年二甲三十二名進士。選庶吉士，授編修。乾隆四十四年充順天鄉試同考官。

吳貽清 字澤在，號華川。安徽桐城縣人。乾隆三十七年二甲三十三名進士。任江西靖安、安福、永寧、贛縣知縣，升雲南大關同知，署澂江、雲南府同知，署曲靖知府。以公罷官。

邱庭濰 字叔大，號芷房、芝房。順天宛平縣人，原籍江蘇長洲。乾隆三十七年二甲三十四名進士。選庶吉士，授編修。升至翰林院侍讀學士，嘉慶六年纍遷廣東督糧道，七年授廣東按察使，十年擢山東布政使。十二年解職。著有《芝房剩稿》。

王兆泰 字賡齋，號麟苑。陝西三原縣人。乾隆三十七年二甲三十五名進士。選庶吉士，散館改主事。

毛上貟 字羅照，號宿亭。江蘇鎮洋縣人。官戶部主事，乾隆三十七年二甲三十六名進士。任內閣中書，官至戶部主事。五十一年（1786）卒於京，惜中年而卒。著有《思補堂集》。

徐大榕 字向之，號惕庵。順天大興縣人，原籍江蘇陽湖。乾隆三十七年二甲三十七名進士。授戶部主事，升郎中，五十三年任山東萊州知府，改補泰安知府，乾隆五十九年任山東濟南府知府。改京員乞養歸。

羅正墀 字蓮舫、丹閣。湖北漢川縣人。乾隆三十六年舉人，三十七年二甲三十八名進士。任禮部主事，升員外郎、郎中，五十七年考選江西道御史，改順天中城巡城御史，升劉科給事中，官至河南開歸道。曾署按察使、布政使。

朱攸 字好德，號淵亭。山東歷城縣人。乾隆三十七年二甲三十九名進士。選庶吉士，授編修。歷官至江西吉安府知府。

周崧曉 字翰宣。江西鄱陽縣人。乾隆三十七年二甲四十名進士。任湖南瀏陽知縣，補陝西藍田知縣，四十八年調涇陽、渭南知縣。以勞疾卒。

父周銘詒，乾隆十年進士；子周彥，嘉慶二十四年進士。

莫瞻菉 字青友、以莊，號韻亭。河南盧氏縣人。乾隆三十七年二甲四十一名進士。選庶吉士，授編修。

五十年考選江南道御史，升禮科給事中，遷通政司副使，五十六年授順天府尹。嘉慶四年遷內閣學士，五年授工部右侍郎，六年調禮部左侍郎，八年改工部左侍郎。十一年降太僕寺少卿。十八年（1813）正月卒。著有《硯雨山房詩集》。

余 瑚 字禹拜、子六，號蘇軒。江西奉新縣人。任候補內閣中書，歷官國子監學正、助教。乾隆三十七年二甲四十二名進士。仍留助教。

李世望 字蘭臺。江蘇昆山縣人。乾隆三十七年二甲四十三名進士。授刑部主事，升員外郎，擢雲南迤東道。丁父憂。服闋補湖南岳常澧道，五十二年官至長蘆鹽運使。以疾乞歸。

周 謙 浙江仁和縣人。乾隆三十七年二甲四十四名進士。四十九年任四川高縣知縣，嘉慶元年署宜賓知縣，二年署璧山知縣，改四川大邑知縣，五年改廣東連平知州。

劉大紳 號寄庵，號潭西。雲南寧州人。乾隆十二年（1747）生。乾隆三十七年二甲四十五名進士。四十八年授山東新城知縣，調山東曹縣、文登、朝城知縣，嘉慶元年擢山東武定府同知，五年署福山知縣，八年任海防同知。後以母老終養歸。曾主講五華書院。道光八年（1828）卒，年八十二。著有《寄庵詩鈔》五卷、《寄庵文鈔》三十三卷等。

王佩葵 安徽婺源縣人。乾隆三十七年二甲四十六名進士。四十八年任湖北麻城知縣，五十四年改湖北孝感知縣，五十六年署山東諸城知縣，升曹州府同知。

朱 鈐 字韜六。浙江長興縣人。乾隆三十七年二甲四十七名進士。歸班候選知縣，以校《四庫全書》四十三年特改庶吉士，授編修。

李承暄 江蘇儀征縣人。乾隆三十七年二甲四十八名進士。

百 齡 （碑作張百齡）字子頤，號菊溪。漢軍正黃旗，遼東人，先世入關，本姓張。乾隆十三年（1748）四月初一日生。乾隆三十七年二甲四十九名進士。選庶吉士，任翰林院編修。四十二年督山西學政，五十年考選江西道御史，嘉慶四年任順天府府丞兼學政，五年授湖南按察使，改浙江按察使，遷貴州、雲南布政使。八年授廣西巡撫，改廣東巡撫，十年六月遷湖廣總督。九月因非刑逼供革職。後予六品去福建管糧餉，擢湖南、江蘇按察使，改鴻臚寺卿，山東按察使、布政使，十三年遷山東巡撫，十四年遷兩廣總督。十五年六月加太子少保。予輕車都尉世職。十六年正月授刑部尚書，改左都御史，六月授兩江總督，十八年九月授協辦大學士。留總督任。十九年革協辦大學士仍任兩江總督。二十年復加太子少保，九月封三等男。嘉慶二十一年（1816）十月十八日卒於江寧。

賞還協辦大學士。謚"文敏"。著有《除邪記略》《守意龕詩集》。

陳光鑑 浙江秀水縣人。乾隆三十七年二甲五十名進士。四十九年任福建平知縣。

吳貽桂 河南光州直隸州人。乾隆三十七年二甲五十一名進士。任戶部廣西司主事。

揚續時 河南武安縣人。乾三十七年二甲五十二名進士。五十年任山東肥城知縣，嘉慶三年調山東單縣知縣。五年任蓬萊知縣，七年署膠州知州。

閔惇大 字宏中，號裕仲。浙江烏程縣人。乾隆三十七年二甲五十三名進士。選庶吉士，授編修。

單瑞龍 字皞臣。浙江錢塘縣人。乾隆三十七年二甲五十四名進士。四十九年任福建同安知縣，五十二年改安溪知縣，五十六年改嘉義知縣。

第三甲一百零五名

熊言孔 順天大興縣人。乾隆三十七年三甲第一名進士。五十六年署浙江嘉善知縣，五十七年改分水知縣。

揭廷錦 江西南豐縣人。乾隆三十七年三甲第二名進士。任湖北崇陽知縣。

蕭九成 字韶亭，號碧畦。山東日照縣人。乾隆三十七年三甲第三名進士。選庶吉士，授檢討。四十四年充廣西鄉試主考官，四十九年貴州鄉試主考官，五十四年督雲南學政。善畫山水。

圖敏 字熙文，號時泉。滿洲鑲黃旗人。乾隆三十七年三甲第四名進士。選庶吉士，授檢討。遷少詹事、詹事，五十四年授內閣學士。充順天鄉試副考官。五十六年病免。

陳大文 字簡亭。河南杞縣人，原籍浙江會稽。乾隆三十七年三甲第五名進士。歷任吏部主事，遷郎中，外任廣西南寧知府、雲南迤東道。乾隆五十一年授貴州按察使，改安徽按察使，五十五年遷江寧布政使改廣東布政使。嘉慶二年遷廣東巡撫，四年改山東巡撫，六年授直隸總督，八年六月改兩江總督。十年正月授左都御史，二月改兵部尚書。五月以病免職。後因在直隸總督任內失察屬下侵挪，以四品京堂用。嘉慶二十年（1815）卒於家，年六十九。

施灝 江蘇寶山縣人。乾隆三十七年三甲第六名進士。四十六年任湖南東安知縣，四十七年改桃源知縣。

林聰 福建晉江縣人。乾隆三十七年三甲第七名進士。五十年任陝西麟游知縣，五十二年調陝西山陽知縣。五十三年告病去。

許學范 字希六。浙江錢塘縣人。乾隆三十七年三甲第八名進士。任雲南雲龍州知州，丁憂，五十八年任貴州黔西州知州，官至順天府治中。

三子許乃濟，嘉慶十四年進士。

吳端立 山東單縣人。乾隆三十七年三甲第九名進士。四十九年任山東萊州府教授。

金汝珪 字同侯、方雪。浙江嘉善縣人。乾隆三十七年三甲第十名進士。任吏部文選司主事，升郎中，擢江南巡鹽道，曾署江蘇按察使。被議歸，卒年五十一。

焦長發 字其祥。直隸曲陽縣人。乾隆三十七年三甲十一名進士。三十八年任福建龍溪知縣，四十三年改閩縣知縣，四十五年改彰化知縣。

賈策安 陝西咸寧縣人。乾隆三十七年三甲十二名進士。四十九年任四川彭山知縣。

陳振彩 福建晉江縣人。乾隆三十七年三甲十三名進士。

李靜淵 字益光，號樸齋。江西南昌縣人。乾隆三十七年三甲十四名進士。任刑部主事。

蔡廷舉 字世英，號漣舟。福建閩縣人。乾隆三十七年三甲十五名進士。選庶吉士。

朱倬綏 福建平和縣人。乾隆三十七年三甲十六名進士。任廣東開建知縣。

黃永祺 字芝山。廣東番禺縣人。乾隆三十七年三甲十七名進士。任戶部山西司主事。

沈可培 （1737—1799）字養原，號蒙泉，晚號向齋。浙江嘉善縣人。乾隆三十七年三甲十八名進士。任江西上高知縣，改直隸安肅知縣。後以署寶坻縣被議降調。後主潞河、灤源、雲門諸書院。受業者數百人，成就甚富，晚年歸里。著有《夏小正注》《星度釋略》《依竹山房詩集》。

陳澐 浙江錢塘縣人。乾隆三十七年三甲十九名進士。四十六年任浙江嚴州府教授。

潘大禮 江蘇無錫縣人。乾隆三十七年三甲二十名進士。官至山東濱州知州。

王珣 安徽當塗縣人。乾隆三十七年三甲二十一名進士。任江蘇懷安府教授。

陳化龍 號劍城。福建長樂縣人。乾隆三十七年三甲二十二名進士。任兵部主事、郎中。五十一年考選江西道御史。升刑科給事中。

張家駒 字乘帆，號古山。安徽含山縣人。乾隆三十七年三甲二十三名進士。選庶吉士，授檢討。

張潮普 字庶瞻。江蘇丹徒縣人。乾隆三十七年三甲二十四名進士。任四川名山縣知縣。

齊聖渭 字松崖。貴州普定縣人。乾隆三十七年三甲二十五名進士。任貴州黎平府教授。

趙宜勳 字觀皇。江西南豐縣人。乾隆三十七年三甲二十六名進士。任廣西隆安知縣。

彭元琰 字實之，號石芝。江西南昌縣人。乾隆三十七年三甲二十七名進士。選庶吉士，授檢討。充《永樂大典》纂修官，兼武英殿四庫全書館、三通館提調官，擢中允，降內閣中書。

父彭廷訓，康熙四十五年進士；兄彭元瑞，乾隆二十二年進士，官協辦大學士。

黃啓駿 福建晉江縣人。乾隆三十九名三甲二十八名進士。任廣西恭城知縣。

楊紳世 字淑居。山東諸城縣人。乾隆三十七年三甲二十九名進士。請養母歸。家居三十年。母喪服闋，嘉慶四年授福建海澄知縣。卒於官。

林露 浙江里安縣人。乾隆三十七年三甲三十名進士。三十八年任杭州府教授。

芮振宗 順天寶坻縣人。乾隆三十七年三甲三十一名進士。

徐世錦 字肇杓。安徽懷寧縣人。乾隆三十七年三甲三十二名進士。以母老未仕，授徒自給。著有《周禮綜讀》《大易括言》。

徐曰言 江西奉新縣人。乾隆三十七年三甲三十三名進士。四十五年任直隸寧晉知縣，四十九年改安徽寧國知縣。丁憂去。

馬文灝 山西左雲縣人。乾隆三十七年三甲三十四名進士。

劉印全 字慕陔。順天宛平縣人，原籍江蘇陽湖。乾隆三十七年三甲三十五名進士。五十年任四川資陽知縣，五十五年改合州知州，嘉慶元年升綿州同知，調赴西藏辦理軍糧，官至廣東鹽運同知。

孔廣什 河南汝陽縣人。乾隆三十七年三甲三十六名進士。任陝西永壽知縣。

袁鎬 字西京。山東長山縣人。乾隆三十七年三甲三十七名進士。任兵部主事，職方司員外郎、郎中。因父母兩喪，憂成疾，年五十五卒。

爲袁守侗長子。

王永緒 順天宛平縣人。乾隆三十七年三甲三十八名進士。四十四年任廣西藤縣知縣。

王坦修 （1744—1809）字仲履，號正亭。湖南寧鄉縣人。乾隆三十七年三甲三十九名進士。選庶吉士，授檢討。歷任三通館纂修、武英殿校勘。官至侍讀學士。致仕後，主講朗江、岳麓書院。

賈策治 陝西咸寧縣人。乾隆三十七年三甲四十名進士。

周鳳翔 福建永春直隸州人。乾隆三十七年三甲四十一名進士。任刑部主事。

魏博 直隸南樂縣人。乾隆三十七年三甲四十二名進士。任工部主事，四十九年改山東臨邑知縣，以拙於催科，五十三年調山東招遠知縣。

陳萬言 貴州畢節縣人。乾隆三十七年三甲四十三名進士。

黎溢海 字粲洋。廣東東莞縣人。乾隆三十七年三甲四十四名進士。選庶吉士，授檢討。

焦式沖 字懷谷。山東章丘縣人。乾隆三十七年三甲四十五名進士。五十年任江蘇儀征知縣。歸里後以汲引後進爲任。著有《餘青園詩集》。

周琢（1747—1803）字方玉，號净溪。廣西臨桂縣人。乾隆三十七年三甲四十六名進士。授甘肅靈臺知縣，歷任隴西、敦煌等縣。著有《蘦芘吟草》。

楊元藻 字卓三。江西新城縣人。乾隆三十七年三甲四十七名進士。任廣東定安知縣，五十七年改昌化知縣，六十年改廣東新興知縣，升化州知州，嘉慶五年官至廣東連州知州。

貴逢甲 字香岩、月山。湖南武陵縣人。乾隆三十七年三甲四十八名進士。四十一年任四川銅梁縣知縣，四十四年改合州知州。退後寄籍江蘇上元，道光十二年重宴恩榮。賜知州衘。

趙驤 字雲衢。廣東東莞縣人。乾隆三十七年三甲四十九名進士。中榜後南還中途遘疾，抵家半月卒，年二十六。

胡光琦 字步韓，號輼川。江西婺源縣人。乾隆三十七年會元，三甲五十名進士。四十九年任四川鹽亭知縣。引疾歸。以母老授徒講學。著有《日知筆記》。

陳九叙 福建長樂縣人。乾隆三十七年三甲五十一名進士。任廣東陽山知縣，五十一年改廣東信宜知縣，六十年任潮陽知縣。

馬道澍 字郇雨。安徽英山縣人。乾隆三十七年三甲五十二名進士。掌教凌雲書院。制藝推倒一時。

詹鶴齡 江西安義縣人。乾隆三十七年三甲五十三名進士。任直隸淶水知縣。

王安上 字禮安。浙江永嘉縣人。乾隆三十七年三甲五十四名進士。

凌浩 字滄洲，號花農。河南中牟人。乾隆三十七年三甲五十五名進士。三十八年任貴州修文知縣，四十一年改貴築知縣，升開州知州，官至貴州大定府知府。

沈文炳 浙江蕭山縣人。乾隆三十七年三甲五十六名進士。任主事、倉場監督。

呂公滋 河南新安縣人。乾隆三十七年三甲五十七名進士。四十一年任山西介休知縣，升汾州府通判。

譚澤溥 湖北天門縣人。乾隆三十三年舉人，三十七年三甲五十八名進士。四十七年任安徽南陵知縣。五十七年去。

張尚懷 湖南長沙縣人。乾隆三十七年三甲五十九名進士。四十八年任江蘇句容知縣。

郭燮 福建侯官縣人。乾隆三十七年三甲六十名進士。

王福清 字受宜，號祝堂。奉天海城縣人。乾隆三十七年三甲六十一名進士。選庶吉士，授檢討。改工部主事，六十年遷湖南桂陽知州，嘉慶七年官至湖南靖州直隸州知州。

傅通 滿洲正白旗人。乾隆三十七年三甲六十二名進士。任滿洲六十三佐領。

王汝嘉 字士會，號榕軒。四川銅梁縣人。福建巡撫王怒子。乾隆三十七年三甲六十三名進士。選庶吉士，授檢討。丁內艱歸。主郡書院，修合州志，未竟而卒。

李元坦 字雪汀，號念堂。山東濟寧州人。乾隆三十七年三甲六十四名進士。五十年任山西陽城知縣。在任一年餘。

董酉亭 山東聊城縣人。乾隆三十七年三甲六十五名進士。

李陽棫 字尚菁。四川新都縣人。乾隆三十七年三甲六十六名進士。任户部河南司主事，升郎中。五十一年考選河南道御史，嘉慶九年官至湖南常德府知府。

施潤 字秋水。江蘇上海縣人。乾隆三十七年三甲六十七名進士。三十八年任安徽鳳陽府教授。

查復經 字九達。江西星子縣人。乾隆三十七年三甲六十八名進士。五十年任直隸蠡縣知縣，有政聲，忤上官，五十三年改江西臨江府教授。

姚玉麟 廣東增城縣人。乾隆三十七年三甲六十九名進士。五十一年任四川閬中知縣，五十九年改南江知縣。

胡敏 字修敏，號時田。雲南寧州人。乾隆三十七年三甲七十名進士。選庶吉士，散館改主事。

胡喈鳳 字同岡。江蘇山陽人。乾隆三十七年三甲七十一名進士。四十一年任江蘇江寧府教授。

文楠 字璞園。四川涪州人。乾隆三十七年三甲七十二名進士。五十一年任甘肅鎮番知縣，嘉慶十一年改廣東陸豐知縣，十九年改四川嘉定府教授。

侯在容 字涵亭。山西解州直隸州人。乾隆三十七年三甲七十三名進士。任直隸行唐知縣。致仕歸。

王步瀛 浙江歸安縣人。乾隆三十七年三甲七十四名進士。任浙江慈溪縣教職，調直隸肥鄉縣知縣。

陳所蘊 陝西蒲城縣人。乾隆三十七年三甲七十五名進士。五十二年任河南封丘知縣，五十七年改河南新野知縣。

楊復吉 字列侯、列歐，號慧樓。江蘇震澤縣人。乾隆十二年（1747）生。乾隆三十七年三甲七十六名進士。候選知縣，不謁選。嘉慶二十五年（1820）卒，年七十四。家富藏書。著有《鄉月樓學古文》《夢闌瑣筆》《史餘備考》《慧樓詩文集》，又輯《遼史拾遺補》五卷、《元文選》《昭代叢書續集》《虞初餘志》《元稗類鈔》《燕窩譜》等書。

李堅 （1742—1783）字敬堂，號琴浦。河南祥符縣人。乾隆三十七年三甲七十七名進士。官刑部主事，補廣西司員外郎。著有《錢譜》。

戴樹屏 江蘇荊溪縣人。乾隆三十七年三甲七十八名進士。五十年任陝西清澗知縣，五十八年任吳堡知縣，嘉慶九年改安徽池州府教授。

詹　坪 山東諸城縣人。乾隆三十七年三甲七十九名進士。

閻泰和 字竹軒、魯瞻，號墨圖。山西平遙縣人。乾隆三十七年三甲八十名進士。任禮部儀制司主事，升員外郎、郎中。五十一年考選河南道御史，遷通政副使，六十年授太僕寺卿，嘉慶四年任順天府尹。九年解職。

鐵　保 字冶亭，號梅庵。滿洲正黃旗，姓覺羅氏，改棟鄂氏。乾隆十七年（1752）正月初四日生。乾隆三十七年三甲八十一名進士。任吏部主事、郎中、少詹事，侍讀學士。乾隆五十三年授内閣學士遷禮部侍郎，改吏部侍郎。因事降内閣學士遷盛京兵部侍郎，復改吏部侍郎，嘉慶四年調漕運總督。七年改廣東巡撫，八年調山東巡撫，十年遷兩江總督。十四年運河決口革職。遣烏魯木齊後充葉爾羌辦事大臣、喀什噶爾參贊大臣。十六年授浙江巡撫改吏部侍郎，十七年擢禮部尚書，十八年改吏部尚書。十九年革職。後任司經局洗馬賜三品卿銜致仕。道光四年（1824）正月初三日卒，年七十三。著有《國朝律

介》《熙朝雅頌集》一百三十四卷，《惟清齋全集》《白山詩介》《准上題襟集》，參修《欽定八旗通志》。

商　璉 直隸平山縣人。乾隆三十七年三甲八十二名進士。五十九年署山西左雲知縣。

党雲龍 河南郾城縣人。乾隆三十七年三甲八十三名進士。五十年任湖南龍陽知縣。

陳　琯 河南杞縣人。乾隆三十七年三甲八十四名進士。五十四年任陝西葭州知州。

蕭鳳翱 字翼白。貴州貴陽府人。乾隆三十七年三甲八十五名進士。

聶智瑜 江西德安縣人。乾隆三十七年三甲八十六名進士。

陳任重 山西翼城縣人。乾隆三十七年三甲八十七名進士。

李　翮 字逸翰，號春麓。山東金鄉縣人。乾隆十年（1745）生。乾隆三十七年三甲八十八名進士。授禮部主事，進員外郎、郎中。四十七年考選福建道御史，五十六年十月任順天北城巡城御史，遷吏科掌印給事中，官至浙江杭嘉湖道，署布政使。丁憂歸。後以道員分陝西補用。引疾歸。嘉慶十五年（1810）卒，年六十六。

羅汝明 山西榆次縣人。乾隆三十七年三甲八十九名進士。

葉　誠 字聲木。浙江仁和縣人。乾隆三十七年三甲九十名進士。四十一年任浙江寧波府教授。

楊墀　浙江新昌縣人。乾隆三十七年三甲九十一名進士。任知縣。

劉雲錦　直隸廣宗人。乾隆三十七年三甲九十二名進士。三十年任江西贛州府訓導。

李承報　字香麓。廣西博野縣人。乾隆三十七年三甲九十三名進士。任福建建寧、平潭、雲霄廳同知，授戶部主事、員外郎，因與當道不合降光祿寺署正，嘉慶八年任福建興化府通判。致仕歸，年七十四卒。

周漢　湖北黃陂縣人。乾隆三十五年舉人，三十七年三甲九十四名進士。五十年任山西靈石知縣。

賈爲煥　山西陽城縣人。乾隆三十七年三甲九十五名進士。

徐愈達　湖北蘄水縣人。乾隆三十六年舉人，三十七年三甲九十六名進士。任知縣。

周廷棟　（原名周元良）字松軒，號棟材。順天大興縣人。乾隆三十七年三甲九十七名進士。任刑部主事、郎中。五十一年考選福建道御史，遷通政副使，嘉慶八年授太僕寺卿改大理寺卿。九年授左副都御史，改刑部侍郎，十二年正月遷左都御史。十三年十二月休致。嘉慶十五年（1810）二月卒。

熊德芝　字露田。四川涪州人。乾隆三十七年三甲九十八名進士。任貴州甕安知縣，改河南襄城知縣，官至許州直隸州知州。

詹龍光　號近軒。江西樂安縣人。乾隆三十七年三甲九十九名進士。著有《近軒集》十二卷。

劉鵬　字翔南。山西聞喜縣人。乾隆三十七年三甲一百名進士。授山西朔平府教授，擢甘肅文縣知縣。職滿乞歸，家居教授以終。

李玩蓮　甘肅會寧縣人。乾隆三十七年三甲一百零一名進士。

冉廣燏　字櫟溪，號綱庵。四川酉陽直隸州人。乾隆三十七年三甲一百零二名進士。任山西屯留知縣。在任一年，年已六十餘，解組歸。樂於訓誨，四方從游者數百人。著有《寓庸堂文稿》《二柳山房雜著》行世。

蔡泰均　（《進士題名碑錄》作蔡大均）號章湖。江西上猶縣人。乾隆三十七年三甲一百零三名進士。任工部主事，升郎中，五十七年考選浙江道御史，官至兵科給事中。

陳科鋗　字器一。廣西鬱林直隸州人。乾隆三十七年三甲一百零四名進士。選庶吉士。散館改吏部主事，遷雲南東川府巧家廳同知，官至雲南昭通知府。

李廷佑　山東鄒平縣人。乾隆三十七年三甲一百零五名進士。三十九年授江西長寧知縣、貴州龍泉知縣。未任卒。

乾隆四十年（1775）乙未科

第一甲三名

吴錫齡 字純甫。安徽寧休縣人。乾隆四十年一甲第一名狀元。授修撰。次年（1776）卒。僅知其中狀元前任職內閣中書。

汪 鏞 字東序，號芝田。山東歷城縣人。乾隆四十年一甲第二名榜眼。授編修。嘉慶二年升湖廣道御史，四十五年督陝甘學政，遷通政司參議，嘉慶十三年再督陝西學政，改大理寺少卿，嘉慶十三年遷光祿寺卿。旋免。

沈清藻 字清嘉，號魯田、魯泉。浙江仁和縣人。乾隆四十年一甲第三名探花。授編修。旋卒。

第二甲五十二名

王春煦 字紫宇，號冶山。江蘇婁縣人。乾隆四十年二甲第一名進士。選庶吉士，授編修。五十四年考選河南道御史，五十七年官至湖北宜昌知府。著有《延清齋詩文集》。

戴心亨 字習之，號石士、若士。江西大庚縣人。乾隆四十年二甲第二名進士。選庶吉士，授編修。五十二年督湖北學政。

父戴弟元，乾隆二十二年進士。

翟 槐 字公樹，號立齋。安徽涇縣人。乾隆四十年二甲第三名進士。選庶吉士，授編修。五十八年考選浙江道御史，嘉慶元年任順天北城巡城御史，官至雲南楚雄府知府。以疾卒。

張慎和 字達甫，號我圃。福建晋江縣人。乾隆四十年二甲第四名進士。選庶吉士，授編修。改工部主事，升吏部員外郎、刑部郎中，出任浙江溫州知府，擢溫處道、寧紹台道，改江南鹽法道。以前任交待被累革，降刑部員外郎。

叔父張光憲，乾隆二十五年進士。

嚴 福 字景和、景純，號愛產。江蘇吳縣人。乾隆四十年二甲第五名進士。選庶吉士，授編修。充四庫全書館核對、國史館方略館纂修。四十四年充河南鄉試主考官。五十七年（1792）卒。

徐如澍 字郇甫，號雨芁、春帆。貴州銅仁府人。乾隆四十年二甲第六名進士。選庶吉士，授編修。四十四年充四川鄉試副考官，五十一年考選山東道御史，五十三年充預行正科鄉試同考官，五十六年任順天南城巡城御史，嘉慶二年十月任順天東城巡城御史，四年充會試同考官，五年任戶科給事中，十年內閣侍讀學士。十九年調奉天府丞兼學政，二十一年鴻臚寺卿，二十二年改通政副使。二十四年致仕歸。道光十三年（1833）卒，年八十二。著有《寶硯山房詩集》二十卷、《文集》十卷、《隨筆雜記》二卷。

王念孫 字懷祖，號石臞。江蘇高郵州人。乾隆九年（1744）三月十三日生。乾隆四十年二甲第七名進士。曾任四庫館分校官，選庶吉士，任工部都水司主事，升郎中。五十三年考選陝西道御史，升吏科給事中。嘉慶四年授直隸永定河道，六年河堤決口罷官，九年授山東運河道復任永定河道。又因河復漲以六品休致。道光五年鄉舉重逢賞四品銜，重赴鹿鳴筵宴。道光十二年（1832）正月二十四日卒，年八十九。著有《導河議》《河源紀略》《讀書雜志》《校正博雅音》《逸周書》《戰國策》《漢書》《淮南子》《史記》《管子》《荀子》《晏子春秋》《墨子》《廣雅疏證》等。

父王安國，雍正二年進士，任吏部尚書。

曾廷檨 字春侔，號文麓。江西南城縣人。乾隆四十年二甲第八名進士。選庶吉士，散館改刑部主事，升員外郎，四十八年縶遷山東曹州知府，五十年三月改濟南府知府，署濟東道。以勞疾卒於任。

于鼎 字鏡兆、景趙，號健園。江南金壇縣人。乾隆四十年二甲第九名進士。選庶吉士，授編修。四十五年充河南鄉試主考官，四十八年督廣西學政。

吳紹溧（一作吳紹燦）字征野，號蘇泉。安徽歙縣人。乾隆四十年二甲第十名進士。初授知縣，以充《四庫全書薈要》處總校官，改庶吉士，授編修。充《三通》館纂修。曾選輯《歷代詩鈔》，纂《聲調譜說》。請假歸，年五十卒。

弟吳紹浣，乾隆四十三年進士。

戴聯奎 字紫垣，號靜生。順天大興籍，江蘇如皋人。乾隆十八年（1753）生。乾隆四十年二甲十一名進士。選庶吉士，任編修。縶遷少詹事。嘉慶五年授詹事遷內閣學士。九年授兵部侍郎歷禮部、兵部、吏部侍郎。二十一年遷左都御史，七月改禮部尚書，二十三年改兵部尚書。二十五年降太常寺卿，道光元年遷禮部侍郎，十二月遷兵部尚書。二年（1822）二月初四卒於杭州，年七十。

陳崇本　字伯恭。河南商丘縣人。乾隆四十年二甲十二名進士。選庶吉士，授編修。歷任侍講、侍讀學士、國子監祭酒、太常寺少卿，嘉慶十一年授光祿寺卿。九月改宗人府丞，十二年曾署左副都御史。嘉慶十五年罷職。善書法、善畫山水。

顧宗泰　字景嶽，號星橋。江蘇元和縣人。乾隆四十年二甲十三名進士。任吏部主事，嘉慶四年官至廣東高州知府。罷歸。著有《月滿樓集》。

陳文樞　字天中，號薇堂。浙江海寧縣人。乾隆四十年二甲十四名進士。選庶吉士，散館改禮部主事。工詩文，著有《花對山房詩集》。

許烺　字樂亭，號曇孫。浙江錢塘縣人。乾隆四十年二甲十五名進士。選庶吉士，授編修。改內閣中書。著有《思補軒詩集》。

林大宏　字實堂。江西分宜縣人。乾隆四十年二甲十六名進士。嘉慶五年任廣西三江知縣，改廣西貴縣知縣。

涂日煥　字曙山。江西新建縣人。乾隆四十年二甲十七名進士。任內閣中書，出爲廣西同知代理龍勝通判，補柳州府通判，代理平樂知府。以疾卒於任。

陳鳳漣　江西奉新縣人。乾隆四十年二甲十八名進士。五十年任直隸束鹿知縣。

李廷敬　字景叔，號寧圃、味莊。直隸滄州人。乾隆四十年二甲十九名進士。選庶吉士，散館改戶部主事，纍遷江寧知府、蘇州知府，遷江蘇蘇松太道，嘉慶元年授江蘇按察使。四年罷職。工詩文，善畫。著有《二十二史紀傳節要》《三通節要》《唐詩百家選》《列朝詞選》《平遠山房集》。

兄李廷揚，乾隆二十五年進士。

章宗瀛　字澄之，號仙洲。順天大興籍，浙江會稽人。乾隆四十年二甲二十名進士。選庶吉，授編修。四十五年、四十八年兩充順天同考官，四十六年仍以編修充會試同考官。

梁上國　字斯儀，號九山。福建長樂縣人。乾隆十三年（1748）生。乾隆四十年二甲二十一名進士。選庶吉士，任編修。五十一年充順天鄉試同考官，嘉慶二年考選山東道御史，七年升工科給事中，九年任奉天府丞兼學政，改少詹事、內閣侍讀學士、光祿寺少卿，嘉慶十八年督廣西學政，晉太僕寺卿，十九年改太常寺卿。嘉慶二十年（1815）五月二十八日卒於任。年六十八。著有《駁閻氏古文尚書疏證》《毛氏大學證文》《山左游記》《遼沈游記》《粵西游記》《九山詩文集》《國朝閩海人文》《數目通典》。

何循　字盾厚，號南陔。順天宛平人，原籍安徽桐城。乾隆四十年二甲二十二名進士。選庶吉士，授編修。擬保舉知府，不願外任辭歸。

羅修源　字碧泉，號星來。湖

南湘潭縣人。乾隆四十年二甲二十三名進士。選庶吉士，授編修。四十五年充山東鄉試副考官，四十八年充順天鄉試同考官，五十一年充廣西副考官，升侍講，五十五年充會試同考官，五十七年充陝西副考官，六十年充陝西鄉試正考官，遷少詹事，降庶子，又升侍讀學士。嘉慶元年再充會試同考官，在任二十餘年共七充鄉、會試考官。卒年四十四。

金朱楣 字萊娛。江蘇吳縣人。乾隆四十年二甲二十四名進士。任河南確山知縣，改江蘇江寧府教授。

戴均元 字恒泰，號修原、可亭。江西大庾縣人。乾隆十一年（1746）十一月十六日生。乾隆四十年二甲二十五名進士。選庶吉士，授編修。五十四年督四川學政，五十八年考選湖廣道御史，六十年督安徽學政，遷大理寺少卿，嘉慶五年督山東學政，授詹事府詹事，改內閣學士。八年遷工部侍郎，改刑部、戶部、吏部侍郎，十一年調江南河道總督。十二年加太子少保。因事降三品京堂。十三年授左副都御史，改倉場侍郎，十八年改東河總督，十九年復任吏部侍郎，遷左都御史，改禮部尚書。二十一年調吏部尚書，二十二年授協辦大學士，軍機大臣。加太子少保。二十五年二月遷文淵閣大學士。晉太子太保。道光四年七月休致。七年九月其所監修孝穆皇后梓宮工程堅固，加太子太師。八年九月因地宮浸水褫職治罪，念其耆老釋歸。道光二十年（1840）九月初七日卒，享年九十五。

兄戴第元，乾隆二十二年進士。

徐立綱 字條甫。浙江上虞縣人。中舉後，乾隆三十九年以學正充順天鄉試同考官，乾隆四十年二甲二十六名進士。選庶吉士，授編修。四十四年充湖南鄉試主考官，四十五年、五十一年兩督安徽學政，五十四年降司務。

繆晉（復姓王）字申甫，號省薇。江蘇江陰縣人。乾隆四十年二甲二十七名進士。選庶吉士，授編修。四十五年充湖北鄉試主考官，嘉慶元年任會試同考官，升侍讀，官至山西平陽知府。被山西巡撫伯麟參劾，與太平知縣郭明德，向富戶王尉兩家借銀十萬兩，著革職嚴審。

汪輝祖 字煥曾，號龍莊、歸廬。浙江蕭山縣人。雍正八年十二月十四日（1731年1月）生。乾隆四十年二甲二十八名進士。五十三年授湖南寧遠知縣。調道州知州。坐事被劾歸，眾泣阻行。嘉慶十二年（1807）二月二十四日卒，年七十八。一生著述頗豐，著有《佐治藥言》《學治臆說》《史姓韻編》《九史同姓名略》《二十四史同姓名錄》《遼金元三史同名錄》《龍莊四六稿》《九史同姓名略補遺》《增補》《學治續說》《雙節堂庸訓》《病榻夢痕錄》《學治說贅》《元史本證》《讀史掌錄》《過眼雜錄》《夢痕遺錄》等。

子汪繼培，嘉慶十年進士。

吳錫麒 字聖征，號穀人。浙江錢塘縣人。乾隆十一年（1746）七月二十八日生。乾隆四十年二甲二十九名進士。選庶吉士，授編修。四十九年充會試同考官，五十五年再充會試同考官，歷任右贊善、侍講、侍讀。嘉慶六年授國子監祭酒。以親老乞養歸。後僑居揚州。主講東儀、梅花、安定、樂儀書院。嘉慶二十三年（1818）卒、年七十三。著有《正味齋全集》七十三卷、《熱河小記》《有正山房集》等。號稱清代"駢文八家"之一。

方林 字雲溪、雲亭。直隸吳橋縣人。乾隆四十年二甲三十名進士。任刑部主事，五十年官至浙江嘉興府知府。

郟錦 字東裁。江蘇吳縣人。乾隆四十年二甲三十一名進士。任直隸安平知縣。

惲巒 順天大興縣人，原籍江蘇陽湖。乾隆四十年二甲三十二名進士。任兵部主事，外任雲南劍州知州，改景東廳同知，官至雲南開化府知府。

屠珂 江蘇武進縣人。乾隆四十年二甲三十三名進士。五十八年遷福建延平府通判，官至福建泉州府馬巷通判。

毛鳳儀 字宇春、羽香，號春江。江蘇吳縣人。乾隆四十年二甲三十四名進士。歸班候選知縣，補內閣中書，升內閣侍讀、禮部郎中，

入直任軍機章京，五十四年考選山東道御史。

胡世塏 字江林。浙江嘉興縣人。乾隆四十年二甲三十五名進士。任禮部主客司主事。

胡文銓 字秉三，號衡齋。順天大興縣人。乾隆四十年二甲三十六名進士。任戶部主事，五十三年遷安徽廣德州知州，五十四年署寧國知府，六十年官至湖南常德府知府。

盧遂 字易良，號霽漁。福建侯官縣人。乾隆四十年二甲三十七名進士。選庶吉士，授編修。年十三即能作詩，一年一集，一生作詩四萬餘首。著有《四留堂集》。

李象井 江西吉水縣人。乾隆四十年二甲三十八名進士。五十年任直隸昌黎知縣。

周瓊 字芝田。廣西臨桂縣人。乾隆四十年二年三十九名進士。選庶吉士，授編修。官至司經局洗馬。

胡榮 字尊才，號淇崖、安止。江西新建縣人。乾隆四十年二甲四十名進士。任知縣，以校《四庫全書》欽賜庶吉士，授編修。五十四年考選江西道御史，左遷刑部員外郎，擢郎中，升陝西西安府同知、知府，十五年補榆林知府，十九年署同州知府，二十一年官至延安知府。以疾卒於任。

曹錫齡（1738—1818）字受之，號定軒，晚居新堡，又稱新堡主人，室名翠微山房。山西汾陽縣人。乾隆四十年二甲四十一名進士。選庶

吉士，授編修。四十五年充四川鄉試主考官，四十八年督雲南學政，五十五年考選江南道御史，官至吏科掌印給事中。著有《周易集粹》《翠微山房詩文集》等。

父曹學閔，乾隆十九年進士。

陳墉 字垕堂。浙江德清縣人。乾隆四十年二甲四十二名進士。選庶吉士，授編修（一作吏部主事）。

黃嵩齡 江西新城縣人。乾隆四十年二甲四十三名進士。四十六年任浙江分水知縣，五十五年改浙江景寧知縣，五十六年任平湖知縣，五十八年兼署浙江嘉興府同知。

祖父黃文則，乾隆元年進士。

周宗岐 字封岩。四川涪州人。乾隆四十年二甲四十四名進士。選庶吉士，授編修。

繆琪 字澳嶠。江蘇江陰縣人。乾隆四十年二甲四十五名進士。任廣西南平知縣，官至署廣西鬱林州直隸州知州。

汪如藻 字彥孫，號鹿園。浙江秀水縣人。乾隆四十年二甲四十六名進士，選庶吉士，未散館任學正，以修書特授編修。五十一年出任江西撫州知府，五十九年遷山東糧道，八月官至山東鹽運使。

父汪孟鋗，乾隆三十一年進士。

范來宗 字翰尊、支山，號芝岩。江蘇吳縣人。乾隆四十年二甲四十七名進士。選庶吉士，授編修。在任十餘年，乞終養歸，嘉慶二十二年（1817）卒，年八十一。著有

《洽園詩稿》《洽園詩餘》。

陳觀國 （原名陳師盤）字悝齋。浙江海寧縣人。乾隆四十年二甲四十八名進士。任四川通江知縣，改平武知縣，調江蘇蕭縣，六十年改金山知縣，嘉慶四年改婁縣知縣，八年任江蘇甘泉知縣，十四年再任，署高郵州知州，擢海門廳同知。卒於任。

丁兆隆 字吉占，號受堂、濕泉。順天房山縣人，祖籍浙江山陰。乾隆四十年二甲四十九名進士。分發雲南試用知縣，署寧晉州，後繼母卒歸，服滿改直隸保定府教授。

李蘐 字衛多、祉亭。河南寶豐縣人。乾隆四十年二甲五十名進士。任吏部主事，升員外郎、郎中，五十四年考選江南道御史。嘉慶十一年官至江西糧道。

蔡雄 浙江蕭山縣人。乾隆四十年二甲五十一名進士。五十一年任山西萬泉知縣，五十九年署山西猗氏知縣。

張敦培 字叔因，號息園。江蘇昭文縣人。乾隆四十年二甲五十二名進士。任內閣中書，四十八年充湖北鄉試副考官，遷禮部員外郎，五十四年考選山西道御史。乞養歸。

第三甲一百零三名

張士凱 安徽滁州直隸州人。乾隆四十年三甲第一名進士。任直隸懷安知縣。

谷際岐 字鳳來，號西阿。雲南趙州人。乾隆五年（1740）生。乾隆四十年三甲第二名進士。選庶吉士，授檢討。四十五年、四十六年兩充會試同考官，以親老乞養歸。聘主五華書院。嘉慶三年復起考選福建道御史，官至禮科掌印給事中。後以舉劾不當降刑部主事，員外郎。引疾歸。居揚州主講梅花書院，嘉慶二十年十二月初五日（1816年1月）卒，年六十七。著有《五華講義》《大儒詩鈔》。

王允中 字敬一。陝西長安縣人。乾隆四十年三甲第三名進士。選庶吉士，授檢討。改內閣中書，嘉慶四年任直隸新河知縣，遷直隸正定府同知，嘉慶十一年官至直隸正定知府。

張姚成 （榜名姚天成）字自東。浙江仁和縣人。乾隆四十年三甲第四名進士。任內閣中書，遷侍讀，五十三年充福建鄉試正考官，五十四年督湖南學政，官至江西糧道。

駱寬 浙江錢塘縣人。乾隆四十年三甲第五名進士。乾隆五十八年任安徽祁門知縣，嘉慶三年調湖北廣濟知縣，改湖北武昌知縣。

蕭濂 浙江錢塘縣人。乾隆四十年三甲第六名進士。五十八年任廣西天保知縣，官至廣西龍州同知。

孫玉庭 字佳樹，號寄圃。山東濟寧州人。乾隆十七年（1752）十二月十七日生。乾隆四十年三甲第七名進士。選庶吉士，任檢討。纍遷山西河東道、廣西鹽法道，嘉慶元年授廣西按察使，四年遷湖南布政使，改安徽、湖北布政使。七年遷廣西巡撫改廣東、貴州、雲南、浙江巡撫，二十一年遷湖廣總督，改兩江總督。道光元年二月授協辦大學士，四年閏七月遷體仁閣大學士。五年高家堰決口引黃濟運無效革職。予編修休致。道光十四年（1834）鄉舉重逢賞四品頂戴，十月十六日卒，年八十三。著有《延厘堂集》《寶嚴堂詩集》四卷。

饒慶捷 字德敏，號桐陰。廣東大埔縣人。乾隆四十年三甲第八名進士。選庶吉士，授檢討。改內閣中書。

諸以謙 字撝堂。浙江仁和縣人。乾隆四十年三甲第九名進士。任河南盧氏知縣，擢信陽知州、陝州知州，嘉慶九年升南陽知府。十年遷河南陝汝道，十二年授河南按察使，十四年革降開歸道，十七年復任河南按察使，十九年遷河南布政使。二十年病免。

靖本誼 字伯宜。湖北黃岡縣人。乾隆三十五年舉人，四十年三甲第十名進士。四十六年授江西樂安知縣，四十八年調萬安知縣。罷歸。

羅錦森 浙江臨安縣人。乾隆四十年三甲十一名進士。任內閣中書。

李培榮 山西平定直隸州人。乾隆四十年三甲十二名進士。任直隸通州知州。

石養源 字蒙泉。湖南湘潭縣

人。乾隆四十年三甲十三名進士。四十五年任陝西洛川縣知縣。

邱桂山 字衣千。順天宛平縣人，原籍江蘇吳縣。乾隆四十年三甲十四名進士。歸班候選知縣，署廣西梧州同知，五十二年署廣西鬱州知州，嘉慶元年丙辰召試授內閣中書，纍遷廣東潮州府海防同知。著有《依綠山房詩賸》。

徐秉文 字玉成，號銅山。浙江天台縣人。乾隆四十年三甲十五名進士。任武英殿行走、廣西思恩知縣。詩學李商隱。

楊昌霖 字際時，號簡齋。江蘇吳縣人。乾隆三十八年曾參與《四庫全書》編纂工作。四十年三甲十六名進士（欽賜）。選庶吉士，散館授刑部主事。

朱恒慶 直隸天津縣人。乾隆四十年三甲十七名進士。五十一年任山東鄒平知縣，五十五年改陝西安塞知縣。

蔣基 字亦堂，號肯庵。順天宛平縣人，原籍江蘇長洲。乾隆四十年三甲十八名進士。任陝西永壽知縣，五十四年署周至知縣，官至陝西乾州知州。著有《肯庵自叙年譜》。

裴振 字西鷺。直隸天津縣人。乾隆四十年三甲十九名進士。四十一年任奉天府教授，四十九年遷安徽蒙城知縣，擢安徽亳州知州。以事史議罷歸。

五泰 字東瞻，號坦園。漢軍鑲白旗。乾隆四十年三甲二十名進士。選庶吉士，授檢討。四十四年充順天鄉試同考官，五十三年考選江南道御史，嘉慶四年遷廣東雷州知府，七年署肇慶知府，十年改山東青州知府，十四年調江蘇蘇州知府，十六年十月以登州知府護濟東道，十七年署濟南知府，十八年調山東泰安府知府。

陳學穎 （榜名陳筆鋒）字蓮石。福建閩縣人。乾隆四十年三甲二十一名進士。任工部主事，五十四年充廣東鄉試副考官，升郎中，京察一等。五十五年晋山西雁平道，母老乞養歸。服除補陝西鳳邠道。引疾歸，卒年七十九。

董熙 江蘇陽湖縣人。乾隆四十年三甲二十二名進士。官至甘肅肅州知州。緣事謫新疆，卒於疆。

時本榮 字柟村，號頤亭。山東單縣人。乾隆四十年三甲二十三名進士。五十二年授江西安福知縣，補永新知縣，嘉慶七年調盧陵縣知縣，署江西九江、贛州同知。以忤上罷歸。主講大名天雄書院。道光十年（1830）卒。

子時武敷，嘉慶二十二年進士。

吳洁恒 四川雙流縣人。乾隆四十年三甲二十四名進士。任內閣中書。

吳大文 江西南豐縣人。乾隆四十年三甲二十五名進士。任陝西宜君知縣。

高學濂 江西新建縣人。乾隆

四十年三甲二十六名進士。五十一年任陝西洵陽知縣。

汪元望 浙江錢塘縣人。乾隆四十年三甲二十七名進士。任浙江衢州府教授。

錢致純 江蘇武進縣人。乾隆四十年三甲二十八名進士。四十五任福建霞浦知縣，四十七年改龍溪知縣。

黃燮（初名中）字君和，福建晉江縣人。乾隆四十年三甲二十九名進士。授知縣不赴改教職。以少孤事母，每夜必歸。

周龍光 河南祥符縣人。乾隆四十年三甲三十名進士。

周世縈 河南祥符縣人。乾隆四十年三甲三十一名進士。五十六年任直隸束鹿知縣，五十八年遷滄州知州，在任九年，兼鹽山知縣，嘉慶十二年遷福建興化知府，官至福建汀州府知府。

德昌 字容伯，號樹堂。滿洲鑲黃旗人。乾隆四十年三甲三十二名進士。選庶吉士，授檢討。纍遷至侍讀學士，後降司業。

彭于潞 河南夏邑縣人。乾隆四十年三甲三十三名進士。即用知縣。

范輅 字以賓。江蘇如皋縣人。乾隆四十年三甲三十四名進士。任四川長寧知縣。

周錫溥 字半帆。湖南湘潭縣人。乾隆四十年三甲三十五名進士。任甘肅寧朔知縣，攝水利同知，調武威知縣。以憂歸。年五十即引疾不出。著有《安愚齋文集》《詩集》。

沈丙 浙江錢塘縣人。乾隆四十年三甲三十六名進士。任江蘇婁東縣、川沙知縣，官至貴州石阡知府。

彭鈺 河南夏邑縣人。乾隆四十年三甲三十七名進士。五十五年任浙江太平知縣。以失察鹽案罪戍外。

劉起厚 江西南昌縣人。乾隆四十年三甲三十八名進士。五十六年任湖南城步知縣。

魏春華 字廷俊。江西南昌縣人。乾隆四十年三甲三十九名進士。任廣西灌陽知縣。調永寧知州，改永安州，遽卒。

黃昌禔 字桐亭。湖南湘潭縣人。乾隆四十年三甲四十名進士。任貴州松桃廳同知，改貴州廣順府通判，調雲南魯甸廳通判。卒於官。

劉天寵 字承三，號梅峰。陝西城固縣人。乾隆四十年三甲四十一名進士。任中書舍人、戶部主事。乞歸。家居二十餘年，卒年八十七。

宋世烈 字東亭，號咸齋。湖北孝感縣人。乾隆三十三年舉人，四十年三甲四十二名進士。任浙江昌化知縣。乞歸。

戴震 字東原，號慎修。安徽休寧縣人。雍正元年十二月二十四日（1724 年 1 月）生。乾隆四十年三甲四十三名進士（時年五十三）。曾任四庫館校勘《永樂大典》，選庶吉士。乾隆四十二年（1777

五月二十六日以積勞卒於任。年五十五。一生有三十多種著作:《詩經二南補注》《毛鄭詩考證》《原善》《原象》《勾股割圓記》《策算聲韻考》《聲類表》《儀禮正誤》《爾雅文字考》《屈原賦注》《九章補圖》《古曆考》《曆問》《水地記》《東原文集》《札記》《唐宗文知言集》《六書論》《方言疏證》《續天文略》等書,所校《大戴禮記》《水經注》尤精核。

謝文濤 字奉山。安徽祁門縣人。乾隆四十年三甲四十四名進士。五十一年任山東臨淄知縣,調曹縣,遷濟寧州知州。未任卒。

趙鈞彤 字絜平,號澹元。山東萊陽縣人。乾隆四十年三甲四十五名進士。任河南盧氏知縣,改直隸唐山知縣。因事戍伊犁,越八年歸。嘉慶十年(1805)卒,年六十四。著有《西行日記》。

王元照 字可鈞。江蘇吳江縣人。乾隆四十年三甲四十六名進士。任廣西蒼梧知縣。

黃河清 浙江臨海縣人。乾隆四十年三甲四十七名進士。五十一年任四川德陽知縣,五十二年改昭化知縣,五十七年改江西宜春知縣。

張天爵 字古修。山西陽曲縣人。乾隆四十年三甲四十八名進士。五十一管任四川合江知縣,五十九年署中江知縣,升同知,嘉慶二年署四川資州直隸州知州。

瑞保 字執桓,號芝軒。滿洲鑲黃旗人。乾隆四十年三甲四十九名進士。選庶吉士,授檢討。纍遷翰林院侍讀學士,五十年擢內閣學士。五十一年出任諭祭朝鮮國王世子副使。五十二年充會試副考官。旋罷職。

長麟 字牧庵。滿洲正藍旗,覺羅氏。乾隆四十年三甲五十名進士。任刑部主事、郎中,福建興泉永道。四十八年授山西按察使,改江蘇按察使,遷江蘇布政使、刑部侍郎。五十二年調山東巡撫,歷江蘇、山西、浙江巡撫。五十八年遷兩廣總督。九月加太子少保。嘉慶元年革職。予副都統赴新疆葉爾羌辦事。四年授雲貴總督,調閩浙、陝甘總督。六年召京,七年二月署吏部侍郎,改兵部侍郎,遷禮部尚書,歷兵部、刑部尚書兼翰林院掌院學士。十一年十一月授協辦大學士,十二年十月復加太子少保。十四年革協辦大學士。仍任刑部尚書。十五年二月以病免職。嘉慶十六年(1811)四月卒。謚"文敏"。

黃煒 江西南豐縣人。乾隆四十年三甲五十一名進士。四十四年署湖北雲夢知縣,官至同知。

令狐逵 山西猗氏縣人。乾隆四十年三甲五十二名進士。

郝允哲 字聖培,號鏡亭。山東齊河縣人。乾隆四十年三甲五十三名進士。候選知縣。在鄉建立義塾,親講席。卒年四十九。

王雯 山西陽曲縣人。乾隆四十年三甲五十四名進士。四十一年任山西澤州府教授。

徐志鼎 字調元，號春田。浙江平湖縣人。乾隆四十年三甲五十五名進士。五十二年任四川南溪知縣。以盜案落職。主四川東川書院，後歸，主桐鄉分水書院。著有《吉雲草堂集》《爭光集》《紅亭日記》《玉雨亭》。

葛良杰 號超亭。四川瀘州人。乾隆四十年三甲五十六名進士。未任卒。

史 藻 字鑒堂。陝西華州人。乾隆四十年三甲五十七名進士。五十一年任廣東博羅知縣，改東莞知縣，六十一年遷潮州府南澳同知，官至廣東肇慶府知府。

蕭際運 湖北黃陂縣人。乾隆三十五年舉人，四十年三甲五十八名進士。五十二年任湖北宜昌府教授。

江 銘 安徽旌德縣人。乾隆四十年三甲五十九名進士。任安徽安慶府教授。

周萃元 江蘇贛榆縣人。乾隆四十年三甲六十名進士。四十二年任廣東徐聞知縣。

徐定邦 山東歷城縣人。乾隆四十年三甲六十一名進士。五十八年任直隸元氏知縣。

孫智賢 （榜名孫瀚）順天大興縣人，原籍浙江山陰。乾隆四十年三甲六十二名進士。

朱鴻緒 字學閭。浙江海鹽縣人。乾隆四十年三甲六十三名進士。歸班候選知縣，任浙江台州府教授，

以疾歸。著有《小倉洲集》《金臺集》《鴛湖集》《章安集》。

程光琪 字實聰，號抱璞。湖北蘄水縣人。乾隆三十九年舉人，四十年三甲六十四名進士。選庶吉士，授檢討。

周志閶 字叔和，號北阜。山東即墨縣人。乾隆四十年三甲六十五名進士。五十一年任陝西澄城知縣，署留壩同知。忤上官告歸。

王雲程 山西臨晉縣人。乾隆四十年三甲六十六名進士。五十二年署四川宜賓知縣，任仁壽知縣，五十四年改巴縣知縣。

余心暢 江西奉新縣人。乾隆四十年三甲六十七名進士。五十一年任安徽太湖知縣，嘉慶九年改江西信豐縣教諭。

宣 聰 奉天府承德縣人。乾隆四十年三甲六十八名進士。五十五年署廣東東莞知縣，五十二年改廣東增城知縣。

楊于果 字碩亭。甘肅秦安縣人。乾隆十年（1745）正月初一日生。乾隆四十年三甲六十九名進士。任湖北長陽知縣，歷署漢川、枝江、棗陽、南漳、穀城知縣，擢湖北荊州府通判。嘉慶十六年十一月二十四日（1812年1月）卒，年六十七。著有《群經析疑》《二十一史史概》《史漢箋論》十卷、《審岩詩文集》二卷等。

黃本麒 字宣馴，號素原。安徽六安直隸州人。乾隆四十年三甲

七十名進士。四十六年任安徽廬州府教授，截取知縣不就。

宋 渭 字晴川。江蘇溧陽縣人。乾隆四十年三甲七十一名進士。五十一年閏七月任山東觀城知縣。

俞昌言 字范甄。江蘇太倉直隸州州人。乾隆四十年三甲七十二名進士。歸班候選知縣，四十二年任江蘇蘇州府教授。任五年，卒於學舍。

鄧爲綱 福建侯官縣人。乾隆四十年三甲七十三名進士。

俞 甡 浙江仁和縣人。乾隆四十年三甲七十四名進士。任浙江紹興府教授。

余名墅 字靜山。江西鄱陽縣人。乾隆四十年三甲七十五名進士。五十二年任浙江會稽知縣，改龍游知縣。

區洪湘 廣東番禺縣人。乾隆四十年三甲七十六名進士。任浙江武義知縣。

吳 桂 字芳圃。甘肅寧夏寧朔人。乾隆四十年三甲七十七名進士。五十一年任四川秀山知縣，五十五年任四川巴縣知縣，五十九年署合州和州，遷雲南永昌知府，改四川寧遠知府。白蓮教王三槐之亂以積勞卒。贈太僕寺少卿銜。

翁立準 字愚亭。安徽懷寧縣人。乾隆四十年三甲七十八名進士。以母老不仕。主講蕪湖書院。著有《愚亭詩文鈔》。

孫圖南 河南許州直隸州人。

乾隆四十年三甲七十九名進士。嘉慶十二年任福建同安知縣。

程鵬搏 字雲莊。江西新建縣人。乾隆四十年三甲八十名進士。候銓，十三年選授四川內江知縣，未抵任卒。著有《效顰畫虎制藝》二集行世。

吳道萱 廣西橫州人。乾隆四十年三甲八十一名進士。五十二年任福建仙游知縣。

傅試萬 河南光山人。乾隆四十年三甲八十二名進士。五十一年八月任山東武城知縣，五十三年丁憂。五十六年調山東黃縣知縣。

王夢桂 浙江會稽縣人。乾隆四十年三甲八十三名進士。

何思鈞 字季甄，號雙溪。山西靈石縣人。乾隆四十年三甲八十四名進士。選庶吉士，改主事，以校《四庫全書》特授檢討。卒年六十三。善書法。

冀升三 山西平遙縣人。乾隆四十年三甲八十五名進士。任河南宜陽知縣。

歐陽士椿 字南岑。貴州天柱縣人。乾隆三十六年舉人，四十年三甲八十六名進士。年未四十卒。著有《恭紀平定金川詩》。

王道隆 字仰清。福建浦城縣人。乾隆四十年三甲八十七名進士。任四川金堂知縣，五十八年調江西上高知縣。以疾卒於任。

王綏猷 山西榆次縣人。乾隆四十年三甲八十八名進士。任江蘇華亭知縣，五十二年任江蘇儀徵、寶應知縣。

饒用 字起行，號悔堂。福建龍岩直隸州人。乾隆四十年三甲八十九名進士。任浙江淳安知縣，改廣西思恩知縣、上林知縣。罷歸。

丁僴 河南永城縣人。乾隆四十年三甲九十名進士。五十二年任浙江樂清知縣。

張玘 雲南河陽縣人。乾隆四十年三甲九十一名進士。五十四年任浙江龍游知縣。

譚大經 字敷五。廣東新會縣人。乾隆四十年三甲九十二名進士。五十一年任江蘇如皋知縣，五十六年改江蘇豐縣知縣，嘉慶五年遷浙江嘉興府通判。

申允恭 河南延津縣人。乾隆四十年三甲九十三名進士。四十年任直隸武強知縣，四十五年改直隸天津知縣，五十年遷直隸冀州直隸州知州，五十六年改直隸遵化直隸州知州，五十八年遷直隸宣化知府，嘉慶六年官至山西雁平道。

趙遵律 號蘆州。河南鄲城縣人。乾隆四十年三甲九十四名進士。五十二年任湖北安陸知縣，嘉慶五年遷四川資州知州，改貴州正安州知州，嘉慶九年官至貴州遵義知府。十九年再任。

田碩 山東汶上縣人。乾隆四十年三甲九十五名進士。

邱世彥 山東蒲臺縣人。乾隆四十年三甲九十六名進士。任直隸新城知縣。

王履謙 山東長清縣人。乾隆四十年三甲九十七名進士。

張統緒 山西興縣人。乾隆四十年三甲九十八名進士。任湖北公安知縣，五十八年改湖北松滋知縣。

張鏞 順天宛平縣人，原籍江蘇陽湖。乾隆四十年三甲九十九名進士。

謝士廷 字邦幹、梧岩。江西奉新縣人。乾隆四十年三甲一百名進士。任湖北穀城知縣，調棗陽縣，未幾復任穀城縣。以功加同知銜，在任十五年。

唐燦 浙江山陰縣人。乾隆四十年三甲一百零一名進士。四十六年任福建平和知縣。

費振勛 字策雲、鶴江，晚自號蒙士。江蘇震澤縣人。乾隆四十年三甲一百零二名進士。以寫《四庫全書》書簽授內閣中書，擢文淵閣檢閱，兼四庫館分校，五十四年以戶部主事督廣西學政，遷郎中。嘉慶四年考選山東道御史，升吏科給事中，官至刑科掌印給事中。以老病假歸。後主講正誼書院。年七十九卒於家。

鄧汝勤 （又名鄧汝功）字謙持，號午崖。山東聊城縣人。乾隆四十年三甲一百零三名進士。傳臚後，即病歸。未及釋褐而卒。著有《密娛齋詩稿》。

父鄧鍾岳，康熙六十年狀元。

乾隆四十三年（1778）戊戌科

第一甲三名

　　戴衢亨　字荷之，號蓮士。江西大庾縣人。乾隆二十年（1755）生。四十一年召試一等授內閣中書。乾隆四十三年一甲第一名狀元。任翰林院修撰。四十九年督山西學政，五十七年以中允督廣東學政，纍遷侍講學士，少詹事，嘉慶三年授內閣學士。遷禮部侍郎，改戶部侍郎，七年遷兵部尚書、軍機大臣，加太子少保。八年改工部、戶部尚書，十二年正月授協辦大學士。十四年正月晉太子少師，七月復授工部尚書，十五年五月遷體仁閣大學士。嘉慶十六年（1811）四月初一日卒，享年五十七。贈太子太師，入祀賢良祠，諡"文端"。爲官三十餘年，知無不言。曾遭給事中花傑彈劾，罪未成立。

　　父戴第元，乾隆二年進士；叔戴均元，乾隆四十年進士；兄戴心亨，乾隆四十年進士。號稱"江西四戴"。

　　蔡廷衡　字咸一，號小霞。浙江仁和縣人。乾隆四十三年一甲第二名榜眼。授編修。五十一年任山東泰安知府，五十三年正月任山東濟南知府，署濟東道，五十四年改西寧道，嘉慶元年調蘭州道，六年授甘肅按察使，八年遷甘肅布政使。嘉慶十四年解職。

　　孫希旦　字肇周，號敬軒。浙江里安縣人。乾隆元年十二月二十日（1737年1月）生。四十三年一甲第三名探花。授編修。四十九年（1784）十一月初九日卒，年四十九。著有《尚書顧命解》《求放心齋詩文集》《禮記集解》。

第二甲五十一名

　　邵自昌　字蕃孫，號楚帆。順天大興縣人。乾隆元年（1736）十月二十日生。乾隆四十三年二甲第一名進士。任兵部主事、郎中。五十五年考選江南道御史。遷通政副使，嘉慶七年授光祿寺卿改太常寺卿。九年授大理寺卿，督福建學政，十年授左副都御史，十一年改兵部侍郎，十四年十一月遷左都御史。十七年十二月以病免職。嘉慶十八年（1813）卒，年七十八。

馮培 字仁寓、玉圃，號實庵。江蘇元和籍，無錫人。乾隆四十三年二甲第二名進士。選庶吉士，改吏部主事，升刑部郎中。五十五年升福建道御史，六十年充順天鄉試同考官，嘉慶元年會試同考官，官至戶科掌印給事中。服官三十年歸。後主浙江崇文、江蘇紫陽書院。卒年七十二。工詩古文。著有《鶴半巢詩存》《繹學記纂》《嶽廟志略》等。

兄馮埁，乾隆三十六年進士。

吳省蘭 字泉之，號稷堂。江蘇南匯縣人。乾隆三年（1738）五月初七日生。乾隆四十三年二甲第三名進士。選庶吉士，授編修。四十八年充順天鄉試同考官，五十一年充浙江鄉試正考官，遷侍講，五十六年授詹事，遷內閣學士，督直隸學政，嘉慶三年遷工部左侍郎，充浙江鄉試正考官，督浙江學政，四年改禮部左侍郎。因係和坤引用之人，降編修。後升右中允督湖南學政，遷侍講學士。嘉慶九年致仕。十五年（1810）正月二十六日卒，年七十三。爲清代藏書家，藏書處曰"聽彝堂"。曾輯刊《藝海珠塵》二百十七種，三百七十五卷。另有《壬癸》二集。

兄吳省欽，乾隆二十八年進士，官左都御史。

吳璥 字式如，號菘圃。浙江錢塘縣人。乾隆十二年（1747）二月生。乾隆四十三年二甲第四名進士。選庶吉士，任翰林院編修、侍講學士，乾隆五十三年充陝西主考官，遷河南開歸陳許道。五十六年授河南按察使，遷河南布政使。嘉慶四年調東河總督，改南河總督。五年加太子少保（十四年削）。十年改倉場侍郎。十一年復任東河總督，十三年改刑部尚書。十二月回任南河總督。十五年七月復加太子少保，十六年二月削。以病去職後因被劾治河中有虛報工程、失察誤工等，降四級調用。十七年補光祿寺卿，遷內閣學士、吏部侍郎，嘉慶十九年復任東河總督。二十年遷兵部尚書，改刑部尚書，二十五年二月改吏部尚書，授協辦大學士。署東河總督專辦河工。道光元年二月以病免職。二年因侍郎那彥保治河不力降黜，追論吳璥同罪，雖已回鄉休致仍革去翎頂。道光二年（1822）十月卒，年七十六。

父吳嗣爵，雍正八年進士，南河總督。

孫履謙 順天宛平縣人，原籍江蘇陽湖。乾隆四十三年二甲第五名進士。

潘庭筠 字蘭公，號德園。浙江錢塘縣人。乾隆四十三年二甲第六名進士。選庶吉士，授編修。五十五年考選陝西道御史。旋告歸。主講南匯惠南書院。著有《稼書堂集》。

吳紹浣 字杜村，號秋嵐。安

徽歙縣籍，江蘇儀征人。乾隆四十三年二甲第七名進士。選庶吉士，改內閣中書，捐補郎中，丁母憂。服闋任河南糧道、河陝道，署河南南汝光道。巡視南陽途得疾卒，年六十九。

兄吳紹淀，乾隆四十年進士。

李　威　字畏吾，又字述堂，號鳳崗。福建龍溪縣人。乾隆四十三年二甲第八名進士。任內閣中書，刑部主事、郎中。遷廣東廉州知州，嘉慶十五年護肇羅道，十七年改廣州知府，代理糧儲道。告歸。主講丹霞書院，晚講陸王之學。著有《說文解字定本》十五卷、《嶺雲軒瑣記》二十一卷等。

徐冕南　江西奉新縣人。乾隆四十三年二甲第九名進士。任主事。

湯　誥　浙江錢塘縣人。乾隆四十三年二甲第十名進士。五十四年任湖北恩施知縣，五十七年調湖南華容知縣，嘉慶六年改湖南衡山知縣，十年任湖南石門知縣。

彭翼蒙　字著初，號山泉。江西南昌縣人。乾隆四十三年二甲十一名進士。選庶吉士，改刑部主事，升員外郎，出任河南歸德知府，官至江南鹽法道。因携眷赴任奢侈糜費，前於歸德府任內常屢會聚賭，嘉慶四年被劾後降禮部主事，補刑部員外郎。

父彭元瑞，乾隆二十二年進士，協辦大學士。

莫允宣　字是卿，號亦爐。直隸景州人。乾隆四十三年二甲十二名進士。任刑部主事，五十二年充同考官，升員外郎，官至雲南曲靖府知府。

汪　浤　字欲括，號容村。江西浮梁縣人。乾隆四十三年二甲十三名進士。選庶吉士，五十五年改廣東合浦知縣，代博羅、石城、新會知縣，六十年改順德知縣。嘉慶五年官至湖南寶慶府理猺同知，復代理嶽州、郴州、澧州、靖州知州。年七十四卒。

吳舒帷　字濟儒、古餘。江蘇震澤縣人。乾隆四十三年二甲十四名進士。選庶吉士，授編修。歷充武英殿國史館纂修官，分校《四庫全書》。進侍讀，五十一年充山西鄉試正考官。父喪歸。主講雲間書院。卒年五十四。著有《六經異同得失考》《廿一史鈔略》等書。

蔡必昌　字香山。順天宛平縣人。乾隆四十三年二甲十五名進士。四十五年任山西徐溝知縣、屯留知縣，四十九年調安徽太平知縣，五十年改涇縣知縣，五十一年任安徽壽州知州，改安徽四州直隸州知州，五十五年官至四川重慶府知府。卒於任。

嚴惇彝　浙江烏程縣人。乾隆四十三年二甲十六名進士。

陳文彬　江蘇山陽縣人。乾隆四十三年二甲十七名進士。五十三年任江西德興知縣。

王天祿　字石渠，號乙齋。順天大興縣人，原籍江蘇丹徒。乾隆四十三年二甲十八名進士。選庶吉士，授編修。五十七年考選江南道御史，五十七年充江西鄉試副考官，五十八年會試同考官，五十九年仍以御史充順天鄉試同考官，嘉慶三年官至福建福寧府知府。著有《蓬芳膡草》。

徐文幹 字筠亭。江西寧州人。乾隆四十三年二甲十九名進士。選庶吉士，散館改兵部主事。

張九鐔 字竹南，號蓉湖、吾溪。湖南湘潭縣人。康熙五十八年（1719）生。乾隆四十三年二甲二十名進士（時年六十）。選庶吉士，授編修。居京二十二年閉門著書。著有《笙雅堂集》等。

錢　栻 字希南，號次軒、静園。浙江仁和縣人。乾隆四十三年二甲二十一名進士。選庶吉士，任編修。乾隆五十四年充順天鄉試同考官，五十九年充江西鄉試副考官，同年考選陝西道御史，六十年充會試同考官，嘉慶二年四月任順天南城巡城御史，官至廣西蒼梧道。著有《真意齋文集》《適意吟》。

爲乾隆二年進士錢琦從子。

鄧　昊 江西南城縣人。乾隆四十三年二甲二十二名進士。嘉慶八年官至江蘇鎮江知府。

張敦仁 字古餘（愚）。山西陽城縣人。乾隆十九年（1754）生。乾隆四十三年二甲二十三名進士。五十三年授江西高安知縣，五十八年調廬陵知府，升署九江、撫州、南安知府，改江蘇松江、江寧知府，改揚州知府。嘉慶六年調江西吉安知府，十四年南昌知府，道光二年擢雲南鹽法道。以病致仕。道光十四年（1834）卒，年八十一。爲清代藏書家，藏書處曰"六一堂""與古樓""省訓堂"。著有《古算經細草》《鹽鐵論考證》《開方補記》《撫本禮記鄭注考異》等。

吳裕德 字紹聞，號漪園。順天大興縣人。乾隆四十三年二甲二十四名進士。選庶吉士，授編修。官至侍讀學士。

汪錫魁 字履曾。安徽歙縣人。乾隆四十三年二甲二十五名進士。任宗人府主事。

祖之望 字載璜、子久，號舫齋。福建浦城縣人。乾隆二十年（1755）生。乾隆四十三年二甲二十六名進士。任刑部主事、郎中，通政司參議，太常寺少卿，乾隆五十七年授山西按察使，遷雲南布政使，六十年改湖北布政使。嘉慶四年遷刑部侍郎，六年改湖南巡撫九月回任。七年調山東巡撫改陝西、廣東巡撫。九年復授刑部侍郎，十年乞養。十七年十二月授刑部尚書。十八年以病解職。嘉慶十九年（1814）五月二十七日卒，年六十。著有《節制紀聞》《洞神錄》《乳訓逸名錄》《邇言錄》《舫齋小言》《青鳳子》《皆山堂詩文鈔》。

何西泰 字素華，號實齋。福建侯官縣人。乾隆四十三年二甲二十七名進士。選庶吉士，授編修。

父何逢僖，乾隆十六年進士。

吳一騏　字駕六。浙江仁和縣人。乾隆四十三年二甲二十八名進士。任吏部主事。

楊　煒　字槐瞻，號星田。江南陽湖縣人。乾隆四十三年二甲二十九名進士。選庶吉士，改河南柘城知縣，調固始知縣，升署江西饒州府同知，署吉安知府，嘉慶三年改南昌知府，捐道員，嘉慶十二年署廣東高廉道，後署理廣東按察使。著有《西溪草堂文集》。

管世銘　字緘若，號韞山。江蘇武進縣人。乾隆三年（1738）二月二十二日生。乾隆四十三年二甲三十名進士。任戶部主事，充軍機章京，遷郎中，五十九年考選浙江道御史，掌廣西道御史。嘉慶三年（1798）十一月十二日卒，年六十一。著有《韞山堂詩文集》。入文苑傳。

盛時杰　順天大興縣人。乾隆四十三年二甲三十一名進士。五十四年纍遷官至陝西陝安道。嘉慶元年（1796）卒於任。

顏崇潙　字東虞，號酌山。山東曲阜縣人。乾隆四十三年二甲三十二名進士。選庶吉士，授編修。四十八年充順天鄉試同考官，升侍讀。五十一年充四川鄉試主考官。五十二年（1787）卒於任，年四十五。

王　城　字成之。江蘇通州直隸州人。乾隆四十三年二甲三十三名進士。任戶部主事，升郎中，五十八年考選山東道御史。

楊　掄　字方叔。江蘇金匱縣人。乾隆四十三年二甲三十四名進士。任浙江天台知縣，五十三年改太平知縣。卒年六十五。著有《春草軒詩存》四卷、《春草軒詞》四卷、《芙蓉湖櫂歌》一卷。

吳鼎雯　字秀亭，號樸圖、雲圃。河南光州直隸州人。乾隆四十三年二甲三十五名進士。選庶吉士，授編修。四十八年充順天鄉試同考官，五十三年充山東鄉試副考官，五十八年遷直隸宣化知府，遷直隸口北道，嘉慶四年官至福建糧儲道。著有《詞垣考鏡》《翰詹源流》《爵里謚法考》。

董作棟　字工求。浙江餘杭縣人。乾隆四十三年二甲三十六名進士。任直隸慶雲知縣，丁憂。補河南魯山知縣，官至汝南知州。

邵自悅　字象岩，號習園。順天大興縣人，原籍浙江餘姚。乾隆四十三年二甲三十七名進士。任禮部主事，改安徽知州，五十二年遷安徽和州直隸州知州，五十五年調江西撫州府通判，六十年瑞州府同知，嘉慶三年署江西吉安府蓮花廳同知。

劉伯謙　號虛谷。江西崇仁縣人。乾隆四十三年二甲三十八名進士。任直隸懷來知縣。

謝　賚　江蘇武進縣人。乾隆四十三年二甲三十九名進士。五十四年任福建侯官知縣。

吾祖望　字渭征。浙江海鹽縣人。乾隆四十三年二甲四十名進士。官至戶部郎中。罷歸。著有《春秋繁露注》《方言考略》。

謝最淳 字東陽。湖南益陽縣人。乾隆四十三年二甲四十一名進士。五十六年任浙江蕭山知縣，嘉慶七年改廣東封川知縣，調澄海知縣，擢廣東羅定州知州。以老乞歸。

馮敏昌 字伯子、伯求，號漁山。廣西欽州人。乾隆十二年（1747）八月十一日生。乾隆四十三年二甲四十二名進士。選庶吉士，授編修。四十九年充會試同考官，改刑部河南司主事，戶部主事。因父喪丁憂歸。遂不復出。曾主講端溪、粵秀、越華三書院。嘉慶十一年（1806）二月十一日卒，年六十。一生足迹半天下，遍游五嶽。工詩，與張錦芳、吳亦常齊名，稱"嶺南三子"。著有《孟縣志》《華山小志》《河陽金石錄》《師友淵源集》《小羅浮草堂詩集》。等。

章慶齡 浙江會稽縣人。乾隆四十三年二甲四十三名進士。任江西弋陽知縣。

王錕 字振伯。江蘇吳江縣人。乾隆四十三年二甲四十四名進士。任兵部主事，遷郎中。五十五年出任直隸大名知府，五十七年調保定知府，五十八年署直隸永定河道，調甘肅鞏秦階道，嘉慶四年授浙江按察使。以勞卒於任，年五十三。

王汝泰 字來莊，號古坡。湖北江夏縣人。乾隆三十年舉人，四十三年二甲四十五名進士。選庶吉士。

杜堮 浙江會稽縣人。乾隆四十三年二甲四十六名進士。任山東萊陽知縣，丁憂歸。六十年補陝西岐山知縣，嘉慶二年復任岐山知縣，以疾歸。卒年六十六。著有《詩文集》《日下閑居錄》《西行日記》等。

祁韻士 字諧庭，號筠渌、鶴皋。山西壽陽縣人。乾隆十六年（1751）生。乾隆四十三年二甲四十七名進士。選庶吉士，授編修。擢中允，官至戶部福建司郎中，監督寶泉局。因局庫虧銅案戍伊犁，赦還後以著書授經爲事。嘉慶二十年（1815）卒於保定蓮池書院，年六十五。著有《藩部要略》十八卷、《西陲要略》四卷、《西陲總統事略》《西域釋地》《萬里行程記》《己庚編》《書史輯》《珥筆集》《西陲百韻》《論山隨筆》《神爽軒文集》《覆瓿詩集》《平舒山莊六景詩》等。

呂榮光 江蘇武進縣人。乾隆四十三年二甲四十八名進士。任福建將樂知縣。

文風堂 號蘭軒。江西瑞昌縣人。乾隆四十三年二甲四十九名進士。歸里父歿，後以疾卒，年三十七。

竇汝翼 字右民，號芝軒。山東諸城縣人。乾隆四十三年二甲五十名進士。選庶吉士，授編修。改內閣中書，升宗仁府主事。丁父憂，以哀毀卒。年五十二。

章學誠 （原名文斅）字實齋，號少岩。浙江會稽縣人。乾隆三年（1738）生。乾隆四十三年二甲五十一名進士。歸班候選知縣，任國子監典籍。後主講肥鄉清漳、永平敬勝、保定蓮池書院。五十二年主講歸德文正書院。入湖廣總督畢沅幕府。晚年貧病，失明仍著書不輟。一生寄人籬下，於苦饑謀食中度過。嘉慶六年（1801）卒，年六十四。喜藏書，存二萬餘卷。曾主持編纂《史籍考》，主修《亳州志》《湖北通志》《常州府志》《荊州府志》等。著有《文史通義》《章氏遺書》《校讎通義》《實齋文鈔》。為清代著名史學家。

父章鑣，乾隆七年進士。

第三甲一百零三名

李鼎元 字墨莊，號味堂、焕其。四川綿州人。乾隆四十三年三甲第一名進士。選庶吉士，授檢討。改內閣中書，嘉慶四年曾充冊封琉球國王副使。遷兵部主事，官至兵部員外郎。著有《詩竹齋詩集》《使琉球記》等。

從兄李調元，乾隆二十八年進士；弟李冀元，乾隆四十九年進士。

江元謙 江蘇丹徒縣人。乾隆四十三年三甲第二名進士。任直隸大名府通判，升知州。

汪昶 字午庭，號陽令。安徽歙縣人。乾隆四十三年三甲第三名進士。選庶吉士，授檢討。後改主事。

王臣 字蓋軒，號雪山。山東臨清縣人。乾隆四十三年三甲第四名進士。任雲南晉寧州知州。任夏津知縣，以養親卒於家。著有《敦素堂詩文稿》。

孟生草 山西太谷縣人。乾隆四十三年三甲第五名進士。五十六年任直隸永年知縣，五十八年改鹽山知縣，嘉慶二年遷順天府涿州知州，官至順天府西路同知。

恭泰（榜名公春，改名）字履安、伯震，號蘭岩。滿洲鑲黃旗人，富察氏。乾隆四十三年三甲第六名進士。選庶吉士，未散館升侍講。五十二年充會試同考官，改吏部員外郎。五十四年任湖北副考官，擢侍讀學士。六十年授詹事，遷內閣學士，督廣東學政。嘉慶三年授盛京兵部侍郎，未任。工詩書畫。

黃賢 廣東南海縣人。乾隆四十三年三甲第七名進士。五十三年任湖南桂陽知縣。

張位 字伯素，官南園。陝西秦安縣人。乾隆四十三年三甲第八名進士。選庶吉士，授檢討。以事罷，起復改內閣中書。告歸。主蘭山講席。

子張思誠，嘉慶十四年進士。

吳克元 山西襄陵縣人。乾隆四十三年三甲第九名進士。五十三年任陝西略陽知縣。

納麟寶（《進士題名碑》作那麟保）滿洲正黃旗人。乾隆四十三年三甲十名進士。任滿洲阿克東阿佐欽。

趙大涀 字瀛洲。江蘇震洋縣人。乾隆四十三年三甲十一名進士。五十年任山東禹城知縣，五十一年改山東肥城知縣，緣事罣誤去職。五十八年開復授山東昌樂知縣。以疾卒於任。

莊選辰 江蘇陽湖縣人。乾隆四十三年三甲十二名進士。歸班候選知縣，四十九年召試授內閣中書。

父莊存與，乾隆十年進士，禮部侍郎。

德生 字體仁，號厚圃。漢軍正黃旗包衣。乾隆四十三年三甲十三名進士。選庶吉士，授檢討。五十三年充貴州鄉試主考官，五十七年考選山東道御史，嘉慶五年任山東濟南知府，官至山東兗沂道。

繆祖培 字敦川，號晴嵐。江蘇泰州人。乾隆四十三年會元，三甲十四名進士。歸班候選知縣。著有《修月樓詩稿》。

蔣曾煌 字星環。江蘇吳縣人。乾隆四十三年三甲十五名進士。五十三年任四川東鄉知縣人，六十年改蓬州知州，嘉慶元年官至湖南郴州直隸州知州。

李承祖 浙江仁和縣人。乾隆四十三年三甲十六名進士。任貴州普安知縣。

張維祺 字吉甫。山東膠州人。乾隆四十三年三甲十七名進士。四十三年授直隸肥鄉知縣，四十六年改直隸大名知縣，五十年遷河間府同知。著有《大名縣志》《三松草堂詩文集》。

張德安 字幼敦。湖南華容縣人。乾隆四十三年三甲十八名進士。勷理伯兄儀考河工。積勞卒於工次。

包承祚 浙江錢塘縣人。乾隆四十三年三甲十九名進士。五十一年官至福建龍岩直隸州知州。

周榮 字肆三。江蘇常熟縣人。乾隆四十三年三甲二十名進士。任直隸獲鹿知縣，調武清知縣，丁內艱。服闋補廣東曲江知縣。卒於途。

沙重輸 字廷載。江蘇通州直隸州人。乾隆四十三年三甲二十一名進士。任禮部主事。

洪其紳 字敬事，號書舟、定山。貴州玉屏縣人。乾隆四十三年三甲二十二名進士。選庶吉士。授檢討。改刑部主事，升禮部郎中，嘉慶九年遷浙江台州知府，官至浙江杭州府知府。以病去官，就醫到昆山，主講玉山書院。卒年七十四。著有《台海事略》《霞城臚誦》《易通》等。

王嵩齡 直隸天津縣人。乾隆四十三年三甲二十三名進士。四十三年任山西趙城知縣。

錢世錫 字嗣伯、慈伯，號百泉。浙江秀水縣人。乾隆四十三年三甲二十四名進士。選庶吉士，授檢討。丁母憂歸。父致仕後養父，父喪次年，乾隆六十年（1795）卒，年六十三。著有《麂山老屋文集》《復齋隨筆》《錢檢討集》等。

父錢載，乾隆十七年進士，官禮部侍郎。

韓湯衡 字聘之，號梅坪。直隸高陽縣人。乾隆四十三年三甲二十五名進士。授兵部主事，五十一年充順天鄉試同考官，補山西隰州知州，署汾州知府，丁父母憂歸。

祖父年高不仕十年。嘉慶十年任湖南桂陽直隸州知州，十三年官至澧州直隸知州。罣吏議歸。主講山東濼陽書院七年，卒年八十一。

黃利通 福建邵武縣人。乾隆四十三年三甲二十六名進士。四十四年任福建延平府教授，五十二年改汀州府教授。

許霖（《進士題名碑》名許怦）字方澎，號濟堂。廣西臨桂縣人。乾隆四十三年三甲二十七名進士。選庶吉士。授檢討。改內閣中書。官至雲南晋寧州知州、麗江府中甸廳同知。

韋佩金 字書城。江蘇江都縣人。乾隆四十三年三甲二十八名進士。任廣西蒼梧知縣，歷懷慶、馬平、凌雲縣知縣。嘉慶四年坐事謫戍，八年釋歸。閉門養母，教授生徒。著有《唐藩鎮考》等。

張念祖 福建侯官縣人。乾隆四十三年三甲二十九名進士。

江濬源 字孟宰、岷雨。安徽懷寧縣人。乾隆四十三年三甲三十名進士。任吏部考工司主事、員外郎、稽勳司郎中，五十四年充陝西鄉試主考官，官至雲南臨安知府，署迆南道。年七十引疾歸，後四年卒。著有《介亭文內外集》十二卷、《居暇邇言》二卷、《北上偶錄》三卷、《獨秀山房四書文》一卷、《臨安府志》等。

牟貞相 字鶴崖、含章。山東棲霞縣人。乾隆四十三年三甲三十

一名進士，任直隸肥鄉縣知縣。署滿城知縣。卒於任。

關元鼎 字藻軒，號秋畹、藻仙。安徽六安直隸州人。年僅十六，乾隆四十三年三甲三十二名進士。性恬淡瀟灑自如，詩賦文詞不落時逕，常以小華僧自名，年二十七端坐而逝。

錢兆鵬 字雲門。江蘇通州直隸州人。乾隆四十三年三甲三十三名進士。任直隸饒陽、清豐、安肅知縣。被議去職歸里。

許日章 廣東澄海縣人。乾隆四十三年三甲三十四名進士。任湖南青泉知縣。

潘茂才 浙江錢塘縣人。乾隆四十三年三甲三十五名進士。四十七年任福建順昌知縣。

江斑 字長卿。江蘇元和縣人。乾隆四十三年三甲三十六名進士。任安徽潁州府教授。

范澐 順天大興縣人，原籍江蘇上元。乾隆四十三年三甲三十七名進士。五十三年任廣西富川知縣，官至廣西全州知州。

江清 浙江仁和縣人。乾隆四十三年三甲三十八名進士。五十三年六月任山東武城知縣，五十八年調泰安知縣，嘉慶二年調山東平陰知縣，升江蘇松江府通判。改浙江衢州府教授。

吳尊盤 浙江山陰縣人。乾隆四十三年三甲三十九名進士。任福建福寧知縣，嘉慶六年補邵武府同知，

七年任晉江通判，以事回檔別任。

魏肇高 直隸柏鄉縣人。乾隆四十三年三甲四十名進士。五十三年任福建建寧知縣，五十九年改四川合江知縣，嘉慶二年官至湖北蘄州知州。

張如壽 江蘇桃源縣人。乾隆四十三年三甲四十一名進士。四十二年任安徽太平知縣。

吳　煥 山東歷城縣人，祖籍江蘇陽湖。乾隆四十三年三甲四十二名進士。任山西嶧縣知縣，五十一年改湖南慈利知縣，五十七年任湖南綏寧知縣。

劉爾芊 字春圃，號筠亭。山東昌樂縣人。乾隆四十三年三甲四十三名進士。五十四年任湖南益陽知縣，五十六年署瀏陽知縣，五十七年升郴州直隸州知州。卒於官。加知府銜。

倪逮衍 江西安仁縣人。乾隆四十三年三甲四十四名進士。五十四年任四川雙流知縣。

劉　詩 字孟稚。山東諸城縣人。乾隆四十三年三甲四十五名進士。任山西浮山知縣，四十五年改福建邵武知縣，四十九年任福建晉江知縣，五十年改彰化知縣。

祖父劉棨，康熙二十四年進士；父劉純煒，乾隆四年進士。

崔映辰 字斗南。山西忻州直隸州。乾隆四十三年三甲四十六名進士。任山東新泰、蘭山、陽穀、日照知縣，擢山東泰安知府，嘉慶

六年任山東濟東泰武臨道。署山東按察使。忤巡撫被劾，降曹州知府。丁憂歸，卒。

黃奕瑞 江西新城縣人。乾隆四十三年三甲四十七名進士。任河南酈城知縣。

張明三 福建侯官縣人。乾隆四十三年三甲四十八名進士。五十四年任江西興安知縣。

王　簡 河南新鄭縣人。乾隆四十三年三甲四十九名進士。五十七年任山西靈石知縣，五十八年改臨汾知縣。

閻曾履 字念庭。河南孟津縣人。乾隆四十三年三甲五十名進士。任刑部主事，官至甘肅平涼府知府。

戴祖啓 字敬威，別字東田，號未堂。江蘇上元縣人。雍正三年十二月二十一日（1726年1月）生。中舉人後曾受畢沅聘主講關中書院。乾隆四十三年三甲五十一名進士（時年五十四）。歸班候選知縣，後任國子監學正。乾隆四十八年（1783）三月十四日卒，年五十九。著有《春秋測義》《尚書涉傳》《史記協異》《道德經解》《師華山房文集》等。

廣　厚 滿洲鑲黃旗，高佳氏。大學士高晉子。乾隆四十三年三甲五十二名進士。任工部主事、御史，江西吉南贛寧道。五十三年任山東濟東道，改陝西潼商道，六十年授甘肅按察使，嘉慶四年遷江西布政使，改甘肅布政使。六年病免，後署正黃旗

副都統，八年調廣東布政使。嘉慶十年十月革。予三等侍衛充庫車辦事大臣改喀喇沙爾辦事大臣。十三年十二月授浙江按察使改廣西按察使，遷浙江布政使。十五年三月授安徽巡撫，十六年七月改湖南巡撫。嘉慶二十年（1815）八月卒。

粘克昇 福建晋江縣人。乾隆四十三年三甲五十三名進士。

周映紫 陝西高陵縣人。乾隆四十三年三甲五十四名進士。

汪應桂 陝西咸寧縣人。乾隆四十三年三甲五十五名進士。任直隸良鄉知縣，改江西建昌府經歷，六十年代理江西南城知縣，嘉慶元年署江西新建知縣，三年署江西吉安府蓮花廳同知。

王　鎧 廣西臨桂縣人。乾隆四十三年三甲五十六名進士。任直隸寶坻知縣，嘉慶元年任直隸井陘知縣。

翁霆霖 字傳宗。福建莆田縣人。乾隆四十三年三甲五十七名進士。五十五年任四川南溪知縣，嘉慶三年署江安知縣，代理惠州知州。以勞瘁卒於任。

兄翁霈霖，乾隆二十六年進士。

趙乃普 山東海陽縣人。乾隆四十三年三甲五十八名進士。以教授任山東陽信縣教諭。

王廣惠 河南夏邑縣人。乾隆四十三年三甲五十九名進士。銓選知縣。

徐學勤 字禹功，號遠山。江西樂平縣人。乾隆四十三年三甲六十名進士。任河南宜陽知縣。丁內艱歸，遂不復出，教授生徒，游其門者多所成就。

范三綱 字叙五，號荊坡。山西平陸縣人。乾隆四十三年三甲六十一名進士。任刑部主事、員外郎。五十三年考選江南道御史，官至戶科給事中。

楊元愷 浙江錢塘縣人。乾隆四十三年三甲六十二名進士。任河南葉縣知縣。

王玉輝 （改名王世綱）浙江淳安縣人。乾隆四十三年三甲六十三名進士。五十四年任湖南江華知縣，五十九年任湖南綏寧知縣。

慈國璋 奉天承德縣人。乾隆四十三年三甲六十四名進士。任戶部主事。

陳作樞 寧夏寧朔縣人。乾隆四十三年三甲六十五名進士。五十七年任直隸寧晋知縣，五十八年改長垣知縣，升通州知州。

曹德元 甘肅張掖縣人。乾隆四十三年三甲六十六名進士。乾隆五十四年任江西廣豐知縣，五十七年改江西分宜知縣。

張謀照 湖北石首縣人。乾隆三十年舉人，四十三年三甲六十七名進士。

高汝英 河南河內縣人。乾隆四十三年三甲六十八名進士。任河南歸德府教授。

韓　慎 江蘇丹徒縣人。乾隆四十三年三甲六十九名進士。任浙江麗水知縣。

薛紹清（改名薛翊清）字又文，號菊坡。雲南昆明縣人。乾隆四十三年三甲七十名進士。選庶吉士，散館歸班候選知縣。

王日暉　河南固始縣人。乾隆四十三年三甲七十一名進士。

李廷蘭　河南光山縣人。乾隆四十三年三甲七十二名進士。嘉慶二年任浙江仙居知縣，六年改天台知縣。

晏善澄　字准五，薇東。江西上高縣人。乾隆四十三年三甲七十三名進士。五十四年任湖北崇陽知縣，五十六年任湖北孝感知縣。工詩善畫，名於時。

岳廷元　字紹先。山西徐溝縣人。乾隆四十三年三甲七十四名進士。任雲南宜良知縣，丁母憂歸。署福建連江知縣，補福鼎知縣。引疾歸。

楊　傅　字肖説，號夢岩。貴州遵義縣人。乾隆四十三年三甲七十五名進士。任河南內鄉知縣。在任六年，告病歸，卒年五十六。

杜華章　河南汝陽縣人。乾隆四十三年三甲七十六名進士。四十七年任河南南陽府教授。

劉紹斑（《江西通志》作改名紹緷）江西南豐縣人。乾隆四十三年三甲七十七名進士。任浙江遂昌知縣。

江　皋　雲南南寧縣人。乾隆四十三年三甲七十八名進士。任福建建陽知縣。

楊國麟　順天寶坻縣人。乾隆四十三年三甲七十九名進士。

王霈霖　貴州貴陽府人，祖籍浙江諸暨。乾隆四十三年三甲八十名進士。五十五年任湖北長樂知縣。

祝煋燔　江西德興縣人。乾隆四十三年三甲八十一名進士。五十六年任貴州安化知縣。

李元琦　山東章丘縣人。乾隆四十三年三甲八十二名進士。無傳。

王　謨　字仁圃，一字汝上。江西金溪縣人。乾隆四十三年三甲八十三名進士。歸班候選知縣，改江西建昌府教授。在官肆力撰述，纂集漢魏遺書九十六種，書成告歸。卒年七十六。家中藏書較富。著有《江右考古録》《豫章十代文獻略》《經説》及雜著、詩文集等。

陳　詩　字觀民，號愚谷、大桴山人。湖北蘄州縣人。乾隆三十九年湖北鄉試解元，四十三年三甲八十四名進士。任工部主事。母老乞養歸不復出。主講楚北學院數十年，著作極富，多燬於火。著有《質疑録》《大桴山人偶存集》《湖北舊聞録》《湖北文載》《歷代地理志彙纂》《四書類考》《四書人物考》《事類叢鈔》《朱子年譜》《六律正》《歷代紀元閏朔考》《史外叢談》《敬遠録》《知不足齋集》等。

王元勛　字叔華，號東溟，又號冲成子，晚號易圃居士。江蘇嘉定縣（今上海）人。乾隆四十三年三甲八十五名進士。四十四年任江蘇徐州府教授，改直隸清河知縣，任雲南呈貢知縣。著有《易圃詩鈔》

《樵玉山房詞稿》。

何恒鎮　福建侯官縣人。乾隆四十三年三甲八十六名進士。五十八年任江西武寧知縣。

張　槐　字介圖。直隸滄州人。乾隆四十三年三甲八十七名進士。任保定府教授，改順天府教授，授雲南河陽知縣，遷大理府通判，嘉慶二年任安徽六安州直隸州知州。引疾歸卒於家。

鍾蟠雲　浙江臨安縣人。乾隆三十五年舉人，四十三年三甲八十八名進士。五十九年任四川安縣知縣，六十年四川德陽知縣，嘉慶十年署四川嘉定知府。

李遇春　山西臨汾縣人。乾隆四十三年三甲八十九名進士。

賀　祥　河南正陽縣人。乾隆四十三年三甲九十名進士。嘉慶四年任福建大田知縣，九年改南平知縣，十年遷永春知州。

梁鈞池　廣東順德縣人。乾隆四十三年三甲九十一名進士。

梁雕龍　字學先。廣東新會縣人。乾隆四十三年三甲九十二名進士。未任歸而卒。

崔育榮　山西襄垣縣人。乾隆四十三年三甲九十三名進士。

蕭蔚源　湖北天門縣人。乾隆三十五年舉人，四十三年三甲九十四名進士。五十八年任直隸贊皇知縣，嘉慶十五年調浙江嘉善縣丞，任浙江鎮海知縣、孝豐知縣。

冷絃玉　（一作冷絃玉）山東膠州人。乾隆四十三年三甲九十五名進士。五十五年署湖南寧鄉知縣，改安化知縣，五十九年任東城兵馬司指揮，官至湖北安陸府同知。工書法聞於世。著有《花月新聞》。

謝元安　字讓堂，號汝止。江西鄱陽縣人。乾隆四十三年三甲九十六名進士。任甘肅知縣。卒於任。

王一筠　江蘇江寧縣人。乾隆四十三年三甲九十七名進士。

羅爲孝　江西德化縣人。乾隆四十三年三甲九十八名進士。五十四年任湖南新田知縣。

談承升　字起然。浙江德清縣人。乾隆四十三年三甲九十九名進士。五十五年任福建松溪知縣，調江西上饒知縣。以疾卒。

李伯龍　直隸開州人。乾隆四十三年三甲一百名進士。任江蘇高郵知州，五十三年改安徽和州知州，嘉慶二年署江蘇海門同知，改雲南姚州知州。

崔毓峰　山西長子縣人。乾隆四十三年三甲一百零一名進士。任山西大同府教授。

秦　漣　四川梁山縣人。乾隆四十三年三甲一百零二名進士。五十五年任湖南新化知縣，五十七年任邵陽知縣，嘉慶六年湖南武岡州知州。

張志學　河南湯陰縣人。乾隆四十三年三甲一百零三名進士。任雲南廣東知縣、龍陵廳同知、景東廳同知，官至雲南東川知府。

乾隆四十五年（1780）庚子恩科

本科爲清高宗七旬壽辰恩科

第一甲三名

汪如洋 字潤民，號雲壑。浙江秀水縣人。乾隆二十年（1755）生。乾隆四十五年會元，一甲第一名狀元。授修撰。入值上書房，五十一年任山東鄉試主考官，同年十二月提督雲南學政，四十歲卒。士人惜之。著有《葆冲書屋詩講集》《海湖詩傳》。

外祖金甡乾隆七年狀元，官禮部待郎；父汪孟鋗，乾隆二十一年進士；兄汪如藻，乾隆四十年進士。

江德量 字成嘉、量殊，號秋史。江蘇儀征縣人。乾隆十七年（1752）生。乾隆四十五年一甲第二名榜眼。授編修。五十一年充順天鄉試同考官，五十四年考選江西道御史。丁母憂。五十八年（1793）十月遽卒。年四十二。生平邃於經術、古文，善詩，工書習篆隸，天津武成王廟碑是其遺筆。著有《古泉志》三十卷，又撰《廣雅疏》，未成而卒。

程昌期 字階平，號蘭翹。安徽歙縣人。乾隆十八年（1753）生。乾隆四十五年一甲第三名探花。授編修。五十一年充順天鄉試同考官，五十四年任浙江鄉試副考官，五十七年以贊善充廣西鄉試主考官，五十九年任福建鄉試主考官，官至侍講學士。六十年（1795）督山東學政，十月卒，年四十三。著有《周禮儀疏約貫》《安晚堂集》。

子程恩澤，嘉慶十六年進士，户部侍郎。

第二甲五十一名

關　槐 字晋卿、晋軒，號雲岩、螺笙、柱生，晚號青城山人。浙江仁和縣人。乾隆十四年（1749）正月生。乾隆四十五年二甲第一名進士。選庶吉士，授編修。五十一年充湖北鄉試副考官，五十二年督廣東學政，五十七年任河南主考官，五十九年以侍講任福建鄉試副考官，遷侍讀學士。六十年授内閣學士，嘉慶二年乞養。七年官至禮部侍郎。十年病免。十一年（1806）十月二十日卒。年五十八。工詩畫，師以董誥畫山水，爲清中期山水畫大家。

陸伯焜 字重暉，號璞堂。江蘇青浦縣人。乾隆四十五年二甲第二名進士。選庶吉士，授編修。四十八年充順天鄉試同考官，升侍讀學士，嘉慶二年由光祿寺少卿，遷江西按察使，調浙江按察使。四年病免。嘉慶七年（1802）十一月初六日卒，年六十一。著有《玉笥山房詩鈔》。

史國華 字濟寰，號竹浦。江蘇溧陽縣人。乾隆四十五年二甲第三名進士。授國子監助教，改吏部考工司主事、文選司員外郎。五十九年扈熱河，六十年（1795）以疾卒。

吳甸華 字南畇。江蘇沭陽縣人。乾隆四十五年二甲第四名進士。五十八年任安徽歙縣知縣，嘉慶十三年改黟縣知縣，十四年無爲州知州，十九年任阜陽知縣。

程維岳 字申伯，號愛廬、松笠。浙江嘉善縣人。乾隆四十五名二甲第五名進士。任內閣中書，纍遷禮部郎中，五十四年考選山東道御史。

初彭齡 字紹祖，號頤園。山東萊陽縣人。乾隆十四年（1749）生。三十六年二月召試一等賜舉人。乾隆四十五年二甲第六名進士。選庶吉士，任編修。五十四年考選江南道御史，纍遷通政副使。嘉慶二年授光祿寺卿改通政使。四年遷兵部侍郎，五月調雲南巡撫。六年調刑部侍郎歷工部、戶部侍郎，九年革。因劾湖廣總督吳熊光受賄不實降左庶子，十年遷光祿寺卿授內閣學士。十一年調安徽巡撫，十四年改陝西巡撫。降鴻臚寺卿。十五年授順天府尹，遷工部侍郎改戶部、倉場侍郎。十九年六月遷兵部尚書。又因劾兩江總督百齡、江蘇巡撫張師誠不實，嘉慶帝斥其"性褊急，嫉惡過嚴，輕躁"降內閣學士再降侍讀，革職。二十一年任主事、員外郎。道光元年復授兵部尚書，十二月改工部尚書。道光五年（1825）七月卒，年七十七。家中藏書較豐，藏書處曰"遂初堂"。

祖父初元方，乾隆四年進士；弟初喬齡，乾隆五十二年進士。

吳蔚光 字哲甫，號竹橋、兼山。江蘇昭文縣人。乾隆八年（1743）八月十五日生。乾隆四十五年二甲第七名進士。選庶吉士，散館改禮部主事。以病歸。家中藏書萬卷，專事讀書著說，優游於湖山，詩酒二十年。嘉慶八年（1803）八月二十三月卒，年六十一。爲清代藏書家，藏書處曰"擁書樓"。著有《古金石齋詩集》六十卷、《素修堂文集》二十卷、《小湖田樂府》十四卷、《毛詩臆見》《讀禮知義》《求問錄》《杜詩義法》等。

虞友光 字進夫。江蘇金壇縣人。乾隆四十五年二甲第八名進士。

任國子監助教，京察一等擢陝西同知，歷任陝西鳳翔、商州、邠州、西安、潼關等處同知。

甘立猷 字惟弼、蘭舫，號西園。江西奉新縣人。乾隆四十五年二甲第九名進士。選庶吉士，授編修。五十三年充河南鄉試主考官，五十五年充會試同考官，五十九年考選河南道御史，嘉慶三年任順天東城巡城御史，遷兵科給事中，官至戶科掌印給事中。因事左遷刑部員外郎，領東倉監督。以疾卒於任。著有《養雲樓詩草》。

兄甘立功，乾隆十七年進士。

莊述祖 字葆琛，號珍藝。江蘇武進縣人。乾隆十五年十二月十三日（1751年1月）生。乾隆四十五年二甲第十名進士。五十七年任山東昌樂知縣，調濰縣知縣，五十九年以政績卓異，授曹州府桃源同知。乞養歸。嘉慶二十一年（1816）六月二十三日卒，年六十七。著有《夏小正經傳考釋》十卷、《漢鏡歌句解》《尚書今古文考證》七卷、《毛詩考證》四卷、《毛詩周頌口義》三卷、《五經小學述》二卷、《歷代載籍足徵錄》《弟子職集解》《石鼓然疑》《文鈔》《詩鈔》等。

范鏊 字叔度，號攝生、升度。順天大興縣人，原籍江蘇上元。乾隆八年（1743）七月十四日生。四十五年二甲十一名進士。選庶吉士，改刑部主事、員外郎，五十七年充湖北鄉試副考官，五十九年以

刑部郎中充四川鄉試主考官，六十年督湖南學政，官至光祿寺少卿、通政司副使。嘉慶七年（1802）四月二十八日卒，年六十。

王宗炎 （一作王宗琰）字以徐，號谷塍、晚聞居士。浙江蕭山縣人。乾隆二十年（1755）九月生。乾隆四十五年二甲十二名進士。歸班候選知縣，杜門不出，建藏書處曰“十萬卷樓”，以文史自娛。道光六年（1826）卒，年七十二。著有《論書法》，另有《晚聞居士遺集》。

子王履端，嘉慶十九年進士。

徐志晉 字接三，號晝堂、珊仲。浙江武康縣人。乾隆四十五年二甲十三名進士。任內閣中書，升戶部郎中，嘉慶十八年考選河南道御史，十九年二月任山東登州府知府。

漆成美 號儀亭。江西新昌縣人。乾隆四十五年二甲十四名進士。五十七年十月任浙江龍游知縣。

李瀚 山東濟寧州人。乾隆四十五年二甲十五名進士。任內閣中書，升刑部員外郎，記名御史。

弟李瑩，嘉慶十六年進士。

謝振定 字一齋，號薌泉。湖南湘鄉縣人。乾隆十八年（1753）五月初四日生。乾隆四十五年二甲十六名進士。選庶吉士，授編修。五十九年擢江南道御史，遷兵科給事中，嘉慶元年因焚燒和珅妻弟違制車被和珅陷害罷官。直聲震天下，人稱“燒車御史”。四年和珅敗，五

年以主事起用，遷禮部員外郎。嘉慶十四年（1809）五月十五月卒，年五十七。著有《知恥堂集》。

李銘 字鼎三。順天大興縣人。乾隆四十五年二甲十七名進士。選庶吉士，歸班候選知縣，後授四川銅梁知縣。

平遠 浙江山陰人。乾隆十九年（1754）生。四十五年二甲十八名進士。任內閣中書，嘉慶十年任山東青州海防同知。

沈南春 字靄圃，號巡妨。浙江歸安縣人。乾隆十八年（1753）生。四十五年二甲十九名進士。授甘肅崇信知縣，丁憂。嘉慶二年補安徽五河知縣，五年調懷寧知縣，八年署安徽壽州知州，十三年改婺源知縣，十八年補壽州知州，改和州直隸州知州，官至徽州知府。

子沈壽嵩，道光二十一年進士。

錢塘 字學淵、禹美，號溉亭。江蘇嘉定縣人。雍正十三年（1735）生。乾隆四十五年二甲二十名進士。歸班候選知縣。改江蘇江寧府教授。乾隆五十五年（1790）卒，年五十六。著有《律呂考文》《史記三書釋疑》《淮南天文訓補注》《半宮雅樂釋律》《淮南天文訓補注》《述古編》等。

爲乾隆十九年進士錢大昕族子。

李惇 字成裕，號孝臣。江蘇高郵州人。雍正十二年（1734）生。乾隆四十五年二甲二十一名進士。歸班候選知縣。掌教暨陽書院以經學教生徒。四十九年（1784）八月卒，年五十一。七歲即知解經，有神童之目。治經通敏，尤深於《詩》及《春秋三傳》。晚好曆算，通《宣城梅氏書》。著有《歷代官制考》《考工車制考》《說文引書字異考》《左傳通釋》《杜氏長曆補》《渾天圖說》《群經識小錄》《古文尚書說》《毛詩三條辨》《讀史碎金》《詩文集》諸書。

范寶琼 字六泉。浙江嘉善縣人。乾隆四十五年二甲二十二名進士。授山西山陰知縣，五十六年改四川樂山知縣，歷夾江、新繁、嘉定知縣，嘉慶四年署石砫廳同知、四川嘉定知府。調西藏管理錢局，官至湖北蘄州知州。著有《古品蘆錄》《行軍須知》。

吳樹萱 字春暉，號少黼、壽庭。江蘇吳縣人。乾隆四十五年二甲二十三名進士。選庶吉士，改內閣中書。四十八年充湖南鄉試副考官、四十九年充會試同考官、五十一年充河南鄉試副考官，任宗仁府主事，五十七年充四川鄉試正考官，督四川學政，升吏部郎中，嘉慶三年充廣西鄉試正考官、四年充會試同考官，外官至四川鹽茶道。四川總督魁倫失機逮樹萱入京，行至陝西中暑卒。

兄吳俊，乾隆三十七年進士，山東布政使。

劉青照 江蘇陽湖縣人。乾隆四十五年二甲二十四名進士。官至貴州大定知府，改雲南開化知府。

陳培英　湖南長沙縣人。乾隆四十五年二甲二十五名進士。任河南伊陽知縣。候補知府。

許兆棠　字台村，號石泉。湖北雲夢縣人。乾隆四十四年湖北鄉試解元，四十五年二甲二十六名進士。選庶吉士，授編修。卒年三十三。有《石泉詩鈔》行世。

父許治，乾隆四年進士；兄許兆椿，乾隆三十七年進士，漕運總督。

沈振鵬　字雲濱。浙江嘉興縣人。乾隆四十五年二甲二十七名進士。直隸豐潤縣知縣，五十五年任順天府懷柔知縣，兼密雲知縣。積勞卒於任，年六十。

游光纘　福建霞浦縣人。乾隆四十五年二甲二十八名進士。五十八年任福建福州府教授、臺灣府教授，嘉慶十三年任福建興化府教授。

劉汝暮　字廣虞，號古三。江蘇陽湖縣人。乾隆四十五年二甲二十九名進士。選庶吉士，授編修。

父劉復，雍正五年進士。

高槭生　字繼三，號凡麓。順天宛平縣人。乾隆四十五年二甲三十名進士。選庶吉士，授編修。五十一年降廣西天河知縣，五十六年署北流知縣。

朱受　（《進士題名碑錄》名宋受，誤）字敬持，號蔗田。江蘇荊溪縣人。乾隆四十五年二甲三十一名進士。任戶部主事。

陳有會　字道貫，號啓堂。福建閩縣人。乾隆四十五年二甲三十二名進士。選庶吉士，授編修。

朱㬊　字曉蒼。江蘇吳錫縣人。乾隆四十五年二甲三十三名進士。五十六年任山東諸城知縣。不久告歸，囊無長物。工畫山水。

徐瀾　直隸天津縣人。乾隆四十五年二甲三十四名進士。官至刑部郎中。

盧蔭蕙　山東德州人。乾隆四十五年二甲三十五名進士。任河南澠池知縣。

王元梅　字玉和。安徽貴池縣人。乾隆四十五年二甲三十六名進士。五十六年任河南汝陽知縣。

彭錫珖　字虹亭，號拙又。江西湖口縣人。乾隆四十五年二甲三十七名進士。任四川雲陽知縣，五十九年署四川眉州知州，嘉慶二年署四川遂寧知縣，三年署崇寧知縣，五年改署什邡知縣，七年任榮經知縣，八年署綿州知州，官至郿州直隸州知州，十四年署嘉定知府。

柴模　字珠山。浙江山陰縣人。乾隆四十五年二甲三十八名進士。選庶吉士，改內閣中書，五十一年入直任軍機章京。

張汝諧　號敬亭。江蘇丹陽縣人。乾隆四十五年二甲三十九名進士。五十年任湖北鄖縣知縣。

程際盛　（原名程琰，改名）字煥若，號東冶。江蘇長洲縣人。乾隆四十五年二甲四十名進士。任內閣中書，遷侍讀。五十五年考選湖廣道監察御史。任職三十餘年辭官歸。閉門謝客深研經學。著有《周禮故書考》《禮記古訓考》《儀禮古文今文考》《説文古語考》《駢字分箋》《稻香樓集》《清河偶錄》等。

蘇於洛　河南湯陰縣人。乾隆四十五年二甲四十一名進士。五十六年任湖北宣恩知縣。

陳鴻舉　直隸獻縣人。乾隆四十五年二甲四十二名進士。五十二年任浙江仙居知縣。

陳　震　字鎔萬。江蘇鎮洋縣人。乾隆四十五年二甲四十三名進士。任山東定陶、鉅野知縣。居官十年，母憂歸。家貧，不名一錢，授徒自給，旋卒。

王　霖　江蘇六合縣人。乾隆四十五年二甲四十四名進士。任福建龍岩知縣，官至知州。

王應申　山東萊陽縣人。乾隆四十五年二甲四十五名進士。任內閣中書。

父王鋌，乾隆七年進士。

雷　純　江西南昌縣人。乾隆四十五年二甲四十六名進士。任兵部主事、郎中，嘉慶五年考選江南道御史。

劉　曙　字闇夫。湖北沔陽州人。乾隆四十二年舉人，四十五年二甲四十七名進士。以知縣發江蘇署高淳，五十七年任安東知縣，官至署江蘇揚州府同知。

金光悌　字汝恭，號蘭畦。安徽英山縣人。乾隆十二年（1747）生。乾隆四十五年二甲四十八名進士。任內閣中書，四十八年充江西鄉試副考官，轉宗人府主事，升刑部員外郎、郎中。五十四年任廣東鄉試主考官，嘉慶四年充會試同考官，遷內閣侍讀學士，嘉慶七年授山東按察使遷布政使，十年授刑部侍郎。十一年改江西巡撫，十三年遷刑部尚書。嘉慶十七年十二月十二日（1813年1月）卒，年六十六。

錢　霦　字春湖，號蓮墅。浙江仁和縣人。乾隆四十五年二甲四十九名進士。任兵馬司指揮，嘉慶四年遷臺灣海防同知，官至福建邵武府知府。

馮兆岣　字湘岩。山西代州直隸州人。乾隆四十五年二甲五十名進士。任刑部主事，五十九年充雲南鄉試主考官，嘉慶十年任貴州黎平知府。十九年再任。

吳　棠　浙江錢塘縣人。乾隆四十五年二甲五十一名進士。

第三甲一百零一名

張丙震　字鑒庵，號岸樵。直隸南皮縣人。乾隆四十五年三甲第一名進士。任兵部主事，升員外郎，丁內外艱服闋，五十九年外遷湖南寶慶知府，嘉慶五年改浙江嚴州府知府。十六年（1811）卒，年五十一。

朱　彤　字丹亭。山東歷城縣人。乾隆四十五年三甲第二名進士。

任山東黃縣訓導，改掖縣、鉅野教諭，曹州府教授。卒於任。

傅淵季 字默侯。福建南安縣人。乾隆四十五年三甲第三名進士。例授知縣，嘉慶三年改福建汀州府教授，十九年改臺灣府教授。以老歸，卒年八十。

張金銘 字紹西。福建建安縣人。乾隆四十五年三甲第四名進士。五十七年任四川梓潼知縣，五十八年改開縣知縣，六十年任合江知縣。以疾乞歸。

段 琦 字魏肇，號可石。雲南河陽縣人。乾隆四十五年三甲第五名進士。任江蘇荊溪知縣，五十八年任江蘇東臺知縣、睢寧知縣，六十年十二月改荊溪知縣，嘉慶十年改金壇知縣。以疾歸，掌教雲南東川、路南、彌勒、宜良書院。卒年九十一。著有《可石小草》行世。

楊繼熊 字兼山。江西安義縣人。乾隆四十五年三甲第六名進士。代理江寧督糧同知，北捕通判，署江蘇贛榆知縣，五十一年任江蘇昭文知縣。

張昌運 浙江仁和縣人。乾隆四十五年三甲第七名進士。嘉慶元年任江蘇婁縣知縣，四年改江蘇南匯知縣，九年再任。

王觀宸 順天通州人，原籍河南磁州。乾隆四十五年三甲第八名進士。五十一年署安徽霍邱知縣，任潁上知縣，五十六年代理安徽阜陽知縣。嘉慶十三年以病去。

王 晟 字曉亭，號杏洲。甘肅靈州人。乾隆四十五年三甲第九名進士。選庶吉士。

武 億 字虛谷、授堂、小石，自號半石山人。河南偃師縣人。乾隆十年（1745）十一月二十日生。乾隆四十五年三甲第十名進士。五十六年授博山知縣。五十七年和珅以緝拿王倫爲名，派人入博山，武億被誣罷官。歸里後教授齊魯間，主講清源書院。嘉慶四年（1799）十一月候旨召用，已於十月二十九日卒，年五十五。著有《經讀考異》《群經義徵》《金石跋》《讀史金石集目》《錢譜》《授經堂詩文集》《句讀序述》《三禮義徵》等。

胡克家 字占蒙，號果泉。江西鄱陽縣人。乾隆二十三年（1758）生。乾隆四十五年三甲十一名進士。任刑部主事，擢郎中，五十九年充廣東鄉試主考官，六十年會試同考官，授廣東惠潮嘉道。以失察去職留任，遷河南開歸道，嘉慶九年授湖北按察使，十一年遷江蘇布政使，十四年三月授刑部侍郎，六月改漕運總督。七月因代理江蘇按察使期間，江蘇山陽知縣王伸漢毒同官李毓昌事發，革職降江蘇淮安知府，遷淮揚道。十六年授江寧布政使，十七年遷安徽巡撫，二十一年改江蘇巡撫。嘉慶二十二年（1817）九月卒，年六十。

劉顯祖 （《江西通志》作改名潛夫）江西南豐縣人。乾隆四十五年三甲十二名進士。

章朝栻 字硯敬。福建連江縣人。乾隆四十五年三甲十三名進士。任國子監典簿，改詹事府主簿，丁憂歸。服闋改濟南府通判。卒於任。

蔣師爚 字慕劉、晦之，號東橋。浙江仁和縣人。乾隆四十五年三甲十四名進士。選庶吉士，散館改兵部主事。乾隆五十四年充順天鄉試同考官，五十七年充福建鄉試副考官。著有《周易》《尚書》《毛詩》《三禮》等精義，及《漢書疏證》《通志略勘誤》《敦艮堂詩文集》等。

趙驤 浙江上虞縣人。乾隆四十五年三甲十五名進士。五十四年任廣東從化知縣，官至廣東欽州知州。

李崇禮（原名李禮）字建中，號敦堂。江西宜黃縣人。乾隆四十五年三甲十六名進士。授知縣，以母老四十六年乞改江西瑞州府教授、南安府教授。

宋鳴珂 江西奉新縣人。乾隆四十五年三甲十七名進士。任南城兵馬司指揮。卒於任。

爲乾隆十六年進士宋五仁次子。

張國泰 號石橋。湖南安鄉縣人。爲乾隆四十五年三甲十八名進士。五十六年任山東淄川知縣，嘉慶二年改山東滕縣知縣、奉天錦縣知縣，捐升道員。

史曠如 山西平陸縣人。乾隆四十五年三甲十九名進士。

張駿 字荔園。浙江海寧縣人。乾隆四十五年三甲二十名進士。任浙江寧波府教授，五十一年改處州府教授。

黃義超 湖北江陵縣人。乾隆三十六年舉人，四十五年三甲二十一名進士。官至員外郎。

徐鑑 字澄懷，號鏡秋。漢軍鑲黃旗。乾隆四十五年三甲二十二名進士。選庶吉士，授檢討。五十四年充湖南鄉試主考官，改江南荊溪縣知縣，嘉慶五年改廣東高要知縣，七年改從化知縣，九年改新會知縣。

鄭應簡 浙江蕭山縣人。乾隆四十五年三甲二十三名進士。任雲南祿豐知縣、會澤知縣。

郭在逵 字可之，號謙齋。山西介休縣人。乾隆四十五年三甲二十四名進士。選庶吉士，授檢討。改禮部主事，升吏部郎中，官至廣東廉州知府。以勞瘁卒於任。

王之藩 廣東瓊山縣人。乾隆四十五年三甲二十五名進士。四十六年任廣東韶州府教授。

王密 山西鳳臺縣人。乾隆四十五年三甲二十六名進士。

單稽 字子山。山東高密縣人。乾隆四十五年三甲二十七名進士。任刑部主事。

荊曜 江蘇丹陽縣人。乾隆四十五年三甲二十八名進士。四十七年任安徽池州府教授。

周召 江西南城縣人。乾隆四十五年三甲二十九名進士。任雲南江川知縣。

傅景鐔 江西廣豐縣人。乾隆四十五年三甲三十名進士。五十九年任湖南沅江知縣，嘉慶八年改湖南衡山知縣。

李　紅 江西崇仁縣人。乾隆四十五年三甲三十一名進士。任貴州甕安知縣，嘉慶八年改山西左雲知縣，官至運判。

曹玉樹 字壽皆。山西平定直隸州人。乾隆四十五年三甲三十二名進士。官至浙江衢州府知府。

吳應斗 江蘇婁縣人。乾隆四十五年三甲三十三名進士。

周之适 字次伯。廣西臨桂縣人。乾隆四十五年三甲三十四名進士。選庶吉士，散館歸班候選知縣。

王綏祖 山東濟寧州人。乾隆四十五年三甲三十五名進士。

李保泰 字嗇生。江蘇寶山縣人。乾隆四十五年三甲三十六名進士。任江蘇揚州府教授。在任三十年。

周　拱 浙江餘姚縣人。乾隆四十五年三甲三十七名進士。四十八年任安徽含山知縣，五十八年改安徽五河知縣。

俞廷柏 字新甫。江蘇常熟縣人。乾隆四十五年三甲三十八名進士。五十七年任安徽霍山知縣，官至吏部員外郎。

紀徽善 江西上饒縣人。乾隆四十五年三甲三十九名進士。任江西袁州府教授。

馮文濤 福建建安知縣，乾隆四十五年三甲四十名進士。任山西馬邑知縣。

李光時 字存謙，號靜亭。山東濟寧州人。乾隆四十二年解元，四十五年三甲四十一名進士。四十六年任浙江嵊縣知縣，調慈溪知縣，五十三年擢杭州府捕盜同知。未任卒，年僅三十。著有《思補齋稿》。

陳春波 字滋田。福建侯官縣人。乾隆四十五年三甲四十二名進士。五十七年授湖北利川知縣，以殲賊功加知府銜，八年調京山知縣。解組歸。卒年八十一。

黃　晃 福建龍溪縣人。乾隆四十五年三甲四十三名進士。任內閣中書。

田種玉 字雙五，號斗溪。陝西城固縣人。乾隆四十五年三甲四十四名進士。任甘肅平涼府教授，調新疆鎮西，著有《五經纂要》《學庸講義》。

徐汝瀾 順天宛平縣人。乾隆四十五年三甲四十五名進士。任山西屯留知縣，嘉慶四年調福建漳平知縣，六年改晉江知縣，遷福建海防同知，十三年官至福建臺灣府知府。

羅　楷 字端侯。四川漢州人。乾隆三十六年舉人。四十五年三甲四十六名進士。

周大業 字致堂。浙江海寧州人。乾隆四十五年三甲四十七名進士。任浙江寧波府教授。主同州、豐登書院。

葛豫章 河南虞城縣人。乾隆四十五年三甲四十八名進士。

陸廷樞 順天大興縣人。乾隆四十五年三甲四十九名進士。

吳寬 浙江烏程縣人。乾隆四十五年三甲五十名進士。

潘漢 順天大興縣人。乾隆四十五年三甲五十一名進士。五十六年八月任山東觀城知縣，五十九年調濮州，嘉慶四年調山東禹城知縣，五年任山東滋陽知縣。

原遜志 字孟修。陝西蒲城縣人。乾隆四十五年三甲五十二名進士。任貴州開泰知縣，五十七年改山東臨邑知縣，嘉慶四年升德州知州。以疾卒於任。

牟鴻騫 字雲程。山東日照縣人。乾隆四十五年三甲五十三名進士。五十七年任陝西城固知縣，嘉慶五年調渭南知縣。未任卒。

解元爌 字光遠，號雲亭。直隸景州人。乾隆四十五年三甲五十四名進士。五十七年任四川奉節知縣，五十八年代辦四川大寧知縣，嘉慶三年任汶川知縣，四年署四川夾江知縣，以卓異升會理知州。年老告歸。

馬景符 河南河內縣人。乾隆四十五年三甲五十五名進士。四十八年任河南衛輝府教授。

鄭光策 （初名鄭天策）字蘇年、憲光，號瓊河。福建閩縣人。乾隆四十五年三甲五十六名進士。

歸班候選知縣，絕意仕進。歸後主福清書院、龍岩書院、鰲峰書院講席。著有《集西霞文鈔》。

陳鴻漸 浙江鄞縣人。乾隆四十五年三甲五十七名進士。五十六年十月任順天南城兵馬司指揮。嘉慶二年改福建汀州府同知，官至廣東肇慶府知府。

郭乾 浙江鄞縣人。乾隆四十五年三甲五十八名進士。四十八年任浙江杭州府教授。

許士煌 字問渠。安徽廬江縣人。乾隆四十五年三甲五十九名進士。嘉慶元年任安徽太平府教授。

張肇揆 順天宛平縣人。乾隆四十五年三甲六十名進士。

崔應書 字瀛江。江蘇宜興縣人。乾隆四十五年三甲六十一名進士。任浙江淳安知縣，改江蘇新陽縣教諭。嘉慶年間任江蘇昆山縣教諭。

涂梁 江西新城縣人。乾隆四十五年三甲六十二名進士。任雲南順寧府雲州知州。

羅楚望 湖南新化縣人。乾隆四十五年三甲六十三名進士。四十六年任湖南永順府教授。

余德洋 字宗海，號謙齋。安徽太湖縣人。乾隆四十五年三甲六十四名進士。改戶部主事。卒年僅二十八。

蔡楫 湖北天門縣人。乾隆三十六年舉人，四十五年三甲六十五名進士。四十六年任湖北荊州府教授。

羅　拔　江西豐城縣人。乾隆四十五年三甲六十六名進士。五十年任湖北鍾祥知縣。

南濟漢　甘肅永昌縣人。乾隆四十五年三甲六十七名進士。

崔特峰　山西代州直隸州人。乾隆四十五年三甲六十八名進士。五十九年任四川新都知縣，六十年署四川南部知縣，改會理州知州，遷四川成都府同知，嘉慶七年署四川叙州知府。

王洪序　字五嶧。江西金溪縣人。乾隆四十五年三甲六十九名進士。嘉慶二年以浙江壽昌知縣署桐鄉知縣，五年任浙江松陽知縣。

黄吉芬　江西定南廳人。乾隆四十五年三甲七十名進士。五十七年任福建永定知縣。

李治泰　廣西北流縣人。乾隆四十五年三甲七十一名進士。任江蘇鹽城知縣，五十六年遷江蘇揚州府同知。

陳　熷　號海軒。浙江秀水縣人。乾隆四十五年三甲七十二名進士。授湖北長陽知縣，署德安府同知。以病改教授回籍。著有《海軒》二集。

郭依山　山西文水縣人。乾隆四十五年三甲七十三名進士。任雲南順寧知縣，官至雲南昭通知府，署迤東道。

羅修造　江西贛縣人。乾隆四十五年三甲七十四名進士。嘉慶六年任浙江景寧知縣。

張太冲　河南溫縣人。乾隆四十五年三甲七十五名進士。

薩彬圖　滿洲鑲白旗，烏蘇氏。乾隆四十五年三甲七十六名進士。任戶部主事、員外郎、少詹事。嘉慶元年授内閣學士，四年任鑲藍旗蒙古副都統。革職。予七品筆帖式効力萬年吉地。後授戶部主事、太僕寺少卿。七年復授内閣學士，遷盛京工部侍郎改禮部、倉場侍郎。十二年五月授漕運總督。十四年六月以倉場虧缺降光禄寺卿，十五年遷盛京戶部侍郎。十六年十二月革職。嘉慶二十年（1815）卒。

温聞源　字華石。廣東順德縣人。乾隆四十五年三甲七十七名進士。選庶吉士，歸班候選知縣，後改内閣中書。

李岐生　河南襄城縣人。河南汝州訓導，乾隆四十五年三甲七十八名進士。任湖北保康縣知縣。

張廷弼　直隸宣化縣人。乾隆四十五年三甲七十九名進士。任山東定陶知縣，五十七年調山東城武知縣，六十年調山東滕縣知縣。

鍾文韞　字含章。四川華陽縣人。乾隆四十五年三甲八十名進士。選庶吉士，歸班候選知縣，五十七年任湖南桂陽知縣，官至湖南永州府知府。

楊嘉材　字光宇。雲南昆明縣人。乾隆四十五年三甲八十一名進士。選庶吉士，散館歸班候選知縣，五十七年任福建連江知縣。

劉具斌 貴州貴陽府人。乾隆四十五年三甲八十二名進士。四十六年署湖北雲夢知縣，嘉慶四年任湖北應山知縣，遷襄陽、宜昌府同知。乞歸。掌永昌書院，卒年七十六。

何廣生 奉天承德縣人。乾隆四十五年三甲八十三名進士。任江西新淦知縣，五十六年署江西龍泉知縣。

李奕疇 字書年。河南夏邑縣人。乾隆四十五年三甲八十四名進士。選庶吉士，任檢討。歷任禮部主事、郎中，山西寧武、平陽知府，江蘇糧道。嘉慶十年授山東按察使，十一年左遷江南河庫道，十三年授安徽按察使遷布政使，十八年授浙江巡撫，十九年四月遷漕運總督。因增派漕委140餘人，浮收之弊日甚一日，二十四年閏四月降四級以主事用。二十五年十月命以尚書銜守護昌陵。道光十二年休致，十九年重赴鹿鳴筵宴，加太子少保。道光二十四年（1844）卒，享年九十一。

父李敏第，雍正八年進士，官光祿寺卿；子李銘皖，道光二十年進士；子李銘霍，同治二年進士。

王如茂 雲南易門縣人。乾隆四十五年三甲八十五名進士。嘉慶四年以順天府房山知縣兼良鄉、涿州知州。調天津縣，復任房山知縣。卒於任。

亢福 山西崞縣人。乾隆四十五年三甲八十六名進士。任江西進賢知縣。

法式善 （原名運昌，清高宗改法式善）字開文、梧門，號時帆。蒙古正黃旗，烏爾濟氏。乾隆十八年（1753）正月十七日生。乾隆四十五年三甲八十七名進士。選庶吉士，授檢討。歷任國子監司業、左庶子、侍讀學士。大考不合格降員外郎，後遷國子監祭酒等。嘉慶四年以言事不當罷官，降編修。纍遷侍講學士，復降庶子，以病乞休。嘉慶十八年（1813）二月初五日卒，年六十一。爲清代藏書家，藏書處曰"存素堂""詩龕""梧門書屋"。著有《清秘述聞》《槐廳載筆》《存素堂詩文集》《陶廬雜錄》《李文正公年譜》等。

袁正己 字作楷，號濟川。直隸靜海縣人。乾隆四十五年三甲八十八名進士。任貴州銅仁知縣，調貴陽府長寨理苗同知。罷歸。著有《周易思辨存參》。

王雄飛 河南嵩縣人。乾隆四十五年三甲八十九名進士。

包致和 貴州清平縣人。乾隆四十五年三甲九十名進士。任刑部主事。

張漣 字維清，號筠莊。浙江西安縣人。乾隆四十五年三甲九十一名進士。即用知縣，任陝西武功知縣，改保安縣，署西安府五郎同知，五十三年調安康知縣，署耀州知州。

謝王選 河南登封縣人。乾隆四十五年三甲九十二名進士。任河南衛輝府教授。

趙 顧 字野王。山東博山縣人。乾隆四十五年三甲九十三名進士。即用知縣。

高三畏 字知岩。河南郟縣人。乾隆四十五年二甲九十四名進士。任吏部主事，升吏部郎中。五十五年考選江西道御史，五十六年任順天中城巡城御史，五十九年外任浙江杭州知府，嘉慶七年官至山東運河道。

竇桂馥 山東博平縣人。乾隆四十五年三甲九十五名進士。

徐 準 字慕萊，號立亭。貴州遵義縣人。乾隆四十五年三甲九十六名進士。選庶吉士，授檢討。五十八年官至福建道監察御使，升兵科給事中，官至福建臺灣道。乞終養歸，卒。

岳興阿 滿洲正黃旗包衣。乾隆四十五年三甲九十七名進士。五十二年纍遷湖南桂陽直隸州知州。

何 愚 廣西平樂縣人。乾隆四十五年三甲九十八名進士。任户部主事，改雲南趙州知州，官至雲南廣南府知府。

孫厚德 直隸宣化縣人。乾隆四十五年三甲九十九名進士。任兵部主事。

劉爾葵 字秋圃。山東昌樂縣人。乾隆四十五年三甲一百名進士。任吏部文選司主事。祖母卒奔喪。服闋，回任一年，卒於任。著有《嵩蔚齋制義》。

陳聖宗 字統姚。廣東吳川縣人。乾隆四十五年三甲一百零一名進士。四十七年任廣東惠州府教授。卒年六十二。著有《中書講義》。

乾隆四十六年（1781）辛丑科

第一甲三名

錢　棨　字振威，號湘舲。江蘇長洲縣人。乾隆七年（1742）生。乾隆四十六年會元，一甲第一名狀元（又爲四十四年舉人第一名解元。成爲清代"三元及第"第一人。乾隆帝值古稀之年，賜贈"錢三元"詩一首）。授修撰。五十四年充會試同考官，五十九年充廣東鄉試副考官。因瀆職革職。復起授右春坊右贊善，進中允，遷右庶子、左庶子，嘉慶三年升侍讀學士，充雲南鄉試正考官，督雲南學政。四年（1779）三月擢內閣學士兼禮部侍郎。同年八月因水土不服，卒於任，年五十八。著有《湘舲詩稿》。

陳萬青　字遠山，號湘南。浙江石門縣人。乾隆四十六年一甲第二名榜眼。授編修。四十九年充順天鄉試同考官，升侍講，五十一年充江西鄉試主考官，五十二年充會試同考官，升侍讀，五十五年充會試同考官，降編修，五十九年充山東鄉試副考官，六十年充廣東鄉試正考官，督陝甘學政。

弟陳萬全，乾隆四十九年進士，兵部侍郎。

汪學金　字敬銘，號杏江，晚號靜崖。江蘇鎮洋縣人。乾隆十三年（1748）九月初二日生。乾隆四十六年一甲第三名探花。授編修。五十一年充江西鄉試副考官，官至左庶子。以病乞休。嘉慶九年（1804）二月二十八日卒，年五十七。著有《井福堂文稿》《靜崖詩集》等。

父汪廷璵，乾隆十三年進士，任工部右侍郎。

第二甲五十六名

秦承業　字補之，號易堂。江蘇江寧縣人。乾隆四十六年二甲第一名進士。選庶吉士，授編修。五十四年充山西鄉試主考官，擢國子監司業，入值上書房，升侍講，官至侍講學士。晚年曾輔教道光帝。致仕歸。卒年八十二，謚"文愨"。

著有《養正書屋詩》《瑞芝軒文集》。

父秦大士，乾隆十七年進士。

盛惇崇 字柳五，號孟巖。江蘇陽湖縣人。乾隆四十六年二甲第二名進士。任兵部主事，升員外郎、郎中。六十年考選江西道御史，外官陝西同州知府，嘉慶八年改西安知府，十一年擢陝西督糧道，嘉慶十七年授江西按察使，十九年遷陝西布政使，官至甘肅布政使。二十年去職。著有《睦園詩集》。

王朝梧 字象六，號疏林、疏雨。浙江錢塘縣人。乾隆四十六年二甲第三名進士。選庶吉士，改刑部主事，嘉慶七年任山東兗州知府。官至山東兗沂曹濟道、貴州貴西道。

父王際華，乾隆十年探花，官戶部尚書。

陳廷慶 （1754—1813）字兆同，號桂堂、古華。江蘇奉賢縣人。乾隆四十六年二甲第四名進士。選庶吉士，散館改戶部主事，五十五年官至湖南辰州府知府。著有《謙受堂集》《古華詩鈔》。

曹振鏞 字懌嘉，號儷笙。安徽歙縣人。乾隆二十年（1755）十月十六日生。乾隆四十六年二甲第五名進士。選庶吉士，任翰林院編修。遷侍講，五十七年充浙江鄉試副考官，督河南學政，遷侍讀學士、詹事府少詹事，嘉慶三年充湖北鄉試主考官，督廣東學政，遷詹事。丁憂免。服闋，嘉慶七年授通政使，八年遷內閣學士，九年任工部侍郎、

江西學政，改吏部侍郎。十一年遷工部尚書，十二年以《高宗實錄》告成加太子太保。十四年改戶部尚書，十八年調吏部尚書。授協辦大學士，遷體仁閣大學士，晉太子太傅。道光元年五月改武英殿大學士、軍機大臣。七年七月晉太子太師，八年晉太傅。道光十五年（1835）正月初三日卒，享年八十一，入祀賢良祠，諡"文正"。著有《話雲軒咏史詩》。

父曹文埴，乾隆二十五年進士，戶部尚書。

孫元玿 安徽宣城縣人。乾隆四十六年二甲六名進士。任江蘇寶應、甘泉知縣，升海州知州。

孫樹本 字立夫，號秋屏。浙江烏程縣人。乾隆四十六年二甲第七名進士。五十二年任四川新津知縣，改直隸武清知縣，升通州知州，署寶坻縣東路同知、開州知州，嘉慶十四年遷直隸宣化知府，改保定知府，署永定河道，十五年官至直隸清河道。卒於任。

俞廷掄 （《進士題名碑》作俞廷掄，誤）字純植，號杉舟、柱峰。浙江餘杭縣人。乾隆四十六年二甲第八名進士。選庶吉士，授編修。散館改刑部主事，升員外郎，官至雲南昭通府知府。

馮集梧 字軒圃，號鷺庭。浙江桐鄉縣人。乾隆四十六年二甲第九名進士。選庶吉士，授編修。五十四年充雲南鄉試正考官。工詩善

畫。丁母憂回籍。主講安定、雲間書院。著有《樊川詩集》《貯雲居集》。

父馮浩，乾隆十三年進士。兄馮應榴，乾隆二十六年進士。

王綬（一作王受）字尚質，號介堂。順天大興縣人，原籍江蘇溧陽。乾隆四十六年二甲十名進士。選庶吉士，授編修。升侍講，嘉慶三年充貴州鄉試主考官，督安徽學政，遷少詹事、詹事。八年授內閣學士。十年遷禮部右侍郎，改左侍郎。十二年病。十三年復任內閣學士。十六年病免。十九年（1814）卒。

程嘉訓　安徽歙縣人。乾隆四十六年二甲十一名進士。

潘純鈺　字雅堂。江蘇甘泉縣人。乾隆四十六年二甲十二名進士。任刑部主事。旋假歸，疾卒年三十七。

張經田　字壺山，一字丹粟。湖南湘潭縣人。乾隆二十二年（1757）生。四十六年二甲十三名進士。任內閣中書，浙江嚴州、杭州府同知，改安徽太平、池州府同知，遷貴州思州知府。嘉慶二十二年授貴州兵備道，二十四年官至貴州糧儲道，五年曾署貴州巡撫。著有《無所住齋隨筆》《黔中從政錄》。

蔣予蒲（？—1819）字長人、南樵，號愛堂、沅庭。河南睢州人。乾隆四十六年二甲十四名進士。選庶吉士，授編修。歷任通政司副使，嘉慶六年授太僕寺卿，八年丁憂。十年改宗人府丞，十一年擢左副都御史，改工部右侍郎，十二年充順天鄉試副考官，十三年改倉場侍郎。十四年降爲編修。

祝德全　字葆初，號午橋。直隸吳橋縣人。乾隆四十六年二甲十五名進士。選庶吉士，改任山西文水縣知縣，兼理交城知縣，嘉慶元年調介休知縣，官至潞安府知府。著有《葆初詩草》。

翁元圻　字載青，號鳳西。浙江餘姚縣人。乾隆四十六年二甲十六名進士。任雲南嵩明州知州，遷禮部主事，纍遷雲南廣南知府。擢迤南道，嘉慶十四年授貴州按察使，十八年遷湖南布政使。二十五年召京。

盧蔭溥　字霖生，號南石。山東德州人。乾隆二十五年（1760）九月三十日生。乾隆四十六年二甲十七名進士。選庶吉士，任翰林院編修、禮部主事、河南學政。嘉慶十七年授光祿寺卿，改通政使，遷內閣學士。十八年授兵部侍郎改戶部侍郎、軍機大臣。二十二年遷禮部尚書，改兵部尚書，加太子少保，歷戶部、工部、吏部尚書。道光七年七月授協辦大學士，十年十月遷體仁閣大學士。十三年三月休致，晉太子太保。道光十九年（1839）五月初六日卒，年八十。贈太子太師，入祀賢良祠，謐"文肅"。著有《延禧堂稿》《詩竹堂彙稿》。

張曾圻　字樽宜，號茶村。安徽桐城縣人。乾隆四十六年二甲十八名進士。四十七年任陝西定邊知縣，四十九年改華陰知縣，署邠州知州，五十七年擢貴州黔西知州。緣事降，尋卒。

張灼　字未克，號丙齋、抑州。直隸安肅縣人。乾隆四十六年二甲十九名進士。任戶部主事，遷郎中。五十八年外任江蘇徐州知府，嘉慶元年改安徽安慶知府，三年擢江西督糧道，丁母憂歸。九年改河南汝光道，官至浙江鹽運使。二十年引疾歸。工書畫，能詩，著有《十獲齋詩鈔》。

程嘉謨　字用訏，號雪坪。安徽歙縣人。乾隆四十六年二甲二十名進士。任知縣，以校《四庫全書》，欽賜庶吉士，授編修。丁繼母憂歸。侍養父，養父卒，遂不出。

祝坊　字敬寶，號厚臣、簡田。順天大興縣人。乾隆三十年順天鄉試解元。四十六年二甲二十一名進士。選庶吉士，未散館特授編修。五十一年任順天鄉試同考官，五十四年充會試同考官。著有《海粟齋詩集》。

王鵬　字曉村。直隸臨榆縣人。乾隆四十六年二甲二十二名進士。任內閣中書。

沈步垣　字在中，號薇軒，晚號退庵。江蘇婁縣人。乾隆四十六年二甲二十三名進士。選庶吉士，改刑部主事、員外郎，充武英殿纂修。五十六年考選浙江道御史。辭官後主大梁、鍾山、敬敷、雲間諸書院。工書法，善畫花卉。

方維甸　字南隅，號葆岩。安徽桐城縣人。直隸總督方觀承子。乾隆二十三年（1758）生。乾隆四十六年二甲二十四名進士。任吏部主事，升禮部郎中，五十四年考選福建道御史。五十八年授光祿寺卿，五十九年改太常寺卿，改長蘆鹽政。革。六十年任山東巡鹽御史，改侍讀學士。嘉慶五年授山東按察使，遷河南布政使，八年授陝西巡撫，十四年七月遷閩浙總督。十五年九月以母老乞養休致。嘉慶二十年（1815）六月卒，年五十八。贈太子少保。諡"勤襄"。

狄尚炯　字文伯，號相圃。江蘇溧陽縣人。乾隆四十六年二甲二十五名進士。五十七年授安徽黟縣知縣，改花縣知縣，嘉慶四年署廣東化州知州，五年任廣東花縣知縣，兼石城知縣，九年署香山知縣，十年授江西南康知府，後歷饒州、吉安、廣信知府，攝江西糧道。在任二十餘年多惠政。因病去職。道光七年（1827）卒。

樊士鑑　字菱川，號冰如。山西臨汾縣人。乾隆四十六年二甲二十六名進士。任工部主事，遷員外郎、郎中，遷雲南麗江知府，官至安徽潁州府知府。著有《偎爐夜課集》。

李元模　字洪鑄、範堂。四川犍爲縣人。乾隆四十六年二甲二十七名進士。候選知縣，四十七年任犍爲縣印清書院山長。

宋澍　字沛青，號小坡。山東蘭山縣人。乾隆四十六年二甲二十八名進士。選庶吉士，改吏部主事，擢郎中。五十七年考選江南道御史，改京畿道御史，六十年充湖南鄉試主考官，官至吏科給事中。以終養歸。著有《易圖彙纂詩文稿》。

歐陽健　字青起，號毅齋。江西崇仁縣人。乾隆四十六年二甲二十九名進士。選庶吉士。

胡金英　江西南豐縣人。乾隆四十六年二甲三十名進士。任主事。

陶廷琡　字韞川，號南園。浙江會稽縣人。乾隆四十六年二甲三十一名進士。任江西鉛山知縣，嘉慶十三年代理江西廣信府同知，改貴州清平知縣，官至貴州黃平州知州。

宋邦榮　浙江歸安縣人。乾隆四十六年二甲三十二名進士。

汪長齡　字西庭，號雪山。山東歷城縣人。乾隆十三年（1748）生。四十六年二甲三十三名進士。四十七年任四川秀山知縣，五十九年任浙江分水知縣，嘉慶四年改浙江奉化知縣，調廣東惠來知縣，二十年改番禺知縣，二十三年（1818）官至廣東萬州知州。卒年七十一。

金章　福建閩縣人。乾隆四十六年二甲三十四名進士。四十八年任福建泉州府教授。

魏翽　直隸柏鄉縣人。乾隆四十六年二甲三十五名進士。任內閣中書。

劉大鏞　安徽旌德縣人。乾隆四十六年二甲三十六名進士。五十八年任四川璧山知縣。

吳孝顯　字季揚。江蘇婁縣人。國子監助教。乾隆四十六年二甲三十七名進士。

楊倫　字敦五，號西禾。江蘇陽湖縣人。乾隆十二年（1747）三月十二日生。乾隆四十六年二甲三十八名進士。任江西貴溪知縣，丁憂，服闋補廣西蒼梧知縣，改荔浦、容縣知縣。晚年主講江漢書院。嘉慶八年（1803）閏二月二十八日卒，年五十七。著有《杜詩鏡銓》《九柏山房稿》。

蔡善述　字孝先。福建漳浦縣人。乾隆四十六年二甲三十九名進士。選庶吉士，授編修。五十四年充會試同考官，五十七年考選湖廣道御史。

謝斯熊　廣東東莞縣人。乾隆四十六年二甲四十名進士。任戶部主事。

魏延祚　直隸柏鄉縣人。乾隆四十六年二甲四十一名進士。任山西虞鄉知縣。

潘紹觀　字融則，號巽山。湖北蘄水縣人。乾隆三十九年舉人，四十六年二甲四十二名進士。選庶吉士，改刑部主事，升郎中，京察一等，五十九年遷廣東韶州知府，官至浙江寧紹台道。未任卒。著有《巽山詩集》。

顧九苞　字文子，號苟南。江蘇興化縣人。乾隆四十二年拔貢入都充四庫校録。四十六年二甲四十三名進士。歸班候選知縣。同年（1781）歸家時卒於天津。以經術負盛名。長於《毛詩》。

石鸕翯 湖南湘潭縣人。乾隆四十六年二甲四十四名進士。任工部屯田司主事。

曹之升 浙江蕭山縣人。乾隆四十六年二甲四十五名進士。嘉慶元年任陝西中部知縣，嘉慶四年改陝西蒲城縣知縣，二十四年改醴泉知縣，著有《四書摭餘説》《曹寅於谷集》。

張慎德 福建晉江縣人。乾隆四十六年二甲四十六名進士。任刑部主事。

祖父張廷煌，康熙五十七年進士；父張光憲，乾隆二十五年進士；兄張慎和，乾隆四十年進士。

齊弼 字蘭皋。福建侯官縣人。乾隆四十六年二甲四十七名進士。五十九年任湖南醴陵知縣，署辰州府通判。調赴鎮筸軍營。

方凌翰 江西崇仁縣人。乾隆四十六年二甲四十八名進士。任知縣。

林炳麟 字敦泉。福建莆田縣人。乾隆四十六年二甲四十九名進士。六十年任江西上猶知縣。

陳玢 浙江錢塘縣人。乾隆四十六年二甲五十名進士。任四川溫江知縣。

孫廷夔 山西太谷縣人。乾隆四十六年二甲五十一名進士。任工部主事，升郎中，五十九年考選江西道御史。

李有基 字黼昇，號東圃。山東德州人。乾隆三十年山東鄉試解元，四十六年二甲五十二名進士。五十八年任福建連城知縣。善詩。著有《州志考異》。

榮錫楷 江西寧州人。乾隆四十六年二甲五十三名進士。六十年任貴州開泰知縣。

趙槐符 字子蔭。直隸灤州人。乾隆四十六年二甲五十四名進士。任吏部主事，嘉慶四年官至山西冀寧道。

馮璽 浙江烏程縣人。乾隆四十六年二甲五十五名進士。任雲南太和知縣，改蒙自知縣，官至貴州鎮遠知州。

吳湘（改名吳邦治）河南固始縣人。乾隆四十六年二甲五十六名進士。嘉慶二年任山西武鄉知縣。

第三甲一百一十一名

萬承風 字卜東，號和圃。江西寧州人。乾隆十八年（1753）生。乾隆四十六年三甲第一名進士。選庶吉士，授檢討。五十一年、五十四年兩充順天鄉試同考官，歷任右贊善、右中允、侍讀、侍讀學士，嘉慶九年任少詹事，充山東主考官，升詹事，督山東學政，十年遷內閣學士、禮部侍郎。督江蘇學政，十二年改兵部侍郎，曾入直上書房，侍道光帝讀書，十四年督安徽學政，嘉慶十七年病免，十八年十二月二十一日（1814年1月）卒，年六十一。謚“文恪”。二十五年追贈禮部尚書銜。道光十二年加贈太傅。著有《思不辱齋詩文集》。

李以健 字健行。江蘇昆山縣人。乾隆四十六年三甲第二名進士。六十年授山西汾陽知縣，嘉慶三年調鳳臺知縣，升刑部主事、員外郎。終養歸。病卒，年六十一。

劉錫五 字受茲，號澄齋、純齋。山西介休縣人。乾隆四十六年三甲第三名進士。選庶吉士，授檢討。改內閣中書，五十四年充雲南鄉試副考官，嘉慶十二年纍遷湖北鄖陽知府，十五年改宜昌知府，十九年任德安知府，官至武昌知府。著有《隨俟書屋詩集》。

鄧朝縉 字頡波，號西廬。江西南昌縣人。乾隆四十六年三甲第四名進士。五十八年任福建永福知縣，改教職，任江西南安府教授，嘉慶十年改瑞州府教授。晚年主講東湖書院，年八十卒。

慎學韓（原名慎咸熙）浙江歸安縣人。乾隆十九年（1754）生。四十六年三甲第五名進士。任河南夏邑知縣。

亮 保 滿洲鑲白旗人。乾隆四十六年三甲第六名進士。任滿洲恒泰佐領。

單可瑊 字野甫。山東高密縣人。乾隆四十六年三甲第七名進士。任河南商城知縣，改洛陽知縣，五十九年改廣東始興知縣，嘉慶二年調廣東揭陽知縣。歸。

任應龍 山西臨縣人。乾隆四十六年三甲第八名進士，五十八年任廣東瓊山知縣。

玉 保 字德符，號閬峰。滿洲正黃旗，鄂棟氏。乾隆二十四年（1759）生。乾隆四十六年三甲第九名進士。選庶吉士，授檢討。纍遷翰林院侍讀學士，五十四年授內閣學士，五十六年遷盛京兵部侍郎，五十七年改兵部侍郎，嘉慶元年改吏部侍郎。嘉慶三年（1798）八月卒，年四十。著有《夢月軒存稿》。

余廷球 字西坪。江西德興縣人。乾隆四十六年三甲第十名進士。任兵部主事，擢郎中，外任山西潞安知府，調山西平陽府知府。

賈 棟 字雲上。江蘇高郵州人。乾隆四十六年三甲十一名進士。五十七年授安徽績溪知縣。丁憂。服闋揀發浙江，以母老稱疾不出，年五十七卒。著有《古今文》三集、《詩賦》二集。

瞿 照 江蘇靖江縣人。乾隆四十六年三甲十二名進士。官至刑部員外郎。

印鴻經 字章天，號彝堂。江蘇寶山縣人。乾隆四十六年三甲十三名進士。歸班候選知縣。

葉 治 字平階、復齋，號敬亭。直隸南皮縣人。乾隆四十六年三甲十四名進士。四十七年授湖北石首知縣，五十二年改鍾祥知縣，擢荊門州知州，五十九年補鄖縣，嘉慶八年遷沔陽知州。以事忤上官歸。著有《焦桐集》。

嚴　宜　字克訓。陝西西寧縣人。乾隆四十六年三甲十五名進士。四十八年任貴州貴築知縣，改都勻、桐梓知縣，擢永豐知州，署思安知府。借補直隸鹽運分司，解組歸。卒年七十。

黃昭著　字次明。湖南桂東縣人。乾隆四十六年三甲十六名進士。授湖南寶慶府教授。未赴任卒。

薩龍光　字肇藻，號露肅。福建侯官縣人。乾隆四十六年三甲十七名進士。選庶吉士，改戶部江西司主事。丁憂歸。治鹽莢以贍族戚，卒年六十七。

明德紹　字淳齋。湖北江夏縣人。乾隆三十六年舉人，四十六年三甲十八名進士。任安徽蒙城知縣。

涂日烜　字嵋舒。江西奉新縣人。乾隆四十六年三甲十九名進士。任直隸完縣知縣，調清苑知縣，代理保定、正定、河間知府。遷山東泰安知府。未任卒。年四十四。

龔慶驥　湖北漢陽縣人。乾隆三十六年舉人，四十六年三甲二十名進士。五十九年任湖南永明知縣，嘉慶元年改湖南道州知州。

謝國樞　浙江會稽縣人。乾隆四十六年三甲二十一名進士。

陸　鍾　順天大興縣人。乾隆四十六年三甲二十二名進士。

梁啓讓　號楫亭。江西新建縣

人。乾隆四十六年三甲二十三名進士。五十八年任安徽績溪知縣，嘉慶十年改蕪湖知縣。

王友亮　字景南，號葑亭，君節。江蘇上元縣人，原籍江西婺源。乾隆七年（1742）生。乾隆四十六年三甲二十四名進士。任刑部主事、廣西司員外郎、山東道御史、兵科給事中、太僕寺少卿，官至通政司副使。嘉慶二年（1797）五月十二日卒，年五十六。著有《葑亭文集》《雙佩齋文集》《金陵雜咏》等。

王衍福　（1741—1804）字疇五。山東諸城縣人。乾隆四十六年三甲二十五名進士。任兵部主事、員外郎、郎中，嘉慶十年出任廣東韶州府知府。卒於官，年六十四。

子王鍾吉，嘉慶六年進士。

曠楚賢　字六柱，號振南。湖南衡山縣人。乾隆四十六年三甲二十六名進士。選庶吉士，授檢討。改刑部主事，升員外郎，六十年充順天鄉試同考官，嘉慶元年充會試同考官，升郎中，官至直隸通永道，丁母憂服闋，改清河道。卒於任。

張人龍　福建侯官縣人。乾隆四十六年三甲二十七名進士。

許鴻磐　字漸逵，號雪嶠。山東濟寧州人。乾隆四十六年三甲二十八名進士。乾隆五十七年任江蘇安東知縣，嘉慶元年任順天府西城兵馬司指揮，調安徽鳳臺知縣、壽州知州，十一年擢安徽泗州直隸州知州。著有《方輿考證》一百卷、《雪帆雜著》《尚書札記稿》四卷、《六觀樓遺文》二卷等。

曾燠 字庶蕃，號賓穀。江西南城縣人。乾隆二十五年（1760）六月二十三日生。乾隆四十六年三甲二十九名進士。曾任四庫館分校官，選庶吉士，任户部主事，補軍機章京，升員外郎，五十八年超擢兩淮鹽運使。嘉慶十二年授湖南按察使改湖北按察使，十五年遷廣東布政使，二十年二月授貴州巡撫。二十一年三月降調。道光二年任兩淮鹽政。十一年（1831）卒，年七十二。編有《賞雨茅屋詩集》《國朝駢體正宗》《江西詩徵》等。

父曾廷棨，乾隆四十年進士，曾燠爲其次子。

周世績 字治揚。河南祥符縣人。乾隆四十六年三甲三十名進士。五十九年任福建崇安縣知縣。

蔡共武 字敬之，號毅堂。浙江仁和縣人。乾隆四十六年三甲三十一名進士。選庶吉士，授檢討。五十三年充湖南鄉試主考官，嘉慶六年纍遷廣東雷瓊道，九年改廣東鹽驛道，官至兩廣鹽運使。

黃圖 字圃宜，號力園。江西新城人。乾隆四十六年三甲三十二名進士。任廣西博白知縣。補融縣未到任，委署東蘭州知州，因重犯逃脱去官。主梧州書院講席。十年限滿，丁外艱歸。卒於道。

楊仲增 字方川。雲南河陽縣人。乾隆四十六年三甲三十三名進

士。任刑部主事，遷郎中。監督通州西倉，在官二十餘年。

鍾懷智 （改名鍾毓蓮）貴州黎平縣人。乾隆四十六年三甲三十四名進士。任直隸獻縣知縣。

王處俊 湖北江陵縣人。乾隆四十四年舉人，四十六年三甲三十五名進士。任湖北武昌府教授，嘉慶十二年改陽府教授。

丁杰 字升衢、小山，號小雅。浙江歸安縣人。乾隆三年（1738）生。乾隆四十六年三甲三十六名進士。歸班候選知縣，改浙江寧波府教授。與朱筠、戴震等講學於四庫館。嘉慶十二年（1807）二月卒，年七十。家中藏書較豐，藏書處曰“北學齋”。著有《周易鄭注後定》《大戴禮記繹》《小酉山房文集》《漢隸字源考證》。

阿林 字有壬，號湘雲。漢軍正藍旗人。乾隆四十六年三甲三十七名進士。選庶吉士。

鄭應元 字文川，號建庭。廣東香山縣人。乾隆四十六年三甲三十八名進士。選庶吉士，任內閣中書。引疾歸。卒年五十五。

詹錫齡 江西安義縣人。乾隆四十六年三甲三十九名進士。五十九年任浙江上虞知縣，嘉慶三年復任，二十五年任安徽黟縣知縣，後改江西饒州府教授。

李實 陝西寧夏縣人。乾隆四十六年三甲四十名進士。

徐光祚 江西南豐縣人。乾隆

四十六年三甲四十一名進士。任廣西宜山知縣。

王應芬 字芳圃，號愉軒。山東諸城縣人。乾隆四十六年三甲四十二名進士。任户部浙江司主事，遷陝西司郎中。五十五年出任陝西興安府知府四載。嘉慶四年（1799）卒於任，年五十四。

弟王應奎，乾隆五十二年進士；弟王應垣，乾隆五十五年進士。

陶　鑑 浙江山陰縣人。乾隆四十六年三甲四十三名進士。五十八年任廣東鶴山知縣。嘉慶三年回任。

荆　塏 字郎公。直隸安肅縣人。乾隆四十六年三甲四十四名進士。五十八年任廣東開平知縣，嘉慶四年署廣東增城知縣，調高要縣，官至廣東嘉應州知州。到任卒。

嚴　謙 字虛白。浙江烏程縣人。乾隆四十六年三甲四十五名進士。五十九年任山西武鄉知縣。

清安泰 字平階。滿洲鑲黃旗，費莫氏。乾隆四十六年三甲四十六名進士。任刑部主事，五十八年纍遷湖南衡永郴桂道。嘉慶元年授湖南按察使遷廣西布政使，改浙江布政使。十年閏六月授江西巡撫改浙江巡撫，十二年十二月調河南巡撫。嘉慶十四年（1809）四月卒。

薛朝標 字信龍。福建侯官縣人。乾隆四十六年三甲四十七名進士。母老未赴部銓，母喪授員外郎。

張廷儀 湖南湘潭縣人。乾隆四十六年三甲四十八名進士。任直隸懷柔知縣（一作獲鹿知縣）。

李　珪 廣西恭城縣人。乾隆四十六年三甲四十九名進士。

金思義 直隸天津縣人。乾隆四十六年三甲五十名進士。嘉慶二年任陝西宜川知縣。

陳錫熙 廣東順德縣人。乾隆四十六年三甲五十一名進士。任山東博平知縣。

吳紹昱 字德甫，號松坪。江蘇吳縣人。乾隆四十六年三甲五十二名進士。任户部主事，遷員外郎、郎中，嘉慶五年考選山東道御史。

丁文煜 山東聊城縣人。乾隆四十六年三甲五十三名進士。嘉慶二年任廣東增城知縣。

朱掄英 江蘇嘉定縣人。乾隆四十六年三甲五十四名進士。五十四年任安徽太平府教授。

王思詒 順天宛平縣人。乾隆四十六年三甲五十五名進士。

王　洱 山西絳州人。乾隆四十六年三甲五十六名進士。嘉慶三年任湖南黔陽知縣，八年改湖南芷江知縣。

江宗承 四川渠縣人。乾隆四十六年三甲五十七名進士。

周　理 河南祥符縣人。乾隆四十六年三甲五十八名進士。任吏部主事，遷雲南嵩明州知州，官至廣東雷州府知府。

屈爲鼎 字寶汾，號研鄰。浙江平湖縣人。乾隆四十六年三甲五十九名進士。選庶吉士，散館改禮部主事。

王秉正 江蘇山陽縣人。乾隆四十六年三甲六十名進士。任直隸宣化知縣、懷安知縣。

彭諤 河南蘭陽縣人。乾隆四十六年三甲六十一名進士。

葉柋林 字寧伯。河南正陽縣人。乾隆四十六年三甲六十二名進士。

虞衡 浙江秀水縣人。乾隆四十六年三甲六十三名進士。雲南富民縣知縣。

王紹緒 字纘亭。山東高密縣人。乾隆四十六年三甲六十四名進士。任山東兗州府教授。以母老告歸。著有《四書破疑錄》。

楊統 廣東順德縣人。乾隆四十六年三甲六十五名進士。五十年任廣東韶州府教授。

姚運東 河南襄城縣人。乾隆四十六年三甲六十六名進士。

何天衢 字雲會。湖北安陸縣人。乾隆三十三年舉人，四十六年三甲六十七名進士。以親老，五十二年改湖北安陸府教授。

朱蘭馨 字芬若，號松喬。浙江海鹽縣人。乾隆二十年（1755）正月二十八日生。乾隆四十六年三甲六十八名進士。任江西瑞昌知縣，署彭澤知縣，五十八年任江西鉛山知縣，遷吏部稽勳司員外郎，嘉慶元年署江西廣信府同知。十九年（1814）十一日二十一日卒，年六十。著有《松喬詩鈔》。

胡夢蘭 江西新建縣人。乾隆四十六年三甲六十九名進士。任兵馬司指揮。

孟甡康 山西永濟縣人。乾隆四十六年三甲七十名進士。五十年官至湖南沅州知府。

姚永年 字華三。直隸天津縣人。乾隆四十六年三甲七十一名進士。福建詔安知縣，升建寧府同知，官至安徽徽州府知府。

子姚承恩，道光十三年進士。

嚴廷典 字聖言。江西奉新縣人。乾隆四十六年三甲七十二名進士。任甘肅西和知縣，調廣東高明知縣。以病乞歸。

謝惇 字彥豐、典五，號雲啓。江蘇武進縣人。乾隆四十六年三甲七十三名進士。四十八年授浙江義烏知縣，改江山知縣，五十八年署東陽知縣，擢紹興府通判。乞歸卒。

父謝王炎，乾隆十三年進士。

秦步觀 山西夏縣人。乾隆四十六年三甲七十四名進士。

徐昆 字後山。山西臨汾人。乾隆四十六年三甲七十五名進士。任內閣中書。

趙雯 直隸欒城縣人。乾隆四十六年三甲七十六名進士。任甘肅鎮原知縣，五十八年調湖南新化知縣。

張琪 山東青城縣人。乾隆四十六年三甲七十七名進士。任內閣中書。

戴斯琯　字德如，號琢軒。雲南太和縣人。乾隆四十六年三甲七十八名進士。選庶吉士，授檢討。五十五年考選山西道御史，五十九年任順天中城巡城御史，官至工科掌印給事中。

戚學標　字翰芳，號鶴皋。浙江太平縣人。乾隆四十六年三甲七十九名進士。任河南武陟知縣，以忤上罷官。改浙江寧波府教授，辭歸。主杭州紫陽、崇文書院。從事撰述以終。著有《四書偶談》《風雅遺聞》《集李三百篇》《漢學諧聲》《毛詩證讀》《鶴皋集唐》《風雅逸音》《三台詩錄》等。

潘德周　字紹基。廣西宣化縣人。乾隆四十六年三甲八十名進士。選庶吉士。

王兆熊　陝西長安縣人。乾隆四十六年三甲八十一名進士。五十三年任江西南康知縣，五十九年改江蘇泰興知縣。

孫喬年　江蘇東臺縣人。乾隆四十六年三甲八十二名進士。四十八年任江蘇蘇州府教授，改雲南南安州知州。

張鳳翼　字儀廷。江蘇長洲縣人。乾隆四十六年三甲八十三名進士。以知縣用，四十八年就教職選安徽太平府教授。丁母憂，服闋補鳳陽府教授不赴，卒於家，年七十一。

金　襄　字式玉，號屺山。江蘇嘉定縣人。乾隆四十六年三甲八十四名進士。任江蘇江寧府教授。

曾孫金文翰，光緒二十年進士。

官學詩　福建安溪縣人。乾隆四十六年三甲八十五名進士。任雲南師宗知縣。

王乙鰲　河南武陟縣人。乾隆四十六年三甲八十六名進士。任河南陳州府教授。

寇賫言　字繩先，號海庵。四川渠縣人。乾隆四十六年三甲八十七名進士。選庶吉士，授檢討。五十八年考選山西道監察御史。因白蓮教事傳聞其家被焚，不知老母信息，憂思數日遂卒，其母已先避他處，實無恙。

林世文　福建平和縣人。乾隆四十六年三甲八十八名進士。

舒謙福　江西靖安縣人。乾隆四十六年三甲八十九名進士。五十九年任山東文登知縣。

張　綬　字佩青，號桂園、佩書。陝西秦州徽縣人。乾隆四十六年三甲九十名進士。選庶吉士，授檢討。嘉慶二年升右春坊右贊善，充日講起居注官，升侍讀學士。嘉慶六年督廣西學政。染患瘴疾，卒於任，年五十四。

陳堯華　字雲瞻、雲松。貴州都勻縣人。乾隆四十六年三甲九十一名進士。選庶吉士，授檢討。致仕歸。主講貴山書院，著有《雲松詩稿》。

汪迴瀾　江西星子縣人。乾隆四十六年三甲九十二名進士。任江蘇如皋知縣。

吳復增 浙江歸安縣人。乾隆四十六年三甲九十三名進士。任直隸束鹿知縣。

陳池鳳 字鳴瑞。江西萬載縣人。乾隆四十六年三甲九十四名進士。嘉慶年任山東泗水知縣。在任五年畺吏議去。後聘爲東魯書院長，越二年卒。

樊寅捷 山西趙城縣人。乾隆四十六年三甲九十五名進士。五十三年任湖南醴陵知縣，五十六年改湘鄉知縣，嘉慶元年任瀘溪知縣，官至湖南澧州知州。

李騰蛟 字鼎北，號辛峰。山西芮城縣人。乾隆四十六年三甲九十六名進士。任直隸任縣知縣，改武清知縣，遷直隸遵化直隸州知州，五十八年任直隸永定河南岸同知，嘉慶三年官至直隸宣化知府。卒於任。

吳應鴻 貴州大定府人。乾隆四十六年三甲九十七名進士。

吳獻麟 陝西涇陽縣人。乾隆四十六年三甲九十八名進士。

溫時懋 奉天鐵嶺縣人。乾隆四十六年三甲九十九名進士。四十六年任天津府教授。

湛祖貴 字仁昭。廣東增城縣人。乾隆四十六年三甲一百名進士。五十九年任江西永寧知縣，改浮梁知縣，署定南廳同知，嘉慶四年署永豐知縣。著有《式古堂文集》《紅岩山房詩稿》。

魏傚祖 字字川。四川永川縣人。乾隆四十六年三甲一百零一名進士。嘉慶初年任貴州修文知縣，署開州，升八寨同知。未及履任，卒於修文。

張蕙 河南溫縣人。乾隆四十六年三甲一百零二名進士。任河南開封府教授。

尚廷書 陝西咸寧縣人。乾隆四十六年三甲一百零三名進士。

王鴻中 山東福山縣人。乾隆四十六年三甲一百零四名進士。任山東泰安府教授。

馬應奎 雲南彌勒州人。乾隆四十六年三甲一百零五名進士。

馬延承 廣西隆安縣人。乾隆四十六年三甲一百零六名進士。五十七年任山東費縣知縣。

孫光祖 字幃中，號陶庵。雲南蒙化廳人。乾隆四十六年三甲一百零七名進士（時年六十一）。任雲南澂江府教授。卒於任。

石志仁 浙江上虞縣人。乾隆四十六年三甲一百零八名進士。

劉大成 字先巳、耐村。江西新昌縣人。雍正八年（1730）生。乾隆四十六年三甲一百零九名進士（時年五十二）。六十年任湖北竹山縣知縣。嘉慶元年（1796）因抵禦白蓮教起義軍失敗，二月二十三日自縊。年六十七。贈知府銜，予恩騎尉世職。

劉鼎臣 字調元，號拙齋。山東沂水縣人。乾隆四十六年三甲一百十名進士。任貴州普安知縣，因染瘴告歸。

乾隆四十九年（1784）甲辰科

第一甲三名

茹棻 字古香，號穉葵。浙江會稽縣人。乾隆二十年（1755）生。乾隆四十九年一甲第一名狀元。任修撰。五十三年充山東鄉試主考官，嘉慶五年以左贊善任山西鄉試主考官，六年督湖北學政，八年以少詹事任奉天府丞兼學政。十六年授內閣學士遷工部侍郎，十八年任江南鄉試主考官，十九年八月授左都御史。二十一年降內閣學士。十一月遷工部尚書，二十五年九月改兵部尚書。道光元年（1821）八月卒，年六十七。著有《使兗》《使晋》《使南》《使沈》《使楚》等。

邵瑛 字桐南，號姚圃、瑤圃。浙江餘姚縣人。乾隆四十九年一甲第二名榜眼。授編修。改內閣中書，嘉慶三年充湖北鄉試副考官，尋告歸不復出。著有《説文群經正字》《劉玄規杜持平》等。

邵玉清 字履潔，號郎岩。直隸天津縣人。乾隆四十九年一甲第三名探花。授編修。升國子監司業。

第二甲四十名

李長森 字學濂，號蔭園、木王。安徽太湖縣人。乾隆四十九年二甲第一名進士。任禮部制儀司主事，升員外郎，五十三年充河南鄉試副考官，進郎中，五十四年督湖北學政，五十八年考選江西道御史。六十年福建鹽法道，嘉慶五年任山東萊州府同知，遷山東登萊青道，署山東鹽運使。九年授貴州按察使，十年遷貴州布政使。十三年九月革。降蘇松糧道，十八年授雲南布政使，改福建布政使，十九年調江寧布政使。十一月以病免。

習振翎 （榜名習漢翎）字燦雲。江西峽江縣人。乾隆四十九年二甲第二名進士。任工部主事，升郎中。出任雲南開化知府，改東川知府，嘉慶十三年改江蘇徐州知縣，十六年改蘇州知府，十八年改安徽安慶知府。擢福建汀漳龍道，十九年授福建按察使，改山西按察使，二十一年遷山西布政使。二十二年七月革。

陳萬全 字悦琴、越琴，號軼群、梅坨。浙江石門縣人。乾隆四十九年二甲第三名進士。選庶吉士，授編修。乾隆五十四年充河南鄉試副考官，嘉慶元年充會試同考官，入直上書房，升贊善、侍講學士，四年再充會試同考官，遷國子監祭酒、少詹事，嘉慶四年授詹事遷內閣學士。五年擢兵部右侍郎，充江南鄉試主考官，改兵部左侍郎。七年以病免。卒年五十六。

兄陳萬青，乾隆四十六年榜眼。

魏成憲 字寶臣，號春松，自號仁庵。浙江仁和縣人。乾隆四十九年二甲第四名進士。歷任刑部主事，安徽、四川司員外郎，廣東司郎中。考選山東道監察御史，嘉慶三年外任江蘇揚州知府，遷江安督糧道，丁憂。嘉慶八年任山東兗沂曹濟道。引疾歸。晚年講學於崇文、正誼、鍾山、紫陽等書院。著有《清愛堂集》二十三卷。

章廷楓 字曉河。順天大興縣人，原籍浙江會稽。乾隆四十九年二甲第五名進士。四十九年任陝西膚施知縣，嘉慶二年署平利知縣，改白河知縣，八年署江蘇通州知州，九年任海門同知，遷江寧府督糧同知，官至安徽潁州府知府。

王錫奎 字文一，號荔亭，別號飲禪。江蘇華亭縣人。乾隆四十

九年二甲第六名進士。選庶吉士，授編修。官至安徽潁州知府。以母憂歸。著有《嘉藻堂詩集》《荔亭文集》。

孫大椿 字苧花。浙江仁和縣人。乾隆四十九年二甲第七名進士。五十年任江西萍鄉知縣，五十二年署江西上饒和縣，五十四年改豐城知縣，署南昌府通判，官至南昌府吳城同知。

胡應魁 字岳青。江苏丹阳縣人。乾隆四十九年二甲第八名進士。任安徽盧州、寧國府教授，六十年改福建德化知縣，嘉慶元年任福建臺灣彰化知縣，八年擢淡水同知。以疾卒於任。

彭希濂 字溯周，號修田。江蘇長洲縣人。乾隆二十二年（1757）生。兵部尚書彭啓豐孫。乾隆四十九年二甲第九名進士。任刑部主事、員外郎、郎中，嘉慶三年督貴州學政，十二年充福建鄉試正考官，驟遷通政司副使，嘉慶十八年授光禄寺卿。遷內閣學士，二十年授刑部右侍郎。二十四年（1819）以疾失儀，降福建按察使。九月二十二日卒，年六十三。

李宗澍 江西臨川縣人。乾隆四十九年二甲第十名進士。嘉慶元年任福建德化知縣。

侯健融 浙江歸安縣人。乾隆四十九年會元，二甲十一名進士。任兵部主事。

丁士穎 浙江長興縣人。乾隆

四十九年二甲十二名進士。

王沅 浙江錢塘縣人。乾隆四十九年二甲十三名進士。任主事。

吳廷選 字夏韶，號石亭。江蘇荊溪縣人。乾隆四十九年二甲十四名進士。選庶吉士。授編修。五十八年督安徽學政，官至侍讀學士。著有《鄂不齋遺稿》。

張世濂 字景之，號霽岩。湖南湘潭縣人。乾隆四十九年二甲十五名進士。任河南靈寶知縣，調懷寧知縣，嘉慶十五年遷四川潼川知府，署川北道。卒於官。

父張九鐔，乾隆四十三年進士。

楊清輪 字仲陸。江蘇陽湖縣人。乾隆四十九年二甲十六名進士。嘉慶元年任授湖北嘉魚知縣，二年代理蒲圻知縣，丁憂。十年補福建長樂知縣，在任十六年，道光二年任福建海防同知，擢福建汀州府知府。在任八月坐長樂事去官，歸。

賀賢智 字浚明，號虛齋。直隸遷安縣人。乾隆四十九年二甲十七名進士。選庶吉士，改吏部主事，五十四年充江南鄉試副考官，進郎中。嘉慶六年考選福建道御史，十五年任順天府南城巡城御史，升戶科給事中，官至江蘇鎮江知府。

周兆基 字廉堂，號蓮塘。湖北江夏縣人，原籍江蘇吳縣。乾隆二十二年（1757）生。乾隆四十九年二甲十八名進士。選庶吉士，任編修。五十二年充山西鄉試正考官，五十四年督陝甘學政，嘉慶二年任

國子監司業，升侍讀學士，九年督安徽學政，進少詹事，嘉慶十年授詹事遷內閣學士。十一年授工部侍郎歷刑部、吏部侍郎，督浙江學政，十八年遷工部尚書，二十一年十一月改禮部尚書。二十二年（1817）三月卒，年六十一。著有《佩文詩韻輯要》。

王奉曾 字序思，號荔園。順天宛平縣人。乾隆四十九年二甲十九名進士。任刑部主事，五十六年官至湖北安襄鄖荊道。

郭縉光 字盥書，號領侯。江西吉水縣人。乾隆四十八江西鄉試解元。四十九年二甲二十名進士。選庶吉士。授編修。

溫汝适 （1755—1821）字步容，號景萊、簀坡。廣東順德縣人。乾隆四十九年二甲二十一名進士。選庶吉士，授編修。五十三年充廣西鄉試副考官，五十四年充四川鄉試主考官，歷任贊善、洗馬、侍讀、庶子、國子監祭酒，嘉慶十一年授太僕寺卿，改通政使。十四年遷左副都御史，十五年降太僕寺卿，十六年復任左副都御史，十八年改兵部右侍郎。母老告歸。卒於江西吉安舟次，年六十七。著有《曲江集考證》《曲江年譜》《咫聞錄》《韻學紀聞》《日下紀游略》等。

張德懋 號芥洲。直隸滿城縣人。乾隆四十九年二甲二十二名進士。任戶部主事，五十三年充雲南鄉試副考官，五十四年會試同考官，

遷員外郎。年四十七以病卒。著有《石蘭堂詩集》九卷。

劉若璪 字冕瞻，號黼庭、新岩。湖南長沙縣人。乾隆四十九年二甲二十三名進士。選庶吉士，改刑部主事、工部員外郎，乾隆五十四年充四川鄉試副考官，嘉慶九年遷江西饒州知府，十年官至江西南昌知府，署江西鹽法道。

父劉校之，乾隆二十六年進士；伯父劉權之，乾隆二十五年進士，體仁閣大學士。

姚祖恩 浙江錢塘縣人。乾隆四十九年二甲二十四名進士。任廣西容縣知縣，六十年改廣東陸豐知縣。嘉慶十年改龍川知縣，十五年任廣東番禺知縣。

杭光晉 浙江仁和縣人。乾隆四十九年二甲二十五名進士。

吳芳培 字霽飛，號雲樵。安徽涇縣人。乾隆四十九年二甲二十六名進士。選庶吉士，任編修、翰林院侍讀。嘉慶五年充四川鄉試主考官，擢侍讀學士，六年督河南學政，十三年授詹事遷內閣學士。十八年授兵部侍郎，改吏部侍郎，二十三年三月遷左都御史，十二月降署兵部侍郎，歷吏部、刑部、兵部侍郎。道光二年（1822）正月休致。九月卒。著有《雲樵詩集》。

崔景儀 （1759—1814）字雲客，號一士。山西永濟縣人。乾隆四十九年二甲二十七名進士。選庶吉士，授編修。五十四年充廣西鄉試副考官。升贊善、中允、侍讀學士，出任廣西思恩知府。歷泗城、平樂知府。嘉慶十五年改廣東高州知府，署惠潮嘉道，官至河南南汝光道，并曾兩度護理河南按察使。

父崔龍見，乾隆二十六年進士。

文 寧 （改名文幹）字蔚其，號芝崖、遠皐。滿洲正紅旗人。乾隆四十九年二甲二十八名進士。選庶吉士，授編修。歷任洗馬、侍讀學士，嘉慶三年授詹事遷內閣學士，四年授兵部侍郎，歷禮部、吏部、禮部、工部侍郎。十一年授步軍統領後降大理寺少卿，十五年復授內閣學士，十八年遷吏部侍郎，十九年代熱河都統降盛京副都統。二十年十二月復授禮部侍郎，二十一年三月改任貴州巡撫，十一月調河南巡撫。因一入河南境沿途縱容家人需索站規，實屬溺職，二十二年十二月革。二十五年授駐藏大臣，兼鑲黃旗漢軍副都統。道光三年（1823）卒。

祝萬年 浙江海寧縣人。乾隆四十九年二甲二十九名進士。署四川安岳知縣，任永寧知縣，五十一年署巫山知縣，五十五年署樂山知縣。

張允樾 山西臨汾縣人。乾隆四十九年二甲三十名進士。任雲南祿豐知縣。

李 薔 順天大興縣人。乾隆四十九年二甲三十一名進士。官至禮部郎中。

蔣攸銛　字穎芳，號礪堂。漢軍鑲藍旗人。乾隆三十一年（1766）三月三十日生。乾隆四十九年二甲三十二名進士。選庶吉士，任翰林院編修。嘉慶三年考選江南道御史，外官任江西吉南贛道、廣東惠嘉潮道。嘉慶十一年授江西按察使，遷雲南布政使，改江蘇布政使。十四年授江蘇巡撫，改浙江巡撫，十六年遷兩廣總督。二十二年改四川總督，二十五年八月加太子少保。道光二年授刑部尚書，三年調直隸總督，四年閏七月授協辦大學士，五年六月遷體仁閣大學士、軍機大臣，直督留任，十月入閣辦事。七年五月調兩江總督，七月晉太子太保，八年晉太子太傅。十年（1830）九月降兵部侍郎。十月二十二日以入京供職，卒於山東平原途次，年六十五。照尚書銜賜恤。著有《繩櫃齋集》《黔軺行集》。

楊志信　字行可，號蘭如。安徽六安直隸州人。乾隆四十九年會元，二甲三十三名進士。選庶吉士，改禮部主事，升員外郎、郎中。嘉慶三年考選浙江道御史，五年補直隸天津知府，十年遷直隸清河道，十年十月授直隸按察使，十二年遷山東布政使，護巡撫。十三年九月病歸。優游林下二十年，卒年七十九。

張樹槐　浙江仁和縣人。乾隆四十九年二甲三十四名進士。任刑部主事。

李驥元　字其德，號鳧塘、冀兆。四川綿州直隸州人。乾隆二十年（1755）生。乾隆四十九年二甲三十五名進士。選庶吉士，授編修。纍遷至左春坊左中允，入直上書房，復降編修。嘉慶四年（1799）九月二十二日以勞卒於官。年僅四十五。著有《雲棧詩稿》《鳧塘詩文集》等。

從兄李調元，乾隆二十八年進士；兄李鼎元，乾隆四十三年進士。

沈肯松　字森如。江蘇元和縣人。乾隆四十九年二甲三十六名進士。任商虞通判。

白　鳳　字音喈。江蘇陽湖縣人。乾隆四十九年二甲三十七名進士。署福建海澄知縣，改馬巷通判，嘉慶四年補長泰知縣，九年調大田知縣。在任五年卒於官。

倪鶴皋　浙江山陰縣人。乾隆四十九年二甲三十八名進士。任國子監學正。

葉　蓁　字履仁，號東圫。浙江東陽縣人。乾隆四十九年二甲三十九名進士。卒於杭州。有詩文若干集均散佚。所餘《十栗堂詩鈔》道光六年付梓。

蔡曾源　四川崇寧縣人。乾隆四十九年二甲四十名進士。六十年任山西翼城知縣。

第三甲六十九名

陳　觀　字賓我。江西新城縣人。乾隆四十九年三甲第一名進士。任工部主事、郎中。嘉慶元年外任福建福州知府，三年擢鹽法道，十四年授浙江按察使，十七年遷江寧布政使。十八年改山西布政使，改陝西布政使，二十一年調太僕寺卿，改內閣學士，遷倉場侍郎。以病去職。

翟繩祖 字昭甫。安徽涇縣人。乾隆四十九年三甲第二名進士。五十四年任安徽池州府教授，在任十六年，致仕歸。著有《强學齋文稿》《蘭陔詩草》《震來齋四書題釋略》等。

子翟奎光，道光十二年進士。

倪思淳 字箴汝，號懷民、松泉。雲南建水縣人。乾隆四十九年三甲第三名進士。選庶吉士，授檢討。改戶部主事，升郎中，嘉慶八年考選浙江道御史，九年四月任順天府南城巡城御史，十三年官至安徽鳳陽知府，署盧鳳穎道，十六年改安慶知府。

盛　堂 字素園，號武水。浙江嘉善縣人。乾隆四十九年三甲第四名進士。嘉慶元年任四川長寧知縣。

曾　濟 字求定。江蘇常熟縣人。乾隆四十九年三甲第五名進士。授河南羅山知縣，署考城知縣，嘉慶十五年改福建寧化知縣。

李　琦 字行超，號卓齋。廣東瓊山縣人。乾隆四十九年三甲第六名進士。任國子監學正，六十年改河南銅柏知縣。年五十卒於任。

勞樹棠 （《進士題名碑錄》作勞瑾）字寶琳，號鏡浦。山東陽信縣（一作浙江桐鄉）人。乾隆四年（1739）生。乾隆四十九年三甲第七名進士。任兵部主事、員外郎、郎中。嘉慶二年考選江南道御史，出任江南河庫道、直隸通永道，官至江蘇蘇松太道。嘉慶二十一年（1816）卒，年七十八。

查曾印 字憩亭。直隸天津縣人。乾隆四十九年三甲第八名進士。六十年任安徽鳳臺知縣，嘉慶二年改懷寧知縣。

魏若虛 江西瀘溪縣人。乾隆四十九年三甲第九名進士。任主事。

周祚熙 江西南豐縣人。乾隆四十九年三甲第十名進士。嘉慶元年任福建壽寧知縣，二年改臺灣知縣，改廣東清遠知縣，十一年改廣東順德知縣，二十一年任廣東定安知縣，官至通判。著有《緝齋文稿》。

顧禮琥 字西金。江蘇吳縣人。乾隆四十九年三甲十一名進士。以知縣用，授泉河通判，升上北河同知。卒年五十六。

關遇年 字鶴亭、芝田。山西鳳臺縣人。乾隆四十九年三甲十二名進士。任吏部主事，五十四年充會試同考官，升禮部郎中，官至廣西平樂府知府。

陳大春 福建古田縣人。乾隆四十九年三甲十三名進士。嘉慶元年任江西萬載知縣。

郭祚炳 江西建昌縣人。乾隆四十九年三甲十四名進士。嘉慶元年任福建寧化知縣。

兄郭祚熾，乾隆二十六年進士。

史積英 順天宛平縣人，原籍

浙江會稽。乾隆四十九年三甲十五名進士。五十五年任湖南龍山知縣，五十八年改湖南沅陵知縣。

龍澍 號肅齋。湖北黃岡縣人。乾隆四十二年舉人，乾隆四十九年三甲十六名進士。五十一年任山東新泰知縣，改江蘇荊溪知縣，五十七年改江西金溪知縣，嘉慶四年調贛縣知縣、德化知縣，十一年改南昌知縣，十六年官至江西南昌府總捕同知。

潘奕藻 字思質，號畏堂。江蘇吳縣人。乾隆四十九年三甲十七名進士。選庶吉士，改刑部主事，五十三年充湖南鄉試副考官，升陝西司郎中。旋以病乞休歸。

楊護 字邁功，號柏溪。江西金溪縣人。乾隆四十九年三甲十八名進士。歷任刑部主事、員外郎，嘉慶五年遷陝西延榆綏道，改甘肅平慶涇固鹽法道，嘉慶九年授安徽按察使，遷江寧布政使。十四年七月革。十六年任江蘇淮安知府，遷江蘇淮海道，十七年授浙江按察使遷江蘇布政使，二十一年五月授湖北巡撫，六月改浙江巡撫。二十三年降調。後任禮部主客司郎中。引疾歸。道光五年重宴鹿鳴，九月賞四品卿銜。

胡秀森 安徽涇縣人。乾隆四十九年三甲十九名進士。分發福建知縣。未任卒。

張端城 字研溪，號梅坪。直隸南皮縣人。乾隆四十九年三甲二十名進士。吏部主事，遷部中，遷

山西寧武知府，署太原府、雁平道，嘉慶二年縶遷陝西糧道，四年升雲南按察使，改順天府丞。乞養歸。

惲鵬 江蘇武進縣人。乾隆四十九年三甲二十一名進士。六十年任山東齊東知縣，嘉慶六年改山東范縣知縣。

沈維坤 字含光。浙江德清縣人。乾隆四十九年三甲二十二名進士。任刑部主事，改國子監助教。

張源 字彙一，號問渠。直隸安肅縣人。乾隆四十九年三甲二十三名進士。任貴州都勻知縣。

高叔祥 河南鄧州人。乾隆四十九年三甲二十四名進士。嘉慶元年任福建海澄知縣，七年改詔安知縣，十年遷福建建寧知府，十一年官至臺灣府知府。

鄭敏行 字勉甫，號健庵。河南羅山縣人。乾隆四十九年三甲二十五名進士。選庶吉士。改刑部主事，升郎中，嘉慶三年考選福建道御史。降員外郎。

牛步奎 山西安邑縣人。乾隆四十九年三甲二十六名進士。任河南新鄉知縣。

父牛問仁，乾隆二十八年進士。

劉連魁 廣東東莞縣人。乾隆四十九年三甲二十七名進士。嘉慶八年任福建平和知縣。

劉炘 字輝黎，號述堂。福建浦城縣人。乾隆四十九年三甲二十八名進士。選庶吉士，授檢討。

朱依夤 字仲和，號鏡雲、勁

筼。廣西臨桂縣人。乾隆四十九年三甲二十九名進士。選庶吉士，授檢討。

父朱若東，乾隆十年進士；兄朱依魯，乾隆三十六年進士。

趙午彤　山東萊陽縣人。乾隆四十九年三甲三十名進士。任兵部主事，官至員外郎。

張韶（一作張曾羽，誤）字叔舉，號牧村。山東平原縣人。乾隆四十九年三甲三十一名進士。選庶吉士，授檢討。出任河南懷慶知府，擢糧儲道，官至光祿寺少卿。卒於家。

盧彭　直隸獻縣人。乾隆四十九年三甲三十二名進士。

張錦　字春江。四川巴縣人。乾隆三十九年舉人，四十九年三甲三十三名進士。

劉之棠　湖北蘄州縣人。乾隆四十四年舉人，四十九年三甲三十四名進士。

陳霞蔚　字孝敦，號質齋。福建閩縣人。乾隆四十九年三甲三十五名進士。任吏部主事、文選司郎中、內閣侍讀學士、太常寺少卿，嘉慶三年督安徽學政，四年授通政使。六年督山西學政，七年遷左副都御史，九年改兵部右侍郎。十二月降調，補太常寺少卿，授太僕寺卿，十一年改太常寺卿，遷內閣學士。丁母憂歸。卒於蘇州途次。

焦和生　字綿初。奉天蓋平縣人。乾隆四十九年三甲三十六名進士。任刑部主事，嘉慶四年纍遷廣東瓊州知府，十九年官至湖北漢黃德道。

閻學淳　字浩持。山東昌樂縣人。乾隆四十九年三甲三十七名進士。任刑部福建司主事，署河南南陽知府，任河南彰德知府。補安徽寧國知府，署安徽太平知府，嘉慶八年任江蘇徐州知府，十年任分巡淮陽道。以疾告歸。二十四年任淮安知府道光九年（1829）八月十三日卒，年七十。

邵培惠　字元德。江蘇昭文縣人。乾隆四十九年三甲三十八名進士。五十二年任安徽寧國府教授，嘉慶元年升浙江麗水縣知縣。

父邵齊燾，乾隆七年進士。

張至輪　字蘭沙。安徽合肥縣人。乾隆四十九年三甲三十九名進士。任湖南祁陽知縣，升戶部主事，遷郎中，嘉慶元年官至四川夔州府知府。

廖懷清　字芬堂。福建永定縣人。乾隆四十九年三甲四十名進士。嘉慶元年任廣東開建知縣，三年改感恩知縣。卒於任。

李肖筠　字松友，號漪園。江西鄱陽縣人。乾隆四十九年三甲四十一名進士。授工部主事，升員外郎，六十年充湖北鄉試副考官，嘉慶元年會試同考官，擢郎中。京察一等，旋卒。

鄭玉振　福建龍溪縣人。乾隆四十九年三甲四十二名進士。嘉慶二十四年任福建延平府教授，擢山西和順知縣。

甯雲鵬　山東蓬萊縣人。乾隆四十九年三甲四十三名進士。即用知縣，任直隸赤城、宣化、萬全、威城、清豐知縣。嘉慶二十年升薊州知州，署霸州知州，署宣化府同知，道光十一年署大名府知府。

翟中策　字殿颺，號清溪。山東章丘縣人。乾隆四十九年三甲四十四名進士。授江蘇寶應、儀徵知縣，嘉慶三年調江西高安縣，丁母憂歸。十八年補四川萬縣知縣。年七十，卒於官。

張映漢　字星槎，號筠圃。山東海豐縣人。乾隆四十九年三甲四十五名進士。任户部主事，遷郎中。纍遷湖北糧道、湖南衡永郴桂道，嘉慶十一年授山西按察使遷湖北布政使，改山西布政使。十五年授湖北巡撫，二十一年曾任浙江巡撫，同年回任湖北巡撫。二十五年四月遷湖廣總督，十二月召京。道光元年授刑部侍郎改倉場侍郎。三年解職，後以六部主事用。道光十年（1830）卒。著有《筠圃詩鈔》《毛詩彙參》。

劉瑞麟　河南羅山縣人。乾隆四十九年三甲四十六名進士。嘉慶元年任福建建安知縣。

陳煦　浙江餘姚縣人。乾隆四十九年三甲四十七名進士。

江世雋　字秋坪，號丙庵。浙江錢塘縣人。乾隆四十九年三甲四十八名進士。分省即用知縣，道光元年任浙江湖州府教授。

鄧再馨　字芳廷，號蘭溪。貴州普安縣人。乾隆四十九年三甲四十九名進士。選庶吉士，授檢討。嘉慶元年考選江西道御史，嘉慶六年任山東萊州知府，曾護登萊黃道。

陳渼　字畹青。浙江石門縣人。乾隆四十九年三甲五十名進士。纍遷甘肅鞏昌知府，改直隸祁州知州、灤州知州，五十八年遷深州直隸州，嘉慶元年改易州直隸州知州，官至廣東運同。未任緣事罷。著有《被褐集》《二分明月集》《曇花瓏雲集》《竿木集》。

德寧　蒙古鑲黃旗人。乾隆四十九年三甲第五十一名進士。住安福佐領。

要問政　山西太谷縣人。乾隆四十九年三甲五十二名進士。

趙洛　字渭西。安徽合肥縣人。乾隆四十九年三甲五十三名進士。六十年任湖南祁陽知縣，嘉慶五年改湖南永順知縣，十四年調山東樂陵知縣，二十三年十一月改山西左雲知縣。居官二十年歸。

李青雲　河南尉氏縣人。乾隆四十九年三甲五十四名進士。任雲南嵋峨知縣、麗江知縣，嘉慶十一年改廣東潮州府海防同知，十六年改南澳同知，二十五年代理廣東新寧知縣。

沈謙　字君撝，號筠溪。江蘇泰州人。乾隆四十九年三甲五十五名進士。任福建羅源、南靖、上杭、長汀知縣，調浙江嵊縣知縣。湛深經術，兼工詩文，奉差入都卒於京師。

姚士鵬 直隸宣化縣人。乾隆四十九年三甲五十六名進士。嘉慶二年任廣東保昌知縣。

趙三元 字雍北。河南修武縣人。乾隆四十九年三甲五十七名進士。任戶部主事，嘉慶五年任福建糧儲道，十五年官至廣東鹽驛道。

朱熊光 字渭占，號衡浦。山東平陰縣人。乾隆四十九年三甲五十八名進士。署廣西雒容知縣，改荔浦，調昭平知縣。補岑溪縣未任。緣事牽連，罷歸。

夏　炳 浙江金華縣人。乾隆四十九年三甲五十九名進士。

王　永 陝西周至人。乾隆四十九年三甲六十名進士。任安徽來安知縣。

柴起鵬 河南淇縣人。乾隆四十九年三甲六十一名進士。

武　定 陝西西鄉縣人。乾隆四十九年三甲六十二名進士。安居於家不出，後川督以教子聘在幕數年。所有奏疏、簡札，觀風考課諸文，皆其所爲。後告歸，未幾卒。

汪樹鏷 江西樂平縣人。乾隆四十九年三甲六十三名進士。官至同知。

郁大錞 江蘇太倉直肅州人。乾隆四十九年三甲六十四名進士。任刑部主事。

成　書 字倬雲，號誤庵。滿洲鑲白旗，姓莫爾察氏。乾隆四十九年三甲六十五名進士。任戶部主事、侍講學士、少詹事，嘉慶二年授詹事。三年遷内閣學士，四年授盛京兵部侍郎，五年改盛京戶部侍郎，六年調工部侍郎，四月改兵部侍郎。九年降侍讀學士，十一年復任内閣學士遷工部侍郎，十三年復任兵部侍郎。十九年任泰寧鎮總兵，改太常寺少卿，道光元年（1821）五月再任兵部侍郎改戶部侍郎。赴河南辦案，七月初一卒於蘭陽行次，年六十二。贈都統。著有《多歲堂古詩存》《多歲堂詩集》《避暑山莊紀事詩》等。

丁　楷 順天通州人，原籍浙江山陰。乾隆四十九年三甲六十六名進士。五十八年任山東鹽運使，嘉慶五年正月署山東布政使，七年仍以鹽運使署濟東道。

沈景熊 字炳季。浙江仁和縣人。乾隆四十九年三甲六十七名進士。嘉慶二年任貴州印江縣知縣。

胡鈞璜 字東表。山西交城縣人。乾隆四十九年三甲六十八名進士。任刑部主事，五十三年充四川鄉試副考官，升郎中，嘉慶五年考選江南道御史，官至兵科給事中。

王善塏 字金田。山東福山縣人。乾隆四十九年三甲六十九名進士。任禮部制儀司主事、刑部郎中，外任雲南普洱知府、徵江府知府，署迤南道。

乾隆五十二年（1787）丁未科

第一甲三名

史致光 字郏師、葆甫，號漁村。浙江山陰縣人。乾隆五十二年狀元。任修撰。五十四年充湖北鄉試主考官，遷雲南大理知府，改雲南府知府，升驛鹽道，嘉慶十九年授雲南按察使改貴州按察使，遷貴州布政使，二十二年授福建巡撫改雲南巡撫。二十五年遷雲貴總督，道光三年正月授左都御史。七月以病免職。後主講寧波月湖書院、杭州敷文書院。道光八年（1828）二月卒。

孫星衍 字淵如、季逑，號伯淵。江蘇陽湖縣人。乾隆十八年（1753）九月初二日生。乾隆五十二年一甲第二名榜眼。授編修。改刑部主事、郎中。六十年遷山東兗沂曹濟道，嘉慶九年改山東督糧道，署山東布政使。十六年引疾歸。主講揚州安定書院、紹興戢山書院。二十三年（1818）正月十二日卒，年六十六。爲清代藏書家，藏書處曰"岱南閣""平津館""廉石居"。

輯刊《平津館叢書》《岱南閣叢書》，世稱善本。著有《尚書今古文注疏》三十九卷、《周易集解》十卷、《夏小正傳校正》三卷、《魏三體經殘字考》《寰宇訪碑錄》十二卷、《平津館金石萃編》《孫氏家藏書目內外編》《續古文苑》《問字堂》《岱南閣》《五松園》《平津園文稿》二卷、《芳茂山人詩錄》十卷、《倉頡篇》三卷、《晏子春秋音義》《急救篇考異》《尸子》《楊泉物理論》《孔子集語》十七卷等。

董教增 字益甫，號觀橋。江蘇上元縣人。乾隆十五年（1750）生。四十五年召試一等特賜舉人，乾隆五十二年一甲第三名探花。任編修。改吏部主事，升吏部郎中，遷四川候補道，嘉慶五年授四川按察使改貴州按察使，遷四川布政使。十二年授安徽巡撫，十五年改陝西巡撫，十八年調廣東巡撫，二十二年三月遷閩浙總督。二十五年十二月因病去職。道光二年（1822）七月二十六日卒，享年七十三。謚"文恪"。

第二甲四十五名

朱理 字燮臣，號静齋。安徽涇縣人。乾隆二十六年（1761）六月十三日生。乾隆五十二年二甲第一名進士。選庶吉士，授編修。嘉慶元年遷浙江衢州知府，八年擢福建興泉永道，十一年授浙江按察使遷山東布政使。十四年六月改光禄寺卿，八月授刑部侍郎，十七年三月調江蘇巡撫。十九年降內閣學士，四月復任刑部侍郎，二十年五月改倉場侍郎，二十一年六月再任刑部侍郎，十一月改貴州巡撫。嘉慶二十四年（1819）三月二十八日卒於貴州，年五十九。

王觀 字秉之，號桂峰。浙江錢塘縣人。乾隆五十二年二甲第二名進士。選庶吉士，授編修。改兵部主事，五十九年、六十年兩充順天鄉試同考官，嘉慶元年會試同考官，九年遷河南南陽知府，官至直隸大名道、天津道。

李如筠 字介夫，號虛谷。江西大庾縣人。乾隆五十二年二甲第三名進士。選庶吉士，授編修。五十六年充湖南鄉試主考官，六十年任會試同考官。父喪哀毀成疾卒。著有《蛾術齋詩集》。

秦恩復 字近光、澹生，號敦夫，晚號狷翁。江蘇江都縣人。乾隆二十五年（1760）九月三十日生。乾隆五十二年二甲第四名進士。選庶吉士，授編修。丁憂歸。服闋疽發，閉戶養痾。嘉慶十一年入都供職，次年歸。曾主講詁經精舍、勒儀書院。二十三年入都，四年後乞假歸。道光二十三年（1843）卒，年八十四。家中藏書較富，藏書處曰"玉笥仙館""享帚精舍""石研齋"。曾校刊《列子》《鬼谷子》《揚子法言》《三唐人集》《隸韻》《詞林韻釋》諸書。著有《享帚詞》《石研齋集》。

父秦黉，乾隆十七年進士。

湯藩 字西樵、價人。江西南豐縣人。乾隆五十二年二甲第五名進士。初授戶部主事，嘉慶三年充河南鄉試副考官，升員外郎，六年任江南鄉試副考官，督安徽學政，遷廣西知府，官至江蘇江安糧道。

子湯雪松，道光二十年進士，江蘇按察使。

吳于宣 字凌明，號南嶼。浙江石門縣人。乾隆五十二年二甲第六名進士。授山東招遠知縣，五十三年改臨邑知縣，五十五年任山東嶧縣知縣，行取主事，升刑部員外郎，嘉慶六年充福建鄉試副考官，升郎中，嘉慶十二年官至揚州知府，護理常鎮道。以勞瘁卒於任。著有《楚游吟稿》。

馬履泰 （1746—1829）字叔安、菽庵、秋藥，號藥措。浙江仁和縣人。乾隆五十二年二甲第七名進士。選庶吉士，改刑部主事，升郎中，嘉慶三年充順天鄉試同考官，四年考選山西道御史。九年以光禄寺少卿。

督陝西學政。以言事罷歸。主講敷文書院。工書畫。著有《秋藥庵集》。

何元烺 （原名何道冲）字伯用，號硯農。山西靈石縣人。乾隆五十二年二甲第八名進士。選庶吉士，改戶部主事，升員外郎、郎中，嘉慶五年充順天同考官，十年考選山東道御史，官至廣西太平知府，署左江道。著有《硯農集》。

父何思鈞，乾隆四十年進士；弟何道生，同榜進士。

康綸鈞 字夢芸、鳳書。山西興縣人。乾隆五十二年二甲第九名進士。任內閣中書，改吏部主事，五十七年充廣西鄉試副考官，升員外郎、郎中，嘉慶六年督陝西學政。官至通政司參議。著有《夢芸詩稿》。

沈清瑞 （初名沈沅南）字吉人，號芷生。江蘇長洲縣人。乾隆四十八年江南鄉試解元，五十二年二甲第十名進士。官至知縣。年未四十卒。著有《沈氏群峰集》《韓詩故》《孟子逸語》《史記補注》。

彭希洛 字景川，號瑤圃。江蘇長洲縣人。乾隆五十二年二甲十一名進士。任兵部主事、郎中，嘉慶四年考選福建道御史。以母疾歸。母喪哀毀，年未五十卒。

爲乾隆五十四年進士彭希鄭兄。

唐仁埴 字凝厚，號柘田。江蘇江都縣人。乾隆五十二年二甲十二名進士。五十三年任浙江嵊縣知縣，調仁和知縣，丁憂。五十九年補江西樂安知縣，調豐城知縣，以失察去職，改教職任安徽全椒縣教諭，改河南商虞通判，署沁黃同知、北河同知，署開歸陳許道，署河南按察使。以病歸。卒於家。

馬書欣 字小眉。山西介休縣人。乾隆五十二年二甲十三名進士。授刑部主事，升員外郎、郎中，嘉慶三年外任廣東肇慶知府，四年改潮州知府，五年擢廣東高廉道，十四年授河南按察使。十五年去職。

范逢恩 字紫泥，號蔭亭。直隸東明縣（原屬山東東明）人。乾隆五十二年二甲十四名進士。選庶吉士，散館改戶部陝西司主事，丁父母憂。晉雲南司郎中，京察一等，嘉慶十四年外任四川川東道。卒於任。

方建鐘 安徽桐城縣人。乾隆五十二年二甲十五名進士。任吏部考工司主事。

龍廷槐 字植亭，號沃堂。廣東順德縣人。乾隆五十二年二甲十六名進士。選庶吉士，授編修。五十七年、五十九年兩充順天鄉試同考官，升左贊善，又降編修。六十年充會試同考官。丁父憂歸，奉母。

子龍元任，嘉慶二十二年進士。

謝恭銘 字壽紳，號若農。浙江嘉善縣人。乾隆五十二年二甲十七名進士。選庶吉士，歸班候選知縣，任內閣中書。

父謝墉，乾隆十七年進士，吏部侍郎。

邱埰　字稼堂。浙江德清縣人。乾隆五十二年二甲十八名進士。任刑部主事，嘉慶九年官至湖北安陸府知府。

李傳熊　字尚佐，號玉漁。江西臨川縣人。乾隆五十二年二甲十九名進士。選庶吉士，授編修。五十七年督雲南學政，官至侍講學士。

父李友棠，乾隆十年進士。

談祖綬　字紫垂。浙江德清縣人。乾隆五十二年二甲二十名進士。任戶部主事、員外郎，六十年督雲南學政，嘉慶九年署江西南昌知府，十年官至江蘇河庫道。

周維祺　字曉白。江蘇長洲縣人。乾隆五十二年二甲二十一名進士。官至吏部稽勳司郎中。

吳煦　直隸清苑縣人。乾隆五十二年二甲二十二名進士。

馮錫宸　江蘇丹徒縣人。乾隆五十二年二甲二十三名進士。任安徽潁州府教授，升國子監監丞。

任銜蕙　字湘畹，號曉亭。江蘇蕭縣人。乾隆五十二年二甲二十四名進士。選庶吉士，散館歸班候選。五十九年任直隸任縣知縣，嘉慶三年改直隸束鹿知縣，八年改天津知縣，十二年任開州知州，二十三年官至直隸通永道。

何泌　字季衡，號素園、鄰夫。貴州貴築縣人。乾隆五十二年二甲二十五名進士。選庶吉士，授編修。乞歸。主講貴山書院。嘉慶十三年（1808）卒。

父何德新，乾隆十年進士；子何應泰，嘉慶七年進士。

柳邁祖　字振緒，號宜齋。甘肅會寧縣人。乾隆五十二年二甲二十六名進士。選庶吉士，散館改戶部主事，升員外郎、郎中。嘉慶十六年官至湖南寶慶府知府。

郭均　字職民。江蘇甘泉縣人。乾隆五十二年二甲二十七名進士。授戶部主事。到任七日念母老在籍即告歸。家貧，主講廣陵書院，母喪服闋，尋卒。

邱先德　字滋畬。廣東番禺縣人。乾隆五十二年二甲二十八名進士。授刑部主事、直隸司員外郎、浙江司郎中。嘉慶七年官至江西撫州知府。假歸遂不出，主講書院。年八十二卒。

何道生　字立之，號蘭士、菊人。山西靈石縣人。乾隆三十一年（1766）生。乾隆五十二年二甲二十九名進士。任工部主事、員外郎、郎中。嘉慶三年考選山東道御史，五年外官任江西九江知府，調甘肅寧夏知府。嘉慶十一年（1806）七月十八日卒於寧夏，年四十一。著有《方雪齋集》《雙藤書屋詩集》等。

父何思鈞，乾隆四十年進士；兄何道沖，同榜進士。

余芬　順天宛平縣人。乾隆五十二年二甲三十名進士。任江蘇淮安府教授，升山東新泰知縣。

伍有庸　廣東新會縣人。乾隆五十二年二甲三十一名進士。嘉慶三年任福建平和知縣，六年改湖南江華知縣，改鹽大使。

胡　鈺　字子堅，號樸庵。河南光山縣人。乾隆五十二年二甲三十二名進士。選庶吉士，散館改吏部主事，嘉慶四年纍遷山西雁平道，八年改直隸天津道，十二年官至直隸清河道。

祖父胡煦，康熙五十一年進士，官禮部侍郎。

李承端　字方彥，號椿田。江西婺源縣人。乾隆五十二年二甲三十三名進士。任工部都水司主事，乞養歸。主講紫陽、海陽、滋陽書院。父喪赴任，母憂。三年遷員外郎，擢郎中，記名御史。

王祖武　字繩其，號蘭江。江蘇吳江縣人。乾隆五十二年二甲三十四名進士。選庶吉士，改刑部主事，升刑部員外郎，嘉慶六年考選江西道御史。

父王曾翼，乾隆二十五年進士。

陳士雅　字汝青，號每田。湖南長沙縣人。乾隆五十二年二甲三十五名進士。選庶吉士，授編修。乞養歸。主講朗江、石鼓、城南書院。著有《考古辯證》《山左遺迹考》（一作《山右遺迹考》）。

汪彥博　字潞勛、愚生，號文軒、厚夫。江蘇鎮洋縣人。乾隆五十二年二甲三十六名進士。選庶吉士，授編修。改刑部主事，升郎中，嘉慶十四年考選江西道御史，十五年督廣西學政，二十四年官至山東青州知府。移疾歸。著有《養泉齋文集疏》。

父汪學金，乾隆四十六年探花。

陸模孫　字軼範，號遠亭。江蘇鎮洋縣人。乾隆五十二年二甲三十七名進士。嘉慶五年署江西新建知縣、會昌縣，八年任義寧州知州，十二年以知州署萬載知縣，十三年署江西龍泉知縣，丁母憂。十五年服闋仍復任龍泉縣。數日卒。

初喬齡　字景房，號雲嶠。山東萊陽縣人。兵部尚書初彭齡弟。乾隆五十二年二甲三十八名進士。選庶吉士，授編修。嘉慶四年充會試同考官，升詹事府左春坊左贊善，侍講學士。

祖父初元方，乾隆四年進士；兄初彭齡，乾隆四十五年進士，官工部尚書。

吳　烜　字旭臨，號鑒庵。河南固始縣人。乾隆五十二年二甲三十九名進士。選庶吉士，授編修。六十年充貴州鄉試副考官，嘉慶三年充廣東鄉試主考官，四年督江西學政，九年以中允督湖北學政，遷少詹事，十四年授詹事，十五年督直隸學政改任通政使。十七年遷兵部侍郎，十八年改吏部侍郎。二十一年革。降侍講學士，二十五年升禮部右侍郎。道光元年（1821）七月二十一日卒，年六十二。輯《歷代名臣言行》。

陸元鋐　（1750—1819）字冠南、杉石。浙江桐鄉縣人。乾隆五十二年二甲四十名進士。任禮部制儀司主事，升員外郎，外任四川雅州知府，嘉慶十年補廣東惠州知府，改高州知府。被議歸。後主講陝西渭南、同州鴛湖書院。

雷維霈 字筠軒。江西南豐縣人。乾隆五十二年二甲四十一名進士。任工部主事、員外郎、郎中，嘉慶十二年遷福建延平知府，二十一年官至福州府知府。

周廷森 字蔚瞻，號霽坪。山東金鄉人。乾隆五十二年二甲四十二名進士。授刑部主事，歷任員外郎、郎中，嘉慶七年考選浙江道御史，官至兵科掌印給事中。卒於任。

潘鷺 浙江歸安縣人。乾隆五十二年二甲四十三名進士。任刑部主事，官至河南彰德府通判。

顧敏恒 字立方，號笠舫。江蘇無錫縣人。乾隆五十二年二甲四十四名進士。歸班候選知縣，改江蘇蘇州府教授。任職不滿三年卒，年四十五。著有《笠舫詩集》《古文辨體》等。

父顧奎光，乾隆十年進士。

江淑榘 字慎斯，號抑堂。山東即墨縣人。乾隆五十二年二甲四十五名進士。任直隸平鄉、邯鄲知縣，嘉慶十年擢易州直隸州知州，遷順德知府，十七年官至天津知府。卒於任。

第三甲八十九名

焦以厚 字載之、次柳。江蘇

江寧縣人。乾隆五十二年三甲第一名進士。任戶部主事，六十年充順天鄉試同考官，嘉慶五年充山東鄉試副考官，官至戶部員外郎。

朱鈺 號春泉。浙江錢塘縣人。乾隆五十二年三甲第二名進士。任江西永新知縣，嘉慶二年改新建知縣，遷江西蓮花廳同知，九年遷江西廣信知府，十二年署九江府知府。

顧鈺 字式度，號容莊。江蘇無錫縣人。乾隆五十二年三甲第三名進士。選庶吉士。改吏部主事，升郎中，嘉慶二年考選福建道御史。旋卒。

傅修孟 字惇侯。福建南安縣人。乾隆五十二年三甲第四名進士。任廣東豐順知縣，改饒平知縣，代理南澳同知。以疾卒。

施履亨 字春樹。浙江仁和縣人。乾隆五十二年三甲第五名進士。任禮部主事，升郎中，嘉慶七年考選江南道御史，八年任順天東城巡城御史，十年官至廣東高州府知府。

潘紹經 字彙齋，號箬舟。湖北蘄水縣人。乾隆三十六年舉人，五十二年三甲第六名進士。選庶吉士，授檢討。六十年考選山東道御史，官至兵科給事中。乞養歸。著有詩文內外集諸書七十餘卷。

弟潘紹觀，乾隆四十六年進士。

周鍔 字蓮若，號春旦。湖南長沙縣人。乾隆五十二年三甲第七名進士。任户部主事，六十年充河南鄉試副考官，嘉慶八年任江蘇淮安知府，九年蘇州府知府，十一年任蘇松太平備道。後因事謫伊犁，遇赦歸。

高樂生 河南祥符縣人。乾隆五十二年三甲第八名進士。任兵部主事。

王　軾 江西新城縣人。乾隆五十二年三甲第九名進士。嘉慶八年任廣東從化知縣，改南海知縣。

龔鶴鳴 字震南。湖南善化縣人。乾隆五十二年三甲第十名進士。授河南武安知縣，調洛陽、延津、沈丘等縣，遷鄭州知州，官至許州直隸州知州。

王應奎 字春溪。山東諸城縣人。乾隆五十二年三甲十一名進士。五十四年任江蘇如皋知縣，丁憂，服闋補新陽知縣、昆山知縣，擢常州府通判，升工部屯田司主事，刑部河南司員外郎。任三年告歸。

兄王應芬，乾隆四十六年進士；弟王應垣，乾隆五十五年進士。

劉廣恕 字可亭。直隸慶雲縣人。乾隆五十二年三甲十二名進士。任工部主事，升員外郎，充京倉監督，解組後掌古棣書院。

杜南棠 字召亭，號荔村、容齋。直隸贊皇縣人。乾隆五十二年三甲十三名進士。選庶吉士，授檢討。五十九年充順天鄉試同考官，六十年會試同考官，升左庶子。歸後主講恒陽書院。著有《荔村詩稿》。

包　愷 順天大興縣人。乾隆五十二年三甲十四名進士。任禮部主事，嘉慶十四年官至江西瑞州府知府。

薛　淇 字應霖。江蘇江陰縣人。乾隆五十二年三甲十五名進士。任吏部文選司主事，升郎中，遷湖南永州知府，嘉慶十一年官至湖南常德府知府。

毛登瀛 順天通州縣人。乾隆五十二年三甲十六名進士。官至御史。

吳蔭暄 字名芳。江蘇陽湖人。乾隆五十二年三甲十七名進士。五十九年遷山西沁州知州。

陳若霖 字宗觀，號望坡、雨亭。福建閩縣人。乾隆二十四年（1759）四月十五日生。乾隆五十二年三甲十八名進士。任刑部主事、員外郎、郎中，四川鹽茶道。嘉慶十三年授山東按察使改廣東、湖北、四川按察使。十九年遷四川布政使，二十年授雲南巡撫、歷廣東、河南、浙江巡撫。二十五年遷湖廣總督，改四川總督，道光四年三月授工部尚書，七月改刑部尚書。道光十二年（1832）以病休致，四月十五日回籍卒於天津舟次，年七十四。

蕭士雙 字無雙。甘肅武威縣人。乾隆五十二年三甲十九名進士。未任職，游江湖數年，歸里家居，後爲河東總兵聘爲其子授舉業。

張　溥 字健益，號乾一、午橋。四川漢州人，原籍江蘇吳縣。

乾隆五十二年三甲二十名進士。選庶吉士。

謝其情 字幼懷，號南磐。江西南城縣人。乾隆五十二年三甲二十一名進士。時權貴欲羅致門下，堅不往謁，未幾卒。

翁樹培 字宜泉，號申之。順天大興縣人。乾隆二十九年十二月十三日（1765年1月）生。五十二年三甲二十二名進士。選庶吉士，授檢討。嘉慶二年御試三等補刑部主事，七年充會試同考官，十四年升貴州司郎中，與修《四庫全書》。十六年（1811）九月初八日卒。年四十八。著有《古泉彙考》。

父翁方綱，乾隆十七年進士。

錢豫章 （1750—1811）字培生，號艮齋。浙江嘉興縣人。乾隆五十二年三甲二十三名進士。任户部廣東司主事、江南司員外郎、雲南司郎中。在部十年引疾歸。晚年著述，卒於家。著有《艮齋存稿》《自訂年譜》等。

林挺然 字修幹。福建甌寧縣人。乾隆五十二年三甲二十四名進士。任雲南大姚知縣，乞歸。嘉慶九年改福建延平府教授。

章守勛 字葆庸。江蘇清河縣人。乾隆五十二年三甲二十五名進士。任户部主事，六十年充湖南鄉試副考官，升郎中。嘉慶五年考選江西道御史，擢通州坐糧廳。

張　鎮 字天石。江蘇江陰縣人。乾隆五十二年三甲二十六名進士。嘉慶四年江蘇任淮安府教授。二十三年改湖北雲夢知縣，改湖北武昌知縣。

瑚圖禮 字景南，號和庵、石橋。滿洲正白旗，完顏氏。乾隆五十二年三甲二十七名進士。選庶吉士，任檢討。嘉慶三年授河南按察使，遷刑部侍郎，改盛京兵部、盛京刑部侍郎。五年調廣東巡撫，七年遷兩廣總督，八年復任廣東巡撫。九年授工部侍郎改湖北巡撫，十一年十一月遷吏部尚書。十五年二月改刑部尚書，六月回任，十六年降，任新疆阿克蘇辦事大臣。十八年授理藩院侍郎改禮部侍郎，十九年遷兵部尚書改户部、禮部尚書。嘉慶十九年（1814）十二月卒。

王國元 字曉亭。貴州貴築縣人，祖籍浙江諸暨。乾隆三十九年舉人，五十二年三甲二十八名進士。任刑部主事，升吏部考工司郎中，官至廣西南寧知府。歸後主講貴山書院。

朱　蓉 江蘇荊溪縣人。乾隆五十二年三甲二十九名進士。

沈叔埏 字劍舟、塤爲，號雙湖。浙江秀水縣人。乾隆元年（1736）十一月二十六日生。乾隆四十五年三月召試一等，賜舉人并授內閣中書，乾隆五十二年三甲三十名進士。任吏部主事。到職不足十日，以母老乞養歸。講學一生。嘉慶八年（1803）正月初五日卒，年六十八。著有《頤彩堂集》等。

徐森　河南光州直隸州人。乾隆五十二年三甲三十一名進士。嘉慶十年官至湖南寶慶知府。

陳學詩　河南祥符縣人。乾隆五十二年三甲三十二名進士。嘉慶三年任江西崇仁知縣。

王肇成　順天大興縣人。乾隆五十二年三甲三十三名進士。任禮部主事。

尹英圖　字毓鐘，號北窗。雲南蒙自縣人。乾隆五十二年三甲三十四名進士。選庶吉士，授檢討。五十七年改湖北恩施知縣，升荆州府同知，嘉慶七年官至湖北施南府知府。道光四年（1824）卒，年七十八。

王奎甲　山東福山縣人。乾隆五十二年三甲三十五名進士。任浙江武義知縣、河南試用知縣。積勞病故，贈同知銜。

杜秉陽　直隸贊皇縣人。乾隆五十二年三甲三十六名進士。五十二年任廣西靈川知縣。

周宗元　字均山。江蘇吳縣人。乾隆五十二年三甲三十七名進士。任浙江天台知縣。

張京翰　福建連城縣人。乾隆五十二年三甲三十八名進士。任湖北漢川知縣，嘉慶十年改枝江知縣。

劉永標　字良瑞、次業。福建長樂縣人。乾隆五十二年三甲三十九名進士。五十三年任江蘇青浦知縣。前官虧庫金二萬餘，永標受之，躬行節儉彌補，至嘉慶四年，補欠已足，遂引疾歸。卒於家。著有《盬白齋集》。

葉中鯉　河南商丘縣人。乾隆五十二年三甲四十名進士。五十三年任山西祁縣知縣。

朱秉鑑　字清如，號鹿坪。福建浦城縣人。乾隆五十二年三甲四十一名進士。以親老不樂仕進，修縣志，嘉慶二十四年選福建福寧府教授。未半載，引疾歸。撰有《拓浦詩文鈔》，著有《菇古堂文集》。

任澍南　雲南石屏州人。乾隆五十二年三甲四十二名進士。

丁大猷　字允執，號東樹。江西南城縣人。乾隆五十二年三甲四十三名進士。未及仕而卒。

賈掞　字鈍夫。直隸故城縣人。乾隆五十二年三甲四十四名進士。任兵部主事。

馬維馭　奉天吉林廳人。乾隆五十二年三甲四十五名進士。任户部主事，嘉慶四年纍遷湖北施南知府，六年改河南南陽知府，十一年官至江蘇淮安知府。

張祥雲　字桂園、鞠園。福建晉江縣人。乾隆五十二年三甲四十六名進士。授刑部主事，擢刑部郎中，嘉慶四年出任安徽廬州知府，八年官至安徽寧池太廣道。家中藏書較豐。

劉廷楠　字讓木，號雲崗。室名景廉堂。直隸獻縣人。乾隆五十二年三甲四十七名進士。嘉慶三年任廣東信宜知縣，署茂名知縣，歷知河源、揭陽知縣，升潮州知州，復任揭陽知縣，十四年改南海知縣，十九年補嘉應知州，二十四年署廉州知府。二十五年（1820）卒，年六十八。著有《偶一草》，身後散佚。曾孫收輯之，今存《景廉堂偶一草拾遺》二卷，入劉修鑒輯《清芬叢鈔》。

茅豫 字少山。浙江山陰縣人。乾隆五十二年三甲四十八名進士。任兵部主事、郎中，嘉慶五年考選江西道御史，十五年官至山西河東道。降知府。

馬思聖 順天寶坻縣人。乾隆四十八年起任直隸廣昌縣訓導，五十二年三甲四十九名進士。

周維壇 字眷瑤，號樹之。廣西臨桂人。乾隆五十二年三甲五十名進士。選庶吉士，授檢討。

袁春鼎 字蕙山。湖北黃陂縣人。乾隆四十四年舉人，五十二年三甲五十一名進士。授浙江武義知縣，調慈溪知縣。卒於任。

張執琮 山西盂縣人。乾隆五十二年三甲五十二名進士。嘉慶十二年任江蘇豐縣知縣，十四年、十五年三任豐縣知縣。

吳咸德 浙江錢塘縣人。乾隆五十二年三甲五十三名進士。任戶部主事。

鄭文明 字健堂，號雉軒。江蘇儀徵縣人。乾隆五十二年三甲五十四名進士。任刑部主事，升郎中，嘉慶十四年任山東兗州府知府。十七年護濟東道，補武定知府，十九年七月署山東濟南知府。多善政。

熊方授贈楹聯曰：「六旬以外無雙健，十府之中第一官。」

楊炤 江蘇甘泉縣人。乾隆五十二年三甲五十五名進士。任兵部主事。

王世永 陝西華州人。乾隆五十二年三甲五十六名進士。任陝西延安府教授，遷順天府南城正指揮。

程義莊 字觀民，號棣村。湖北孝感縣人。乾隆三十五年舉人，五十二年三甲五十七名進士。任廣東增城知縣，改甘肅安化知縣，五十六年改山東禹城知縣，六十年調山東章丘知縣。

瑚圖通阿 （原名瑚圖靈阿）滿洲正白旗，鄂濟氏。爲陝甘總督宜綿子。乾隆五十二年三甲五十八名進士。任刑部主事，遷員外郎，擢侍講學士。嘉慶元年授詹事改通政使，二年任左副都御史，四年調盛京戶部侍郎，五年改盛京刑部侍郎，調刑郎侍郎。九年降筆帖式升侍講，十年遷內閣學士，閏六月復任刑郎侍郎。兼正白旗漢軍副都統。十三年（1808）病免，二月卒。

孫範金 浙江嘉善縣人。乾隆五十二年三甲五十九名進士。嘉慶三年任江西安福知縣。

鄧文炳 江西新城縣人。乾隆五十二年三甲六十名進士。嘉慶十七年官至湖南寶慶府同知。

朱承寵 安徽歙縣人。乾隆五十二年三甲六十一名進士。任禮部主事、禮部郎中。

楊維翮　字漸逵。山東金鄉縣人。乾隆五十二年三甲六十二名進士。授戶部主事、員外郎、郎中，嘉慶十年出任江西建昌府知府。秩甫滿即謝政歸。送行人有詩云："一生經濟歸平淡，十畝田園遠事非"二句。十八年回任。

楊彥青　四川巴縣人。乾隆五十二年三甲六十三名進士。纍遷戶部郎中，嘉慶五年考選河南道御史。

楊世銳　江西清江縣人。乾隆五十二甲三甲六十四名進士。嘉慶四年任湖北長樂知縣，六年改安徽歙縣知縣。

漆鑾　江西新昌縣人。乾隆五十二年三甲六十五名進士。任禮部主事，纍遷雲南澂江知府，官至雲南開化府知府。

趙繼昌　字繩武，號山崖。漢軍正紅旗人。乾隆五十二年三甲六十六名進士。選庶吉士。

際良　滿洲正黃旗人。乾隆五十二年三甲六十七名進士。任滿洲格繃額佐領。

吳五鳳　字墀威，號竹巢。浙江安吉縣人。乾隆五十二年三甲六十八名進士。嘉慶六年任廣東仁化知縣，調廣西隆安知縣。告歸。居山中閉戶著述。

呂銘　（改名呂振森）江西清江縣人。乾隆五十二年三甲六十九名進士。任知縣，嘉慶二十五年改江西吉安府教授。

楊綱　字憲文。山東海豐縣人。乾隆五十二年三甲七十名進士。嘉慶三年授湖北南樟知縣，署宜昌知縣。

胡德溶　山東高密縣人。乾隆五十二年三甲七十一名進士。任廣西融縣知縣。

尹大璋　字赤圃。湖北監利縣人。乾隆四十八年舉人，五十二年三甲七十二名進士。嘉慶四年任廣東徐聞知縣。年老致仕歸。

黃壦　字大詹。山東蓬萊縣人。乾隆五十二年三甲七十三名進士。任廣西平南知縣。

楊夢符　浙江山陰縣人。乾隆五十二年三甲七十四名進士。任刑部主事，官至刑部員外郎。

任尚蕙　甘肅西和縣人。乾隆五十二年三甲七十五名進士。任兵部額外主事。

徐慰祖　江蘇上海縣人。乾隆五十二年三甲七十六名進士。五十六年任安徽徽州府教授。

閻掄閣　字擢天，號紫峰。陝西府谷縣人。乾隆五十二年三甲七十七名進士。嘉慶四年任直隸南宮知縣，丁憂。補廣東增城知縣，嘉慶十二年改廣東花縣知縣，二十一年改南海知縣，升羅定州知州。告歸。

呂雯　字霞章。河南永城縣人。乾隆五十二年三甲七十八名進士。任山西壽陽知縣。嗜詩文成癖，不諳政治。著有《綺園詩草》。

李其綱　四川通江縣人。乾隆

五十二年三甲七十九名進士。嘉慶年間蜀亂，不求仕進，主廣元書院講席。

馬潛蛟 山西忻州直隸州人。乾隆五十二年三甲八十名進士。任工部主事。

徐景芳 浙江山陰縣人。乾隆五十二年三甲八十一名進士。

宋鳴琦 （1763—1840）字廨石、步韓，號梅生、雲墅。江西奉新縣人。乾隆五十二年三甲八十二名進士。任禮部主事、員外郎。嘉慶五年出爲四川代理叙州知府，補嘉定知府，十五年署四川永寧道，擢廣西鹽法道，代理按察使。引疾歸。晚年主講友教、豫章兩書院。卒年七十八。著有《心鐵石齋詩文集》。

父宋五仁，乾隆十六年進士，爲其第四子。

孫鵬儀 字博九。山西興縣人。乾隆五十二年三甲八十三名進士。嘉慶三年授陝西興平知縣，十二年補蒲城知縣，十五年署陝西邠州直隸州知州，卓異，纍官至甘肅鞏昌知府。引疾歸。赴長安就醫，卒。

蔡振中 字松若。山東日照縣人。乾隆五十二年三甲八十四名進士。五十三年任湖南祁陽知縣，五十七年調湖北雲夢知縣，改鍾祥知縣。赴雲南采銅三年。乞病歸。卒年七十一。著有《循勉齋文集》《秋舫齋詩集》《滇南詩草》《元明詩選評》等。

胡永煥 字奎耀，號雪蕉。江西婺源縣人。乾隆五十二年三甲八十五名進士。任工部營繕司主事，以親老歸。服闋補都水司主事。著有《詩文集》《叢話古文鈔》《歷代詩選》等。

陳琮 字達權。廣東瓊山縣人。乾隆五十六年三甲八十六名進士。任陝西淳化知縣。以不獲上官意罷歸。

由樹甲 山東海陽縣人。乾隆五十二年三甲八十七名進士。任江西雩都知縣。

雷應暢 山西平遙縣人。乾隆五十二年三甲八十八名進士。嘉慶元年任四川冕寧知縣，署蒲江知縣，擢廣東化州知州。以年老乞歸。

劉德懋 直隸獲鹿縣人。乾隆五十二年三甲八十九名進士。五十三年七月任四川蓬溪知縣。

乾隆五十四年（1789）己酉科

第一甲三名

胡長齡 字西庚，號印渚。江蘇通州直隸州人。乾隆五十四年一甲第一名狀元。任修撰。遷侍講學士、國子監祭酒。嘉慶三年充山東鄉試主考官，督山東學政，坐事降，後補光祿寺少卿，六年遷奉天府丞兼學政。嘉慶十一年授光祿寺卿，改太常寺卿，十二年充江西鄉試主考官，督廣東學政，十四年授左副都御史，歷兵部侍郎、禮部侍郎，十八年遷禮部尚書。十九年（1814）以病免職回籍，十月卒於山東德州途中。著有《皇清經解》《三餘堂存稿》等。

汪廷珍 字玉粲，號瑟庵。江蘇山陽縣人。乾隆二十二年（1757）十一月生。乾隆五十四年一甲第二名榜眼。歷任編修。升侍讀、國子監祭酒、侍講學士，嘉慶六年督安徽學政，改侍讀學士。十一年授太僕寺卿，十二年督江西學政，遷內閣學士、禮部侍郎。二十二年授都察院左都御史，改禮部尚書。道光三年加太子太保。五年六月授協辦大學士。道光七年（1827）七月初八日卒，年七十一。贈太子太師，入祀賢良祠。諡“文端”。著有《實事求是齋文集》《學約》等。

劉鳳誥 字丞牧，號金門、無虛。江西萍鄉縣人。乾隆五十四年一甲第三名探花。授編修。纍遷侍講學士五十七年督廣西學政，升侍讀學士，嘉慶五年充山東主考官，升國子監祭酒，六年授太常寺卿，督山東學政，七年遷內閣學士，九年授兵部左侍郎，十一年調吏部右侍郎。十二年以《高宗實錄》告成，加太子少保。六月充江南鄉試主考官，八月督浙江學政，十五年因失察科場舞弊案，革職遣戍黑龍江。十八年釋回。二十三年賞編修。以病回籍。道光十年（1830）卒。著有《存悔齋集》二十八卷、《五代史記注》等。

第二甲三十三名

錢楷 字宗範，號斐山。浙江嘉興縣人。乾隆二十五年（1760）生。乾隆五十四年會元，二甲第一名進士。任户部主事、員外郎、太常寺少卿，嘉慶十二年授光禄寺卿。十三年改河南布政使，十四年十二月授廣西巡撫，十五年十一月改湖北巡撫。十六年五月授户部侍郎改工部侍郎，七月調安徽巡撫。嘉慶十七年（1812）八月卒於任。著有《使車紀勝圖》《緣天書舍詩集》。

李鈞簡 字秉和，號小松。湖北黃岡縣人。乾隆五十一年湖北鄉試解元，五十四年二甲第二名進士。選庶吉士，授編修。纍遷至侍讀學士、少詹事，嘉慶四年授内閣學士。五年充江西鄉試主考官，六年督江西學政，七年授兵部侍郎，改吏部侍郎，十一年調倉場侍郎。以事降調，十三年丁憂。十六年授順天府尹，十八年改光禄寺卿。九月降調。以翰林院編修致仕。道光三年（1823）卒。著有《周易引經通釋》。

阮元 字伯元，號良伯、芸台。江蘇儀征縣人。乾隆二十九年（1764）正月二十日生。乾隆五十四年二甲第三名進士。選庶吉士，任翰林院編修。纍遷少詹事，乾隆五十六年授詹事。遷内閣學士，督山東、浙江學政，嘉慶三年遷兵部侍郎，改禮部、户部侍郎，五年授浙江巡撫。十年丁憂。十二年復授兵部侍郎，仍改任浙江巡撫。十四年解職。十六年授内閣學士，遷工部侍郎，調漕運總督。十九年改江西巡撫，加太子少保。二十一年調河南巡撫，遷湖廣總督，改兩廣、雲貴總督。道光十二年授協辦大學士留雲督任，十五年二月遷體仁閣大學士。十八年八月以老病休致，晋太子太保。二十六年鄉舉重逢晋太傅。道光二十九年（1849）十月十三日卒，享年八十六。謚“文達”。爲清代文史學家、藏書家。藏書處曰“掌經室”“積古齋”“文選樓”“瑯嬛仙館”。一生著述頗豐，有《儀禮石經校勘記》《小滄浪筆談》《疇人傳》《定香亭筆談》《兩浙輶軒録》四十卷、《兩浙輶軒録補遺》《積古齋鐘鼎彝器款識》《王文瑞公年譜》《詩書古訓》等。參加重修《廣東通志》，參與編刻《皇清經解》等。

言朝標 字皋雲、起霞。江蘇常熟縣人。乾隆五十四年二甲第四名進士。授内閣中書，改刑部主事，纍遷四川夔州知府，嘉慶六年改四川保寧知府，改廣西鎮安知府，官至廣西右江道。工書法，善詩文。

張錦芳 字粲夫，號藥房、花玉。廣東順德縣人。乾隆四十五年廣東鄉試解元，五十四年二甲第五名進士。選庶吉士，授編修。因弟錦麟早逝，伯兄卒，乞歸不仕。未幾卒，年四十七。工詩畫，喜金石文字，與馮敏昌、胡亦常稱“嶺南三子”；與黎簡、黃丹書、吕堅稱“嶺南四家"。著有《南雪軒文鈔》《南雪軒詩餘》《逃虛閣詩鈔》等。

張錫穀 字蓮濤。湖北沔陽州人。乾隆五十三年舉人，五十四年二甲第六名進士。任貴州印江、清平、黃平、都勻、開泰知縣。著有《雀硯齋詩文集》。

張經邦 字右賢、燮軒。福建閩縣人。乾隆五十四年二甲第七名進士。五十四年十一月任溧陽知縣。五十九年七月卸任。八月回任，六十年六月告病。早卒。

父張甄陶，乾隆十年進士。

包 敏 字起元。江蘇江陰縣人。乾隆五十四年二年第八名進士。任湖南確山知縣，改羅山知縣，遷河南開封府同知，歷署河南彰德、陳州、衛輝、歸德知府，官至雲南楚雄知府。乞歸。卒年八十四。

張位中 字立人。江蘇上海縣人。乾隆五十四年二甲第九名進士。五十四年任四川射洪知縣，歷任遂寧、中江、鹽亭、大竹知縣。嘉慶五年（1800）白蓮教攻城遇害。著有《萬居竹詩》。

貴 徵 字仲符，號奕唐。江蘇儀征縣人。乾隆五十四年二甲第十名進士。任主事，升吏部文選司郎中，因故謫往伊犁。復官後在本部行走，後加升道員。丁母憂哀毀疾卒，年六十。著有《安世齋制藝詩詞》，纂修《揚州河渠志》。

王育琮 江蘇武進縣人。乾隆五十四年二甲十一名進士。任兵部主事。

張 炳 字豈孫。浙江錢塘人。乾隆五十四年二甲十二名進士。五十五年任福建沙縣知縣，五十七年改晋江知縣，改浙江義烏縣教諭。嘉慶二十三年由知縣降署電茂場大使。

施 杓 字鯉門，號琴泉。順天大興縣人。乾隆五十四年二甲十三名進士。選庶吉士，授編修。歷侍讀，官至吏科掌印給事中。

伊秉綬 字組似、墨卿，號墨庵。福建寧化縣人。乾隆十九年（1754）正月十一日生。乾隆五十四年二甲十四名進士。授刑部主事，遷員外郎，嘉慶三年充湖南鄉試副考官，升郎中，嘉慶四年調廣東惠州知府。以失察去職。民爲之訴冤，十年復官授江蘇揚州知府，十一年署河庫道鹽運使。丁父母憂家居八年。嘉慶二十年（1815）入都，九月十一日途經揚州卒，年六十二。著有《留春草堂集》七卷，及《攻其集》《坊表錄》《修齊正論》等。

父伊朝棟，乾隆三十四年進士。

錢本禮 浙江仁和縣人。乾隆五十四年二甲十五名進士。五十五年任直隸昌黎知縣，六十年改直隸交河知縣，嘉慶四年調湖南茶陵州知州。

江有本 福建閩縣人。乾隆五十四年二甲十六名進士。五十六年任福建建寧府教授。

周 杕 字静溪，號藕堂。甘肅寧夏縣人，原籍湖南零陵。乾隆五十四年二甲十七名進士。選庶吉士，授編修。五十九年充順天鄉試同考官，六十年充會試同考官，嘉慶二年考選山東道御史，五年任順天北城巡城御史，官至吏科掌印給事中。

萬應馨 江蘇宜興縣人。乾隆五十四年二甲十八名進士。五十六年任廣東仁化知縣，五十八年改廣東新寧知縣。

荆汝翼 字廷緯，號桐軒。江蘇丹陽縣人。乾隆五十四年二甲十九名進士。任華亭縣教諭。

楊祖純 字粹中，號静庵。四川雅安縣人。乾隆五十四年二甲二十名進士。選庶吉士，授編修。嘉慶六年充順天鄉試同考官、會試同考官，九年考選山西道御史，十五年外任甘肅蘭州知府，二十五年改貴州興義知府，道光六年改大定知府，官至貴州貴西道。

王 史 字畹香。江蘇青浦縣人。乾隆五十四年二甲二十一名進士。河南淅川縣知縣。

黃 鎔 字又軍、右鈞，號冶山。江蘇上元縣人。乾隆五十四年二甲二十二名進士。選庶吉士，改刑部主事，官至員外郎。丁父憂。服闋以母年高侍養不復出。主講“尊經書院”。

董思駉 字惠疇。江蘇武進縣人。乾隆五十四年二甲二十三名進士。授户部主事，升員外郎，官至廣西潯州知府。卒於任。

祝孝承（改名祝慶承）字繼三，號興亭、竹湖。河南固始縣人。乾隆五十四年二甲二十四名進士。選庶吉士，授編修。遷直隸大名知府，永平知府，直隸通永道，嘉慶二十年遷廣西按察使。遷雲南布政使，二十四年改直隸布政使。二十五年召京，道光元年任太僕寺卿。二年休致。

朱慶頤 浙江錢塘縣人。乾隆五十四年二甲二十五名進士。任山西芮城知縣，嘉慶五年補山西安邑知縣。

嚴年穀 直隸高陽縣人。乾隆五十四年二甲二十六名進士。

金 梅 字漢馨，號花州。江蘇吳縣人。乾隆五十四年二甲二十七名進士。任浙江開化知縣。

倪 鑅 字甫堂。順天通州人，原籍江蘇無錫。乾隆五十四年二甲二十八名進士。嘉慶三年任廣東西寧知縣，十一年改山東昌樂知縣，十四年調掖縣知縣。卒於任。

顧德慶 字筠岩，號厚齋。山西陽曲縣人，原籍江蘇興化。乾隆五十四年二甲二十九名進士。選庶吉士，任編修。五十九年充江南鄉試副考官，纍遷少詹事，嘉慶十年授內閣學士遷工部侍郎。十五年督安徽學政，十六年丁憂。十九年授吏部侍郎，改兵部、吏部侍郎，二十五年九月遷左都御史。道光二年降兵部侍郎，改工部侍郎。道光六年以病免職。

申 瑶 字鶴翔。山西壺關縣人。乾隆五十四年二甲三十名進士。任兵部主事、郎中。嘉慶七年考選河南道御史，任順天府西城巡城御史，十二年外任安徽安慶府知府，改廬州知府，改河南懷慶知府，二十二年任江蘇蘇州知府。降調。引疾歸。卒年七十七。

游光繹 字彤卣，號碯田、非熊。福建霞浦縣人。乾隆五十四年二甲三十一名進士。選庶吉士，授編修。嘉慶三年充順天鄉試同考官，四年考選陝西道御史。以言措詞失檢奪官。後主鰲峰書院。年七十餘卒。著有《炳燭齋詩文集》。

那彥成 字韶九，號東甫、繹堂。滿洲正白旗，章佳氏。乾隆二十九年（1764）十一月十六日生。大學士阿桂孫。乾隆五十四年二甲三十二名進士。選庶吉士，任編修。纍遷國子監祭酒，乾隆五十九年授詹事遷內閣學士。嘉慶三年授工部侍郎、軍機大臣，改戶部侍郎，四年遷工部尚書。兼翰林院掌院學士，督陝西軍務。五年因軍事不得要領、戰事不力，革職降翰林院侍講。嘉慶六年復授詹事遷內閣學士，八年遷禮部尚書、軍機大臣，九年改陝甘總督調兩廣總督，嘉慶十年降伊犁領隊大臣，改喀什參贊大臣。十四年復授陝甘總督。十八年授欽差大臣加都統銜督師圍剿滑縣天理會。加太子少保，封三等子，授直隸總督。二十一年因原在陝甘總督移賑銀事革職。降翰林院侍講。二十四年授詹事遷倉場侍郎、二十五年九月任理藩院尚書，十月授吏部尚書，改刑部尚書。道光二年復授陝甘總督，五年復任直隸總督。七年授欽差大臣入疆辦理善後，復加太子太保。十一年以西陲不靖謂因其絕與內地貿易所致革職。道光十三年（1833）二月卒，年七十。贈尚書銜。諡"文毅"。

華榕端 字蔭楠。江蘇無錫縣人。乾隆五十四年二甲三十三名進士。五十七年署山東壽張知縣、范縣知縣。罷歸，家居三十年杜門讀書。

第三甲六十二名

廣　善 漢軍鑲黃旗（一作滿洲鑲黃旗）。乾隆五十四年三甲第一名進士。任工部主事，遷員外郎、郎中。嘉慶四年升福建延平知府，十年遷浙江杭州知府，十八年署江蘇河庫道。

子衍豫，道光三年進士。

許元淮 浙江錢塘縣人。乾隆五十四年三甲第二名進士。五十六年任福建大田知縣，嘉慶四年改武平知縣。

范鶴年 山西洪洞縣人。乾隆五十四年三甲第三名進士。五十六年任湖南會同知縣，五十七年任湖南衡陽知縣。

王斯颺 字石渠。湖南衡陽縣人。乾隆五十四年三甲第四名進士。任浙江永康知縣，官至員外郎。乞養歸。

王正雅 號莘野。江西安福縣人。乾隆五十四年三甲第五名進士。任刑部主事，升浙江司員外郎，差通州中倉監督，告養歸。主講復古書院，母喪哀毀成疾卒。

吳灼 字茂昭、東麓，號又華、陶溪。湖南湘陰人。乾隆五十四年三甲第六名進士。選庶吉士，授檢討。降內閣中書，外官甘肅涼州府同知，署甘肅慶陽、涼州、甘州知府，嘉慶二十二年官至陝西榆林知府。丁繼母憂歸，道卒。

葉逢金 字卓前。江蘇震澤縣人。乾隆五十四年三甲第七名進士。

楊克濟 山東歷城縣人。乾隆五十四年三甲第八名進士。

林溥 河南汲縣人。乾隆五十四年三甲第九名進士。任江蘇川沙撫民廳同知，嘉慶三年官至貴州安順知府。

敬大科 字承舉。安徽和州直隸州人。乾隆五十四年三甲第十名進士。授山東利津知縣，五十六年六月改四川蓬溪知縣，西藏用兵打箭爐協辦兵務，嘉慶五年改屏山知縣，六年、九年、十二年、十五年等多次回任蓬溪知縣。加知州銜，病歸，卒於家。

武開吉 字泰占。山西榮河縣人。乾隆五十四年三甲十一名進士。授河南商城知縣，調商丘知縣，遷兵部員外郎。以老辭職。

李曉鑾 山東海陽縣人。乾隆五十一年舉人，五十四年三甲十二名進士。五十六年任貴州安平知縣。

達林 字梅岑，號梅甫。滿洲鑲紅旗人。乾隆五十四年三甲十

三名進士。選庶吉士，授檢討。

韓天驥 山東沾化縣人。乾隆五十四年三甲十四名進士。嘉慶五年任江蘇沭陽知縣，十年回任。

彭希鄭 字會英。江蘇長洲縣人。乾隆五十四年三甲十五名進士。任禮部祭祀司主事，丁母憂。越十五年始出，後升郎中，嘉慶二十四年出任湖南常德府知府，道光元年護湖南岳常澧道。二年以病解任歸。卒年六十八。

兄彭希洛，乾隆五十二年進士。

錢佳楠 江蘇丹徒縣人。乾隆五十四年三甲十六名進士。任國子監學正。

郎千里 山西代州直隸州人。乾隆五十四年三甲十七名進士。嘉慶十四年任江西安義知縣，二十二年改都昌知縣。

劉泌 山東諸城縣人。乾隆五十四年三甲十八名進士。任雲南呈貢知縣。

趙時 字後楊，號及庵。山東萊陽縣人。乾隆四十五年舉人，五十四年三甲十九名進士。任河南登封知縣，嘉慶元年改南陽知縣，道光四年調四川榮縣、大足、井研、青神知縣。解組歸。著有《及庵吟草》。

父趙鈞彤，乾隆四十五年進士。

李再瀛 貴州黔西州人。乾隆五十四年三甲二十名進士。任禮部主事。

王寧焯 字熙甫，號直庵。山東高密縣人。乾隆五十四年三甲二

十一名進士。任主事、吏部員外郎，嘉慶五年考選浙江道御史。著有《在山集》《學靜草廬文稿》《考功集》《西臺集》。

陳汝秋 字穎夫。江蘇寶山縣人。乾隆五十四年三甲二十二名進士。嘉慶三年任四川威遠知縣，七年署酆都知縣，十一年署石砫廳同知。十八年署四川榮縣知縣。二十年（1815）正月卒於任。

劉鐶之 字佩循，號信芳。山東諸城縣人。大學士劉統勳孫。乾隆五十四年三甲二十三名進士。選庶吉士，任檢討。遷侍讀，侍讀學士。嘉慶四年授詹事遷內閣學士。七年授兵部侍郎督江蘇學政，改吏部、戶部侍郎。十二年督順天學政，十六年遷兵部尚書，加太子少保兼管順天府尹，十九年改戶部尚書。二十二年因對順天府情況不明，降候補侍郎署兵部侍郎。二十三年十二月遷左都御史，二十五年改兵部尚書，復加太子少保，九月改吏部尚書。道光元年（1821）十二月卒。諡“文恭”。

榮　麟 滿洲正藍旗，伊爾根覺羅氏。乾隆五十四年三甲二十四名進士。任戶部主事、員外郎，嘉慶三年任國子監司業、侍讀學士。七年授詹事，八年改大理寺卿，十一月遷內閣學士。九年調盛京兵部侍郎，十年改盛京戶部侍郎，十四年調工部侍郎，十五年改吏部侍郎。八月降內閣學士，十六年遷倉場侍郎。十九年因事降筆貼式，二十四年補工部主事。道光元年以事開缺，道光十五年（1835）卒。

錢開仕 字補之，號漆林。浙江嘉興縣人。乾隆五十四年三甲二十五名進士。選庶吉士，授檢討。五十七年充貴州鄉試副考官，五十九年陝西鄉試副考官，六十年充會試同考官，督雲南學政。卒於任。著有《靜讀齋詩集》。

瞿曾輯 字贄覬，號秩山。江蘇武進縣人。乾隆五十四年三甲二十六名進士。任工部主事，升員外郎。嘉慶七年考選山東道御史，升給事中，九年擢甘肅蘭州道，官至四川鹽茶道。工畫山水。

盧蔭文 （《進士題名碑》作盧蔭文）字景範，號海門。山東德州人。乾隆五十四年三甲二十七名進士。授安徽涇縣知縣，五十六年改建平知縣。

祖父盧見曾，康熙六十年進士。兄盧蔭溥，乾隆四十六年進士。

裴顯相 字宿塘。直隸清苑縣人。乾隆四十八年舉人，五十四年三甲二十八名進士。任戶部主事，升郎中，嘉慶六年充會試同考官，九年官至江蘇淮安知府。

張鵬展 字從中，號惺齋、南崧。廣西上林縣人。乾隆五十四年三甲二十九名進士。選庶吉士。授檢討。五十七年充雲南鄉試副考官，嘉慶五年考選福建道御史。七年任奉天府丞兼學政，遷太僕寺少卿，嘉慶十四年授光祿寺卿。十五年充山東鄉試主考官，改太常寺卿，督山東學政。十八年升通政使。二十四年罷官。著有《山左詩續鈔》三十二卷、《補鈔》四卷。

李元符 四川成都縣人。乾隆五十四年三甲三十名進士。五十六年署陝西安康知縣，改洵陽知縣。

蕭光浩 字志宏。江西萍鄉縣人。乾隆五十四年三甲三十一名進士。任戶部主事，嘉慶五年外任陝西隴州知州，內擢員外郎，再出爲直隸廣平知府。卒於任。

張文旒 河南靈寶縣人。乾隆五十四年三甲三十二名進士。嘉慶年任直隸棗强知縣。

易　昌 字師言。江蘇上元縣人。乾隆五十四年三甲三十三名進士。任四川永陵知縣。

汪滋畹 字蘭佘，號薰亭。安徽休寧縣人。乾隆五十四年三甲三十四名進士。選庶吉士，授檢討。升侍讀學士。遷內閣學士。罷職。

游　藝 江西臨川縣人。乾隆五十四年三甲三十五名進士。

薛天相 字吉人。山西臨晉縣人。乾隆五十四年三甲三十六名進士。嘉慶七年任四川儀隴知縣，調渠縣、彭山、丹稜知縣，署南溪、高縣知縣，署理番同知。解組歸。

徐元梅 河南羅山縣人。乾隆五十四年三甲三十七名進士。嘉慶三年任浙江象山知縣。

彭雲鶴 字旬與，號秋圃。山東歷城縣人。乾隆五十四年三甲三十八名進士。自山東棗强知縣遷歷城縣。其年卒，年五十一。

張志濂 寧夏中衛縣人。乾隆五十四年三甲三十九名進士。嘉慶三年任山西汾縣知縣。

胡　森 字松南、香海。江西南城縣人。乾隆五十四年三甲四十名進士。嘉慶七年任福建羅源知縣，升同知。乞休。寓西安，修《西安縣志》，又掌龍游岑峰書院。

金標發 順天大興縣人。乾隆五十四年三甲四十一名進士。任刑部主事、禮部郎中，嘉慶五年考選山東道御史，官至廣西梧州府知府。

李如林 江蘇通州直隸州人。乾隆五十四年三甲四十二名進士。官至廣西賓州知州。

姚　杰 浙江會稽縣人。乾隆五十四年三甲四十三名進士。嘉慶四年任福建永定知縣，五年改漳浦知縣，十一年永福知縣。

焦以潤 字玉甫，號綠軒。山東章丘縣人。乾隆五十四年三甲四十四名進士。授河南虞城知縣，補涉縣，調江蘇睢寧知縣。卒於任。著有《竹濤偶吟》《侯鳴草詩集》等。

丁　桐 （1766—1823）字孝繼、學陽，號偕庭。福建侯官縣人。乾隆五十四年三甲四十五名進士。歷知廣東靈山、陽春、陸豐知縣，升主事，捐升刑部員外郎。母年高乞終養歸。後卒於福州。著有《晋史雜咏》一卷。

楊　昭 字德音，號碧泉。雲南安寧州人。乾隆五十四年三甲四十六名進士。選庶吉士，改戶部主事，升員外郎，嘉慶五年考選陝西道御史，升兵科給事中，官至工科掌印給事中。乞養歸。居家十年卒。

井大源 直隸滄州人。乾隆五十四年三甲四十七名進士。

顧椿年 字東山。江蘇上元縣人。乾隆五十四年三甲四十八名進士。嘉慶五年任河南桐柏知縣。

周冕 直隸豐潤縣人。乾隆五十四年三甲四十九名進士。嘉慶二年任河南舞陽知縣。

汪兆宏 字文錫。江蘇甘泉人。乾隆五十四年三甲五十名進士。以知縣用改教職，五十七年任安徽鳳陽府教授。引疾歸。教授生徒自給，卒年八十二。

尚慶雲 字直夫，號曉山。奉天寧遠州人。乾隆五十四年三甲五十一名進士。選庶吉士，散館改禮部主事，官至刑部郎中。特授廣西廣遠知府。

甄松年 字森文。廣東新寧縣人。乾隆五十四年三甲五十二名進士。任刑部江蘇司主事，官京師二十餘年，兩補外官皆不就。

劉之睿 字浚川。直隸遷安縣人。乾隆五十四年三甲五十三名進士。任陝西鎮安知縣。未幾告歸。家居授徒成材。著有《友恭堂心香集》。

劉斯顥 江蘇靖江縣人。乾隆五十四年三甲五十四名進士。

劉槐林 直隸靜海縣人。乾隆五十四年三甲五十五名進士。任山西交城知縣。

章爲棣 江西南城縣人。乾隆五十四年三甲五十六名進士。任主事。

張履元 字德基。貴州畢節縣人。乾隆五十四年三甲五十七名進士。選庶吉士，授檢討。

任澤和 河南息縣人。乾隆五十四年三甲五十八名進士。五十七年任浙江新昌知縣，五十八年任海鹽、嘉善知縣。官至浙江嘉興府知府。

曹祝齡 （原名曹夢齡）山西汾陽縣人。乾隆五十四年三甲五十九名進士。官至戶部郎中。中年乞歸。南游吳嶽，東登泰嶽。

兄曹錫齡，乾隆四十年進士。

張秉銳 字穎叔，號石農。江蘇丹徒縣人。乾隆五十四年三甲六十名進士。五十九年任山東日照知縣。嘉慶元年調山東恩縣知縣，九年調山東滕縣知縣，十二年調署山東濟寧知州，十三年任山東東昌府同知。著有《石農詩選》。

張世昌 字孝貽。直隸欒城縣人。乾隆四十四年舉人，五十四年三甲六十一名進士。任貴州安南知縣，擢仁懷廳同知，署大定知府。引疾歸。

弟張世彥，乾隆五十五年進士。

程卓梁 字肩宇。江西宜黃縣人。乾隆五十四年三甲六十二名進士。授戶部主事，改貴州開泰知縣，擢都勻府丹江通判，升普安州知州、黎平知府，嘉慶九年改貴陽知府，遷貴州糧儲道，嘉慶二十年改直隸大順廣道，二十二年授廣西按察使。二十三年失察罣吏議解職歸。卒年八十。

乾隆五十五年（1790）庚戌恩科

本科爲清高宗八旬壽辰恩科

第一甲三名

石韞玉 字執如，號琢堂、竹堂。江蘇吳縣人。乾隆二十一年（1756）生。乾隆五十五年一甲第一名狀元。授修撰。充日講起居注官，入直南書房，五十七年任福建主考官，督湖南學政，嘉慶三年遷四川重慶知府，十年擢陝西潼商道，十一年授山東按察使，署山東布政使。遭彈劾革職。降編修。以足疾乞歸。晚年主講杭州紫陽書院、江寧尊經書院、蘇州紫陽書院。道光十七年（1837）五月初五日卒。年八十二。家藏書較富，藏書處曰“凌波閣”。曾主修《蘇州府志》。著有雜劇《伏生授經》《羅敷采桑》《桃葉渡江》《桃源漁父》等，合稱《花間九奏》。另有《獨學廬詩文集》《袁文箋正》《多識錄》等。

洪亮吉 字稚存、君直、召直，號北江。江蘇陽湖縣人。乾隆十一年（1746）九月初三日生。乾隆五十五年一甲第二名榜眼。授編修。五十七年督貴州學政，嘉慶三年直言批評朝政，嘉慶帝震怒，革職免死發往伊犁，後赦歸。自號更生居士。與孫星衍論學相長，時稱“孫洪”。嘉慶十四年（1809）五月十二日卒，年六十四。著有《兩晋南北史樂府》《唐宋小樂府》《傳經表》《通經表》《北江全集》《東晋疆域志》《補三國疆域志》《十六國疆域志》《春秋左傳詁》《漢魏晋》《乾隆府廳州縣圖志》《貴州水道考》《六書轉注錄》《比雅》《曉讀書齋雜錄》《伊犁日記》《卷施閣集》《更生齋集》等。

王宗誠 字中孚，號廉甫、蓮府。安徽青陽縣人。乾隆二十九年（1764）四月二十六日生。乾隆五十五年一甲第三名探花。任編修。嘉慶三年督河南學政，纍遷少詹事，十一年授詹事。十二年督山東學政，十七年遷內閣學士，十八年授禮部侍郎，二十一年乞養。二十四年授兵部侍郎，降候補三品京堂，督江西學政，嘉慶二十五年授禮部侍郎，道光二年二月遷兵部尚書。繼其父充上書房總師傅。道光十七年（1837）正月十二日卒，年七十四。

父王懿修，乾隆三十一年進士，禮部尚書。

第二甲三十三名

辛從益　字謙受，號筠谷。江西萬載縣人。乾隆二十四年（1759）生。乾隆五十五年二甲第一名進士。選庶吉士，授編修。嘉慶三年充福建鄉試副考官，五年考選江西道御史，歷給事中、光祿寺少卿、侍讀學士，二十一年督山東學政，升通政使司參議。二十四年授光祿寺卿，道光元年改太常寺卿，二年遷內閣學士。三年授禮部侍郎，四年督江蘇學政，改工部、吏部侍郎。七年十二月以病免。十二月二十四日（1828年2月）卒，年六十九。著有《詩文集》《公孫龍子注》《奏疏》等。

李賡芸　字書田、生甫，號鄹齋。江蘇嘉定縣人。乾隆十六年（1751）生。乾隆五十五年二甲第二名進士。授浙江平湖知縣，補孝豐知縣，五十九年調德清，嘉慶元年調平湖縣，浙江巡撫阮元舉賡芸爲浙省第一賢員。五年升處州府同知，改嘉興府同知，七年署嘉興府知府。九年回任嘉興府同知，十年復署嘉興知府，丁母憂服闋，十七年補福建汀州知府，改漳州知府，十九年擢汀漳龍道，二十年遷福建按察使，二十一年授福建布政使。因被誣解職候審。嘉慶二十二年（1817）正月十八日自盡。年六十七。後昭雪。著有《稻香吟館詩集》。

王蘭芬　江蘇山陽縣人。乾隆五十五年二甲第三名進士。

父王溥，乾隆十七年進士。

陳希祖　字敦一、玉方。江西新城縣人。乾隆五十五年二甲第四名進士。任刑部主事，升員外郎、吏部郎中，嘉慶二十四年官至浙江道監察御史。以病乞歸，卒於歸途杭州。工書法，著有《雲在軒稿》。

蔣祥墀　字盈階，號丹林，自號散樗老人。湖北天門縣人。乾隆四十八年舉人，五十五年二甲第五名進士。選庶吉士，授編修。嘉慶三年充浙江鄉試副考官，十年會試同考官，歷任國子監司業、庶子，嘉慶十四年充會試同考官，遷國子監祭酒、順天府丞兼學政、通政副使，十九年授光祿寺卿改宗人府丞。二十年遷左副都御史，道光四年復任光祿寺卿，八年改太常寺卿，十一年再任左副都御史。十一月降調，後官鴻臚寺卿。休致。

子蔣立鏞，嘉慶十六年狀元；孫蔣元溥，道光十三年探花。

黃鉞　字左君，號左田。安徽當塗縣人。乾隆十五年（1750）八月初五日生。乾隆五十五年二甲第六名進士。任戶部主事、贊善，督山西學政、庶子、侍講學士。嘉慶十八年充山東鄉試主考官，督山東學政，擢內閣學士遷戶部侍郎，改禮部侍郎復改戶部侍郎，二十四年遷禮部尚書、軍機大臣。二十五年加太子少保，九月改戶部尚書。道光六年九月以病休致，食半俸。擅書畫，與大學士董誥并稱董、黃二家。晚年目失明。道光二十一年（1841）六月三十日卒，享年九十二。贈太子太保，入祀賢良祠。謚"勤敏"。著有《昌黎先生詩增注證訛》《壹齋集》《翠琅館叢書》《左田詩鈔》《左田畫友錄》《四銅鼓齋論畫集》《二十四畫品》等。

顧王霖 （一作顧玉霖）字雅圭、柱國，號容堂，別號易農居士。江蘇鎮洋縣人。乾隆五十五年二甲第七名進士。選庶吉士，改戶部主事，官至工部員外郎。丁憂歸，卒。善畫山水，縱筆淋漓，蒼勁華滋，別樹一幟。

錢學彬 字采南，號質甫。雲南昆明縣人。乾隆五十五年二甲第八名進士。選庶吉士，授編修。嘉慶十年充會試同考官，改戶部員外郎，十二年督貴州學政，十三年官至福建泉州知府。罷官後，又升兵部郎中。

祖父錢士雲，乾隆十年進士。

王寰 字子凝、子冰，號蓬心，晚號老蓬仙。江蘇金匱縣人。乾隆五十五年二甲第九名進士。嘉慶三年任江西武寧知縣，官至湖南永州知府。著有《蓬心詩鈔》。

韓廷秀 字紹真，號介堂。江蘇江浦縣人。乾隆五十五年二甲第十名進士。任陝西平利知縣，調廣西馬平知縣。蒞任七日卒於官。

李鑾宣 字石農，號鳳書。山西靜樂縣人。乾隆五十五年二甲十一名進士。任刑部主事、員外郎，嘉慶五年擢浙江溫處兵備道，九年升雲南按察使。以平反龍世恩獄忤巡撫，革職遣送新疆。釋還後補戶部主事，嘉慶十六年擢天津兵備道，調直隸通永道。十九年授直隸按察使改廣東按察使，遷四川布政使，二十二年（1817）九月授雲南巡撫。十月卒。著有《堅白石齋詩集》。

陳預 （一作陳豫）字立凡，號笠帆。順天宛平縣人，原籍江蘇吳江。乾隆五十五年二甲十二名進士。選庶吉士，改刑部主事，升員外郎、郎中，嘉慶四年遷四川永寧道，八年父喪服闋，十年改山東兗沂曹濟道。十一年授江西按察使遷貴州布政使，改廣西、江寧、湖北、湖南布政使。十八年遷刑部侍郎，十九年三月改福建巡撫，七月改浙江巡撫，同月調山東巡撫。二十三年四月降刑部郎中，再降主事。道光三年（1823）卒。

弟陳雲，乾隆五十八年榜眼。

洪梧 字桐生、植垣，號東湖。安徽歙縣人。乾隆五十五年二甲十三名進士。選庶吉士，曾任四庫館繕書處分校官，授編修。六十年充浙江鄉試副考官，嘉慶元年充會試同考官，入直軍機章京，官至山東沂州知府。歸後主講梅花書院，編有《韓柱酬唱集》，著《易箋》《賦古今體詩》。

張師誠　字心友，號蘭渚。浙江歸安縣人。乾隆二十七年（1762）七月二十四日生。乾隆四十九年三月召試一等特賜舉人，授內閣中書，五十五年二甲十四名進士。選庶吉士，授編修。歷軍機章京、山西蒲州知府，嘉慶二年任山西雁平道。四年授河南按察使改江蘇按察使，遷山西布政使改江蘇布政使，十一年五月遷江西巡撫十月改福建巡撫，十九年三月調江蘇巡撫。二十一年四月革，予編修，遷中允，二十五年復任江西布政使改安徽布政使。道光元年六月授廣東巡撫，八月改安徽巡撫，十月丁憂。四年六月授山西巡撫，閏七月改江蘇巡撫，五年五月復任安徽巡撫。六年四月召京，九月授倉場侍郎。七年正月以病歸。道光十年（1830）正月十五日卒，年六十九。著有《尚絅室全集》《拜颺存稿》等。

朱文翰　字會三、蒼楣，號見庵。安徽歙縣人。乾隆五十五年二甲十五名進士。任刑部主事，官至浙江溫處道、兩淮鹽運使。

張時霖　字子肅。江蘇清河縣人。乾隆五十五年二甲十六名進士。任河南上蔡、扶溝、商丘知縣，官至開封府水利同知。

封大受　字仲可，號荻塘。山東德州人。乾隆五十四年舉人，五十五年二甲十七名進士。即用知縣。工書法。著有《柳舫日鈔》。

朱偓　字佑佺。四川興文縣人。乾隆五十五年二甲十八名進士。嘉慶六年任湖南寧鄉知縣，九年署巴陵知縣，十四年遷郴州知州，官至湖南長沙府知府。解任去。

子朱堅，道光九年進士。

張若采　字谷漪，號子白。江蘇婁縣人。乾隆五十五年二甲十九名進士。嘉慶五年任甘肅鎮番縣知縣，升涇州知州，官到涼州知府。

王蘇　字延庚，號僑嶠。江蘇江陰縣人。乾隆五十五年二甲二十名進士。選庶吉士，授編修。嘉慶五年考選湖廣道御史，官至河南衛輝府知府。以疾假歸，入都注選遽卒。著有《試畯堂集》。

端木煜　字星垣，號敬齋。江蘇江寧縣人。乾隆五十五年二甲二十一名進士。任戶部主事，以母疾告歸。

錢福胙　字爾愛、錫嘉，號紉堂、雲岩。浙江嘉興縣人。乾隆五十五年二甲二十二名進士。選庶吉士，授編修。五十九年充順天鄉試同考官，六十年充江南鄉試副考官，嘉慶三年充湖南主考官，四年督福建學政，官至侍讀學士。著有《竹房遺詩》。著有《延澤堂詩鈔》《文鈔》《芸館集》《真珠船》。

子錢儀吉，嘉慶十三年進士。

鄭光坼　（原名鄭澎）字雁江。江蘇儀征縣人。乾隆五十五年二甲二十三名進士。官至江西贛州知府、南河候補道。

黄洙 字依宣。江蘇甘泉縣人。乾隆五十五年二甲二十四名進士。授内閣中書，不樂事權貴歸。主如皋雉永書院。嘉慶五年任山東肥城知縣改泗水知縣、陽穀知縣，十年調山東章丘知縣，十四年任山東汶上知縣。以勞卒於任。著有《四書經注考證》《澹人詩文集》。

陳登泰 浙江仁和縣人。乾隆五十五年二甲二十五名進士。任户部主事。

楊曰鯤 字滄石。江西分宜縣人。乾隆五十五年二甲二十六名進士。任刑部主事、員外郎，嘉慶十二年充四川鄉試副考官，升郎中，官至湖北襄陽府知府。在任二年，卒於任。

祝曾 字紹宗，號蘭坡。河南固始縣人。乾隆五十五年二甲二十七名進士。選庶吉士，授編修。六十年充順天鄉試同考官，升中允，嘉慶三年充山西鄉試主考官，纍遷甘肅平慶涇固道，嘉慶九年官至陝西榆綏道。

秦維嶽 字覲東，號曉峰。甘肅皋蘭縣人。乾隆五十五年二甲二十八名進士。選庶吉士，授編修。嘉慶五年考選江南道御史，六年充順天同考官，升兵科給事中，十一年官至湖北鹽茶道，曾署按察使。母老引疾歸。主講五泉書院，改蘭山書院。

張世彦 字子英。直隸弈城縣人。乾隆五十五年二甲二十九名進士。任禮部主事，升精繕司郎中，嘉慶十二年考選浙江道御史，外任山東東昌知府，左遷同知，官至河南河南府知府。引疾歸。

兄張世昌，乾隆五十四年進士。

史積中 順天宛平縣人，原籍浙江會稽。乾隆五十五年二甲三十名進士。任户部主事、郎中，嘉慶十一年考選江西道御史，官至山西平陽府知府。

陳慶槐 字蔭山。浙江定海縣人。乾隆五十五年二甲三十一名進士。授内閣中書，五十九年充順天鄉試同考官。嘉慶五年川陝之亂，簡放兵差，隨長齡至楚漢等地，感疾乞還，聞父喪歸，遂絕意仕進。著有《借樹山房詩鈔》。

喬遠煐 字筆珊、賁山。湖北孝感縣人。乾隆五十一年舉人，五十五年二甲三十二名進士。任户部主事、員外郎、郎中。嘉慶六年考選山東道御史，十七年任順天北城巡城御史，晉刑科給事中，遷太僕寺少卿，官至通政司副使。著作多散失，存者僅詩賦及今古文數卷。

郭淳 字元匯，號曉泉。江蘇吳縣人。乾隆五十五年二甲三十三名進士。選庶吉士，授編修。五十九年充順天鄉試同考官。數年後告歸，以課徒自給。

第三甲六十一名

邵葆醇 字睦民，號松疇。順

天大興縣人，原籍浙江餘姚。乾隆五十五年三甲第一名進士。五十七年任山東海豐知縣，嘉慶元年調山東滋陽知縣，二年改山東濰縣知縣，調福建知縣，遷福建臺灣南路同知，十三年遷延平府知府，十四年調山東青州知府，十七年官至山東登州知府。

堂侄邵燦，道光十二年進士。

田　瑛（《進士題名碑》作田煐，恐誤）字英玉。山東德州人。乾隆五十五年三甲第二名進士。任內閣中書。

盧元偉　江西南康縣人。乾隆五十五年三甲第三名進士。任吏部主事，纍遷雲南東川知府、曲靖知府、普洱知府，嘉慶二十年遷廣東督糧道，道光二年遷廣東鹽運使，五月授直隸按察使，十月改山東按察使，三年十一月改山西按察使。道光四年罷。

劉敬熙　江西南康縣人。乾隆五十五年三甲第四名進士。嘉慶五年任廣東文昌知縣，十三年任石城知縣，十四年署開建知縣，任同知。

宋　簡　字粹心、長文，號丙樵。江蘇元和縣人。乾隆五十五年三甲第五名進士。任雲南麗江知縣，貴州玉屏知縣、大定府通判，嘉慶十五年貴州平遠知州，嘉慶二十四年調山東高密知縣。道光元年（1865）卒於任。年六十五。著有《說文諧聲》。

牟昌裕　字啓昆，號雪岩、松

岩。山東棲霞縣人。乾隆五十五年三甲第六名進士。選庶吉士，改禮部制儀司主事，工部虞衡司主事、營繕司員外郎，嘉慶九年充順天鄉試同考官。升郎中，十年考選江南道御史，改雲南、河南道御史。署吏科、戶科給事中。

孫希元　字仲和、淡如。山西興縣人。乾隆五十五年三甲第七名進士。授四川鹽亭知縣，改河南新鄉縣，嘉慶八年調廣西北流知縣，署吉州同知。歸後主講秀容書院，卒年六十六。著有《詩文集》。

黃齊煥　字采臣。湖南湘鄉縣人。乾隆五十五年三甲第八名進士。任直隸懷安知縣，改內閣中書，文淵閣檢校。卒於任。

德　文　字蔚芝、煥章，號粹園。滿洲正白旗，蘇完瓜爾佳氏。乾隆五十五年三甲第九名進士。選庶吉士，任檢討。歷國子監司業、侍讀學士，嘉慶四年授詹事遷內閣學士，進盛京戶部侍郎。九年改禮部、兵部侍郎，降內閣學士。十年遷盛京禮部侍郎，複改禮部、吏部侍郎。十四年降三品京堂候補，授太常寺卿，改左副都御史、復部侍郎，十六年遷左都御史，十八年授禮部尚書革。十九年以刑部員外郎遷盛京戶部侍郎，二十三年改禮部侍郎，歷工部、兵部、吏部侍郎。嘉慶二十四年（1819）正月卒。

葉大觀　字巨賓，號蓮山。福建羅源縣人。乾隆五十五年三甲第十名進士。選庶吉士，授檢討。

王謨　順天涿州人。乾隆五十五年三甲十一名進士。

魯銓　字選堂，號子山。江蘇丹徒縣人。乾隆五十五年三甲十二名進士。任陝西知縣，嘉慶八年任河南西華知縣，擒巨盜特擢安徽寧國知府，十年改安慶知府，丁憂。服闋十六年改直隸廣平知府，調保定知府，十七年升清河道。年五十四卒於任。

龐士冠　字一桂，號鹿園。山西文水縣人。乾隆五十五年三甲十三名進士。選庶吉士，授檢討。五十九年任順天同考官。

齊嘉紹　字衣聞。直隸天津縣人。乾隆五十五年三甲十四名進士。任內閣中書，道光五年纍遷江西鹽法道，嘉慶十六年官至廣東南韶連道。

恩普　字夢符，號雨堂、雨園。蒙古鑲藍旗，巴岳忒氏。乾隆五十五年三甲十五名進士。選庶吉士，授檢討。遷侍講學士，嘉慶五年授詹事，閏四月改大理寺卿，充山東鄉試主考官。六年遷左副都御史，改禮部左侍郎，督福建學政。九年調吏部右侍郎，十年改戶部左侍郎兼錢法堂事務。十一年（1806）正月卒。

羅廷彥　字孟淳，號湘舟。湖南衡山縣人。乾隆五十五年三甲十六名進士。選庶吉士，假歸不仕。主講石鼓、城南書院。著有《湘舟詩草》。

邵士鎧　字犀函，號鐵君。安徽蕪湖縣人。乾隆五十五年三甲十七名進士。任福建長汀知縣，署安溪知縣，題補政和知縣，未任卒。善畫。

劉珏　字輝堂。江西廬陵縣人。乾隆五十五年三甲十八名進士。任刑部主事，升郎中，擢山東沂州知府，丁憂轉雲南臨安知府，改雲南府，遷迤南道，嘉慶二十年官至廣東按察使。

徐憲文　字鬱亭，號石渠。山東滕縣人。乾隆五十五年三甲十九名進士。任內閣中書，嘉慶十八年外任福建臺灣府同知，署福建邵武知府、延平知府。卒年八十。

楊邦直　安徽懷寧縣人。乾隆五十五年三甲二十名進士。

邢澍　字雨民，號佺山。甘肅階州直隸州人。乾隆二十四年（1759）六月二十八日生。乾隆五十五年三甲二十一名進士。浙江即用知縣，署義烏、永康知縣，嘉慶元年任長興知縣、嘉興知縣。署江西饒州知府，官江西南安知府，以病歸。家中藏書較豐。著有《關右經籍考》《全秦藝文志》《兩漢稀姓錄》《金石文字辨異》《守雅堂詩文集》。

陳鶴鳴　江西寧州人。乾隆五十五年三甲二十二名進士。任浙江餘杭知縣。

阮文燾　貴州畢節縣人。乾隆五十五年三甲二十三名進士。任河南光山知縣，道光十三年任湖南茶陵州知州。

熊兆璜　廣西興安縣籍。乾隆五十五年三甲二十四名進士。

胡先聲　字駿夫。安徽涇縣人。乾隆五十五年三甲二十五名進士。未仕早卒。

匡苞　字桑于。山東膠州人。乾隆五十五年三甲二十六名進士。家居不仕。性簡默，嗜讀書，終日危坐不出户。

父匡文炅，乾隆三十一年進士。

安清翹　（1757—1829）字寬夫，號冀聖。山西垣曲縣人。乾隆五十五年三甲二十七名進士。嘉慶五年任陝西三水知縣，十四年改陝西鳳縣知縣。著有《推步惟是》。

兄安清翰，乾隆三十一年進士。

李湘　字楚航。山東歷城縣人。乾隆五十五年三甲二十八名進士。嘉慶四年任安徽英山知縣，道光十四年改四川大邑知縣。著有《槐蔭書屋詩鈔》。

趙末彤　字六滋，號序堂。山東萊陽縣人。乾隆五十五年三年二十九名進士。選庶吉士，授檢討。升贊善，嘉慶十四年考選湖廣道御史。官至順天府丞兼學政。著有《四書粗説》。

趙睿榮　（改趙棠榮）浙江東陽縣人。乾隆五十五年三甲三十名進士。嘉慶五年任福建德化知縣。

卞雲龍　字起田，號潤蒼。貴州仁懷縣人。乾隆五十五年三甲三十一名進士。選庶吉士，改户部主事，補雲南武定直隸州知州，署開

化、順寧知府，官至雲南麗江知府。丁母憂服闋赴都，行至安徽卒。年五十一。

紀蘭　直隸晉州人。乾隆五十五年三甲三十二名進士。任吏部主事，纍遷湖北鄖陽府知府，嘉慶七年官至湖北漢陽知府。

顏惇恪　廣東南海縣人。乾隆五十五年三甲三十三名進士。任刑部主事。

張桓　浙江桐鄉縣人。乾隆五十五年三甲三十四名進士。嘉慶七年任直隸大名知縣，十六年改順天文安知縣，官至郎中。

王治模　字範之，號梓堂。奉天寧遠州人。乾隆五十五年三甲三十五名進士。任禮部主事、郎中，嘉慶九年考選江南道御史，十九年任山東臨沂知府，官至雲南大理府知府，降補通判。

陳之綱　字旭峯。浙江鄞縣人。乾隆五十五年三甲三十六名進士。任國子監助教，以目疾乞休歸，爲月湖書院山長。卒年八十二。

王訪　山東蘭山縣人。乾隆五十五年三甲三十七名進士。任山東東昌府教授，嘉慶四年任陝西甘泉知縣，五年改安徽天長知縣。

弟王評，嘉慶七年進士。

李榮　山西曲沃縣人。乾隆五十五年三甲三十八名進士。嘉慶四年任廣東保昌知縣，九年廣東長寧知縣，十年改廣東徐聞知縣。

吳大勛　貴州畢節縣人。乾隆

五十五年三甲三十九名進士。五十八年任福建沙縣知縣，六十年改晉江知縣，遷雲南尋甸州知州。

朱煌 字昆墀，號蔚堂。安徽當塗縣人。乾隆五十五年三甲四十名進士。任廣西桂縣知縣。去官後主講鍾山、尊經書院。

王應垣 字紫庭。山東諸城縣人。乾隆五十五年三甲四十一名進士。嘉慶八年任廣西貴縣知縣，改陝西榆林知縣，調三原知縣。告歸。卒年六十七。

長兄王應芬，乾隆四十六年進士；次兄王應奎，乾隆五十二年進士。

阮升基 字亨舉。福建羅源縣人。乾隆五十五年三甲四十二名進士。任江蘇宜興知縣，改武進知縣，署常州府、揚州府同知，嘉慶十一年改廣東從化知縣。

蕭廷發 廣東嘉應直隸州人。乾隆五十五年三甲四十三名進士。五十六年任廣東韶州府教授。

葉繼雯 字銅封，號雲素。湖北漢陽縣人，祖籍江蘇金壇。乾隆五十三年舉人，五十五年三甲四十四名進士。任內閣中書、宗人府主事、戶部郎中，二十四年考選山東道御史，升刑科給事中，以事降員外郎。著有《弘林館詩集》《讀禮雜記》《朱子外紀》等。

賈鈉 河南濬縣人。乾隆五十五年三甲四十五名進士。任南城兵馬司正指揮。

魏鈞 順天通州人。乾隆五十五年三甲四十六名進士。嘉慶九年官至貴州咸寧知州、廣西永寧州知州。

延弼 字西園。滿洲正藍旗人。乾隆五十五年三甲四十七名進士。選庶吉士，改主事，升至侍讀學士。

王定柱 字靖擎、于一，號椒園。直隸正定縣人。乾隆五十五年三甲四十八名進士。授雲南師宗知縣、麗江知縣、思茅廳同知、他郎廳通判，八年累遷山東鹽運使，改江蘇兩淮鹽運使，道光九年授浙江按察使。十年（1830）九月卒於任。長於考訂之學，著有《大學臆古》《中庸臆測》《椒園居士集》等。

方體 字道坤、茶山。安徽績溪縣人。乾隆五十五年三甲四十九名進士。任刑部主事，遷郎中，嘉慶九年外任江西九江知府，遷江寧鹽道，嘉慶二十三年授湖北按察使。二十四年以病免。著有《儀禮今古文考證》《儀禮古文考誤》《綠雨山房詩文集》等。

李錫書 字洪九，號見庵。山西靜樂縣人。乾隆二十一年（1756）年生。五十五年三甲五十名進士。任四川蒲江、大邑、汝川、蓬州知縣，以同知升用。道光八年（1828）卒。年七十三。著有《四書臆說》《周史集成》《錦官雜錄》《周官圖說釋地》等。

魏紹濂 字季泉。順天通州人。乾隆五十五年三甲五十一名進士。嘉慶四年任山東黃縣知縣，改蘭山知縣。升兗州知府。加道銜，有政聲，卒於任。

高賜禧 河南祥符縣人。乾隆五十五年三甲五十二名進士。任湖北江陵知縣，嘉慶六年改湖北鄖縣知縣。

顧玉書 字蘭汀。河南長葛縣人。乾隆五十五年三甲五十三名進士。任山西翼城知縣，嘉慶八年山西改太平知縣，丁憂去。十七年調直隸樂城知縣，十九年改萬全知縣，調青縣知縣。

霍來宗 字輯五，號瑞堂。四川巴縣人。乾隆五十五年三甲五十四名進士。任江蘇六合知縣，嘉慶十五年署常熟知縣，十六年任高淳知縣，在任十餘年。官至泰州知州。

張問陶 字仲冶、柳門，號船山。四川遂寧縣人，祖籍湖北麻城。乾隆二十九年（1764）生。乾隆五十五年三甲五十五名進士。選庶吉士，授檢討。嘉慶五年順天同考官，十年考選江南道御史，改吏部郎中，嘉慶十五年官至山東萊州知府。因忤上官意，以病辭官。嘉慶十九年（1814）卒於蘇州，年五十一。工詩，其詩爲蜀中之冠，作品多表現生活，情調憂鬱傷感。并能書畫。著有《船山詩文集》。

曾祖父張鵬翮，康熙三年進士，文華殿大學士。

保麟 字九真、予良。江蘇通州直隸州人。乾隆五十五年三甲五十六名進士。任河南鄢陵知縣，署許州知州，入資爲吏部郎中，嘉慶十三年十二月任山東濟東泰武臨道。以疾歸。

熊方受 字介茲，號夢庵、定峰。廣西永康縣人。乾隆二十七年（1762）生。乾隆五十五年三名五十七名進士。選庶吉士，授檢討。任刑部主事、禮部郎中，嘉慶十六年考選江西道御史，升充沂曹濟兵備道，降山東東昌知府。以清查歷年積虧忤上官，致仕。道光五年（1825）正月初七日卒，年六十四。工書法，善詩文。著有《夢庵詩鈔》《偶園草》。

盛安 字無逸，號靜溪。滿洲正白旗。乾隆五十五年三甲五十八名進士。選庶吉士。改主事，升員外郎，嘉慶十七年官至福建泉州知府。

陳鴻賓 字漸逵。廣東南海縣人。乾隆五十五年三甲五十九名進士。南歸侍父湯藥，父歿授徒自給。嘉慶初年薦直隸孝廉方正，立辭不就，年四十卒。

桂馥 字未谷，號冬卉。山東曲阜縣人。乾隆元年（1736）生。乾隆五十五年三甲六十名進士（時年五十五）。任雲南永平知縣。嘉慶十年（1805）卒於任，年七十。長於《説文》，與段玉裁、王筠、朱駿聲并稱"清代四大家"。著有《札樸》《繆篆分韻》《晚學集》《續三十五舉》《歷代石經略》等。

鄭大模 字孝顯、青墅。福建侯官縣人。乾隆五十五年三甲六十一名進士。任河南泌陽知縣。著有《青壁詩鈔》《讀史雜感》等。

乾隆五十八年（1793）癸丑科

第一甲三名

潘世恩 字槐堂，號芝軒。江蘇吳縣人。乾隆三十四年十二月二十一日（1770年1月）生。乾隆五十八年一甲第一名狀元。任翰林院修撰。遷侍讀、侍讀學士。嘉慶四年授詹事遷內閣學士，六年任禮部侍郎改兵部、戶部、吏部侍郎。督雲南、浙江、江西學政，十七年遷工部尚書，改戶部尚書。十九年丁憂居家乞養十年。道光七年授吏部侍郎，遷都察院左都御史。十年改工部尚書，調史部尚書。十三年授體仁閣大學士，十五年改東閣大學士、軍機大臣。十七年加太子太保。十八年五月授武英殿大學士。兼翰林院掌院學士。二十八年晉太傅。三十年六月休致。咸豐四年（1854）四月二十日卒，享年八十六。入祀賢良祠。謚"文恭"。著有《讀史鏡古編》《正學編》《律賦正宗》《真意齋文集》《思補齋詩集筆記》等。

陳 雲 字遠雯，號起溶。順天宛平縣人，原籍江蘇吳江。乾隆五十八年一甲第二名榜眼。授編修。嘉慶五年以吏部主事充貴州鄉試副考官，升吏部員外郎，七年充會試同考官，官至安徽太平府、廬州府知府。

兄陳預，乾隆五十五年進士，任山東巡撫。

陳希曾 字集正、雪香，號鍾溪。江西新城縣人。乾隆三十一年（1766）四月二十三日生。乾隆五十四年江西鄉試解元。五十八年一甲第三名探花。授編修。六十年充貴州鄉試主考官，嘉慶三年以右贊善督四川學政，升翰林院侍讀學士，嘉慶十年授詹事，十二月遷內閣學士，十三年授工部侍郎，十六年改戶部右侍郎。十七年降調內閣學士。十八年復授工部右侍郎，十九年改刑部侍郎，二十一年再任工部右侍郎。九月病休。十二月二十四日（1817年2月）卒，年五十一。

第二甲二十九名

陳秋水　字冶峰。浙江會稽人。乾隆五十八年二甲第一名進士。任內閣中書。

姚禮　浙江仁和縣人。乾隆五十八年二甲第二名進士。嘉慶七年任福建長汀知縣，八年改廣西容縣知縣。

葉紹楏　字振湘，號琴柯。浙江歸安縣人。乾隆五十八年二甲第三名進士。選庶吉士，授編修。嘉慶四年考選湖廣道御史，任順天府南城巡城御史，六年充雲南鄉試正考官，督雲南學政，升工科給事中、刑科掌印給事中、順天府丞、大理寺少卿。嘉慶十九年授廣西布政使，二十二年九月遷廣西巡撫。二十三年十月失察屬員降員外郎。後以侍郎銜守護昌陵，道光元年（1821）卒。著有《謹墨齋詩鈔》等。

張燮　字子和，號堯友。江蘇昭文縣人。乾隆五十八年二甲第四名進士。選庶吉士，散館改刑部主事，嘉慶九年充江西副考官，官至浙江寧紹台道。卒於任。家中藏書較富，藏書處曰"小瑯嬛福地"。著有《味經書屋集》《小嬛環隨筆》。

父張應曾，乾隆二十六年進士。

蔡之定　（1750—1836）字麟昭，號生甫，又號鐵華居士。浙江德清縣人。乾隆五十八年二甲第五名進士。選庶吉士，授編修。嘉慶五年、六年兩充順天鄉試同考官，十年充會試同考官，升侍讀，十四年再充會試同考官，擢侍講學士，嘉慶十八年充河南鄉試正考官，後以言事忤旨，降鴻臚寺少卿。歸田後，自號"積穀山人"。著有《奏疏》《古今體詩》。

馬學賜　字葵園。直隸遷安縣人。乾隆五十八年二甲第六名進士。五十九年任陝西藍田知縣，六十年改臨潼知縣，嘉慶元年改涇陽知縣，引疾歸。十一年復起任渭南知縣，擢商州知州。未任卒，年五十四。著有《玉照軒詩文集》。

孫承謀　字清詒。福建浦城縣人。乾隆五十八年二甲第七名進士。得疾卒於京。

吳雲　字玉松，號潤之。江蘇長洲縣人。乾隆五十八年二甲第八名進士。選庶吉士，授編修。嘉慶六年充貴州鄉試副考官，九年充順天鄉試同考官，十三年仍以編修充江西鄉試副考官，十四年考選山東道御史，十六年十月任順天東城巡城御史，彈劾權要，直聲震朝野。官至河南彰德知府。移疾歸以詩酒自樂。里居二十二年，卒年九十一。著有《醉石山房詩文鈔》。

子吳信中，嘉慶十三年狀元。

王麟書　字仲文，號麓園。順天大興縣人。乾隆五十八年二甲第九名進士。選庶吉士，授編修。嘉慶五年充江西鄉試副考官，六年考選江南道御史，升禮科給事中。九年督河南學政。

周垣 字紫圍，號雪泉。山東金鄉縣人。乾隆五十八年二甲第十名進士。任江蘇溧水、山陽、上元知縣，嘉慶十五年升川沙同知。告歸卒。

譚光祥 字君農，號退齋、蘭楣。江西南豐縣人。乾隆五十八年二甲十一名進士。選庶吉士，改吏部主事，嘉慶十年充湖南鄉試副考官，遷郎中，嘉慶九年督雲南學政，十五年外任湖北施南知府，改湖北武昌知府。因禱雨感疾卒。年四十八。

父譚尚忠，乾隆十六年進士，吏部侍郎。

周系英 字孟才，號石芳。湖南湘潭縣人。乾隆三十年（1765）二月二十五日生。乾隆五十八年二甲十二名進士。選庶吉士，授編修。嘉慶五年充順天鄉試同考官，七年會試同考官，入直南書房，授三阿哥讀書。歷任侍讀、侍講學士，嘉慶十三年充江南鄉試副考官，十四年授太常寺卿改光祿寺卿，督山西學政，十五年授大理寺卿，十八年遷內閣學士。十九年授兵部右侍郎，二十年丁憂。二十三年授吏部侍郎。二十四年因湘潭民與江西民相鬥，嘉慶帝怒系英庇鄉人，革職降編修。道光初以四品京堂召用，改侍讀學士，遷內閣學士，二年授工部侍郎，督江西。江蘇學政。四年改戶部侍郎。十一月三十日（1825年1月）卒於任，年六十。

戴敦元 字士旋，號金溪。浙江開化縣人。乾隆三十三年（1768）生。乾隆五十八年二甲十三名進士。選庶吉士，任禮部主事、刑部主事，嘉慶三年充山西鄉試副考官，升員外郎，六年會試同考官，九年順天鄉試同考官，擢郎中，二十五年外任廣東高廉道。道光元年授江西按察使遷山西布政使，改湖南布政使。三年遷刑部侍郎，十二年二月授刑部尚書。充會試副主考官，道光十四年（1834）以病免職，尋卒。年六十七。贈太子太保，諡“簡恪”。著有《戴簡恪公遺集》。

徐國楠 號古梅。浙江蕭山縣人。乾隆五十八年二甲十四名進士。任內閣中書、侍讀，嘉慶十二年考選湖廣道御史，官至山東運河道。

戴三錫 字晉蕃、嬰存，號羨門。順天大興縣人，原籍江蘇丹徒。乾隆二十三年（1758）七月生。乾隆五十八年二甲十五名進士。歷任山西潞城、臨縣知縣，引疾歸。嘉慶七年四川營山知縣，九年補四川南充知縣，署四川綿州知州，升馬邊廳通判，遷眉州、邛州、茂州知州，升保寧、順慶、夔州、寧遠、成都知府。嘉慶二十七年任建昌道，道光元年授四川按察使遷江寧布政使，改四川布政使。三年十二月以二品署四川總督，五年實授并兼署成都將軍。九年四月以年老召京署工部侍郎。道光十年（1830）致仕。同年六月二十八日卒，年七十三。賞加尚書銜。

唐仲冕　字六枳，號陶山。湖南善化縣人。乾隆十八年（1753）九日初八日生。乾隆五十八年二甲十六名進士。任江蘇荆溪縣知縣、吳縣知縣，嘉慶三年改奉賢知縣，四年任吳江知縣，七年任海州知州，十一年署通州知州，十五年署江蘇蘇州知府，改福建福州知府。遷江蘇候補道，二十四年署河庫道，嘉慶二十五年授福建按察使，道光元年遷陝西布政使。三年以疾休致。僑居金陵。道光七年（1827）三月二十二日卒。年七十五。著有《陶山文集》《詩録》《臨津集》《松陵集》《蘇臺集》，撰《岱覽》等。

子唐鑑，嘉慶十四年進士，太常寺卿。

趙佩湘　字雲浦。江蘇丹徒縣人。乾隆五十八年二甲十七名進士。任內閣中書，遷户部郎中，嘉慶十一年考選山西道御史，官至禮科掌印給事中。十六年督四川學政。

程華國　浙江仁和縣人。乾隆五十八年二甲十八名進士。

黃炳奎　字春帆。順天大興縣人，原籍江蘇元和。乾隆五十八年二甲十九名進士。六十年任湖南東安知縣，改瀘溪知縣。

狄夢松　字文濤，號次公。江蘇溧陽縣人。乾隆五十八年二甲二十名進士。選庶吉士，授編修。嘉慶五年、六年兩充順天同考官，九年充山西鄉試主考官，十一年督湖南學政，官至貴州糧儲道。

郭世誼　（改名郭正誼）字哲求，號景江。江西南昌縣人。乾隆五十八年二甲二十一名進士。任直隸臨城知縣，代理束鹿知縣，擢吏部文選司主事，出任福建龍岩知州，代理泉州、興化、福州知府，護興泉永道。以事降二級，留任永春直隸州知州。旋卒，年未五十。

俞廷樟　浙江餘杭縣人。乾隆五十八年二甲二十二名進士。嘉慶元年署陝西郃陽知縣，三年改藍田知縣，四年補渭南知縣，十二年署四川邛州直隸州知州，十五年署眉州直隸州知州，十七年署綿州直隸州知州。

左　輔　字仲甫，號杏莊、蘅友。江蘇陽湖縣人。乾隆十六年（1751）生。乾隆五十八年二甲二十三名進士。五十九年任安徽南陵知縣，嘉慶二年改霍邱、合肥知縣，十三年任懷寧知縣，十五年遷泗州知州、潁州知府，擢廣東雷瓊道。二十三年授浙江按察使遷湖南布政使，二十五年十一月授湖南巡撫。道光三年二月召京致仕。道光十三年（1833）八月二十五日卒，享年八十三。著有《念宛齋詩詞古文書牘》五種。

李師舒　字誼原。河南濟源縣人。乾隆五十八年二甲二十四名進士。選庶吉士，授編修。嘉慶三年任直隸廣宗知縣，九年任順天府霸州知州，十一年遷直隸正定知府，十二年改天津知府，十六年官至直隸大順廣道。丁憂歸。

曾祖李紹周，康熙三十六年進士。

英和 字樹琴，號煦齋。滿洲正白旗，索綽絡氏。乾隆三十六年（1771）四月十四日生。禮部尚書德保子。乾隆五十八年二甲二十五名進士。選庶吉士，授編修。歷侍讀、侍讀學士，嘉慶四年授詹事，遷內閣學士、禮部侍郎。六年九月改戶部侍郎、軍機大臣。九年正月加太子少保。十年降太僕寺卿，遷內閣學士、理藩院侍郎，十一年授工部侍郎，改戶部侍郎，十八年以禮部侍郎遷工部尚書，改吏部尚書，兼步軍統領。二十五年改戶部尚書。道光二年六月授協辦大學士，兼翰林院掌院學士。四年晉太子太保。六年調理藩院尚書。因私增佃租七年七月革。賞二品授熱河都統，八年七月授寧夏將軍。八月以病免職。後監修孝穆皇后墓，因地宮出水發黑龍江當苦差，子孫均革職。十一年釋回。道光二十年（1840）六月初八日卒，年七十。賞三品銜。著有《恩福堂筆記》。

李宗瀚 字公博，號春湖、北溟。江西臨川縣人。乾隆三十四年（1769）生。乾隆五十八年二甲二十六名進士。選庶吉士，授編修。嘉慶五年充福建鄉試正考官，歷任左贊善、侍讀、侍講學士，十二年督湖南學政，嘉慶十四年授太僕寺卿，改宗人府丞，十九年遷左副都御史。二十年丁憂歸。道光八年改工部侍郎。充浙江鄉試正考官，督浙江學政。道光十一年（1831）父卒，扶病奔喪回籍，三月初四日卒於衢州舟次。年六十三。著有《靜虞室偶存稿》二卷、《桵臺湖西州唱詩略》。

汪梅鼎 字映琴，號浣雲，又號蓼塘。安徽休寧縣人。乾隆五十八年二甲二十七名進士。署浙江臨安知縣，纍遷禮部郎中，嘉慶十七年考選浙江道御史。著有《浣雲詩鈔》《舟車小草》《皋橋谷詒詩集文集》。

周葆善 字履厚，號篠坡。江西南城縣人。乾隆五十八年二甲二十八名進士。任河南新蔡知縣。在任五年罷歸。

范照藜 河南河內縣人。乾隆五十八年二甲二十九名進士。初任廣西平樂、臨桂、北流知縣，嘉慶七年改安徽五河知縣，十二年任安徽懷寧知縣，十四年改定遠知縣，署廣德直隸州知州。

第三甲四十九名

朱瑞椿 字春伯，號春山、鶴臚。浙江海鹽縣人。乾隆二十三年（1758）正月生。五十八年三甲第一名進士。任福建霞浦、永安知縣，以養親乞歸。服闋，嘉慶十五年改浙江嚴州府教授。道光八年（1828）卒，年七十一。著有《春山詩存》《春山古文鈔》。

許作屏 字子錦、畫山。福建

侯官縣人。乾隆五十八年三甲第二名進士。任山東曲阜知縣，丁憂補奉天廣寧知縣，遷岫岩通判，調浙江海寧知縣。以疾歸。卒於家。

魏元煜 字升之，號愛軒。直隸昌黎縣人。乾隆五十八年三甲第三名進士。選庶吉士，授檢討。改吏部主事、郎中。嘉慶九年考選江南道御史，屢遷江蘇蘇松道，嘉慶二十年授浙江按察使，二十三年遷廣東布政使，二十五年授江蘇巡撫。道光二年九月遷漕運總督，四年十二月改兩江總督，五年（1825）五月復任漕運總督。六月卒。

弟魏元烺，嘉慶十三年進士，官兵部尚書。

陳世章 江西寧州人。乾隆五十八年三甲第四名進士。任湖北保康知縣。

趙　燦 山東聊城縣人。乾隆五十八年三甲第五名進士。任直隸樂亭知縣，調河間知縣，擢灤州知州。

商　起 順天大興縣人。乾隆五十八年三甲第六名進士。嘉慶五年任山東德平知縣。卒於任。

賈　澄 山西陽曲縣人。乾隆五十八年三甲第七名進士。任刑部主事。

孫　錫 浙江仁和縣人。乾隆五十八年三甲第八名進士。任雲南寧州知州。

洪廷杓 安徽懷寧縣人。乾隆五十八年三甲第九名進士。任廣東定安知縣。

白守廉 河南河內縣人。乾隆五十八年三甲第十名進士。嘉慶十五年任安徽合肥知縣。

周麟元 字繡綬，號芷田。山東金鄉縣人。乾隆五十八年三甲十一名進士。選庶吉士。

鞏懿修 字恭甫。山西定襄縣人。乾隆五十八年三甲十二名進士。任浙江淳安知縣，嘉慶元年任浙江秀水知縣，二年改烏程知縣。辭歸。著有《圖南卜易》《晉昌事類》。

黃　洽 字融之，號杏江、鏡堂。山西絳州直隸州人。乾隆五十八年三甲十三名進士。選庶吉士，散館改工部主事，嘉慶三年、五年兩充順天鄉試同考官，十五年官至湖南衡州府知府，署衡永彬桂道。任內修復石鼓書院及青草橋。

朱聲亨 湖南湘潭縣人。乾隆五十八年三甲十四名進士。嘉慶五年任廣東英德知縣，七年署陝西清澗知縣，改陝西靖邊知縣，改甘肅清水知縣，官至安西直隸州知州。

王進祖 號雲士。江蘇嘉定縣人。乾隆五十八年三甲十五名進士。任湖北黃梅知縣，嘉慶十六年改孝感知縣。

張福謙 字韞山。江蘇泰興縣人。乾隆五十八年三甲十六名進士。以知縣用改安徽鳳陽府教授。歷靖江縣教諭，道光二年任江蘇泰州學正。

殷　圻 字玉四。江蘇江陰縣人。乾隆五十八年三甲十七名進士。五十九年任湖南新寧知縣，任順天府治中。

宋邦英 字瑤溪。湖北漢川縣人。乾隆五十七年舉人，五十八年三甲十八名進士。任刑部主事、員外郎，嘉慶十八年考選河南道御史，官至廣西潯州府知府。謝病歸，卒於家。

劉敬熙 字顯謨。江蘇吳縣人。乾隆五十八年三甲十九名進士。五十九年任江西南康知縣，嘉慶二年改江西南城知縣，官至江西南昌府知府。

弓佩綬 山西壽陽縣人。乾隆五十八年三甲二十名進士。任陝西宜君知縣。

王紹蘭 字畹馨，號南陔、思惟居士。浙江蕭山縣人。乾隆二十五年（1760）二月十七日生。乾隆五十八年三甲二十一名進士。六十年任福建南屏知縣，嘉慶二年改閩縣知縣，纍遷泉州知府、福建興泉永道，嘉慶十三年授福建按察使遷福建布政使，十九年七月授福建巡撫。嘉慶二十二年五月因訐告受賄革職。道光十五年（1835）八月二十二日卒，年七十六。深研經學，撰有《管子地員篇注》，著有《周人經說》《周人禮說》《禮堂集義》《讀書雜記》《袁宏後漢紀補證》《思惟居士薦稿》。

吳國鄉 福建南安縣人。乾隆五十八年三甲二十二名進士。任四川大寧知縣。

鄷雲倬 字步青。江蘇長洲縣人。乾隆五十八年三甲二十三名進士。任安徽潁州府教授。

王啓聰 湖南衡陽縣人。乾隆五十八年三甲二十四名進士。嘉慶五年任安徽五河知縣，六年丁憂，十一年改安徽青陽知縣。

李大猷 河南陝州縣人。乾隆五十八年三甲二十五名進士。嘉慶七年任湖北漢川知縣。

凌廷堪 字次仲，號仲子。安徽歙縣人。乾隆二十二年（1757）八月二十日生。乾隆五十八年三甲二十六名進士。歸班候選知縣，改安徽寧國府教授。丁憂去。晚年主講紫陽書院。嘉慶十四年（1809）十月初二日卒，年五十三。著有《禮經釋例》《魏書音義》《燕樂考原》《元遺山年譜》《校禮堂集》《詩集》《梅邊吹笛譜》《充渠新書》等。

吳貽咏 字惠連，號種芝。安徽桐城縣人。乾隆五十八年會元，三甲二十七名進士。選庶吉士。散館改吏部驗封司主事。著有《芸暉館詩集》。

舒懋官 字長德。江西靖安縣人。乾隆五十八年三甲二十八名進士。嘉慶五年任廣東英德知縣，改豐順、潮陽、新安、香山知縣，代理佛岡廳同知。以年老乞歸。

子舒恭受，道光二年進士。

王愷 字淬泊，號少溪。江蘇昭文縣人。乾隆五十八年三甲二十九名進士。任廣東遂溪知縣，嘉慶七年改浙江宣平知縣，丁母憂補廣東澄邁、澄海、海康、西寧知縣。嘉慶二十五年（1820）卒於家。

李元樞 直隸滄州人。乾隆五十八年三甲三十名進士。

何學林 字昌森，號茂軒。貴州開州人。乾隆二十六年（1761）生。乾隆五十八年三甲三十一名進士。選庶吉士，授檢討。嘉慶五年充江南鄉試副考官，六年考選山西道御史，督湖南學政，外官江蘇蘇松糧道，官至浙江杭嘉湖道，曾署浙江按察使。嘉慶二十二年（1817）正月卒於任。年五十七。

侄何亮清，咸豐十年進士。

田興梅（《進士題名碑錄》作田輿梅）字子和。山西盂縣人。乾隆五十八年三甲三十二名進士。署雲南浪穹縣、雲南富民縣、河陽縣。以親老就近補河南內黃縣知縣。丁憂歸。不復出。

蔣 第 字問樵。直隸盧龍縣人。乾隆五十八年三甲三十三名進士。任山東掖縣知縣，嘉慶六年任山東萊州同知，十二年改武定府同知，十三年遷山東青州知府，改武定府知府。

薛志亮 字寅贊。江蘇江陰縣人。乾隆五十八年三甲三十四名進士。嘉慶五年任福建松溪知縣，八年改臺灣知縣，以軍功晋五品銜署臺灣海防同知，遷鹿港同知，改淡水同知。以勞卒。

仲 瑚 浙江仁和縣人。乾隆五十八年三甲三十五名進士。嘉慶六年任廣東河源知縣。

吳居閥 字勛懋。江西高安縣人。乾隆五十八年三甲三十六名進士。嘉慶九年任安徽含山知縣。

高守訓 字覲甫。山東濰縣人。乾隆五十八年三甲三十七名進士。嘉慶五年十二月任江蘇宜興知縣。卒年九十一。

謝淑元 字景輝，號春洲。福建晉江縣人。解元，乾隆五十八年三甲三十八名進士。選庶吉士，授檢討。工詩文，著有《瑞芝堂文稿》。

李 梴 字雨樵。山東諸城縣人。乾隆五十八年三甲三十九名進士。授直隸衡水知縣，改河南羅山知縣。以病歸。卒年五十三。

父李宜芳，雍正八年進士；兄李渠，乾隆二十六年進士。

陸壽昌 號梟崗。江蘇陽湖縣人。乾隆三十九年舉人，授東流縣訓導。乾隆五十八年三甲四十名進士。博通經史，善古文，工山水畫。

高金藻 山東海陽縣人。乾隆五十八年三甲四十一名進士。嘉慶六年任廣西桂平知縣。

冉玉行 直隸高陽縣人。乾隆五十八年三甲四十二名進士。任直隸廣平府教授。

羅龍光 廣東豐順縣人。乾隆五十八年三甲四十三名進士。嘉慶元年任廣東瓊州府教授。

甘家斌 字福超，號秩齋。四川鄰水縣人。乾隆五十八年三甲四十四名進士。選庶吉士，改刑部主事、員外郎，嘉慶十四年考選陝西道御史，遷通政副使，嘉慶二十年授光祿寺卿，二十二年改大理寺卿。二十三年革職。

史書笏 字欽三，號恒崖。直隸新樂縣人。乾隆五十八年三甲四十五名進士。六十年任廣西賀縣知縣，歷署保昌、天保知縣。

朱　桓 字覲玉，號芝圃。廣西臨桂縣人。乾隆五十七年廣西鄉試解元。五十八年三甲四十六名進士。選庶吉士，授檢討。嘉慶九年考選江西道御史，十年遷福建邵武知府，十三年改福州知府，二十年遷廣東高廉道，道光三年官至福建糧儲道。

葉　灼 安徽桐城縣人。乾隆五十八年三甲四十七名進士。任甘肅鞏昌府洮州同知，署鞏昌知府。

楊學光 江西清江縣人。乾隆五十八年三甲四十八名進士。五十九年任四川綿竹知縣、墊江知縣，官至員外郎。

李席珍 字立齋。山東壽光縣人。乾隆五十八年三甲四十九名進士。任山東泰安府教授。

乾隆六十年（1795）乙卯恩科

本科爲清高宗禪位仁宗之恩科

第一甲三名

王以銜 字署冰，號勿庵，又號鳳丹。浙江歸安縣人。乾隆二十六年（1761）十一月初二日生。乾隆六十年一甲第一名狀元。授修撰。嘉慶十二年充江西鄉試副考官，擢國子監司業、少詹事，十九年授詹事。督江蘇學政，遷內閣學士，進工部左侍郎，二十四年任順天鄉試副考官，道光元年調禮部右侍郎。以薦入直南書房，改直上書房。道光三年十二月十四日（1824年1月）卒於任，年六十三。

弟王以鋙，嘉慶六年進士。

莫 晉 字錫三，號裴舟、寶齋。浙江會稽縣人。乾隆二十六年（1761）五月初五日生。乾隆六十年一甲第二名榜眼。授編修。歷國史館纂修、侍講、侍讀，嘉慶三年充福建鄉試主考官，督山西學政，升侍講學士，調通政司副使，九年授太僕寺卿，改太常寺卿，督江蘇學政，十年改通政使。十一年遷左副都御史，十四年丁憂。二十一年任倉場侍郎。道光二年降內閣候補學士。三年以疾乞歸。道光六年（1826）四月初八日卒，年六十六。著有《來雨軒詩文稿》，曾刻《明儒學案》。

潘世璜 字黼堂，號理齋。江蘇吳縣人。乾隆六十年一甲第三名探花。授編修。後降戶部浙江司主事。丁繼母憂。服闋以父老請養不復出。

父潘奕雋，乾隆三十四年進士。

第二甲十八名

陳廷桂（1758—1832）字子犀、犀林，號夢湖、花谷。安徽和州直隸州人。乾隆六十年二甲第一名進士。選庶吉士，改刑部主事，嘉慶二年充雲南副考官，六年任江西鄉試副考官，升員外郎、郎中。京察一等十七年遷湖北安襄鄖荆道，二十四年遷湖北按察使，二十五年改陝西按察使，道光元年改江蘇按察使。三年正月召京，任三品京堂，太僕寺少卿，四年任奉天府丞兼學政。七年病歸，卒年七十四。著有《尚書質疑》《尚書古今文考證》《香草堂詩略》等。

陳琪 字其玉，號花農。浙江仁和縣人。乾隆六十年二甲第二名進士。選庶吉士，授編修。升翰林院侍讀，嘉慶三年督湖南學政，遷侍講學士，四年官至詹事府詹事。

鄭士超 字卓仁，號貫亭。廣東陽山縣人。乾隆六十年二甲第三名進士。任工部主事，遷郎中。爲人清正廉潔，頗有政績。與浙江元和陳鶴、山東棲霞牟昌裕素有"工部三君子"之稱。嘉慶六年考選浙江道御史，轉廣西道、河南道御史。卒年五十四。

沈樂善 字同人，號戢山、秋雯。直隸天津縣人。乾隆六十年二甲第四名進士。選庶吉士，授編修。嘉慶七年考選江西道御史，二十一年官至貴州貴東道。卒於黔。

張志緒 字引之，號石蘭。浙江餘姚縣人。乾隆六十年二甲第五名進士。任內閣中書，纍遷福建福寧道，嘉慶十三年任臺灣道，二十年廣東肇羅道，改陝安道，二十三年授廣西按察使，二十五年改四川按察使，道光元年遷四川布政使，二年改江寧布政使，七年官至山西布政使。休致。

韓文綺 字蔚林，號山橋。浙江仁和縣人。乾隆二十八年（1763）生。乾隆六十年二甲第六名進士。任刑部主事，嘉慶十七年遷直隸永平知府，十九年擢直隸清河道。嘉慶二十二年授廣東按察使改貴州、四川按察使，遷江西布政使。二十五年遷刑部侍郎，道光二年九月授江蘇巡撫，四年閏七月降山東按察使遷四川布政使，改雲南布政使。五年九月遷江西巡撫，九年改左副都御史。十年降調。道光二十一年（1841）卒，年七十九。

嚴榮 字瑞堂，號少峰。江蘇吳縣人。乾隆二十五年（1760）生。六十年二甲第七名進士。選庶吉士，授編修。嘉慶十六年纍遷浙江杭州知府，官至浙江金衢嚴道。道光元年（1821）卒。

父嚴福，乾隆四十年進士。

沈焯 字平遠，號鹿平。浙江烏程縣人。乾隆六十年二甲第八名進士。授浙江台州府教授。引疾歸。

田永年 直隸任丘縣人。乾隆六十年二甲第九名進士。

喬遠炳 字繡文，號孚五。湖北孝感縣人。乾隆五十一年舉人，六十年二甲第十名進士。選庶吉士，改刑部主事，升戶部員外郎，嘉慶二十二年充會試同考官，以知府用。假歸。工詩文，著有《續香齋詩集》。

孫憲緒 字程卿，號蘭村。浙江歸安縣人。乾隆六十年二甲十一名進士。任刑部主事、員外郎。嘉慶十六年考選河南道御史，外任直隸河間知府，調保定知府，十八年任直隸宣化知府，遷直隸口北道，官至直隸清河道。

舒懷 字石溪。浙江鄞縣人。乾隆六十年二甲十二名進士。嘉慶元年七月任江蘇元和知縣，五年署蘇州府海防同知。

趙良霪 字蕭征，號肖岩。安徽涇縣人。乾隆六十年二甲十三名進士。任內閣中書。嘉慶三年廣東鄉試副考官。著有《讀春秋》《讀詩》《讀禮》《讀易》及《肖岩文鈔》。

胡枚 字友鄒，號梁園。浙江石門縣人。乾隆六十年二甲十四名進士。任內閣中書、戶部主事，升員外郎、郎中、記名御史。年五十七卒於任。著有《古文時藝》《歷代史評》。

吳邦基 江蘇青浦縣人。乾隆六十年二甲十五名進士。嘉慶二十年九月任安徽徽州府知府。

玉麟 字振之、子振，號硯農、厚齋。滿洲正黃旗，哈達納喇氏。乾隆三十一年（1766）十一月生。乾隆六十年二甲十六名進士。任編修、國子監祭酒。嘉慶五年授詹事遷內閣學士，八年授禮部侍郎改吏部侍郎。十二年督安徽學政，改江蘇學政，十六年革。復授內閣學士遷戶部侍郎，十八年再革。以三等侍衛赴葉爾羌辦事，二十二年加副都統充駐藏大臣。道光元年授兵部侍郎改禮部、刑部侍郎。二年六月遷左都御史，十一月改禮部尚書，三年四月調兵部尚書、軍機大臣。七年加太子少保，八年晉太子太保。九年授伊犁將軍。十三年（1833）奉召入京，卒於陝西長安，年六十八。贈太保，入祀賢良祠。謚"文恭"。

楊汝任 廣東香山縣人。乾隆六十年二甲十七名進士。任內閣中書。

黃因璉（一作黃因連）字東秀，號初甫。江西新城縣人。乾隆六十年二甲十八名進士。選庶吉士，授編修。嘉慶五年充浙江副考官。乞養歸。

第三甲九十名

高鶚 字蘭墅，號紅樓外史。漢軍鑲黃旗。乾隆六十年三甲第一名進士。任內閣中書、內閣侍讀，嘉慶十四年任江南道監察御史，十八年官至刑科給事中。以補續曹雪芹《紅樓夢》後四十回而聞名。著有《吏治輯要》《唐陸魯望詩稿選鈔》《月小山房遺稿》《高蘭墅集》等。

閻紹世 陝西朝邑縣人。乾隆六十年三甲第二名進士。六十年任山西洪洞知縣。

吳元慶 字履旋，號柳塘。安徽無爲州人。乾隆六十年三甲第三名進士。任山西夏縣知縣，遷刑部陝西司主事。致仕歸。後主潛山書院院長，家居三十年，課生徒、訓孫。著有《鳴盛集》《柳塘詩存》。

沈華旭 字暘谷。湖北江陵縣人。乾隆五十七年舉人，六十年三甲第四名進士。任刑部主事，升郎中，嘉慶十一年遷四川潼川知府，丁內艱，改直隸河間知府，二十一年改直隸永平知府，二十二年任保定知府，二十三年官至直隸清河道。坐事戍邊五載。歸後主講荆南書院。

黃時沛 江西定南直隸廳人。乾隆六十年三甲第五名進士。任主事。

蔡孔易 江西湖口縣人。乾隆六十年三甲第六名進士。嘉慶六年任湖南新寧知縣，十年改桃源知縣，十四年任芷江知縣。

王賡琰 字贊虞。山東諸城縣人。乾隆六十年三甲第七名進士。任吏部考工司主事，歷員外郎、郎中。嘉慶十四年授江西廣信知府，調南昌知府、江安督糧道、常鎮兵備道。

孫玨 字元美。山東臨清縣人。乾隆五十九年山東鄉試解元，六十年三甲第八名進士。嘉慶八年任江蘇婁縣知縣，升同知。未赴任卒。

許庭梧 江西南昌縣人。乾隆六十年三甲第九名進士。任廣西馬平知縣，嘉慶六年任福建順昌知縣。
兄許庭椿，嘉慶元年進士。

應丹韶 福建南平縣人。乾隆六十年三甲第十名進士。任浙江武義知縣，嘉慶九年改陝西城固知縣。

郭楷 甘肅武威縣人。乾隆六十年三甲十一名進士。任河南原武知縣。

李德淦 直隸延慶州人。乾隆六十年三甲十二名進士。嘉慶九年任安徽涇縣知縣。

何會祥 字道亨，號嘉圃。廣東番禺縣人。乾隆六十年會元，三甲十三名進士。選庶吉士，授檢討。改內閣中書。

彭應會 河南夏邑縣人。乾隆六十年三甲十四名進士。

傅玉林 廣東海陽縣人。乾隆六十年三甲十五名進士。嘉慶七年任福建福安知縣，官至吏部員外郎。

多山 蒙古正藍旗人。乾隆六十年三甲十六名進士。初任密雲副都統。嘉慶七年任葉爾羌辦事大臣，十九年遷光祿寺卿，改太常寺卿，二十年遷通政使、左副都御史。二十一年授禮部左侍郎，二十三年改盛京工部侍郎，調哈密辦事大臣。二十四年降，道光五年復任左副都御史，改盛京刑部、工部、戶部侍郎。十一年正月休致。

廖連 字茹廬。江西南城縣人。乾隆六十年三甲十七名進士。任河南內黃知縣。以目疾乞休歸。

詹堅 江西安義縣人。乾隆六十年三甲十八名進士。授山東寧陽知縣，官至知州。

任煊 （《進士題名碑錄》作任烜）字岐園。江蘇宜興縣人。乾隆六十年三甲十九名進士。任吏部主事，嘉慶十六年纍遷直隸永平知府，十七年改直隸正定知府，二十年官至直隸通永道。

劉　重　字宮度。江蘇靖江縣人。乾隆六十年三甲二十名進士。任安徽潁州府教授，丁憂。嘉慶九年補安慶府教授，後出任山東新泰知縣，改山東鄆城知縣。以蝗災嚴重，親蒞田捕蝗月餘，中暑卒於任。

薛玉堂　字又洲，號畫水。江蘇無錫籍（四川蒼溪人）。乾隆六十年三甲二十一名進士。授內閣中書，出爲四川瀘州同知，官至甘肅慶陽知府。以疾歸。卒年七十九。

陳廷碩　字既庭，號景蘇。江蘇江寧縣人。乾隆六十年三甲二十二名進士。以知縣用考授國子監學正，遷助教，改宗人府主事、禮部主事。

雷學海　字澹夫。順天通州人。乾隆六十年三甲二十三名進士。任工部主事、郎中。嘉慶十五年遷廣東雷州府知府，署高廉道，道光三年調浙江處州知府。以病卒於任。著有《靖遠堂詩文集》《幼學輯要》。

楊業萬　字慶庵。湖南寧鄉縣人。乾隆五十八年三甲二十四名進士。任甘肅古浪知縣，調武威知縣，後署平凉知縣。興利除弊，得民好評。

賴相棟　江西南康縣人。乾隆六十年三甲二十五名進士。嘉慶六年官至江蘇高郵知州。

儲嘉珩　湖北隨州人。乾隆五十九年舉人，六十年三甲二十六名進士。嘉慶十四年任湖北襄陽府教授。

陸開榮　字桂丹。浙江嘉興縣人。乾隆六十年三甲二十七名進士。任助教，嘉慶六年充湖北鄉試副考官，官至雲南大理府同知。

韓鼎晋　字峙霍，號樹屏。四川長壽縣人。乾隆二十五年（1760）生。乾隆六十年三甲二十八名進士。選庶吉士，授檢討。嘉慶六年充順天鄉試同考官，九年充湖南鄉試副考官，考選河南道御史，十六年任順天府南城巡城御史，歷任工科給事中、光祿寺少卿、鴻臚寺卿。二十年授太常寺卿改大理寺卿，二十四年遷左副都御史，督福建學政，道光六年改倉場侍郎，七年調工部侍郎。八年致仕。道光十一年（1831）六日二十三日卒。年七十二。著有《樹屏文集》。

李繼可　字統文，號杏園。河南滎陽縣人。乾隆六十年三甲二十九名進士。選庶吉士。

陳略　江蘇邳州人。乾隆六十年三甲三十名進士。嘉慶四年任安徽廬州府教授，二十四年改直隸任縣知縣。

步毓巖　字良弼。直隸棗強縣人。乾隆六十年三甲三十一名進士。任直隸廣平府儒學教授，嘉慶六年改河南泌陽縣知縣。

子步際逵，道光十二年進士；次子步際桐，道光九年進士。

姚璋　廣東平遠縣人。乾隆二十二年（1757）生。六十年三甲三十二名進士。嘉慶二年任廣東潮州府教授，改國子監博士。

唐維錫 廣西臨桂縣人。乾隆六十年三甲三十三名進士，嘉慶六年任山西陽城知縣，十一年改山西曲沃縣知縣。

李　泉 順天宛平縣人。乾隆六十年三甲三十四名進士。乾隆六十年三甲三十四名進士。任山西永濟知縣，嘉慶九年改平遥知縣，十七年復任平遥縣。

駱　燦 山東濟寧直隸州人。乾隆六十年三甲三十五名進士。

董　健 字恒溪，號竹溪。雲南通海縣人。乾隆六十年三甲三十六名進士。選庶吉士，授檢討。乞養歸。

　　祖父董玘，康熙十九年進士。

向曾賢 字魯齋。湖南平江縣人。乾隆六十年三甲三十七名進士。任國子監學錄。丁憂歸，哀毀卒，年四十九。

湯　謙 字四益。江蘇荆溪縣人。乾隆六十年三甲三十八名進士。任内閣中書。

張鵬昇 字培南，號滇州。雲南晉寧州人。乾隆六十年三甲三十九名進士。任刑部主事，升員外郎，嘉慶七年外任山東沂州知府，八月調濟南知府，十年再任濟南知府，後因望誤戍吉林。吉林將軍征爲幕僚，後遭母喪，懇將軍贖罪奔喪，恩免歸。後以刑部主事用，進郎中。卒年五十九。著有《東山吟草》。

陳躋敬 四川營山縣人。乾隆六十年三甲四十名進士。嘉慶八年任湖北雲夢知縣。

曹夢鶴 字劍津，号琴軒。江西湖口人。乾隆六十年三甲四十一名進士。任安徽太平知縣、宣城知縣，改江西袁州府教授。

朱光皛 字太石。山東聊城縣人。乾隆六十年三甲四十二名進士。任山東登州府教授，授河南鞏縣知縣。卓異知縣，致仕歸。

完　智 安徽合肥縣人。乾隆六十年三甲四十三名進士。嘉慶元年任福建古田知縣。

汪玉林 字蘭溪，號璞庵。安徽霍山縣人。乾隆六十年三甲四十四名進士。任工部都水司主事，員外郎，升營繕司郎中，嘉慶十五年京察一等授山東督糧道。十九年（1814）以疾卒於官。

吳芳錡 浙江歸安縣人。乾隆六十年三甲四十五名進士。

周有聲 字希甫，號雲樵、松崗。湖南長沙縣人。乾隆十四年（1749）生。乾隆六十年三甲四十六名進士。任内閣中書，歷貴州知州、鎮遠府通判，升大定、思南知府，嘉慶十一年任貴陽知府，因事去職。後署江蘇松江、蘇州知府，總理下河務。嘉慶十九年（1814）五月十二日卒於興化工次，年六十六。有《松崗詩集》。

李　鵬 字南池。山東鄒平縣人。乾隆六十年三甲四十七名進士。任内閣中書，嘉慶四年充順天鄉試同考官，遷戶部主事、員外郎。道光七年考選江南道御史，補福建福州知州。未抵任以罣誤降調。道光十四年（1834）二月卒，年七十二。

李逢源 河南洛陽縣人。乾隆六十年三甲四十八名進士。嘉慶七年任湖北宜城知縣，十一年改湖北竹溪知縣，改黃陂知縣，十六年復任竹溪縣，改鍾祥知縣，道光六年調福建海澄知縣。

許鯉躍 （本姓儲）安徽桐城縣人。乾隆六十年三甲四十九年進士。任江蘇鎮江府教授。

王延弼 字苷庭。四川富順縣人。乾隆六十年三甲五十名進士。嘉慶四年任四川大竹縣丞。

羅攀桂 字枝一。福建政和縣人。乾隆六十年三甲五十一名進士。嘉慶七年任江西崇仁知縣。解組歸，卒年七十二。

田維敬 直隸高陽縣人。乾隆六十年三甲五十二名進士。

張鳳枝 字同六，號鳴岐、龍岩。貴州畢節人。乾隆六十年三甲五十三名進士。選庶吉士，授檢討。嘉慶六年考選江南道御史，十六年外任湖南衡州知府，十五年改長沙知府，官至江蘇江安糧道。

陳宏度 字師儉，號佚溪。江蘇江陰人。乾隆六十年三甲五十四名進士。歸班候選知縣（《江蘇通志》作蘇松糧道）。

福興 蒙古正白旗人。乾隆六十年三甲五十五名進士。任德明佐領。

李復元 字來種。四川富順縣人。乾隆六十年三甲五十六名進士。

曹惠華 字迪諧、山甫。江西新建縣人。乾隆六十年三甲五十七名進士。任內閣中書，嘉慶三年充山東鄉試副考官，遷刑部江蘇司主事。年五十七卒。

祖父曹繩柱，雍正八年進士。

嚴振先 字鵬飛，號南池。江蘇泰興縣人。乾隆六十年三甲五十八名進士。選庶吉士，改吏部主事，官至吏部員外郎。卒於京。著有《南池文集》《游吳草》《北上草》等。

石文漣 字曼香。湖北黃梅縣人。乾隆五十七年舉人，六十年三甲五十九名進士。嘉慶六年三月署江蘇鎮洋知縣，七年上海知縣，九年改陽湖知縣，十二年六月任江蘇吳縣知縣。

沈大呂 字金宣。江蘇吳縣人。乾隆六十年三甲六十名進士。嘉慶四年任江蘇徐州府教授。

謝城 順天大興縣人，原籍江蘇陽湖。乾隆六十年三甲六十一名進士。官至工部員外郎。

刁思卓 四川梁山縣人。乾隆六十年三甲六十二名進士。嘉慶三年任福建沙縣知縣，十一年改邵武知縣。

王丹楓 直隸交河縣人。乾隆六十年三甲六十三名進士。任內閣中書，道光元年任湖南常德府同知，官至廣西鎮安府同知。

賈允升　字猷廷，號東愚、芝岩。山東黃縣人。乾隆六十年三甲六十四名進士。選庶吉士，授檢討。擢陝西道御史、刑科給事中，歷任鴻臚寺少卿、光禄寺少卿、侍讀學士、太常寺少卿、通政副使，嘉慶二十年授宗人府丞，二十一年督安徽學政，二十二年遷左副都御史，道光三年改兵部侍郎。十一年休致。道光十三年（1833）卒。

子賈禎，道光六年進士，武英殿大學士。

楊開基　字亦聞。直隸灤州人。乾隆三十三年舉人，六十年三甲六十五名進士。任奉天府教授。著有《共學編》《琴律算學》。

沈鵬程　湖北安陸縣人。乾隆五十一年舉人，六十年三甲六十六名進士。任雲南河西知縣，改湖北荊州府教授。

華豐貞　字年占。湖北蘄水縣人。乾隆五十三年舉人，六十年三甲六十七年進士。嘉慶八年任四川三臺知縣，年老改湖北宜城縣教諭。年八十八卒。

楊毓江　字作舟。陝西府谷縣人。乾隆六十年三甲六十八名進士。授户部浙江司主事，升郎中，嘉慶十四年官至湖北施南府知府，因在部郎中失察解任。十八年復任直隸保定知府。卒於任。

祖父楊敦，乾隆十年進士。

蔣瀜　（《進士題名碑》作蔣融，非是）直隸盧龍縣人。乾隆六十年三甲六十九名進士。任奉天府教授。

羅天桂　貴州畢節縣人。乾隆六十年三甲七十名進士。嘉慶二十年改廣東陽江知縣，二十三年改廣東和平知縣，遷廣東羅定直隸州知州，官至廣東高州知府。

趙宜本　廣西臨桂縣人。乾隆六十年三甲七十一名進士。任刑部主事，嘉慶九年任山西隰州知州。

王晅　（一作王晅）字觀光。山東高密縣人。乾隆六十年三甲七十二名進士。任河南新鄉知縣，調安徽五河知縣。

蔣維淦　字衷和。江蘇青浦縣人。乾隆六十年三甲七十三名進士。選鳳陽府教授，未赴任，年未四十病卒於家。

丁曰恭　奉天寧海人。乾隆六十年三甲七十四名進士。

李實　廣東新會縣人。乾隆六十年三甲七十五名進士。嘉慶二十年任廣東惠州府教授。

商景泰　字宗五。貴州甕安縣人。乾隆六十年三甲七十六名進士。嘉慶八年任四川射洪知縣。

葉儒林　（《進士題名碑》作葉孺林）河南正陽縣人。乾隆二十九年（1764）生。六十年三甲七十七名進士。嘉慶八年任山西繁峙知縣。

孫益廷　（原名孫奇峰）山東濱州人。乾隆六十年三甲七十八名進士。官至四川綏定知府。

鄭道印　河南偃師縣人。乾隆

六十年三甲七十九名進士。任丁南南陽府教授。

陸梓 字遇周。安徽巢縣人。乾隆六十年三甲八十名進士。任松江府教授。

周虎拜 （榜名周虎彝，改名）字賡庭。山東萊陽縣人。乾隆六十年三甲八十一名進士。嘉慶八年授福建浦城知縣，改江蘇寶山知縣。

子周坊舉，道光二十七年進士。

董長春 字大椿。山東壽光縣人。乾隆六十年三甲八十二名進士。任雲南恩樂知縣。因運銅勞累患疾，卒於途。

沈成渭 字南谷，號午橋。江蘇泰州人。乾隆六十年三甲八十三名進士。嘉慶元年任安徽徽州府教授，十年授知縣不赴歸，年八十卒。著有《聽泉書屋詩文集》。

增禄 滿洲正藍旗人。乾隆六十年三甲八十四名進士。任滿洲富伸佐領。

李金臺 河南夏邑縣人。乾隆六十年三甲八十五名進士。嘉慶十一年任江西永豐知縣，任江西萬年縣丞。

徐潤第 字德夫、廣軒。山西五臺縣人。乾隆六十年三甲八十六名進士。初授內閣中書，嘉慶十三年充儲倉監督，調海運倉，十六年官至湖北施南府同知。以疾乞歸。授徒自給。

潘杰 順天通州人。乾隆六十年三甲八十七名進士。任山西寧鄉知縣。

何荇芳 字輝樓。江蘇丹徒縣人。乾隆六十年三甲八十八名進士。任河南濟源知縣，護理懷慶知府。卒於官。

王瑶臺 字蓬仙，號楓川、芸田。山西陽城縣人。乾隆六十年三甲八十九名進士。選庶吉士，授檢討。嘉慶三年充順天鄉試同考官，五年陝西鄉試主考官，七年考選湖廣道監察御史。

馮瀚 山東聊城縣人。乾隆六十年三甲九十名進士。